Uwe Fuhrmann

Die Entstehung der „Sozialen Marktwirtschaft" 1948/49

Uwe Fuhrmann

Die Entstehung der „Sozialen Marktwirtschaft“ 1948/49

Eine historische Dispositivanalyse

UVK Verlagsgesellschaft · Konstanz und München

Uwe Fuhrmann ist promovierter Historiker und lebt in Berlin.

Diese Arbeit wurde im Januar 2016 am Friedrich-Meinecke-Institut (Fachbereich Geschichts- und Kulturwissenschaften) der Freien Universität Berlin als Dissertation verteidigt. Erst- und Zweitgutachter waren Prof. Dr. Arnd Bauerkämper und Prof. Dr. Martin Lücke.

Gedruckt mit freundlicher Unterstützung durch die Hans-Böckler-Stiftung und die Ernst-Reuter-Gesellschaft

Hans **Böckler Stiftung**

Mitbestimmung · Forschung · Stipendien

Bibliografische Information der Deutschen Nationalbibliothek
Die Deutsche Nationalbibliothek verzeichnet diese Publikation in der Deutschen Nationalbibliografie; detaillierte bibliografische Daten sind im Internet über http://dnb.d-nb.de abrufbar.

ISBN 978-3-86764-665-9 (Print)
ISBN 978-3-7398-0157-5 (EPUB)
ISBN 978-3-7398-0158-2 (EPDF)

Einbandgestaltung: Susanne Fuellhaas, Konstanz
Foto auf Einbandvorder- und rückseite: Kundgebung auf dem Römerberg in Frankfurt/Main am 12. August 1948. Das Bild zeigt ProtestteilnehmerInnen auf den Ruinen vom „Haus Großer Engel".
© bpk – Bildagentur für Kunst, Kultur und Geschichte, Bild 70108784.
Druck: Printed in Germany

UVK Verlagsgesellschaft mbH
Schützenstr. 24 · D-78462 Konstanz
Tel. 07531-9053-0 · Fax 07531-9053-98
www.uvk.de

Inhalt

Anhang

1 Einleitung

„Der Aufstieg des Landes zu einer der führenden Industrienationen der Welt wäre nicht möglich gewesen ohne die Soziale Marktwirtschaft. Ludwig Erhard hat dieses Wirtschafts- und Sozialsystem [...] in die Tat umgesetzt und [...] Wohlstand für alle wahr gemacht.“[1]

Die „Soziale Marktwirtschaft“ nimmt einen prominenten Platz in den Erzählungen über die Bundesrepublik und ihre Vorgeschichte ein. Der Wirtschaftsaufschwung, oft als „Wirtschaftswunder“ bezeichnet, ist zentraler Bestandteil dieser Erfolgsgeschichte. Begründet wurde die „Soziale Marktwirtschaft“ und mit ihr das Wirtschaftswunder vermeintlich durch Ludwig Erhards mutigen wirtschaftspolitischen Kurswechsel im Zuge der Währungsreform am 20. Juni 1948. In diesem Zusammenhang ist bisweilen von einer Rebellion die Rede, von einer „Form der Auflehnung“ Erhards gegen die „ablehnend eingestellten Besatzungsmächte“[2]. Seine geniale Initiative musste sich anscheinend „gegen den Widerstand von zunächst fast allen“[3] durchsetzen, bevor Erhard „Wohlstand für alle“ bewirken konnte. Kein Wunder, dass er in einschlägigen Kreisen heute als „legendary man“[4] gilt.

Diese große und dramatische Erzählung findet ihren Abschluss in der Feststellung, dass wir aufgrund dieser Erfolgsgeschichte, die ihren Ausgangspunkt am 20. Juni 1948 haben soll, heute in der „erfolgreichsten und menschenwürdigsten Wirtschafts- und Gesellschaftsordnung, die es [...] je gegeben hat, nämlich der Sozialen Marktwirtschaft“[5] leben.

Es wäre zu vermuten, dass ein so zentraler Pfeiler der Nationalgeschichte gründlich wissenschaftlich durchleuchtet worden ist. Weit gefehlt. Bislang gab es kaum mehr als begründete Spekulationen darüber, seit wann überhaupt von „Sozialer Marktwirtschaft“ gesprochen wurde.[6] Auch ein bedeutender Kurswechsel in der Wirtschaftspolitik im Herbst

1 Initiative Neue Soziale Marktwirtschaft: Themenseite „Soziale Marktwirtschaft“. Einführender Absatz, unter: www.insm.de, zuletzt 14. August 2015.

2 Günther Schulz (1997): Soziale Marktwirtschaft in der historischen Perspektive. Eine Einführung, in: Historisch-Politische Mitteilungen Archiv für Christlich-Demokratische Politik, H. 4 (Mai 1997), S. 169–174, S. 170.

3 Helmut Schlesinger (1989): Vierzig Jahre Währungsreform, in: Peter Hampe u. Christoph Buchheim (Hg.): Währungsreform und soziale Marktwirtschaft. Rückblicke und Ausblicke, München, S. 15–25, S. 16. Vgl. zu diesen Rückblicken ausführlicher Anm. 1 auf S. 121 f.

4 So der langjährige Chef der Bundesbank, Karl Otto Pöhl (SPD), in: Public Broadcasting Service (2002): Commanding Heights (Film). Episode One – The Battle of Ideas, min. 52.

5 Angela Merkel (2006): „Der kreative Imperativ“. Rede von Bundeskanzlerin Dr. Angela Merkel beim Weltwirtschaftsforum am 25. Januar 2006 in Davos, unter: www.bundesregierung.de, zuletzt 18. August 2015.

6 Die ansonsten genau arbeitende Studie von Gerold Ambrosius stellt die unbelegte (und unbelegbare) Behauptung auf, die „Soziale Marktwirtschaft“ sei bereits „während des Jahres 1948 im politischen Sprachgebrauch zur Standardformel“ geworden, Gerold Ambrosius (1977): Die Durchsetzung der Sozialen Marktwirtschaft in Westdeutschland 1945–1949, Stuttgart, S. 196. Manchmal wird die erstmalige Verwendung durch Erhard am 17. August 1948 korrekt registriert, aber dann fälschlicherweise darauf geschlossen, er habe den Begriff anschließend „regelmäßig seit Herbst 1948“ benutzt, vgl. Volkhard Laitenberger (1988): Auf dem Weg zur Wirtschafts- und Währungsreform. Ludwig Erhards Wirtschaftspolitik im Frühjahr 1948, in: Aus Politik und Zeitgeschichte, H. 23 (3. Juni 1988), S. 29–42, Zitat S. 29 (Anm.

1948, der viele Entscheidungen vom Juni 1948 korrigierte, wurde bislang nicht zur Kenntnis genommen. Geschichtswissenschaftlich kaum bearbeitet, fristet schließlich eine sehr große, wirtschaftspolitisch motivierte Protestwelle, die immerhin im letzten deutschen Generalstreik gipfelte, bislang ein Schattendasein. Anlässe genug also, die Frage nach der Entstehung der „Sozialen Marktwirtschaft" neu zu stellen – und damit die Frage nach der (Vor-)Geschichte der Bundesrepublik als „radikal ökonomische[m] Staat"[7]. Diese Vorgeschichte wird – als Genealogie der „Sozialen Marktwirtschaft" – auf den folgenden 350 Seiten neu erzählt.

Es leuchtet unmittelbar ein, dass dafür die Untersuchung der Wirtschaftspolitik eine wichtige Rolle spielt. Die hier vorliegende Arbeit geht aber darüber hinaus, denn sie nimmt gleichzeitig die sprachliche Dimension, genauer gesagt die diskursive Ebene, in den Blick. In dieser Hinsicht bot der Begriff „Soziale Marktwirtschaft" von Beginn an die nötigen Voraussetzungen für eine breite Akzeptanz. Während „Marktwirtschaft" ein verhältnismäßig unbelasteter Begriff war, kann „sozial" als in hohem Maße positiv besetzt gelten, denn das tradierte Verständnis von „sozial", sein *„Sinn-Erbe"*, war anschlussfähig für viele gesellschaftliche Gruppen. Die „Soziale Marktwirtschaft" entzog sich trotzdem – oder gerade deswegen – von Beginn an einer genauen Definition und wurde in der Funktion genutzt, stellvertretend für das Ziel der „menschenwürdigsten Wirtschafts- und Gesellschaftsordnung"[8] zu stehen. Diese beiden Eigenschaften kennzeichnen im Verständnis poststrukturalistischer Theorie einen „Leeren Signifikanten".

Je nachdem, wen man fragt, bekommt man aufgrund dieser Eigenschaften sehr unterschiedliche Antworten auf die Frage „Was ist Soziale Marktwirtschaft?" – das war 1948/1949 nicht anders als heute. Die Frage nach ihrer Entstehung wird daher so bearbeitet, dass für den fraglichen Zeitraum die Änderungen der Wirtschafts- und Sozialpolitik genauso untersucht werden, wie die Entstehung des Diskurses „Soziale Marktwirtschaft" selbst. Auch findet der enge Zusammenhang, der zwischen diesen beiden Ebenen bestand und besteht, Berücksichtigung. Um ihn zu erfassen und deutlich machen zu können, wird eine „Dispositivanalyse" durchgeführt, in der eine diskurstheoretisch inspirierte Untersuchung der „Sozialen Marktwirtschaft" mit klassischen geschichtswissenschaftlichen Methoden verwoben wird. Damit möchte ich Gegenstände zusammen denken, die oft getrennt voneinander untersucht werden. Im Ergebnis trifft Diskursgeschichte auf eine Geschichte

---

3). Es kommt auch vor, dass die erste Erwähnung durch Erhard in den April 1949 gelegt wird, etwa bei Rainer Klump (1997): Soziale Marktwirtschaft: Vom Wirtschaftsordnungsmodell zum gesellschaftspolitischen Leitbild?, in: Historisch-Politische Mitteilungen. Archiv für Christlich-Demokratische Politik, H. 4 (1997), S. 221–238, S. 227. Während Volker Hentschel (1998): Ludwig Erhard. Ein Politikerleben, Berlin, S. 101 f. keine genaue Angabe macht, wird diese Textstelle von Martin Nonhoff so interpretiert, dass Erhard den Begriff irgendwann zwischen August 1948 und Februar 1949 in sein Begriffsrepertoire aufgenommen habe, Martin Nonhoff (2006): Politischer Diskurs und Hegemonie. Das Projekt „Soziale Marktwirtschaft", Bielefeld, S. 327.

7 Michel Foucault (2004): Die Geburt der Biopolitik. Vorlesung am Collège de France 1978–1979, Frankfurt/M., S. 126. Foucault schlägt mit seiner Zuspitzung – in Westdeutschland würde „eine neue Form der Zeitlichkeit begründet [...], die nicht mehr die der Geschichte [...], sondern die des Wirtschaftswachstums" sei – prinzipiell in die gleiche Kerbe wie andere Beobachter: „Deutsche Geschichte ist vor allem Wirtschaftsgeschichte" heißt es etwa einleitend im Standardwerk „Deutsche Wirtschaftsgeschichte" von Werner Abelshauser, Werner Abelshauser (2005): Deutsche Wirtschaftsgeschichte seit 1945, Bonn, S. 11.

8 Merkel, „Der kreative Imperativ", S. 3.

der Sozialpolitik, eine vergessene Protestbewegung auf eine entstehende Wirtschaftsordnung, Krawalle an Marktständen auf die Wortwahl in Parlamentsdebatten und der letzte deutsche Generalstreik auf unauffällige Verordnungen des Direktors für Wirtschaft. Die konkrete Konzeption dieser Dispositivanalyse wird zu Beginn gesondert dargelegt, denn es handelt sich um eine wenig erprobte Herangehensweise.

2 Analytik: Theorie und Methode einer historischen Dispositivanalyse

In der hier vorliegenden Untersuchung stelle ich im Grunde eine einzige Frage, nämlich die nach der Entstehung der „Sozialen Marktwirtschaft", den Umständen, den Gründen und den Beteiligten, kurz: nach ihrer Genese. Im Folgenden wird begründet, warum zur Beantwortung dieser Frage die Methode „historische Dispositivanalyse" geeignet ist, was darunter zu verstehen ist und welche weiteren Forschungsfragen sich daraus ableiten. Daran anschließend gehe ich auf die Spezifik der hier betriebenen Diskursanalyse als Teil einer Dispositivanalyse ein, und halte fest, was dies für die konkrete Umsetzung bedeutet.

Ein Hinweis zur Erleichterung der Lektüre: Die „Soziale Marktwirtschaft" wird auch als Begriff selbst, als „Signifikant", eine große Rolle spielen, weshalb sie konsequent in Anführungsstrichen stehen wird. Heute wird sie als feststehender Begriff großgeschrieben; dies war jedoch nicht immer so: Noch in den Düsseldorfer Leitsätzen der CDU vom 15. Juli 1949 wird die Schreibweise „soziale Marktwirtschaft" verwendet. Das reflektiert die Entwicklung von einer Wortkombination unter vielen hin zu einem Eigennamen. Ich werde in meinem Text dem historischen Verlauf folgen: „Soziale Marktwirtschaft" dort, wo es um ein Konzept geht oder um die heute durchgesetzte Bezeichnung der Wirtschaftsordnung, aber „soziale Marktwirtschaft" für die Gelegenheiten, wo es als bloße Wortkombination erscheint oder als eine von verschiedenen möglichen Benennungen der Wirtschaftspolitik auftaucht. In Zitaten wird jedoch immer die Originalschreibweise beibehalten.

2.1 Über die Dispositivanalyse

Die Dispositivanalyse ist eng mit dem (post-)strukturalistischen Diskurskonzept verbunden und dürfte wohl wenigen LeserInnen geläufig sein. Weil sie auch in den einschlägigen Wissenschaften keinesfalls kanonisiert ist,[1] komme ich nicht ohne eine Verortung in der Theorie- bzw. Forschungsliteratur aus.

Ich folge nur verschiedenen Argumenten und Ermunterungen der einschlägigen Forschungsliteratur, wenn ich einen gewissen Methodeneklektizismus nutze, um ein dem Gegenstand angemessenes, schlüssiges und anwendbares Konzept zu entwickeln.[2] Für

1 Vgl. Barbara Birkhan (2010): Das Dispositiv – die andere Seite des Diskurses. Review Essay zu Andrea D. Bührmann & Werner Schneider (2008): Vom Diskurs zum Dispositiv. Eine Einführung in die Dispositivanalyse, in: Forum Qualitative Sozialforschung, H. 2 (Mai 2010) Art. 9, Absatz 59; vgl. auch Marian Füssel u. Tim Neu (2014): Diskursforschung in der Geschichtswissenschaft, in: Johannes Angermüller (Hg.): Diskursforschung. Ein interdisziplinäres Handbuch, Bielefeld, S. 145–161, S. 155.

2 Das korrespondiert mit dem bekannten Ausspruch Foucaults, sich seiner Methoden zu bedienen wie in einem Werkzeugkasten: „Alle meine Bücher [...] sind [...] kleine Werkzeugkisten. Wenn die Leute sie aufmachen wollen und diesen oder jenen Satz, diese oder jene Idee oder Analyse als Schraubenzieher verwenden, um die Machtsysteme kurzzuschließen, zu demontieren oder zu sprengen, einschließlich viel-

ein solches Konzept sind nicht nur innere Kohärenz, Plausibilität und die Berücksichtigung der Quellenlage vonnöten, sondern es muss auch in angemessener Zeit und mit den zur Verfügung stehenden Ressourcen zu bewältigen sein. Auf den folgenden Seiten wird Schritt für Schritt ein solches Konzept aufgebaut; unklare Begrifflichkeiten (einschließlich des Dispositivs selbst) werden im Laufe dieser Ausarbeitung geklärt. In den folgenden Ausführungen von grundsätzlichem Charakter wird als Veranschaulichung das Thema dieser Arbeit („Soziale Marktwirtschaft") dienen, denn dies vereinfacht den Zugang zur Theorie und führt gleichzeitig ins Thema ein. Zum zentralen Begriff „Dispositiv" schon soviel vorweg: Ein Dispositiv kann als Gesamtheit verschiedener Elemente gelten, die einem bestimmten Themenbereich zugeordnet werden. Foucault spricht von einem „Netz", das zwischen ihnen besteht. Als einige solcher Elemente sind Aussagen, Diskurse, Lehrsätze, Architekturen, Praxen oder Gesetze zu nennen.

2.1.1 Warum Dispositivanalyse?

Grundsätzlich stellt sich gerade bei noch nicht vollständig etablierten Methoden die Frage nach ihrem Sinn. Was sieht man mit einer Diskurs- bzw. Dispositivanalyse, was man sonst nicht sieht? Was wird überhaupt darunter verstanden? Welchen Erkenntniszuwachs verspricht ein solches Vorgehen?

Der Zugang, der auf den folgenden Seiten beschrieben wird, bietet zunächst die Möglichkeit, zwei sonst oft getrennt untersuchte Bereiche programmatisch miteinander verweben zu können. Die wirklichkeitskonstituierende Funktion von Sprache wird durch diskurstheoretische Perspektiven im Allgemeinen und durch einen entsprechenden Analyseteil im Speziellen berücksichtigt, ohne dass die Sozialgeschichte[3] aus dem Blickfeld gerät.[4] In einer ähnlichen Weise kann die hier angewendete Methode helfen, sowohl Strukturen als auch Akteure (und dazwischen Handlungen) gleichermaßen zu berücksichtigen. Das Verhältnis zwischen Subjekt und Diskurs bzw. Akteur und Struktur ist eines der zentra-

leicht derjenigen Machtsysteme, aus denen diese meine Bücher hervorgegangen sind – nun gut, umso besser", Michel Foucault (1976): Mikrophysik der Macht. Über Strafjustiz, Psychiatrie und Medizin, Berlin, S. 45. Auch Siegfried Jäger (2012⁶): Kritische Diskursanalyse. Eine Einführung, Münster, S. 8 spricht sich gegen standardisiertes Vorgehen aus. Der Untertitel von Siegfried Jäger u. Jens Zimmermann (2010): Lexikon kritische Diskursanalyse. Eine Werkzeugkiste, Münster, greift dieses Verständnis der Methoden als Werkzeugkiste auf. Vgl. dazu auch Achim Landwehr (2009²): Historische Diskursanalyse, Frankfurt/M., S. 100.

3 Vgl. einführend zum Begriff der Sozialgeschichte vgl. Klaus Nathaus (2012): Sozialgeschichte und Historische Sozialwissenschaft. Version: 1.0, Docupedia-Zeitgeschichte, unter: docupedia.de, zuletzt 8. April 2016.

4 Wenn man so will, werden so auch einige Desiderate der neuen Politikgeschichte aufgenommen. Vgl. Gabriele Metzler (2005): Rezension zu: Frevert, Ute; Haupt, Heinz-Gerhard (Hg.)(2005): Neue Politikgeschichte. Perspektiven einer historischen Politikforschung. Frankfurt/M., H-Soz-u-Kult, unter: hsozkult.geschichte.hu-berlin.de, zuletzt 8. August 2015. Darin heißt es: „Heinz-Gerhard Haupt plädiert in seinen abschließenden Betrachtungen zur „Historischen Politikforschung" dafür, stärker als bisher die französischen Debatten zu rezipieren, in denen die Frage nach den Konstruktionsbedingungen und -mechanismen des politischen Raumes seit längerem diskutiert wird. Stärker ins Gewicht fallen indes seine weiteren Anmerkungen: Zum einen sei zu klären, wie symbolische Repräsentationen des Politischen rezipiert und Diskurse wirksam würden; zum anderen sei zu bedenken, dass der politische Raum nicht nur medial und kommunikativ hergestellt werde, sondern dass dabei der Gewalt und insbesondere dem staatlichen Gewaltmonopol zentrale Bedeutung zukomme".

len Spannungsfelder, die sich in der historischen Analyse ergeben.[5] Eine Dispositivanalyse eröffnet die Möglichkeit, sowohl Diskurs- als auch Sozialgeschichte (bzw. Akteur und Struktur) gleichzeitig zu berücksichtigen. Dies ist umso wichtiger, weil in Forschung und Darstellung der „Sozialen Marktwirtschaft" eine solche Verbindung selten zu finden ist.

Ein deterministisches Strukturverständnis (als eine Art Schicksal), in dem Subjekte quasi einflusslos im Diskurs oder in ihrer Zeit gefangen sind, findet sich in den klassischen Geschichtswissenschaften, zumal den deutschen, nur selten. Auch in Forschungen zur „Sozialen Marktwirtschaft" ist mir kein Ansatz bekannt, der explizit eine solche Analyse betreibt. Allerdings wird die Geschichte der „Sozialen Marktwirtschaft" mit Hinweis auf ihre vermeintliche Überlegenheit nicht selten als logische, zwangsläufige und alternativlose Erfolgsgeschichte dargestellt, ja naturalisiert und/ oder im Extremfall zu einer auf die Gegenwart zugeschriebenen Vorgeschichte des Status quo gemacht.

Der andere Pol ist die Fixierung auf den vermeintlich sehr großen Einfluss und Handlungsspielraum einzelner Akteure und wesentlich häufiger zu beobachten. Die Handlungen von Gruppen oder Individuen, oft diejenigen „großer Männer", werden dabei kaum mit den (diskursiven) Strukturen gerahmt, die ihre Handlungen sowohl ermöglichen als auch begrenzen; eine mythische Verdichtung von Strukturen in einzelnen Personen ist eine mögliche Folge. Im vorliegenden Fall ist dies insbesondere an der Person Ludwig Erhards festzustellen, wie sich im Weiteren noch zeigen wird. In der – im Folgenden ausgearbeiteten – Konzeption des Dispositivs ist es hingegen angelegt, gleichzeitig die historische Beschränkung wie auch die historische Kontingenz einer Situation zu berücksichtigen; vermieden wird außerdem eine „einfache Opposition zwischen Subjekt und Objekt"[6].

Diese im Dispositivbegriff angelegte Berücksichtigung der Offenheit von Geschichte wird klarer, wenn der Machtbegriff Foucaults einbezogen wird. In diesem Machtverständnis ist der entscheidende Punkt, dass Macht nicht „von oben" unilateral ausgeübt wird, sondern als Verhältnis zwischen verschiedenen Akteuren zu betrachten ist.[7] „Macht" wird nicht als etwas verstanden, was sich im Besitz von jemanden befinden kann, sondern sich in sozialen Beziehungen herstellt und immer durch tatsächlichen oder antizipierten Widerstand beeinflusst ist.[8] Individuen haben – abhängig von ihrer gesellschaftlichen Stellung – zwar Einfluss auf Machtverhältnisse, aber kein Kommando. In diskursiven Verhältnissen (und ihren Folgen) ist Macht besonders gut zu erkennen, weil sich Machtverhältnisse nicht nur in der Sprache niederschlagen, sondern erfolgreiche Diskurspolitik wiederum Machtverhältnisse verändert und subjektive Wirklichkeiten beeinflusst. Folgt man den Überlegungen von Ernesto Laclau und Chantal Mouffe[9] sind allerdings sogar etablierte Diskurse

5 Vgl. dazu beispielsweise Landwehr, Historische Diskursanalyse, S. 93–95.

6 Mario Wimmer (2013): Dispositiv, in: Ute Frietsch u. Jörg Rogge (Hg.): Über die Praxis des kulturwissenschaftlichen Arbeitens. Ein Handwörterbuch, Bielefeld, Berlin, S. 123–128, S. 125. Eine ausführliche Diskussion der diskursanalytischen Konzeption des Verhältnisses von Subjekt/Akteur und Diskurs bei Nonhoff, Politischer Diskurs, S. 149–172.

7 Gilles Deleuze (1992): What is a dispositif?, in: Timothy J. Armstrong (Hg.): Michel Foucault, philosopher. International conference, Paris, 9, 10, 11, January 1988, New York, S. 159–166, S. 160 f., vgl. auch Stefan Münker u. Alexander Roesler (2012[2]): Poststrukturalismus, Stuttgart u.a., S. 95–98.

8 Ausführlich Michel Foucault (1979): Der Wille zum Wissen, Frankfurt/M., S. 113–118. Das umgangssprachliche Verständnis von Macht geht bei Foucault in dem Begriff der „Kräfteverhältnisse" auf.

9 „Es ist gerade diese von Laclau und Mouffe propagierte Instabilität von Diskursen, die historische Anschlussmöglichkeiten bietet", Joachim Landwehr (2010): Diskurs und Diskursgeschichte. Version 1.0, Docupedia-Zeitgeschichte, unter: docupedia.de, zuletzt 20. August 2015, S. 11 f.

nie vollständig geschlossen, sondern tendenziell instabil. Somit ist auch ein „Ende der Geschichte", wie es von Francis Fukuyama vorhergesagt (und befürchtet) wurde,[10] keinesfalls zu erreichen, auch nicht in dem später von ihm präzisierten Sinne.[11]

Dieser Blick auf Macht kann Kräfteverhältnisse differenziert beleuchten, weil er den Einfluss von Widerstand als konstitutiv für jede Machtbeziehung berücksichtigt. Dieses Verständnis von Macht kennt kein Vorhaben, welches durchgesetzt werden könnte, ohne von Widerstand beeinflusst zu werden.[12] So haben der Kontext, also die vorgängige dispositive Struktur, und die Reaktionen der betroffenen Subjekte genauso Einfluss auf den Verlauf der Geschichte wie die ursprüngliche Gestalt eines Vorhabens. Der dabei vor sich gehende Aushandlungsprozess hat wiederum multiple Folgen auf das diskursive und dispositive System. Reiner Keller beschreibt, dass Foucault „historische Einschnitte als nicht-intendierte Effekte einer Vielzahl gesellschaftlicher Praktiken und der sich dort vollziehenden Wandlungsprozesse"[13] betrachtet. Mit diesem Fokus auf die Wandlungsprozesse in den einzelnen gesellschaftlichen Praktiken ist es gut möglich, zahlreichen Zusammenhängen hinter den oberflächlich wahrnehmbaren „großen" Veränderungen auf die Spur zu kommen; die Genese „unbeabsichtigte[r] Folgen intentionalen Handelns"[14] wird durch diese Perspektive klarer. Ein Vorgehen, welches sich an diesen Überlegungen orientiert, schließt die beiden Varianten aus, die am häufigsten herangezogen werden, wenn die Frage nach dem „Ursprung" der „Sozialen Marktwirtschaft" gestellt wird:

Die eine Variante negiert eine komplexe Entstehungsgeschichte der „Sozialen Marktwirtschaft" und konstruiert mit Ludwig Erhard einen genialen Schöpfer, der ein scheinbar fertiges Konzept durchgesetzt habe. Als Beispiel für diese tausendfach reproduzierte Sicht kann die eingangs (S. 9) zitierte Aussage der „Initiative Neue Soziale Marktwirtschaft" gelten.

Wie sich an einem Wahlplakat aus dem Jahr 1957 sehen lässt, hatte diese verkürzte und perso-

Abb. 1: Wahlkampfplakat 1957

10 Vgl. Francis Fukuyama (1989): The End of History?, in: The National Interest, H. 1 (summer 1989), vor allem Teil III und Schlussabsatz.

11 Francis Fukuyama (1992): The End of History and the Last Man, London, introduction (zweiter Absatz). Vgl. auch Stefan Jordan (2011): Francis Fukuyama und das „Ende der Geschichte". Version 1.0, Docupedia-Zeitgeschichte, unter: docupedia.de, zuletzt 20. August 2015.

12 Vgl. Foucault, Der Wille zum Wissen, S. 113–118. Widerstand ist demnach integraler Bestandteil von Macht: „Wo es Macht gibt, gibt es Widerstand.", ebd., S. 116.

13 Reiner Keller (2007): Diskurse und Dispositive analysieren. Die Wissenssoziologische Diskursanalyse als Beitrag zu einer wissensanalytischen Profilierung der Diskursforschung, in: Forum Qualitative Sozialforschung, H. 2 (2007), Art. 19, Absatz 6.

14 David Mayer u. Jürgen Mittag (2013): Interventionen, Errungenschaften und Wirkungen. Soziale und kulturelle Entwicklung durch Arbeiterbewegung. Einleitung, in: dies. (Hg.): Interventionen. Soziale und kulturelle Entwicklungen durch Arbeiterbewegungen. Tagungsbericht der 48. Linzer Konferenz der ITH, September 2012, Leipzig, S. 9–26, S. 25.

nifizierte Sicht bereits Hochkonjunktur, als die Bundesrepublik noch keine zehn Jahre alt war.

Aber auch in einer zweiten, ähnlich undifferenzierten Interpretation wird vorausgesetzt, dass der Begriff zielgerichtet, planmäßig und mit ganz bestimmten Absichten eingeführt wurde. Sie bestätigt damit im Grunde die erste Variante und verkehrt lediglich die Vorzeichen, indem die „Soziale Marktwirtschaft" als Propaganda gesehen wird. Sie diente und diene diesem Verständnis nach nur dazu, die Wiedereinführung des Kapitalismus zu verschleiern und mit einem sozialen Mantel zu versehen. Am prominentesten und explizit historisch argumentierend sind in dieser Hinsicht die Schriften des US-Ökonomen Kenneth Galbraith. Da er auf der US-amerikanischen Folie diskutiert, spricht er über die adjektivlose „Marktwirtschaft", die das Ergebnis einer „Suche nach einer unverfänglichen Alternativbezeichnung"[15] für den Kapitalismus darstellte; doch diese Alternative verschleiere „lediglich die tieferen ökonomischen Tatsachen"[16]. Obwohl Galbraith die (wirtschafts-) politischen Veränderungen, die auf die weitverbreitete Ablehnung des Wirtschaftssystems in den ersten Jahrzehnten des 20. Jahrhunderts folgten, wahrnimmt, reduziert sich bei ihm doch die neue Wortwahl auf eine bloße „Umbenennung". Als Kritik am Neoliberalismus zur Jahrtausendwende mag dies seine Berechtigung haben – als Analyse der Genese des Begriffs ist dies jedoch deutlich zu kurz gegriffen.[17] Eine pointierte Illustration hat diese ‚Verschleierungsthese' – explizit auf die deutsche „Soziale Marktwirtschaft" bezogen – ebenfalls erfahren:

Abb. 2: Karikatur von Thomas Plassmann, ver.di-news Nr. 9 (Mai 2005)

Zwar berücksichtigt diese zweite Perspektive – ähnlich wie Diskursanalysen – die sprachliche Ebene bzw. deren Einfluss, geht aber ebenfalls von einer rein intentionalen Einführung des Begriffes aus und lässt die Komplexität und die Kontingenz des eigentlichen Entstehungszeitraums bzw. der Entstehungsbedingungen weitestgehend unbeachtet. Mit

15 John Kenneth Galbraith (2005): Die Ökonomie des unschuldigen Betrugs. Vom Realitätsverlust der heutigen Wirtschaft, München, S. 26.

16 Ebd., S. 28.

17 Vgl. ebd., S. 24–30.

einem Verständnis als Propaganda gehen jedoch viele Dimensionen der „Sozialen Marktwirtschaft“ verloren.

Mit Hilfe einer Dispositivanalyse, in die eine Diskursanalyse integriert ist, lässt sich hingegen die Dynamik der Wechselseitigkeit von Diskursen und nichtdiskursiven Praxen betrachten. Die historische Untersuchung der Interaktion verschiedener, teilweise antagonistischer Akteure, ihres Sprechens, Handelns und der sie umgebenden Struktur verhindert allzu einfache Erklärungen und kann dadurch den Blick auf (historische) gesellschaftliche Entwicklungen und deren Bedingungen schärfen. Das muss im Übrigen nicht bedeuten, dass nicht einzelne Elemente der idealtypisch vorgestellten Narrative durchaus zutreffend sein können. So sind gerade in den Jahren nach der engeren Entstehungsphase der „Sozialen Marktwirtschaft“ (also in den 1950er Jahren) bewusste und erfolgreiche Versuche zu beobachten, diesen Begriff zu stärken, positiv zu besetzen und gerade bei der lohnabhängigen Bevölkerung zur Akzeptanz zu verhelfen;[18] ebenso wie die Position, Ludwig Erhard habe eine besondere Rolle im Prozess der Herausbildung der „Sozialen Marktwirtschaft“ gespielt, durchaus auf einige Argumente zurückgreifen kann.

In dieser Arbeit wird versucht, eine Verbindung zwischen diskurstheoretischen Ideen und der Untersuchung von Gegenständen herzustellen, die in Diskursanalysen meistens fehlen, aber klassische geschichtswissenschaftliche Aufgabenfelder sind (im vorliegenden Fall Wirtschaftsgeschichte, Politik- bzw. Institutionengeschichte und Protestgeschichte). Allerdings ergeben sich dadurch neue Probleme: So kommt eine Dispositivanalyse kaum ohne einen diskursanalytischen Strang aus, wodurch die rein praktischen Herausforderungen dieser Methode (Diskursanalyse) sich bei einer Dispositivanalyse ähnlich stellen, wie bei einer reinen Diskursanalyse: Was ist das Erkenntnisinteresse, wie kann der Quellenkorpus eingegrenzt werden, ist die Analyse quantitativ oder qualitativ orientiert? Welcher Diskursbegriff liegt der Untersuchung zugrunde und welche Äußerungsformen des Diskurses sollen untersucht werden?

Es muss also nicht nur ein Konzept für eine Dispositivanalyse entworfen werden, sondern auch eine Diskursanalyse für die spezifische Verwendung innerhalb einer Dispositivanalyse operationalisiert werden. Ein fertiges, allgemeingültiges und auf alle Untersuchungsgegenstände übertragbares Rezept für eine Diskursanalyse ist nicht auszumachen. Im verstärkten Maße gilt dies für eine Dispositivanalyse, von deren jeweiligen historischen Varianten ganz zu schweigen. Es ist mehr als zweifelhaft, ob eine solche Schematisierung überhaupt anzustreben ist.

Der Umstand fehlender übertragbarer „Rezepte“ hat somit den Vor- wie Nachteil, ein eigenes, in weiten Teilen neues Vorgehen erarbeiten zu müssen. Dabei kann an verschiedene Vorarbeiten, darunter auch methodische Leitfäden, angeknüpft werden, die insbesondere für die Diskursanalyse entworfen wurden. Dies gilt für die Dispositivanalyse nur in viel geringerem Maße: Dort ist nicht nur der Stand der theoretischen Diskussion weniger entwickelt, sondern auch die praktische Umsetzung wenig erprobt.[19] Auch einige jüngere

18 Vgl. dazu Dirk Schindelbeck u. Volker Ilgen (1999): „Haste was, biste was!“. Werbung für die soziale Marktwirtschaft, Darmstadt sowie Nonhoff, Politischer Diskurs, S. 346–369.

19 „Während es eine Fülle von (kritischen) Diskursanalysen gibt, fehlen Dispositivanalysen bisher in der deutschen Forschung noch weitgehend, sieht man von ersten tastenden Versuchen ab.“, Jäger, Kritische Diskursanalyse, S. 75. Mario Wimmer spricht von einem Konzept, das „darauf wartet, von Historiker/-innen und Kulturwissenschaftler/-innen überdacht und genutzt zu werden“, Wimmer, Dispositiv, S. 126.

Veröffentlichungen können dem Diktum Kellers bezüglich einer sozialwissenschaftlichen Dispositivanalyse – die Diskussion einer eigenständigen Dispositivanalyse sei „kaum über grundlegende Klärungsversuche und Forderungen hinausgekommen"[20] – nur bedingt abhelfen. In verstärktem Maße gilt dies für die Spezifika einer historischen Dispositivanalyse – denn dispositivanalytisches Vorgehen kommt (im deutschsprachigen Raum) eher implizit und in der Ausführung überwiegend als Fußnote einer Diskursanalyse vor[21] oder bleibt wenig ausführlich.[22]

Trotz der daher umso notwendigeren Klärung, was unter einer Dispositivanalyse zu verstehen ist, möchte ich die theoretischen Ausführungen auf das Wesentliche zu begrenzen. Dies dient nicht nur dem Zweck, methodenuninteressierten LeserInnen das Lesen nicht allzu sehr verleiden, sondern soll dabei helfen, die Dispositivanalyse zu einer Bereicherung der Geschichtswissenschaft (bzw. ihrer Methoden) zu machen – und nicht zu ihrem Ersatz.[23]

2.1.2 Was ist ein Dispositiv?

Was aber ist nun unter dem bereits häufig genannten „Dispositiv" zu verstehen? Wie auch der hier verwendete Diskursbegriff[24] geht die Idee einer Dispositivanalyse auf Überlegungen des Historikers und Philosophen Michel Foucault zurück. Die immer wieder zitierte

20 Keller, Diskurse und Dispositive analysieren, Absatz 42. Im Jahr 2008 erschien mit Andrea D. Bührmann u. Werner Schneider (2008): Vom Diskurs zum Dispositiv. Eine Einführung in die Dispositivanalyse, Bielefeld „der erste über Artikellänge hinausgehende Text, der ‚das Dispositiv' theoretisch-methodologisch [...] herausarbeitet", Birkhan, Das Dispositiv, Absatz 1. In ähnlicher Weise wird Bührmann und Schneider in einer weiteren Rezension zugestanden, „theoretisches Neuland" betreten zu haben, vgl. Jens Zimmermann (2009): Vom Diskurs zum Dispositiv. Einführung in die Dispositivanalyse. Rezension von Bührmann u. Schneider, in: DISS-Jounal, H. 18 (2009), S. 25 f. Für meine Überlegungen erwies sich allerdings Désirée Schauz (2010): Diskursiver Wandel am Beispiel der Disziplinarmacht. Geschichtstheoretische Implikationen der Dispositivanalyse, in: Achim Landwehr (Hg.): Diskursiver Wandel, Wiesbaden, S. 89–111 als wesentlich instruktiver.

21 Olaf Stieglitz (2013): Undercover. Die Kultur der Denunziation in den USA, Frankfurt/M. oder Aram Ziai (2006): Zwischen Global Governance und Post-Development. Entwicklungspolitik aus diskursanalytischer Perspektive, Münster; ausführlicher Niels Spilker (2013): Lebenslanges Lernen als Dispositiv. Bildung, Macht und Staat in der neoliberalen Gesellschaft, Münster, insbesondere S. 38–46 und 213–226.

22 Vgl. Inge Marßolek (2006): Radio Days: Radio und Alltag in Deutschland und den USA sowie Michaela Hampf (2006): Radio als Dispositiv: Die Geschichte ungeschriebener Gebrauchsanleitungen, beide in: Michaela Hampf u. Ursula Lehmkuhl (Hg.): Radio Welten. Politische, soziale und kulturelle Aspekte atlantischer Mediengeschichte vor und während des Zweiten Weltkriegs, Berlin, S. 16–41 (Marßolek) bzw. S. 73–83 (Hampf); Thomas Wilke (2012): Die Vernetzung der Populärkultur. Überlegungen zur methodischen Verwendung des Dispositivs am Beispiel von DJ Tomekks Rhymes Galore, in: Marcus S. Kleiner (Hg.): Methoden der Populärkulturforschung. Interdisziplinäre Perspektiven auf Film, Fernsehen, Musik, Internet und Computerspiele, Berlin und Münster, S. 299–330.

23 Noch 2003 musste Philipp Sarasin konstatieren: „Während der Bezug auf Semiotik, Diskurstheorie und Dekonstruktion in vielen Geisteswissenschaften längst zu den intellektuellen Selbstverständlichkeiten gehört, steht der *linguistic turn* in der Geschichtswissenschaft immer noch im Verdacht, den Historikern den Sinn für die Wirklichkeit zu rauben. Führende Vertreter des Fachs wähnen sich ‚am Rande des Abgrunds', befürchten ‚das Ende der Geschichte als Wissenschaft' und verfassen eine ‚Defense of History'", vgl. Philipp Sarasin (2003): Geschichtswissenschaft und Diskursanalyse, Frankfurt/M., Klappentext. Mario Wimmer beobachtete 2013: „Speziell in der deutschsprachigen Geschichtswissenschaft sind alternative Konzepte wie Gesellschaft oder Alltag als Bezugsrahmen so stark etabliert, dass von Dispositiven vor allem in spezialisierten Bindestrich-Kontexten gesprochen wird", Wimmer, Dispositiv, S. 125.

24 Vgl. S. 27 f.

Beschreibung des Dispositivs stammt aus einem längeren Gespräch Foucaults mit PsychoanalytikerInnen aus dem Jahr 1977.[25] Darin suchte Foucault unter anderem diese Frage zu beantworten: „Welchen Sinn und welche methodologische Funktion gibst du dem Ausdruck ‚Dispositiv'?" Einige Auszüge aus diesem Gespräch seien zum besseren Verständnis wiedergegeben [Unterstreichungen im Original, *kursive Hervorhebungen* durch U.F.]:

> „Was ich unter diesem Titel festzumachen versuche ist erstens ein entschieden heterogenes Ensemble, das Diskurse, Institutionen, architekturale Einrichtungen, reglementierende Entscheidungen, Gesetze, administrative Maßnahmen, wissenschaftliche Aussagen, philosophische, moralische oder philanthropische Lehrsätze, kurz: *Gesagtes* ebensowohl wie *Ungesagtes* umfaßt. Soweit die Elemente des Dispositivs. Das Dispositiv selbst ist das *Netz*, das zwischen diesen Elementen geknüpft werden kann."[26]

> „Zweitens möchte ich in dem Dispositiv gerade die Natur der Verbindung deutlich machen, die zwischen diesen heterogenen Elementen sich herstellen kann. [....] Kurz gesagt gibt es *zwischen diesen Elementen, ob diskursiv oder nicht*, ein Spiel von *Positionswechseln und Funktionsveränderungen*, die ihrerseits wiederum sehr unterschiedlich sein können."[27]

> „Drittens verstehe ich unter Dispositiv eine Art von – sagen wir – Formation, deren Hauptfunktion zu einem gegebenen historischen Zeitpunkt darin bestanden hat, auf einen *Notstand* (urgence) zu antworten. Das Dispositiv hat also *eine vorwiegend strategische Funktion.* [...]"[28]

Der Begriff „strategisch" ist im Übrigen ohne individuellen Strategen gedacht; Foucault versteht diese Bezeichnung im Sinne einer „Strategie ohne Stratege".[29] Die Feststellung seines Interviewpartners (Gerard Wajeman) – „Ein Dispositiv definiert sich [...] durch eine Struktur von heterogenen Elementen, zugleich aber auch durch einen bestimmten Typ von Genese" – wird von Foucault während des Interviews eindeutig bejaht;[30] er führt diese „Genese" bzw. den dabei ablaufenden „doppelten Prozess" noch weiter aus:

---

25 Vgl. Michel Foucault (1978): Ein Spiel um die Psychoanalyse. Gespräch mit Angehörigen des Departement de Psychoanalyse der Universität Paris/Vincennes, in: ders. (Hg.): Dispositive der Macht. Über Sexualität, Wissen u. Wahrheit, Berlin, S. 118–175 (im Folgenden zitiert als „Foucault, Dispositive der Macht"). Gilles Deleuze merkt an, solche Gespräche und Interviews seien von Foucaults Büchern untrennbar. Diese sparen der Stringenz willen wichtige Aspekte der Arbeit Foucaults aus, etwa Verallgemeinerungen, politische Schlussfolgerungen und die Übertragung seiner historischen Kenntnisse auf Gegenwart und Zukunft. Zu diesen Aspekten hat Foucault dafür viele Interviews gegeben, die parallel zu seine historisch-archäologischen Arbeiten stattgefunden haben: „The complete work of Foucault [...] cannot seperate off the books [...] from the Interviews [...]", Deleuze, What is a dispositif?, S. 165 f., Zitat 166.

26 Foucault, Dispositive der Macht, S. 119 f; die Aufzählung ist als offen zu verstehen, siehe auch Landwehr, Historische Diskursanalyse, S. 78.

27 Foucault, Dispositive der Macht, S. 120.

28 Ebd., S. 120.

29 Ebd., S. 132.

30 Ebd., S. 120 f.

> „Prozeß einerseits einer funktionellen Überdeterminierung, sofern nämlich jede positive oder negative, gewollte oder ungewollte Wirkung in Einklang oder Widerspruch mit den anderen treten muß und eine Wiederaufnahme, eine *Readjustierung der heterogenen Elemente*, die hier und da auftauchen, verlangt. Prozeß einer ständigen *strategischen Wiederauffüllung* andererseits.“[31]

Ich fasse zunächst diejenigen Aspekte aus diesem Gespräch zusammen, die für mein Anliegen von Bedeutung sind; verzichte aber auf ausführliche Kommentierung, weil diese Punkte sich im Zuge der Anwendung ausreichend konkretisieren werden:

- Ein Dispositiv ist ein Netz (aus und) zwischen verschiedenen Elementen.
- Einige dieser Elemente sind Diskurse, andere nicht.
- Die Funktion dieser Elemente kann sich unterscheiden und verändern.
- Die Stellung der Elemente zueinander kann sich verändern („Positionswechsel“).
- Dispositiv = Netz = Formation.
- Ein Dispositiv hat eine strategische Funktion und ist das Ergebnis eines strategischen Imperatives.
- Ein Dispositiv soll auf einen Notstand antworten.

Ein Dispositiv zeichnet sich bei Foucault im Allgemeinen durch einen bestimmten Typ von Genese aus, die mindestens zwei Momente aufweist:

- Erstes Moment/Merkmal: Ein Dispositiv ist ein Antwortversuch und soll einen Notstand unter Berücksichtigung bestimmter Interessen beheben (Prävalenz einer strategischen Zielsetzung).
- Zweites Moment/Merkmal: Konstitution durch einen doppelten Prozess:
  - Erster Prozess: Readjustierung der Elemente. Dies ist nötig, um die verschiedenen Elemente zueinander passend zu machen.
  - Zweiter Prozess: strategische Wiederauffüllung, also das Nutzbarmachen unvorhergesehener Effekte.

Foucault benutzt den Begriff „Dispositiv“ – ohne es zu explizieren – für zwei verschiedene, aufeinander folgende Stufen: Dispositiv als Vorhaben und Dispositiv als Ergebnis. Um daraus resultierende Verwirrung zu vermeiden, werde ich daher den Begriff ausdifferenzieren, indem ich von nun an „Strategisches Dispositiv“[32] für ein interessengeleitetes Vorhaben benutze – „Modifiziertes Dispositiv“ hingegen für das Ergebnis, also das, was die Geschichte aus dem Strategischen Dispositiv gemacht hat.[33]

---

31 Ebd., S. 121. Dieses zweite Moment der „strategischen Wiederauffüllung“ wird nötig, um mit Effekten eines Dispositivs umzugehen, die im „vorhinein absolut nicht vorgesehen“ waren, vgl. ebd., S. 121, Zitat ebd. Sven Opitz weist darauf hin, dass es zwar „oft hochgradig bewusste Entscheidungsfindung, Planung und Koordination politischer Aktivität“ im laufenden Betrieb gibt, den Akteuren dabei jedoch „zumeist nicht bewusst ist, in wie weit ihr Handeln eine ‚komplexe strategische Situation‘ [Foucault, Der Wille zum Wissen, S. 114] aufrecht erhält oder verändert“, Sven Opitz (2004): Gouvernementalität im Postfordismus. Macht, Wissen und Techniken des Selbst im Feld unternehmerischer Rationalität, Hamburg, S. 35.

32 Damit ist *nicht* gemeint, was in Foucault, Dispositive der Macht, S. 124 mit dieser Wortkombination bezeichnet wird.

33 Es sind gewisse Parallelen zu den Begriffen „Hegemonieprojekt“ und „hegemoniales Projekt“ zu erkennen,

Mit diesem präzisierten Verständnis von Dispositiv lassen sich allgemeine Fragen formulieren, die ich als Forschungsfragen an die Frühzeit der „Sozialen Marktwirtschaft" richten werde: Was war der den Entwicklungen zugrunde liegende Notstand? Was war und welche Funktion erfüllte das Strategische Dispositiv und welche Zielsetzung hatte es? Welche Kräfte wirkten auf dieses Vorhaben ein und wie veränderte sich dieses Projekt dadurch? Was ist und wie äußerte sich Widerstand? Wie ging die Modifizierung des Dispositivs vor sich? Welche Elemente tauchten während dieses Prozesses neu auf oder veränderten ihre Bedeutung oder ihre Stellung zueinander?

Um diese Fragen möglichst genau beantworten zu können, ist es nötig, das Untersuchungsfeld abzustecken und zu diesem Zweck den Dispositivbegriff weiter zu schärfen. Dabei helfen einige jüngere deutschsprachige Veröffentlichungen,[34] eine Foucault-Exegese durch Gilles Deleuze („What is a dispositif?")[35] und die etymologischen Ausführungen Giorgio Agambens zum Dispositivbegriff.[36]

Letztere erinnern an die theologischen Wurzeln des Dispositivbegriffs und seine enge Verbindung zur Analyse von Regierungstechniken.[37] So lassen sich mit Rückbezug auf christliche Machttechniken zwei Stränge von wesentlicher Bedeutung identifizieren, die in der Dispositivanalyse berücksichtigt werden müssen: zum Ersten die Lenkung der „weltlichen Angelegenheiten" und zum Zweiten die Lenkung der Weltwahrnehmung. Deshalb sollten in einer Dispositivanalyse sowohl Institutionen im weitesten Sinne[38] als auch Diskurse Untersuchungsgegenstand sein.[39] Um keine Missverständnisse aufkommen zu lassen: Auch die hier angeführte Lenkung ist im Sinne einer „Strategie ohne Stratege"[40] gedacht und der Lenkungsapparat – das Dispositiv – ist Ergebnis einer unüberschaubaren Anzahl

---

vgl. etwa Sonja Buckel u.a. (2013): Theorie, Methoden und Analysen kritischer Europaforschung, in: Forschungsgruppe „Staatsprojekt Europa" (Hg.): Kämpfe um Migrationspolitik. Theorie, Methode und Analysen kritischer Europaforschung, Bielefeld, S. 15–86, S. 44 f.

34 Schauz, Diskursiver Wandel; Wilke, Die Vernetzung der Populärkultur; Bührmann u. Schneider, Vom Diskurs zum Dispositiv – mit anregender Rezension (Birkhan, Das Dispositiv); Jäger, Kritische Diskursanalyse, insbesondere S. 69–75 und 90–163; Stieglitz, Undercover; Spilker, Lebenslanges Lernen als Dispositiv; Ziai, Global Governance; Marßolek, Radio Days; Hampf, Radio als Dispositiv; Wimmer, Dispositiv; Roberto Nigro (o.J.): Was ist ein Dispositiv? Arbeitspapier zur „Theorie der Ästhetik" am Institut für Theorie (ith) der Zürcher Hochschule der Künste (ZHdK), o.O.; Keller, Diskurse und Dispositive analysieren.

35 Deleuze, What is a dispositif?.

36 Giorgio Agamben (2008): Was ist ein Dispositiv?, Zürich.

37 Giorgio Agamben stößt in seiner etymologischen Untersuchung des Begriffes Dispositiv auf den theologischen Ursprung des Begriffes „Ökonomie", worin die Verwaltung der weltlichen Dinge zu verstehen ist, die von Gott den Menschen übertragen wurde. Die kirchlich-lateinische Übersetzung für oikonomia lautet dispositio, ebd., insbesondere S. 19–24. Der Begriff Dispositiv erbt nach Agamben also die theologische Aufladung der oikonomia. Die Ökonomie als theologisches Dispositiv bezeichnet in gewisser Weise die Verwaltung (Regierung!) der weltlichen Angelegenheiten, ebd., S. 15–19. Vor diesem Hintergrund sind die Untersuchungen Foucaults zu Pastorat und Gouvernementalität zu verstehen; es geht um eine Untersuchung der Lenkung der weltlichen ‚Schäfchen' mit Methoden, die der theologischen Tradition entstammen.

38 Foucault will den Begriff sehr weitgefasst verstanden wissen und dehnt ihn auch und gerade auf Praxen aus: „alles nicht-diskursive Soziale ist Institution", Foucault, Dispositive der Macht, S. 125.

39 Agamben, Was ist ein Dispositiv, S. 24: „Die Gemeinsamkeit all dieser Termini [*oikonomia, dispositio, Dispositiv, Gestell*] besteht darin, auf eine oikonomia zu verweisen, das heißt auf eine Gesamtheit von Praxen, Kenntnissen, Maßnahmen und Institutionen, deren Ziel es ist, das Verhalten, die Gesten und die Gedanken der Menschen zu verwalten, zu regieren, zu kontrollieren und in eine vorgeblich nützliche Richtung zu lenken."

40 Foucault, Dispositive der Macht, S. 132.

von Aushandlungsprozessen. In diesen Prozessen ist die Geschichte durchaus auch von einzelnen Subjekten oder Gruppen beeinflussbar, aber eben nur bis zu einem gewissen Ausmaß. Das dispositive Netz ist ständig im Fluss; überall gibt es produktive Widerstände und unvorhersehbare Wendungen. Die ‚Dispositivmaschine'[41] ist nur sehr begrenzt berechenbar: Geschichte ist immer beeinflussbar, aber nie planbar. Eine Dispositivanalyse kann aus den erwähnten Gründen meiner Meinung nach sehr gut dabei helfen, „historischen Wandel jenseits von teleologischen oder dialektischen Theorien in seiner gesamten temporalen Heterogenität zu konzeptualisieren"[42].

Wie sich an dieser Stelle bereits vermuten lässt, kann (oder müsste) eine vollständige Analyse eines Dispositives sehr umfangreich sein. Eine solch umfassende Analyse mit allen dafür in Fragen kommenden Aspekten ist selbst für einen kurzen historischen Zeitraum in diesem Rahmen nicht zu leisten. Ich werde daher im Weiteren darlegen, wie eine Dispositivanalyse aussehen könnte, welche der von mir entwickelten Forschungsfragen zentral sind und welche Aspekte weiterer Forschung bedürften. In einem ersten Schritt werde ich dazu die Verortung der Dispositivanalyse innerhalb der Diskurstheorie skizzieren.

2.1.3 Dispositive in der Diskurstheorie

Zur Bearbeitung von mindestens zwei Problemlagen angewandter Diskurstheorie könnte eine Dispositivanalyse (über die erwähnten Vorteile hinaus) konstruktiv beitragen.

Die erste entsteht aus dem Widerspruch zwischen einem weiten Diskursbegriff und der Forschungspraxis. Einem kritischen Verweis auf Bereiche, die von Diskursanalysen nicht erfasst werden, wird oft mit dem Hinweis auf die prinzipiell große Reichweite der Diskursanalyse begegnet. Dass dabei alles jenseits der Textebene zu „materialen Infrastrukturen der Diskursproduktion" oder zu „institutionellen Effekte[n] und Praxiswirkungen von Diskursen"[43] degradiert wird, müsste nicht zwangsläufig zu einer Leerstelle führen. Es ist vielmehr die Realität vieler diskursanalytischer Arbeiten, die diese offenbart. Institutionen, Traditionen, Kontexte und Praxen müssten bei Beachtung eines weiten Diskursbegriffs ebenso wie ein Textkorpus zur Quellengrundlage einer entsprechenden Diskursanalyse gehören. Die Einbeziehung dieser Faktoren geschieht jedoch zu selten. Mit einer beiläufigen Erwähnung, wer wie viel Zugang zur Textproduktion hat, sind die Möglichkeiten des Erkenntnisgewinns, wie man sie von einer Dispositivanalyse erwarten kann, bei Weitem nicht ausgeschöpft. Diese Leerstelle kann dramatische Folgen haben, denn der Wert eines

41 Vgl. Agamben, Was ist ein Dispositiv, S. 35: „Das Dispositiv ist also zunächst eine Maschine, die Subjektivierungen produziert"; zur unbeabsichtigten Wirkung von neuen Dispositiven siehe Jäger, Kritische Diskursanalyse, S. 116.

42 Schauz, Diskursiver Wandel, S. 106.

43 Keller, Diskurse und Dispositive analysieren, Absatz 43. Keller ebd., Absatz 43–45 weicht stark vom Dispositivverständnis Foucaults ab, indem er die Infrastrukturen und Effekte des Diskurses als Dispositiv bezeichnet. Vgl. dagegen zum Verständnis Foucaults: Foucault, Dispositive der Macht, S. 123 sowie Birkhan, Das Dispositiv, Absatz 70. Ein ähnlich weites Diskursverständnis wie bei Keller findet sich laut Bührmann u. Schneider, Vom Diskurs zum Dispositiv, S. 44 f. bei Ernesto Laclau. Der Historiker Achim Landwehr hat ebenfalls einen weiten Diskursbegriff: „Diskurse [haben] keine andere Basis [...] als ihre eigene Historizität", vgl. Landwehr, Historische Diskursanalyse, S. 98 f. Landwehr vermeidet aber explizit, ein Jenseits von Diskursen zu negieren und sieht in der Diskursanalyse kein „Allheilmittel", ebd. S. 164.

Diskurses, ja „der Diskurs selbst“ ist ohne Berücksichtigung der „nicht-diskursiven Praxis“ nicht „in vollem Umfang zu spezifizieren“.[44]

Ich möchte daher über den Ansatz hinausgehen, nichtsprachliche Elemente lediglich als Beiträger zur Herausbildung von Diskursen zu betrachten. Insofern verwende ich einen engeren Diskursbegriff als den hier problematisierten und verstehe einen Diskurs zunächst als eines der zahlreichen Elemente des dispositiven Netzes.[45] Ein solch enger Diskursbegriff ermöglicht aber, den Zusammenhang der Elemente des Dispositivs genauer zu konzeptualisieren, was im Allgemeinen als ein dringendes Desiderat formuliert wird.[46] Der Zuschnitt meiner Untersuchung als Dispositivanalyse ist somit eine Konsequenz sowohl aus der diskursanalytischen Theorie als auch der zugehörigen Praxis.

Zweitens macht Achim Landwehr darauf aufmerksam, dass sich in der diskursanalytischen Praxis – unabhängig von der Art der Umsetzung – eine Verengung auf bestimmte Themenfelder herausgebildet hat, namentlich auf „Wissen und Wissenschaft, Geschlecht und Sexualität, Gefängnis und Strafpraxis“[47]. Ich möchte mit dieser Arbeit versuchen, ein weiteres in diesem Zusammenhang festgestelltes Desiderat aufzunehmen, nachdem die „Diskursgeschichte sicherlich noch viel Arbeit vor sich [hat], wenn sie deutlich machen will, dass sie auch in den weiteren Bereichen der Politik, der Wirtschaft, des Rechts oder der Technik – um nur einige wenige zu nennen – ihren Ansatz fruchtbar machen kann.“[48] Der Dispositivbegriff hilft, die genannten Themenbereiche (etwa Wirtschaftsgeschichte) und eine sprachorientierte Diskurstheorie zusammenzudenken.

2.1.4 Zum Verhältnis von diskursiven und nichtdiskursiven Elementen

Auch für die hier vorliegende Dispositivanalyse gilt zunächst, dass ihr „Herzstück“[49] eine Diskursanalyse ist. Die Idee war es jedoch, dass „die Konzentration auf Texte und andere Materialien [....] die gesellschaftliche Frage nicht obsolet werden lassen“, sondern beide „miteinander amalgieren“[50] soll. Dazu wird nicht nur ein ausführlicher historischer Kontext für den zu untersuchenden Diskurs „Soziale Marktwirtschaft“ herausgearbeitet, sondern es werden auch gesellschaftliche Entwicklungen, die nicht primär textlich zu untersuchen sind, einbezogen und mit der diskursiven Entwicklung verschränkt.

Vor diesem Hintergrund nehme ich eine forschungspragmatische Trennung in zwei Bereiche vor: Der erste Bereich ist der Diskurs mit seinen Bestandteilen (Äußerungen, Aussagen, Äquivalenzketten etc.). Der zweite Bereich setzt sich (potenziell) aus allen anderen Elementen des Dispositivs zusammen, also denjenigen, die ich nicht als diskursiv fasse. Eher als mit klaren Kategorien haben wir es hierbei mit Polen (diskursiv – nichtdiskursiv)

---

44 Birkhan, Das Dispositiv, Absatz 69.

45 Dieses Element hat aber eine besondere Funktion, dazu mehr im Abschnitt „Die Diskursanalyse als Teil einer historischen Dispositivanalyse“ ab S. 29.

46 Vgl. jüngst Füssel u. Neu, Diskursforschung in der Geschichtswissenschaft, S. 155. Dort heißt es, dass „der Zusammenhang [der] heterogenen Elemente im Rahmen der Dispositivanalyse, jedenfalls zur Zeit, noch nicht ausreichend bestimmt“ sei.

47 Landwehr, Diskurs und Diskursgeschichte, S. 10.

48 Ebd., S. 10.

49 Jäger, Kritische Diskursanalyse, S. 114.

50 Landwehr, Historische Diskursanalyse, S. 106.

zu tun, zwischen denen Elemente des Dispositivs eingeordnet werden können. Alle seine Elemente besitzen sowohl diskursive als auch nichtdiskursive Anteile; klare Definitionen wären in diesem Fall nicht zielführend und würden immer in theoretischen Widersprüchen enden.[51] Die konkrete Zuordnung zu einem dieser Pole wird im Verlauf der Arbeit und direkt am jeweiligen Gegenstand deutlich, vor allem im Kapitel „Modifizierung“ und im besonderen im Unterkapitel „Diskursanalyse“.[52] Im Ergebnis steht eine vorläufige Unterteilung in „Text“ bzw. „Rede“ mit Schwerpunkt auf dem öffentlichen Sprechen einerseits und anderen Elementen – darunter viele gesetzliche Maßnahmen – andererseits.

2.1.5 Notstand – Strategie – Widerstand – Modifizierung: Die Genealogie des Dispositivs

Oben wurde bereits darauf verwiesen, dass die Genese des Dispositives „Soziale Marktwirtschaft“ in seinen verschiedenen Facetten untersucht werden soll. Im Rahmen dieser Genealogie werden seine Entstehungsbedingungen erforscht und analysiert, indem ich die oben ausformulierten Fragen[53] nach dem zugrunde liegenden Notstand, der Gestalt des Strategischen Dispositivs, nach dem Charakter und Einfluss des Widerstands und schließlich nach der Form der Modifizierung beantworten werde.

Die Genealogie eines Dispositives könnte – insofern sie chronologisch vorgenommen wird – von der Beschreibung des Notstandes ausgehen, der ein neues Dispositiv nötig gemacht hat. Mein erster Zugang zum Thema waren allerdings die Proteste im Herbst 1948, die ich inzwischen als entscheidenden Teil eines zweiten Notstands, das heißt als drohenden Verlust von Hegemonie des Strategischen Dispositivs, begreife und im Folgenden „Widerstand“ nennen werde. Von dort aus richtete sich mein Interesse zum einen auf die Reaktionen, die durch diesen Widerstand hervorgerufen wurden (Modifizierung) und zum anderen auf die vorgängigen Ereignisse (wo der sich der eigentliche Notstand fand).

In der konkreten Umsetzung dieser Forschungen war also festzustellen, dass eine spezifische Abfolge zur Genese des Dispositivs „Soziale Marktwirtschaft“ gehört. Diese Abfolge ist Teil der „komplexen Geschichte permanenter Modifikationen und Korrekturen“[54], die in den Jahren 1945–1949 besonders heftig waren und in einem sehr kurzen Zeitfenster vonstatten gingen. In diesen wenigen Jahren und ganz besonders für das Jahr 1948 zeigt

51 Die Unterscheidungen von diskursiven und nichtdiskursiven Praktiken etwa bei Bührmann u. Schneider, Vom Diskurs zum Dispositiv, S. 50 ist wenig überzeugend, weil dort Unterschiede, die graduell zu bestimmen wären, kategorial als ‚Entweder-oder‘ verabsolutiert werden. Die Grundannahme, Signifikat und Signifikant seien klar voneinander abzugrenzen, müsste im Zuge einer theoretischen Diskussion zur Unterscheidung von diskursiv und nichtdiskursiv vielleicht in Frage gestellt werden. Laut Münker u. Roesler, Poststrukturalismus, S. 29 f. war diese Grundannahme nötig, um durch eine klar definierbare Zuordnung der Elemente ein geordnetes System herzustellen, auf dessen Grundlage der Strukturalismus seinen Allgemeingültigkeitsanspruch fundieren konnte. Durch die poststrukturalistische Diskussion mit der Tendenz „alles ist Text“ wurde die Stellung der Signifikanten verstärkt. Insofern ist die Bezeichnung „nichtdiskursiv“ nur ein Anfang: die Signifizierung durch Relation (in diesem Fall Abgrenzung) – nichtdiskursiv – dient mir als vollwertige Eigenbezeichnung eines Feldes, das zum jetzigen Zeitpunkt noch keine andere gültige Bezeichnung aufweist..

52 Ab S. 231bzw. 259.

53 Vgl. S. 22.

54 Schauz, Diskursiver Wandel, S. 98.

sich, was generell in der These der Dispositivtheorie gelten kann – formuliert z.B. durch Roberto Nigro: „Ein Dispositiv wird nicht einfach durch ein anderes ersetzt. Die gegenseitige Beeinflussung von Dispositiven ist ein Aspekt historischer Veränderung."[55]

Was in der Geschichtsschreibung (West-) Deutschlands manchmal als Durchtrennung eines „gordischen Knotens" durch Erhard am 20. Juni 1948 erscheint, entpuppte sich im Laufe der Forschung als ein komplexer Prozess mit sehr unterschiedlichen Phasen; als eine Genese, die in vier Schritte unterteilt werden kann:

(Erster) Notstand: Hunger und grundsätzliche politische Konflikte nach Kriegsende
↓
Strategisches Dispositiv (erste Antwort): „freie Marktwirtschaft" (+ Westbindung)
↓
Widerstand (zweiter Notstand): Proteste gegen das Strategische Dispositiv
↓
Modifizierung (zweite Antwort): „soziale Marktwirtschaft" (+ Westbindung)

Diese (Vor-)Geschichte des Dispositives „Soziale Marktwirtschaft" war geprägt von politischen Auseinandersetzungen, von „Machtkämpfen" zwischen verschiedenen „Macht-Wissenskomplexen"[56], aber auch von deren gegenseitiger Durchdringung. Veränderungen waren notwendig, als die vorherige Ordnung in eine existenzielle Krise zu geraten schien und Machtverschiebungen und Hegemonieverlust drohten; die Knoten und Fäden („lines") des dispositiven Netzes verschoben sich zu einer anderen, an die veränderte Situation angepassten Ordnung: „It is always in a crisis that Foucault discovers new dimensions, new lines."[57] Dispositive sind immer in Bewegung, vor allem in Zeiten der Krise und deren versuchter Lösung. In diesen Auseinandersetzungen werden wiederum neue Dispositive erzeugt, „auch solche, die den diskursiven Kämpfern nicht gelegen kommen und von ihnen nicht beabsichtigt waren"[58].

Auf eine solche Instabilität bezieht sich ein zentraler Komplex dieser Arbeit. Die Wortkombination „soziale Marktwirtschaft" zirkulierte als Begriff zwar schon seit Anfang 1947 durch einzelne Fachveröffentlichungen, war aber weit davon entfernt, eine wichtige Rolle zu spielen oder nichtdiskursive Bedeutung zu haben. Wichtig wurde dieser Begriff erst, als starke Proteste in Opposition zur „freien Marktwirtschaft" einen zweiten Notstand herstellten und Modifikationen nötig wurden.

Die zwei wichtigsten Momente der Genese eines Dispositives sind also einerseits die vorgängige strategische Zielsetzung, einen Notstand im Sinne bestimmter Interessen oder Überzeugungen aufzulösen. Ein solches Strategisches Dispositiv wird andererseits durch notwendige und ständige Reaktionen auf Widerstand zu einem „Modifizierten Dispositiv". Diese vier Bezeichnungen bilden den begrifflichen und chronologischen Rahmen für die Analyse. Die Offenlegung ihrer Zusammenhänge heißt, eine mögliche Geschichte des Dispositivs zu schreiben. Um diese Zusammenhänge ausreichend erfassen zu können ist es angezeigt, mittels einer Analyse des diskursiven Wandels auch diejenigen Veränderungen

55 Nigro, Was ist ein Dispositiv, S. 5.
56 Jäger, Kritische Diskursanalyse, S. 116 (Anm. 215).
57 Deleuze, What is a dispositif?, S. 159.
58 Jäger, Kritische Diskursanalyse, S. 116.

zu erfassen, die sich auf der Sprachebene abspielen und in ihrer Wirkmächtigkeit keinesfalls zu unterschätzen sind.

2.2 Über Diskurse und ihre Analyse

Der Diskursbegriff hat in den letzten Jahren eine sehr große Aufmerksamkeit erfahren. Immer noch ist es hauptsächlich die zugehörige Diskurstheorie, um die sich die meisten Debatten drehen, und es sind weniger konkrete Anwendungen (Diskursanalysen), über die diskutiert wird. Diskurstheorie meint dabei „die systematische Ausarbeitung des Stellenwertes von Diskursen im Prozess der gesellschaftlichen Konstruktion von Wirklichkeit"[59]. Diese „Ausarbeitung des Stellenwertes von Diskursen" kann zweierlei bedeuten: Zum einen sind diskurstheoretische Beiträge oftmals ein Plädoyer dafür, der Untersuchung von Diskursen mehr Platz einzuräumen, weil sie in ihrer Wirkmächtigkeit immer noch unterschätzt würden; zum anderen handelt es sich um die (Weiter-)Entwicklung einer Methodik für die Untersuchung von Diskursen. Sowohl dieser theoretische Zugang als auch die Gesamtheit der umgesetzten Diskursanalysen („Diskursgeschichte") beziehen sich meistens auf den poststrukturalistischen Diskursbegriff, vor allem dann, wenn sie es sich zur Aufgabe machen, „sich über Dinge zu wundern, über die sich üblicherweise niemand mehr wundert"[60].

Es ist an dieser Stelle nicht möglich, die verschiedenen gebräuchlichen Diskursbegriffe ausführlich zu beschreiben und voneinander abzugrenzen.[61] Stattdessen soll es genügen, den dieser Arbeit zugrunde liegenden poststrukturalistischen Diskursbegriff (in Anlehnung an Michel Foucault) einzuführen, der gleichzeitig in der deutschsprachigen Forschung am weitesten verbreitet ist. Dessen wichtigstes Merkmal[62] ist ein Verständnis von Sprache als wirklichkeitskonstituierend, wonach es hinter den Diskursen „kein ‚Eigentliches' gibt. Dementsprechend kann die Historische Diskursanalyse auch keine ‚eigentlichen' Inhalte zutage fördern."[63] Es wird davon ausgegangen, dass es keine objektive Wahrheit gibt, die es zu erkennen gälte oder die mit besonders elaborierten Methoden freizulegen wäre. Die Benennung von Gegenständen, Gewohnheiten, Praxen erschafft die Welt und entscheidet, ob es sich um einen Baum, potentielles Brennholz oder ein Habitat für Borkenkäfer handelt, genauso wie die Benennung ausschlaggebend ist, ob – als ein besonders einleuchtendes Beispiel – unter „Kommunismus" eine anzustrebende klassenlose Gesellschaft oder die vergangene stalinistische Barbarei verstanden wird. Eine Benennung ist aber nur dann erfolgreich, wenn sie nicht nur einmal, sondern immer wieder vorgenommen wird, bis sie

59 Landwehr, Diskurs und Diskursgeschichte, S. 4.

60 Ebd., S. 1 f.

61 Einen Überblick über einige der möglichen Diskursbegriffe (Jürgen Habermas, Michel Foucault, Pierre Bourdieu, Ernesto Laclau und Chantal Mouffe, sowie der Sprach- und Literaturwissenschaft) gibt Landwehr, Historische Diskursanalyse, S. 60–90.

62 Für einen ausführlicheren Umriss verschiedener Merkmale des Diskursbegriffes, „die von vielen DiskursforscherInnen geteilt werden", siehe Johannes Angermüller (2014): Einleitung. Diskursforschung als Theorie und Analyse. Umrisse eines interdisziplinären und internationalen Feldes, in: ders. (Hg.): Diskursforschung. Ein interdisziplinäres Handbuch, Bielefeld, S. 16–36, S. 18 f.

63 Landwehr, Diskurs und Diskursgeschichte, S. 5.

sich als selbstverständlich und „wahr" durchgesetzt hat. Diskurse sind also als „Praktiken zu behandeln, die systematisch die Gegenstände bilden, von denen sie sprechen"[64].

Diese „Praktiken" verlaufen nach bestimmten Regeln, welche im Idealfall durch eine Diskursanalyse nachzuweisen sind.[65] Die Existenz solcher Regeln sollte aber nicht dazu verleiten, die Herausbildung von Diskursen als Selbstläufer zu verstehen. Auch mit Hilfe eines – angenommenen – Regelwerkes können die Entscheidungen der Akteure nicht vorherbestimmt werden; vielmehr beeinflusst der gesamte historische Kontext die Richtung der Diskursbildung. Gleiches gilt andersherum: Ein Diskurs kann maßgeblichen Einfluss auf den Verlauf von Geschichte haben – ein wichtiger Grund, warum sich Foucault so stark für Diskursgeschichte interessierte. Der Einfluss von Diskursen auf den Verlauf von Geschichte ist evident; ein Diskurs „gehört zur Geschichte wie eine Schlacht, die Erfindung der Dampfmaschine oder eine Epidemie"[66]. Gleichzeitig – und dies ist die sogenannte „Subjektivierung" von Diskursen – stecken Diskurse das Feld ab, innerhalb dessen Subjekte denken und sich bewegen können: Im poststrukturalistischen Diskursverständnis hat das, „was sich im Kopf eines Individuums oder einer Gruppe abspielt", zuallererst „historischen Charakter"[67].

Die Etablierung der Diskursanalyse hat – gerade in den Geschichtswissenschaften – einen steinigen Weg hinter sich.[68] Nichtsdestotrotz ist die Auseinandersetzung über die methodischen Grundlagen immer noch sehr lebendig. Recht unumstritten dürfte allerdings eine Definition von Achim Landwehr sein, wonach unter Diskursanalyse „die forschungspraktische und methodisch angeleitete Untersuchung von Diskursen zu verstehen"[69] ist; die jeweilige Durchführung jedoch nimmt sehr unterschiedliche Gestalt an.

Was bei Gegenwartsthemen als bekannt vorausgesetzt werden kann – der jeweilige aktuelle politische Kontext – muss bei *historischen* Diskursanalysen stärker beachtet werden. Weder die LeserInnen noch die forschende Person hat zunächst einen derart detaillierten Einblick in die zeitgenössischen Strukturen und Akteure, wie dies bei der Gegenwart oft der Fall ist. Gerade um die Verflechtungen zwischen „Text und Kontext"[70] herausarbeiten zu können, sollte „auch und gerade"[71] in historischen Diskursanalysen dem Kontext deutlich mehr Platz eingeräumt werden – und zwar unabhängig von der sonstigen Ausrichtung bzw. Fragestellung.[72]

64 Michel Foucault (1988^3): Archäologie des Wissens, Frankfurt/M., S. 74.

65 Vgl. Landwehr, Historische Diskursanalyse, S. 78.

66 Michel Foucault (1996): Der Mensch ist ein Erfahrungstier. Gespräch mit Ducio Trombadori, Frankfurt/M., S. 87.

67 Landwehr, Historische Diskursanalyse, S. 74.

68 Vgl. ebd., S. 132–134 sowie Franz X. Eder (2006): Historische Diskurse und ihre Analyse – eine Einleitung, in: ders. (Hg.): Historische Diskursanalysen. Genealogie, Theorie, Anwendungen, Wiesbaden, S. 9–23, S. 9–14. Zur Genese der Methode Diskursanalyse vgl. Landwehr, Historische Diskursanalyse, S. 26–55, zu ihren engeren theoretischen Bezügen ebd., S. 65–90.

69 Landwehr, Diskurs und Diskursgeschichte, S. 4.

70 Landwehr, Historische Diskursanalyse, S. 105 (mit Bezug auf Christoph Conrad u. Martina Kessel (1994): Geschichte ohne Zentrum, in: dies. (Hg.): Geschichte schreiben in der Postmoderne. Beiträge zur aktuellen Diskussion, Stuttgart, S. 9–38, S. 22 f.).

71 Landwehr, Historische Diskursanalyse, S. 106.

72 Gut gelöst etwa in der Arbeit von Stieglitz, Undercover. Dort wird der historische Kontext laufend und themenbezogen ausgearbeitet und stellt einen wichtigen Teil der Analyse selbst dar.

2.3 Die Diskursanalyse als Teil einer historischen Dispositivanalyse

Auf den folgenden Seiten wird beschrieben, welche spezifischen diskursanalytischen Fragestellungen bearbeitet werden sollen. Ausgehend von der Frage nach der Genealogie des Dispositives ergibt sich auch für diese in die Dispositivanalyse eingebettete Diskursanalyse die parallele Frage nach der Genese, nämlich wann und unter welchen Umständen der Begriff „Soziale Marktwirtschaft“ seinen Aufstieg erlebt hat.

2.3.1 Eingrenzung der Forschungsfragen

Die Konzentration auf die Genealogie des Diskurses und das Interesse an den Verflechtungen mit nichtdiskursiven Elementen führte dazu, einige Fragestellungen beiseitezulassen, die in einer Diskursanalyse durchaus hätten Beachtung finden können. Bei diesen beiseitegelassenen Bereichen handelt es sich:

a) um eine umfassende Sprachanalyse bzw. um die Frage nach dem sprachlichen „Wie“[73] des Aufstiegs der „Sozialen Marktwirtschaft“ und
b) um die beiden Felder, in den sich Folgen des Diskurses aufspüren lassen, namentlich Subjektivierung (bzw. Subjektivation[74]) und Objektivationen.

Mit Subjektivierung ist der Einfluss eines Diskurs (oder eines Dispositivs) auf die Wahrnehmung und Selbstwahrnehmung von Individuen gemeint. Im Falle der „Sozialen Marktwirtschaft“ könnte als eine mögliche Subjektivierung angenommen werden, dass lohnabhängig Beschäftigte sich als Marktteilnehmer, Arbeitnehmer und Wahlberechtigte fühlen und eine vorherige Identität als Klassenkämpfer oder Proletarier in den Hintergrund gerät.

Objektivationen wiederum sind diejenigen Folgen eines Diskurses, die sich – außerhalb der Subjekte und außerhalb der Sprache – materialisieren.[75] Ein gutes Beispiel für eine Objektivation der „Sozialen Marktwirtschaft“ ist der Stadtumbau in den 1950er bis 1970er Jahren, der unter anderem versuchte, ein Programm der Entproletarisierung architektonisch umzusetzen.[76]

Subjektivierung wie Objektivation stellen mittel- oder längerfristige Folgen eines Diskurses dar und werden natürlich umso sichtbarer und stärker, desto mehr sich ein Diskurs

73 Nonhoff, Politischer Diskurs, S. 16 und 22. Martin Nonhoff hat diese Fragestellung in diskurs- bzw. hegemonietheoretischer Weise samt detailliertem dazugehörigem Methodenapparat bearbeitet. Ich ziehe es gegenüber der Arbeitsweise von Martin Nonhoff aber auch aus prinzipiellen Erwägungen vor, mich auf die Verflechtungen des Aufstiegs der „Sozialen Marktwirtschaft“ mit anderen Elementen des Dispositives zu konzentrieren. Im Ergebnis stehen Resultate, die teilweise mit denen Nonhoffs nicht vereinbar sind.

74 Für Bührmann u. Schneider, Vom Diskurs zum Dispositiv, S. 100–103 ist die Untersuchung von „Subjektivierung/Subjektivation“ eine der Leitfragen einer Dispositivanalyse. Die Wortwahl „Subjektivation“ wird nicht kommentiert oder begründet.

75 Vgl. Bührmann u. Schneider, Vom Diskurs zum Dispositiv, S. 103–105.

76 Dazu gehörte nicht nur die Pendlerpauschale, sondern auch der Abriss der sog. Mietskasernen, in denen während der Weimarer Republik das proletarisch-klassenkämpferische Milieu wohnte. Sinnbildlich ist die Architektur-Geschichte des Weddings, speziell etwa der Ackerstraße und des Meyer-Hofes, die mit dem Abriss des letztgenannten Komplexes im Jahr 1972/73 endete. Vgl. dazu den Abschnitt „Meyers Hof“ aus Andreas Robert Kuhrt (1987): Eine Reise durch die Ackerstraße. Die Geschichte einer Straße. Berlin, S. 67–83.

verbreitet. Ihr Nachweis während der ersten Wochen und Monate der „Sozialen Marktwirtschaft" wäre daher schwierig bis aussichtslos gewesen.

2.3.2 Äußerung – Aussage – Diskurs: Die Genealogie des Diskurses

Eine wichtige Information, die schon als ein Teil des Untersuchungsergebnisses betrachtet werden kann, muss an dieser Stelle vorweggeschickt werden. Bis Juni 1948 war jenseits einer verschwindend kleinen Gruppe von Ökonomen (z.B. Alfred Müller-Armack oder Leonhard Miksch) der Begriff „Soziale Marktwirtschaft" unbekannt. Insofern stellt sich die Frage, wann diese Wortkombination zum ersten Mal in einer breiteren Öffentlichkeit Verwendung fand und welche Entwicklung die Verwendung danach nahm. Weil ich genauso wie Achim Landwehr davon ausgehe, dass ein solches Erscheinen „kein Zufall, keine Laune der Natur und auch kein Ergebnis göttlichen Wirkens ist", soll in dieser Untersuchung gezeigt werden, „warum ausgerechnet diese Aussage [...] aufgetreten" ist – und „keine anderen (grammatikalisch möglichen)"[77]. Ich werde den Beginn der öffentlichen Verwendung des Begriffs „Soziale Marktwirtschaft" untersuchen, um festzustellen, wann sich daraus ein wirksamer Diskurs entwickelt hat.

Der Gegenstand einer solchen Genealogie ist *nicht* die Suche nach einem vermeintlichen Ursprung, sondern „die Analyse der Entstehung"[78], weshalb Rückverweise auf verschiedene Herkunftslinien der Idee wie der konkreten Wortkombination „soziale Marktwirtschaft" nicht im Mittelpunkt stehen, sondern lediglich *en passant* und ohne Anspruch auf Vollständigkeit vorgenommen werden.

Das Fachvokabular hinsichtlich der Untersuchung von Diskursen hat sich mehrfach ausdifferenziert und umfasst zahlreiche mehr oder weniger einleuchtende Begriffe.[79] Sie mögen in vielen Fällen ihre Berechtigung haben, kommen aber hier nur zur Verwendung, wenn sie wirklich notwendig sind.[80] Allerdings werden die beiden genuin diskursanalytischen Begriffe „Äußerung" und „Aussage" verwendet, um die „grundsätzliche Frage" von Diskursanalysen zu beantworten, „welche Aussagen zu welchem Zeitpunkt an welchem Ort auftauchen"[81].

Ich halte mich dabei an das an Foucault anschließende Verständnis, dass Äußerungen zunächst den Charakter von Einzelfällen haben, insbesondere dann, wenn neue Bezeichnungen eingeführt bzw. neue inhaltliche oder wertende Verknüpfungen oder Abgrenzungen vorgenommen werden. Als eine solche Äußerung könnte etwa gelten: „Marktwirt-

77 Landwehr, Historische Diskursanalyse, S. 92.

78 Münker u. Roesler, Poststrukturalismus, S. 92. Gerade Foucault sprach sich geradezu gegen jegliche Suche nach einem Ursprung aus und war der gut begründeten Meinung, so etwas könne es nicht geben; vgl. ebd.

79 Vgl. etwa Jäger u. Zimmermann, Lexikon kritische Diskursanalyse oder Johannes Angermüller (2005): Sozialwissenschaftliche Diskursanalyse in Deutschland: zwischen Rekonstruktion und Dekonstruktion, in: Reiner Keller u.a. (Hg.): Die diskursive Konstruktion von Wirklichkeit, Konstanz, S. 23–48.

80 Das betrifft insbesondere die Nicht-Verwendung des Begriffs „Wissen": Im diskursanalytischen Sinne wird der Begriff als Chiffre für den Umstand genutzt, „dass Wissen und Wirklichkeit Ergebnisse soziokultureller Prozesse sind", Landwehr, Diskurs und Diskursgeschichte, S. 3 f. Doch im Deutschen gibt es wohl kaum ein Wort, was auch nur annähernd einen so positivistischen Klang hat wie „Wissen" – es ist nur sehr schwer mit dem postmodernen bzw. poststrukturalistischen Wissensbegriff (frz. „condition" bzw. „savoir") in Einklang zu bringen.

81 Landwehr, Historische Diskursanalyse, S. 92.

schaft hat nichts mit Liberalismus zu tun". Äußerungen können als „ereignisgebunden"[82] verstanden werden, es handelt sich um „[e]inmal gesagte Dinge"[83], die nicht wiederholbar sind bzw. durch Wiederholung ihren Charakter ändern.

Wenn sich solche Äußerungen in einem ähnlichen Zusammenhang wiederholen, weisen sie irgendwann eine gewisse Ordnung auf und gelten nicht mehr als Äußerung – sie werden zu einer Aussage.[84] Diese Aussagen sind vor allem durch „regelmäßiges und wiederholtes Auftauchen"[85] zu erkennen. Wird etwa die „freie Marktwirtschaft" von Ludwig Erhard als Lösungsweg aus der Krise der Mangelernährung postuliert, entsteht durch eine Wiederholung dieser Äußerung (in einem vergleichbaren Kontext der Verwendung) eine Aussage: Sie ist diesem Verständnis nach der „typisierbare Gehalt zahlreicher verstreuter Äußerungen [...], die eine gewisse Ordnung erkennen lassen"[86].

Weil Diskurse „vor allem aus Aussagen"[87] bestehen, können wir in dem Augenblick davon sprechen, dass sich ein Diskurs etabliert hat, wenn die aus Äußerungen hervorgegangenen Aussagen eine gewisse Reichweite und prominente, einflussreiche (individuelle oder kollektive) Fürsprecher für sich gewonnen haben.[88] Aufmerksamkeit verdient daher nicht nur „die Tatsache der Existenz der Aussagen" an sich, sondern auch und gerade, „warum ausgerechnet sie und keine anderen zu einer bestimmten Zeit an einer bestimmten Stelle auftauchen"[89]. Entsprechend lautet die Forschungsrichtung: Wann wurde aus einer Äußerung eine Aussage und wann ein Diskurs? Und warum? Und noch einen Schritt weiter: Wann erlangte der etablierte Diskurs Hegemonie?

Ich werde mich daher auf die Suche nach den ersten Äußerungen begeben und fragen, wann diese sich zu einer veritablen Aussage verdichteten. Der Inhalt dieser Äußerungen bzw. Aussagen wird in verschiedenen Varianten immer derselbe sein: „Soziale Marktwirtschaft" sei die ideale Lösung für die konkrete Krise und für die Organisation menschlichen Zusammenlebens im Allgemeinen. Die „soziale Marktwirtschaft" – so die erste überlieferte Äußerung am 17. August 1948 – sei also der Weg „ein Maximum an Lebensmöglichkeiten und ein Maximum an Lebenssicherung"[90] zu ermöglichen. Die sehr spezifischen Eigenschaften dieser Aussage werden im folgenden Abschnitt ausführlicher erläutert.

82 Jäger u. Zimmermann, Lexikon kritische Diskursanalyse, S. 30.

83 Landwehr, Historische Diskursanalyse, S. 71.

84 Ähnlich Bührmann u. Schneider, Vom Diskurs zum Dispositiv, S. 25 f.

85 Landwehr, Historische Diskursanalyse, S. 71.

86 Ebd., S. 78. Ich folge damit – in einer weiten Auslegung – den Überlegungen Foucaults, vgl. Foucault, Archäologie des Wissens, S. 154–156.

87 Keller, Diskurse und Dispositive analysieren, Absatz 2. Keller fährt fort: „Damit ist eine Ebene des Typischen benannt, das in der konkreten Gestalt einer Vielzahl von historisch-sozial situierten Äußerungen material in Erscheinung treten kann. Die Aussagen und die entsprechende Aussagepraxis bilden einen Diskurs, wenn sie nach ein- und demselben ‚Formationsprinzip' gebildet werden".

88 Martin Nonhoff benutzt in diesem Zusammenhang den (unmittelbar einleuchtenden) Begriff der „politisch-gesellschaftlichen Kräfte", Martin Nonhoff: Soziale Marktwirtschaft als hegemoniales Projekt. Eine Übung in funktionalistischer Diskursanalyse. Vortrag am 1. Juli 2005, Paris XII, Créteil, unter: www.johannes-angermuller.net, zuletzt 20. August 2015, S. 4 f.

89 Landwehr, Historische Diskursanalyse, S. 70.

90 Erhard am 17. August 1948, ediert in: Christoph Weisz u. Hans Woller (Hg.) (1977): Wörtliche Berichte und Drucksachen des Wirtschaftsrates des Vereinigten Wirtschaftsgebietes 1947–1949. Band 2, 1.–22. Vollversammlung, München, S. 799.

2.3.3 „Soziale Marktwirtschaft" als Leerer Signifikant

Der Begriff „Signifikant" kommt aus der Tradition der Semiotik, ist eng mit dem Werk Ferdinand Saussures verbunden und meint zunächst nichts anderes als eine Bezeichnung, einen Begriff, eben ein Wort, das wir gebrauchen, um irgendetwas zu be-zeichnen, etwa „Baum" oder „Freiheit". Das Bahnbrechende an der auf Saussure aufbauenden Semiotik[91] war eine spezielle Überlegung hinsichtlich des Verhältnisses von Signifikat (das Bezeichnete) und Signifikant (das Bezeichnende) sowie den Signifikanten untereinander. Saussure verneint mit wenigen Ausnahmen,[92] dass es eine natürliche Verbindung zwischen Signifikant und Signifikat, also dem, was der Signifikant bezeichnet, gibt.[93] Die von uns intuitiv vorgenommene Verbindung bestehe lediglich aufgrund von Traditionen bzw. Konventionen. Zwischen einem Signifikant und „seinem" Signifikat besteht eine tradierte, nicht aber eine logische Verbindung und diese Verbindung kann sich ändern oder gar auflösen.[94]

Ein genaueres Modell, wie sich Sprache bzw. einzelne Signifikanten entwickeln, wurde erst im Anschluss an Saussure entwickelt. In den meisten Varianten dieses Modells können Signifikanten ihren Sinn verändern, indem ihre Stellung zu anderen Signifikanten durch wiederholte Aussagen geändert wird; die Verbindung zum Bezeichneten wird dadurch in der Folge aufgelöst oder geschwächt oder durch andere ersetzt. Die eigentliche „Definition" geschieht demnach durch die Relation zwischen verschiedenen Signifikanten[95] – „wichtig sind die Differenzen"[96]: Ein Baum ist kein Strauch und kein Wald, aber eine Pflanze; Freiheit meint nicht Gefängnis und nicht Zensur, sondern sich ungehindert bewegen zu können und genug Geld für Reisen auf dem Konto zu haben – oder ist letzteres schon Luxus? Gerade im letzten Fall wird klar, dass es sich bei der ‚Definition durch Relation' potentiell immer um politisch umstrittene Akte handelt, deren Ausgang viel damit zu tun hat, wer welche Möglichkeiten zur Durchsetzung seiner Sichtweise besitzt. Für die unmittelbare Nachkriegszeit in Deutschland ist diesbezüglich der Hinweis Landwehrs – „Die Institution des Staates ist in der Geschichte der Neuzeit der wichtigste Akteur bei der Produktion von Denkkategorien"[97] – zu ergänzen um die Vormachtstellung der Besatzungsmächte. Nichtsdestotrotz kam auch im Fall der „Sozialen Marktwirtschaft" dem

91 Bei de Saussure noch „Semiologie", vgl. Ferdinand de Saussure (1967[2] [frz. 1915]): Grundfragen der allgemeinen Sprachwissenschaft, hg. v. Charles Bally, Berlin, z.B. S. 18–21. Saussure war der Meinung, Sprache könnte nicht „nach dem Belieben der Interessenten umgestaltet werden", ebd., S. 83–93, Zitat 92. Dass der Begriff „Semiologie" durch die das Gründungskomitee der „International Association of Semiotic Studies" (unter Beteiligung von Roland Barthes, Claude Lévi-Strauss u.a.) im Jahr 1969 *per Beschluss* durch „Semiotik" ersetzt wurde (vgl. Winfried Nöth (Hg.) (2000): Handbuch der Semiotik, Stuttgart, S. 3), ist daher ein besonders feinsinniger Treppenwitz der Geschichte.

92 Auch diese Ausnahmen (er nennt etwa Tick-Tack) schränkt Saussure wiederum ein, vgl. de Saussure, Grundfragen, S. 81f.

93 Vgl. ebd., S. 79–82. Signifikant und Signifikat zusammen nennt Saussure „Zeichen".

94 Vgl. ebd., S. 83–93. Die strukturalistische Rezeption de Saussures verengte sich auf eine Variante, die die historische Dimension (und damit die Veränderlichkeit) weitgehend außen vor ließ – die Bearbeitung dieses Mankos war einer der maßgeblichen Gründe für die Entstehung des Poststrukturalismus, vgl. Münker u. Roesler, Poststrukturalismus, etwa S. 21, 30, 32, 37 f.

95 Vgl. zur sprachinternen Herstellung von Sinn ebd., S. 4 und bereits de Saussure, Grundfragen, S. 87–90 (ohne dass Saussure den Begriff der Signifikantenkette benutzt, die Relation der Zeichen zueinander beachtet oder oder das Problem der Macht in der Genese der Sprache berücksichtigt hätte).

96 Münker u. Roesler, Poststrukturalismus, S. 4.

97 Landwehr, Historische Diskursanalyse, S. 82.

vermachteten Feld des – noch torsohaften – westdeutschen Staatsapparates eine zentrale Rolle bei der „Hervorbringung von Wahrnehmungsschemata“[98] zu, nicht zuletzt aufgrund der deutschen Sprache, die von den Besatzungsmächten nur vereinzelt beherrscht wurde.

Ein Leerer Signifikant besitzt nun die besondere Eigenschaft, auf etwas Unmögliches zu verweisen, nämlich auf das „Allgemeine“, im Falle der „Sozialen Marktwirtschaft“ auf die „gesellschaftliche Vollkommenheit“[99], also auf einen Idealzustand von ‚Allgemeinwohl‘. Ein solcher Leerer Signifikant macht damit diese Transzendenz (zum Beispiel ein Paradies auf Erden), dieses eigentlich Unbezeichenbare, „symbolisch verfügbar“[100].

Die „Soziale Marktwirtschaft“, so schlägt Martin Nonhoff vor, sei in diesem Sinne als der Leere Signifikant der Bundesrepublik Deutschland im „ordnungs-, wirtschafts- und sozialpolitischen Diskurs“[101] zu begreifen, weil es gelungen ist, diesen Signifikanten als Bezeichnung (Repräsentanten) für eine „perfekte Wirtschaftsordnung“[102] zu etablieren. Ich möchte diesem Vorschlag folgen und – wie oben angedeutet – der Frage nachgehen, weshalb „Soziale Marktwirtschaft“ sich als „Platzhalter für das Allgemeine“[103] durchsetzen konnte. Mithin heißt dies, sich die Frage zu stellen, warum „soziale Marktwirtschaft“ für die ZeitgenossInnen besser „lesbar“[104] war als die zahlreichen anderen Angebote der Zeit (freie Marktwirtschaft, Sozialismus, Wirtschaftsdemokratie, Neoliberalismus, christlicher Sozialismus, Kommunismus und andere), ohne dabei zu vergessen, dass es immer auch ein Zwangsmoment bei diesem „Lesen“ geben kann. Möglicherweise ist es auch Bestandteil der Lesbarkeit, welche Materialitäten von den Subjekten mit dem entsprechenden Signifikanten – vor dem jeweiligen Zeithorizont – assoziiert werden.[105] Aus der näheren Betrachtung der jeweiligen „Äquivalenzketten“, die mit einem Leeren Signifikanten verknüpft sind, und ihrer Entwicklung lassen sich womöglich weitere Hinweise zur Beantwortung der Frage nach der Durchsetzung eines Leeren Signifikanten gewinnen.

98 Ebd., S. 82.

99 Vgl. Nonhoff, Politischer Diskurs, S. 125, 129 f.

100 Ebd., S. 129. Das Allgemeinwohl ist nicht durch Differenzierung oder Äquivalenzierung zu bestimmen, sondern ist ein absoluter Wert. Solch ein absoluter Wert kann jedoch – im Verständnis der Sprachwissenschaft im Anschluss an Saussure – nicht bezeichnet werden. Eine Bezeichnung des Allgemeinen an sich ist unmöglich, eben weil Signifikanten nur in Relationen (Ähnlichkeiten oder Abgrenzungen in allen Nuancen) einen Sinn erhalten. Um ein solchen Signifikanten trotzdem konstruieren zu können, ist es notwendig, wiederum eine Abgrenzung vorzunehmen – und zwar zum verallgemeinerten Außen (welches in diesem Fall das allgemeine Schlechte repräsentiert), in Worten Laclaus: zur „pure negativity“, Ernesto Laclau (2007): Why do Empty Signifiers Matter to Politics?, in: ders. (Hg.): Emancipation(s), London, S. 36–46, hier S. 38. „Diese Abwertung ist die Bedingung“ für die Stärke eines Begriffs; „ohne sein Gegenteil“ wäre auch und insbesondere ein Leerer Signifikant „nie das, was er von sich behauptet“, vgl. Münker u. Roesler, Poststrukturalismus, S. 25, Zitat ebd.

101 Nonhoff, Politischer Diskurs, S. 129.

102 Ebd., S. 130.

103 Slavoj Žižek (2010): Die Tücke des Subjekts, Berlin, S. 243, zitiert nach: Nonhoff, Politischer Diskurs, S. 133.

104 Ebd., S. 134.

105 Vgl. den Abschnitt zum Sinn-Erbe S. 36–39.

2.3.4 Äquivalenzketten und Kampf um Hegemonie

Die Frage, was unter „Äquivalenzketten" zu verstehen ist, führt nochmals auf die Frage zurück, wie ein Leerer Signifikant seine besondere Bedeutung erhält. Im Prinzip geschieht dies zunächst ganz genauso, wie bei jedem anderen Signifikanten, es findet Sinnbildung durch eine sprachinterne Unterscheidung zu anderen Signifikanten statt. Sowohl Ähnlichkeiten als auch Abgrenzungen können dabei betont werden. Das bei einer solchen assoziativen Definition entstehende Gefüge verschiedener Signifikanten kann, sofern es sich nicht um Abgrenzungen handelt, mithin als eine Kette aus Signifikanten begriffen werden, welche sich „innerhalb des sprachlichen Netzes aller Signifikanten"[106] befindet. Auch „Soziale Marktwirtschaft" wird in Relation zu anderen (oftmals ähnlich diffusen) Begriffen gesetzt, um ihr Sinn zuzuweisen.

Um das (im Sinne der Zeichentheorie unbezeichenbare) Allgemeinwohl zu bezeichnen, wird nun der Äquivalenzkette eines Leeren Signifikanten eine weitere Reihe von Bezeichnungen (diesmal negativ konnotiert) entgegengesetzt. Auf diese Weise entstehen zwei Äquivalenzketten, deren Kettenglieder (also die einzelnen Signifikanten) hinsichtlich des Kriteriums Gut/ Schlecht jeweils als gleichwertig erscheinen – die entsprechenden Signifikanten werden „äquivalenziert".[107] Die Kettenglieder der Äquivalenzkette ‚schlecht' sind all die negativen Begriffe, von denen sich (egal ob aus Überzeugung, Reflex oder politischer Strategie) abgegrenzt wird – im vorliegenden Fall sind das vor allem „Sozialismus", „Kollektivismus", „Bewirtschaftung", „Zwangswirtschaft" und „Liberalismus". Konstitutiver Bestandteil aller Glieder der ‚guten' Kette ist es demgegenüber, im Antagonismus zu diesen ‚schlechten' Begriffen zu stehen.

Einer dieser Signifikanten der ‚guten' Äquivalenzkette erfährt nun eine Aufwertung zum Repräsentanten der gesamten Kette. Neologismen oder neue Wortverbindungen (etwa „freie Marktwirtschaft" oder „soziale Marktwirtschaft") eignen sich für diese Repräsentationsaufgabe besonders gut, weil sie nicht von überlieferten Verknüpfungen befreit werden müssen. Die ‚gute' Kette hat damit einen Repräsentanten – einen Leeren Signifikanten – der eben aufgrund dieser Funktion (Repräsentant des Gegenteils des allgemeinen Schlechten) die eigentlich unbezeichenbare „gesellschaftliche Vollkommenheit"[108], das „Allgemeinwohl", verkörpert. Als Ergebnis der Konstruktion eines Leeren Signifikanten begegnen uns also zwei antagonistische Äquivalenzketten. Mit der einen wird ein anzustrebender, als absolut positiv bewerteter Zustand bezeichnet, indem auf der anderen Seite das ‚Schlechte' in einer entgegengesetzten Äquivalenzkette veräußert wird.

Die Herstellung und konkrete Zusammensetzung dieser Ketten sowie deren Repräsentation (ggf. durch einen Leeren Signifikanten) sind immer das Resultat gesellschaftlicher Prozesse und Auseinandersetzungen. Die variable Zusammensetzung der Ketten kann in diesen Kämpfen genutzt werden, um durch entsprechende Äquivalenzierungen eine positive Identifikation der Subjekte mit einem (entstehenden) Projekt zu ermöglichen, das heißt, um eine Weltauffassung zu verallgemeinern,[109] die den jeweiligen Interessen dient.

---

106 Münker u. Roesler, Poststrukturalismus, S. 4.

107 Vgl. Nonhoff, Politischer Diskurs, S. 207–240.

108 Nonhoff, Politischer Diskurs, S. 129 f.

109 Vgl. zu dieser „Verallgemeinerung" die Diskussion in Anschluss an Gramsci, etwa bei Alex Demirović (2007): Hegemonie und die diskursive Konstruktion der Gesellschaft, in: Martin Nonhoff (Hg.): Diskurs

Einen positiven Begriff mit dem eigenen Strategischen Dispositiv zu verbinden – etwa „Wohlstand" mit „freier Marktwirtschaft" – kann dabei genauso zielführend sein, wie die Projekte des politischen Gegners zu diskreditieren, indem zum Beispiel „Sozialismus" mit „Bevormundung" gleichgesetzt wird. Eine dritte Variante ist die Abgrenzung von geschichtlichen Erfahrungen, etwa der Versuch, diskursiv zu etablieren, dass eine „freie Marktwirtschaft" etwas anderes als der gescheiterte „Liberalismus des 19. Jahrhunderts" ist. Diese Auseinandersetzungen um die konkrete Zusammensetzung von Äquivalenzketten sind ein wichtiger Teil des Ringens um Hegemonie.[110] Obwohl es dabei Phasen gibt, die besonders wichtig und entscheidend sind, ist diese Aushandlung ein ständiger Prozess; um eine „Etablierung bestimmter Formen von Wirklichkeit [...] wird permanent gerungen"[111].

Das Hauptaugenmerk liegt hier darauf, wann und warum „soziale Marktwirtschaft" im öffentlichen Diskurs als Leerer Signifikant auftauchte. Die Funktion als Leerer Signifikant ist dabei eine Aussage an sich; welche Äquivalenzen und Strategien dabei genutzt wurden, wird in der vorliegenden Arbeit nicht in der Ausführlichkeit eine Rolle spielen wie etwa bei Martin Nonhoff; lediglich das Strategem der „eigentlichen Bedeutung" wurde immer wieder identifiziert.[112] Meine Annahme ist, dass sich auf dem Weg vom Strategischen zum Modifizierten Dispositiv sowohl die Glieder der Äquivalenzketten wie auch der Leere Signifikant selbst geändert haben. In der konkreten Untersuchung konzentriere ich mich auf die Signifikanten „Freiheit" und „Planung", von denen ich mir besonders viel Erkenntnis verspreche, weil sie in der historischen Situation jeweils eine wichtige Stellung eingenommen haben. In der so akzentuierten historischen Untersuchung wird zu erkennen sein, unter welchen Umständen und aus welchen Gründen „Soziale Marktwirtschaft" zum Leeren Signifikanten für die Wirtschaftspolitik des Weststaates geworden ist.

An die Seite der übergeordneten Fragestellung „Wieso hat sich ein Leerer Signifikant und der mit ihm verbundene Diskurs durchgesetzt?" lassen sich vor diesem Hintergrund weitere Fragen stellen, deren Bearbeitung bei der Beantwortung der ersten hilfreich sein können: Wo traf welcher Diskurs auf welchen Widerstand? Wer verstärkte diesen Diskurs (mit welchen Mitteln)? Wieso war er erfolgreich, an welche diskursiven Traditionen konnte er andocken, was beinhaltete er für Versprechungen?

Diese Fragen führen sowohl zu den politischen und gesellschaftlichen Auseinandersetzungen und ihren Akteuren als auch zu den spezifischen Eigenschaften des Leeren Signifikanten. Für den etablierten Diskurs „Soziale Marktwirtschaft" wurde – etwa von Ralf Ptak – festgestellt, dass sich sein Erfolg zu großen Teilen aus der „Flexibilität und Anpassungs-

– radikale Demokratie – Hegemonie. Zum politischen Denken von Ernesto Laclau und Chantal Mouffe, Hamburg, S. 55–86 und Alex Demirović (1992): Regulation und Hegemonie, in: ders. (Hg.): Hegemonie und Staat. Kapitalistische Regulation als Projekt und Prozeß, Münster, S. 128–157.

110 „Hegemonie" wird in dieser Arbeit in einer an Gramsci orientierten Weise verwendet und meint eine politische und diskursive Vorherrschaft verbündeter gesellschaftlicher Gruppen („historischer Block"), die nicht nur durch Repression, sondern auch durch Ideen, Ideologien, Diskurse, also durch eine (herrschaftskonforme) Sicht auf die Welt, gesichert wird. Eine weit gefasste „Zivilgesellschaft" ist bei Gramsci der (vermachtete) Ort, an dem dieses Ringen um die Wirklichkeit stattfindet.

111 Landwehr, Diskurs und Diskursgeschichte, S. 5.

112 Zur wissenschaftlichen Beschreibung der Konstituierung einer Äquivalenzkette hat Martin Nonhoff als primäres Analyseraster ein „offenes Set von neun Strategemen der (offensiv-)hegemonialen Strategie" (darunter das der „eigentlichen Bedeutung") entworfen, welches als Verdichtung seiner Überlegungen zu Hegemonie und Diskurs zu sehen ist, vgl. Nonhoff, Soziale Marktwirtschaft als hegemoniales Projekt, S. 6 bzw. Nonhoff, Politischer Diskurs, S. 213.

fähigkeit gegenüber den sich verändernden ökonomischen, politischen und soziokulturellen Bedingungen und Kräfteverhältnissen"[113] erklären lässt. Im Laufe der Quellenlektüre und der vertiefenden Recherche erhärtete sich der Verdacht, dass dieser Charakter – der gesellschaftlichen Umwelt gut angepasst zu sein – insbesondere in der Entstehungsphase der „Sozialen Marktwirtschaft" ausschlaggebend war, um sich erfolgreich durchzusetzen. Von den Bestandteilen einer solchen Umgebung, in der Diskurse sich gegen andere, konkurrierende Diskurse durchsetzen und „überleben" müssen, sind zwei vor allen anderen zu beachten:

Zum Ersten ist es wichtig, ob es gesellschaftliche oder politische Gruppen gibt, die einen Diskurs stützen und verstärken, wie geschickt und entschlossen sie das tun und welche Instrumente sie dafür einsetzen können und wollen. Als Beispiele aus der Nachkriegszeit für solche Mittel können der Zugang zu den Medien, wichtige Ämter, Parteiapparate, die Hoheit über Gesetzgebung und Verteilung von Lebensmittelkarten, aber auch Zensur und Repression genannt werden. Die Verfügungsmöglichkeiten über solche Instrumente waren auch in der Nachkriegszeit in hohem Maße vom Zugang zum Staatsapparat abhängig, wenn auch einige andere Institutionen zeitweise beachtenswerten Einfluss hatten – man denke nur an die lokalen Antifa- oder Arbeitsausschüsse in der direkten Nachkriegszeit[114] oder an den unmittelbaren oder mittelbaren Einfluss der Besatzungsmächte, zum Beispiel durch Lizenzvergabe für Zeitungen, Zulassung von politischen Parteien oder die Genehmigungspflicht für deutsche Gesetzesvorhaben.

Zum Zweiten entscheidet nicht nur der Zugriff auf die Machtmittel des Staates, sondern auch die Reaktion der übrigen Diskursteilnehmenden über Erfolg oder Misserfolg eines Diskurses. Eine Äußerung oder Aussage wird offensichtlich eher wiederholt und verstärkt, wenn sie bei den Diskursteilnehmenden auf irgendeine Art wahrnehmbaren Erfolg hat. Bei Zustimmung und Unterstützung kann es sich im einfachsten Fall um Applaus im Sinne von Händeklatschen handeln, etwa im Parlament oder bei öffentlichen Reden. Bleibt die Zustimmung gering oder stellen sich Missfallensbekundungen oder gar Widerstand ein, sind erhöhte Anstrengungen oder die Ausübung von Druck bis hin zu Zwang nötig, um die Wahrscheinlichkeit von Zustimmung zu erhöhen – oder der Diskurs muss erheblich verändert, ersetzt oder aufgegeben werden. Das führt direkt zur Frage, wodurch die Zustimmung/ Unterstützung oder Ablehnung/ Widerstand, die mitentscheiden, in welchem Maße sich ein Diskurs durchsetzen kann, jeweils ausgelöst werden.

2.3.5 Sinn-Erbe: Der historische Gehalt von Signifikanten

Für die Beantwortung dieser Frage nach Gründen für den Erfolg oder Misserfolg eines Leeren Signifikanten und des mit ihm verbundenen Diskurses hilft die Vergegenwärtigung von Faktoren, die über die jeweilige Rezeption entscheiden. Ich davon aus, dass nicht nur aufgrund reflektierter, kohärenter und durchdachter Überzeugungen auf bestimmte Aussagen bzw. Leere Signifikanten reagiert wird. Vielmehr sind auch die unbewussten Spuren

113 Ralf Ptak (2004): Vom Ordoliberalismus zur sozialen Marktwirtschaft. Stationen des Neoliberalismus in Deutschland, Opladen, S. 213, vgl. auch ebd. 228 f.

114 Vgl. Lutz Niethammer u.a. (Hg.) (1976): Arbeiterinitiative 1945. Antifaschistische Ausschüsse und Reorganisation der Arbeiterbewegung in Deutschland, Wuppertal.

der Geschichte in Sprache, Glauben und Verstand zu beachten. Das, was Antonio Gramsci „Alltagsverstand"[115] nennt, spielt daher für den Erfolg oder Misserfolg von Diskurspolitik eine große Rolle.

Dieser Alltagsverstand ist individuell unterschiedlich und trotzdem in höchstem Maße historisch bedingt; er ist „ein historisches Produkt und ein geschichtliches Werden."[116] Seine historisch begründete und zum Teil „bizarre"[117] Zusammensetzung lässt jedoch keine exakten Aussagen darüber zu, welche Reaktionen ein in die Arena gesellschaftlicher Kämpfe eingebrachtes Strategisches Dispositiv auslösen wird. Doch in der analytischen Rückschau lassen sich bestimmte Strukturen heranziehen, um Forschungsergebnisse erklären zu können. Verschiedene Signifikanten bringen jeweils ein spezifisches „Sinn-Erbe mit" sich, welche die Reaktion der Diskursteilnehmenden auf die ihnen angetragenen Signifikanten beeinflussen. Dieses Erbe beruht auf Erfahrung von Individuen, deren intergenerationellen Weitergabe und sprachlich tradierten Interpretationen. Welche Politik wie mit Diskursen gemacht werden kann, hängt von den Konnotationen und Assoziationen ab, die Begriffe ererbt haben, von den vermittelten oder unvermittelten Erfahrungen, die Subjekte mit diesem Begriff verbinden.[118] Wenn Menschen die Weimarer Republik als „Liberalismus" oder „Kapitalismus" erlebt haben und mit ihr Chaos, Unsicherheit, Mangel und Fremdbestimmung verbanden, mussten diskursive Strategien nach 1945 darauf Rücksicht nehmen – oder konnten daraus Vorteile ziehen.

Im Falle der „Sozialen Marktwirtschaft" sind es vor allem drei Begriffe, bei denen ein solches Sinn-Erbe in den politischen Auseinandersetzungen beachtet werden mussten:

- Der Begriff „Kapitalismus" war historisch schwer belastet. Spätestens als die mit Massenarmut, Kinderarbeit und zwei Weltkriegen katastrophale Zeit vor 1945 in der Nachkriegszeit auch durch die CDU als das „kapitalistische Wirtschaftssystem" (Ahlener Programm) historisiert worden war, stand fest, dass mit diesem Begriff kein Staat zu machen sein würde. Auch der „Liberalismus" erlitt hinsichtlich seiner wirtschaftspolitischen Implikationen ein ähnliches Schicksal.
- Der Begriff „Marktwirtschaft" war hingegen recht unbelastet, weil er noch nicht lange verwendet wurde.[119] Es kam nun darauf an, ihn nicht, wie von Anfang an geargwöhnt wurde, als Ersatzbezeichnung für „Kapitalismus" erscheinen zu lassen, sondern als etwas Anderes, Grundverschiedenes zu definieren.
- Das Wort „sozial" entzieht sich einer genauen Definition. Dennoch (oder gerade deswegen) verbanden fast alle Diskursteilnehmenden irgendetwas „Gutes" oder „Menschliches" mit diesem Begriff. Die Geschichte des Wortes ist eng an die politischen Entwicklungen des 19. Jahrhunderts in Europa – zu nennen ist vor allem die ausstrahlende

115 Antonio Gramsci (2012²): Gefängnishefte. Kritische Gesamtausgabe, hg. v. Wolfgang Fritz Haug u. Klaus Bochmann, Hamburg, Heft 11, § 12, S. 1376.

116 Ebd., Heft 11, § 12, S. 1377.

117 Ebd., Heft 11, § 12, S. 1376.

118 Antonio Gramsci deutet diese Historizität von Sinn bereits an, wenn er formuliert, dass eine „spontane Philosophie" auch „in der Sprache selbst" enthalten ist, die ihrerseits „ein Ensemble von bestimmten Bezeichnungen und Begriffen ist und nicht etwa nur von grammatikalisch inhaltsleeren Wörtern", ebd., Heft 11, § 12, S. 1375.

119 Kenneth Galbraith war gar der Meinung es wäre sehr schwer, „einen noch nichtssagenderen Ausdruck zu finden", Galbraith, Die Ökonomie des unschuldigen Betrugs, S. 27.

> französische Revolution – geknüpft.[120] Durch die Sozialdemokratie, die Sozialgesetzgebung Bismarcks und die christlich-sozialen Parteien der Weimarer Republik war sie zusätzlich mit weiteren positiven Bedeutungen aufgeladen worden.[121]

Soll ein solcher Begriff sich zu Nutze gemacht werden, muss auf dieses Sinn-Erbe Rücksicht genommen werden, wenn nicht der Verlust von Glaubwürdigkeit und Bindung riskiert werden soll; dies gilt insbesondere für die Verwendung von „sozial". Existieren keine oder zu wenig Entsprechungen in den nichtdiskursiven Verhältnissen, entsteht ein Widerspruch zwischen der diskursiv induzierten Erwartung und der konkreten Erfahrung. Wird diese Spannung zwischen der massenhaften, diffusen und jeweils subjektiven Erwartung (etwa von konkreter Gerechtigkeit) und der gemachten Erfahrung zu groß, droht der Verlust von Loyalität zum (Versprechen des) Leeren Signifikanten. Solche Widersprüche zwischen verschiedenen Elementen des Dispositivs können Hegemonie schnell gefährden und „hinterlassen ihre Spuren auf der Diskursebene"[122]. Diese Spannungen „lassen sich als Differenzen von Erwartung und Erfahrung beschreiben, die bereits für Reinhart Koselleck ein zentrales Movens historischen Wandels darstellten"[123]. Diese Rückbindung diskurstheoretischer Überlegungen an Erfahrungen (die ihrerseits diskursiv determiniert sind) mit nichtdiskursiven Elementen ist dringend geboten. Diskurse sind nicht beliebig zu gestalten, sondern an die Welt gebunden: „Insofern ist es auch nicht evident, dass die Strukturierungen der nicht-diskursiven Praxis zunächst vom Diskurs ausgehen. Der Diskurs könnte sehr wohl als eine, wenngleich ihrerseits an Kohärenz gebundene Reflexion des nichtdiskursiven Bereichs gesehen werden."[124]

Es gibt möglicherweise eine Art Toleranzbereich, der durch tradierten Sinn von Signifikanten bestimmt wird und innerhalb dessen eine Bezeichnung (etwa als „sozial") noch akzeptiert werden kann. Wird der Toleranzbereich – etwa durch dem Sinn-Erbe widersprechende Erfahrung – massenhaft überschritten, droht der Verlust von Deutungsmacht.

Ein Weiterdenken in diese Richtung der Koppelung von Diskursen an Erwartungen und Erfahrungen führt uns zu einem blinden Fleck der Diskurstheorie: Was in der Debatte oft fehlt, ist die Frage nach etwas, was „nichtdiskursive Diskurspolitik" genannt werden könnte: Ein Beispiel aus dem Bereich der deutschen Nachkriegsgeschichte wäre etwa die bewusste Verringerung der Gütermenge, die dem Bewirtschaftungssystem in der Bizone zur Verfügung stand, indem von Erhard und den US-Behörden weitreichende illegale Hor-

120 Vgl. Etymologisches Wörterbuch des Deutschen, 1993², zitiert nach: „Das Digitale Wörterbuch der deutschen Sprache", www.dwds.de/?qu=sozial, zuletzt 8. August 2015. Dort heißt es: „Im Dt. begegnet sozial als selbständiges Adjektiv zuerst Anfang 19. Jh. (Schelling, Goethe), während die im Jahre 1800 erschienenen Übersetzungen von Rousseaus „Contrat social" dafür gesellschaftlich, Gesellschafts- oder öffentlich als Äquivalent benutzen. Erst in Zusammenhang mit dem nach 1830 merkbar eindringenden revolutionären französischen Ideengut bürgert sich sozial im Dt. ein und wird zum politischen Schlagwort, vgl. soziale Frage, soziale Verhältnisse, soziales Leben, soziale Idee, soziale Reform (19. Jh.). Ältere Komposita wie Social(zu)stand, Socialgesetz (Ende 18. Jh.) dürften dagegen auf einer früheren, direkten Entlehnung aus dem Lat. beruhen." (Alle Hervorhebungen im Original).

121 Zwar spielen hier auch der Begriff „Sozialismus" und die Verwendung diese Begriffes durch die Nationalsozialisten eine Rolle. Eine notwendig differenzierte Darstellung dieser Zusammenhänge würde aber den Rahmen sprengen, weswegen ich es bei diesem Hinweis belasse.

122 Schauz, Diskursiver Wandel, S. 106.

123 Ebd., S. 106.

124 Birkhan, Das Dispositiv, Absatz 69.

tungen geduldet wurden.[125] Bei gleichbleibendem Signifikant („Bewirtschaftung") fiel es unter der Voraussetzung des offensichtlichen (aber politisch beeinflussten) Versagens der Bewirtschaftung nun wesentlich leichter, Alternativen zu eben jener anzupreisen. Gleichzeitig wurden die Startchancen für das Strategische Dispositiv durch die Erhöhung der Warenmenge deutlich verbessert.

Diese Möglichkeit, Signifikanten durch die direkte Veränderung des Signifizierten einen neuen Sinn zuzuweisen, die sich insbesondere staatlichen Entscheidungsträgern bietet, müsste dringend in diskurstheoretische Debatten aufgenommen werden;[126] zumal sie auch mit der Ergänzung der Diskursanalyse durch Untersuchung von nicht-sprachlichen Elementen noch nicht hinreichend genutzt ist. Voraussetzung dafür wäre allerdings, die Existenz von Signifikaten an sich methodisch überhaupt zur Kenntnis zu nehmen, ohne damit einen objektiv zu erkennenden Kern, eine nichtsprachliche Wahrheit oder etwas „Eigentliches" durch die Hintertür wieder einzuführen.

2.4 Das Verhältnis der Elemente des Dispositivs zueinander

In den vorhergegangenen Abschnitten wurde dargelegt, welche Schwerpunkte und Spezifika in dieser Dispositivanalyse zu finden sein werden.

Die Analyse als Ganzes wird die Frage zu beantworten suchen, wie das Modifizierte Dispositiv „Soziale Marktwirtschaft" entstanden ist, indem dargelegt wird, welche dispositiven Elemente während dieses Prozesses neu auftauchten oder ihre Bedeutung und/ oder ihre Stellung zueinander veränderten – und zwar sowohl diskursive als auch nichtdiskursive Elemente. Die Verflechtung des Diskurses mit den jeweils anderen (nichtdiskursiven) Elementen des Dispositives wird so fortlaufend berücksichtigt, obwohl die Diskursanalyse im Kapitel „Modifizierung" einen separaten Abschnitt zugewiesen bekommt.

Es liegt auf der Hand, dass bei einer „Readjustierung der heterogenen Elemente"[127], die notwendig ist, um die verschiedenen Elemente zueinanderpassend zu machen, Aspekte von Macht und Widerstand eine zentrale Rolle spielen. Es ist weiterhin anzunehmen, dass es Mechanismen gibt, durch die sich die Elemente des Dispositives wechselseitig ermög-

125 Ein Gesetz zur Enthortung von Lebensmitteln stand im Frühjahr 1948 zur Debatte. Es wurde von Erhard abgelehnt und – nachdem es trotzdem eine Mehrheit gefunden hatte – von den Besatzungsbehörden so lange verzögert, bis es gegenstandslos geworden war, vgl. S. 132 f. dieser Arbeit. Die Mangellage 1945–48 hatte viele verschiedene und weit wichtigere Ursachen als diese Schonung der Hortungslager im Frühjahr 1948, das Beispiel dient nur der Verdeutlichung. Ein zweites Beispiel aus demselben Bereich: Als nach der Währungsreform eine bis dato gut funktionierende Punkteregelung entkernt wurde, beschwerte sich Erhards Widersacher Erik Nölting im November, man habe „einen Witz draus" gemacht – eine sehr treffende Bezeichnung dafür, den Sinn eines Signifikanten zu verändern und die Veränderung der zugehörigen Äquivalenzkette nur noch abzuwarten, vgl. Erik Nölting, in: Ludwig Erhard u. Erik Nölting (1948): Streitgespräch am 14. November 1948 in Frankfurt am Main. Tonbandabschrift. LEA NE 1558 A, 14. November 1948, S. 88.

126 Möglicherweise hat diese Lücke damit zu tun, dass Sprache als allein wirksam für die Herausbildung der Wirklichkeit verstanden wurde. Münker und Roesler formulieren etwa in einer Paraphrase Lacans: „Die Signifikanten bilden untereinander eine Kette und erzeugen durch ihre Differenzen erst das Signifikat [sic!]", Münker u. Roesler, Poststrukturalismus, S. 11.

127 Foucault, Dispositive der Macht, S. 121.

lichen. Während die Ausformulierung einer „sozialen Marktwirtschaft" den geistigen und ideologischen Raum gab, weitere sozial ausgleichende Gesetzesmaßnahmen zu beschließen, ermöglichten zuvor genau diese und ähnliche Maßnahmen die Bezeichnung „sozial" überhaupt erst. Die entsprechende These lautet, dass durch diese parallele, verflochtene Readjustierung der Elemente, durch die auf Widerstände reagierende Modifizierung des Dispositivs die Spannungen zwischen Erfahrung und Erwartungen verringert und somit Hegemonie gesichert werden konnte.

Eine Dispositivanalyse kann es ermöglichen, die ersten Elemente der in „einzelnen Schritten gewachsene[n] Programmatik"[128] der „Sozialen Marktwirtschaft" freizulegen und dabei auch Handlungen und Denkweisen aufzudecken, die „nicht diskursiv expliziert, sondern erst in der Beobachtung und Analyse rekonstruiert werden"[129] können. Ein solcher Blick auf das in Bewegung befindliche Verhältnis der dispositiven Elemente untereinander lohnt sich vor allem für die Phase, in der sich das Strategische Dispositiv in der politischen Arena bewähren sollte – und am Widerstand scheiterte: Welche Veränderungen fanden während dieses Prozesses statt, welche Elemente wurden neu sortiert und neu gerahmt?

128 Ptak, Ordoliberalismus, S. 213.
129 Wilke, Die Vernetzung der Populärkultur, S. 302.

3 Untersuchungszeitraum, Aufbau und Forschungsbericht

Auf den folgenden Seiten finden sich Bemerkungen zur besseren Einordnung der nachfolgenden Untersuchung. Erläutert werden die Struktur der Arbeit und die Begrenzung des Untersuchungszeitraums. Auch die Lage hinsichtlich der Forschungsliteratur und der verwendeten Quellen wird ausführlich dargelegt.

3.1 Untersuchungs(zeit)raum

Viele der etwas ausführlicheren Darstellungen der Geschichte der „Sozialen Marktwirtschaft" beginnen mit der Weltwirtschaftskrise des Jahres 1929, weil in ihrer Folge die neo- bzw. ordoliberalen Ideen verstärkt diskutiert wurden und diese Debatten wiederum mit der „Sozialen Marktwirtschaft" verbunden sind.[1] Für die hier wichtige Frage, wie sich Letztere im öffentlichen Sprechen durchgesetzt hat, spielen diese wirtschaftswissenschaftlichen Diskussionen jedoch eine untergeordnete Rolle. Deshalb steht diese Ideengeschichte nicht im Mittelpunkt; von geringer Bedeutung ist es auch, wer die Wortkombination zum ersten Mal benutzte.

Zentral ist hingegen, wann und unter welchen Umständen dieses Schlagwort die Schwelle gesellschaftlicher Relevanz überschritt. Für dieses Interesse ist der Zeitraum zwischen 1945 und 1949 ausschlaggebend; er steht daher im Mittelpunkt dieser Untersuchung. Sie beginnt mit einer Beschreibung der „Zusammenbruchgesellschaft"[2] nach dem Ende des Zweiten Weltkriegs und endet mit der Verankerung der „sozialen Marktwirtschaft" im Wahlprogramm der CDU und ihrem anschließenden Wahlsieg Mitte August 1949. Auch für mein Vorgehen gilt insofern, dass „die Genealogie [eines Diskurses oder Dispositives] ganz darauf fokussiert ist, die kontingente Genese des neuen Machttyps aufzuzeigen, während die weitere Entwicklung nicht mehr konsequent verfolgt wird."[3] Dahinter steht die Überlegung, Zeiträumen, in „denen grundsätzliche Veränderungen von Dispositiven mit den entsprechenden, oft gravierenden Folgen für weitere historische Verläufe stattfanden"[4], besondere Aufmerksamkeit zu schenken. Dieses Verständnis von verdichteten Schwellen oder Brüchen (die bei Revolutionen besonders augenscheinlich werden) deckt sich mit

1 Vgl. etwa die einschlägigen Texte aus den Jahren 1932 und 1933, in: Franz Boese (Hg.) (1932): Deutschland und die Weltkrise, München; einführend Abelshauser, Deutsche Wirtschaftsgeschichte, S. 94–99; kritisch zur Ideengeschichte der „Sozialen Marktwirtschaft" Ptak, Ordoliberalismus.

2 Christoph Kleßmann (1991[5]): Die doppelte Staatsgründung. Deutsche Geschichte 1945–1955, Bonn, S. 37.

3 Schauz, Diskursiver Wandel, S. 92.

4 Jäger, Kritische Diskursanalyse, S. 75. Jäger fährt fort: „ Diese Vorgehensweise markiert im Übrigen bei Foucault den Übergang von der Archäologie zur Genealogie als zuverlässigere Art und Weise der Geschichtsschreibung."

einem „politischen, qualitativen Zeitbegriff"[5], wie er dem Philosophen Walter Benjamin vorschwebte.

Vor diesem Hintergrund wird ein sehr detaillierter Blick auf die Geschehnisse im Jahr 1948 geworfen. Räumlich wird dieser Blick auf den Zusammenschluss zwischen der Amerikanischen Besatzungszone (ABZ, Amerikanische Zone) und der Britischen Besatzungszone (BBZ, Britische Zone) beschränkt. Dieses Vereinigte Wirtschaftsgebiet (VWG), besser bekannt unter dem Namen „Bizone", bildete den Kern der späteren BRD und nahm wichtige Entscheidungen über politische und gesellschaftliche Strukturen Westdeutschlands vorweg.

Die historischen Bezüge, die den Kontext des Aufstieges der „Sozialen Marktwirtschaft" bildeten und sich im gewählten Untersuchungszeitraum verdichteten, reichen jedoch zeitlich wie räumlich über die ersten Nachkriegsjahre und die Bizone hinaus. Dies betrifft nicht nur den Einfluss der Weltpolitik und die eingangs angesprochenen politischen und wirtschaftswissenschaftlichen Diskussionen, sondern besonders die historischen Erfahrungen der vor 1945 liegenden Jahrzehnte. Diese langen Linien historischer Entwicklungen werden in Rechnung gestellt und damit eine Warnung E.P. Thompsons ernst genommen, der zu bedenken gab, dass in „historischen Darstellungen" die Tendenz zu beobachten ist, die „großen Übergänge [...] kürzer, als sie gewesen sind"[6] zu zeichnen.

3.2 Aufbau der Arbeit

Die Struktur dieses Vorhabens folgt den in den Ausführungen zur Analytik entwickelten Begriffen. Im ersten Schritt („Kontext – Akteure und Strukturen") werden die Akteure, ihre Interessen und die zentralen Institutionen vorgestellt und ihre Konstellationen beleuchtet. Damit wird gleichzeitig in die internationale Dimension eingeführt, deren Dynamik nach 1945 die Entwicklung Westdeutschlands maßgeblich beeinflusste. Der nächste Schritt der Dispositivanalyse („Notstand") untersucht ausführlich den Zeitraum bis zur Währungsreform und legt dar, inwiefern es sich um einen Notstand handelte und welche Rolle die verschiedenen gesellschaftlichen Akteure dabei spielten.

Im darauf folgenden Kapitel steht im Mittelpunkt, unter welchen Prämissen die Wirtschafts- und Währungsreform am 20. Juni 1948 geplant und durchgeführt wurde und welche ersten Folgen die Doppelreform hatte. Darin wird deutlich, welche Form das Strategische Dispositiv hatte („freie Marktwirtschaft"), wer es unterstützte und welche Elemente ihm zuzurechnen sind.

Im Abschnitt „Widerstand" wird die Protestwelle im Herbst 1948 erstmals als Ganzes aufgearbeitet, beschrieben und analysiert. Dabei werden nicht nur ihr Umfang und ihre Forderungen, sondern auch die Verflechtungen mit der versuchten Einführung der „freien Marktwirtschaft" herausgearbeitet.

5 Henning Fischer (2011): „Erinnerung" an und für Deutschland. Dresden und der 13. Februar 1945 im Gedächtnis der Berliner Republik, Münster, S. 20.

6 Edward P. Thompson (1979): Die „sittliche Ökonomie" der englischen Unterschichten im 18. Jahrhundert, in: Detlev Puls (Hg.): Wahrnehmungsformen und Protestverhalten. Studien zur Lage der Unterschichten im 18. und 19. Jahrhundert, Frankfurt/M., S. 13–80, S. 67.

Das abschließende, ausführliche Kapitel zur „Modifizierung" führt die Entwicklungen wieder zusammen, indem es aufzeigt, wie sich aus der Konfrontation des Strategischen Dispositivs mit dem darauf reagierenden Widerstand eine vorher von niemandem angestrebte Wirtschaftsform samt eines zugehörigen Diskurses entwickelte. Dieses Kapitel beschreibt die Entstehung der „Sozialen Marktwirtschaft" im engeren Sinne.

Alle Abschnitte schließen mit einer Zusammenfassung. Inwiefern sich die entworfene Dispositivanalyse in der Umsetzung bewähren konnte, werde ich in einem anschließenden, gesonderten methodischen Kommentar reflektieren. Nach einer Gesamtzusammenfassung folgt im Epilog ein Blick auf die bisherige Geschichtsschreibung über die in dieser Arbeit behandelten Gegenstände und Zusammenhänge. Ein Kommentar zur Bedeutung der „Sozialen Marktwirtschaft" nach dem Fall der Mauer schließt diese historische Dispositivanalyse ab.

3.3 Forschungsbericht: Literatur und Quellen

Auf den folgenden Seiten werden die verwendete Literatur und Quellen offengelegt. Der Bericht orientiert sich an der Kapitelfolge, wobei sich die entsprechenden Informationen zum Kapitel „Analytik" dem Kapitel selbst entnehmen lassen und hier nicht noch einmal gesondert aufgeführt werden.

Kontext

Mit Blick auf die Diskursgeschichte und ihre grundlegende Arbeitsweise, Texte zum Ausgangspunkt der Analyse zu machen, hat Achim Landwehr angemerkt, es sei „ebenso wichtig, die Bedeutung des Kontextes zu betonen, um eine Vernachlässigung von Fragen der Macht zu vermeiden."[7] Im Falle der hier angestrebten Dispositivanalyse verhält es sich etwas anders, weil diese situativen, medialen, institutionellen und historischen Kontexte[8] weitgehend schon integraler Teil der Untersuchung sind und in diese selbst aufgelöst werden; gleiches gilt für den zu ergänzenden „diskursiven Kontext"[9]. Das Kapitel zu den Akteuren und Strukturen ist daher nur ein Einstieg und soll eine Übersicht geben. Die dafür notwendige Literatur und Nachschlagewerke sowie die ergänzenden Quellen werden für andere Fragestellungen in den darauf folgenden Kapiteln zum Teil wieder aufgegriffen.

Ein erster Zugang zum Untersuchungszeitraum kann durch Überblicksdarstellungen gewonnen werden, die aber naturgemäß schnell an ihre Grenzen stoßen. Für die Zeit zwischen 1945 und 1949 sind vor allem die Werke von Wolfgang Benz[10] und Christoph Kleßmann[11] hervorzuheben. Für die deutsche Wirtschaftsgeschichte lässt sich die grundlegende

7 Landwehr, Historische Diskursanalyse, S. 106.
8 Vgl. ebd., S. 105–110.
9 Jäger, Kritische Diskursanalyse, S. 128 f.
10 Wolfgang Benz (2010): Auftrag Demokratie. Die Gründungsgeschichte der Bundesrepublik und die Entstehung der DDR 1945–1949, Bonn.
11 Kleßmann, Die doppelte Staatsgründung.

Arbeit Werner Abelshausers mit viel Gewinn verwenden.[12] Gerold Ambrosius hat 1977 einen politikgeschichtlichen Ansatz verfolgt, um die „Durchsetzung der Sozialen Marktwirtschaft" darzulegen.[13] Auch in der Erhard-Biografie Volker Hentschels[14] finden sich immer wieder instruktive Darstellungen des historischen Kontextes. Die Erinnerungen Lucius D. Clays[15] enthalten einige Hinweise, deren Verfolgung mittels weiterer Recherche ertragreich war. Auch aus dem Bereich der Gewerkschaftsforschung liegt hilfreiche Literatur vor, die noch detailliert behandelt wird.

Unerlässlich waren die diversen Handbücher und Nachschlagewerke; an erster Stelle sind hier die nützlichen Zusammenstellungen durch Tilman Pünder[16] und das „Handbuch politischer Institutionen und Organisationen 1945–1949", herausgegeben von Heinrich Potthoff und Rüdiger Wenzel[17], zu nennen. Wolfgang Benz hat 1999 ein ebenfalls sehr praktisches Handbuch mit Lexikoncharakter zusammengestellt, worin die wichtigsten Begriffe der Nachkriegszeit erläutert sind.[18]

Die Quellen- und Datenlage entspricht dem Gegenstand. Die wechselnden Zuständigkeiten von Kommunen, Ländern, Zonen und vereinigten Zonen haben verstreute Quelle hinterlassen und entsprechende Forschung nach sich gezogen. Es hat sich als sehr brauchbares Vorgehen herausgestellt, allgemeine Interpretationen an einem regionalen Beispiel zu überprüfen und zu veranschaulichen. Aus mehreren Gründen fiel die Wahl dabei auf Stuttgart. Einerseits handelt es sich um eine Großstadt mit ausgeprägtem proletarischen Milieu – nicht nur SozialdemokratInnen und KommunistInnen, sondern auch die jeweilige Partei-Opposition waren dort tief verankert. Stuttgart ist aber andererseits von einem ländlichen Raum umgeben und damit repräsentativer als etwa die Ruhrgebietsstädte. Es war gleichzeitig die wichtigste Stadt in Württemberg-Baden. So lassen sich hier die innergewerkschaftlichen Konflikte zwischen einer divers orientierten Basis und einem besonders zentralistisch organisiertem Landesverband gut beobachten, zum Beispiel bei der Vorbereitung des landesweiten Generalstreiks vom 3. Februar 1948. Dass sich mit den „Stuttgarter Vorfällen" vom 28. Oktober 1948 die hier im Mittelpunkt stehenden Konflikte im Herzen dieser Stadt kristallisierten, ist daher ebenso naheliegend wie es ein weiteres Argument für diese Wahl der regionalen Vertiefung ist. Als Voraussetzung kommt hinzu, dass die Nachkriegsjahre in Stuttgart besonders gut geschichtswissenschaftlich aufbereitet sind[19] und durch die Sammlungen des Stadtarchivs und des Hauptstaatsarchiv Stuttgart

12 Abelshauser, Deutsche Wirtschaftsgeschichte. Nützlich auch Werner Abelshauser u. Dietmar Petzina (Hg.) (1991): Ordnungspolitische Weichenstellungen nach dem Zweiten Weltkrieg, Berlin.

13 Ambrosius, Durchsetzung.

14 Hentschel, Ludwig Erhard.

15 Lucius D. Clay (1950): Entscheidung in Deutschland, Frankfurt/M.

16 Tilman Pünder (1966): Das bizonale Interregnum. Die Geschichte des Vereinigten Wirtschaftsgebiets 1946–1949, Köln.

17 Heinrich Potthoff u. Rüdiger Wenzel (1983): Handbuch politischer Institutionen und Organisationen 1945–1949, Düsseldorf.

18 Wolfgang Benz (Hg.) (1999): Deutschland unter alliierter Besatzung 1945–1949/55, Berlin.

19 Zunächst ist für den allgemeinen Zugang ein Sammelband des Stadtarchivs Stuttgart zu nennen, der viele sehr gute Beiträge zu bieten hat: Edgar Lersch (Hg.) (1995): Stuttgart in den ersten Nachkriegsjahren, Stuttgart. Darin sind nicht nur der Versorgungsalltag (Manfred J. Enssl: Der Versorgungsalltag Stuttgarts 1945–1949. Aus den vertraulichen Stimmungsberichten der Polizeireviere, in: ebd., S. 353–397) und die Wohnungsnot (Heinz H. Poker: Der Kampf der Stadtverwaltung gegen die Wohnungsnot 1945–1948, in: ebd., S. 250–277) gut dargestellt; auch der Schwarzmarkt (Manfred Schmid: Schwarzmarkt und Kriminalität, in: ebd., S. 342–352) und die prekäre Gesundheitssituation (Robert Jütte: Gesundheitswesen,

(ein Teil des Landesarchivs Baden-Württemberg) eine verhältnismäßig breite Quellenlage zu verzeichnen ist. Auf dieser Grundlage konnten viele Abschnitte durch eine regionale Konkretisierung bereichert werden.

Die Quellen, die für die hier vorliegende historische Dispositivanalyse notwendig waren, unterscheiden sich in den einzelnen Kapiteln; für mich überraschend musste bereits bei der Ausarbeitung des Kapitels „Strategisches Dispositiv" in großem Umfang auf zeitgenössische Quellen zurückgegriffen werden. Einige der notwendigen Bestände sind ediert worden, vor allem aus dem parlamentarischen Bereich[20] und der Gewerkschaften.[21] Über diese Editionen hinaus wurden zahlreiche Quellen verschiedener Provenienz einbezogen; eine zentrale Rolle spielten dabei einige Bestände aus dem Bundesarchiv (BA), die verschie-

in: ebd., S. 398–421) finden dort eine Veranschaulichung. In Stuttgart findet sich auch eine besonders intensive Ausprägung der verschiedenen „Ausschüsse" wieder, die nach Kriegsende schnell eine lokale und verhältnismäßig demokratische Selbstverwaltung aufbauten. Auch dazu findet sich im angesprochenen Band ein guter Text (vgl. Michael Fichter: Kommunalverwaltung und Demokratisierung des öffentlichen Lebens, in: ebd., S. 73–102), der durch einen Text an anderer Stelle desselben Autors zur Rolle der Betriebsräte in Stuttgart ergänzt werden kann, vgl. Michael Fichter (1989²): Aufbau und Neuordnung. Betriebsräte zwischen Klassensolidarität und Betriebsloyalität, in: Martin Broszat u.a. (Hg.): Von Stalingrad zur Währungsreform. Zur Sozialgeschichte des Umbruchs in Deutschland, München, S. 469–549. Im immer noch grundlegenden Werk „Arbeiterinitiative 1945" hat Lutz Niethammer ausführlich über „Kampfkomitees und Arbeiterausschüsse in Stuttgart" berichtet, Lutz Niethammer (1976): Kampfkomitees und Arbeiterausschüsse in Stuttgart, in: ders. u.a. (Hg.): Arbeiterinitiative 1945. Antifaschistische Ausschüsse und Reorganisation der Arbeiterbewegung in Deutschland, Wuppertal, S. 503–602. Im Jahr 2007 erschien außerdem ein Buch über die Geschichte der Stuttgarter Metallarbeiter samt einem Kapitel zur Nachkriegszeit: Ursel Beck (2007): 1945: Kein Neubeginn – Konsolidierung des Kapitalismus, in: Theodor Bergmann u. Tom Adler (Hg.): Klassenkampf und Solidarität. Geschichte der Stuttgarter Metallarbeiter, Hamburg, S. 111–148. Den ersten Zugang im Rahmen meiner ersten Recherchen zu den „Stuttgarter Vorfällen" aber bot der vom DGB Stuttgart herausgegebene Ausstellungskatalog: DGB-Kreis Stuttgart (Hg.) (1982): Arbeiterbewegung und Wiederaufbau Stuttgart 1945–49. Materialsammlung und Katalog zur Ausstellung in der „Galerie im Lichthof" des DGB-Hauses Stuttgart 28.4.–3.7.1982, Stuttgart. Rückgriffe auf die dort edierten Quellen ergaben sich immer wieder. Zu guter Letzt trägt eine ebenfalls sehr hilfreiche Stadtchronik (Hermann Vietzen (1972): Chronik der Stadt Stuttgart 1945–1948, Stuttgart) zum verhältnismäßig reichhaltigen Forschungsstand bei.

20 Grundlegend sind die verschiedenen schwergewichtigen Bände, in denen die Aktivitäten des Wirtschaftsrats dokumentiert werden, einschließlich der Wortprotokolle der sog. Vollversammlungen: Christoph Weisz u. Hans Woller (Hg.) (1977): Wörtliche Berichte und Drucksachen des Wirtschaftsrates des Vereinigten Wirtschaftsgebietes 1947–1949, verschiedene Bände, München. Die Edition Christoph Weisz u.a. (Hg.) (1983): Akten zur Vorgeschichte der Bundesrepublik Deutschland 1945–1949, München kam vor allem beim Ausleuchten der Währungsreform und des Leitsätzegesetzes zum Einsatz. Die zentralen Proklamationen der Alliierten und eine illustrierte Vorstellung aller Mitglieder des Wirtschaftsrates sind enthalten in: Büro des Wirtschaftsrates (Hg.) (1949): Der Wirtschaftsrat des Vereinigten Wirtschaftsgebietes 1947–1949, Frankfurt/M. Von der Zeit zwischen 1947 und 1949 sind auch Materialien der beiden größten Parteien im Wirtschaftsrat, der CDU und der SPD, in aufgearbeiteter Form zugänglich: Für die CDU Rainer Salzmann (1988): Die CDU/CSU im Frankfurter Wirtschaftsrat. Protokolle der Unionsfraktion 1947–1949, Düsseldorf; Brigitte Kaff (Hg.) (1991): Die Unionsparteien 1946–1950. Protokolle der Arbeitsgemeinschaft der CDU-CSU Deutschlands und der Konferenzen der Landesvorsitzenden, Düsseldorf sowie Helmuth Pütz (Hg.) (1975): Konrad Adenauer und die CDU der britischen Besatzungszone 1946–1949. Dokumente zur Gründungsgeschichte der CDU Deutschlands, Bonn; für die SPD Christoph Stamm (Hg.) (1993): Die SPD-Fraktion im Frankfurter Wirtschaftsrat 1947–1949. Protokolle, Aufzeichnungen, Rundschreiben, Bonn.

21 Vor allem der siebte Band des Editionsprojekts „Quellen zur Geschichte der deutschen Gewerkschaftsbewegung im 20. Jahrhundert" ist zu nennen, in dem viele wichtige Quellen versammelt sind, Siegfried Mielke u. Peter Rütters (Hg.) (1991): Gewerkschaften in Politik, Wirtschaft und Gesellschaft 1945–1949, Köln.

dentlich ergänzt wurden.[22] Zeugnisse der zeitgenössischen ‚veröffentlichten Meinung' nehmen einen der Analytik angemessenen hohen Stellenwert ein, weshalb ich umfangreiche Zeitungsrecherchen vorgenommen habe.[23]

Notstand

Dieses Kapitel vertieft den Blick auf die Akteure und Strukturen unter der Annahme, dass der darin beschriebene Zeitraum eine ernsthafte gesellschaftliche Krise, einen Notstand im Sinne der Dispositivanalyse darstellt. Ausschlaggebend für diese Diagnose waren die schwerwiegenden materiellen Mängel in der Versorgung und Ernährung sowie die politische Krise, deren Kernfrage es war, welche Konsequenzen aus dem Scheitern des Kapitalismus der vorangegangenen hundert Jahre gezogen werden sollten. Anders als heute wurde auch der Nationalsozialismus als Teil der Erfahrungen mit dem Kapitalismus eingeordnet.

Zur Erforschung dieses Notstands konnte hinsichtlich der Versorgungslage und ihren politischen Folgen vor allem auf Arbeiten von Paul Erker[24] und Günter Trittel[25] zurückgegriffen werden. Aus den politischen Positionsbestimmungen der verschiedenen Akteure habe ich schließlich den weitverbreiteten Antikapitalismus als wichtiges Merkmal des diskursiven Kontextes identifizieren können. Dieser Antikapitalismus fand vielbeachtete Höhepunkte in den Sozialisierungsdebatten in Nordrhein-Westfalen und Hessen. Eine eher holzschnittartigen Einordnung dieser Vorgänge findet sich in Teilen älterer Literatur; es liegen jedoch insbesondere für den hessischen Fall aktuelle und sehr differenzierte Studien vor.[26] Auch für Nordrhein-Westfalen kann auf eine neuere Darstellung zurückgegriffen werden.[27]

---

22 Aus dem BA wurden insbesondere die Bestände Z4 (Länderrat des Vereinigten Wirtschaftsgebietes), Z8 (Verwaltung für Wirtschaft des Vereinigten Wirtschaftsgebietes), Z13 (Direktorialkanzlei des Verwaltungsrates des Vereinigten Wirtschaftsgebietes) und die Nachlässe Hermann Pünder (N 1005) und Friedrich Holzapfel (N 1278) genutzt. Weitere genutzte Archive: Archiv der sozialen Demokratie (AdsD, Bonn); Niedersächsisches Landesarchiv/Staatsarchiv Oldenburg (NLA/Oldenburg); Hauptstaatsarchiv Stuttgart (HStAS); Stadtarchiv Stuttgart; Landesarchiv NRW, Abt. Rheinland (Düsseldorf, jetzt Duisburg); Institut für Zeitgeschichte (IfZ, München); Stadtarchiv Mannheim; Ludwig-Erhard-Archiv (LEA, Bonn); Archiv des Landtag NRW, Düsseldorf; Bibliothek der IHK Bremen; Archiv für Christlich-Demokratische Politik (ACDP, Abteilung Schriftgutarchiv), Sankt Augustin; Archiv der Stiftung Bundeskanzler-Adenauer-Haus (StBKAH), Bad Honnef; Deutsches Rundfunk-Archiv (DRA) und angeschlossene Archive.

23 Vgl. dazu Anm. 64 auf S. 52.

24 Paul Erker (1994): Hunger und sozialer Konflikt in der Nachkriegszeit, in: Manfred Gailus u. Heinrich Volkmann (Hg.): Der Kampf um das tägliche Brot. Nahrungsmangel, Versorgungspolitik und Protest, 1770–1990, Opladen, S. 392–410 und Paul Erker (1990): Ernährungskrise und Nachkriegsgesellschaft. Bauern und Arbeiterschaft in Bayern 1943–1953, Stuttgart.

25 Günter J. Trittel (1990): Hunger und Politik. Die Ernährungskrise in der Bizone (1945–1949), Frankfurt/M. und Günter J. Trittel (1994): Hungerkrise und kollektiver Protest in Westdeutschland (1945–1949), in: Manfred Gailus u. Heinrich Volkmann (Hg.): Der Kampf um das tägliche Brot. Nahrungsmangel, Versorgungspolitik und Protest, 1770–1990, Opladen, S. 377–391.

26 Detlev Heiden (1999): „Im Grunde alles erreicht, worum wir jahrelang gekämpft haben". Die hessische Sozialisierung und die Unternehmer, in: Zeitschrift für Unternehmensgeschichte / Journal of Business History, H. 1 (1999), S. 67–86 und Martin Will (2009): Die Entstehung der Verfassung des Landes Hessen von 1946, Tübingen.

27 Dieter Düding (2008): Parlamentarismus in Nordrhein-Westfalen 1946–1980. Vom Fünfparteien- zum Zweiparteienlandtag, Düsseldorf.

Ebenso wie in den Monaten nach dem 20. Juni 1948 spielten auch in der Phase des Notstands die Gewerkschaften eine zentrale Rolle; sie waren neben den Besatzungsmächten und den politischen Parteien der wichtigste überregional handlungsfähige Akteur. Michael Schneider hat einen allgemeinen Überblick über die Geschichte der Gewerkschaften in Deutschland vermittelt.[28] Die Einleitung der erwähnten Quellenedition[29] eröffnet detaillierte Einblicke in den Stand der Gewerkschaftsbewegung der Nachkriegsjahre. Julia Angster beleuchtet die Entwicklungen der westdeutschen Gewerkschaften unter der Perspektive der „Westernisierung“[30], während Werner Milert und Rudolf Tschirbs vor allem die betriebliche Demokratie im Blick haben.[31] Beide Ansätze sind für eine Einordnung der Gewerkschaftspolitik dieser Phase sehr gewinnbringend.[32]

Hinsichtlich der sozialen Auseinandersetzungen, der Hungerproteste und der Kämpfe um Betriebsvereinbarungen, Entnazifizierungen und Enteignungen der großen Konzerne hat sich die Forschungslage in den letzten vierzig Jahren nur bedingt verbessert. Auch neue Literatur, die Deutungen dieser Proteste jenseits regionaler Beispiele enthält, greift oft auf Ergebnisse zurück, deren Empirie seit 1962 bzw. 1977 nur in sehr überschaubarem Ausmaße erweitert wurde. Unter dem vielsagenden Titel „Zum Kampf der KPD im Ruhrgebiet für die Einigung der Arbeiterklasse und die Entmachtung der Monopolherren 1945–1947“ war 1962 ausgerechnet im Ost-Berliner Dietz-Verlag (eine SED-Neugründung) eine Darstellung erschienen, die in den folgenden Jahren als Grundlage für die westdeutschen Veröffentlichungen diente. Die Autoren (Gerhard Mannschatz und Josef Seider) stützten sich in weiten Teilen auf die zeitgenössische KPD-Zeitung „Westdeutsches Volksecho“.[33] Anfang des Jahres 1970 erschien eine Synthese der Entstehung der Bundesrepublik von Eberhard Schmidt, dem die Ereignisse zumindest eine Recherche in der „Frankfurter Rundschau“ wert waren.[34] Ute Schmidt und Tilman Fichter veröffentlichten im Folgejahr ein Buch mit ähnlichem Tenor. Auf den wenigen Seiten, auf denen die „Massenaktionen“ beschrieben werden, folgen sie im Wesentlichen Mannschatz und Seider sowie den Darstellungen in der „Frankfurter Rundschau“.[35] Im Jahr 1977 ordneten

28 Michael Schneider (1989): Kleine Geschichte der Gewerkschaften. Ihre Entwicklung in Deutschland von den Anfängen bis heute, Bonn, eine zweite Auflage erschien im Jahr 2000.

29 Siegfried Mielke u. Peter Rütters (1991): Einleitung, in: dies. (Hg.): Gewerkschaften in Politik, Wirtschaft und Gesellschaft 1945–1949, Köln, S. 9–92.

30 Julia Angster (2003): Konsenskapitalismus und Sozialdemokratie. Die Westernisierung von SPD und DGB, München.

31 Werner Milert u. Rudolf Tschirbs (2012): Die andere Demokratie. Betriebliche Interessenvertretung in Deutschland, 1848 bis 2008, Essen.

32 Biografisch orientierten Werken lassen sich so manches Mal wertvolle Zusatzinformation und -einschätzung entnehmen. So ordnet zum Beispiel Karl Lauschke nicht nur Hans Böckler, sondern mit ihm die Politik des DGB in die zeitgenössiche Matrix ein, vgl. Karl Lauschke (2005): Hans Böckler. Gewerkschaftlicher Neubeginn 1945–1951, Frankfurt/M. Aus der Biografie von Ludwig Rosenberg, die Frank Ahland vorgelegt hat, finden sich etliche Details, die zum Verständnis der Situation in der Bizone 1946–1948 im Allgemeinen und der Gewerkschaften im Besonderen beitragen, vgl. Frank Ahland (2002): Ludwig Rosenberg. Der Bürger als Gewerkschafter, Bochum.

33 Gerhard Mannschatz u. Josef Seider (1962): Zum Kampf der KPD im Ruhrgebiet für die Einigung der Arbeiterklasse und die Entmachtung der Monopolherren 1945–1947, Berlin.

34 Eberhard Schmidt (1970): Die verhinderte Neuordnung 1945–1952. Zur Auseinandersetzung um die Demokratisierung der Wirtschaft in den westlichen Besatzungszonen und in der Bundesrepublik Deutschland, Frankfurt/M.

35 Tilman Fichter u. Ute Schmidt (1971): Der erzwungene Kapitalismus. Klassenkämpfe in den Westzonen 1945–48, Berlin, S. 23–28.

Christoph Kleßmann und Peter Friedemann die „Streiks und Hungermärsche im Ruhrgebiet 1946–1948" etwas differenzierter in den historischen Kontext ein.[36] Sie kommen zu der Schlussfolgerung, dass die Gewerkschaften die „verbleibenden Spielräume" ungenutzt gelassen hätten, den „Umfang der Restauration" zu beeinflussen. Für die Darstellung der Proteste selber greifen Kleßmann und Friedemann vorrangig auf Geschäftsberichte der IG Metall, einzelne Zeitungsartikel und – wiederum – auf Mannschatz und Seider zurück. Alle genannten Darstellungen teilen das Problem, dass sie sich auf das Ruhrgebiet beschränken. Dies sind die wesentlichen Veröffentlichungen, die herangezogen werden, wenn die Proteste zwischen 1945 und 1948 erwähnt werden – nicht unbedingt das, was unter einem befriedigenden Forschungsstand zu verstehen ist. Er kann jedoch mit Abschnitten aus etwas jüngeren Regionalstudien (zumeist zur Gewerkschaftsgeschichte) und einer Arbeit von Gloria Müller ergänzt werden.[37] Mit dem Rückgriff auf diese Titel[38] und lokale[39] bzw. betriebliche[40] Fallstudien sowie verschiedene Chroniken[41] konnten die einschlägigen Perspektiven der Forschung zusammengetragen werden. Es mag an der – in den letzten Jahrzehnten – völlig marginalen Forschungstätigkeit zu diesem Themenkomplex liegen, dass die – für den Zeitraum 1945–1948 vorbildhafte – Studie zur Statistik der Arbeitskämpfe aus dem Jahr 1992 mit ihrem umfangreichen empirischen Material weitest-

36 Christoph Kleßmann u. Peter Friedemann (1977): Streiks und Hungermärsche im Ruhrgebiet 1946–1948, Frankfurt/M. Mit Abdruck zahlreicher zeitgenössischer Dokumente.

37 Hans-Rainer Engelberth (1997): Gewerkschaften auf dem Lande. Gewerkschaftsbund und Industriegewerkschaft Metall 1945–1971, Köln; Fichter, Aufbau und Neuordnung; Angelika Jacobi-Bettien (1982): Metallgewerkschaft Hessen 1945 bis 1948. Zur Herausbildung des Prinzips autonomer Industriegewerkschaften, Marburg; Claudia Lanig-Heese (1991): Gewerkschaften in Bayern 1945 bis 1949, Marburg; Inge Marßolek (1983): Arbeiterbewegung nach dem Krieg 1945–1948. Am Beispiel Remscheid, Solingen, Wuppertal, Frankfurt/M. u.a; Martin Rüther (1991): Zwischen Zusammenbruch und Wirtschaftswunder. Betriebsratstätigkeit und Arbeiterverhalten in Köln 1945 bis 1952, Bonn; Christfried Seifert (1980): Entstehung und Entwicklung des Gewerkschaftsbundes Württemberg-Baden bis zur Gründung des DGB 1945–1949, Marburg; Wolfgang Stelljes (1990): „Wenn ich allein bin, dann schaff' ich ja nichts". Die Gewerkschaften in Oldenburg 1945–1949, Aufbau, Entwicklung und Aktivitäten, Oldenburg; Anne Weiss-Hartmann (1977): Der Freie Gewerkschaftsbund Hessen 1945–1949, Marburg. Ohne den expliziten Fokus auf Gewerkschaften: Günther Gerstenberg (o.J.): Im Winter 1946/47, in: ders. (Hg.): Protest in München 1945 bis in die Gegenwart, protest-muenchen.sub-bavaria.de, zuletzt 23. August 2015 sowie wiederum Erker, Hunger und Trittel, Hungerkrise und kollektiver Protest. Lokale Vertiefung bei Friedhelm Boll (1995): Hungerstreiks und Jugendunruhen 1947/48, in: Birgit Pollmann (Hg.): Schicht, Protest, Revolution in Braunschweig 1292 bis 1947/48, Braunschweig, S. 197–224; mit Fokus auf die Mitbestimmung Gloria Müller (1987): Mitbestimmung in der Nachkriegszeit. Britische Besatzungsmacht – Unternehmer – Gewerkschaften, Düsseldorf.

38 Für den „Fall Reusch" wurden darüber hinaus zwei neuere Studien befragt, nämlich Gerhard Hetzer (2003): Unternehmer in Umbruchszeiten: Paul und Hermann Reusch, in: Paul Hoser u. Reinhard Baumann (Hg.): Kriegsende und Neubeginn. Die Besatzungszeit im schwäbisch-alemannischen Raum, Konstanz, S. 463–496 und Johannes Bähr (2008²): GHH und MAN in der Weimarer Republik, im Nationalsozialismus und in der Nachkriegszeit (1920–1960), in: Johannes Bähr u.a. (Hg.): Die MAN. Eine deutsche Industriegeschichte, München, S. 231–374.

39 Tilman Fichter u. Eugen Eberle (Hg.) (1974): Kampf um Bosch, Berlin; DGB Stuttgart, Arbeiterbewegung und Wiederaufbau; Verwaltungsstelle Mannheim (IG Metall) (Hg.) (1986): „Säumt keine Minute!". Dokumente zur Geschichte der Arbeiterbewegung in Mannheim 1848–1949, Mannheim.

40 Bähr, GHH und MAN.

41 Etwa Vietzen, Chronik der Stadt Stuttgart, Michael Schattenhofer (1980): Chronik der Stadt München 1945–1948, München oder Andreas Grunert (1995): Solinger Chronik 1945–1949, Solingen. Das Studium des „Neuen Deutschlands", welches sich als SED-Organ naturgemäß bemühte, breit über Konflikte in Westdeutschland zu berichten, brachte zahlreiche (mit Vorsicht zu genießende) Hinweise.

gehend unbeachtet geblieben ist.[42] Sie konnte von mir nur in Ansätzen gewürdigt werden, sollte aber in keiner künftigen Arbeit zu diesem Thema fehlen.

Obgleich ich in meinem Analyserahmen außerdem ein neues Interpretationsangebot unterbreite, steht eine Untersuchung, welche die Empirie der Proteste zwischen 1945 und Juni 1948 systematisch zusammenführt, erweitert und aktualisiert, also weiterhin aus.[43]

Strategisches Dispositiv: Die Wirtschafts- und Währungsreform

Der Notstand der Nachkriegsjahre wurde auf der politischen Ebene mit dem Strategischen Dispositiv „freie Marktwirtschaft" beantwortet. Mit dem Beginn der ersten Sechsmächtekonferenz im Februar 1948 konkretisieren sich die Planungen für die Gestaltung des zukünftigen Weststaates. Die Vorbereitungen kulminierten am 20. Juni 1948, indem eine Doppelreform (Wirtschafts- und Währungsreform) durchgeführt wurde. Sie stellte viele Weichen, auch für die spätere Bundesrepublik.

Der spätere Bundeswirtschaftsminister Ludwig Erhard nimmt nicht nur eine zentrale Rolle in der Erinnerung ein, sondern galt auch den ZeitgenossInnen nicht ganz zu Unrecht als Symbol der neuen Wirtschaftspolitik. Entsprechend unüberschaubar sind die Veröffentlichungen, die sich mit ihm beschäftigen. Seine Reden sind verschiedentlich ediert[44] oder kompiliert[45] worden, und er hat sich selbst bereits 1957 in seinem Buch „Wohlstand für alle" auf eine besondere Art und Weise historisiert.[46] In unüberschaubarer Zahl finden sich außerdem Referenzen zu Erhard in Gedenk-, Feier- und Jubiläumsbänden für ihn selbst[47] oder die Bundesrepublik[48] – ganz abgesehen von den zahllosen „Texten zur Sozialen Marktwirtschaft", die hier nicht aufgeführt werden können. Einige Werke, die sich als Beiträge zur „politischen Bildung" verstehen, reihen sich in die tendenziell hagiographische Bearbeitung des 20. Juni 1948 und vor allem der Rolle Erhards ein.[49] Für die

42 Rainer Hudemann, Günter Morsch, Hasso Spode und Heinrich Volkmann (1992): Statistik der Arbeitskämpfe in Deutschland. Deutsches Reich 1936/37, Westzonen und Berlin 1945–1948, Bundesrepublik Deutschland 1949–1980, St. Katharinen, (= Quellen und Forschungen zur Historischen Statistik von Deutschland, Bd. 15), S. 93–300.

43 Für die gesamte Überlieferung, sowohl die Quellen betreffend, als auch hinsichtlich der Forschungsliteratur gilt eine Art ‚subalterne Quellenproblematik', weil Zeugnisse derer, die nicht von aktenproduzierenden Organisationen vertreten wurden, extrem schwer zugänglich sind. Wie so oft, gilt dies insbesondere für Frauen.

44 Ludwig Erhard (Hg.) (1962): Deutsche Wirtschaftspolitik. Der Weg der sozialen Marktwirtschaft, Düsseldorf; Ludwig Erhard (1988): Gedanken aus fünf Jahrzehnten. Reden und Schriften, hg. v. Karl Hohmann, Düsseldorf u.a.

45 Ludwig Erhard (2009): Das Prinzip Freiheit. Maximen und Erkenntnisse, hg. v. Lars Vogel, Köln.

46 Ludwig Erhard (1957^{1}): Wohlstand für alle, Düsseldorf.

47 Horst Friedrich Wünsche (1996): Soziale Marktwirtschaft als historische Weichenstellung. Bewertungen und Ausblicke. Festschrift zum hundertsten Geburtstag von Ludwig Erhard, Düsseldorf; Gerhard Schröder (Hg.) (1972): Ludwig Erhard. Beiträge zu seiner politischen Biographie. Festschrift zum fünfundsiebzigsten Geburtstag, Frankfurt/M.

48 Richard Löwenthal u. Hans-Peter Schwarz (Hg.) (1974): Die zweite Republik. 25 Jahre Bundesrepublik Deutschland – eine Bilanz, Stuttgart; Guido Birkner u. Bundesministerium für Wirtschaft und Technologie (Hg.) (2009): Wirtschaft in Freiheit und Einheit. Festschrift zum 60. Jahrestag der Bundesrepublik Deutschland und zum 20. Jahrestag der Friedlichen Revolution, Frankfurt/M.

49 Vgl. dazu Anm. 1 auf S. 121 f.

begeisterte Biografie von Alfred Mierzejewski[50] ist die gallige, aber gut argumentierte und belegte Biografie Volker Hentschels ein unerlässliches Gegengewicht.[51]

Angesichts dieses Forschungsstandes nimmt die hier vorliegende Arbeit auch ein – mir zu Beginn meiner Forschungen nicht bekanntes – Desiderat auf, wonach sich künftige Studien davor hüten müssten, „Politik nur als das Wirken großer Einzelpersönlichkeiten darzustellen und die Gesetzgebung nur als Vollstreckung vorgefertigter wissenschaftlicher Modelle begreifen zu wollen.“[52] Das ist allerdings leichter gedacht als getan. Tiefgreifende Quellenarbeit oder kritische Befragungen des Materials ließ sich für die Phase rund um den 20. Juni 1948 nur hinsichtlich der Währungsreform finden.[53] Zu den Preisfreigaben, zur Entstehung des Leitsätzegesetzes, den jeweils Beteiligten und den Details der Umsetzung blieb ein Aufsatz von Volkhard Laitenberger in dieser Hinsicht eine Ausnahme.[54] Jedoch hat sich die wider Erwarten zu leistende Forschungsarbeit aufgrund erstaunlicher Befunde gelohnt. Das oben erwähnte Material musste dazu um die Gesetzestexte aus dem im „Gesetzblatt der Verwaltung des Vereinigten Wirtschaftsgebietes“ (WiGBl.), Bestände des Bundesarchivs[55] (zum Teil ediert[56]), Radiobeiträge und Zeitungsberichte ergänzt werden.

Zu der Frage, wo vor dem 17. August 1948 eine „soziale Marktwirtschaft“ thematisiert wurde, sind vor allem Alfred Müller-Armack und sein Buch „Wirtschaftslenkung und Marktwirtschaft“[57] sowie die Schriften von Leonhard Miksch (der gleichzeitig Diskutant wie politischer Akteur war) zu beachten.[58] Besonders dessen Artikelserie aus dem Jahr 1947, die 1948 als Sonderdruck veröffentlicht wurde,[59] eignet sich nicht nur, die Spur der „sozialen Marktwirtschaft“ in die Verwaltung für Wirtschaft der Bizone nachzuverfolgen (wo sie zunächst an Erhard scheiterte), sondern sie legt auch den zentralen ordoliberalen

50 Alfred C. Mierzejewski (2006): Ludwig Erhard. Der Wegbereiter der sozialen Marktwirtschaft. Biografie, München, vgl. etwa Klappentext oder den Schlussabsatz (S. 327).

51 Hentschel, Ludwig Erhard. Wer darüber hinaus an einer kritischen Sicht auf Erhards Rolle bis vor 1945 interessiert ist, kann sich an Karl Heinz Roth (1999): Das Ende eines Mythos. Ludwig Erhard und der Übergang der deutschen Wirtschaft von der Annexions- zur Nachkriegsplanung (1939 bis 1945). Teil II: 1943 bis 1945. Fortsetzung und Schluss, in: 1999, Zeitschrift für Sozialgeschichte des 20. und 21. Jahrhunderts, H. 1 (1999) halten.

52 Yorck Dietrich (1997): Die Erhard-Biographie von Volker Hentschel, in: Historisch-Politische Mitteilungen. Archiv für Christlich-Demokratische Politik, H. 4 (Juli 1997), S. 283–299, S. 298.

53 Hans Möller (1961): Zur Vorgeschichte der deutschen Mark. Die Währungsreformpläne 1945–1948, Basel bietet einen systematischen Abdruck von Material und Plänen für die Währungsreform sowie Zusammenfassungen und Kommentare. Zur Einordnung sind Michael Brackmann (1993): Vom totalen Krieg zum Wirtschaftswunder. Die Vorgeschichte der westdeutschen Währungsreform 1948, Essen sowie Christoph Buchheim (1991): Die Notwendigkeit einer durchgreifenden Wirtschaftsreform zur Ankurbelung des westdeutschen Wirtschaftswachstums in den 1940er Jahren, in: Werner Abelshauser u. Dietmar Petzina (Hg.): Ordnungspolitische Weichenstellungen nach dem Zweiten Weltkrieg, Berlin, S. 56–65 zu empfehlen. Mit starker Bewertung (aber sehr quellennah) ist Siegfried Freick (2001): Die Währungsreform 1948 in Westdeutschland. Weichenstellung für ein halbes Jahrhundert, Schkeuditz ebenfalls mit Gewinn zu verwenden.

54 Laitenberger, Auf dem Weg.

55 Die zentralen Bestände für dieses Kapitel waren BA Z4 und Z8 (vgl. Anm. 22 auf S. 46).

56 Weisz et al., Akten zur Vorgeschichte.

57 Alfred Müller-Armack (1947): Wirtschaftslenkung und Marktwirtschaft. [Originalausgabe], Hamburg.

58 Praktischerweise fanden sich im Bestand Z8 des Bundesarchivs eine Reihe dieser Texte als Dossier (BA Z8/223). Einige neuere Beiträge zur politischen Biografie in Lars P. Feld (Hg.) (2015): Wettbewerb und Monopolbekämpfung. Zum Gedenken an Leonhard Miksch (1901–1950), Tübingen.

59 Leonhard Miksch (1948 [1947]): Gedanken zur Wirtschaftsordnung, Wiesbaden.

Topos offen: das „Primat der Politik" gegenüber der Wirtschaft.[60] Für die Einschätzung der Tradition, aus dem sich diese ordnungspolitischen Diskussionen unter den Wirtschaftswissenschaftlern speisten, ist ein Beitrag Werner Abelshausers aus dem Jahr 1991[61] immer noch sehr hilfreich. Darin zeichnet er die seit 1929 ungebrochen fortgeführte Debatte über die staatliche Rolle in der Wirtschaftspolitik nach.[62]

Ich habe diese Diskussion durchaus zur Kenntnis genommen, allerdings auf eine gesonderte Darstellung der genauen Zusammenhänge verzichtet, weil das Augenmerk auf den konkreten Akteuren mit ihren Positionen liegt. Das Vorhaben war nicht, Ideen zu beschreiben und anschließend zu suchen, wo diese eine Rolle gespielt haben könnten. Vielmehr beruht die Arbeit auf einem gegenläufigen Vorgehen: Der ideengeschichtliche Hintergrund und besonders die Überzeugungen der Akteure wurden dort interessant (und entsprechend einbezogen), wo sie sich in Praxen oder Konflikten materialisierten.

Widerstand

Ziel des Kapitels zu diesem Komplex ist es, die breite Protestbewegung, die im Anschluss an die Währungsreform einsetzte, dem Vergessen[63] zu entwenden und sie in die historische Analyse der Nachkriegsjahre einzubetten. Die Proteste werden als Hauptbestandteil des

60 Werner Abelshauser (1991): Die ordnungspolitische Epochenbedeutung der Weltwirtschaftskrise in Deutschland. Ein Beitrag zur Entstehungsgeschichte der Sozialen Marktwirtschaft, in: Werner Abelshauser u. Dietmar Petzina (Hg.): Ordnungspolitische Weichenstellungen nach dem Zweiten Weltkrieg, Berlin, S. 11–29, S. 28. Dabei handelte es sich nach Überzeugung ihrer Vertreter (hier: Miksch, Gedanken zur Wirtschaftsordnung, S. 6) um eine Überzeugung, die aus einer „sehr eingehenden, gut fundierten und scharfen Kritik der liberalen Wirtschaftsordnung erwachsen" ist. Diese historische Analyse bildete den Hintergrund, vor dem sich mittels der Begriffe Neoliberalismus, Ordoliberalismus und Marktwirtschaft von den „Verhältnissen des 19. Jahrhunderts" (ebd.) abgegrenzt wurde.

61 Abelshauser, Die ordnungspolitische Epochenbedeutung.

62 Vgl. ebd., S. 25. Diesbezüglich hat auch Ralf Ptak sicher einige diskussionswürdige Thesen aufgeworfen, vgl. Ptak, Ordoliberalismus. Patricia Commun hat Einflusslinien der Debatten auf Ludwig Erhard nachgezeichnet, Patricia Commun (2004): Erhards Bekehrung zum Ordoliberalismus. Die grundlegende Bedeutung des wirtschaftspolitischen Diskurses in Umbruchszeiten (= Freiburger Diskussionspapiere zur Ordnungsökonomik, 4/2004). Ein jüngerer Sammelband verfolgt die langen Linien des Verhältnisses von Staat und Wirtschaft, vgl. Werner Plumpe u. Joachim Scholtyseck (Hg.) (2012): Der Staat und die Ordnung der Wirtschaft. Vom Kaiserreich bis zur Berliner Republik, Stuttgart. Man kann sich auch immer noch an die Vorlesungen Foucaults halten, die – wiewohl in den Einzelheiten nicht immer treffsicher – eine instruktive Einordnung der westdeutschen Entwicklung in den historischen wie internationalen Kontext vornehmen, vgl. Foucault, Die Geburt der Biopolitik, insbesondere S. 112–299. Wo Foucault den Fluss und die Entwicklung der Ideen nachzeichnet, kann anhand der Mont-Pèlerin-Society die Organisationsform nachvollzogen werden, einführend dazu Dieter Plehwe u. Bernhard Walpen (1999): Wissenschaftliche und wissenschaftstheoretische Produktionsweisen im Neoliberalismus, in: PROKLA. Zeitschrift für kritische Sozialwissenschaft, H. 115, S. 203–235.

63 Als ich 2006 das erste Mal Gerüchte über die „Stuttgarter Vorfälle" hörte, gab es eine einzige auffindbare Publikation, welche Proteste in dieser Phase überhaupt zum Gegenstand hatte – dieses Bändchen beschränkte sich zudem auf den 24-stündigen Generalstreik vom 12. November 1948, vgl. Gerhard Beier (1975): Der Demonstrations- und Generalstreik vom 12. November 1948. Im Zusammenhang mit der parlamentarischen Entwicklung Westdeutschlands, Frankfurt/M. Die „Stuttgarter Vorfälle" waren zu dieser Zeit weder den von mir befragten HistorikerInnen noch dem Internet ein Begriff. Noch bevor ich eigene Recherchen aufnahm, erschien 2007 im „JahrBuch für Forschung zur Geschichte der Arbeiterbewegung" (jetzt: „Arbeit – Bewegung – Geschichte", Metropol Verlag) ein erster Artikel über die „Stuttgarter Vorfälle" von Jörg Roesler, der danach noch eine weitere Publikation zum Thema Herbstproteste vorlegte, vgl. Jörg Roesler (2007): Die Stuttgarter Vorfälle vom Oktober 1948. Zur Entstehung der Sozialen Marktwirtschaft in der Bundesrepublik Deutschlands, in: JahrBuch für Forschung zur Geschichte der Arbeiter-

Widerstands gegen das Strategische Dispositiv benannt und als Faktor in den wirtschaftspolitischen Auseinandersetzungen ernstgenommen.

Der wichtigste primäre Zugang zu den Ereignissen waren daher zeitgenössische Informationsquellen, im Wesentlichen Zeitungen, von denen eine ganze Reihe aus verschiedenen Regionen und mit verschiedenem politischen Profil über den gesamten in Frage kommenden Zeitraum ausgewertet wurde.[64] Hinzu kommt die mittelbare Analyse weiterer Zeitungen durch die Konsultation von Chroniken.[65] Im Bundesarchiv fand sich eine sehr nützliche Sammlung gewerkschaftlicher Protestresolutionen aus Bayern,[66] und in den Beständen des „Office of Military Government for Germany (U.S.)" (OMGUS), die vom IfZ in München in Kopie archiviert worden sind, existiert ein gehaltvoller Untersuchungsbericht betreffend die „Stuttgarter Vorfälle".[67]

Die Herbstproteste waren in ihrer Anfangsphase der einzige historische Moment, zu dem die Rolle von Frauen wahrnehmbar in den Quellen reflektiert wurde, weil sich ein wichtiger Teil nicht in den Betrieben, sondern in der Öffentlichkeit, insbesondere auf den Märkten, abspielte, auf denen Frauen traditionell stärker vertreten waren. Erst als die Gewerkschaften die Führung übernahmen, wurde der nicht-männliche Teil der Lohnabhängigen wieder unsichtbar. Nicht nur in dieser Hinsicht, sondern auch hinsichtlich der politischen Einordnung der gesamten Bewegung hat sich E.P. Thompsons Konzept der „moral economy" als weiterführend erwiesen, um den Blick scharfzustellen.[68]

Modifizierung

Das Kapitel zu dieser Dimension beschreibt den grundlegenden Wandel, dem das Strategische Dispositiv aufgrund des Widerstands unterlag. In seinem ersten Abschnitt stehen die nichtdiskursiven Elemente im Mittelpunkt; vor allem die Änderungen der Wirtschafts- und Sozialpolitik werden darin herausgearbeitet. Anschließend lege ich dar, wie die „Soziale Marktwirtschaft" zu ihrer herausragenden Stellung gelangt ist.

Zu den nichtdiskursiven Elementen, etwa die Maßnahmen zur erneuten Regulierung der kurz zuvor freigegebenen Preise oder die Produktionsprogramme, war die Forschungs-

bewegung, H. I (2007), S. 40–49 bzw. Jörg Roesler (2008): Die Wiederaufbaulüge der Bundesrepublik. Oder: wie sich die Neoliberalen ihre „Argumente" produzieren, Berlin, insbesondere S. 57–71. Rainer Kalbitz (1972): Die Arbeitskämpfe in der BRD. Aussperrung und Streik 1948–1968, Bochum umfasst, anders als der Titel nahelegt, nur Arbeitskämpfe ab 1949 und erwähnt den Generalstreik nicht.

64 Abendpost; Die Welt; Die Neue Zeitung; Frankfurter Rundschau (FR); Niederdeutsche Zeitung; Nordwest-Zeitung; Rhein-Echo; Stuttgarter Zeitung und der Weser-Kurier. Die Wochenzeitung „Zeit" wurde ebenfalls ausgewertet, brachte aber kaum Berichte aus dem Tagesgeschehen. Einige zusätzliche Zeitungen wurden nur für kleinere Zeiträume einbezogen: Etwa das Hamburger Abendblatt zum Generalstreik oder die Stuttgarter Nachrichten sowie *Stars and Stripes* zu den „Stuttgarter Vorfällen". Alle Zeitungen wurden doppelt ausgewertet: nach Hinweisen auf Protestaktionen und im Interesse der Diskursanalyse. Zu der politischen Orientierung der Zeitungen vgl. den Anhang.

65 Grunert, Solinger Chronik; Schattenhofer, Chronik der Stadt München; Vietzen, Chronik der Stadt Stuttgart; Stadtarchiv Mannheim (2015): Chronik der Stadt Mannheim, unter: www.stadtarchiv.mannheim.de, zuletzt 17. August 2015.

66 Im Bestand BA Z13/1179.

67 IfZ München-Berlin, OMGUS Manpower Div. 7/44-3/16.

68 Edward P. Thompson (1971): The moral economy of the english crowd in the eighteenth century, in: Past and Present, H. 50, S. 76–136 bzw. Thompson, Die ‚sittliche Ökonomie'. Die inspirierende Lektüre dieses Textes verdanke ich einer Anregung von Prof. Dr. Josef Mooser, Basel.

lage für den fraglichen Zeitraum wiederum dürftig. Irmgard Zündorfs Untersuchung zum „Preis der Marktwirtschaft“[69] bot jedoch einen ersten Zugang, und das bereits erwähnte Handbuch „Deutschland unter alliierter Besatzung“[70] war ebenfalls hilfreich. Weiterhin habe ich auf Bestände des Bundesarchivs, Editionen und zeitgenössische Publikationen zurückgegriffen.[71]

Hinsichtlich der darauf folgenden Diskursanalyse ist die Auswahl der Materialien und Quellen von der Fragestellung bestimmt worden, wie sich die „Soziale Marktwirtschaft“ in der Öffentlichkeit durchsetzen konnte;[72] wann sie, mit anderen Worten, von einer Äußerung zu einer Aussage und dann zu einem Diskurs geworden ist. Um das Verfahren des „doing cartography“[73] zu bewerkstelligen, wurden zunächst alle genannten Quellen, insbesondere Zeitungen und Protokolle des Wirtschaftsrats, daraufhin untersucht, wann und wo und in welchem Zusammenhang „soziale Marktwirtschaft“ darin Erwähnung fand. Zu den Fundstellen fand anschließend eine ergänzende Recherche statt.[74]

Spätestens in diesem Abschnitt wurde klar, dass der „Oberdirektor“ Hermann Pünder eine größere Rolle gespielt hat, als ihm gemeinhin zugeschrieben wurde. Die Literatur zu ihm ist allerdings überschaubar, auch weil eine neuere Biografie nicht weiterführend ist.[75]

---

69 Irmgard Zündorf (2006): Der Preis der Marktwirtschaft. Staatliche Preispolitik und Lebensstandard in Westdeutschland 1948 bis 1963, Stuttgart. Für die Preispolitik war außerdem eine Gesetzessammlung nützlich: Hans von Godin u. Arnulf Gnam (1949): Gesetz gegen Preistreiberei, München.

70 Benz, Deutschland unter alliierter Besatzung.

71 BA Z8; BA Z13; BA Z4; „Mitteilungsblatt der Verwaltung für Wirtschaft“; die edierten „Wörtlichen Berichte“ aus dem Wirtschaftsrat und verschiedene Erhard-Reden. Im Falle des StEG-Programms wurde die Darstellung durch Kurt Magnus (1954): 1 Million Tonnen Kriegsmaterial für den Frieden. Die Geschichte der StEG, München um einen umfangreichen zeitgenössischen Bericht ergänzt: StEG Württemberg-Baden (o.J.): Das StEG-Lager Sandhofen. Mit einem Jahresbericht. Stadtarchiv Mannheim, Signatur Kleine Erwerbungen 0757. Die Entwicklung der Sozialpolitik konnte mit Hilfe einer entsprechenden Darstellung genauer beleuchtet werden, Hans Günter Hockerts (1980): Sozialpolitische Entscheidungen im Nachkriegsdeutschland. Alliierte und deutsche Sozialversicherungspolitik 1945 bis 1957, Stuttgart, S. 85–107.

72 Bei der Reflexion des Quellenkorpus hat Landwehr, Historische Diskursanalyse, S. 101–103 gute Dienste geleistet.

73 Deleuze, What is a dispositif?, S. 159: „Foucault talked of lines of sedimantation but also of lines of ‚breakage‘ and of ‚fracture‘. Untangling these lines within a social apparatus [=Dispositiv] is, in each case, like drawing up a map, doing cartography, surveying unknown landscapes, and this is what he calls ‚working on the ground‘.“

74 In chronologischer Reihenfolge: 1.) Archiv des Landtag NRW MMP01-67 (Plenarprotokolle des Landtags) . 2.) Der Bund. Das Gewerkschaftsblatt der britischen Zone, Jahrgang 2, Nummer 23, S. 1: „Es wird gefährlich, Herr Prof. Erhard! Offener Brief an den Direktor der Verwaltung für Wirtschaft.Von Albin Karl, Stellvertretendem Vorsitzendem des Deutschen Gewerkschaftsbundes“. 3.) BA N1005 (= Nachlass Pünder) 4.) Transkript der Veranstaltung vom 14. November 1948, LEA NE 1558 A 5.) Zeitungsausschnittsammlung zum 14. November 1948, RW 0307, LAV NRW, Düsseldorf. Da sich die diskursive Seite der Modifizierung im Wesentlichen auf einer sprachlichen Ebene abspielte, waren Interventionen der Besatzungsmächte trotz vieler Exil-Deutscher in ihren Reihen in dieser Hinsicht nicht festzustellen.

75 Vgl. Hildegard Wehrmann (2012): Hermann Pünder (1888–1976). Patriot und Europäer, Essen. Die negative Beurteilung dieses Bandes durch eine Rezension deckt sich mit meinen Eindrücken, vgl. Bernd Braun (2013): Rezension von Hildegard Wehrmann: Hermann Pünder, in: Archiv für Sozialgeschichte (online), unter: www.fes.de, zuletzt 8. August 2015. Als Einstieg geeignet ist Rudolf Morsey (1976): Hermann Pünder, in: Gesellschaft für Rheinische Geschichtskunde (Hg.): Rheinische Lebensbilder (Band 12), Bonn und Köln, S. 275–296. Pünder selbst hat ausführliche Erinnerungen veröffentlicht, vgl. Hermann Pünder (1968): Von Preussen nach Europa. Lebenserinnerungen, Stuttgart.

Für die hier verfolgte Fragestellung war es aber ohnehin zielführender, auf Dokumente, unter anderem aus dem (Teil-)Nachlass Pünders, zurückzugreifen.[76]

Mit der Modifizierung war der Aufstieg der „Sozialen Marktwirtschaft" eingeleitet. Damit ist die Untersuchung abgeschlossen. In einem methodischen Kommentar werde ich reflektieren, inwiefern sich das ausgearbeitete Verfahren bewährt hat. Ein Epilog skizziert schließlich anhand verschiedener Zeugnisse, wie die Historisierung der hier besprochenen historischen Phase verlaufen ist.[77] Am Abschluss der Studie steht ein Ausblick auf die heutige Lage und die zukünftige Entwicklung der „Sozialen Marktwirtschaft".

76 BA N1005 (= Teilnachlass im Bundesarchiv).

77 Dazu dienen einige zentrale Texte als Grundlage, nämlich Erhard, Wohlstand für alle; Pünder, Von Preussen nach Europa; Werner Abelshauser (1976): Freiheitlicher Sozialismus oder Soziale Marktwirtschaft? Die Gutachtertagung über Grundfragen der Wirtschaftsplanung und Wirtschaftslenkung am 21. und 22. Juni 1946. Dokumentation, in: Vierteljahrshefte für Zeitgeschichte, H. 4 (1976), S. 415–449; Kleßmann, Die doppelte Staatsgründung und Benz, Auftrag Demokratie.

4 Kontext: Akteure und Strukturen der Nachkriegszeit

Im Frühjahr 1945 ging in Europa der Zweite Weltkrieg zu Ende. Die Häftlinge in den Konzentrations- und Vernichtungslagern wurden ebenso wie andere Verfolgte und die zahlreichen Zwangsarbeiter und Zwangsarbeiterinnen befreit. Die letzten Wehrmachts-, SS- und Volkssturmeinheiten wurden besiegt oder ergaben sich. Die Bilanz des Zweiten Weltkrieges war erschütternd, vor allem in den vielen der von Deutschland überfallenen Ländern, allen voran in der Sowjetunion. Die nationalsozialistische Vernichtungspolitik wurde in ihrem ganzen erschreckenden Ausmaß deutlich.

In Deutschland herrschte eine große Wohnungsnot, die Versorgungslage war katastrophal, die Städte lagen in Trümmern. Millionen von Menschen waren gestrandet, auf der Flucht, vertrieben oder deportiert. Die Verkehrswege waren zerstört und die eingespielten Handelswege und die innerdeutsche Arbeitsteilung unterbrochen. Der Schwarzmarkt erreichte sehr schnell eine beeindruckende Dimension.

Neben den greifbaren materiellen Schäden waren auch weite Teile der sozialen Infrastruktur zerstört. Die Verwaltungen befanden sich bis Kriegsende fest in der Hand der Nationalsozialisten; durch ihre bereitwillige Mitarbeit waren viele Behörden diskreditiert. Auch die meisten Unternehmen und Banken hatten den deutschen Faschismus unterstützt oder zumindest ökonomisch massiv von ihm profitiert, nicht zuletzt durch die Ausbeutung von ZwangsarbeiterInnen und die „Arisierung" von jüdischen Vermögen. Nicht-faschistische Parteien und Gewerkschaften waren durch die zwölf Jahre dauernde Repression zerschlagen und ihr Personal zu großen Teilen ermordet oder exiliert worden.[1] Der Wiederaufbau eines funktionierenden sowie moralisch integren Gemeinwesens stand vor großen Hindernissen. Bald war jedoch abzusehen, dass Deutschland aufgrund seiner wirtschaftlichen Kapazitäten[2] und seiner geografischen Lage zu einem zentralen Schauplatz für den beginnenden Ost-West-Konflikt werden würde. Der Wiederaufbau im Westen wurde durch diese Konstellation (später auch durch die Auswirkungen des Korea-Kriegs) erheblich beschleunigt; Ideen wie der Morgenthau-Plan wurden ad acta gelegt und die Entnazifizierung verlor an Nachdrücklichkeit. Bald wurde im Westen, insbesondere von Seiten der USA, nicht mehr die deutsche Verantwortung für den Zweiten Weltkrieg betont, sondern die wirtschaftlichen Kapazitäten (West-)Deutschlands (samt ihres politisch belasteten Personals) als entscheidend begriffen, um Westeuropa vor dem Vordringen des sowjetischen Einflussbereiches zu bewahren.[3]

1 Einen gut zu lesenden, kurzen Überblick über die Bilanz der Kriegsjahre mit einigen der wichtigsten Zahlen gibt Axel Schildt (2007): Die Sozialgeschichte der Bundesrepublik Deutschland bis 1989/90, München, S. 1–12.

2 Die glänzenden Voraussetzungen für den wirtschaftlichen Wiederaufbau werden auf den Seiten 55–58 dargelegt.

3 Vgl. Wilfried Mausbach (1996): Zwischen Morgenthau und Marshall. Das wirtschaftspolitische Deutschlandkonzept der USA, 1944–1947, Düsseldorf, S. 252–276, insbesondere 273 und 276; vgl. dazu auch den einflussreichen Bericht George F. Kennans vom 22. Februar 1946, das sogenannte „lange Telegramm",

4.1 Der Zustand der Wirtschaft

Der Situation der westdeutschen Wirtschaft von 1945 war durchaus ambivalent. Das sattsam bekannte Bild der zerstörten Städte suggeriert, dass auch die Wirtschaft in Trümmern gelegen haben müsste. Die Millionen von Gefallenen, zivilen Opfern, Internierten und Kriegsgefangenen fehlten als Arbeitskräfte. Die Volkswirtschaft hatte sich in den letzten Jahren vollkommen auf die Rüstungsgüterproduktion ausgerichtet, folglich mangelte es an Konsumgütern aller Art. Die zuvor integrierte, riesige deutsche Binnenwirtschaft war durch Gebietsabtrennung und Abschottung der Besatzungszonen untereinander desorganisiert und ineffizient geworden und litt unter den immensen Schäden am Transportsystem.[4] Zudem drohten alliierte Demontagen. Doch trotz dieser Hypotheken konnte die deutsche Wirtschaft auf einer soliden Basis und zahlreichen begünstigenden Faktoren aufbauen. Diese sind nicht nur hinsichtlich des „Wirtschaftswunders" sehr aufschlussreich, sondern zeigten bereits seit dem Herbst 1947 Wirkung und konnten in eine strategische Wirtschaftspolitik miteinbezogen werden.

Schon vor der Machtübergabe an die NSDAP fand sich auf dem Gebiet der späteren BRD eine hochentwickelte Wirtschaft mit großen industriellen Anteilen. Während der Herrschaft der Nationalsozialisten wurde das Industriepotential auf verschiedenen Wegen ausgebaut. Insbesondere die jahrelange Rüstungsproduktion, das Streben nach Rohstoff-Autarkie und andere technische Herausforderungen der Kriegsführung hatten die deutsche Wirtschaft sehr schnell modernisiert. Das zeigte sich nicht zuletzt daran, dass einer der größten Reparationsvorgänge die Beschlagnahme deutscher Patente durch die alliierten Behörden war.[5] Das NS-Regime hat auch „wirtschaftliche und soziale Großprojekte verfolgt, die [...] ihre Früchte erst in der Nachkriegszeit trugen"[6]. Dazu zählt Werner Abelshauser die industrielle Berufsausbildung, die seit 1936 eine massive Ausweitung erfahren hatte und die durch einen weiteren Effekt noch verstärkt wurde: Frauen und Fremd- bzw. Zwangsarbeiter wurden für die niedrig qualifizierten Arbeiten herangezogen. Währenddessen konnte sich die verbliebene männliche Bevölkerung auf die höher qualifizierten

auszugsweise abgedruckt in: Ernst Otto Czempiel u. Carl Christoph Schweitzer (1989): Weltpolitik der USA nach 1945. Einführung und Dokumente, Bonn, S. 50–52.

4 Zum Transportsystem vgl. Werner Abelshauser (1983): Wirtschaftsgeschichte der Bundesrepublik Deutschland 1945–1980, Frankfurt/M., S. 21; zur Desintegration Michael von Prollius (2006): Deutsche Wirtschaftsgeschichte nach 1945, Göttingen, S. 33 („Die Zerschneidung gewachsener, eng miteinander verflochtener Wirtschaftsräume [entwickelte sich] zu einem wirtschaftlichen Problem ersten Ranges"). Der US-Under Secretary of State, William Clayton, war im Mai 1947 sogar überzeugt, dass „die Zerstörung der interregionalen und internationalen Wirtschaftsbeziehungen durch den Krieg fast noch schlimmer war als die physischen Zerstörungen", zitiert nach: Gerd Hardach (1991): Transnationale Wirtschaftspolitik. Der Marshall-Plan in Deutschland 1947–1952, in: Werner Abelshauser u. Dietmar Petzina (Hg.): Ordnungspolitische Weichenstellungen nach dem Zweiten Weltkrieg, Berlin, S. 67–100, S. 70 f. Zum Umfang des interzonalen Handels vgl. Werner Abelshauser (1979): Probleme des Wiederaufbaus der westdeutschen Wirtschaft 1945–1953, in: Heinrich August Winkler (Hg.): Politische Weichenstellungen im Nachkriegsdeutschland 1945–1953, Göttingen, S. 208–253, S. 221–225.

5 Vgl. Jörg Fisch (1992): Reparationen nach dem Zweiten Weltkrieg, München, S. 213 f. Zur allgemeinen Bedeutung „intellektueller" oder „immaterieller" Reparationen durch Beschlagnahme von Patenten und Betriebsgeheimnissen sowie der systematischen Abwerbung von Fachleuten: Abelshauser, Deutsche Wirtschaftsgeschichte, S. 82–84. Abelshauser gibt auch zu bedenken, dass die Demontagen besonders die Bereiche getroffen haben, die in den Kriegsjahren stark ausgebaut worden waren.

6 Abelshauser, Deutsche Wirtschaftsgeschichte, S. 49 f.

Arbeitsstellen konzentrieren; veritable Learning-by-doing-Effekte waren die Folge, deren Wert „nicht hoch genug eingeschätzt werden"[7] kann. Nach 1933 wurden in Deutschland außerdem neue „Management- und Fertigungsmethoden"[8] eingeführt, z.B. in der Kraftfahrzeugindustrie, welche bekanntlich für den Wiederaufbau und das „Wirtschaftswunder" eine zentrale Rolle spielte.

Durch diese Modernisierung auf verschiedenen Ebenen wurden die „Voraussetzungen für einen raschen Wiederaufbau der deutschen Wirtschaft nach 1945 geschaffen"[9]. Doch nicht nur strukturell war die deutsche Wirtschaft gut aufgestellt; selbst nach den massiven Bombenangriffen auf deutsche Städte war die Industriekapazität Deutschlands auch die größte Europas. Zum einen wurden vom Luftkrieg hauptsächlich Wohngebiete getroffen, während die Industrieanlagen zu großen Teilen unbeschädigt oder verhältnismäßig leicht instand zu setzen waren. Zum anderen hatte NS-Deutschland u.a. mit Hilfe der Ausplünderung Europas und der Ausbeutung von ZwangsarbeiterInnen permanent neue (Rüstungs-)Produktionskapazitäten bereit gestellt.[10]

So nimmt es kaum mehr wunder, dass das Fixkapital, d.h. das in Sachanlagen (Maschinen, Immobilien usw.) und in Lizenzen sowie Finanzanlagen gebundene – so aber auch gesicherte – Kapital der deutschen Wirtschaft im Jahr der Währungsreform „den Stand von 1936 noch immer um rund 11 Prozent"[11] übertraf. Die Vorstellung einer nach dem Krieg am Boden liegenden Wirtschaft ist – anders als die Macht der Nachkriegs-Trümmer-Bilder suggeriert – nicht zutreffend: „Weder war das deutsche Produktionspotential zerstört [...], noch veraltet oder technologisch unterlegen: im Gegenteil".[12]

Die berüchtigten Demontagen hatten für die Zeitgenossen zwar eine hohe symbolische Bedeutung, doch unter ökonomischen Gesichtspunkten fielen sie weniger ins Gewicht, als zu vermuten wäre. Das gilt vor allem für die Amerikanische und die Britische Zone. Die tatsächlichen Demontagen erreichten maximal ein Viertel des ursprünglich geplanten Umfangs, zwischenzeitlich wurden sie sogar ganz ausgesetzt.[13] Die punktuelle Entnahme von Produktionsanlagen oder ihrer Teile hatte – nach einer vorübergehenden Produktionsstörung – mitunter sogar positive Wirkung, weil sie Modernisierungen anstieß.[14] Insgesamt war der Umfang der Zerstörungen durch Krieg und Demontage lediglich so groß, wie die kriegsbedingte Ausweitung bestimmter Industriezweige zwischen 1939 und 1944.[15] Im Mai 1945 überstieg das Brutto-Anlagevermögen der deutschen Industrie das Vorkriegsniveau von 1936 immer noch um 20 Prozent.[16] Eine britische Studie stellte bereits in den 1950er Jahren fest, dass Demontage bzw. Reparationen „keine wesentlichen Änderungen" dieser Situation gebracht hatten.[17] Dass die Demontagen damals zum Teil sehr heftig emo-

7 Ebd., S. 50.
8 Ebd., S. 48.
9 Ebd., S. 48.
10 Vgl. ebd., S. 49 f.
11 Ebd., S. 82.
12 Ebd., S. 16.
13 Vgl. Kleßmann, Die doppelte Staatsgründung, S. 100 und 105.
14 Vgl. ebd., S. 104.
15 Vgl. ebd., S. 105.
16 Vgl. Abelshauser, Probleme des Wiederaufbaus der, S. 215. Zur Problematik derartiger Aussagen vgl. Alan Kramer (1991): Die britische Demontagepolitik am Beispiel Hamburgs 1945–1950, Hamburg, S. 379–382.
17 Michael Balfour (1959 [engl. 1954]): Vier-Mächte-Kontrolle in Deutschland 1945–1946, Düsseldorf,

tionalisierten, lag also nicht an ihrem tatsächlichen Umfang. Es ist gerade unter dem Gesichtspunkt der weiteren wirtschaftlichen Entwicklung in den 1950er Jahren sicherlich von Interesse, dass der prozentuale Anteil von Demontagen in Westdeutschland bei insgesamt etwa 3,5 Prozent aller 1945 erfassten Industrieanlagen lag, während der gleiche Wert auf dem Gebiet der DDR bei etwa 40 Prozent lag.[18]

Ein zusätzlicher, ständiger Zustrom von ausgebildeten Facharbeitern, zunächst aus den „Ostgebieten" und später aus der SBZ/DDR, deren Ausbildung nicht von der Volkswirtschaft der BRD geleistet werden musste, begünstigte seit dem Ende des Krieges den Ausbau der Produktionszweige, die hochqualifizierte Arbeitskräfte benötigte und bis heute Grundlage der bundesdeutschen Exportwirtschaft sind. Zudem schwächte diese Migration aus der SBZ nach Westdeutschland die Verhandlungsposition der ArbeitnehmerInnen um höhere Löhne und schaffte in dieser Hinsicht eine komfortable Situation für die Unternehmer.[19] Trotz der erheblichen menschlichen Kriegsverluste stand in Westdeutschland durchaus eine hohe Zahl hochqualifizierter Arbeitskräfte zur Verfügung.

Siegfried Freick weist darüber hinaus auf den Aspekt der relativen Wirtschaftsleistung in Europa hin: Schließlich seien die meisten europäischen Länder ebenso hart oder aufgrund der Rückzugsstrategie der „verbrannten Erde" durch die Wehrmacht sogar härter von den Kriegszerstörungen betroffen gewesen als Deutschland. Die deutsche Industrie befand sich daher gerade im innereuropäischen Vergleich in einem guten Zustand.[20] Die Vorstellung von einer Wirtschaft, die nach dem Krieg genauso in Trümmern lag wie die Wohngegenden, ist in den meisten Fachveröffentlichungen längst revidiert worden; die Situation wurde an dieser Stelle nur deswegen länger ausgeführt, weil dies im öffentlichen Diskurs nicht der Fall ist. Im diachronen wie synchronen Vergleich stand die deutsche Wirtschaft im Jahr 1948 jedenfalls hervorragend da, und es stellte sich nur die Frage, ob, zu welchem Zweck und wie schnell diese Kapazitäten genützt wurden.

4.2 Die Interaktion der Alliierten – die Politik der USA in der Bizone

Die Siegermächte hatten freilich schon vor dem Ende des Zweiten Weltkrieges unterschiedliche Interessenlagen. Und nicht nur der Gegensatz zwischen Sowjetrussland und den westlichen Alliierten prägte immer mehr die Nachkriegspolitik; auch innerhalb des westlichen Lagers gab es keine einheitliche Politik in Bezug auf die Zukunft (West-)Deutschlands. Die Gründe für die unterschiedliche Politik der USA, Frankreichs und Großbritanniens waren nicht nur bei den jeweiligen Amtsinhabern und Regierungskoalitionen zu suchen, sondern auch in ihren historischen Erfahrungen mit dem besiegten Deutschland, eigenen Politiktraditionen und nicht zuletzt der eigenen geographischen Lage.

S. 254. Ähnlich Prollius, Deutsche Wirtschaftsgeschichte nach 1945, S. 22.

18 Vgl. Werner Plumpe (2008): Industrieland Deutschland 1945 bis 2008, in: Einsichten und Perspektiven. Bayerische Zeitschrift für Politik und Geschichte, H. 3 (2008).

19 Vgl. Ernst-Ulrich Huster u. a. (1972): Determinanten der westdeutschen Restauration 1945–1949, Frankfurt/M., S. 100 f.

20 Vgl. Freick, Die Währungsreform 1948, S. 84.

Dennoch war die strikte Trennung der Besatzungszonen nicht unvermeidlich, sondern das Ergebnis einer dynamischen und durch zahlreiche Faktoren beeinflussten komplexen Interaktion der „großen Drei" und Frankreichs.[21] Ihre abweichenden, zum Teil gegensätzlichen Positionen versuchten die Alliierten auf zahlreichen internationalen Konferenzen ab 1941 zu synchronisieren, oder zumindest Kompromisse auszuhandeln und diese vertraglich zu fixieren. Außerdem wurden eine Reihe interalliierter Behörden geschaffen, die diese Beschlüsse umsetzen oder überwachen sollten. Die wichtigsten Konferenzen fanden im Februar 1945 in Jalta und im August 1945 in Potsdam statt. Während in Jalta noch in vielen Punkten Kompromisse erzielt werden konnten, wurde in Potsdam bereits „der Dissens zwischen Ost und West [...] kodifiziert"[22]. Dessen ungeachtet wurden dort aber auch Vereinbarungen getroffen, die Regelungen der jeweils anderen Seite für die eigene Besatzungszone übernahmen. Für die Amerikanische Zone bedeutete dies die Beschleunigung der Zulassung politischer Parteien und freier Gewerkschaften. Die Sowjetbehörden hatten diese Zulassungen bereits umgesetzt,[23] während die USA diesen schnellen Kompetenzgewinn für deutsche Stellen in ihrer zentralen Direktive JCS 1067 eigentlich vehement abgelehnt hatten.[24] Schon zu Beginn des Jahres 1946 war jedoch trotz der Verständigungsversuche abzusehen, dass die Absichtserklärung, Deutschland „in wirtschaftlicher, technischer oder administrativer Hinsicht als Ganzes zu behandeln, illusionär geworden war"[25]. In der Bizone waren die USA die einflussreichste Besatzungsmacht.

Der berüchtigte Morgenthau-Plan, demzufolge Deutschland zu einem politisch zersplitterten Agrarland mit geringer Bevölkerungsdichte umgestaltet werden sollte, war allerdings schon vor dieser Entwicklung, nämlich Ende 1944, von der US-amerikanischen Nachkriegsplanung verworfen worden, wenn auch seine Ideen noch in wichtigen Dokumente wie dem Potsdamer Abkommen oder der Direktive JCS 1067 Niederschlag fanden. Letztere stellte nach Kriegsende zunächst eine zentrale Richtschnur für die US-amerikanischen Stellen vor Ort dar,[26] und sah eine „rigide Aufsicht über das politische Leben" und eine konsequente Entnazifizierung vor. Außerdem enthielt sie die aus dem Morgenthau-Umfeld stammende Forderung nach „scharfe[r] Reduktion und Kontrolle des gesamten deutschen Wirtschaftslebens"[27] bzw. das Verbot von Schritten, die „geeignet sind, die deutsche Wirtschaft zu erhalten oder zu stärken".[28] Dahinter stand die Grundannahme, dass die „industrielle Abrüstung" Deutschlands ein wichtiger Schritt zur „Sicherung des Weltfriedens" sei.[29]

Vor allem diese Passagen gerieten bald in Gegensatz zu der tatsächlichen Politik vor

21 Vgl. Kleßmann, Die doppelte Staatsgründung, S. 19–35, vor allem 31.
22 Ebd., S. 32.
23 Vgl. Wolfgang Benz u. Michael F. Scholz (2009[10]): Deutschland unter alliierter Besatzung 1945–1949, Stuttgart, S. 70–72.
24 Vgl. Kleßmann, Die doppelte Staatsgründung, S. 32.
25 Benz et al., Deutschland unter alliierter Besatzung, S. 72.
26 Die Direktive wurde im April 1945 wirksam, aber erst im Oktober von der Geheimhaltung befreit, vgl. Clay, Entscheidung in Deutschland, S. 25f, 31–33 und Kleßmann, Die doppelte Staatsgründung, S. 22 f.
27 Zitiert nach: ebd., S. 22.
28 Zitiert nach: ebd., S. 23. Zu den Diskussionen innerhalb der US-amerikanischen Militärverwaltung während des Entstehungsprozesses der Direktive vgl. Mausbach, Zwischen Morgenthau und Marshall, S. 97–102.
29 Die JCS 1067 ist auszugsweise abgedruckt in: Kleßmann, Die doppelte Staatsgründung, S. 352 f. und Huster et al., Determinanten, S. 284–304.

Ort.[30] Zum einen vertrat der US-amerikanische Militärgouverneur Clay die Einschätzung, dass „Deutschland verhungern musste, wenn es nicht für den Export produzierte“[31], zum anderen machten sich die Schatten des Kalten Krieges bemerkbar. West-Deutschland wurde von einer Gefahr für den Weltfrieden sukzessive zu einem ‚Bollwerk der Freiheit‘ umdefiniert. Da kam es gelegen, dass die Vorschriften der Direktive JCS 1067 sehr allgemein formuliert waren und dem Militärgouverneur die Möglichkeit boten, die Auslegung großzügig selbst vorzunehmen.[32]

Winston Churchill hatte bereits am 5. März 1946 in Fulton, Missouri (USA), zu diesem Zeitpunkt noch als Oppositionsführer, erstmals vom „Eisernen Vorhang“ inmitten Europas gesprochen. Die Rede des US-Außenministers James F. Byrnes am 6. September 1946 in Stuttgart gilt dann als Wendepunkt der US-Deutschlandpolitik oder vielmehr als dessen öffentliches Zeugnis.[33] In ihr wurden bisherige Politikansätze, die auf den Potsdamer Beschlüssen und der Direktive JCS 1067 basierten, revidiert, und Byrnes redete einer industriellen Entwicklung und demokratischen Selbstverwaltung Deutschlands das Wort. Außerdem sollte die Trennung der verschiedenen Besatzungszonen weitestmöglich aufgehoben werden. Vier Monate später, im Januar 1947, erfolgte mit der Vereinigung der Amerikanischen und Britischen Zone zur sogenannten Bizone eine wichtige Konsequenz aus diesem Ansatz.[34] Nachdem Anfang 1947 George Marshall Nachfolger von Byrnes auf dem Posten des US-amerikanischen Außenministers geworden war, wurde im März 1947 die sogenannte Truman-Doktrin verkündet, die die antikommunistische Eindämmungspolitik einläutete.

Auf der internationalen Ebene wurde die Deutschlandpolitik schließlich zum Jahreswechsel 1947/1948 entschieden. Am 15. Dezember 1947 scheiterte in London die sechste und letzte Konferenz der alliierten Außenminister. Frankreich und die Sowjetunion verweigerten sich den vorgeschlagenen gesamtdeutschen Initiativen und ein zukünftiger Weststaat wurde immer wahrscheinlicher.[35] Nach der ersten Sechsmächtekonferenz, die vom 23. Februar bis zum 6. März 1948 (ebenfalls in London) stattfand, wurde der Kurs der Integration der drei Westzonen um den Preis der deutschen Teilung schließlich offen betrieben.[36] Die veränderte Strategie der USA und die neue Rolle, die Westdeutschland darin zugedacht wurde, hatte Auswirkungen auf verschiedene Felder der US-amerikanischen Europa- und Deutschlandpolitik.

Die britische Militärregierung hatte sich zunächst vor dem Hintergrund starker planwirtschaftlicher Elemente im Heimatland durchaus Sozialisierungen (verstanden als Ver-

30 Vgl. Mausbach, Zwischen Morgenthau und Marshall, S. 271.

31 Clay, Entscheidung in Deutschland, S. 33.

32 Vgl. ebd., S. 33.

33 Vgl. John Gimbel (1971): Amerikanische Besatzungspolitik in Deutschland 1945–1949, Frankfurt/M., S. 121. Dass die Rede und ihr Setting bestens durchdacht waren, bestätigt uns auch Clay, Entscheidung in Deutschland, S. 96–99. Die Rede ist abgedruckt in: Huster et al., Determinanten, S. 309–319.

34 Die Gründung der Bizone wurde am 2. Dezember 1946 beschlossen und ab dem 1. Januar 1947 wirksam (das sog. Bevin/Byrns-Abkommen zur Fusion der Bizone); siehe auch Gimbel, Amerikanische Besatzungspolitik in Deutschland, S. 117 f. sowie Kleßmann, Die doppelte Staatsgründung, S. 101. Die Französische Zone vereinigt sich wesentlich später, nämlich am 8. April 1949, mit der Bizone zur Trizone („Trizonesien“).

35 Einen guten Überblick über die internationale Dimension gibt Rudolf Morsey: Einführung zu den „Frankfurter Dokumenten“, 100(0) Schlüsseldokumente zur deutschen Geschichte im 20. Jahrhundert, unter: www.1000dokumente.de, zuletzt 20. August 2015.

36 Vgl. das Kommuniqué vom 6. März 1948, das zum Abschluss der Konferenz veröffentlicht wurde.

staatlichung) oder zumindest eine starke Mitbestimmung vorstellen können. Insbesondere in Nordrhein-Westfalen schien so eine Übergabe der Schlüsselindustrien an die öffentliche Hand nicht ausgeschlossen, weil führende britische Vertreter, etwa der britische Außenminister (und Gewerkschafter) Ernest Bevin und der britische Militärgouverneur Brian Robertson, dies explizit befürworteten.[37] Mit der Zeit gewannen aber die US-amerikanischen Positionen auch in der Britischen Zone immer weiter an Bedeutung. Die Besatzung brachte starke finanzielle Belastungen mit sich, die von den Briten nicht mehr getragen werden konnten. Die US-amerikanische Militärverwaltung OMGUS (Office of Military Government for Germany [U.S.]) engagierte sich daraufhin auch in der Britischen Zone und konnte auf diese Weise dort ihren Einfluss ausbauen.[38] Mit der Vereinigung zur Bizone Anfang 1947 verstärkte sich dieser Trend und verhinderte auch die zaghaften Versuche deutscher Akteure, Sozialisierungen in der Großindustrie, speziell im Ruhrbergbau, durchzusetzen.

Eine der bekanntesten Maßnahmen, die im Zuge der neuen Europa-Politik getroffen wurden, war das European Recovery Program (ERP), der sogenannte Marshallplan. Er wurde vom US-amerikanischen Außenminister George C. Marshall am 5. Juni 1947 in einer programmatischen Rede angekündigt und am 3. April 1948 ratifiziert und von Truman unterzeichnet. Das erste „Marshall-Plan-Jahr" begann offiziell am 2. Juli 1948, also zwei Wochen nach der Währungsreform. Das ERP gab in den folgenden Jahren wichtige wirtschaftliche Impulse und kann als ein Ausgangspunkt der Westintegration großer Teile Europas gesehen werden.[39] Es muss mit dem Entschluss der USA zusammen gedacht werden, Westeuropa, speziell Westdeutschland und das Ruhrgebiet, wieder wirtschaftlich aufzurichten. Die für Westdeutschland aufgewendeten finanziellen Investitionen waren in europäischer Relation allerdings nicht besonders hoch (1948/49 etwa 613 Millionen Dollar). Österreich erhielt im selben Zeitraum etwa die Hälfte, die Niederlande erhielten eine fast so hohe Summe wie Westdeutschland, Italien eine unbedeutend höhere, Frankreich doppelt so viel und Großbritannien fast das dreifache des deutschen Betrages.[40] Setzt man dieses Zahlen in das Verhältnis zu den Einwohnern, wurde Westdeutschland mit ERP-Geldern eher kurz gehalten, aber über das GARIOA-Programm zusätzlich unterstützt.[41]

Die gezielten Investitionen (zum Beispiel in die Transport-Infrastruktur) wirkten sehr effektiv. Sie wurden überdies von einer breiten Propagandakampagne begleitet, die tatsächlich in ihren Auswirkungen auf die kommende Westbindung, die „Westernisierung", nicht zu unterschätzen ist.[42] Eine ideologische Bindung an die neue (antikommunistische)

37 Vgl. Düding, Parlamentarismus in Nordrhein-Westfalen, S. 179.

38 Vgl. ebd., S. 179f und Rolf Steininger (1979): Die Rhein-Ruhr-Frage im Kontext britischer Deutschlandpolitik 1945/46, in: Heinrich August Winkler (Hg.): Politische Weichenstellungen im Nachkriegsdeutschland 1945–1953, Göttingen, S. 111–166, S. 161 f., dort auch die gesetzlichen Grundlagen.

39 Vgl. Hardach, Transnationale Wirtschaftspolitik, S. 69.

40 Zahlen nach Erich Ott (1990): Die Bedeutung des Marshallplans für die Nachkriegsentwicklung in Westdeutschland, in: Hans-Jürgen Schröder (Hg.): Marshallplan und westdeutscher Wiederaufstieg. Positionen, Kontroversen, Stuttgart, S. 60–78, S. 75.

41 „Govenment Aid for Recovery in Occupied Areas", vor allem Import von Nahrungsmitteln und Verbrauchsgütern, die GARIOA-Mittel waren etwa so umfangreich wie die Mittel aus dem ERP, vgl. ebd., S. 74 f.

42 Vgl. Bundeszentrale für politische Bildung/ Deutsches Historisches Museum/ Internationale Filmfestspiele Berlin (Berlinale)/ Bundesarchiv-Filmarchiv (2006): Selling democracy. Die Filme des Marshallplans, Bonn. Außerdem trugen alle Waren aus Hilfslieferungen des Marshallplanes ein ERP-Symbol und wur-

Hegemonialmacht USA aufzubauen, war tatsächlich ein wichtiger Bestandteil des ERP.[43]

Zu dieser Strategie gehörte die Bekämpfung aller Bestrebungen, wirtschaftsdemokratische Elemente in der Wirtschaft zu installieren – und zwar unabhängig davon, ob diese Ansätze demokratisch legitimiert waren oder nicht. Dies schlug sich vor allem dort nieder, wo es Auseinandersetzungen um die Wirtschaftsverfassung gab oder sie sich abzeichneten, etwa in den Reaktionen auf die Sozialisierungsbestrebungen in Nordrhein-Westfalen oder Hessen.[44] In diesen Fällen ist – zumindest im Ergebnis[45] – eine US-amerikanische Priorität für Marktwirtschaft und „freies Unternehmertum" gegenüber wirtschaftsdemokratischen Konsequenzen aus der Verflechtung von Großunternehmen mit dem Nationalsozialismus zu erkennen. Die dann folgende Entflechtung der Großkonzerne ohne echte Mitbestimmung war der Versuch einer Zwischenlösung in diesem Bereich. Auch über die Sozialisierungsfrage hinaus lässt sich eine zielgerichtete Politik zur Vorbereitung der (Wieder-) Einführung der Marktwirtschaft im Zuge der Währungsreform beobachten.[46]

Die US-Interessenpolitik schlug sich auch in einer spezifischen Politik gegenüber den Gewerkschaften nieder. Zunächst wurde deren Aufbau, der von lokalen Funktionären ausging und an Dynamik gewonnen hatte, gezielt ausgebremst.[47] Denn im Bemühen, das nach dem Krieg entstandene Machtvakuum auszugleichen, hatten die Gewerkschaften gute Chancen, zum wichtigsten Akteur aufzusteigen. Die Besatzungsmächte hätten trotz ihrer massiven Ressourcen nicht mit einem schnellen Gewerkschaftsaufbau Schritt halten können. Hinzu kamen generelle politische Vorbehalte und „sicherheitspolitische Erwägungen der Militärregierungen"[48]. Die Erlaubnis zur Erhebung von Beiträgen etwa wurde den Gewerkschaften lange und vielfach verweigert, um den Organisationsprozess aufzuhalten und nicht mit einem zu mächtigen und politisch unbequemen Akteur konfrontiert zu sein.[49] Und auch nach der „beschränkten Legalisierung" wurden (Macht-)Positionen, die zu sehr von den westlichen, marktwirtschaftlichen Vorstellungen abwichen (zum Beispiel lokal verhandelte und weitreichende Mitbestimmungsrechte), wieder zurückgedrängt.[50]

Als Ergebnisse einer detaillierten Untersuchung fasst John Gimbel die Ziele der US-amerikanischen Deutschland-Politik treffend zusammen. Demnach waren die USA

---

den so zu einem Propaganda-Giveaway, vgl. Freick, Die Währungsreform 1948, S. 80 – wie es vorher auch die CARE-Pakete waren, vgl. Clay, Entscheidung in Deutschland, S. 310.

43 Vgl. Hardach, Transnationale Wirtschaftspolitik und Ott, Die Bedeutung des Marshallplans.

44 Vgl. dazu S. 93-100.

45 Zu den vorgängigen Auseinandersetzungen zwischen den verschiedenen der US-amerikanischen Entscheidungsträgern vgl. Dörte Winkler (1979): Die amerikanische Sozialisierungspolitik in Deutschland 1945–1948, in: Heinrich August Winkler (Hg.): Politische Weichenstellungen im Nachkriegsdeutschland 1945–1953, Göttingen, S. 88–110. Dazu jedoch kritisch Jacobi-Bettien, Metallgewerkschaft Hessen, S. 269–273.

46 Vgl. dazu S. 129–135.

47 Vgl. Milert u. Tschirbs, Die andere Demokratie, S. 340 und Siegfried Mielke (1979): Der Wiederaufbau der Gewerkschaften. Legende und Wirklichkeit, in: Heinrich August Winkler (Hg.): Politische Weichenstellungen im Nachkriegsdeutschland 1945–1953, Göttingen, S. 74–87, S. 77–82.

48 Ebd., S. 81.

49 Vgl. Schmidt, Die verhinderte Neuordnung, S. 99.

50 Vgl. Christoph Kleßmann (1979): Betriebsräte und Gewerkschaften in Deutschland 1945–1952, in: Heinrich August Winkler (Hg.): Politische Weichenstellungen im Nachkriegsdeutschland 1945–1953, Göttingen, S. 44–73, S. 60.

„im Interesse ihrer eigenen Sicherheit darauf bedacht, Deutschland und Europa wieder wirtschaftlich gesunden zu lassen und den Bestand des freien Unternehmertums zu gewährleisten. Sie wollten den Sozialismus verhindern, dem Kommunismus zuvorkommen, das Geld des amerikanischen Steuerzahlers sparen, französische Pläne zur Zerstückelung Deutschlands vereiteln und die Sowjetunion in Mitteleuropa in Schranken halten.“[51]

4.3 Deutsche Parlamente und Verwaltung

Unmittelbar nach der Besetzung Deutschlands lagen sämtliche Regierungskompetenzen ausschließlich in der Hand der Besatzungsmächte. Innerhalb des ersten Jahres nach Kriegsende wurden Parteien und Gewerkschaften meist wieder zugelassen, wenn auch bei regional unterschiedlicher Behandlung und manchmal auch abhängig davon, welche politische Ausrichtung ihnen unterstellt wurde.

Nach der Fusion der Amerikanischen und der Britischen Besatzungszone zur Bizone zu Beginn des Jahres 1947 konstituierte sich am 25. Juni 1947 der Wirtschaftsrat der Bizone in Frankfurt am Main. Er setzte sich aus 52 Delegierten der Landtage zusammen und sollte der Verteilung der politischen Meinung entsprechen, „wie sie sich bei der allgemeinen Abstimmung bei den letzten Wahlen“[52] auf Länderebene ergeben hatte. Die Geschäftsordnung sah für die Bizone einen „Oberdirektor“ und „Direktoren“ für einzelne Bereiche vor, deren Befugnisse mit denen heutiger Minister zu vergleichen waren.[53] Unter diesen fünf Direktoren sind vor allem der Direktor für Ernährung und Landwirtschaft, Hans Schlange-Schöningen und der Direktor für Wirtschaft (ab dem 2. März 1948 Ludwig Erhard) hervorzuheben. Beide wurden zu Symbolfiguren für diejenigen, die unter den Ernährungskrisen und der unsozialen Wirtschaftspolitik besonders zu leiden hatten.[54] Bis zur Währungsreform im Juni 1948 stand insbesondere Schlange-Schöningen mit seiner Behörde in der Kritik, weil ihm vielfach vorgeworfen wurde, die Erfassung der Lebensmittel nicht zu bewerkstelligen. Die nicht erfassten Lebensmittel fehlten in den Zuteilungen und führten mit dazu, dass die Kalorienmenge der Rationen weiter schrumpfte und mit Hilfe des Schwarzmarkts aufgestockt werden musste.

51 Gimbel, Amerikanische Besatzungspolitik in Deutschland, S. 11–13, hier 13. John Gimbel hat vor etwa 40 Jahren als einer der ersten eine Analyse der US-amerikanischen Besatzungspolitik vorgelegt, die sich auch auf zahlreiche deutsche und US-amerikanische Dokumente stützt, die erstmals der Öffentlichkeit zugänglich gemacht worden waren. Die Unterlagen des US-amerikanischen Außenministeriums, des Alliierten Kontrollrats und einiger anderer Gremien waren Gimbel aber nicht zugänglich. Er ergänzt, dass es für die Richtigkeit seiner Schlussfolgerungen einerlei sei, ob diese Ziele in den Direktiven erwähnt wurden oder nicht, vgl. ebd., S. 14.

52 Anhang A, Abschnitt 1 zur Proklamation Nr. 5 der US-Militärregierung bzw. der Verordnung Nr. 88 der Britischen Militärregierung, z.B. in Büro des Wirtschaftsrates, Der Wirtschaftsrat, S. 13. Es waren 54 Mitglieder vorgesehen, aber es sind „nach Wahlprüfung“ nur 52 berufen worden, Potthoff u. Wenzel, Handbuch 1945–1949, S. 189.

53 Vgl. Anhang A, Abschnitt 3 zur Proklamation Nr. 5 der US-Militärregierung bzw. der Verordnung Nr. 88 der Britischen Militärregierung, in: Büro des Wirtschaftsrates, Der Wirtschaftsrat, S. 15.

54 Die beiden bekannten Demonstrationen in der Bizone, bei denen es zu Ausschreitungen kam, richteten sich nicht zufällig gegen Schlange-Schöningen (1. April 1947 in Braunschweig) und gegen Erhard (28. Oktober 1948 in Stuttgart), dazu S. 103 bzw. S. 196–212.

Abb. 3: Tagung des Wirtschaftsrates 1948 in Frankfurt. In der vorderen Reihe ganz rechts der Direktor für Finanzen (Alfred Hartmann), daneben der Direktor für Verkehr (Edmund Frohne). Links neben dem Wirtschaftsdirektor Ludwig Erhard sitzt der Oberdirektor Hermann Pünder, höchster Amtsträger der Bizone.

Zum 9. Februar 1948 wurde der Wirtschaftsrat auf Veranlassung der Militärgouverneure auf 104 Mitglieder vergrößert. Die Mehrheitsverhältnisse hatten sich dadurch nicht geändert, so dass sich im zweiten Wirtschaftsrat die koalitionsähnliche Zusammenarbeit der CDU/CSU mit der FDP und den kleineren bürgerlichen Parteien fortsetzte. Sie hatte sich im ersten Wirtschaftsrat durch die Weigerung der SPD, eine große Koalition einzugehen, ergeben.[55] Insofern bildete sich hier bereits die Parteienkonstellation heraus, die bis 1966 die Politik in Westdeutschland prägte, nämlich eine CDU/CSU/FDP-Regierung und eine SPD-Opposition.

Zum 23. Februar 1948 folgte die Proklamierung des Länderrats als zweite Kammer der Bizone.[56] Dieser wurde von den Landesregierungen mit je zwei Vertretern beschickt und in den Fachausschüssen bei Bedarf durch Hinzuziehung weiterer Länder-Abgeordneter oder durch Beamte der Frankfurter Verwaltung ergänzt. Der Länderrat hatte das Recht, einzelne Gesetze einmalig an den Wirtschaftsrat zurückzuüberweisen oder Änderungen

55 Mandatsverteilung im ersten Wirtschaftsrat: je 20 Mitglieder von CDU/CSU bzw. SPD, die übrigen Sitze verteilten sich wie folgt: KPD (3), liberale Parteien (4), Zentrum (2), WAV (1) und DP (2); im zweiten Wirtschaftsrat verdoppelten sich diese Zahlen, vgl. Pünder, Interregnum, S. 98 und 133 sowie Potthoff u. Wenzel, Handbuch 1945–1949, S. 189 f. Letzteres Handbuch weist eine leicht fehlerhafte Zählung der Abgeordneten des ersten Wirtschaftsrates auf.

56 Auf Grundlage des Frankfurter Statuts vom 5. Februar 1948 in Verbindung mit der Proklamation Nr. 7 der OMGUS bzw. Verordnung Nr. 126 der Britischen Militärregierung, vgl. ebd., S. 195; die Proklamation ist abgedruckt in: Pünder, Interregnum, S. 377–383. Der Länderrat ist nicht zu verwechseln mit der gleichnamigen Einrichtung mit Sitz in Stuttgart, der vor der Vereinigung zur Bizone die Politik in der Amerikanischen Zone koordiniert hatte.

vorzuschlagen, auch konnte er eigene Gesetzesvorschläge machen. Im Länderrat besaß die SPD mit neun Vertretern die Stimmmehrheit (CDU sechs, übrige einen), was sich aber in der praktischen Politik kaum bemerkbar machte.[57] Es ist vielmehr erstaunlich, wie weitreichend die Mitarbeit der SPD war, und zwar auch bei zentralen Gesetzesvorhaben, die ihrer eigenen politischen Rhetorik entgegenliefen, wie etwa dem Leitsätzegesetz.[58] Es gab allerdings keine zustimmungspflichtigen Gesetze, und der Wirtschaftsrat konnte in letzter Instanz alles mit einfacher Mehrheit durchsetzen. Alle legislativen Akte standen jedoch unter dem Genehmigungsvorbehalt der Besatzungsmächte.[59] Mit dieser Ausnahme zeichnet sich hier die spätere Struktur der Bundesrepublik mit Bundestag und Bundesrat schon deutlich ab. Von den insgesamt 171 durch den Wirtschaftsrat verabschiedeten Gesetzen hatte die erstaunliche hohe Zahl von etwa 150 später als Bundesrecht der BRD Bestand.[60]

Am 1. September 1948 traten erstmals 65 von den Landtagen gewählte VertreterInnen zusammen, um über das zukünftige Grundgesetz zu beraten. Sie bildeten den Parlamentarischen Rat, der die Gründung der Bundesrepublik bzw. das Grundgesetz erarbeitete. Es wurde am 8. Mai 1949 verabschiedet und am 23. Mai verkündet. Die Bundesrepublik Deutschland war damit offiziell gegründet.

4.4 Arbeiterbewegung und Gewerkschaften

Durch die Abwesenheit einer zentralen Instanz gewannen lokale Initiativen in den ersten Wochen und Monaten nach Kriegsende großen Einfluss. Diese lokalen Initiativen setzten sich zu großen Teilen aus AkteurInnen der Arbeiterbewegung zusammen. Auch die Gewerkschaften versuchten sehr schnell, sich zu reorganisieren. Es war keinesfalls von vornherein entschieden, für welche Ziele und in welcher Organisationsform die Gewerkschaften streiten würden. Für die deutsche Arbeiterbewegung war nach 1945 der „Weg nach Bad Godesberg" keineswegs zwingend, vielmehr stand „die Hinwendung der deutschen Sozialdemokratie in Partei und Gewerkschaft zu westlichen Wertevorstellungen"[61] in den ersten Nachkriegsjahren durchaus zur Debatte. Dass es für die Gewerkschaften in wesentlichen Punkten keine ‚Stunde Null' gab, entschied sich – ähnlich wie auf gesamtgesellschaftlicher Ebene – nicht im Mai 1945, sondern in den darauf folgenden Jahren. Verschiedene Akteure versuchten ihren Einfluss auf die Organisationen geltend zu machen, sei es um „die westeuropäischen Arbeiterbewegungen als Partner um die Auseinandersetzung mit dem Kommunismus zu gewinnen",[62] sei es, um sie mittelbar für die Ziele der Sowjetregierung einzunehmen oder aber eine gänzlich andere Rolle spielen zu lassen. Der wiedererstandene Gewerkschaftsapparat hatte seine eigene Logik und geriet dabei vor allem in den Jahren 1947 und 1948 in mitunter sehr deutlichen Gegensatz zu seiner eigenen, lokal agierenden

57 Dagmar Nelleßen-Strauch (1997): Der Frankfurter Wirtschaftsrat, Sankt Augustin, S. 9.
58 Vgl. dazu S. 148–155.
59 Vgl. Gerold Ambrosius (1979): Funktionswandel und Strukturveränderung der Bürokratie 1945–1949. Das Beispiel der Wirtschaftsverwaltung, in: Heinrich August Winkler (Hg.): Politische Weichenstellungen im Nachkriegsdeutschland 1945–1953, Göttingen, S. 167–207, S. 171.
60 Nelleßen-Strauch, Der Frankfurter Wirtschaftsrat, S. 10; vgl. auch Pünder, Interregnum, S. 194–223.
61 Angster, Konsenskapitalismus und Sozialdemokratie, S. 14.
62 Ebd., S. 14 f.

Basis. Häufig ähnelten sich zwar formal die Ziele von Basis und Leitung, aber im konkreten Politikverständnis taten sich große Unterschiede auf.

Die Gewerkschaften waren unzweifelhaft die stärksten und einflussreichsten Organisationen der Arbeiterbewegung. Sie sollen im Folgenden genauer charakterisiert werden, weil sie bei den im Kapitel „Widerstand“ beschriebenen Protesten eine zentrale Rolle spielten. Einzelne Abschnitte weisen eine regionale Schwerpunktsetzung auf, die nicht nur in den Ereignissen, sondern auch in deren uneinheitlicher Überlieferung begründet ist.

4.4.1 Aufbau und Organisation der Gewerkschaften

Sogar in der Einschätzung moderater Funktionäre wurde in der Behandlung der Gewerkschaften von Seiten der Besatzungsmächte alles getan, „um einen schnellen Wiederaufbau zu verhindern“.[63] Auch Hans Böckler sprach noch im September 1948 von der „nachteilige[n] Beeinflussung, die die Gewerkschaftsarbeit durch Massnahmen der Besatzungsmächte erfährt“[64]; ebenso wurden den Betriebsräten vor Ort enge Betätigungsgrenzen gesetzt.[65]

Obwohl die Gewerkschaften und insbesondere die frühen Formen der Selbstorganisierung, die der Arbeiterbewegung eng verbunden waren (Arbeitsausschüsse, Betriebsausschüsse, Antifa-Komitees etc.), hinsichtlich der antifaschistischen Einstellung als zuverlässigste deutsche Partner gelten konnten, entbehrt diese Gängelung nicht einer gewissen Logik. Denn unmittelbar nach Kriegsende waren diese lokalen Gruppen oftmals schneller handlungsfähig als die Verwaltungen der Alliierten. Dadurch hätten sie eine stärkere Rolle in der Nachkriegsordnung einnehmen können, als es den Besatzungsmächten recht gewesen wäre. Außerdem lag auf der Hand, dass es mittelfristig zu starken politischen Gegensätzen zwischen der Arbeiterbewegung und den Regierungsvertretern der USA und Großbritanniens kommen würde, allem Antifaschismus zum Trotz. Und desto langsamer der Aufbau der Gewerkschaften vonstatten ging, desto geringer war die Gefahr kommunistischer Dominanz.[66] Auf Grund des bis Kriegsende marginalen deutschen Widerstandes hatten sie außerdem generelle Bedenken, deutschen Gruppen zu trauen.[67]

Nach der Konsolidierung der Besatzung wiederholte sich dieses Prinzip auf überregionaler Ebene. Die zum großen Teil in der Weimarer Republik geprägten Funktionäre der Arbeiterbewegung wären durchaus in der Lage gewesen, schneller als alle anderen deutschen Akteure Handlungsfähigkeit zu erlangen und politisch sehr einflussreich zu werden. Einen solchen Machtfaktor hätten die Alliierten umfassend berücksichtigen müssen, woran ihnen wenig gelegen war.[68] Auch um in dem heraufziehenden Systemkonflikt mit der Sowjetunion freie Hand zu haben, wurden die deutschen Akteure, gerade diejenigen der

63 So Fritz Tarnow (Sekretär des Gewerkschaftsrats) laut dem „Protokoll des 2. Bundestags des FGB Hessen in Frankfurt/Main vom 10.–12. 10.1947“, S. 169 f., zitiert nach: Weiss-Hartmann, Der Freie Gewerkschaftsbund Hessen, S. 160.

64 Zitiert nach: Lauschke, Böckler, S. 303.

65 Vgl. Milert u. Tschirbs, Die andere Demokratie, S. 340 f.

66 Vgl. Harold Zink (1957): The United States in Germany 1944–1955, Princeton (N.J.), S. 282.

67 Vgl. Schneider, Kleine Geschichte der Gewerkschaften, S. 237.

68 Vgl. Reinhard Krusche u. Dagmar Pfeiffer (1976): Probleme der Gewerkschaftspolitik 1945–1965, in: Bernhard Blanke (Hg.): Bedingungen sozialistischer Politik. 1945–1965, Berlin, S. 139–158, S. 141; dazu auch Frank Deppe (1969): Kritik der Mitbestimmung. Partnerschaft oder Klassenkampf?, Frankfurt/M., S. 72 f.

Arbeiterbewegung, klein gehalten. Dort, wo sich die Gewerkschaftsleitungen als loyal zu US-amerikanischen Interessen erwiesen, etwa in Württemberg (siehe unten), konnten sie allerdings bald auf wohlwollende Behandlung zählen.

So gründeten sich in der Amerikanischen Zone bald die Gewerkschaftsbünde auf Landesebene, allerdings ohne sich auf Zonenebene zusammenzuschließen. In der Britischen Zone (BBZ) fand zwischen dem 22. und 25. April 1947 in Bielefeld die Gründung des Gewerkschaftsbundes auf Zonenebene durch die Einzelgewerkschaften statt, und Hans Böckler wurde zu dessen Vorsitzendem gewählt. Ein halbes Jahr später (am 6. November 1947) gründeten die Gewerkschaften einen gemeinsamen Gewerkschaftsrat für die Bizone.[69]

Ungeachtet der erschwerten Rahmenbedingungen erlebten die Gewerkschaften einen enormen Aufschwung. Im März 1946 lag die Mitgliederzahl auf dem Gebiet der späteren Bizone noch unter 1,4 Millionen.[70] Doch bereits Ende Juli 1948 bedeuteten knapp 4,6 Millionen Gewerkschaftsmitglieder einen durchschnittlichen Organisierungsgrad von bei 45 Prozent (in der BBZ) bzw. 37 Prozent (ABZ) aller Lohn- und Gehaltsempfänger; im Bergbau waren sogar neun von zehn Arbeitern gewerkschaftlich organisiert.[71]

4.4.2 Positionen und Selbstverständnis der Gewerkschaften

In gewerkschaftlichen Äußerungen lässt sich in den ersten Nachkriegsjahren „eine eindeutige Kontinuität bestimmter Hauptforderungen feststellen"[72], die auf allen Ebenen der Gewerkschaften Konsens waren. In der Frage, wie sich für deren Umsetzung einzusetzen sei, entwickelten sich allerdings über die Jahre zunehmende Differenzen.

Zur exemplarischen Verdeutlichung der gewerkschaftlichen Forderungen sei an dieser Stelle ein Dokument herangezogen, welches der Vorstand des DGB (BBZ) Ende des Jahres 1947 veröffentlichte. Es wurde anlässlich der verschiedenen parlamentarischen Beratungen über die Landesverfassungen der Britischen Zone an die wichtigen Gewerkschaftsadressen in der BBZ versendet und enthielt ein zweiseitiges Flugblatt bzw. Plakat, das „die Gesamtforderungen aller [...] angeschlossenen Organisationen" zusammenfasste.[73]

Dieses Dokument nannte als Grund für das Scheitern der Weimarer Republik die „Halbheit", dass die politische Demokratie nicht durch Demokratie in der Wirtschaft

69 Vgl. Schneider, Kleine Geschichte der Gewerkschaften, S. 240 f. Die Gründungsdaten der Bünde in der ABZ: FGB Hessen 24. und 25. August 1946; GWB 30. August und 1. September 1946; BGB 27. bis 29. März 1947; die Gewerkschaften der Französischen Zone schlossen sich erst am 20. Dezember 1948 an, vgl. ebd.

70 Mitgliederstand in der BBZ lag Ende März 1946 bei 628.763, im Januar 1947 bereits bei 1.746.099 (beide Zahlen nach Lauschke, Böckler, S. 56) und umfasste am 31. Juli 1948 beeindruckende 2.883.091 Personen, Richard Detje (1982): Von der Westzone zum Kalten Krieg. Restauration und Gewerkschaftspolitik im Nachkriegsdeutschland, Hamburg, S. 116. Mitgliederstand in der ABZ: Mai 1946 etwa 746.000, Januar 1947 etwa 1.021.000 und am 31. Juli 1948 dann 1.685.110, ebd., S. 109 und 116.

71 Ebd., S. 116; diese Zahlen stammen aus dem WWI-Jahrbuch 1949.

72 Kleßmann u. Friedemann, Streiks und Hungermärsche, S. 33.

73 Vgl. „Rundschreiben Nr. 39/47: Vorstand des DGB (BBZ) an den Bundesvorstand, seine Abteilungen und den Beirat, die Hauptvorstände der angeschlossenen Gewerkschaften, die Bezirksleitungen des DGB sowie seine Orts- und Kreisausschüsse, 10. Dezember 1947, unterzeichnet vom Bundesvorstand bzw. seiner Abt. IV (Presse, Werbung Rundfunk, L[udwig] Rosenberg)", abgedruckt in: ebd., S. 145–147; als „Rundschreiben des DGB der britischen Zone zu den Verfassungsberatungen in der Landtagen der Länder der britischen Zone", abgedruckt in: Mielke u. Rütters, Gewerkschaften 1945–1949, S. 859–862.

ergänzt worden war. Davon ausgehend forderten der Deutsche Gewerkschaftsbund und „seine Millionen arbeitender Mitglieder aus allen Parteien und allen religiösen Bekenntnissen [...] die Demokratisierung der Wirtschaft". Diese Forderung wurde in verschiedene Teilforderungen aufgeschlüsselt. So müssten als wichtige Voraussetzungen der Demokratie die Koalitionsfreiheit für die ArbeitnehmerInnen garantiert und die Schlüsselindustrien sozialisiert werden. Diese Maßnahmen sollten von einer demokratischen Verwaltung der Wirtschaft begleitet werden, namentlich durch das Mitbestimmungsrecht, weil „die Wirtschaft alle einschließt, die in ihr wirken". Die in der Wirtschaft Tätigen sollten verwalten und lenken, und zwar ohne „Staatswirtschaft" oder „übergrosse Bürokratie". Damit setzte sich der DGB von Vorstellungen einer staatlichen Planungswirtschaft ab; vielmehr sah er die Chance auf demokratische Strukturen im Produktionsprozess in Sozialisierungen und schlug Wirtschaftskammern, in denen die verschiedenen Akteure (Konsumenten, Werktätige, Unternehmer) ihre Vorstellungen und Interessen ausgleichen könnten, als ergänzendes Steuerungsinstrument vor. Zu guter Letzt sollte in denjenigen Betrieben und Unternehmen, die nicht sozialisiert werden sollten, eine starke Mitbestimmung sichergestellt sein. Der Betrieb, so heißt es in diesem Papier, muss „nicht mehr die Privatangelegenheit des Unternehmers, sondern ein Teil der Volkswirtschaft sein".[74] Das Flugblatt schließt mit der Parole „Demokraten haben wir genug – wir wollen Demokratie!"

Diese Forderungen sollten in der gesamten Zone verbreitet werden, als Flugblätter und als Plakate. Dafür ging das Schreiben an alle entsprechenden Untergliederungen des DGB. Dies ist ein Beleg dafür, dass die Gewerkschaftsspitzen den Wunsch nach einer demokratischen Wirtschaft Ernst meinten. In Form des Kampfes um Mitbestimmung blieben diese Forderungen jahrzehntelang eines der zentralen Betätigungsfelder des DGB. Für das Verständnis der Vorgänge, die in dieser Arbeit von Interesse sind, ist es jedoch sinnvoll, den Weg, auf dem die Gewerkschaften dieses Mehr an Wirtschaftsdemokratie erreichen wollten, genauer zu beleuchten. Zwei eng miteinander zusammenhängende Punkte treten innerhalb des Spannungsfeldes zwischen staatlichen Strukturen (Bizonen-Verwaltung und Besatzungsmächte), Bewegungen auf lokaler und betrieblicher Ebene und den gewerkschaftlichen Organisationen besonders hervor: erstens die Strategie, politische Ziele vor allem mittels Verhandlungen auf oberster Ebene zu verfolgen, und zweitens das damit verbundene elitäre Selbstverständnis einiger Gewerkschaftsfunktionäre.

Der DGB setzte auf Parlamente, Verhandlungen und – wie im gerade vorgestellten Flugblatt – auf Beeinflussung der öffentlichen Meinung, scheute jedoch die soziale Mobilisierung seiner Mitglieder. Die Gewerkschaftsleitungen behielten diese (aus Sicht vieler Mitglieder) defensive, abwartende Rolle auch bei, nachdem die Besatzungsbehörden weit mehr als einmal gezeigt hatten, wie wenig ihnen an gewerkschaftlichen Forderungen lag, indem sie verschiedene Betriebsrätegesetze, Sozialisierungsgesetze und das Gesetz über die Einrichtung fachlicher Wirtschaftsstellen verhindert hatten.[75] Begründet wurde diese konfliktvermeidende Strategie durch eine spezifische Interpretation der historischen Situation. Die Gewerkschaften begriffen sich als gleichberechtigte Partner im Aufbau einer besseren Gesellschaftsordnung und gingen davon aus, dass diese Ordnung „vernünftig" durch

74 Alle Zitate aus dem Anhang zum Rundschreiben Nr. 39/47 DGB (BBZ), in: Kleßmann u. Friedemann, Streiks und Hungermärsche, S. 146 f.

75 Vgl. Lauschke, Böckler, S. 303.

Argumente und Kompromisse ausgehandelt werden würde. Eine politische Zuspitzung passte nicht zu dieser Idee. Auch die Furcht vor „Weimarer Verhältnissen" saß tief, nicht zuletzt, weil das Gros des gewerkschaftlichen Personals aus der Zeit von vor 1933 stammte.[76] Unabhängig von dieser spezifischen Interpretation der jüngeren Vergangenheit hatte die Praxis der (institutionalisierten) deutschen Arbeiterbewegung, ihre Basis so wenig wie möglich zu aktivieren, eine lange Geschichte. In dieser Tradition sind das Verhalten im Vorfeld des Ersten Weltkriegs, während des „Preußenschlags" sowie die Passivität während der Machtübergabe an Hitler die Tiefpunkte; der erfolgreiche Generalstreik gegen den Kapp-Putsch im März 1920 muss als rühmliche Ausnahme gelten.

Dieses Vorgehen war aber nicht nur Konsequenz aus den zugespitzten sozialen Auseinandersetzungen während der Weimarer Republik. Hohe Funktionäre befürchteten darüber hinaus den Verlust von eigenem Einfluss und führten auch mögliche politische Fehlentscheidungen ihrer Basis als Begründung an. Werner Milert arbeitet am Beispiel von Hans Böckler eine bald vorherrschende Position der hohen Gewerkschaftsfunktionäre heraus, nur der Gewerkschaftsführung (also sich selbst) zuzugestehen, „übergeordnete Interessen zu artikulieren und zu vertreten" und Betriebsräten pauschal zu unterstellen, in „betriebsegoistischen Motiven verhaftet zu sein"[77]. Auch Lorenz Hagen vom Bundesvorstand der bayrischen Gewerkschaften (und später stellvertretender Vorsitzender des Zweizonen-Gewerkschaftsrates[78]) vertrat in der Frage, wer über Streiks zu entscheiden habe, einen solchen Standpunkt:

> *„Man kann, wenn man nicht auf der hohen Warte steht, wenn man vor allem nur aus einem begrenzten Gesichtskreis heraus die ganzen Dinge beurteilen kann, nicht die Übersicht haben, wie wir sie haben".*[79]

Hagen war der Ansicht, dass die Streikentscheidungen, die in den Betrieben fallen, eine Art Affekthandlung seien, während die Gewerkschaftsvorstände durch ihre Übersicht „auf der hohen Warte" dazu prädestiniert seien, die richtigen Entscheidungen zu treffen.

Als eine organisatorische Konsequenz des elitären Selbstverständnisses und der damit einhergehenden Fixierung auf Gespräche auf vermeintlich höchster Ebene kann die Gründung des Landesverbandes der Gewerkschaften im Südweststaat gelten: Frühere ADGB-Funktionäre gründeten am 31. Mai 1945 den „Württembergischen Gewerkschaftsbund" (WüGB) und besetzten hohe bürokratische Positionen auf Landesebene.[80] Ihre Legitimation bezog sie dabei nur aus ihren Posten und Ämtern, die sie vor 1933 innehatten.[81] Sie

76 Vgl. Schmidt, Die verhinderte Neuordnung, S. 100 f.
77 Milert u. Tschirbs, Die andere Demokratie, S. 358.
78 Vgl. Lauschke, Böckler, S. 65.
79 Zitiert nach: Lanig-Heese, Gewerkschaften in Bayern, S. 230 f.
80 Vgl. Mielke, Wiederaufbau der Gewerkschaften, S. 75. Mielke bezeichnet den WüGB als „besonders typische Gewerkschaftsgründung ‚von oben'", ebd.
81 Vgl. Fichter, Aufbau und Neuordnung, S. 489 f. Danach setzte sich die Gruppe vor allem aus ehemaligen Bezirksleitern verschiedener Gewerkschaften zusammen; ähnlich Niethammer, Kampfkomitees und Arbeiterausschüsse in, S. 543. Als zentrale Namen dieser Gruppe nennt Niethammer Markus Schleicher (Holzarbeitergewerkschaft und Vorsitzender des Stuttgarter Gewerkschaftspräsidiums), Christian Härle (als Vertreter der Angestellten) und Josef Eckle, vgl. ebd., (Anm. 137).

suchten schnell die enge Kooperation mit den Militärregierungen.[82] Der WüGB wurde aufgrund dieser guten Kontakte bereits am 9. November 1945 genehmigt, obwohl der von den US-Amerikanern angeblich erwünschte Aufbau von unten nach oben keineswegs stattgefunden hatte.[83] Im Jahr 1946 fusionierten der württembergische und der badische Gewerkschaftsbund, und anlässlich des ersten gemeinsamen Kongresses trat am 1. September 1946 der Gewerkschaftsbund Württemberg-Baden (GWB) an deren Stelle.[84] Mit den zahlreichen Basisinitiativen auf Betriebs- und Stadtteilebene, den Arbeitsausschüssen und Antifa-Komitees, die durch ihre eigene demokratische Legitimation diese Art von Gewerkschaft in Frage stellten, geriet die Funktionärsgruppe schnell in Konkurrenz und schließlich in Konflikt.[85] Sie lehnte Streiks, wie sie in diesen Jahren praktiziert wurden, grundsätzlich ab,[86] und befand sich damit in Einklang mit der Leitungsgruppe um Böckler in der BBZ, die zu Streiks nur dann ihre Zustimmung gab, wenn ihnen andernfalls das Heft des Handelns entglitten wäre – und zwar sowohl vor[87] als auch nach der Währungsreform.[88]

Dieses organisatorische Selbstverständnis lässt also eine gewisse Bevormundung der Basis erkennen. Das Selbstbild und die soziale Lage vieler hoher Gewerkschaftsfunktionäre fügen sich in diese Struktur ein. Ludwig Rosenberg beispielsweise, der zusammen mit Werner Hansen als engster Mitarbeiter Hans Böcklers gilt,[89] bemühte sich bei der Planung seiner Rückkehr ins zerstörte Deutschland Mitte des Jahres 1946 um regelmäßige Lebensmittellieferungen aus der Schweiz und um eine Zweieinhalbzimmerwohnung, damit er und seine Frau sich keine Küche mit fremden Leuten teilen müssten. Entsprechende Tipps und praktische Unterstützung gewährten Hans Gottfurcht in London und Werner Hansen in der Britischen Zone. Der Wunsch nach einer großen Wohnung ließ sich im zerstörten Bielefeld nicht erfüllen. Jedoch bekam Rosenberg als Gehalt das Doppelte eines Facharbeiterlohns sowie einen Dienstwagen und konnte britische Militärzüge nutzen. Auch wöchentliche Lebensmittellieferungen der Schweizer Arbeiterhilfe erhielt er genauso wie Werner Hansen, Hans Böckler und viele andere.[90]

Auch die staatsnahe, antikommunistische Gewerkschaft „American Federation of Labor" (AFL)[91] berichtete im Oktober 1946, dass sie seit Monaten 500 ausgesuchten Gewerk-

82 Vgl. Fichter, Aufbau und Neuordnung, S. 489 f.

83 Vgl. Mielke, Wiederaufbau der Gewerkschaften, S. 84 und Michael Fichter (1982): Besatzungsmacht und Gewerkschaften. Zur Entwicklung und Anwendung der US-Gewerkschaftspolitik in Deutschland 1944–1948, Opladen, S. 111.

84 Vgl. Manfred Bohlen (Mitarb.) (1956): Zehn Jahre Arbeit – zehn Jahre Aufstieg. 1945–1955: Zehn Jahre neue deutsche Gewerkschaftsbewegung, Köln, S. 143.

85 Vgl. Niethammer, Kampfkomitees und Arbeiterausschüsse, S. 542–547. Fichter, Aufbau und Neuordnung, S. 490 f relativiert diese Konkurrenzsituation für den Stuttgarter Fall, widerspricht sich aber zwei Seiten später selber, indem er berichtet, dass die Gewerkschaftsleitung versuchte, „die Einmischung der Antifas" (S. 492) zu verhindern.

86 Vgl. ebd., S. 543.

87 Vgl. Trittel, Hungerkrise und kollektiver Protest, S. 388 und die hier folgenden Seiten.

88 Besonders gilt das für den Generalstreik im November, vgl. S. 218-220.

89 Vgl. Ahland, Ludwig Rosenberg, S. 352 f. Hansen und Rosenberg waren zu diesem Zeitpunkt die Zonensekretäre des DGB in der BBZ.

90 Vgl. ebd., S. 318–337, insb. 325, 327, 331, 336, Gehaltshöhe mit Vergleichsangaben 325. Seine begünstigte Lage leugnete Rosenberg später.

91 Die Gewerkschaft AFL bildete einen Stützpfeiler der (antikommunistischen) US-amerikanischen Sendungsbemühungen und bildete ein Pendant zur US-Außenpolitik auf Gewerkschaftsebene, vgl. Angster, Konsenskapitalismus und Sozialdemokratie, S. 99 f. und 103. Sie betrieben in Europa, vor allem in Deutschland, eine Art „Hegemonie-Politik" im Rahmen des ERP (Marshallplan). Sie stärkten refor-

schaftsfunktionären der Amerikanischen Zone monatlich ein CARE-Paket (à je 10 Dollar) zukommen lasse.[92] Solche Lebensmittellieferungen waren für die Masse der Gewerkschafter und die lohnabhängige Bevölkerung im Allgemeinen völlig unerreichbar. Auch eine selbstorganisierte Unterstützung durch exilierte Mitglieder der ‚Zwischengruppen' für „jene Genossen", die sich „sowohl gegen den stalinistischen Konformismus wie gegen den sozialdemokratischen Reformismus" einsetzten, blieb in seiner Dimension deutlich hinter diesen Lieferungen zurück.[93] Explizit wollte die AFL mit den Paketen politisch Einfluss nehmen, dem Anschein nach mit Erfolg: Der Vorsitzende des Württembergischen Gewerkschaftsbundes, Markus Schleicher, fühlte sich durch die Lieferungen „als Freund behandelt" und versicherte, er „rechne es den Amerikanern an"[94], womit er die gewerkschaftliche (AFL)-Solidarität auf den „Westen" verallgemeinerte.

Abb. 4: Die Wortwahl des führenden Gewerkschafters Markus Schleicher (vgl. Text links) ist mit derjenigen dieses Werbeplakats für die CARE-Pakete nahezu identisch.

Es kann und soll an dieser Stelle nicht um etwaige moralische Vorwürfe ex post gehen. Die Gewerkschaftsfunktionäre, die durch ihre den US-amerikanischen Akteuren genehme Einstellung in den Genuss zusätzlicher, regelmäßiger Versorgung und politischer Protektion gelangten, schwelgten keineswegs im Überfluss. Es bleibt jedoch festzuhalten, dass sich die materielle Situation vieler Gewerkschaftsfunktionäre von der Lage derjenigen, die sie vertraten, deutlich unterschied. Gegenüber den GewerkschaftskollegInnen und den nicht gewerkschaftlich Organisierten vor Ort, die mit schmalen Rationen auskommen mussten, waren bestimmte Funktionäre mit ihren Lunchpaketen, hohen Löhnen und vielen an-

mistische und antikommunistische Gewerkschaften nicht nur materiell, sondern auch politisch (durch Beteiligung an Entscheidungen) und bauten den Einfluss ihrer Positionen innerhalb der deutschen Gewerkschaften durch Vorträge, Bildungsreisen usw. aus, vgl. ebd., S. 111–121. Siehe dazu auch Fichter, Besatzungsmacht und Gewerkschaften, S. 26 f.

92 Vgl. ebd., S. 215 f.

93 Vgl. die Aktivitäten des „Solidaritäts-Fonds" aus dem Exilanten-Umfeld von SAP, ISK und „Neu Beginnen" um Marie Juchacz und das Ehepaar Joseph und Erna Lang. Er war als branch424E innerhalb des jüdisch-sozialistischen Exilvereins Workmen's Circle in New York verankert, vgl. Helga Grebing (1983): Einleitung, in: dies. (Hg.): Lehrstücke in Solidarität. Briefe und Biographien deutscher Sozialisten 1945–1949, Stuttgart, S. 11–46, S. 16 f.; Zitate ebd., 18. Zwischen August 1946 und Juni 1947 wurden durch diesen „Solifonds" insgesamt 5.836 Dollar für Hilfspakete gesammelt (ebd., S. 18) – in etwa soviel wie alleine die AFL ausschließlich in der ABZ innerhalb eines einzigen Monats zur Verfügung stellte.

94 Fichter, Besatzungsmacht und Gewerkschaften, S. 215 f.

deren Vorteilen entscheidend privilegiert. Daran änderten auch gelegentliche Schikanen nichts.[95] Der vielzitierte Ausspruch Böcklers, dass auch „der größte Streik uns auch nicht ein einziges Korn, nicht ein einziges Stück Brot mehr bringt“[96], ist nicht nur analytisch fragwürdig, sondern kommt auch satt viel einfacher über die Lippen als mit der Ungeduld der Hungrigen. Die unterschiedliche soziale Lage ist ein Teil der Antwort auf die Frage, warum die Basis wesentlich ungeduldiger als die Führung und schneller bereit war, durch Streiks (ökonomischen) Druck aufzubauen.

Die Leitungen der Gewerkschaften versuchten, eine Art Mediatorenrolle zwischen Bewegungen und Obrigkeit einzunehmen, statt entschieden zu versuchen, vorhandene Gestaltungsspielräume im Sinne der von ihr zu Vertretenden auszunutzen.[97] Die offensive Vertretung der eigenen Ziele, die Mobilisierung der Basis und politische Konfrontation kollidierten mit dem Wunsch, von den ‚Mächtigen‘ als Partner in der Neugestaltung der Gesellschaft anerkannt zu werden. Die Entscheidungen der Leitungsebenen fielen fast immer gegen eine Konfrontation. Hinter das Bewusstsein als verantwortungsvolle Mit-Entscheider auf gesamtgesellschaftlicher Ebene trat eine parteiische Klassenpolitik zurück.

Der oben beschriebene WüGB traf zum Beispiel schon 1945 ohne Not mit den Unternehmervertretern Vereinbarungen, um die Betriebsräte unter Gewerkschaftskontrolle zu halten.[98] Dem eigentlich zu diesem Zeitpunkt stark diskreditierten ‚Klassenfeind‘ wurde zu neuer Legitimation verholfen, um die Demokratie auf der unteren Ebene (in diesem Fall im Betrieb) zu begrenzen. Und Hans Böckler begriff nicht den Kampf für Sozialisierung (welches explizites Gewerkschaftsprogramm war) als Tagesaufgabe, sondern die innergewerkschaftliche Verteidigung des Marshallplans[99] – und zwar ungeachtet der auch ihm bekannten Tatsache, dass „zwischen der amerikanischen Wirtschaftshilfe und der Stabilisierung der privatkapitalistischen Ordnung ein enger Zusammenhang bestand“[100]. Auch an Zusicherungen gegenüber der Besatzungsmacht, alles für Ruhe und Ordnung am Arbeitsplatz zu tun, mangelte es von Seiten der Gewerkschaften nicht.[101]

Immerhin attestierte Clay den deutschen Gewerkschaften im Mai 1947 öffentlich ein „Höchstmaß an Einsicht“[102]; insofern wurde der Wunsch nach Anerkennung erfüllt – auch in der BBZ.[103] Nur greifbare Erfolge resultierten daraus zunächst nicht. Die auf Verhand-

95 Vgl. Lauschke, Böckler, S. 147.

96 „Protokoll der Delegiertenkonferenz der Ortsausschüsse der Rhein- und Ruhrgroßstädte in Mülheim/Ruhr“, 30. Januar 1948, abgedruckt in: Kleßmann u. Friedemann, Streiks und Hungermärsche, S. 154–157, Zitat 157. Laut Schmidt, Die verhinderte Neuordnung, S. 140 wurden diese Äußerungen Böcklers auch als Rundfunkrede verbreitet und im Gewerkschaftsorgan „Der Bund“ am 4. Februar 1948 veröffentlicht. Ähnliches äußerte Böckler gegenüber Delegierten der Bergarbeiter, als diese auf einen Streik drängten, vgl. Lauschke, Böckler, S. 114.

97 Die Einschätzung wird in der Literatur allgemein geteilt, z.B. bei Erker, Hunger, S. 400 f. Trittel, Hunger und Politik, S. 307 spricht davon, dass die Gewerkschaften ein „hohes Maß an gesamtgesellschaftlicher Verantwortung“ gezeigt hätten und Lauschke, Böckler, S. 81 f. stellt für Böckler sogar eine Nähe zum christlich-sozialen Verantwortungsgefühl für die Gesamtbevölkerung fest, für das Gleichberechtigung anstelle von Klassenkampf das Leitmotiv war.

98 Vgl. Fichter, Aufbau und Neuordnung, S. 492 f.

99 Vgl. Fichter u. Schmidt, Der erzwungene Kapitalismus, S. 37–40, 74.

100 Schneider, Kleine Geschichte der Gewerkschaften, S. 250.

101 Deppe, Kritik der Mitbestimmung, S. 91 (hier Tarnow an Clay, siehe Anm. 105 auf Seite 73).

102 FR, 15. Mai 1947, zitiert nach: Schmidt, Die verhinderte Neuordnung, S. 139.

103 Vgl. die Konsultationen auf höchster Ebene zwischen Gewerkschaftern und dem britischen Deutschlandminister Francis A. Pakenham, Lauschke, Böckler, S. 127.

lungen fokussierte Strategie begünstigte zwar eine konfliktarme Gesellschaft, entpuppte sich hinsichtlich der gesellschaftspolitischen Ziele der Gewerkschaften jedoch nicht als zielführend. Keine der gewerkschaftlichen Forderungen wurde ihretwegen umgesetzt. Keine Sozialisierung folgte und keine Mitbestimmung; noch nicht einmal der verrufene Ernährungsminister Schlange-Schöningen wurde abgesetzt. Unter den gegebenen Umständen ist das allerdings nicht verwunderlich, denn schließlich handelte es sich hierbei nicht um Missverständnisse, die sich durch gegenseitiges Verständnis oder gute Argumente hätten auflösen lassen, sondern um soziale und politische Interessensgegensätze, die unter sehr besonderen Umständen ausgefochten wurden. Selbst der US-amerikanische Militärgouverneur Clay war wohl derselben Meinung, als er gegenüber AFL-Delegierten zu bedenken gab, dass die deutschen Gewerkschaften nicht „militant"[104] genug seien und ihre ökonomische Macht stärker nutzen müssten.[105]

Tatsächlich scheint es wahrscheinlich, dass in erster Linie die zögerliche Gewerkschaftspolitik dafür verantwortlich war, dass sich das *window of opportunity* für mehr Wirtschaftsdemokratie wieder schloss, ohne genutzt zu werden. Allerdings ließe sich vor dem Hintergrund der folgenden Jahrzehnte durchaus auch argumentieren, dass die Vertreter der ArbeitnehmerInnen durch diese proto-korporatistische Haltung sehr erfolgreich begonnen hatten, die politische Würde ihrer Mitglieder gegen einen erhöhten Anteil am Volkseinkommen und symbolische Anerkennung der Gewerkschaften einzutauschen.

4.4.3 Das Verhältnis zwischen Gewerkschaftsleitung und Basis

Innerhalb der organisierten Arbeiterbewegung fand sich vor allem auf lokaler Ebene oftmals ein gegensätzliches Politikverständnis. Zu diesem Gegenpol lassen sich Betriebsräte ebenso rechnen, wie viele Ortsausschüsse des DGB oder Bezirksleitungen, die in enger Fühlung zu den Mitgliedern standen. Dazu zählen aber auch Überreste der Bewegung der Arbeits- bzw. Antifaausschüsse sowie der kommunistischen Zwischengruppen, die es in Zeiten von Publikations- und Reisebeschränkungen (noch) nicht schafften, sich überregional zu organisieren. In Stuttgart hatten diese Akteure traditionell besonders großen Einfluss; unter anderem waren Willi Bleicher (später Leiter der IG Metall Stuttgart), Eugen Eberle (Betriebsratsvorsitzender bei Bosch und Gemeinderat), Eugen Ochs (Gruppe Arbeiterpolitik, IG Metall Ludwigsburg), Hans Stetter (Vorsitzender des Ortsausschusses DGB Stuttgart) und Fritz Lamm (Thomas-Münzer-Briefe, Der Funken) diesem Milieu verbunden. Diese lokalen Formen der Arbeiterbewegung waren einflussreicher, als ihre Abwesenheit in der Erinnerung vermuten lässt.[106]

104 Im Englischen sowie dem romanischen Sprachraum hat „militant" eine etwas andere Bedeutung, als im Deutschen üblich: „kämpferisch" wäre ein angemesseneres Verständnis als „gewalttätig".

105 Vgl. Beier, Der Demonstrations- und Generalstreik, S. 28. Er bezieht sich auf „Report on Germany by Jay Lovestone, Secretary AFL Delegation on behalf of George Harrison and David Dubinsky, 3, State Historical Society, Madison, Wisconsin." Clay hatte vermutlich jede Menge gute Gründe für diesen Eindruck, etwa ein Schreiben von Fritz Tarnow an Clay. Für ungeduldige Arbeiter könnten die Gewerkschaften nicht verantwortlich gemacht werden, schrieb der Sekretär der Gewerkschaftsrates und hatte damit vollkommen recht. „Wir werden", so schrieb er weiter, „alles, was nur möglich ist, tun, um die Leute weiterhin an ihrem Arbeitsplatz zu halten", zitiert nach: Deppe, Kritik der Mitbestimmung, S. 91.

106 Vgl. allgemein Grebing, Einleitung, S. 41. Zur Gruppe Arbeiterpolitik vgl. Gruppe Arbeiterpolitik (Hg.)

Die soziale Zusammensetzung der Betriebsräte stellte sich nach 1945 anders dar als in der Phase nach dem Ersten Weltkrieg. Meistens handelte es sich um Personen, die bereits vor 1933 politische Erfahrungen gesammelt hatten, oft schon als Betriebsräte.[107] Sie neigten „kaum zu revolutionärer Ungeduld“[108], hatten aber in der unmittelbaren Nachkriegszeit durch ihre weit über den Betrieb hinausweisende Rolle bei der Organisierung des alltäglichen Überlebens großes Selbstbewusstsein entwickeln können. Dieses aus der Zeit der „Arbeiterinitiative“[109] im Jahr 1945 herrührende Selbstverständnis, allgemeinpolitisch zu agieren, stellte in wichtigen Bereichen die Gewerkschaften strukturell in Frage. Im Bedarfsfalle leiteten Betriebsräte direkt (also ohne die Gewerkschaften) politische Interventionen ein, die aus den Reihen der KollegInnen gefordert oder begrüßt wurden. In anderen Fällen hatten einige Betriebsräte möglicherweise die Tendenz, sich primär loyal zu „ihrer“ Belegschaft oder „ihrem Betrieb“ zu verhalten.[110] In beiden Fällen kollidierte dies mit dem Anspruch der Gewerkschaften, die Vertretung der Interessen ihrer gesamten Mitgliedschaft zu übernehmen. Die eigenmächtigen Aktionen hatten das Potential, das Image des Gewerkschaftsbundes als zuverlässigen Verhandlungspartner zu torpedieren.[111]

In Verbindung mit grundsätzlichen, von Gewerkschaftern im Exil angestellten Überlegungen, die in den Betriebsräten den „Fels“ sahen, „auf dem die deutsche Gewerkschaftsbewegung aufgebaut wird“[112] – eine Sicht, welche im Übrigen von vielen Betriebsräten geteilt wurde[113] – ergab sich eine schwierige Gratwanderung. Die Betriebsräte wurden

(1975): Arbeiterpolitik 1948–1950. Reprint, o.O. (Einleitung zum Reprint); Theodor Bergmann (1987): „Gegen den Strom“. Die Geschichte der Kommunistischen-Partei-Opposition, Hamburg sowie Gregor Kritidis (2008): Linkssozialistische Opposition in der Ära Adenauer. Ein Beitrag zur Frühgeschichte der Bundesrepublik Deutschland, Hannover, S. 202–220; zu den Arbeits- und Antifaausschüssen vgl. grundlegend Niethammer et al., Arbeiterinitiative 1945; zur UAP vgl. Peter Kulemann (1978): Die Linke in Westdeutschland nach 1945. Die erste Nachkriegszeit, zwischen sozialdemokratischer Integration und dem Stalinismus der KPD – das Scheitern der „Titoistischen“ Unabhängigen Arbeiterpartei UAP 1950, Hannover; zur AP (Arbeiterpartei Offenbach) vgl. Bernd Klemm (1978): Die Arbeiter-Partei (sozialistische Einheitspartei Hessen) 1945–1954. Entstehungsbedingungen, Geschichte und Programmatik einer dritten deutschen Arbeiterpartei nach dem Zweiten Weltkrieg; zu Stuttgart Theodor Bergmann u. Tom Adler (Hg.) (2007): Klassenkampf und Solidarität. Geschichte der Stuttgarter Metallarbeiter, Hamburg, S. 111–148 und DGB Stuttgart, Arbeiterbewegung und Wiederaufbau; zu Fritz Lamm vgl. Kritidis, Linkssozialistische Opposition in der, S. 56–83; zu Hans Stetter vgl. Uwe Fuhrmann (2013): Eine proletarische Geschichte Deutschlands. Hans (Johannes) Stetter (1885–1963), in: JahrBuch für Forschung zur Geschichte der Arbeiterbewegung, H. III (2013), S. 106–127; zu Willi Bleicher vgl. Hermann G. Abmayr (1992): Wir brauchen kein Denkmal. Willi Bleicher, der Arbeiterführer und seine Erben, Stuttgart, S. 44–47; zu Eugen Eberle vgl. Fichter, Aufbau und Neuordnung, Fichter et al., Kampf um Bosch und Eugen Eberle u. Peter Grohmann (1982): Die schlaflosen Nächte des Eugen E. Erinnerungen eines neuen schwäbischen Jacobiners, Stuttgart.

107 Vgl. Milert u. Tschirbs, Die andere Demokratie, S. 337.

108 Klaus-Dietmar Henke (1995): Die amerikanische Besetzung Deutschlands, München, S. 624.

109 Zu den (Arbeits-)Ausschüssen und (Antifa-)Komitees, die nach Ende der Kampfhandlungen wichtige Funktionen übernahmen und meist eine große Nähe zur Arbeiterbewegung aufwiesen vgl. Niethammer et al., Arbeiterinitiative 1945.

110 Laut Michael Fichter scheint sich im Bewusstsein der Stammbelegschaften und Betriebsräte auch nach dem Ende der Naziherrschaft so manches mal ein gewisser „sozialharmonischer“ Pathos erhalten zu haben, der eine Fixierung und Beschränkung eines Gutteils der eigenen Aktivitäten auf den eigenen Betrieb zur Folge hatte, vgl. Fichter, Aufbau und Neuordnung, S. 493 f. Dagegen Erker, Hunger, S. 393.

111 Vgl. Trittel, Hungerkrise und kollektiver Protest, S. 388.

112 So Ernst Frankel 1943 in einem programmatischen Text zum Wiederaufbau, zitiert nach: Milert u. Tschirbs, Die andere Demokratie, S. 334.

113 Vgl. Kleßmann u. Friedemann, Streiks und Hungermärsche, S. 67.

für den erfolgreichen Wiederaufbau der Gewerkschaften dringend benötigt, nicht zuletzt aufgrund der strukturellen Einschränkungen des Gewerkschaftsaufbaus.[114] Gleichzeitig sollten aber ihre Handlungsspielräume eingeschränkt werden.[115] Das konnte bis zur gewerkschaftlichen Drohung reichen, die Auflösung unkooperativer Betriebsräte von der Besatzungsmacht zu fordern.[116] Nicht selten mussten gewerkschaftliche Kämpfe ohne oder sogar gegen die eigene Organisation ausgefochten werden.

Die Belegschaft der Schmidding-Werke (Hannover) etwa trieb die IG Metall und den DGB (BBZ) in der zweiten Jahreshälfte 1947 erst durch breite Solidarität (u.a. der hannoverschen Betriebsräte) und langes Durchhaltevermögen zur Unterstützung ihres Streiks, bei dem schlussendlich eine Entnazifizierung auf Leitungsebene der Schmidding-Werke und eine Betriebsvereinbarung durchgesetzt werden konnten. Dies war aber nur möglich, weil die Belegschaft entschlossen war, „den Kampf auch ohne gewerkschaftliche Hilfe durchzustehen" – was im Zuge des Streiks zu „heftigen Kontroversen zwischen der Ortsverwaltung Hannover und dem IG-Metall-Vorstand in Mülheim" führte.[117]

In der Auseinandersetzung um das Landes-Betriebsrätegesetz in Hessen[118] setzten 1.200 Frankfurter GewerkschafterInnen Mitte Februar 1948 nicht nur dem Landesparlament eine Frist, das Gesetzesvorhaben bis zum 1. April endlich umzusetzen. Auch den eigenen Bundesvorstand forderte die Frankfurter Versammlung unmissverständlich auf, bei „Nichterfüllung die schärfsten gewerkschaftlichen Kampfmittel anzuwenden", sprich: zum Streik aufzurufen. Nach Ablauf dieser Frist, am 9. April 1948 – es war nichts Bedeutendes geschehen – vertrat der Vorsitzende des FGB Hessens vor seinen Funktionären allerdings die Ansicht, es wäre „verfrüht, jetzt zu irgendwelchen Kampfmaßnahmen zu kommen".[119] In diesem Fall wurde die Mobilisierung der Basis durch die eigene Organisation abgewürgt.

Einzelne Ortsverwaltungen nutzten allerdings vorhandene Handlungsspielräume aus und gerieten dadurch in Gegensatz zur Politik der Leitungsebenen, ohne dass einer dieser Konflikte zum offenen Bruch führte. Der Kreisausschuss der Gewerkschaften Hannovers organisierte einen hannoverweiten Generalstreik am 30. Januar 1948;[120] ähnlich agierte der sehr aktive Ortsausschuss Essen (Willi Pawlik) am 9. Januar 1948, als er eigenmächtig zu einem lokalen fünfstündigen Generalausstand aufrief.[121] Im Herbst desselben Jahres bereitete der Ortsausschuss Stuttgart (Hans Stetter) zusammen mit Betriebsräten und Kom-

114 Vgl. Milert u. Tschirbs, Die andere Demokratie, S. 351.

115 Auch, um der unkontrollierbaren Betriebsebene nicht noch Auftrieb zu geben, vgl. Mielke u. Rütters, Einleitung, S. 11 sowie Milert u. Tschirbs, Die andere Demokratie, S. 356 f.

116 Vgl. ebd., S. 368. Ausgesprochen vom Zonenausschuss des DGB (BBZ) am 26./27. Januar 1947, ausgerechnet als Reaktion auf die eigenmächtige Initiierung des Streiks bei Bode-Panzer, der gerade als voller Erfolg zu Ende gegangen war, vgl. S. 91.

117 Vgl. Heinrich Droege u. Otto Behrens (1976): Bode-Panzer wird geknackt. Die ersten Mitbestimmungsstreiks nach 1945, in: Erasmus Schöfer (Hg.): Die Kinder des roten Großvaters erzählen. Berichte zur Vor- und Frühgeschichte der Bundesrepublik Deutschland, Frankfurt/M., S. 110–121, Zitate S. 120.

118 Vgl. S. 97.

119 Beide Zitate nach Weiss-Hartmann, Der Freie Gewerkschaftsbund Hessen, S. 193 f. Zu diesem Zeitpunkt war die Verfassung mitsamt des strittigen § 37 seit bald eineinhalb Jahren durch Volksentscheid angenommen und seitdem im hessischen Parlament nicht zur Umsetzung gelangt. Bis dato hatte noch nicht einmal die OMGUS intervenieren müssen. Als schließlich Ende August 1948 das Gesetz abschließend von der Militärregierung genehmigt wurde, strich sie kurzerhand die entscheidenden Stellen zur Mitbestimmung, vgl. ebd., S. 200 und ausführlich S. 94-97 dieser Arbeit.

120 Vgl. die zugehörige Entschließung in: Mielke u. Rütters, Gewerkschaften 1945–1949, S. 527 f.

121 Vgl. Kleßmann u. Friedemann, Streiks und Hungermärsche, S. 51.

munistInnen sehr erfolgreich eine – vom Landesvorstand abgelehnte – Protestaktion mit mehreren zehntausend Beteiligten vor. Bei der Aussprache über die Gewerkschaftspolitik auf der vorbereitenden Versammlung stand deren anwesender Vertreter Ludwig Rosenberg im Kreuzfeuer. Sämtliche Redner kritisierten laut Protokoll „die Haltung der Gewerkschaftsführung zum teil mit persöhnlicher [sic] Hitze".[122]

Verschränkt war das Verhältnis der Gewerkschaften zu den Betriebsräten darüber hinaus mit der Auseinandersetzung mit der KPD. Antikommunistische Motivationen führten mitunter zu taktischem Verhalten, insbesondere gegenüber kommunistischen Betriebsräten, wo diese besonders stark waren.[123] Es gab (begründete) Befürchtungen, bei einer Mobilisierung der Mitglieder in politischen Auseinandersetzungen die Kontrolle an die KPD zu verlieren.[124] Vor allem in den Industriezentren konnten parteikommunistische Kandidaten bei Betriebsratswahlen regelmäßig hohe Ergebnisse erzielen; teilweise waren sie die stärkste politische Kraft, z.B. in den Zechen des Ruhrgebiets.[125] Diese Spannungen zeigten sich deutlich am Zustandekommen des ersten größeren Generalstreiks in Deutschland nach dem Zweiten Weltkrieg. Er fand am 3. April 1947 auf den Zechen des Ruhrgebiets und im Raum Aachen statt; beschlossen wurde er tags zuvor von 600 Delegierten von 170 Gruben. Zwar war die Versammlung offiziell vom IV (Industrieverband, später IG) Bergbau einberufen worden, der Beschluss zum Streik wurde aber gegen den Willen des Vorsitzenden August Schmidt und auf Initiative des Kommunisten Willi Agatz gefasst und dann umgesetzt.[126]

Es kam also vor, dass gewerkschaftliche Ortsverwaltungen, Betriebsräte und KommunistInnen de facto gemeinsam gegen die politische Linie der Gewerkschaftsführungen agierten. Es ging dabei zunächst um die unterschiedlichen Auffassungen, wie Auseinandersetzungen zu führen wären, weniger um Differenzen bezüglich der proklamierten Ziele. Dennoch drohte eine allgemeine Entfremdung zwischen den Gewerkschaften und ihrer Basis: Im Zuge von Protesten im Mai 1948, denen die Gewerkschaften ihre Unterstützung versagten, verloren die Gewerkschaften in Bayern schätzungsweise bis zu 50.000 Mitglieder.[127] Während die Gesamtmitgliederentwicklung sich stetig nach oben bewegte, ging möglicherweise ein großer Teil des kritischen und aktivistischen Basispotentials aufgrund der „streikfeindliche[n] Haltung der Gewerkschaften"[128] verloren, entweder durch Austritte oder durch Entfremdung bei fortgesetzter Mitgliedschaft.[129]

122 Für genauen Ablauf und Quellen vgl. den Abschnitt „Stuttgarter Vorfälle", ab S. 196. Zitat aus „Bericht über die Versammlung der Vors. der Betriebsräte am 22. Oktober im Zirkus Althoff", AdsD 5/DGZA010024.

123 Etwa in Stuttgart, vgl. Fichter, Aufbau und Neuordnung, S. 502 oder im Ruhrgebiet, vgl. Kleßmann u. Friedemann, Streiks und Hungermärsche, S. 71 f.

124 Vgl. Mielke u. Rütters, Einleitung, S. 22, 26.

125 Für das Ruhrgebiet vgl. Kleßmann u. Friedemann, Streiks und Hungermärsche, S. 69 f.

126 Vgl. ebd., S. 43. Die von dieser Versammlung verabschiedete Entschließung findet sich in Mielke u. Rütters, Gewerkschaften 1945–1949, S. 482 f.; vgl. auch Neues Deutschland, 03. April 1947, S. 2: „Generalstreik der Ruhrbergarbeiter?".

127 Vgl. Paul Erker (1991): Die Arbeiter bei MAN 1945–1950, in: Klaus Tenfelde (Hg.): Arbeiter im 20. Jahrhundert, Stuttgart, S. 548–574, S. 564 und Günther Gerstenberg (o.J.): Hungermärsche – Hungerstreiks. Materialien 1948, in: ders. (Hg.): Protest in München 1945 bis in die Gegenwart, protest-muenchen.sub-bavaria.de, zuletzt 23. August 2015, o.S. (Anm. 37 und 38).

128 Erker, Die Arbeiter bei MAN, S. 564.

129 Vgl. Milert u. Tschirbs, Die andere Demokratie, S. 360.

4.5. Zusammenfassung „Kontext“

Die zentralen Akteure auf dem Gebiet der späteren Bizone waren zunächst die Alliierten (USA und GB) und lokale deutsche Akteure, etwa einzelne Amtspersonen, vor allem aber Betriebsräte oder die verschiedenen lokalen Ausschüsse. Der britische Einfluss nahm gegenüber dem US-amerikanischen im Laufe der Zeit rapide ab. Aber auch die Arbeits- oder Antifa-Ausschüsse verloren genauso wie die betrieblichen Akteure an Gewicht, sobald die reorganisierten politischen Parteien, Parlamente und Gewerkschaften diese ersetzten und teilweise verdrängten. Innerhalb der Gewerkschaften war dies teilweise mit erheblichen Spannungen verbunden.

Auf der institutionellen Ebene wurden der Wirtschaftsrat und der Länderrat ins Leben gerufen. Die Funktionsweise dieser beiden Parlamente entsprach schon dem Zwei-Kammer-System der BRD, wobei sich die im Wirtschaftsrat unterlegene SPD im Länderrat durch erstaunliche Zugeständnisse auszeichnete. Auch die Zusammenarbeit zwischen CDU und FDP nahm die Konstellation in der frühen BRD vorweg. Anstelle von Ministern wurden „Direktoren“ berufen; ihre Gesamtheit, einschließlich des „Oberdirektors“, nannte man den „Verwaltungsrat“, der die Funktion einer ordentlichen Regierung übernahm. Die von den verschiedenen deutschen Stellen beschlossenen Gesetze standen freilich unter dem Vorbehalt der Genehmigung durch die gemeinsamen Stellen der USA und Großbritanniens.

Welche Rolle ein oder mehrere deutsche Staaten in der künftigen Weltordnung spielen sollten, war nicht sofort nach Kriegsende ausgemacht. Nachdem zum Jahreswechsel 1947/48 jedoch die Entscheidung für einen deutschen Weststaat immer deutlicher absehbar war, wurden die entsprechenden Vorbereitungen intensiviert. Für die Zeit nach dem „Interregnum“ zeichnete sich spätestens ab Februar 1948 eine Lösung ab, die einen eigenständigen Weststaat, die spätere BRD, vorsah. Das warf zusätzlich zu den allgegenwärtigen Versorgungsmängeln die zentrale Frage auf, welche politisch-ökonomische Orientierung dieser Staat haben würde.

5 Notstand: Materieller Mangel und Antikapitalismus zwischen Kriegsende und Währungsreform

Ob es sich beim Kriegsende nun um eine „Stunde Null“[1] handelte oder nicht, wurde nicht im Mai 1945, sondern in den darauf folgenden Monaten und Jahren entschieden. Die Zeit nach Kriegsende war geprägt von Auseinandersetzungen um die Gestaltung der Gesellschaft, einer verschärften Versorgungslage sowie diesbezüglichen regionalen und überregionalen Protesten. Weil die Not existenziell war und die politischen Kämpfe grundsätzlichen Charakter hatten, lässt sich von einer Krise, einem „Notstand“ im Sinne der Dispositivanalyse, sprechen. Dieser Notstand, der ein neues Dispositiv erforderlich machte, wird in diesem Kapitel dargestellt. Zu den Konflikten, die auch als Vorgeschichte für die Auseinandersetzungen im Herbst 1948 große Relevanz besitzen, zählten nicht nur Hungermärsche, sondern auch Streiks für konsequente Entnazifizierung und solche gegen Demontagen, zum Beispiel in Salzgitter. Es kam aber auch zu anderen Konfliktformen, etwa zu kollektiven Plünderungen von Feldern im Umland der größeren Städte. Der zentrale Streitpunkt war allerdings die Frage nach der künftigen Wirtschaftsordnung Westdeutschlands, weil als Verarbeitung der historischen Erfahrungen die meisten Akteure den Kapitalismus auf die eine oder andere Art überwinden wollten. Der Konflikt um die Wirtschaftsverfassung manifestierte sich in den Kämpfen um den Grad an Mitbestimmung im Betrieb und auf gesellschaftlicher Ebene. Neben den verschiedenen deutschen Akteuren waren daran maßgeblich die alliierten Besatzungsmächte beteiligt. Zu den bekanntesten Spuren dieses Großkonfliktes um die Wirtschafts- und Sozialordnung zählen die Paragrafen zur Sozialisierung der Schlüsselindustrien in einigen Landesverfassungen.

5.1 Die soziale Lage in Westdeutschland

In der Nachkriegszeit verschärfte sich die soziale Lage in Westdeutschland zusehends. Es herrschten Ernährungsschwierigkeiten, Kohlenmangel und Wohnungsnot; eine schlecht funktionierende Bewirtschaftung ließ den Schwarzmarkt blühen. Schon in den letzten Kriegsjahren hatte sich die Versorgungslage für die Normalbevölkerung zusehends verschlechtert[2] und war bis in die 1950er Jahre hinein immer wieder Anlass zu größeren und kleineren Protesten und staatlichen Eingriffen.[3]

Die rationierten Grundnahrungsmittel, die durch ein Bezugsscheinsystem und Lebensmittelkarten zugeteilt wurden, lieferten nach Kriegsende kaum ausreichende Kalorienmengen. Im Frühjahr 1946 erfolgte eine drastische Kürzung der Lebensmittelzuteilungen.

1 Exemplarisch Jürgen Kocka (1979): 1945. Neubeginn oder Restauration?, in: Carola Stern u. Jürgen Kocka (Hg.): Wendepunkte deutscher Geschichte 1848–1945, Frankfurt/M., S. 141–168.
2 Vgl. Erker, Hunger, S. 392.
3 Vgl. ebd., S. 404 f.

Offiziell erhielten die Menschen in der US-Zone 1.300 Kalorien und in der Britischen und Französischen Zone noch weniger (1.050 bzw. 900 Kalorien).[4] In Großbritannien, wo nach 1945 ebenfalls ein Rationalisierungssystem in Kraft war, betrug die durchschnittliche Zuweisung immerhin 2.900 Kalorien.[5] Die offiziellen Sätze wurden zwar bald auf 1.550 Kalorien erhöht, aber diese Zusagen konnten oft nicht eingehalten werden.[6] Nicht selten wurde von körperlich arbeitenden Menschen mit Verweis auf die Ernährungslage eigenmächtig die Arbeitszeit verkürzt oder ihre offizielle Verkürzung erzwungen.[7] Nach der zwischenzeitlichen Erhöhung der Kalorienmenge brach die Versorgung zum Winter 1946/47 erneut ein; die Versorgungssätze konnten bereits im November nicht mehr gehalten werden. Die Krise traf besonders das Ruhrgebiet hart.[8] Ein außerordentlich harter und langer Winter ließ die Bevölkerung zusätzlich leiden. Im März 1947 war der Tiefpunkt erreicht, in den am schlimmsten betroffenen Städten sanken die Rationen am Ende des Winters auf 827 bzw. 1.117 Kalorien (Wuppertal bzw. Durchschnitt der Ruhrgroßstädte).[9] Nachdem die Lage im Laufe des Jahres 1947 zwar schwierig war, sich aber auf niedrigem Niveau stabilisiert hatte, kam es im Januar 1948 zu einem neuen Zusammenbruch der Versorgung: Sie konnte auch durch das rabiate, aber letztlich nicht umsetzbare „Nothilfegesetz" nicht verhindert werden.[10] Erst im Laufe des Jahres 1948 entspannte sich die Situation zunehmend, wofür es mehrere Gründe gab: Die alliierten Importe nahmen in Vorbereitung des ERP zu, die Ernte des Jahres 1948 war sehr gut, und durch die Aufhebung der Bewirtschaftung gelangten die Waren wieder verstärkt auf den Markt.

Die angesprochenen Krisen hatten vielfältige Gründe: Zum einen waren durch die Welternährungskrise Nahrungsmittelimporte nicht unbegrenzt möglich bzw. teuer. Die Situation in den deutschen Westzonen wurde aber durch Faktoren verschärft, die durchaus beeinflussbar waren. Hinsichtlich der Erfassung und Verteilung von Lebensmitteln hatte die „bizonale Ernährungsverwaltung im Winter 1946/47 auf oberster Ebene versagt"[11]. Auch Streitigkeiten zwischen den besser versorgten, agrarisch geprägten Ländern Baden-Württemberg und vor allem Bayern und den industriellen Zonen in der Britischen Zone konnten nicht gelöst werden. Dadurch kam ein ausreichender innerdeutscher Ausgleich nicht zustande, zumal auch die Ablieferungsquoten deutlich unterschritten wurden.[12] Zu leiden hatte an dieser Situation vor allem die Bevölkerung des Ruhrgebiets.[13] Ein Teil der Verantwortung lag aber auch bei den Alliierten, die einen Aufbau der deutschen Verwaltung zugelassen hatten, der sich gegenüber den Verteilungsproblemen in einer „strukturellen Ohnmacht"[14] befand. US-amerikanische und britische Stellen hielten außerdem grö-

4 Vgl. Schildt, Die Sozialgeschichte der Bundesrepublik, S. 10; ähnliche Zahlen Trittel, Hungerkrise und kollektiver Protest, S. 382. Kleßmann u. Friedemann, Streiks und Hungermärsche, S. 22 spricht von durchschnittlich 1.550 Kalorien in der BBZ.

5 Vgl. ebd., S. 22.

6 Vgl. Erker, Ernährungskrise, S. 54.

7 In Bayern zum Beispiel im Juli 1947 auf 40 Stunden, vgl. Erker, Hunger, S. 398.

8 Vgl. Trittel, Hunger und Politik, S. 87–89.

9 Vgl. ebd., S. 93 bzw. 331 (Anm. 70).

10 Vgl. ebd., S. 155 und 163–166.

11 Ebd., S. 99.

12 Vgl. ebd., S. 99 f.

13 Vgl. ebd., z.B. S. 144–150, 155 f.

14 Ebd., S. 101.

ßere Importmengen sehr lange Zeit für gar nicht nötig.[15] Sie verschärften stattdessen das Versorgungsproblem, anfangs durch Demontagen und andere Reparationen,[16] später auch durch Produktionsbeschränkungen, wobei insbesondere diejenige von Kunstdünger die deutsche Lebensmittelproduktion behinderte.[17] Die westlichen Zonen waren zudem von Nahrungsmittelimporten strukturell abhängig. Durch die Unterbrechung der überkommenen Handelswege, indem etwa die ostpreußischen Agrargebiete nicht mehr zu erreichen waren, mussten neue Quellen für die Nahrungsmittelversorgung der westdeutschen Industrie erschlossen werden. Diese konnten nur mit den Devisen der Besatzungsmächte oder durch Export deutscher Industrieprodukte oder Kohle bezahlt werden. Die Exporterlöse wiederum waren in höchstem Maße abhängig von dem Willen der britischen, vor allem aber der US-amerikanischen Politik in den Besatzungszonen.

Aber nicht nur Hunger, sondern auch Kälte und Kohlenmangel waren in den Wintern ein Alltagsproblem. Die Polizeiberichte dieser Jahre sind voll von Berichten über junge und erwachsene Menschen, die unter halsbrecherischen Bedingungen Kohlen von den Zügen klauten.[18] BewohnerInnen des Rheinlandes interpretierten die Silvesterpredigt des Kölner Kardinal Josef Frings 1946 als eine Generalabsolution für Kohlenklau, Mundraub und Hamsterfahrten.[19] „Fringsen" wurde zum geflügelten Wort für das Organisieren von Gütern unter Außerachtlassung einiger Rechtsnormen; „Moral der 1000 Kalorien" wurde das veränderte Rechtsempfinden von ZeitgenossInnen genannt.[20] Vor allem für die Jahre 1947 und 1948 ist allgemein eine Zunahme „durch den Hunger geprägte[r] Konfliktmuster"[21] festzustellen; neben dem „Fringsen" schließt das auch Streiks, Demonstrationen oder Kriminalität mit ein.

So kam es im Zuge der akuten Nahrungsmittelknappheit zu einem Stadt-Land-Konflikt, in dessen Folge es zu regelrechten Raubzügen ausgehungerter Städter auf die Felder kam.[22] Nicht nur Kleintier- oder der sprichwörtliche Eierdiebstahl waren an der Tagesordnung, sondern auch Feldfrüchte wurden von den Äckern entwendet. Im September 1947 plünderten zum Beispiel bei Regensburg 120 Städter kollektiv ein Kartoffelfeld.[23] In Solingen regte die Polizei am 9. August 1947 als Reaktion auf die „enorme Anzahl der Feld- und Gartendiebstähle" an, Betriebsräte und Belegschaften zu Nachtwachen in der Landwirtschaft zu ermuntern. Trotzdem wurde nur eine Woche später ein großes Feld mit unreifen Spätkartoffeln von „gewissenlosen Elementen"[24] geplündert. Paul Erker, der exemplarisch

15 Vgl. ebd., S. 94.
16 Vgl. John Gimbel (1990): Die Entstehung des Marshall-Plans, in: Hans-Jürgen Schröder (Hg.): Marshallplan und westdeutscher Wiederaufstieg. Positionen, Kontroversen, Stuttgart, S. 11–21, S. 18 f.
17 Vgl. Trittel, Hungerkrise und kollektiver Protest.
18 Vgl. exemplarisch Enssle, Der Versorgungsalltag Stuttgarts 1945.
19 Zum 7. Gebot („Du sollst nicht stehlen") merkte Kardinal Frings laut dem Redemanuskript an: „Wir leben in Zeiten, da in der Not auch der einzelne das wird nehmen dürfen, was er zur Erhaltung seines Lebens und seiner Gesundheit notwendig hat, wenn er es auf andere Weise, durch seine Arbeit oder Bitten, nicht erlangen kann", Manuskript und Transkription auf den Seiten des Archivs des Erzbistums Köln, Erzbistum Köln: Eine Predigt mit Folgen. Die Bedeutung des Wortes „fringsen", unter: www.erzbistum-koeln.de, zuletzt 31. Juli 2015.
20 Vgl. Erker, Hunger, S. 402 und Trittel, Hunger und Politik, S. 130.
21 Erker, Hunger, S. 400.
22 Vgl. ebd., S. 395–398.
23 Vgl. ebd., S. 396–400.
24 Grunert, Solinger Chronik, Einträge 9. und 16. August 1947.

Polizeiberichte aus Bayern der Jahre 1946–48 ausgewertet hat, spricht von „Raubzonen, die sich in konzentrischen Kreisen um die Städte legten“[25]. Wie virulent diese Vorkommnisse waren, zeigt sich etwa in einem Interview der „Frankfurter Rundschau“ mit dem hessischen Innenminister Heinrich Zinnkann, der befragt wird, ob er Schießbefehl gegen die hungrige Stadtbevölkerung, die sich auf dem Land selbst versorgte, geben würde.[26]

Durch Kriegszerstörungen, Flüchtlinge und ‚Displaced Persons‘ (DPs) war auch auf dem Wohnungssektor eine unübersichtliche Situation entstanden. Der Wohnraum war knapp; etwa ein Viertel des gesamten Wohnraums galt als zerstört oder irreparabel beschädigt. Einer Berechnung zufolge gab es noch im Herbst 1950 allein in der BRD (ohne Berlin) einen Bedarf an 4,7 Millionen neuen Wohnungen.[27] In Stuttgart standen am 1. Oktober 1946 den 406.256 registrierten Einwohnern nur 69.631 Wohnungen mit 210.570 Räumen gegenüber.[28]

Eine alarmierende Zunahme bestimmter Krankheiten machte sich ebenfalls in den Nachkriegsjahren bemerkbar; die Fälle von Diphtherie, TBC oder Typhus stiegen im Vergleich zu den späten 1930ern zum Teil um ein Vielfaches an.[29]

Sowohl Versorgungsgüter, die auf Bezugsschein erhältlich waren, als auch alle anderen wurden in großem Stil auf dem Schwarzmarkt gehandelt. Als Währung dienten US-amerikanische Zigaretten; eine Tauschökonomie außerhalb des Geldkreislaufs hatte sich etabliert. Bis zur Währungsreform 1948 verlor so die offizielle Währung an Wert und Bedeutung. Glücklich konnten sich diejenigen schätzen, die Sachwerte zum Eintauschen hatten, denn der Lohn in Reichsmark half nicht viel weiter und wurde im Zuge der Währungsreform quasi vernichtet. So war es nicht unüblich, dass ein Teil des Lohnes in Naturalien abgeglichen wurde.[30] Am schwarzen Markt verdienten (im Volksmund „Schieber“ genannte) Händler, die Zugriff auf große Warenmengen hatten, ihre Vermögen. Einem im Januar 1948 vom DGB Kreisausschuss Oldenburg herausgebrachten Flugblatt ist ein interessantes Detail zu entnehmen: Im Entwurf nämlich findet sich dort, wo in der veröffentlichten Version „Schieber“ steht, noch die Bezeichnung „Betriebsinhaber“.[31] Eine unbekannte Person „korrigierte“ diese Version, möglicherweise hinsichtlich tatsächlicher oder vermeintlicher Stimmungen in der Bevölkerung. Es ist aufgrund der großen Warenmengen jedenfalls naheliegend, dass sich Unternehmer weitaus reger am Schwarzmarktgeschäft bereicherten, als weithin angenommen wird. Es gibt außerdem Hinweise darauf, dass es sich bei vielen Schwarzmarktprofiteuren um „Alt-Nazis“ gehandelt hat, die ihre alten Verbindungen nutzten.[32] Ermittlungen wurden zwar aufgenommen, aber wenig passierte, so

25 Erker, Hunger, S. 400.

26 Vgl. FR, 20. September 1947, S. 1: „Ernährungs- und Wirtschaftslage“.

27 Vgl. Kleßmann, Die doppelte Staatsgründung, S. 52. Angaben speziell zur Bizone in Kleßmann u. Friedemann, Streiks und Hungermärsche, S. 26.

28 Vgl. Poker, Der Kampf der Stadtverwaltung, S. 260.

29 Vgl. Kleßmann, Die doppelte Staatsgründung, S. 51 f. Für Stuttgart vgl. Jütte, Gesundheitswesen.

30 Die Naturalien bestanden oft aus den jeweiligen Arbeitsprodukten, vgl. z.B. Fichter, Aufbau und Neuordnung, S. 530.

31 Vgl. Flugblatt „Zu Wasser und Brot verurteilt“, Januar 1948, NLA Oldenburg Akz 2011/040 Nr. 1.

32 Das legen zumindest einige Aussagen von Zeitzeugen nahe. Erwin Holzwarth (Stuttgart) berichtet ganz selbstverständlich: „Weil der private Handel ziemlich in der Hand von alten Nazis war, mußte da immer nachgeschaut werden, daß da nicht manipuliert wurde“, vgl. „Auszüge aus den Berichten Holzwarths“, in: DGB Stuttgart, Arbeiterbewegung und Wiederaufbau, S. 27–43, hier 43.

dass die Beschuldigten sich meistens weiter bereichern konnten.[33] Die Bevölkerung war erzürnt, aber auf diese Quellen für Nahrungsmittel angewiesen.[34]

Während der gesamten Nachkriegsjahre herrschte also nicht nur eine Ernährungskrise, sondern es mangelte an lebenswichtiger Versorgung in fast allen Bereichen des menschlichen Daseins. Immer wieder flammten spontane oder organisierte Aktionen und Proteste auf, die sich an dieser extremen Versorgungslage entzündeten.[35] Neben den verschiedenen Versorgungsmängeln war das zweite wichtige Thema die politische Auseinandersetzung um die künftige Gesellschaftsordnung. Eine ganze Reihe westdeutscher und internationaler Akteure war an diesen Auseinandersetzungen beteiligt.

5.2 Antikapitalistische Grundstimmung – die Positionen der Akteure

Nach Kriegsende stellten sich politische Fragen mit großer Dringlichkeit: Was sollte mit den vielen Deutschen passieren, die schuldig oder mitschuldig an den Verbrechen der letzten zwölf Jahre waren? Welche Rolle würde Deutschland in der sich anbahnenden Blockkonfrontation spielen? Die Überlebenden der NS-Diktatur und diejenigen, die sie unter großen Opfern niedergerungen hatten, mussten darüber nachdenken, wie die künftige deutsche Gesellschaft organisiert sein könnte, um dauerhaft zu verhindern, dass sich diese Katastrophe so oder ähnlich wiederholen würde. Sowohl in der Sowjetischen Besatzungszone (SBZ) als auch in den drei Westzonen musste sich also über Gründe und Ursachen für den Sieg des Nationalsozialismus verständigt werden, um diese beseitigen zu können.

Neben den Traditionen des Militarismus, des Antisemitismus und des Nationalismus galt vor allem der große Einfluss der Wirtschaftseliten und -monopole als verantwortlich für den unheilvollen Aufstieg der NSDAP. In der SBZ wurde unter anderem mit dieser Begründung nicht nur die politische Entmachtung der Industriellen vorgenommen, sondern durch eine Landenteignung auch die der Junker.[36] In der Analyse unterschieden sich in diesem Punkt West- und Ost-Besatzer anfangs nur wenig voneinander; auch in den Westzonen gab es Suspendierungen und Anklagen. Die US-Behörden strengten gegen zahlreiche Wirtschaftsgrößen von Hermann Josef Abs (Deutsche Bank, IG Farben) bis Wilhelm Zangen (SS, Leiter der Reichsgruppe Industrie, Vorstandsvorsitzender Mannesmann) Prozesse an, weil diese für den Aufstieg des Nationalsozialismus mitverantwortlich gemacht wurden. Die „zu große wirtschaftliche und damit zu große politische Macht" der deutschen Industrieunternehmen und der Großbanken wurde vor dem Hintergrund ihrer Förderung des Aufstiegs der NSDAP auch jenseits der sozialistischen Arbeiterbewegung problematisiert.[37]

Die Frage einer neuen Gesellschaftsordnung jenseits des Kapitalismus stand also nach

33 Einen Überblick über die Entwicklung des Schwarzmarktes in Stuttgart gibt Schmid, Schwarzmarkt und Kriminalität; konkrete Beispiele in DGB Stuttgart, Arbeiterbewegung und Wiederaufbau, S. 219.

34 Vgl. Kleßmann, Die doppelte Staatsgründung, S. 49 f.

35 Vgl. Trittel, Hungerkrise und kollektiver Protest, S. 378 f.

36 Vgl. Kleßmann, Die doppelte Staatsgründung, S. 81 f.

37 Vgl. CDU (BBZ) (3. Februar 1947): Ahlener Programm, Zitat Abschnitt I.

dem Ende des Zweiten Weltkrieges trotz der Auslöschung bzw. Vertreibung großer Teile des kritischen Potentials durch den Nationalsozialismus wieder zur Debatte. Die Nachkriegsgesellschaft in Deutschland war sich weitgehend darin einig, dass die Frage „Wie soll die Ökonomie der Nachkriegsgesellschaft organisiert sein?" nicht nur die Gretchenfrage darstellte, sondern auch eine demokratische Antwort brauchte.

Die meisten gesellschaftlichen Gruppen forderten daher als Konsequenz aus dem Nationalsozialismus die Abschaffung des Kapitalismus und eine demokratische Verwaltung der großen Industriebetriebe. Der Zentralausschuss der SPD in Berlin forderte in seinem Gründungsaufruf vom 15. Juni 1945 nicht nur die Verstaatlichung der Banken, Versicherungen, Bodenschätze und Bergwerke, sondern als allgemeines Gesellschaftsmodell „Demokratie in Staat u. Gemeinde, Sozialismus in Wirtschaft und Gesellschaft"[38]. Diese politische Ausrichtung behielt die SPD im Prinzip auch in den folgenden Jahren bei.[39] Die CDU bekannte sich als Lehre aus dem Nationalsozialismus in verschiedenen Gründungsaufrufen (u.a. Köln und Berlin, Juni 1945) zum christlichen Sozialismus, zur Aufhebung der Monopole und zur staatlichen oder öffentlichen Kontrolle der wichtigsten Wirtschaftsfelder. Die Eigentumsverhältnisse sollten geordnet werden „nach dem Grundsatz der sozialen Gerechtigkeit und den Erfordernissen des Gemeinwohles" („Kölner Leitsätze"[40]). Im berühmten Ahlener Programm der CDU vom Februar 1947 lautet der erste Satz: „Das kapitalistische Wirtschaftssystem ist den staatlichen und sozialen Lebensinteressen des deutschen Volkes nicht gerecht geworden". Anstelle dessen soll das Volk „durch eine gemeinwirtschaftliche Ordnung [...] eine Wirtschafts- und Sozialverfassung erhalten, die dem Recht und der Würde des Menschen entspricht".[41] Auch von lokalen Ebenen der christlichen Parteien sind entsprechende Dokumente überliefert.[42] Allerdings wurden diese Positionen innerhalb der CDU bereits im Laufe des Jahres 1947 zurückgedrängt.[43] Die KPD betrieb eine zweigleisige Politik: Auf der einen Seite spielte die Deutschlandpolitik eine wichtige Rolle, weil Moskaus Ziel eines neutralen Deutschlands unterstützt werden musste; auf der anderen Seite wurden durch viele Parteimitglieder Forderungen nach Sozialisierung bzw. Verstaatlichung nachdrücklich vertreten. Vor allem die Ereignisse in Nordrhein-Westfalen belegen, dass Teile der Partei durchaus bereit waren, konkrete antikapitalistische Schritte einzuleiten. Dort beschloss die Fraktion im Landtag nicht nur gemeinsam mit den anderen Fraktionen das Sozialisierungsgesetz, sondern übte auch politischen Druck aus, als dessen Umsetzung auf sich warten ließ.[44] Auch die Gewerkschaften forderten in ihren Entschließungen auf Landesebene weitreichende Enteignung der Schlüsselindustrien, ebenfalls mit Bezug auf die Rolle der großen Konzerne bei der Unterstützung des Nationalsozialismus.[45]

38 Sozialdemokratische Partei Deutschlands (SPD) (1945): Aufruf zum Neuaufbau der Organisation.

39 Vgl. exemplarisch Düding, Parlamentarismus in Nordrhein-Westfalen, S. 176–179 (u.a. Kurt Schumacher, Viktor Agartz und Erik Nölting).

40 CDU Rheinland und Westfalen (2009): Kölner Leitsätze [September 1945], in: Merith Niehuss u. Ulrike Lindner (Hg.): Besatzungszeit, Bundesrepublik und DDR 1945–1969, S. 73–78.

41 CDU (BBZ) (3. Februar 1947): Ahlener Programm, S. 1.

42 Vgl. Fichter, Kommunalverwaltung und Demokratisierung, S. 79 und 86.

43 Vgl. Ambrosius, Funktionswandel und Strukturveränderung, S. 178 f. bzw. Ambrosius, Durchsetzung, S. 126–130. Dazu auch S. 127–129 .

44 Vgl. S. 98.

45 Vgl. S. 67–73 und weitere eindeutige Programmpassagen der entsprechenden Länderkonferenzen in Rolf Badstübner u. Siegfried Thomas (1975): Restauration und Spaltung. Entstehung und Entwicklung der BRD 1945–1955, Köln, S. 226 f.

Dieses auch als „sozialistische Grundstimmung“[46] paraphrasierte allgemeine Klima in den Jahren 1946/47 speiste sich aus verschiedenen Traditionen und bekam entscheidenden Aufschwung durch die jeweilige Analyse des Nationalsozialismus. Wie angedeutet, war der Blick auf den Anteil der Großindustrie am Aufstieg der NSDAP weit verbreitet und wurde durch Ereignisse wie den Flick- oder I.G.-Farben Prozess verstärkt oder bestätigt. Eine der Schlussfolgerungen war es, den Einfluss solcher Konglomerate künftig nachhaltig zu beschränken. Oft wurde dies schon als Antikapitalismus verstanden.

Die Möglichkeiten, die in dieser Situation favorisiert wurden, unterschieden sich bedeutend und bewegten sich – grob vereinfacht – zwischen Sozialismus und Planwirtschaft (SPD, Britische Militärregierung, eingeschränkt KPD) bzw. Demokratisierung der Wirtschaft (DGB) einerseits und „Entflechtung“ oder kartellrechtlicher Verhinderung monopol- und oligopolartiger Unternehmen (politisches Christentum, Ordo- und Neoliberalismus) andererseits. Es ist daher korrekter statt von einer „sozialistischen“ von einer „antikapitalistischen Grundstimmung“ zu sprechen, da aus den ähnlich klingenden Verlautbarungen durchaus unterschiedliche politische Programme abzuleiten waren, die nicht unter dem Begriff „Sozialismus“ zu subsumieren sind. Es klingt aus heutiger Sicht erstaunlich, aber auch verschiedene Theoretiker des aufkommenden Neoliberalismus verstanden ihr Programm durchaus als antikapitalistisch. Sie nutzten den Begriff „Marktwirtschaft“ und setzten ihn nicht nur in Gegensatz zum Kollektivismus, sondern auch zum Kapitalismus, zum Beispiel Wilhelm Röpke[47] oder Leonhard Miksch.[48]

Hier deutet sich an, dass auch eine überwältigende antikapitalistische Stimmung keineswegs automatisch zur Überwindung des Kapitalismus führt. Abgesehen davon, dass das Land unter Besatzungsrecht stand und die einflussreichste Macht (die USA/OMGUS) gewillt war, das freie Unternehmertum als Prinzip entschieden zu protegieren, unterschieden sich die antikapitalistischen Konzepte der übrigen Akteure stark voneinander. So gab es für die Forderung, die Verfügungsgewalt über zentrale Produktionsanlagen und Wirtschaftsmonopole den (politisch belasteten) Eigentümern zu entziehen und sie von der Allgemeinheit und demokratisch nutzen zu lassen, viele unterschiedliche Begriffe, die zwar verschiedene Aspekte prononcierten, aber eine gemeinsame Stoßrichtung hatten, darunter Wirtschaftsdemokratie, Sozialisierung, Mitbestimmung, Volkseigentum, Verstaatlichung und Vergesellschaftung, außerdem (christlicher) Sozialismus und Kommunismus; sogar der Neoliberalismus ließe sich hier einreihen. Sie alle einte zwar ein – teils rudimentärer – Antikapitalismus (jedenfalls auf der Ebene der Proklamation), aber es existierte kein gemeinsamer Gegenentwurf, keine gegenhegemoniale Erzählung, kein griffiger und konsensfähiger Leerer Signifikant[49], der die mitunter großen Differenzen hätte zumindest zeitweise überbrücken können. Dies erschwerte es, wenigstens Teilziele gemeinsam durchzusetzen.[50]

46 Schneider, Kleine Geschichte der Gewerkschaften, S. 247–252, Zitat 252.

47 Vgl. Josef Mooser (2005): Liberalismus und Gesellschaft nach 1945. Soziale Marktwirtschaft und Neoliberalismus am Beispiel von Wilhelm Röpke, in: Manfred Hettling u. Bernd Ulrich (Hg.): Bürgertum nach 1945, Hamburg, S. 134–163.

48 Vgl. S. 144–147.

49 Diese Stelle besetzte später der Begriff „Soziale Marktwirtschaft“. Vgl. S. 296–298.

50 Selbst innerhalb der SPD gab es selbst vor der Intervention der Alliierten keinen Konsens zur konkreten Gestalt der Sozialisierung, vgl. Hans-Peter Ehni (1973): Sozialistische Neubauforderung und Proklamation des „Dritten Weges“. Richtungen sozialdemokratischer Wirtschaftspolitik 1945–1947, in: Archiv für Sozialgeschichte, H. 13 (1973), S. 131–190, S. 154.

Dabei hätte es viele solcher möglichen Zweckgemeinschaften gegeben, darunter solche, die von heute aus zunächst ungewöhnlich erscheinen. So wollte Leonhard Miksch zum Beispiel Sozialisierungen nutzen, um den „Neuliberalismus" nachhaltiger zu machen.[51] Doch im Endeffekt wurden diese Gemeinsamkeiten nicht durchgesetzt, sogar das erst 1957 beschlossene Kartellgesetz bzw. „Gesetz gegen Wettbewerbsbeschränkungen" war stark verwaschen und konnte die marktbeherrschende Stellung von Unternehmen und ihren politisch starken Einfluss nur in Teilen einschränken. Die politische Gemengelage zog jedoch eine Reihe von Konflikten nach sich; offenkundig wurden sie vor allem bei den zahlreichen Protesten. Auf diese konzentriert sich daher die folgende Darstellung.

5.3 Um eine neue Gesellschaft

Gerade in historisch zugespitzten Situationen weisen politische und soziale Protestbewegungen oft einen Dualismus von auslösendem Moment und weitergehenden politischen Forderungen auf. Dies gilt für die Proteste gegen den Hunger der westdeutschen Nachkriegszeit (und für bestimmte politische Lösungen der politischen Krise) nicht anders als etwa für jene gegen den Ersten Weltkrieg 1916–1918.[52] Am Ende des Ersten Weltkrieges standen nicht nur Friedensverträge, sondern auch die Novemberrevolution. Ein konkreter Notstand oder eine zunächst isolierte Forderung führt zur Intensivierung von Protesten und politischer Auseinandersetzung. Im Zuge dessen werden die Missstände verstärkt in eine gesellschaftskritische Matrix eingeordnet, die auch die systemischen Zusammenhänge der jeweiligen Krise in den Blick nimmt.

Daher wird im Folgenden ein Versuch stehen, nicht nur die Hungerproteste zu inventarisieren, sondern sie mit grundlegenden politischen Auseinandersetzungen korrespondieren zu lassen. Denn nicht die schlechte Gesamtsituation an sich erregte die Gemüter, sondern die trotz Bezugsscheinen oft ungleiche Verteilung der vorhandenen Lebensmittel und die Inkompetenz oder Unwilligkeit der deutschen Behörden und der alliierten Stellen, die Lage im Rahmen des Möglichen zu verbessern.[53] Ernährungskonflikte standen außerdem stellvertretend für „Positionskämpfe um die zukünftige gesamtgesellschaftliche Aufteilung der Lohn- und Einkommensanteile" und für Kämpfe um „innerbetriebliche

51 Vgl. Dossier Miksch BA Z8/223, Blatt 34–35, d.i. eine Denkschrift von Miksch mit dem Titel „Gesichtspunkte zur Sozialisierungsfrage" vom 24. Januar 1947. Miksch setzt darin zunächst sozialistische Sozialisierung mit Verstaatlichung gleich und parallelisiert die Ansätze der Briten mit diesen sozialistischen Ideen, die der US-Amerikaner (Konzernauflösung und -entflechtung) hingegen mit denen des „Neuliberalismus". Nötigenfalls sollten auch Sozialisierungen vorgenommen werden, um „die aus der Vergangenheit stammenden Machtpositionen zu beseitigen". Diese sollten aber keine Verstaatlichungen sein, sondern beispielsweise dem Vorschlag von Dr. Agartz folgen: Anlagekapital erst in Staatsbesitz, dann in privaten Streubesitz, Produktion durch Genossenschaften im Wettbewerb.

52 Vgl. am Beispiel Wiens Veronika Helfert (2014): „Unter Anführung eines 13jährigen Mädchens". Gewalt und Geschlecht in unorganisierten Protestformen in Wien während des Ersten Weltkrieges, in: JahrBuch für Forschung zur Geschichte der Arbeiterbewegung, H. II (2014), S. 66–82, insbesondere S. 69, 76 und 82.

53 Vgl. Trittel, Hungerkrise und kollektiver Protest, S. 381.

Machtbeziehungen"[54]. In der Analyse der schlecht funktionierenden Wirtschaft und Verwaltung spielten Hinweise auf fehlende Mitbestimmung immer wieder eine zentrale Rolle.[55]

Eine saubere analytische Trennung von Versorgungskonflikten und politischen Auseinandersetzungen ist also weder möglich noch wünschenswert, weil sie stark verschränkt waren: Nicht der bloße Hunger trieb die Menschen auf die Straße, sondern die politischen Umstände, unter denen er zustande kam und die von der Bevölkerung als durchaus veränderbar wahrgenommen wurden. Gestreikt wurde nicht gegen die „Kürzung der Fettration, sondern gegen den ungleich gedeckten Tisch"[56] und wer den Tisch für wen mit wessen Essen (nicht) deckte. Dafür spricht auch die Tatsache, dass die Proteste trotz einer relativen Verbesserung des Lebensstandards ab Herbst 1948 keinesfalls aufhörten.[57]

Bereits vorhandene Ideen beförderten die Politisierung der Hungerproteste. Eine wichtige Rolle spielte neben der Erfahrung des Scheiterns der Weimarer Republik und des Aufstiegs des Nationalsozialismus das Erbe der Arbeiterbewegung in Parteien, Gewerkschaften und kleineren Gruppierungen. Trotz ihrer immensen menschlichen Verluste hatten sie spezifische Forderungen tradiert und mehr oder weniger erfolgreich an die neue Situation angepasst.

5.3.1 Um die Mitbestimmung I: Entnazifizierung als Personalpolitik im Betrieb

Direkt nach dem Ende der nationalsozialistischen Herrschaft drängten viele Belegschaften auf die Entlassung von Nationalsozialisten, die wichtige Funktionen eingenommen oder sich besonders hervorgetan hatten. Wurden diese Forderungen nicht erfüllt, kam es zu Konflikten bis hin zu Streiks. Nicht nur die Besatzungsmächte, auch die Arbeitgeber, die generell eine Einmischung in ‚ihre' Personalpolitik als Sakrileg ansahen, mussten sich im ersten Jahr nach Kriegsende in einigen Fällen diesem Druckmittel beugen.[58] Die oben beschriebene neue Priorität, der Westbindung gegenüber der politischen und wirtschaftspolitischen Aufarbeitung des Nationalsozialismus den Vorzug zu geben, hatte auch auf die Entnazifizierungspolitik entscheidenden Einfluss. Während Ende 1945 „die Internierungslager voll und die Ämter leer"[59] waren, befanden sich nach dem Frühjahr 1948 viele

54 Erker, Hunger, S. 400.
55 Vgl. Fichter, Aufbau und Neuordnung, S. 543 f.
56 Flugblatt zu einer 24-stündigen Arbeitsniederlegung am 3. Februar 1948, abgedruckt in: DGB Stuttgart, Arbeiterbewegung und Wiederaufbau, S. 223 f., für den Kontext vgl. S. 109–111.
57 Vgl. das Kapitel „Widerstand" ab S. 165.
58 Zum Beispiel auf einer Zeche in Marl, wo über zwanzig Nationalsozialisten gegen den Willen der Konzernleitung entlassen werden mussten, vgl. Milert u. Tschirbs, Die andere Demokratie, S. 344 f. Für eine exemplarische und detaillierte Beschreibung von möglichen innerbetrieblichen Konfliktlinien (hier bei der Firma Bosch in Stuttgart im Jahr 1945) vgl. Tilman Fichter (1974): Betriebspolitik der KPD nach 1945. Am Beispiel der Firma Bosch, in: Tilman Fichter u. Eugen Eberle (Hg.): Kampf um Bosch, Berlin, S. 5–137, S. 86–100 bzw. Eugen Eberle (1974): Sieben Jahre offensiver Widerstand, in: Tilman Fichter u. Eugen Eberle (Hg.): Kampf um Bosch, Berlin, S. 138–191, S. 148–154.
59 Kleßmann, Die doppelte Staatsgründung, S. 87.

Nationalsozialisten und Kriegsprofiteure wieder auf freiem Fuß und gewannen erneut an Einfluss.[60] Dieser Prozess verlief nicht ohne gesellschaftliche Spannungen.

Die „Groß-Stuttgarter Betriebsräte" waren bereits am 18. Oktober 1946 äußerst unzufrieden mit dem Fortgang der Entnazifizierung, vor allem in den Betrieben, und verabschiedeten eine gemeinsame Entschließung zum Thema. Darin schlugen sie vor, „wirklich antinazistisch eingestellte Arbeiter und Angestellte" sollten über die Verantwortlichen für Krieg und Terror richten.[61] Nur einen Tag später explodierten von ehemaligen Mitgliedern der Waffen-SS gelegte Sprengkörper vor den Büros der Entnazifizierungs-Spruchkammern in Stuttgart, Esslingen und Backnang.[62] Die Arbeiterschaft reagierte darauf mit dem ersten – wenn auch sehr kurzen – politischen Streik der Nachkriegszeit in Stuttgart: Für eine Viertelstunde ruhte die Arbeit in vielen Stuttgarter Betrieben. Diese Protestmaßnahme war auch als „ernste Warnung an die offenen und geheimen Gegner" gemeint.[63] In Salzgitter streikten 3.500 Stahlarbeiter gegen einen Betriebsdirektor, dem sie den Tod von 18 KZ-Häftlingen anlasteten. Der Betriebsrat wurde in den daraufhin gebildeten Untersuchungsausschuss einbezogen.[64]

Im Februar 1947 forderten die Essener Betriebsräte die „schonungslose Säuberung aller öffentlichen Verwaltungsstellen und Wirtschaftsorganisationen von faschistischen und reaktionären Elementen"[65]. In einem Nürnberger MAN-Werk wurde am 5. Februar 1947 die Entlassung von politisch belasteten Direktoren, die bei einer ersten Entlassungswelle 1945/1946 nicht gekündigt worden waren,[66] durch einen sechsstündigen Streik erzwungen.[67] Die treibende Kraft war im Nürnberger MAN-Werk die Belegschaft, während die leitende Direktion auf der anderen Seite keinerlei Scheu hatte, bekannte Nationalsozialisten wieder einzustellen. Die Militärregierung spielte in diesem Konflikt nur eine Nebenrolle.[68] In einer Altonaer Werkzeugfabrik streikten 500 Beschäftigte gegen die Wiedereinsetzung des politisch belasteten Eigentümers – im Juni 1947 drei Tage lang und im März 1948 nochmals für 32 Tage in gleicher Sache.[69]

Die antifaschistischen Interventionen beschränkten sich bald nicht mehr auf die Be-

60 Vgl. zum Beispiel Volker Koop (2006): Besetzt. Amerikanische Besatzungspolitik in Deutschland, Berlin, S. 153–178.

61 In dieser Entschließung wird Unverständnis über das „überaus milde Urteil" gegen einige in Nürnberg Angeklagte geäußert. Die Freisprüche für Schacht, Papen und Fritzsche wurden als „warnendes Fanal" gesehen, was die Behandlung der Verantwortlichen aus „Hochfinanz und Schwerindustrie" betraf. Nach DGB Stuttgart, Arbeiterbewegung und Wiederaufbau, S. 239 und Vietzen, Chronik der Stadt Stuttgart, S. 132.

62 Vgl. Albrecht Ernst (2008): Terroranschläge gegen Spruchkammern in Stuttgart und Umgebung. Der Fall Kabus, in: Archivnachrichten des Landesarchivs Baden-Württemberg, H. 36 (März 2008), S. 10–11. Auch in Nürnberg wurde Anfang 1947 ein Bombenanschlag auf die Spruchkammer verübt, auch hier traten ArbeiterInnen in den Proteststreik, vgl. Erker, Die Arbeiter bei MAN, S. 561.

63 DGB Stuttgart, Arbeiterbewegung und Wiederaufbau, S. 247 und Entwurf eines Protestschreibens gegen den am Samstag, 19. Oktober 1946 erfolgten Anschlag, unterzeichnet von Vertretern des Ortsausschusses Stuttgart, des Gewerkschaftsbundes, der SPD und der KPD, abgedruckt in: ebd., S. 248. Vgl. auch: AdsD 5/DGZA010023a.

64 Vgl. Hudemann u.a. (1992): Statistik der Arbeitskämpfe, S. 149 f.

65 Kleßmann u. Friedemann, Streiks und Hungermärsche, S. 46.

66 Vgl. Bähr, GHH und MAN, S. 356. Bei der ersten Welle waren drei leitende Angestellte und 70 weitere Mitarbeiter entlassen worden.

67 Schmidt, Die verhinderte Neuordnung, S. 136.

68 Vgl. Erker, Die Arbeiter bei MAN, S. 550–553.

69 Vgl. Hudemann u.a. (1992): Statistik der Arbeitskämpfe, S. 141 und 146.

triebsebene, sondern wurden zunehmend auch als Kritik an den politisch Verantwortlichen formuliert. In Bremen weitete sich ein Streik auf der AG Weser am 6. Mai 1947 gegen die als zu mild empfundenen Urteile gegen antisemitische Mörder – die Tat war am 10. November 1938 begangen worden – zu stadtweiten 5-minütigen Arbeitsniederlegungen am nächsten Tag aus, die durch öffentliche Kundgebungen am darauf folgenden Tag unterstrichen wurden.[70] Ende März 1947 setzten sich etwa 80.000 Demonstrierende in Düsseldorf für die „schnellste und endgültige Entfernung aller belasteten Nazis aus

Abb 5: Demonstration in Düsseldorf, 31. März 1947: Zu sehen ist ein Plakat gegen die Verwaltung für Ernährung, Landwirtschaft und Forsten mit der (formal korrekten, aber als Forderung nach Entnazfizierung gemeinten) Bezeichnung „Reichsnährstand".

ihren jetzigen Stellungen" ein, was sie im Übrigen durchaus als Beitrag zu einem Sofortprogramm gegen den Hunger verstanden.[71] Insbesondere das Personal der Verwaltung für Ernährung mit ihrem Direktor Schlange-Schöningen zog diese Kritik auf sich.

Im Fall der oben bereits erwähnten Streiks in den Schmidding-Werken in der zweiten Hälfte des Jahres 1947 verschränkten sich die Forderungen nach Mitbestimmung in der Personalpolitik (hier als Entnazifizierung der Leitungsebenen) mit der formalen Festschreibung der Rechte der Belegschaft in einer Betriebsvereinbarung.[72]

Der Umgang mit dem personellen Erbe des Nationalsozialismus war in vielen Betrieben und in der Arbeiterbewegung im Allgemeinen also auch nach den offiziellen Entnazifi-

70 Vgl. Hudemann u.a. (1992): Statistik der Arbeitskämpfe, S. 201 f. In den verschiedenen tabellarischen Übersichten dieses Bandes finden sich auch zahlreiche weitere Beispiele.
71 Kleßmann u. Friedemann, Streiks und Hungermärsche, S. 46 f., Zitat 47. Vgl. dazu auch Abbildung 5.
72 Vgl. Droege et al., Bode-Panzer wird geknackt, S. 120.

zierungsmaßnahmen noch Thema und zogen sich mindestens bis November 1948 hin.[73] In diese Konflikte schalteten sich die Belegschaften selbstbewusst ein und stellten dabei von allen Beteiligten die weitestgehenden Forderungen und verliehen ihnen im Zweifelsfall durch Streiks Nachdruck. Inwiefern diese Vorgänge flächendeckend waren, ist bislang nicht untersucht worden; der Anspruch der Arbeiterbewegung auf Mitbestimmung ist jedoch unübersehbar. Die Haltung, die sich in den antifaschistischen Interventionen in die betriebliche Personalpolitik manifestierte, äußerte sich auch dort, wo es um die formale Fixierung demokratischer Teilhabe ging. Dies zeigte sich zunächst in der Frage der Betriebsvereinbarungen.

5.3.2 Um die Mitbestimmung II: Konflikte um die Betriebsvereinbarungen

Das alliierte Kontrollratsgesetz (KRG) Nr. 22 (Betriebsrätegesetz) wurde am 10. April 1946 in Kraft gesetzt und setzte einen ersten – recht allgemein gehaltenen – rechtlichen Rahmen für die Befugnisse der Betriebsräte. Es ließ die gerade von deutschen Akteuren (v.a. nordrheinischen Gewerkschaftern und Hans-Carl Nipperdey) begonnene Diskussion um ein entsprechendes Gesetz hinfällig werden[74] und begründete „erstmals die umfassende Zuständigkeit der Betriebsparteien zur Regelung auch solcher Arbeitsbedingungen, die nicht explizit im Mitbestimmungskatalog aufgeführt sind“[75]. Die 13 kurzen Artikel luden zu verschiedenen Interpretationen ein; insbesondere das Verhältnis der Gewerkschaften zu Betriebsräten war umstritten, wie auch der tatsächliche Einfluss der Belegschaften auf betriebliche Entscheidungen. Die Alliierten und Gewerkschaften hatten ein Interesse daran, die Betriebsräte möglichst umfassend in die Gewerkschaftsstruktur einzubinden.[76] Die Betriebsräte und Gewerkschaften wiederum störten sich am Fehlen von verschriftlichten Rechten, wie sie im Betriebsrätegesetz (BRG) von 1920 fixiert gewesen waren.[77] Vor allem bevor am 14. November 1952 das Betriebsverfassungsgesetz Gültigkeit erlangte, konnte durch sog. „Betriebsvereinbarungen“ auf Unternehmensebene Genaueres geregelt werden, wie dies auch vor dem KRG Nr. 22 bereits gehandhabt wurde.[78] Einige Betriebsvereinbarungen wurden durch örtliche Streiks erstritten und waren teilweise recht weitgehend im Sinne der Betriebsräte.[79]

73 Vgl. Hudemann u.a. (1992): Statistik der Arbeitskämpfe, S. 155: Am 3. November 1948 verhinderte eine Arbeitsniederlegung von über 10.000 Arbeitern der Continental-Gummiwerke in Hannover die Rückkehr eines politisch belasteten Aufsichtsrates.

74 Lauschke, Böckler, S. 71–75.

75 Philipp Wiesenecker (2005): Arbeitsrecht der Länder im Nachkriegsdeutschland, Baden-Baden, S. 139.

76 US-Stellen verhinderten aus Furcht vor kommunistischem Einfluss und selbstorganisierten Arbeitskämpfen einen Passus im Kontrollratsgesetz 22, der Betriebsräten stärkere Verhandlungspositionen (bis hin zu Tariffragen) gegeben hätte, vgl. Dorothee Buchhaas (1985): Gesetzgebung im Wiederaufbau. Schulgesetz in Nordrhein-Westfalen und Betriebsverfassungsgesetz. Eine vergleichende Untersuchung zum Einfluß von Parteien, Kirchen und Verbänden in Land und Bund 1945–1952, Düsseldorf, S. 213 (Anm. 24).

77 Vgl. Milert u. Tschirbs, Die andere Demokratie, S. 360–364.

78 Vgl. ebd., S. 365.

79 Beispielhafte Auszüge aus drei Betriebsvereinbarungen bei Kleßmann u. Friedemann, Streiks und Hungermärsche, S. 109 f. Für eine kursorische Betrachtung des allgemeinen Spannungsfelds zwischen Arbeitgeber-Strategien, der starken Stellung der Besatzungsmächte, Gewerkschaften und Betriebsräten vgl.

Ende Oktober 1946 konnte beispielsweise bei der Firma AEG eine Betriebsvereinbarung durchgesetzt werden, in der die Befugnis des Hauptbetriebsrates „weit über die Rechte der Betriebsräte nach dem Alliierten Kontrollratsgesetz Nr. 22 hinausging“[80]. Darunter fand sich eine Zustimmungspflicht für zahlreiche betriebliche Entscheidungen, und zwar sowohl für Personalentscheidungen (auch auf Leitungsebene) als auch für Betriebserweiterungen oder -einschränkungen. Die AEG-Betriebsräte waren darüber hinaus für gewerkschaftliche Tätigkeiten freigestellt.[81] Diese besonders weitgehenden Rechte, die noch von einem – nicht umgesetzten – Recht auf ordentliche Beteiligung der Betriebsräte in Vorstand und Aufsichtsrat ergänzt wurden, waren durch einen Schulterschluss des Hauptbetriebsrates mit den Konzernvertretern zur Verhinderung von Enteignung bzw. Entflechtung erkauft worden.[82]

In der Auseinandersetzung um die Betriebsvereinbarung hinsichtlich der sozialen und wirtschaftlichen Mitbestimmungsrechte der Belegschaft traten am 21. November 1946 die 320 Beschäftigten der Firma Bode-Panzer (der Betrieb stellte Panzerschränke, aber keine Rüstungsgüter her) einschließlich der Angestellten in Hannover geschlossen in den Streik. Nachdem die Unternehmen des Bezirks auf die Vorlage einer Musterbetriebsvereinbarung der Gewerkschaften im Mai 1946 mit einer Hinhaltetaktik reagiert hatten,[83] setzte der Betriebsrat (Vorsitz Fritz Wilharm, KPD) der Bode-Panzer-Unternehmensleitung ein Ultimatum zum 21. November, dessen ergebnisloses Auslaufen den Streik beginnen ließ.[84] Es handelte sich hierbei um den „ersten organisierten Streik“[85] nach dem Kriegsende bzw. seit 1933.[86] Der Besitzer von Bode-Panzer wiederum war der Vorsitzende des Verbandes der Metallindustriellen.[87] Nach 23 Tagen Vollstreik konnte sich die Belegschaft im IG-Metall Bezirk Hannover (Leitung: Otto Brenner) mit ihren Vorstellungen weitestgehend durchsetzen.[88] Der Streik wurde am 14. Dezember von der Belegschaft beendet.[89] Die Hannoveraner Metaller entschieden sich, „eine Reihe maßgeblicher Betriebsräte“ zu veranlassen, die Gunst der Stunde zu nutzen und auf Betriebsvereinbarungen in ihren Betrieben zu drängen, offensichtlich mit Erfolg.[90] Mindestens 14 Großbetriebe Niedersachsens schlossen in den folgenden Monaten Betriebsvereinbarungen ab, die im Sinne der Gewerkschaften ein großer Erfolg waren, darunter Volkswagen, Hanomag, Continental und die Reichswerke

Lauschke, Böckler, S. 118–123.

80 Stefan Müller (2006): Heinz Dürrbeck (1912–2001). Erneuerer mit alten Zielen, in: Karl Lauschke (Hg.): Die Gewerkschaftselite der Nachkriegszeit. Prägung – Funktion – Leitbilder, Essen, S. 191–206, S. 196.

81 Vgl. ebd., S. 196.

82 Vgl. Milert u. Tschirbs, Die andere Demokratie, S. 366.

83 Vgl. Otto Brenner (1947): Die Ursachen des Bode-Streiks und seine gewerkschaftlichen Lehren, in: Gewerkschaftszeitung. Zeitschrift der Freien Gewerkschaften der britischen Zone, H. 3 (März/April 1947), abgedruckt in: Franz Hartmann u. Hans Peter Riesche (1987): 40 Jahre DGB-Niedersachsen, Hannover und Kleßmann u. Friedemann, Streiks und Hungermärsche, S. 148–150.

84 Hartmann et al., 40 Jahre DGB-Niedersachsen, S. 19. Brenner nennt den 19. November als Streikbeginn, vgl. Brenner, Die Ursachen des Bode-Streiks.

85 Milert u. Tschirbs, Die andere Demokratie, S. 367.

86 Vgl. Kleßmann u. Friedemann, Streiks und Hungermärsche, S. 36 f. Beachte jedoch den Stuttgarter Streik etwa einen Monat zuvor (vgl. S. 88).

87 Brenner, Die Ursachen des Bode-Streiks.

88 Vgl. Kleßmann u. Friedemann, Streiks und Hungermärsche, S. 36 f.

89 Brenner, Die Ursachen des Bode-Streiks.

90 Ebd., abgedruckt in: Kleßmann u. Friedemann, Streiks und Hungermärsche, S. 148–150, Zitat 149.

AG (Salzgitter). Selbst für ganze Industriezweige, wie etwa für die gesamte niedersächsische Kali-Industrie, kamen solche Vereinbarungen zustande.[91]

Dass dieser Streik trotz des Erfolges von Seiten der Gewerkschaften nicht auf andere Betriebe ausgeweitet wurde, liegt, so Christoph Kleßmann, in der „Furcht vor unkontrollierten Aktivitäten der Betriebsräte" begründet; diese Vermutung sieht er im Verhalten der Gewerkschaften bei anderen Streiks bestätigt.[92] Eberhard Schmidt spricht in diesem Zusammenhang von einer „prinzipiellen Streikunwilligkeit der Gewerkschaftsführung"[93].

Auf die Ereignisse bei Bode folgte ab Mitte Februar die Veröffentlichung von Musterbetriebsvereinbarungen durch den gewerkschaftlichen Zonenausschuss der BBZ bzw. die Landesgewerkschaften der ABZ.[94] Damit reagierten die Gewerkschaften auch auf die stockenden Verhandlungen mit den Unternehmerverbänden. Die Arbeitgeber antworteten mit eigenen Musterentwürfen.[95] Die Verbreitung der gewerkschaftlichen Vorschläge für Betriebsvereinbarungen löste „eine Flut von betrieblichen Verhandlungen"[96] aus, die aber in keiner Weise strategisch von den Gewerkschaften begleitet wurden. Eine Mobilisierung wäre in die aufgeheizte Stimmung an Rhein und Ruhr im Frühjahr 1947 gefallen. Wiederum machte sich bei dieser Entscheidung die Furcht vor flächendeckenden Aktivierung der eigenen Mitgliedschaft und einem möglichen Machtgewinn der Betriebsräte bemerkbar.[97] Es kam in diesem Zusammenhang zwar zu etlichen Streiks,[98] die aber in ihrem Umfang der zentralen Bedeutung, die die Betriebsvereinbarungen hätten erlangen können, nicht gerecht wurden. So nimmt es nicht wunder, dass die innergewerkschaftliche Auswertung der qualitativen wie quantitativen Erfolge der betrieblichen Vereinbarung eher negativ ausfiel, weil relativ betrachtet nur wenige Vereinbarungen geschlossen wurden, und selbst diese die Mitbestimmungsrechte nicht entscheidend ausbauten.[99] Es gab jedoch regionale Ausnahmen wie etwa die Einigung zwischen Gewerkschaften und Unternehmen in Hagen oder Düsseldorf. Außerdem stärkte eine paritätische Mitbestimmung in den entflochtenen Montan-Unternehmen die gewerkschaftliche Position erheblich.[100]

---

91 Vgl. Hartmann et al., 40 Jahre DGB-Niedersachsen, S. 23 f.

92 Kleßmann u. Friedemann, Streiks und Hungermärsche, S. 37, ähnlich Milert u. Tschirbs, Die andere Demokratie, S. 372.

93 Schmidt, Die verhinderte Neuordnung, S. 92–94, Zitat 92.

94 Milert u. Tschirbs, Die andere Demokratie, S. 368 f. Bereits einen Monat nach Erlass der KRG Nr. 22 war von Hermann Grote in Hannover eine erste Musterbetriebsvereinbarung, die den späteren sehr ähnelte, erarbeitet worden, vgl. Hartmann et al., 40 Jahre DGB-Niedersachsen, S. 18.

95 Vgl. Gabriele Müller-List (1990): Neubeginn bei Eisen und Stahl im Ruhrgebiet. Die Beziehungen zwischen Arbeitgebern und Arbeitnehmern in der Nordrhein-westfälischen Eisen- und Stahlindustrie 1945–1948, Düsseldorf, S. 89–91.

96 Milert u. Tschirbs, Die andere Demokratie, S. 371 und Müller, Mitbestimmung in der Nachkriegszeit, S. 168 f. Alleine in Wuppertal sah sich der gewerkschaftliche Ortsausschuss mit 2.000 zu führenden Verhandlungen konfrontiert.

97 Vgl. Milert u. Tschirbs, Die andere Demokratie, S. 371–374.

98 Vgl. Müller, Mitbestimmung in der Nachkriegszeit, S. 163–178. Sie fanden vor allem in kleinen und mittleren Betrieben statt. Innerhalb der BBZ konzentrierten sie sich „in auffälliger Dichte auf den Wuppertaler Raum und das Bergische Land", ebd. S. 177. Vgl. Hudemann u.a. (1992): Statistik der Arbeitskämpfe, S. 171, 173, 175 und weitere.

99 Vgl. Milert u. Tschirbs, Die andere Demokratie, S. 378 f. Es ist anzumerken, dass es scheinbar keine systematische Forschung zu lokalen Vereinbarungen gibt und diese Aussagen daher unter Vorbehalt stehen müssen.

100 Vgl. Müller-List, Neubeginn bei Eisen und Stahl, S. 91 f.

Wo jedoch die Belegschaften trotz der mangelnden Rückendeckung durch die Gewerkschaftsleitung den Kampf um eine Betriebsvereinbarung eigenständig aufnahmen, setzten sie sich in den bislang bekannten Fällen auch durch, etwa bei der Firma Miele (im Raum Bielefeld). Dort wurde durch einen fünfwöchigen Streik der 580 Beschäftigten im April und Mai 1947 eine Betriebsvereinbarung in ihrem Sinne erzwungen.[101] Auch im Hannoveraner Standort der Schmidding-Werke begann der Kampf um die Betriebsvereinbarung ohne gewerkschaftliche Unterstützung und konnte nach fünf Monaten (!) Streik, von Juni bis November 1947, von der Belegschaft in ihrem Sinne entschieden werden.[102] Die IG Metall, die sich erst später eingeschaltet hatte, sah diesen Konflikt bei Schmidding als Versuch der Arbeitgeber, die Niederlage im Fall Bode-Panzer wettzumachen, weil er durch die Entlassung des Betriebsratsvorsitzenden gezielt provoziert worden sei.[103] Auch in Württemberg-Baden wurden in zahlreichen Betrieben Einzelabkommen erzwungen, welche die Mitbestimmung auf betrieblicher Ebene regelten.[104]

In diesen Auseinandersetzungen um die betriebsbezogenen Vereinbarungen sind allein in Nordrhein-Westfalen zwischen dem 1. April und dem 31. Dezember 1947 insgesamt 31 Streiks registriert worden. Diese Konflikte um die Mitbestimmungsrechte der Belegschaften waren (trotz ihrer geringen absoluten Zahl) bei weitem der wichtigste Grund für betriebliche Auseinandersetzungen in dieser Periode – von 81.600 Ausfalltagen durch Streik entfielen 66.000 auf dieses Themenfeld.[105] Die Arbeitgeber sprachen davon, dass diese Streiks nur Vorboten größerer Auseinandersetzungen mit den Gewerkschaften sein könnten,[106] und sahen in einer bewussten Verzögerungstaktik die besten Chancen für ihre mitbestimmungsfeindlichen Ziele.[107] Tatsächlich war zwar die betriebliche Mitbestimmung später das Feld, auf dem die DGB-Gewerkschaften in den kommenden Jahren noch am ehesten ihre Basis mobilisierten, aber eine generelle Einbeziehung der Mitgliedschaft blieb aus – und mit ihr die befürchteten großen Auseinandersetzungen.

5.3.3. Um die Mitbestimmung III: Sozialisierung und Mitbestimmung in den Ländern

Neben dem KRG Nr. 22 spielte die Einigung zwischen britischen Stellen und den Gewerkschaften hinsichtlich der paritätischen Mitbestimmung in der entflochtenen Montanindustrie – als Vorläufer des Gesetzes zur Montanmitbestimmung – eine wichtige Rolle für den Grad an Demokratisierung der Wirtschaft. Nach der Betriebsebene und den Ver-

101 Vgl. Schmidt, Die verhinderte Neuordnung, S. 94 und „Entschließung des DGB (BBZ) zum Miele-Streik“, in: Mielke u. Rütters, Gewerkschaften 1945–1949, S. 202 f.

102 Vgl. Droege et al., Bode-Panzer wird geknackt.

103 Vgl. Kleßmann u. Friedemann, Streiks und Hungermärsche, S. 39.

104 Vgl. Fichter, Aufbau und Neuordnung, S. 533–542 und Beck, Kein Neubeginn, S. 128 f., 145 (Betriebsvereinbarung bei Daimler, Mai 1947 und Bosch in Stuttgart) .

105 Hudemann u.a. (1992), Statisitik der Arbeitskämpfe, Tabelle 1–1, S. 112 und ähnlich Kleßmann u. Friedemann, Streiks und Hungermärsche, S. 39, Schmidt, Die verhinderte Neuordnung, S. 94. Lange Streiks zur Erzwingung von Betriebsvereinbarungen waren noch Mitte des Jahres 1948 zu verzeichnen, etwa ein 78tägiger Ausstand in Mönchengladbach, vgl. Hudemann u.a. (1992): Statisitik der Arbeitskämpfe, S. 187.

106 Vgl. Kleßmann u. Friedemann, Streiks und Hungermärsche, S. 38 f.

107 Vgl. Lauschke, Böckler, S. 93.

handlungen der Verbände mit den Besatzungsmächten ist die dritte Ebene, auf der über diese Fragen entschieden wurde, die „Verfassungs- und Gesetzgebungsarbeit der einzelnen Landtage“[108]. Die Landesverfassungen haben sich aus einer sehr spezifischen Situation heraus entwickelt. In zähem Ringen wurden in diesen Verfassungen oder den entsprechenden Ausführungsgesetzen oft weitreichende Beschlüsse hinsichtlich Sozialisierung oder betrieblicher Mitbestimmung verankert. Die betreffenden Artikel wurden aber nur in geringem Maße wirksam. Nach dem Beschluss des übergeordneten Grundgesetzes im Mai 1949 und durch die geänderten politischen Kräfteverhältnisse bestand kein Anlass mehr, die betreffenden Paragrafen noch zu streichen, weshalb bis heute in der hessischen Landesverfassung zu lesen ist, dass Schwerindustrie, Energiewirtschaft und Verkehrswesen in Gemeineigentum zu überführen und Großbanken und Versicherungen unter staatliche Verwaltung zu stellen sind (§ 41). In Bremen werden von der Verfassung Eigentumsrechte theoretisch immer noch nur dann gewährleistet, wenn sein Gebrauch nicht dem Allgemeinwohl zuwiderläuft (§ 13) und es sind – ebenso theoretisch – in allen Unternehmen und Behörden Betriebsvertretungen der Belegschaft zu wählen, die dazu berufen sind, „gleichberechtigt mit den Unternehmern, in wirtschaftlichen, sozialen und personellen Fragen des Betriebs mitzubestimmen“(§ 47). An den Beispielen Hessen und Nordrhein-Westfalen sei das Verhalten der verschiedenen Akteure genauer erläutert.

Zum Beispiel: Hessen

Gültige Verfassung des Landes Hessen
(vom 1. Dezember 1946)

§ 37:
(1) Angestellte, Arbeiter und Beamte in allen Betrieben und Behörden erhalten unter Mitwirkung der Gewerkschaften gemeinsame Betriebsvertretungen, die in allgemeiner, gleicher, freier, geheimer und unmittelbarer Wahl von den Arbeitnehmern zu wählen sind.
(2) Die Betriebsvertretungen sind dazu berufen, im Benehmen mit den Gewerkschaften gleichberechtigt mit den Unternehmern in sozialen, personellen und wirtschaftlichen Fragen des Betriebes mitzubestimmen.
(3) Das Nähere regelt das Gesetz.

§ 41
(1) Mit Inkrafttreten dieser Verfassung werden
1. in Gemeineigentum überführt: der Bergbau (Kohlen, Kali, Erze), die Betriebe der Eisen- und Stahlerzeugung, die Betriebe der Energiewirtschaft und das an Schienen oder Oberleitungen gebundene Verkehrswesen,
2. vom Staate beaufsichtigt oder verwaltet: die Großbanken und Versicherungsunternehmen und diejenigen in Ziffer 1 genannten Betriebe, deren Sitz nicht in Hessen liegt.
(2) Das Nähere bestimmt das Gesetz.

108 Buchhaas, Gesetzgebung im Wiederaufbau, S. 211. Zur Kooperation der Briten mit den deutschen Gewerkschaften, vgl. ebd. S. 217–220.

In Hessen hatte sich die Debatte um Sozialisierungen der Schlüsselindustrien besonders zugespitzt, wobei allerdings ihre „symbolische Bedeutung" größer war als ihre „faktische Relevanz".[109] Die Vertreter von CDU, KPD und SPD befürworteten Sozialisierungen und wollten diese in die Verfassung aufgenommen haben, während diejenigen der Unternehmer, der Liberaldemokratischen Partei (LDP) und der US-amerikanischen Besatzungsmacht weitgehende Mitbestimmungsrechte und Sozialisierungen verhindern wollten. Durch die Zusammenarbeit der SPD und KPD, später SPD und CDU, der sich die KPD teilweise anschloss, bestanden in der gewählten „Verfassungsberatenden Landesversammlung" stets Mehrheiten für die Verankerung der Sozialisierung in der Verfassung. Zwar gab es Unruhe in verschiedenen Belegschaften, weil etwa die chemische Industrie aus den Bestimmungen heraus genommen wurde; auch wurden Petitionen und Resolutionen verfasst, weil der Verfassungsentwurf nicht weit genug ging.[110] Jedoch ist festzuhalten, dass einige verhältnismäßig weitreichende Artikel in dem maßgebenden Entwurf der Verfassung landeten, obwohl dieser „in enger Tuchfühlung" mit der US-amerikanischen Militärregierung, insbesondere mit Kenneth Dayton, entstanden war.[111]

Nachdem Clay selbst schon kurz davor gestanden hatte, die Verfassungen Bayerns, Hessens und Württemberg-Badens summarisch bei der ABZ-Länderratssitzung am 8. Oktober 1946 mündlich zu genehmigen, erhielt er strikte Anweisungen aus Washington, noch einige Stellungnahmen abzuwarten.[112] Diese formulierten einige Kritikpunkte; Clay gelang es jedoch nach einigen Auseinandersetzungen, sich freie Hand zu bewahren.[113] In den Tagen nach dem 8. Oktober versuchte er dann, den Wortlaut des § 41 hin zu einer Kann-Bestimmung abzuschwächen. Seine Initiative wurde von deutscher Seite allerdings nicht als Weisung, sondern als Anregung interpretiert und daher – mit Verweis auf die Verantwortung der Industriellen für den Aufstieg des Nationalsozialismus – abgelehnt.[114] Unter diesen Umständen erschien den US-Amerikanern eine befehlsmäßige Verhinderung des § 41 als politisch zu heikel.[115] Daraufhin wurde von Clay am 22. Oktober die Möglichkeit einer separaten Abstimmung über den § 41 ins Spiel gebracht, was am 29. Oktober im letzten Augenblick von den deutschen Parteien akzeptiert wurde[116] und daher noch am selben Tag im Hessischen Landesparlament beschlossen wurde.[117] In der Schlussabstimmung, ebenfalls bei der Sitzung am 29. Oktober 1946, votierten in namentlicher Abstimmung 82 ParlamentarierInnen für und sechs (LDP-)Abgeordnete gegen den Verfassungsentwurf.[118] Nach der deutschen Zustimmung zu einem separaten Entscheid über den § 41 genehmigte Clay die

109 Heiden, Die hessische Sozialisierung, S. 86.
110 Vgl. „Abschlußdiskussion und Schlußabstimmung im Plenum", 29. Oktober 1946, in: Helmut Berding (Hg.) (1996): Die Entstehung der Hessischen Verfassung von 1946. Eine Dokumentation, Wiesbaden, S. 1090–1114, hier 1099.
111 Will, Die Entstehung der Verfassung, S. 485.
112 Vgl. ebd., S. 488.
113 Vgl. ebd., S. 499.
114 Vgl. „Parkman an Clay am 14. Oktober 1946", in: Berding, Entstehung der Hessischen Verfassung, S. 1068 f.
115 Vgl. Will, Die Entstehung der Verfassung, S. 495 f.
116 Vgl. ebd., S. 497–499.
117 Vgl. „Abschlußdiskussion und Schlußabstimmung im Plenum", 29. Oktober 1946, in: Berding, Entstehung der Hessischen Verfassung, S. 1090–1114, hier 1092 und Will, Die Entstehung der Verfassung, S. 503.
118 Vgl. „Abschlußdiskussion und Schlußabstimmung im Plenum", 29. Oktober 1946, in: Berding, Entstehung der Hessischen Verfassung, S. 1090–1114, hier 1112.

Verfassung in der später von der Volksabstimmung bestätigten Form. Er behielt sich aber ausdrücklich einige Eingriffe vor, ohne jedoch § 41 oder den Themenkomplex der Sozialisierung zu erwähnen.[119] Die entsprechende Volksabstimmung, die parallel zur Landtagswahl am 1. Dezember 1946 stattfand, offenbarte dann eine Zustimmung von 76,8 Prozent zur Gesamtverfassung und von 72 Prozent aller gültigen Stimmen zum fraglichen Artikel.[120] Somit erlangte die hessische Verfassung mitsamt dem § 41 an diesem Tag Gültigkeit.

Die tatsächlichen Auswirkungen der Sozialisierungsbestimmungen hielten sich aber aus verschiedenen Gründen in engen Grenzen. Trotz der Diskussionen und einer beabsichtigten „Sofortsozialisierung" war der § 41 recht vage formuliert, seine Reichweite eingeschränkt bzw. nicht klar und der Begriff „Gemeineigentum" nicht genau definiert[121], so dass Ausführungsgesetze notwendig waren.[122] Es wurde aber vom Hessischen Parlament in der Folge nur ein einziges Ausführungsgesetz beschlossen und dieses erst nach sehr langen Debatten. Seine Anwendung erfolgte darüber hinaus nur punktuell und sehr unternehmerfreundlich.[123] Nicht zuletzt gab es in Hessen überhaupt nur ein Großunternehmen, welches in den Geltungsbereich des § 41 fiel, nämlich die Firma Buderus mit ihren Gruben, Verhüttungs- und Bergwerken mit etwa 2.000 MitarbeiterInnen.[124] Dieses Werk wurde allerdings von seinen Eigentümern vor der Sozialisierung in einen profitablen und einen defizitären Bereich aufgespalten, wobei der gewinnträchtige Bereich rechtlich so konstruiert wurde, dass er von der Sozialisierung ausgenommenen war.[125] Die Militärregierung, die froh war, um ein direktes Sozialisierungsverbot herumzukommen, segnete dieses Vorgehen ab.[126]

Im November 1948 erfolgte zudem der Erlass des KRG Nr. 75 „zur Umgestaltung des deutschen Kohlebergbaus und der deutschen Eisen- und Stahlindustrie". Eigentlich gedacht, um die Ruhrindustrie der alliierten Kontrolle zu unterstellen, wurde auf seiner Grundlage am 6. Dezember 1948 vorläufig untersagt, entsprechende Betriebe zu sozialisieren und bei bereits erfolgter Enteignung die Rückgabe an die früheren Besitzer verordnet.[127] Durch verschiedene Gerichtsentscheidungen und eine Kursänderung der CDU verlor der § 41 in Hessen in den folgenden Jahren weiter an Bedeutung[128] und im Jahr 1951 war in Hessen kaum noch ein Betrieb übrig, auf den die Gesetzesbestimmungen zutrafen.[129] Die Unternehmerseite sah 1954 ihr Ziel, Sozialisierungen in Hessen de facto zu verhindern bzw. rückgängig zu machen, erreicht.[130]

119 Vgl. „Genehmigung der Verfassung" (Clay an den Präsidenten der hessischen Verfassungsgebenden Versammlung, Otto Witte), in: ebd., S. 1072 f.

120 Vgl. Will, Die Entstehung der Verfassung, S. 507.

121 § 40: „Gemeineigentum ist Eigentum des Volkes. Die Verfügung über dieses Eigentum und seine Verwaltung soll nach näherer gesetzlicher Bestimmung solchen Rechtsträgern zustehen, welche die Gewähr dafür bieten, daß das Eigentum ausschließlich dem Wohle des ganzen Volkes dient und Machtzusammenballungen vermieden werden".

122 Vgl. ebd., S. 541 f.

123 Vgl. ebd., S. 542. Teils extrem komplexe Besitzverhältnisse anderer Werke erschwerten die Lage zusätzlich, vgl. Heiden, Die hessische Sozialisierung, S. 71–77.

124 Vgl. Wolf-Arno Kropat (2004): Entnazifizierung, Mitbestimmung, Schulgeldfreiheit. Hessische Landtagsdebatten 1947–1950. Eine Dokumentation, Wiesbaden, S. 179 f.

125 Vgl. Jacobi-Bettien, Metallgewerkschaft Hessen, S. 266–268.

126 Vgl. ebd., S. 268 f.

127 Vgl. Kropat, Entnazifizierung, Mitbestimmung, Schulgeldfreiheit, S. 181.

128 Vgl. Will, Die Entstehung der Verfassung, S. 543–545 und Kropat, Entnazifizierung, Mitbestimmung, Schulgeldfreiheit, S. 184 f.

129 Vgl. Jacobi-Bettien, Metallgewerkschaft Hessen, S. 263 f.

130 Vgl. Heiden, Die hessische Sozialisierung, S. 86.

Die in der älteren Literatur verbreitete Ansicht, der § 41 sei von der OMGUS schlicht außer Kraft gesetzt worden, ist also nicht zu bestätigen. Vielmehr führte ein Bündel verschiedener Ursachen zu dem von der OMGUS, aber auch den deutschen Unternehmern erwünschten Ergebnis, die privatrechtliche Verfügungsgewalt über die Produktionsmittel sowenig wie nur irgend möglich zu beschneiden. Ein wichtiger Grund war die permanente Verschleppung durch die OMGUS und später auch durch das hessische Parlament über den Zeitraum hinaus, in dem noch Mehrheiten für echte Mitbestimmung oder Sozialisierung mobilisierbar gewesen waren.

Während die größte Aufmerksamkeit der Forschungsliteratur den Sozialisierungsdebatten gilt, hatte das hessische Parlament aber auch ein weitreichendes Betriebsrätegesetz beschlossen, welches sich auf den § 37 der Landesverfassung berufen konnte und am 26. Mai 1948 eine konkrete Form erhielt.[131] Ein juristischer Kommentar ließ sich ob der Bedeutung dieses Gesetzes zu wahren Begeisterungsstürmen hinreißen. Vor allem die Regelung des Rechts der Betriebsverfassung werde „eine neue Epoche in der sozialpolitischen, arbeitsrechtlichen und wirtschaftsgeschichtlichen Entwicklung nicht allein des hessischen, sondern wahrscheinlich des gesamten deutschen Volkes und Europas einleiten“. Somit sei dieses Gesetz vergleichbar mit „der Neugestaltung der sozialpolitischen Entwicklung, wie sie begründet wurde durch die Einführung der Gewerbefreiheit, durch die Aufhebung der Leibeigenschaft und die Einführung der Bauernfreiheit zu Beginn des 19. Jahrhunderts“.[132]

Es wird nicht weiter erstaunen, dass ein solches Gesetz nicht zugelassen wurde – auf Befehl der Militärregierung wurden die § 30, Abs. 1; § 32, Abs. 1 und §§ 52–55, die das Mitbestimmungsrecht der Betriebsräte in wirtschaftlichen Fragen regelten, suspendiert und das Betriebsrätegesetz ohne diese Artikel am 31. Mai 1948 verkündet.[133] In Hessen fand eine direkte und unmittelbare Intervention der Alliierten gegen den Ausbau der Demokratie in der Wirtschaft nicht auf dem Feld der Sozialisierungen statt, sondern gegen den Ausbau der innerbetrieblichen Mitbestimmung.

Zum Beispiel: Nordrhein-Westfalen

Gültige Verfassung
für das Land Nordrhein-Westfalen
Vom 28. Juni 1950

Artikel 27

(1) Großbetriebe der Grundstoffindustrie und Unternehmen, die wegen ihrer monopolartigen Stellung besondere Bedeutung haben, sollen in Gemeineigentum überführt werden.

(2) Zusammenschlüsse, die ihre wirtschaftliche Macht missbrauchen, sind zu verbieten.

131 Vgl. Recht der Arbeit. Zeitschrift für die Wissenschaft und Praxis des gesamten Arbeitsrechts, München, 1. Jg. Heft 3 (1948), S. 95.

132 Herbert Engler (1948): Das hessische Betriebsrätegesetz, in: Hans Carl Nipperdey (Hg.): Recht der Arbeit. Zeitschrift für die Wissenschaft und Praxis des gesamten Arbeitsrechts, München, 1. Jg. Heft 1 (1948), S. 15–18.

133 Recht der Arbeit (1948), S. 95.

Auch in Nordrhein-Westfalen wurde die Landesverfassung fast vier Jahre nach derjenigen in Hessen per Volksabstimmung (parallel zu den Landtagswahlen 1950) zur Wahl gestellt und mit 57 Prozent Ja und 35,2 Prozent Nein-Stimmen angenommen.[134] Allerdings waren auch in Nordrhein-Westfalen die entscheidenden Jahre in der Frage nach Sozialisierung 1947 und 1948. Das Thema führte – auch ohne jeden Verfassungsbezug – zu besonders hitzigen Debatten im Landtag.[135]

Im Februar 1947 stellten KPD- und SPD-Fraktion nacheinander einen diesbezüglichen Antrag im Landesparlament. Die KPD wollte eine entschädigungslose Enteignung aller Bergbaubetriebe beschließen lassen, und die SPD beantragte eine WählerInnen-Befragung parallel zur Landtagswahl am 20. April 1947 in der Frage, ob Eisen-, Stahl- und Kohlewirtschaft in Gemeineigentum zu überführen seien. Beide Anträge wurden mit den Stimmen der CDU und der FDP, die zu diesem Zeitpunkt noch die Mehrheit besaßen, abgelehnt.[136] Gerade die KPD nutzte die Parlamentsarbeit, um ihre Ziele zu propagieren bzw. versuchte, die Bevölkerung zur Unterstützung zu mobilisieren.[137] Aus den Zechen wurden etwa 300 Delegierte in den Landtag geschickt, um die Anträge, insbesondere den der KPD, zu unterstützen. Bei dieser Gelegenheit soll es zu heftigen Streitereien zwischen der Bergarbeitern und dem Abgeordneten Hans Böckler gekommen sein.[138]

Auch nach der Landtagswahl am 20. April 1947 und der darauf folgenden Bildung der Regierung unter Karl Arnold, einem „linke[n] CDU-Politiker“[139], die durch die vier Fraktionen von CDU, Zentrum, SPD und KPD getragen wurde, konnte zunächst keine Einigkeit erzielt werden, weil sich die Vorstellung von einer gemischtwirtschaftlichen Vergesellschaftung (CDU) und die einer primär als Verstaatlichung gedachten Sozialisierung (Zentrum, KPD, SPD) zu grundlegend unterschieden.[140] Am 29. Juli 1947 brachte die SPD vor dem Hintergrund einer eigenständigen Mehrheit von SPD, Zentrum und KPD einen neuen Gesetzesentwurf ein, der über ein Jahr lang diskutiert wurde. Diese Dauer war nicht zuletzt aufgrund der entsprechenden Verzögerungsstrategie von Teilen der CDU-Fraktion um Konrad Adenauer zustande gekommen, die sich vor allem auf parlamentarische Kniffe stützte und hoffte, die entscheidende Abstimmung solange aufzuschieben, bis ein solches Gesetz keine Wirkung mehr entfalten konnte.[141] Zentrum und KPD unterstützten jedoch den sozialdemokratischen Entwurf,[142] und so wurde tatsächlich am Abend des 6. August 1948 das „Rahmengesetz zur Sozialisierung der Kohlewirtschaft“ vom Landesparlament gegen die Stimmen der FDP und bei Enthaltung der CDU beschlossen.[143] Es fehlte nur noch die Genehmigung durch die Militärregierung. Am 23. August wurde durch ihren Beauftragten Alexander Bishop dem Landtagspräsidenten Josef Gockeln schriftlich mitge-

134 Vgl. Kleßmann u. Friedemann, Streiks und Hungermärsche, S. 82 (Anm. 23); Gimbel, Amerikanische Besatzungspolitik in Deutschland, S. 170 f.

135 Vgl. Düding, Parlamentarismus in Nordrhein-Westfalen, S. 173.

136 Vgl. ebd., S. 174 (Anm. 2).

137 Vgl. etwa den Aufruf „Der Bergbau in die Hände des Volkes!“, AdsD 6/FLBL001614.

138 Vgl. Kleßmann u. Friedemann, Streiks und Hungermärsche, S. 44 und 83 (Anm. 35), Fichter u. Schmidt, Der erzwungene Kapitalismus, S. 27.

139 Düding, Parlamentarismus in Nordrhein-Westfalen, S. 172.

140 Vgl. ebd., S. 174–176.

141 Vgl. ebd., S. 179–187, insb. 182 f. und 186 f.; darunter Rücküberweisung an die verschiedenen Ausschüsse, endlose Diskussionen und scheinbare Kompromissangebote.

142 Vgl. ebd., S. 185 (Anm. 39).

143 Vgl. ebd., S. 187.

teilt, dass die Genehmigung mit Verweis auf die nationale Bedeutung dieser Entscheidung nicht erteilt werden könne. Damit, so formuliert es der Historiker Dieter Düding, hatten die Briten „dem lang andauernden Druck der Amerikaner nicht standgehalten“ und sich „Adenauers parlamentarische Verschleppungstaktik […] letztendlich als erfolgreich“ erwiesen.[144] Insofern findet sich in NRW die direkte und offene Verhinderung von Sozialisierungen, die oft für den hessischen Fall angenommen wird.

Fundiert worden war die dafür formal notwendige Genehmigungspflicht im Mai 1947 mit der Proklamation Nr. 5 der US-Militärregierung bzw. der gleichlautenden Verordnung Nr. 88 der Britischen Militärregierung. Durch sie wurde im Mai 1947(einen Monat, nachdem in Nordrhein-Westfalen eine Sozialisierungsmehrheit in den Landtag gewählt worden war) der Zuständigkeitsbereich „Wirtschaft und Finanzen“ von den Landesparlamenten auf den bizonalen Wirtschaftsrat übertragen.[145] Die betreffenden Entscheidungen waren nun formal von einer Genehmigung des „Bipartite Board“, also der Besatzungsbehörden, abhängig.[146] Mit diesen und ähnlichen Maßnahmen wurde trotz der Mehrheiten für eine Sozialisierung der Produktionsmittel der Status quo beibehalten, und die konkreten Veränderungen kamen über einige Ansätze der Entflechtung der Großkonzerne nicht hinaus.[147]

Mitte August 1948 beendeten dann die beiden Militärgouverneure Clay und Robertson bis auf weiteres die Streitfrage der betrieblichen Mitbestimmung bzw. des Betriebsräterechts mit einer Argumentation, die zweifelsohne auch auf die Sozialisierung anwendbar war und in Nordrhein-Westfalen auch angewendet wurde. Bezüglich des deutschen Betriebsräterechts erklärten die Vertreter der britischen und der US-amerikanischen Besatzungsmacht: „Ein derartiges Gesetz kann jedoch sehr einschneidende Auswirkungen auf die soziale und wirtschaftliche Struktur des Landes haben.“ Es folgte im selben Dokument der Vorschlag, „eine deutsche Körperschaft ins Leben zu rufen, die ein Verfassungsgesetz ausarbeiten soll, das dann als Grundlage für die Bildung einer deutschen Regierung auf föderalistischer und konstitutioneller Basis dienen soll.“ So sollte auch geregelt werden, ob die Zuständigkeit für die Betriebsrätegesetze beim Bund oder den Ländern liegen sollte. Die Schlussfolgerung aus diesem „Vorschlag“ (es ist fraglich, ob es möglich gewesen wäre, diesen Vorschlag abzulehnen) lieferten Clay und Robertson gleich mit. Es sei nicht angebracht, dass „grundlegende Gesetze […] vor der Entscheidung über [die Bundes-]Verfassung von den Länderregierungen verabschiedet werden.“[148] Wären nicht zu diesem Zeitpunkt die Vorbereitungen für den Parlamentarischen Rat schon in vollem Gange gewesen, könnte man

144 Ebd., S. 188, vgl. dazu auch Steininger, Die Rhein-Ruhr-Frage, S. 162.

145 Proklamation Nr. 5 der US-Militärregierung bzw. der Verordnung Nr. 88 der Britischen Militärregierung, 29. Mai 1947, in: Büro des Wirtschaftsrates, Der Wirtschaftsrat, S. 6–18.

146 Vgl. Proklamation Nr. 5 der US-Militärregierung bzw. der Verordnung Nr. 88 der Britischen Militärregierung, 29. Mai 1947, Artikel I, Absätze (1), (2) und (3), in: ebd., S. 8 f.

147 Das betraf Sozialisierung und Mitbestimmung in den Ländern Hessen, NRW, Schleswig-Holstein, Württemberg-Baden, Berlin und Bayern, vgl. Gimbel, Amerikanische Besatzungspolitik in Deutschland, S. 159–163 sowie Schmidt, Die verhinderte Neuordnung, S. 151–154 und John H. Backer (1983): Die deutschen Jahre des Generals Clay. Der Weg zur Bundesrepublik 1945–1949, München, S. 295–297. Heiden, Die hessische Sozialisierung, S. 81 berichtet, dass auch das Militärregierungsgesetz Nr. 75, welches in diesem Zusammenhang beschlossen wurde, Auswirkungen auf sozialisierte Betriebe hatte; vgl. zum Gesetz Erich Potthoff (1955): Montanindustrie in der Retorte. Ein Beitrag zur Geschichte der betrieblichen Mitbestimmung in den Jahren 1948 bis 1951, in: Gewerkschaftliche Monatshefte, H. 4 (1955), S. 209–217.

148 Die Erklärung ist im Wortlaut abgedruckt in: Recht der Arbeit, Jg. 1, H. 2 (1948), S. 63 f.

aufgrund dieser Erklärung zum Betriebsräterecht meinen, Clay und Robertson hätten die Ausarbeitung einer Verfassung beschlossen, um das lästige Mitbestimmungsproblem loszuwerden. Jedenfalls war die Option, innerhalb der deutschen Landesparlamente vor Ablauf des vierten Jahres nach Kriegsende politische und demokratisch legitimierte Konsequenzen aus dem Nationalsozialismus rechtswirksam umzusetzen, nun vom Tisch.

Laut einem internen Bericht der OMGUS-Manpower-Abteilung an den Direktor der württemberg-badischen Militärregierung sorgte die Janusköpfigkeit in der Umsetzung von demokratischen Prinzipien, insbesondere wenn es um die Demokratisierung der Wirtschaft ging, für einen erheblichen Vertrauensverlust. Die Praxis der Besatzungsmacht „erschien den Arbeitern wie ein Hohn auf die Demokratie“[149]. Christoph Kleßmann vermutet, dass auch die weitere Geschichte der Mitbestimmungsrechte die Erwartungen der Arbeitnehmer „tief enttäuschte“, aber zugleich in der 1952 beschlossenen Form eine kanalisierende und integrierende Wirkung entfaltete.[150]

5.3.4 Rückkehr auf die Straße: Die ersten Massenproteste 1947

Parallel zu den wichtigen Verhandlungen auf Parlamentsebene befand sich das Ruhrgebiet Anfang Februar 1947 in Aufruhr: zu Zehntausenden demonstrierten die Belegschaften und die Bevölkerung – gegen Hunger und gegen die Verwaltung, die sie dafür in der Verantwortung sah. Die Stadt Essen sah am 3. Februar 1947 laut dem „Spiegel“ die erste Massendemonstration Deutschlands nach dem Krieg: Ein Demonstrationszug von drei Kilometern Länge und bis zu 17.000 Menschen zog von den Krupp-Werken zum Hauptquartier der Militärverwaltung, nachdem vormittags schon 30.000 Menschen vor dem Rathaus eine Kundgebung abgehalten hatten. Bereits in den Tagen zuvor war auf verschiedenen Zechen in Essen und in Duisburg die Arbeit verweigert worden. In Essen zogen 1.200 Kumpel zum Oberbürgermeister, wo es zu heftigen Wortgefechten kam.[151] Am 4. Februar 1947 streikten 5.000 Arbeiter der Gute-Hoffnungs-Hütte in Oberhausen, gleichzeitig 12.000 in Mülheim und am 10. Februar 1947 wiederum in Oberhausen noch einmal 10.000. Es schlossen sich Streiks in Recklinghausen, Duisburg und anderen Städten an.[152] In Solingen folgten am 11. März 1947 Tausende einem Aufruf durch IG Metall-Betriebsräte zu einer Hungerdemonstration.[153]

Diese Aktivitäten waren durch die verschlechterte Versorgungslage ausgelöst worden, beschränkten sich aber keineswegs auf die Einforderungen von mehr Kalorien. Im Ge-

149 Der Bericht ist in einer Übersetzung auszugsweise abgedruckt in: DGB Stuttgart, Arbeiterbewegung und Wiederaufbau, S. 258. Ähnlicher Tenor in einer Entschließung der versammelten Stuttgarter Betriebsräte vom 22. Oktober 1948 (anlässlich der Außerkraftsetzung der entsprechenden Artikel der Landesverfassung): „Solche Massnahmen untergraben jegliches Vertrauen zu Recht und Gesetz und den Erklärungen der Besatzungsmacht über die demokratischen Rechte und Pflichten des deutschen Volkes“, Entschließung, AdsD 5/DGZA010024.

150 Kleßmann, Die doppelte Staatsgründung, S. 239.

151 Vgl. Der Spiegel, 8. Februar 1947: „Essens Streik“; Fichter u. Schmidt, Der erzwungene Kapitalismus, S. 26 (sie beziehen sich auf FR, 4. Februar 1947) und Deppe, Kritik der Mitbestimmung, S. 87 f. (mit Bezug auf das Westdeutsche Volksecho).

152 Vgl. ebd., S. 87 f.

153 Vgl. Grunert, Solinger Chronik, Einträge vom 9. und 11. März 1947.

genteil: Neben einer Reihe konkreter Maßnahmen zur Verbesserung der Versorgungslage (Rücktritt des Direktors Schlange-Schöningen, Ausschüsse zur Kontrolle der Produktion und der Bewirtschaftung oder härtere Strafen für „Schieber“[154]) forderten die Betriebsräte, Belegschaften und Demonstrierenden auch die Sozialisierung bzw. Verstaatlichung der Schlüsselindustrien,[155] wie es auf den Abbildungen 7 und 8 zu erkennen ist.

Im Zusammenhang mit den Auseinandersetzungen um die Sozialisierung im nordrhein-westfälischen Parlament befragten KPD-nahe Betriebsräte Anfang März 1947 im Ruhrgebiet etliche Zechen-Belegschaften, ob eine entschädigungslose Enteignung der Grubenbesitzer durchgeführt werden sollte. Die Befragung wendete sich ausdrücklich gegen die „Verschleppungstaktik“ in dieser Frage.[156] Die Ergebnisse hätten kaum eindeutiger ausfallen können: Die Zustimmung lag in den verschiedenen Schachtanlagen zwischen 85 und 95 Prozent der Abstimmungsberechtigten.[157]

Begleitet wurde diese Debatte von immer neuen Arbeitsniederlegungen und Protesten. In Wuppertal streikten 85.000 Menschen (25. März); davon fanden sich 35.000 zu einer

Abb. 6 und 7: Forderungen von Protestierenden in Essen, 3. Februar 1947. Bild links: „Den Galgen für alle Schieber“; Bild rechts: „Die Zechen in des Volkes Hand, dann werden Hunger und Kälte gebannt!“. Die beiden Forderungen symbolisieren die unterschiedlichen Ebenen der Kritik an den politischen Verhältnissen.

154 Vgl. z.B. ebd., Eintrag 28. März 1947.

155 Zum Beispiel die Essener Betriebsräte, vgl. Kleßmann u. Friedemann, Streiks und Hungermärsche, S. 46.

156 Vgl. Neues Deutschland, 2. Februar 1947, S. 2: „Ruhrkumpels gegen Verschleppungsmanöver“. Die Formulierung der Befragung („Entschädigungslose Enteignung“) glich dem dem KPD-Antrag im NRW-Landtag.

157 Vgl. Fichter u. Schmidt, Der erzwungene Kapitalismus, S. 26 f.

Abb. 8: Demonstration in Essen, 3. Februar 1947. Die häufigsten Forderungen sind die Sozialisierung des Bergbaus und eine konsequente Entnazifizierung.

Kundgebung ein und unterbreiteten dem Stadtkommandanten ihre Vorschläge zur Verbesserung der Ernährungssituation. In Düsseldorf streikten am 31. März 1947 etwa 80.000 Lohnabhängige und in Rheinhausen, Mülheim, Gladbeck und Velbert beteiligen sich jeweils zwischen 6.000 und 12.000 Menschen an Protestaktionen (am 27. bzw. 28. März 1947). In den Tagen bis zum 2. April fanden weitere, lokal organisierte und gut besuchte Protestkundgebungen statt: 25.000 in Hagen, 2.500 in Herdecke, 3.000 in Wetter, 30.000 in Krefeld, 25.000 in Dortmund (dort streikten zusätzlich einige Tausend Bergleute[158]), 100.000 in Duisburg, 35.000 in Gelsenkirchen und 40.000 im damaligen Rhein-Wupperkreis in Solingen.[159] Von dort wurden Telegramme mit dringenden Hilfegesuchen nach Süddeutschland und an den Weltgewerkschaftsbund geschickt.[160] Auch weitere, lokal begrenzte Streiks fanden statt, wofür bereits 15.000 Grubenarbeiter mit dem Entzug von Sonderrationen bestraft worden waren – eine Technik, die den Bergarbeitern aus ihrer Erfahrung mit der nationalsozialistischen Politik gut bekannt war.[161] In Köln gaben 1.000 Frauen in einer Entschließung ihrer Empörung über die Herabsetzung der Fettration Ausdruck.[162]

158 Neues Deutschland, 1. April 1947, S. 1.
159 Vgl. Neues Deutschland, 2. April 1947, S. 2; Kleßmann u. Friedemann, Streiks und Hungermärsche, S. 47f; Mannschatz u. Seider, Zum Kampf der KPD, S. 221–223. Vgl. für weitere Zahlen und Orte: Hudemann u.a. (1992): Statistik der Arbeitskämpfe, S. 161–169.
160 Vgl. Grunert, Solinger Chronik, Eintrag 28. März 1947.
161 Vgl. Milert u. Tschirbs, Die andere Demokratie, S. 330.
162 Vgl. Neues Deutschland, 4. April 1947, S. 1: „Frauenproteste gegen Hungerrationen“.

Auch in anderen Regionen fanden Ausstände und Proteste statt.[163] Bei einer Streikkundgebung in Braunschweig kam es am 1. April 1947 zu schweren Ausschreitungen: Bis zu 30.000 Menschen forderten zunächst den Rücktritt von Schlange-Schöningen[164] und kritisierten seine gesamte Behörde, in der laut Gerüchten 163 von 169 Beamte ehemalige Mitglieder der NSDAP waren.[165] Es folgten heftige Auseinandersetzungen, bei denen zahlreiche Verletzte, viele beschädigte Fahrzeuge und etwa 200 zerstörte Fensterscheiben zu verzeichnen waren. Außerdem kam es zu Plünderungen sowie Angriffen auf britische Dienststellen und deutsche Polizeibeamte.[166] Es ereignete sich auch ein weiterer folgenschwerer Zwischenfall, als der Fahrer eines britischen Militärjeeps von einem Stein getroffen wurde und die Kontrolle über das Fahrzeug verlor. Zwei Passanten wurden schwer verletzt und ein weiterer (ein Vertrauensmann der Gewerkschaft Metall) kam sogar ums Leben.[167]

Die Ernährungslage verschärfte sich in großen Teilen der Britischen Zone in den ersten April-Tagen immer weiter, auch weil Kohlezüge zum Hamburger Hafen nicht mit Getreidelieferungen zurückkamen, sondern angeblich dort von der US-amerikanischen Militärregierung beschlagnahmt wurden.[168] Kurz darauf, am 3. April 1947, folgte ein eintägiger (General-)Streik der Bergarbeiter in den Schachtanlagen des Ruhrgebiets und Aachens, an dem sich über 300.000 bzw. 13.000 Arbeiter beteiligten.[169] Der Ausstand war nur einen Tag zuvor von einer Delegierten-Versammlung von 170 Gruben in Bochum beschlossen worden[170] und war der erste größere Generalstreik seit 1932. Es kam zu Solidaritätsstreiks im Kreis Moers-Niederrhein und in Essen, wo sich jeweils alle größeren Betriebe beteiligten.[171] Am selben Tag (3. April) kam es in Lübeck zu einem stadtweiten Generalstreik und einem Sympathiestreik für die Ruhrarbeiter von 300 Zivilangestellten einer Basis der britischen Luftwaffe.[172]

Da es sich um einen Gründonnerstag handelte, folgte – wie im Falle des späteren Generalstreik im November 1948 – auch diesem Generalstreik ein arbeitsfreier Tag. Die Möglichkeit, dass sich die Belegschaften eigenständig für eine Streikverlängerung entschließen konnte, war so ausgeschlossen. Es kam zu keinerlei Ausschreitungen.[173] Allen streikenden

163 Vgl. Schmidt, Die verhinderte Neuordnung, S. 135 und Neues Deutschland, 4. April 1947, S. 1: „Protestwelle ergreift Niedersachsen".

164 Schlange-Schöningen war vor dem Krieg Mitglied der Deutschnationalen Volkspartei (DNVP) und Regierungskommissar im zweiten Kabinett Brüning gewesen. Die Aufsichtsbehörde, die er nun leitete, war organisatorisch und personell aus dem „Reichsernährungsministerium" hervorgegangen und besaß einen besonders hohen Anteil an „politisch belastetem Personal", Kleßmann, Die doppelte Staatsgründung, S. 48 f. Zur Biografie Schöningens vgl. auch Günter J. Trittel (1987): Hans Schlange-Schöningen. Ein vergessener Politiker der „ersten Stunde", in: Vierteljahrshefte für Zeitgeschichte, H. 1 (1987), S. 25–63.

165 So der Vorsitzende der Braunschweiger Gewerkschaften, Rosenbruch (nicht: Rosenbourg) laut einem Zeitungsbericht der FR vom 3. April 1947, zitiert nach: Fichter u. Schmidt, Der erzwungene Kapitalismus, S. 28.

166 Vgl. Boll, Hungerstreiks und Jugendunruhen 1947, S. 208.

167 Vgl. ebd., S. 198, 208.

168 Vgl. Neues Deutschland, 2. April 1947, S. 1.

169 Vgl. Neues Deutschland, 4. April 1947: „Generalstreik im Ruhrbergbau. Gegen die Saboteure der Wirtschaft und der Ernährung".

170 Vgl. Neues Deutschland, 3. April 1947, S. 2: „Generalstreik der Ruhrbergarbeiter?" und Schmidt, Die verhinderte Neuordnung, S. 136 sowie Kleßmann u. Friedemann, Streiks und Hungermärsche, S. 43f (mit Resolutionstext).

171 Vgl. Neues Deutschland, 6. April 1947, S. 2: „Krupp-Arbeiter solidarisch".

172 Vgl. Hudemann u.a. (1992): Statistik der Arbeitskämpfe, S. 133.

173 Vgl. Neues Deutschland, 9. April 1947, S. 2: „Nach dem Generalstreik" sowie Neues Deutschland, 6. April 1947, S. 3: „Nach dem Generalstreik" [sic!]. Angaben, wonach der Streik zweitägig gewesen wäre

Bergarbeitern wurden die Monats-Sonderrationen gestrichen; sie weigerten sich jedoch, Sonderschichten zu fahren, um sie wiederzuerlangen.[174] Außerdem erklärte die britische Militärregierung, dass künftig das britische Militär für die Kontrolle von Streiks und Demonstrationen zuständig sei.[175] Die Gewerkschaftsspitze um Hans Böckler schrieb sich den Erfolg des ungewollten Generalstreiks auf die Fahnen und erwartete für die Zukunft, dass „die Wirtschaft vor weiteren Störungen bewahrt wird"[176].

Parallel zu diesen Protesten in der Britischen Zone machte sich auch in Teilen der Amerikanischen Zone erhebliche Unruhe bemerkbar, namentlich in der Region Stuttgart/Mannheim und in Ulm. Am 25. und 28. März 1947 kam es zu den ersten Proteststreiks mit mehreren Tausend Beschäftigten und bis in den Mai hinein hielten die Protestaktivitäten mit Betriebsräteversammlungen, Streiks und öffentlichen Kundgebungen an, die größte in Ulm mit 5.000 TeilnehmerInnen.[177] Es ergab sich ein ähnliches Bild wie in der Britischen Zone, denn auch diese Proteste richteten sich „primär gegen die schlechte Ernährungslage", waren jedoch „untrennbar mit der Frage der Mitbestimmungsrechte verknüpft".[178] Das gilt auch für die Auseinandersetzungen im Ruhrgebiet, insofern das Bemühen um Sozialisierungen als Teil des Strebens um Mitbestimmung verstanden wird. Die Stuttgarter Metallbetriebsräte resümierten nach einem Blick auf die politischen Verhältnisse des Jahres 1947 in Westdeutschland: „Nur das Mitbestimmungsrecht der Gewerkschaften bei der Planung, Lenkung und Kontrolle der Wirtschaft sowie [das Mitbestimmungsrecht] der Betriebsräte in den Betrieben schafft die Voraussetzungen für eine Sicherung des Lebens unseres Volkes."[179] Dazu sollten die §§ 20 und 28 der Landesverfassung in die Tat umgesetzt werden.[180]

Die Vorstellungen über den einzuschlagenden Weg unterschieden sich in dieser Region auf dieselbe Art und Weise wie in anderen Gegenden in tendenzieller Abhängigkeit von der jeweiligen Hierarchieebene der Gewerkschaft. Der GWB versicherte den US-amerikanischen Vertretern, die Gewerkschaften „hätten bisher alles getan, [um] Streikbewegungen zu verhindern"[181]; die örtliche Ebene hatte hingegen Verständnis für Proteststreiks (z.B. in Weinheim[182]), und die Belegschaften schritten zur Tat.

Nachdem auch die Hamburger Gewerkschaften schon im April 1947 auf die sich zuspitzende Ernährungslage hingewiesen hatten,[183] gingen dort Anfang Mai nochmals 120.000 Menschen im Rahmen einer Gewerkschaftskundgebung auf die Straße.[184] In ei-

(so Mannschatz u. Seider, Zum Kampf der KPD, S. 226f; Lucy Redler (2004): Der politische Streik in Deutschland nach 1945, Hamburg, S. 30; Fichter u. Schmidt, Der erzwungene Kapitalismus, S. 27; Huster et al., Determinanten, S. 201), treffen nicht zu.

174 Vgl. Neues Deutschland, 4. April 1947, S. 1. bzw. Neues Deutschland, 12. April 1947, S. 2.

175 Vgl. Neues Deutschland, 6. April 1947, S. 2: „Maßnahmen der Militärregierung".

176 Zitiert nach: Neues Deutschland, 6. April 1947, S. 3: „Nach dem Generalstreik".

177 Vgl. Seifert, Entstehung, S. 224 und 456 (Anm. 105–108).

178 Ebd., S. 224.

179 „Entschließung der Betriebsräte der Metallindustrie Stuttgart am 28. März 1947", zitiert nach: ebd., S. 225.

180 Vgl. „Entschließung der Betriebsräte der Metallindustrie Stuttgart am 28. März 1947", abgedruckt in: ebd., S. 225.

181 Rundschreiben des GWB Nr. 31/47, zitiert nach: ebd., S. 227.

182 Vgl. ebd., S. 226.

183 Vgl. Neues Deutschland, 12. April 1947: „Hamburgs Ernährungslage ernst".

184 Manfred Görtemaker (2002): Kleine Geschichte der Bundesrepublik Deutschland, München, S. 58; Schmidt, Die verhinderte Neuordnung, S. 137. Nach Hudemann u.a. (1992): Statistik der Arbeitskämp-

nem Schreiben des Ortsausschusses Hamburg ist sogar von 200.000 Menschen die Rede, die unter anderem forderten, die Erfassung und Kontrolle der Lebensmittelbestände durch die Gewerkschaften vornehmen zu lassen, um Verschiebungen auf den Schwarzmarkt zu verhindern.[185] Auch in Hannover kam es am 9. Mai, 10. Juni und 17. Juni 1947 zu Protesten und Streiks mit vielen Tausend Beteiligten.[186] Im Juli 1947 wiederum entzündeten sich (u.a. in Nordrhein-Westfalen und Niedersachsen) an der Kürzung der Brotrationen Protestaktionen.[187]

Auch in Bayern, wo die Versorgungslage im Großen und Ganzen besser war, kam es etwas später zu Protesten, etwa am 14. Juli 1947, nachdem die Nachricht einer erneuten Lebensmittelkürzung durchgedrungen war. Nachdem der Bayrische Gewerkschaftsbund keinerlei Eigeninitiative zeigte, streikten in den MAN- und VDM-Fabriken insgesamt 6.440 ArbeiterInnen in Eigenregie.[188]

Insgesamt hatten sich in den Tagen im Frühjahr 1947 mindestens eine Millionen Arbeiter in der Britischen Zone an den Ausständen beteiligt,[189] Gloria Müller hält für den Zeitraum zwischen November 1946 und November 1947 insgesamt 2,5 Millionen Beteiligte für realistisch.[190] Das sind überaus bemerkenswerte Zahlen in Anbetracht der Tatsache, dass sich alle Parteien (mit Ausnahme der KPD), die Besatzungsmacht und auch die Gewerkschaften eindeutig gegen jegliche Streiks positionierten. Die Besatzungsbehörden verhängten mit der Reduzierung der Lebensmittelzuteilung für Rädelsführer ganz konkrete Sanktionen, und drohten später sogar vereinzelt mit der Verhängung der Todesstrafe.[191] Daher ist es besonders bemerkenswert, mit welcher Massivität die Arbeiterbewegung, speziell im Ruhrgebiet, den öffentlichen Raum als Ort der politischen Aushandlung wiederbelebt hat.

Dass sich die auffälligen Protestaktionen auf die Britische Zone konzentrierten, dürfte mit der traditionell starken Verankerung einer linken Arbeiterbewegung an Rhein und Ruhr und der weitaus schwierigeren Ernährungssituation[192] zusammenhängen, die für die meisten der Proteste 1947 den auslösenden Moment darstellten. Wo diese beiden Voraussetzungen an anderen Orten zusammentrafen, waren ähnliche Vorkommnisse zu beobachten.

Die Forderungen der Ausstände waren nicht vereinheitlicht, sondern wurden jeweils lokal ausformuliert. Meistens standen konkrete Maßnahmen zur Linderung der Ernährungskrise im Mittelpunkt, insbesondere die Absetzung Schlange-Schöningens und die Entmachtung seiner Behörde.[193] Häufig wurde allgemeiner die Forderung nach Sozialisie-

---

fe, S. 139 waren an den Streiks und Auseinandersetzungen, die sich vom 7. Mai bis zum 9. Mai hinzogen über eine halbe Millionen Menschen beteiligt.

185 Vgl. „Schreiben des OA Hamburg des DGB (BBZ) an den Senat betreffend gewerkschaftliche Forderungen zur Verbesserung der Lebensmittelversorgung", in: Mielke u. Rütters, Gewerkschaften 1945–1949, S. 489.

186 Vgl. Trittel, Hunger und Politik, S. 96 bzw. 332 (Anm. 91).

187 Vgl. Schmidt, Die verhinderte Neuordnung, S. 138.

188 Vgl. Erker, Die Arbeiter bei MAN, S. 562 f.

189 Eigene Schätzungen unter Einbeziehung von Angaben der Nachrichtenagentur AP, die von der FR vom 1. April 1947 aufgegriffen wurden, vgl. dazu Fichter u. Schmidt, Der erzwungene Kapitalismus, S. 29.

190 Müller, Mitbestimmung in der Nachkriegszeit, S. 174.

191 Vgl. Schmidt, Die verhinderte Neuordnung, S. 137 f.

192 Vgl. Trittel, Hungerkrise und kollektiver Protest, S. 383.

193 Vgl. dazu Neues Deutschland, 3. April 1947, S. 1: „Fort mit Schlange-Schöningen" und Neues Deutsch-

rung oder Verstaatlichung der Schlüsselindustrien erhoben, auch als Lösungsangebot für die Ernährungskrise. Mitunter wird daher die Parole „Die Gruben in des Volkes Hand! – Schlange-Schöningen muß gehen!" gerade für die Proteste und den Generalstreik im Ruhrgebiet im Frühjahr 1947 als Hauptlosung gesehen.[194] Die auslösenden Momente (Hunger) treten darin hinter den eigenen Lösungsansätzen der Protestierenden zurück. Die bürokratische und von ehemaligen NSDAP-Mitgliedern durchsetzte Verwaltung für Ernährung und Landwirtschaft mit Schlange-Schöningen als Ernährungsdirektor an der Spitze wurde für Misswirtschaft verantwortlich gemacht. Die Reform der Verwaltung war eine kurzfristig und die Sozialisierung der Schlüsselindustrien eine politisch langfristig konzipierte Antwort der Arbeiterbewegung auf die Ernährungskrisen nach dem Zweiten Weltkrieg. Im Frühjahr 1947 verbanden sich diese und andere Forderungen und die konkrete Notlage zu einer starken Bewegung, in der sich „Hungerdemonstrationen und politischer Protest eng miteinander verzahnten"[195].

5.3.5 Regionale Generalstreiks: 1948

Während es im weiteren Verlauf des Jahres 1947 nur noch zu relativ wenigen spektakulären Aktionen oder Protesten kam, war der Beginn des Jahres 1948 geprägt von einer neuen, noch massiveren Protestwelle, die diesmal auch in den US-amerikanisch besetzen Ländern stattfand. In einer statistischen Übersicht ist von sieben großen „Aktionswellen" und 21 Generalstreiks die Rede, viele davon in der ersten Jahreshälfte.[196] Wiederum ausgehend von einer akuten Ernährungsnot legten am 3. Januar 1948 zunächst einige Belegschaften in den Städten Düsseldorf, Köln, Essen und Dortmund, aber auch in Mülheim und Velbert die Arbeit nieder.[197] Dann streikten nicht nur in Uerdingen, Krefeld und Düren einzelne Belegschaften,[198] sondern auch im Hamburger Hafen. Dort hatten etwa 12.000 Arbeiter vom 5. bis zum 8. Januar neben Nahrungsmitteln, Kleidung und Wohnraum auch eine Lohnerhöhung um vierzig Prozent gefordert[199] – trotz des gesetzlich geltenden Lohnstopps. Am letzten Tag des Hamburger Streiks, am 8. Januar, begann in Solingen ein zweitägiger Proteststreik, der durch eine Betriebsrätevollversammlung beschlossen worden war und im Zuge dessen sich bis zu 30.000 Menschen versammelten. Dieser Ausstand wuchs sich am zweiten Tag zu einem Generalstreik aus, an dem sich auch Geschäftsleute und HeimarbeiterInnen anschlossen.[200]

---

land, 4. April 1947, S. 1: „Der Entschluß der Bergarbeiter" sowie Neues Deutschland, 12. April 1947, S. 2: „Bizonale Naziverwaltung"

194 So Badstübner u. Thomas, Restauration und Spaltung, S. 221 und Fichter u. Schmidt, Der erzwungene Kapitalismus.

195 Milert u. Tschirbs, Die andere Demokratie, S. 372.

196 Vgl. Hudemann u.a.(1992): Statistik der Arbeitskämpfe, S. 294.

197 Vgl. Kleßmann u. Friedemann, Streiks und Hungermärsche, S. 49 f. bzw. 84 (Anm. 43).

198 Vgl. ebd., S. 84 (Anm. 46) und Berliner Zeitung, 9. Januar 1948, S. 2.

199 Vgl. ebd., S. 50.

200 Vgl. Grunert, Solinger Chronik, Einträge 6. und 8. Januar 1948 sowie Kleßmann u. Friedemann, Streiks und Hungermärsche, S. 51.

Kaum war der Hamburger Hafenarbeiterstreik zu Ende, rief der Ortsausschuss Essen (mit Willi Pawlik, SPD[201]) zu einem fünfstündigen Ausstand, an dem sich alle Betriebe mit Ausnahme des Bergbaus beteiligten (am 9. Januar 1948). Wieder ging es um die Versorgung; vorgetragen wurden insbesondere ruhrgebietsspezifische Forderungen (gesonderte Versorgung der Bergarbeiter; das Ruhrgebiet sei als Notstandsgebiet bevorzugt zu beliefern).[202] In diesem Zeitraum hat auch ein Streik in einer Gelsenkirchener Glasfabrik begonnen, der über zwei Wochen anhielt.[203] Im ganzen Ruhrgebiet kam es zu weiteren Arbeitsniederlegungen; ein Generalstreik in der Region stand zur Debatte.[204]

Am 12. Januar fand eine Protestkundgebung von 50.000 ArbeiterInnen aus 700 verschiedenen Betrieben des Rhein-Wupper-Kreises statt, und am 17. Januar folgten massive Proteststreiks in Bochum, Mülheim und Duisburg, wo 10.000 Beschäftigte 24 Stunden lang die Arbeit niederlegten.[205] In Köln streikten am 21. Januar 1948 etwa 100.000 Beschäftigte aus 200 Betrieben;[206] ebenso sind Streiks aus Rheydt, Opladen, Düsseldorf und Aachen überliefert.[207] Für Nordrhein-Westfalen lässt sich von etwa einer halben Million Beteiligten ausgehen.[208] Auch in Niedersachsen fanden Streiks mit hoher Resonanz statt, allein in Hannover mit 180.000 Beteiligten.[209] Dort hatte der Kreisausschuss der Gewerkschaften am 30. Januar 1948 zum wiederholten Mal einen stadtweiten Generalstreik durchgeführt.[210]

Generalstreik in Bayern am 23. Januar 1948

Im Jahr 1948 erfasste die katastrophale Ernährungslage auch die bis dahin besser versorgten Länder der Amerikanischen Besatzungszone. Bereits im November 1947 konnten spontane Streiks der Münchener Eisenbahner nur durch sofortige Versprechungen, eine angekündigte Rationenkürzung zurückzunehmen, beendet werden.[211] Im selben Monat, genauer am 21. November 1947, hatten sich während der Arbeitszeit 75.000 Menschen in Mannheim versammelt, um „gegen die schlechte Ernährungslage, die Korruption der Behörden sowie für gewerkschaftliche Kontroll- und Mitbestimmungsrechte zu demonstrieren"[212]. Weitere Kundgebungen in der Region folgten.[213]

201 Willi Pawlik, ein „Freund und Kollege von Böckler", spielte 1948 eine zentrale Rolle bei der Gründung der HBV, vgl. Gewerkschaft ver.di: Gewerkschaft Handel, Banken und Versicherungen. Verschmelzungs-Gewerkschaftstag am 3. und 4. September 1949 in Königswinter, unter: www.verdi.de, zuletzt 19. August 2015, Zitat ebd.

202 Vgl. Kleßmann u. Friedemann, Streiks und Hungermärsche, S. 51; Hans Peter Riesche (1998): Gewerkschaften und Hungerstreiks 1946 bis 1948. Potentiale gesellschaftlicher Neuordnung, in: Michael Buckmiller u. Joachim Perels (Hg.): Opposition als Triebkraft der Demokratie. Bilanz und Perspektiven der zweiten Republik. Jürgen Seifert zum siebzigsten Geburtstag, Hannover, S. 27–40, S. 38.

203 Vgl. Kleßmann u. Friedemann, Streiks und Hungermärsche, S. 52.

204 Vgl. Berliner Zeitung, 9. Januar 1948, S. 2 (mit zahlreichen lokalen Berichten).

205 Vgl. Kleßmann u. Friedemann, Streiks und Hungermärsche, S. 52.

206 Vgl. Hudemann u.a. (1992): Statistik der Arbeitskämpfe, S. 181.

207 Vgl. Kleßmann u. Friedemann, Streiks und Hungermärsche, S. 52.

208 Vgl. ebd., S. 52.

209 Vgl. Trittel, Hunger und Politik, S. 158 und 347 (Anm. 169).

210 Vgl. die zugehörige Entschließung in Mielke u. Rütters, Gewerkschaften 1945–1949, S. 527 f.

211 Vgl. Gerstenberg, Im Winter 1946/47.

212 Seifert, Entstehung, S. 238.

213 Vgl. ebd., S. 238.

Abb. 9: München, Königsplatz: Im Rahmen des bayernweiten Generalstreiks am 23. Januar 1948 findet eine Kundgebung mit etwa 50.000 TeilnehmerInnen statt.

Vom 7. bis zum 9. Januar 1948 kam es in in München zu zahlreichen spontanen Arbeitsniederlegungen, vor allem von Eisenbahnern und Metallarbeitern. Zum Teil wurde ohne Wissen ihrer Leitung im Namen der Gewerkschaft zum Streik aufgerufen, was nur beispielhaft für den Druck steht, unter den die Gewerkschaften durch ihre Mitglieder gerieten.[214] Zwischen dem 3. und dem 18. Januar ist für Bayern von über 600.000 streikbedingten Ausfalltagen auszugehen.[215] Zunächst versuchte der BGB in gewohnter Manier, mit diesem Problem umzugehen: Er appellierte über Radio an die Bayrische Staatsregierung, verwaltungstechnische Maßnahmen zu ergreifen, etwa die restlose Erfassung der Lebensmittelbestände und die Schließung von Luxusgaststätten. Im selben Atemzug wendete er sich aber gegen spontane Aktionen seiner Mitglieder.[216]

Doch diese Strategie verfing nicht, so dass der BGB die Forderungen der wild Streikenden aufgriff und für den 23. Januar 1948 zu einem bayernweiten Generalstreik aufrief. Es beteiligten sich weit über eine Millionen Beschäftigte; allein in München fanden sich über 50.000 Menschen auf dem Königsplatz zu einer Protestkundgebung gegen Hunger und Schwarzmarkt ein.[217] Auch nach diesem Generalstreik kam es bei Versorgungsmängeln in

214 Vgl. Gerstenberg, Hungermärsche – Hungerstreiks.
215 Hudemann u.a (1992): Statistik der Arbetskämpfe, S. 231 f.
216 Vgl. Gerstenberg, Hungermärsche – Hungerstreiks.
217 Vgl. ebd.

Bayern wieder zu spontanen Arbeitsniederlegungen, in München am 4. Februar 1948 im RAW Freimann und in der Waggonfabrik Rathgeber, mit etwa 5.000 Beteiligten.[218]

Ein weiterer Höhepunkt der Proteste zu Beginn des Jahres 1948 ist am 3. Februar auszumachen. An diesem Datum fanden mehrere Protestaktionen gleichzeitig statt, allem Anschein nach zufällig.

Generalstreik in Württemberg-Baden am 3. Februar 1948

Anlässlich einer erneuten Kürzung der Rationen hatte der Gewerkschaftsbund Württemberg-Baden (GWB) für den 20. Januar 1948 zu einer Landeskonferenz eingeladen. Dort wurde eine Resolution des Bundesvorstandes, der die Kürzungen hinnehmen wollte, von den Delegierten überstimmt. Stattdessen beschlossen sie, die Kürzung förmlich abzulehnen, auf der Erfüllung gewerkschaftlicher Forderungen zu bestehen und sich im Falle der Nichterfüllung weitere Aktionen vorzubehalten.[219] Prompt beeilte sich der liberale Ministerpräsident Württemberg-Badens, Reinhold Maier, Spitzengespräche mit dem GWB zu führen, bei denen allerdings im Ergebnis nur weitere Vertröstungen standen.[220]

Dies löste an der Basis Empörung aus, Betriebsräteversammlungen verlangten nach mehr Druck auf die politisch Verantwortlichen und „Abordnungen aus den Betrieben gaben sich im Haus des GWB die Klinke in die Hand", um den Bundesvorstand von der Notwendigkeit zu weiteren Aktionen zu überzeugen.[221] Dessen ungeachtet beschlossen die Gewerkschaftsleitungen der Amerikanischen Zone (Zonenrat) am 27. Januar in Stuttgart, weiterhin auf die Verbesserung der Ernährungssituation zu warten.[222] Am selben Tag kamen aus Stuttgart allerdings auch andere Töne, nämlich konkrete Vorschläge, wie wirksame Protestaktionen zu planen seien. Die Daimler-Belegschaft Untertürkheim forderte einen landesweiten 24-stündigen Proteststreik, um die Rücknahme der Kürzung zu erreichen. Etwa 3.000 Stuttgarter Betriebsräte diskutierten außerdem auf einer Vollversammlung mit dem Bundessekretär und Bundesvorstandsmitglied des Gewerkschaftsbundes Wilhelm Kleinknecht das weitere Vorgehen.[223] Die Betriebsräte forderten vom Bundesvorstand des GWB die „Einleitung von Kampfmaßnahmen, beginnend mit einem befristeten einheitlichen Proteststreik".[224] Zuvor war es in der Versammlung zu tumultartigen Szenen gekommen, die sich sowohl gegen den Ernährungsminister Heinrich Stooß als auch gegen Kleinknecht richteten. Stooß hatte zuvor die Kürzung der Rationen verteidigt und Kleinknecht den Anti-Streik-Beschluss der Zonenkonferenz der Gewerkschaften (ABZ). Letzterer scheint daraufhin zumindest seine Rhetorik angepasst zu haben.[225] Dies änderte

218 Vgl. ebd.
219 Vgl. Seifert, Entstehung, S. 243–245.
220 Vgl. ebd., S. 245.
221 Vgl. ebd., S. 246 f., Zitat 246.
222 Vgl. ebd., S. 247, Vietzen, Chronik der Stadt Stuttgart, S. 134.
223 Vgl. Seifert, Entstehung, S. 247–249. Insgesamt gab es im Raum Stuttgart knapp 3.600 gewählte Betriebsräte, vgl. „Betriebsrätewahlen 1948", Stadtarchiv Stuttgart, Bestand 2137/294. Laut „Volkswille" vom 31. Januar 1948 war vom Ortskartell der Stuttgarter Gewerkschaften eingeladen worden, vgl. Vietzen, Chronik der Stadt Stuttgart, S. 134.
224 Abgedruckt in: DGB Stuttgart, Arbeiterbewegung und Wiederaufbau, S. 222.
225 Vgl. ebd., S. 225 und Vietzen, Chronik der Stadt Stuttgart, S. 134. Versammlungsleiter war Hans Stetter, vgl. ebd., S. 134.

jedoch nichts daran, dass gegen seinen Protest der zitierte Antrag angenommen wurde. Diesem Antrag schloss sich unter anderem eine Betriebsversammlung der Stuttgarter Straßenbahnen demonstrativ an.[226]

Der Vorstand beugte sich dem Druck und rief für den 3. Februar 1948 zu dem von der Basis erzwungenen Generalstreik auf. Auf dem offiziellen Flugblatt war zu lesen, diese Protestaktion richte sich „nicht nur gegen die geplante und bereits angeordnete Kürzung der Fettration, sondern gegen den ungleich gedeckten Tisch". Es wurde gefordert, die Lebensmittel auf dem Land konsequenter einzuziehen und dann gerecht zu verteilen sowie die großen Schieber (z.B. von Milch und Butter) nicht nur anzuklagen, sondern auch zu verurteilen und ihr Vermögen einzuziehen. Es wurden Beispiele für das Versagen des bizonalen Wirtschaftsamtes aufgezählt, z.B. 100.000 Paar dauerhaft eingelagerte Schuhe in Weinheim, während es überall an Schuhen mangelte. Die Protestaktion sollte außerdem „ein Warnsignal sowohl für die Bewirtschaftungsbehörden als auch für die Regierung sein". Ferner müsse die „auf Gewinnsucht ausgerichtete Wirtschaft [...] durch eine geplante und gelenkte Wirtschaft ersetzt werden". Die Gewerkschaften erklärten mehrfach ihre Bereitschaft, eine demokratische Gesellschaft mit aufzubauen und wiesen darauf hin, dass in den bizonalen Ämtern zahlreiche „hohe Beamte sitzen, deren Tätigkeit im Nazireich mit zu dem heutigen Elend beigetragen hat"[227].

In einigen Passagen dieses Aufrufs ist die Tendenz zu beobachten, zugunsten von einzelnen Skandalen auf strukturelle Kritik zu verzichten. Es konnten jedoch einige konkrete Forderungen (etwa nach Beschlagnahmerecht für die Lebensmittel-Kontrollkommissionen bei betrieblichen Schwarzmarktlagern) ebenso wie allgemeinpolitische (wie die Forderung nach Mitbestimmung) auf der entscheidenden Beiratssitzung am 29. Januar in den Vorschlagstext des Vorstandes eingeschrieben werden.[228] Auch der organisatorisch völlig ungeeignete Wunschtermin des Vorstands konnte auf derselben, entscheidenden Sitzung um einen Tag auf Dienstag, den 3. Februar verschoben werden, so dass wenigstens ein Werktag zwischen Beschluss und Streiktag lag, um sich vorzubereiten.[229]

Trotzdem war nur wenig Zeit zur Vorbereitung, und so blieb die Beteiligung an Kundgebungen mit insgesamt gezählten 95.000 TeilnehmerInnen weit hinter den Möglichkeiten zurück, denn der Streikaufruf an sich wurde von einer Millionen Menschen befolgt.[230] Die Protestaktion bzw. genauer der befristete Generalstreik für ganz Württemberg-Baden scheint bezüglich der Streikbeteiligung ein Erfolg gewesen zu sein, denn immerhin nahmen nicht nur ArbeiterInnen und Angestellte, sondern auch große Teile des Einzelhandels und Kleinbetriebe an dem Ausstand teil. Zahlreiche Berichte der Kreis- und Ortsausschüsse der Gewerkschaften berichten von nahezu vollständiger Teilnahme der arbeitenden Bevölkerung, von geschlossenen Läden, Behörden und Handwerksbetrieben sowie zahlreichen öffentlichen Kundgebungen,[231] die aber offensichtlich nur mäßig besucht wurden. In Stuttgart fand eine Kundgebung statt, auf der David Stetter (Ministerialrat

226 Vgl. Seifert, Entstehung, S. 248 f.
227 Alle vorhergehenden Zitate aus dem zweiseitigen Flugblatt zu der Aktion am 3. Februar 1948, abgedruckt in: DGB Stuttgart, Arbeiterbewegung und Wiederaufbau, S. 223f, ediert in: Mielke u. Rütters, Gewerkschaften 1945–1949, S. 515–519.
228 Vgl. Seifert, Entstehung, S. 249–51.
229 Vgl. ebd., S. 249–251.
230 Vgl. ebd., S. 253 f.
231 Vgl. AdsD 5/DGZA010023a.

im Arbeitsministerium und Bruder des Vorsitzenden des ADGB Stuttgart, Hans Stetter) sprach.[232] Währenddessen redete Wilhelm Kleinknecht vom Bundesvorstand des GWB mit der Presse und stellte nach seiner Niederlage gegen die Betriebsräte die Dinge so dar, als ob die Aktion sein Verdienst sei.[233] Es wurden einige konkrete Zugeständnisse gemacht: Im März wurde die Fettration erhöht und die Militärregierung erlaubte im April Lohnerhöhungen bis zu 15 Prozent, die auch in verschiedenen Fällen erreicht werden konnten.[234] Strukturelle Veränderungen an der Gesamtsituation gab es jedoch nicht. Weder wurde die Mitbestimmung in Kraft gesetzt noch der Schwarzmarkt wirksam bekämpft oder auf andere Weise die Verteilungsgerechtigkeit nachhaltig erhöht. In den Gewerkschaftsunterlagen fanden sich auch anlässlich dieser Aktion diverse Briefe von Betriebsräten, die im Namen ihrer Belegschaft die Gewerkschaft dazu aufforderten, endlich einen konsistenten Kampf zu führen und sich nicht immer wieder in Einzelaktionen aufzureiben.[235]

Generalstreik der Angestellten in der BBZ

Auch in der Britischen Zone wurde an diesem 3. Februar 1948 die Arbeit nieder gelegt. Dort streikten auf Initiative der DAG – und nach einer Urabstimmung – die Angestellten gesamtzonal für 24 Stunden. Wieder war die mangelhafte Ernährung der Anlass und es beteiligten sich 1,6 Millionen Angestellte. Der DGB wandte sich allerdings gegen den Streik.[236]

Allein am 3. Februar 1948 befanden sich also fast 3 Millionen Menschen im Streik gegen die verschiedenen Facetten einer Politik, welche die ohnehin schon schwierige Versorgung der Bevölkerung weiter verschärfte und demokratisch legitimierte politische Änderungen hin zu mehr Demokratie in der Wirtschaft verhinderte.

Proteste zwischen Februar und Juni 1948

Doch mit den regionalen Generalstreiks hatte sich die Bewegung noch nicht erschöpft, im Frühjahr 1948 fand eine weitere „Streik- und Demonstrationswelle" in Bayern statt: „In zahllosen Hungerdemonstrationen und fast 500 Streiks mit einer Millionen Beteiligten machte sich der Unmut der hungernden Bevölkerung Luft."[237] Weil die Gewerkschaften auch diesen Protesten „jegliche Unterstützung versagt" hatten, waren sie an diesen Vor-

232 Vgl. DGB Stuttgart, Arbeiterbewegung und Wiederaufbau, S. 225.
233 Vgl. ebd., S. 225.
234 Vgl. ebd., S. 225, ähnlich Seifert, Entstehung, S. 256 f.
235 Vgl. AdsD 5/DGZA010023b.
236 Vgl. Kleßmann u. Friedemann, Streiks und Hungermärsche, S. 52 f. Ein so großer und koordinierter Streik ist ein durchaus bemerkenswerter Vorgang, vor allem wenn man das Bild der Angestellten (und speziell der DAG) in der Gewerkschaftsliteratur bedenkt. Doch Milert u. Tschirbs, Die andere Demokratie, S. 160 f. haben bereits angemerkt, dass die Angestellten schon 1919 als radikale Befürworter der Mitbestimmung auftraten, auch die Positionen Siegfried Aufhäusers sprechen eine ähnliche Sprache. Dieser Streik – im Gegensatz zu vielen DGB-Aktionen dieser Zeit mit vorheriger Urabstimmung – könnte ein weiterer Mosaikstein in der Revision eines Angestelltenbildes sein, in welchem Assoziationen zur historischen Unterstützung der NS-Bewegung dominieren.
237 Erker, Hunger, S. 400. Erker, Die Arbeiter bei MAN, S. 563 spricht von „spontanen Arbeitsniederlegungen zwischen dem 3. und 21. Mai 1948, die schließlich in der Beteiligung von 100 000 Arbeitnehmern gipfelten"; Streikzentren seien Metall-Betriebe wie MAN gewesen.

kommnissen kaum noch beteiligt.[238] Dass sich die Vorstände der Gewerkschaften von den beiden Generalstreiks in Bayern und Württemberg-Baden vorrangig eine Ventilfunktion erhofft hatten, war den Mitgliedern nicht verborgen geblieben.[239]

Sofern sich keine Resignation einstellte, verlagerte dies die Aktivitäten noch stärker auf die örtlichen oder betrieblichen Ebenen. Auch lokal- bzw. betriebsspezifische Forderungen gewannen dadurch an Gewicht, weil sie eher in Reichweite lagen.[240] Im Mai 1948 wuchs in München eine Demonstration von Hausfrauen von anfänglich etwa 200 Teilnehmerinnen zu einer Menge von 10.000 aufgebrachten Menschen an. Vertreter der Parteien (SPD und KPD) hielten Reden und erklärten ihre Solidarität mit den zu dieser Zeit Streikenden.[241] Vermutlich hingen diese Vorkommnisse mit den massiven wilden Streiks in München (vor allem bei den Straßen- und Eisenbahnern) und ganz Bayern zusammen, die in der ersten Mai-Hälfte stattfanden.[242] Zu dieser Zeit wurde auch wieder vermehrt in der BBZ gestreikt; es ist von insgesamt 120.000 Beteiligten, vor allem aus dem Metallbereich, die Rede.[243] Schwerpunkt der Aktionen, die sich vom 28. April bis zum 18. Mai hinzogen, war Hannover; die streikbedingten Ausfalltage beliefen sich auf etwa 1 Million.[244]

Nachdem also zu Beginn des Jahres 1947 die Arbeiterbewegung auf die Straße zurückgekehrt war und Konflikte betrieblicher und politischer Natur immer öfter in Streiks mündeten, stand mit der Währungsreform im Juni 1948 ein Einschnitt bevor, der viele Koordinaten der politischen Konflikte nachhaltig verändern sollte. Der Fall Reusch belegte kurz vor der Währungsreform nochmals eindrucksvoll, dass Mitbestimmung und Antifaschismus keineswegs „Nebenwidersprüche" zur Ernährungslage waren, sondern diese Motive die hungernden Beschäftigten offenbar noch stärker zu entschlossenen Protesten motivieren konnten als die mangelnde Versorgung. Gleichzeitig überkreuzten sich im Fall Reusch die verschiedenen oben dargestellten Felder der Mitbestimmung – Antifaschismus, Machtverhältnisse im Betrieb und die Ausrichtung der Gesamtgesellschaft.

5.3.6 Um die Mitbestimmung IV: Der Fall Hermann Reusch

Der 1896 geborene Hermann Reusch wurde am 23. Januar 1947 zum Vorstandsvorsitzenden des Gutehoffnungshütte-Konzerns (GHH) berufen,[245] in dem 80.000 Menschen beschäftigt waren und zu dem unter anderen auch die MAN gehörten.[246] Dadurch konstituierte sich eine „dynastische Verbindung einer Familie mit einem Unternehmen"[247] die ausgehend von Hermanns Vater Paul Reusch über insgesamt 58 Jahre eine Art „mo-

238 Vgl. ebd., S. 563, Zitat ebd.
239 Vgl. Gerstenberg, Hungermärsche – Hungerstreiks (für Bayern) und Seifert, Entstehung, S. 255–257 (für Baden-Württemberg). Zahlreiche Beispiele mit Quellenverweisen bei Hudemann u.a. (1992): Statistik der Arbeitskämpfe, S. 211 f. und 222–224.
240 Vgl. Seifert, Entstehung, S. 252 f.
241 Vgl. Erker, Hunger, S. 401.
242 Vgl. Gerstenberg, Hungermärsche – Hungerstreiks und Hudemann u.a. (1992): Statistik der Arbeitskämpfe, S. 235 f. Hier die Angabe von 500.000 Ausfalltagen.
243 Vgl. Kleßmann u. Friedemann, Streiks und Hungermärsche, S. 85 (Anm. 50).
244 Vgl. Hudemann u.a. (1992): Statistik der Arbeitskämpfe, S. 153 f.
245 Vgl. Bähr, GHH und MAN, S. 343.
246 Vgl. Hetzer, Unternehmer in Umbruchszeiten, S. 464.
247 Ebd., S. 463.

derne Hausmeierschaft“[248] darstellte. Hermann Reusch, seines Zeichens preußischer Bergassessor,[249] konnte nach dem Zweiten Weltkrieg als politisch unbelastet gelten, weil er „als einziger namhafter Ruhrindustrieller seiner Generation während des Krieges zurückgetreten war“ und daher als „politisch einwandfrei“ im Sinne der Entnazifizierung galt.[250] Für aufmerksame Beobachter war es mit der Einwandfreiheit freilich nicht weit her. Hermann Reusch hatte sich 1919 in den süddeutschen Freikorps engagiert und war Verbindungsmann seiner Einheiten zum General Oskar von Watter gewesen.[251] Letzterer befahl dem berüchtigten Freikorps Lichtschlag („Freikorps Totschlag“[252]) die Niederschlagung der Sozialisierungsbewegung an der Ruhr.

Durch die dessen ungeachtet vorgenommene politische Entlastung durch die Entnazifizierung und die damit verbundene Sonderstellung unter den Ruhrindustriellen „wuchs Reusch in den anstehenden Auseinandersetzungen um die Sozialisierung, Dekartellierung, Entflechtung und Entnazifizierung fast zwangsläufig in die Rolle eines Sprechers der Ruhrindustrie hinein.“[253] Diese Rolle füllte er unter anderem damit aus, die Verteidigung seiner politisch belasteten Kollegen aus den Vorstandsetagen in Nürnberg zu organisieren.[254] Während dieser öffentlichen Verteidigung war es eine wichtige Argumentationsfigur von Reusch, die finanzielle Unterstützung Hitlers durch die Großindustrie zu leugnen und stattdessen den Machterhalt Hitlers auf den ausgebliebenen Generalstreik der „klassenbewußte[n] Arbeiterschaft“ am 1. und 2. Mai 1933 zurückzuführen. War erstere Behauptung zwar falsch und zweitere immerhin nicht ganz abwegig, so war es vermutlich die diese Unverschämtheiten krönende Ausführung, ein solcher Generalstreik hätte „damals durchaus kein großes Risiko dargestellt“[255], welche öffentliche Empörung auslöste.

Als die Debatte um die Betriebsvereinbarungen Ende 1946 seinen Konzern erreichte, zeigte sich Reusch gegenüber den Betriebsratsvorsitzenden noch am 11. Dezember 1946 unnachgiebig. Ihrer mehrfachen Aufforderung, eine vorläufige bzw. „werkliche“ Vereinbarung abzuschließen, entgegnete Hermann Reusch stoisch mit einem Verweis auf eine allgemeine Regelung, die angeblich „nahe bevorstehe“ und die Verantwortung „allein bei der Werksleitung“ (also bei ihm) verorten würde.[256] Möglicherweise schätzte er die politische Loyalität des Entflechtungsbeauftragten der North German Iron and Steel Control (NGISC), Heinrich Dinkelbach, falsch ein.[257] Denn die allgemeine Regelung kam zwar nicht, was Reusch sicherlich noch geahnt hatte, dafür sickerten aber nur wenige Tage nach dieser Besprechung für die Unternehmer bestürzende Informationen über den Modus der geplanten Entflechtung der Ruhrkonzerne durch die NGISC an Unternehmer-

248 Ebd., S. 463.
249 Vgl. ebd., S. 469.
250 Bähr, GHH und MAN, S. 343 f. Der Rücktritt im Februar 1942 hatte mehr mit „Strukturproblemen des Konzerns“ und dem Rückzug seines Vaters zu tun, als mit einer „regimekritischen Haltung“, Hetzer, Unternehmer in Umbruchszeiten, S. 472–475.
251 Vgl. ebd., S. 469.
252 Ernst Piper (2010): Richard Glücks. Beflissener Verwalter der Vernichtungsmaschinerie, unter: www.publikative.org, zuletzt 8. August 2015.
253 Bähr, GHH und MAN, S. 344.
254 Vgl. ebd., S. 344 und Hetzer, Unternehmer in Umbruchszeiten, S. 481–484.
255 Vgl. ebd., S. 482 f., Zitat 483.
256 Vgl. „Niederschrift über die Besprechung Reuschs mit Betriebsratsvorsitzenden am 11. Dezember 1946“, abgedruckt in: Müller-List, Neubeginn bei Eisen und Stahl, S. 293–295.
257 Vgl. Hetzer, Unternehmer in Umbruchszeiten, S. 485.

kreise durch – Informationen, welche die Gewerkschaften von den Briten längst offiziell erhalten hatten.[258]

Diese Neuigkeiten schien Reusch so nicht erwartet zu haben, denn prompt änderte der Konzernvorsitzende seinen Duktus und seine Strategie. Mit der Absicht, die Entflechtung der GHH so gering wie möglich zu halten, versuchte Reusch, Viktor Agartz als Leiter des Verwaltungsamtes für Wirtschaft (Minden) Anfang 1947 auf seine Seite zu ziehen, indem er ihm am 21. Januar 1947 eine „gemeinsame Eingabe der GHH, der Klöckner-Werke und der Wolff-Gruppe", zukommen ließ, die „praktisch auch ein Bündnisangebot an die Gewerkschaften darstellte"[259]. In diesem Schreiben wird sogar die Möglichkeit „kapitalmäßiger Beteiligung der Gewerkschaften" an der GHH erwähnt. Mit Datum vom 18. Januar hatte Reusch zusätzlich ein Schreiben „An die Einheitsgewerkschaft" in Köln gerichtet, in dem er die bevorstehende Neuordnung als den Belangen „der Allgemeinheit und insbesondere der Belegschaft" nicht entsprechend darstellte und die Gewerkschaften dazu ermuntern wollte, sich an der Beeinflussung der Entflechtungspläne zu beteiligen. Er begründete dies mit der Sachkompetenz der Betriebs- und Gewerkschaftsvertreter und nicht etwa mit der größeren Chance, durch eine (temporäre) Kooperation mit den politisch unbelasteten Arbeitervertretern an seiner Seite seinen Konzern zu retten. Rein praktisch wollte er den Aufsichtsrat erweitern und stellte eine dauernde „Mitwirkung der Belegschaft bzw. der Gewerkschaft bei der Verwaltung des Unternehmens" in Aussicht.[260] Möglicherweise spekulierte Reusch auf den wachsenden Einfluss der USA in der Britischen Zone, zu denen er nicht nur glänzende Verbindungen hatte, sondern deren Entflechtungspolitik weniger zum Nachteil der Unternehmer ausgefallen wäre.[261]

Kurze Zeit später, am 6. Februar, schlug Reusch auch in einer Besprechung mit der de facto wichtigsten Instanz für die Entflechtung der Ruhrkonzerne, der britischen NGISC, vor, die für die GHH nachteiligen Entflechtungspläne zurückzustellen, damit die Unternehmen gemeinsam mit Betriebsräten und Gewerkschaften einen Alternativplan vorlegen könnten. So sollten die Gewerkschaften in der Auseinandersetzung um die Entflechtungspläne auf die Seite der Unternehmer gezogen werden. Weder ließ sich die Treuhandverwaltung auf diese Pläne ein, noch ist eine Kooperation der Gewerkschaften oder Agartz festzustellen.[262] Bereits zwei Tage später wurde unter dem Namen Hüttenwerk Oberhausen AG (HOAG) ein großer Teil der GHH entflochten, d.h. aus dem Konzern herausgelöst. Bei der HOAG erhielt Karl Strohmenger als Arbeitsdirektor der IG Metall einen Sitz im Vorstand[263] und Hans Böckler einen Aufsichtsratsposten.[264] Über beide Personalien dürfte Reusch nicht glücklich gewesen sein. Strohmenger, der ehemalige Betriebsratsvorsitzende der Klöckner-Werke (wo er eine aus gewerkschaftlicher Sicht vorbildliche Betriebsvereinbarung erkämpft hatte[265]) ging daran, „die HOAG zu einem Musterunternehmen für die

258 Vgl. Müller-List, Neubeginn bei Eisen und Stahl, S. 295 (Anm. 1).
259 Bähr, GHH und MAN, S. 346.
260 Dieser Brief ist z.B. abgedruckt als Ergänzung zu einem Reprint, vgl. August Thalheimer (1981 [1928]): Über die sogenannte Wirtschaftsdemokratie. Mit einem Nachwort zur Montanmitbestimmung, hg. v. Gruppe Arbeiterpolitik, S. 37.
261 Vgl. Hetzer, Unternehmer in Umbruchszeiten, S. 488 f.
262 Vgl. Bähr, GHH und MAN, S. 346.
263 Vgl. ebd., S. 348.
264 Vgl. Lauschke, Böckler, S. 103.
265 Vgl. Müller-List, Neubeginn bei Eisen und Stahl, S. 88.

Mitbestimmung zu machen“[266]. Das brachte ihm die persönliche Feindschaft Hermann Reuschs ein, der bald „weit über das Ruhrgebiet hinaus als der vehementeste Vorkämpfer gegen die Konzernentflechtung“[267], als „Rammbock“[268], galt.

In den folgenden Jahren entwickelte er sich mehr und mehr zu einem Scharfmacher, und als er 1955 das Montanmitbestimmungsgesetz als „das Ergebnis einer brutalen Erpressung durch die Gewerkschaften“ bezeichnete, antworteten 800.000 Berg- und MetallarbeiterInnen mit einem eintägigen Proteststreik.[269] Doch das war nicht die erste Konfrontation zwischen den Reuschs und der Arbeiterbewegung. Neben Hermanns der Öffentlichkeit vermutlich unbekannten Rolle im Februar 1919 hatte sich sein Vater, Paul Reusch, im November und Dezember 1928 bei der Aussperrung einer Viertelmillion ArbeiterInnen als besonders kompromisslos hervorgetan.[270] Beide, Vater wie Sohn, pflegten einen „patriarchalischen Umgang mit den Firmenangehörigen“[271].

Für die traditionsbewussten Beschäftigten im Ruhrgebiet und speziell im Bergbau war Hermann Reusch trotz seiner zwischenzeitlichen Anbiederungsmanöver an die Gewerkschaften auch im Jahr 1948 als ausgewiesener Interessenswahrer der deutschen Schwerindustrie ein ‚rotes Tuch‘. Im Frühjahr 1948 wurde durch das alliierte Zweimächte-Kontrollamt (Bipartite Control Office, BICO) eine neue Sachverständigen-Kommission zwecks Steuerung der Stahlproduktion avisiert.[272] Als Reusch vom Wirtschaftsrat einen Sitz zugesprochen bekommen hatte, eskalierte die Situation. In einer Protesterklärung vom 13. April 1948 betrachtete der Betriebsrat der HOAG, der aus Erfahrung sprechen konnte, Reuschs Ernennung „als Kampfansage der ehemaligen Machthaber der Schwerindustrie gegen die neue demokratische Wirtschaftspolitik“ und schätzte die Lage als sehr dramatisch ein:

> *„Wir kennen Herrn Dr. Reusch.* [...] *Es besteht kein Zweifel darüber, was die Arbeiterschaft von diesem erklärten Feind der Gewerkschaften zu erwarten hätte, falls er seine alte Konzernposition zurückgewinnen würde. Nun hat er sich in eine wesentlich stärkere Position hineinmanövriert, denn die neugegründete Kommission stellt nichts geringeres dar, als die bizonale Spitzenbehörde der gesamten eisenschaffenden Industrie“.*[273]

Prompt streikten am 19. April 5.000 Arbeiter in der Gutehoffnungshütte aus Protest gegen die Personalie eine Stunde lang.[274] Die IG Metall forderte einen Sitz in dieser Kommission für sich und die Abberufung von Reusch.[275] Am 22. Mai 1948 versammelten sich in Bochum etwa 600 gewerkschaftliche Vertrauensleute, um über Mitbestimmung im Allgemei-

266 Bähr, GHH und MAN, S. 348.
267 Ebd., S. 348.
268 Hetzer, Unternehmer in Umbruchszeiten, S. 493.
269 Bähr, GHH und MAN, S. 352, dazu auch Hetzer, Unternehmer in Umbruchszeiten, S. 494 f.
270 Ebd., S. 466.
271 Werner Bührer (2003): Eintrag „Reusch, Karl Hermann“, in: Neue Deutsche Biographie 21 (2003), S. 457–458 [Onlinefassung], unter: www.deutsche-biographie.de, zuletzt 19. August 2015.
272 Vgl. Hetzer, Unternehmer in Umbruchszeiten, S. 489.
273 Auszüge aus der Erklärung in Kleßmann u. Friedemann, Streiks und Hungermärsche, S. 85 (Anm. 51).
274 Hudemann u.a. (1992): Statisitik der Arbeitskämpfe, S. 186.
275 Vgl. Hetzer, Unternehmer in Umbruchszeiten, S. 489.

nen und den Fall Reusch im Besonderen zu diskutieren. Sie beschlossen einstimmig, am 25. und 26. Mai in den Stahl- und Eisen verarbeitenden Betrieben über einen zweitägigen Streik am 1. und 2. Juni 1948 abstimmen zu lassen.[276]

Nach dieser Urabstimmung rief der DGB 150.000 Beschäftigte der Eisen- und Stahlindustrie auf, sich dem Streik am 1. und 2. Juni 1948 anzuschließen, die zentrale Forderung war die Abberufung von Reusch.[277] Jener hätte mit einer demonstrativen Aussperrung auf die Streikandrohung reagiert, doch Erich Köhler zog im Namen des deutschen Wirtschaftsrates die Ernennung Reuschs zurück,[278] und die gesamte Kommission wurde daraufhin von der alliierten BICO gestrichen.[279]

Reusch musste diese Niederlage akzeptieren und lehnte in der Folge alle Angebote ab, sich im parlamentarischen Umfeld zu engagieren, etwa 1950 eine Einladung des Wirtschaftsministers Erhard, an einer geplanten ständigen Gesprächsrunde von Wirtschaftsexperten teilzunehmen.[280] Für die Gewerkschaften war dies ein enormer Erfolg, aber die Entscheidung, den Streik abzubrechen bzw. nicht zu beginnen, traf nicht auf ungeteilte Zustimmung der Basis, vielmehr entstand mitunter der Eindruck, „daß mit dem Kampfwillen der Belegschaft leichtfertig gespielt wurde“[281], so dass gegen den Entschluss im Nachhinein protestiert wurde.[282] Für Hans Böckler und andere Gewerkschaftsfunktionäre diente der Fall Reusch ein halbes Jahr später als Beispiel für Erfolge, die mit einer einmaligen Arbeitsruhe oder deren Androhung erzielt werden könnten.[283]

5.4 Zusammenfassung „Notstand"

Die materiellen wie geistigen Kriegsfolgen stellten in den ersten Nachkriegsjahren einen dramatischen Notstand dar, der sich durch die zunehmend schwieriger werdende Versorgung der Bevölkerung noch verschlimmerte. Spätestens seit dem Scheitern der Londoner Außenministerkonferenz Ende 1947 verschärfte sich zudem die Blockkonfrontation, und ein deutscher Weststaat wurde immer wahrscheinlicher.

Der überwiegende Teil der Bevölkerung wünschte sich, dass eine nicht-kapitalistische Ordnung auf den Trümmern der alten Gesellschaft aufgebaut würde. Dieser Wunsch speiste sich aus der Interpretation des Aufstiegs der NSDAP als vom Kapitalismus mitverursacht und dem Rückblick auf die gescheiterte wirtschaftsliberale Epoche. Die meisten relevanten gesellschaftlichen Gruppen wollten den Kapitalismus abschaffen oder behaupteten dies zumindest. Allein darüber, was dies genau zu bedeuten habe, herrschten sehr unter-

276 Vgl. „Aufruf zur Urabstimmung für einen Proteststreik“, in: Kleßmann u. Friedemann, Streiks und Hungermärsche, S. 157 f.
277 Vgl. ebd., S. 54.
278 Vgl. Hetzer, Unternehmer in Umbruchszeiten, S. 489.
279 Vgl. Kleßmann u. Friedemann, Streiks und Hungermärsche, S. 54.
280 Vgl. Hetzer, Unternehmer in Umbruchszeiten, S. 489 f.
281 Vgl. „Resolution der Gewerkschaftsversammlung der Klöcknerwerke, Düsseldorf, zum Fall Reusch“, 1. Juni 1948, in: Mielke u. Rütters, Gewerkschaften 1945–1949, S. 262–264, Zitat 264.
282 Durch die Betriebsabteilung Stahlwerke Bochum AG der IV Metall, vgl. ebd., S. 262 (Anm. 4).
283 Vgl. „Protokoll der Gewerkschaftsratssitzung am 4., 5. und 6. November in Frankfurt a.M.“, in: ebd., S. 1000–1007, 1004.

schiedliche Auffassungen. Das Spektrum reichte von neoliberalen Marktwirtschaftlern bis hin zu kommunistischen Betriebsräten. Diese Vielfalt des Antikapitalismus spiegelte sich in der Zahl der Begriffe, die mögliche Alternativen bezeichneten. Kooperationen zwischen verschiedenen Gruppen waren nur selten zu beobachten.

Trotz vereinzelter Auseinandersetzungen lässt sich jedoch festhalten, dass dem Notstand bis ins Jahr 1948 hinein von keinem einflussreichen gesellschaftlichen Akteur offensiv (mit einem Strategischen Dispositiv) begegnet wurde. Zwar hatte man sich in einzelnen Situationen auf die Umsetzung von Gemeinsamkeiten geeinigt, etwa in Hessen oder in Nordrhein-Westfalen, wo SPD, KPD und CDU bzw. das Zentrum zusammen im Parlament Sozialisierungsbeschlüsse fassten. Doch in diesen Fällen war es die entschiedene Politik der OMGUS, das freie Unternehmertum zu schützen. Diese Konstellation führte letztlich dazu, dass diejenigen deutschen Akteure die Oberhand behielten, die eine demokratische Aufsicht über die zentralen Wirtschaftsbereiche verhindern wollten.[284] Durch Verzögern und Verschieben von Sozialisierungsinitiativen konnte in vielen Fällen vermieden werden, dass politische Gegensätze offen ausbrachen. Lediglich in Nordrhein-Westfalen musste die nächsthöhere Instanz, das alliierte Veto, genutzt werden, um Sozialisierungen nicht umsetzen zu müssen. Die Strategie der OMGUS und einiger deutscher Akteure – Verhinderung durch Aufschieben bei gleichzeitiger formaler Anerkennung durch Verhandlung – erwies sich als geeignetes Mittel, um die wirtschaftsdemokratischen oder gemeinwirtschaftlichen Ziele der Gewerkschaften und Sozialdemokraten zu verhindern, ohne dafür von diesen prinzipielle Gegnerschaft zu ernten[285] oder soziale Unruhen auszulösen. Dies war im wichtigsten Frontstaat des Kalten Krieges von besonderer Bedeutung.

Die Gewerkschaften wären organisatorisch als einzige im Stande gewesen, große Teile der Bevölkerung für die demokratisch bestätigten Alternativen zu mobilisieren, betrieben aber stattdessen eine auf Verhandlungen und Kooperation fixierte Politik. Sogar wo in dieser Strategie eine „Vernebelungspolitik der Wünsche und Hoffnungen [...] für die Arbeiterschaft"[286] erkannt wurde, waren die Teile der Arbeiterbewegung, die bereit waren, sich entschieden für ihre Ziele einzusetzen, machtlos. Sie konnten in Zeiten massiver Presse- und Reisebeschränkungen, materieller Not und erheblichen Papiermangels kein funktionierendes Netzwerk etablieren. Dieses Netzwerk fehlte, um eine kämpferische Bewegung aufzubauen, zu koordinieren und nach Außen und Innen zu kommunizieren. Allerdings verhinderten nicht nur die mangelhaften technischen Möglichkeiten die Koordination der kämpferischen Belegschaften und Bevölkerungsteile. Dadurch, dass sich der überwiegende Teil der Arbeiterbewegung ideologisch fest an die Idee der (hierarchischen) Einheitsgewerkschaft gebunden hatte, bestand ein enges Band zwischen den hohen Gewerkschaftsfunktionären und der Basis. Da diese Verbindung als vermeintlich logische Schlussfolgerung aus

284 In Teilen der Literatur, vor allem aus den 1970er Jahren, findet sich hinsichtlich des hessischen Falles die Behauptung, dort sei die Sozialisierung durch die OMGUS verboten worden. Gerade in Hessen zeigt sich aber die Komplexität der Vorgänge, die letztendlich zum Scheitern geführt haben; deutsche Akteure spielten dabei keine geringe Rolle und zu einem harten Verbot (auch dies als Aufschub getarnt) musste nur gelegentlich gegriffen werden.

285 Das lag auch daran, dass die Gewerkschaften – insbesondere vor dem Hintergrund der Ost-West-Konfrontation – auf anderen Ebenen auch von sich aus loyal zu den Alliierten sein wollten, vgl. Angster, Konsenskapitalismus und Sozialdemokratie.

286 Vgl. „Resolution der Gewerkschaftsversammlung der Klöcknerwerke, Düsseldorf, zum Fall Reusch", 1. Juni 1948, in: Mielke u. Rütters, Gewerkschaften 1945–1949, S. 262–264, Zitat 263.

den Erfahrungen der Niederlage von 1933 gehandelt wurde, lag es zunächst außerhalb der Vorstellungskraft der Mitglieder, die DGB-Gewerkschaften zu verlassen, selbst wenn die – oft selbsternannten – Funktionäre einen selbstherrlichen und bevormundenden Politikstil pflegten. So reihten sich die Kundgebungen und Arbeitsniederlegungen unkoordiniert, örtlich und zeitlich versetzt aneinander und blieben meist auf einer demonstrativen Ebene. Ausnahmen sind nur die langen Erzwingungsstreiks für Betriebsvereinbarungen, wie bei Bode und Schmidding, sowie der Generalstreik in Nordrhein-Westfalen am 3. April 1947, der zwar zeitlich eng begrenzt war und nur demonstrativen Charakter hatte, aber immerhin demokratisch durch mehrere hundert Delegierte während einer allgemeinen Streik- und Protestwelle angestoßen wurde.

Nach dem Kriegsende hatten sich die ersten demokratischen Bewegungen auf der Betriebsebene bemerkbar gemacht, also „in jenem Bereich, der durch die Zerschlagung der Arbeiterparteien, der Gewerkschaften und der Betriebsräte wenig Hoffnung auf einen raschen Neuanfang“ gelassen hatte.[287] Ähnliches lässt sich für die Sphäre des öffentlichen Raumes feststellen. Es war die Arbeiterbewegung, die demokratische Partizipation und kollektive Interessenvertretung durch Demonstrationen, Entschließungen und Streiks wiederbelebte, und dies trotz der langjährigen Unterdrückung. Die Auseinandersetzungen konzentrierten sich auf politische Konflikte, insbesondere auf das Feld der Mitbestimmung; dies wurde durch den Lohnstopp, der Lohnkonflikte ausschloss, begünstigt. Doch die Gewerkschaften waren – was große Mobilisierungen anging – darauf bedacht, den Konflikt zu vermeiden. Sie haben in den Jahren von 1945 bis 1948 keine gravierenden Niederlagen erlitten, sondern vielmehr ihre Kämpfe nur sehr begrenzt geführt. Wurden davon Ausnahmen gemacht, etwa in der Frage der Betriebsvereinbarungen oder im Fall Reusch, konnten sie oft wichtige (Teil-)Erfolge erringen. Der Kampf um die Verankerung zentraler gewerkschaftlicher Ziele wurde jedoch bestenfalls vertagt. Zwar war der Horizont des in dieser historischen Situation Erreichbaren durch die Besatzungssituation und die zunehmende Zuspitzung durch den beginnenden Kalten Krieg begrenzt; wo er aber genau lag, brachten die Gewerkschaften nicht in Erfahrung. Ein Versuch, während der historischen Ausnahmesituation bei Mitbestimmung und Sozialisierung Regelungen zu erreichen, die auch von einer Adenauer-Regierung schwer wieder rückgängig hätten gemacht werden können, wurde nicht gemacht. So muss offen bleiben, inwieweit die Vertreter der USA um des sozialen Friedens willen Kompromissbereitschaft gegenüber entschiedener auftretenden Gewerkschaften gezeigt hätten. Zum wiederholten Male verpassten die Organisationen der deutschen Arbeiterbewegung einen wichtigen Moment, ihre enorme Macht auszuspielen.

Trotz dieser gewerkschaftlichen Zurückhaltung stellt sich die Gesamtheit aus materiellem Mangel und gesellschaftlichen Konflikten (von denen Streiks und Demonstrationen ein zentraler Teil waren) als gravierender Notstand dar und vermittelt „das Bild einer aus den Fugen geratenen Gesellschaft, die sich zunehmend in Konflikt mit der staatlichen Ordnung und dem von der Militärregierung verordneten System befand“.[288] Die Besatzungsbehörden wurden „aufgeschreckt durch die demonstrierenden Arbeitermassen“[289]

287 Milert u. Tschirbs, Die andere Demokratie, S. 327.
288 Erker, Hunger, S. 400; ähnlich Trittel, Hungerkrise und kollektiver Protest, S. 379.
289 Trittel, Hunger und Politik, S. 94.

und betrieben die Versorgung der notleidenden Bevölkerung in dem Moment mit mehr Nachdruck, als mit dem Generalstreik in den Bergbaugebieten Nordrhein-Westfalens „ernsthaft die Frage nach der Aufrechterhaltung von Ruhe und Ordnung aufgeworfen“[290] wurde.

Eine konstruktive Bearbeitung dieses Notstands wurde einerseits durch internationale Faktoren wie die Welternährungskrise und die heikle Situation der sich verschärfenden Blockkonfontation erschwert. Auf der anderen Seite verhinderte die Spezifik der deutschen Gewerkschaftsbewegung die Eskalation der sozialen Spannungen.

Erst die weltpolitisch bedingte Entwicklung hin zu einer deutschen Zwei-Staaten-Lösung erlaubte schließlich das „Manöver“, mit Hilfe eines Strategischen Dispositivs wesentliche Eckpfeiler für den zukünftigen Weststaat vorzubereiten. Allen Beteiligten war klar, dass dies vor allem in wirtschaftspolitischer Hinsicht einschneidende Änderungen bedeuten sollte.

290 Ebd., S. 95.

6 Strategisches Dispositiv: Die „freie Marktwirtschaft" und die Wirtschafts- und Währungsreform am 20. Juni 1948

Im Juni 1948 wurde die Währungsreform durchgeführt und das Leitsätzegesetz in Kraft gesetzt. Die Doppelreform stellte den zunächst erfolgreichen Versuch dar, zu einer entschieden marktwirtschaftlichen Politik überzugehen. Das anvisierte Strategische Dispositiv „freie Marktwirtschaft" konnte sich in den folgenden Monaten angesichts des Widerstandes allerdings nicht behaupten und wurde modifiziert. Hier sollen die wirtschafts- und währungspolitischen Reformen als wichtigste Elemente des Strategischen Dispositivs „freie Marktwirtschaft" herausgearbeitet werden. Die Untersuchung der diskursiven Dimension dieses Dispositivs muss zunächst auf wichtige Hinweise und Verweise beschränkt bleiben; sie wird aber im darauf folgenden Kapitel deutlich an Kontur gewinnen.

6.1 Die politische Allianz des Strategischen Dispositivs „freie Marktwirtschaft"

Die informelle Allianz derjenigen, die sich für eine „freie Marktwirtschaft" einsetzten und politische Alternativen bekämpften, hatte sich schon Monate vor der Währungsreform formiert. Diese – im dispositivanalytischen Sinne – ‚strategische Allianz' und ihre Handlungen werden im Folgenden beschrieben. Dabei soll zum einen dargelegt werden, dass die marktradikale Position Erhards den Alliierten nicht nur bekannt war, sondern auch von diesen unterstützt wurde; zum anderen soll deutlich werden, dass Erhard nur als Aushängeschild einer politischen Allianz aus deutschen und alliierten Entscheidungsträgern genau den Handlungsspielraum erhalten hat, der ihm dann die Möglichkeit gab, als Protagonist einer Heldenerzählung in die Geschichte einzugehen.

Wichtig ist in diesem Zusammenhang zunächst vor allem, dass eine ganze Reihe unterschiedlicher politischer Akteure versuchte, das Strategische Dispositiv „freie Marktwirtschaft" umzusetzen. Diese an sich banale Feststellung steht in scharfen Kontrast zum oft verbreiteten Mythos über Erhard und die Währungsreform. In der Narration über den vermeintlichen Beginn des Wirtschaftswunders am 20. Juni 1948 wird nämlich die wirtschaftsliberale Ausrichtung, die mit der Währungsreform vorgenommen wurde, häufig als ein überraschender Handstreich präsentiert, eine vorher nicht absehbare Wende der Wirtschaftspolitik, die gegen viele Widerstände durchgesetzt worden sei.[1] Eine besondere, sym-

1 Zugespitzt findet sich das bei Prof. Dr. *Günther Schulz*, Herausgeber der „Vierteljahrschrift für Sozial- und Wirtschaftsgeschichte" (VSWG): „Das Leitsätzegesetz war ein revolutionärer Akt. [...] Er war wohl nur damals möglich, auch als eine Form der Auflehnung gegen die Militärregierung", und: „Der Frankfurter Wirtschaftsrat der Bizone verabschiedete es – nach beinahe konspirativen Vorbereitungen durch Ludwig Erhard und seine Vertrauensleute in der Verwaltung für Wirtschaft – in einem regelrechten Coup gegen

bolische Rolle spielt dabei eine Szene, die sich zwischen Erhard und Clay abgespielt haben soll, und zwar am 21. Juni 1948. Die äußerst schwach belegte Episode taucht spätestens im Jahr 1953 das erste Mal auf[2] und hat im Wesentlichen zum Inhalt, dass Erhard die Bewirtschaftung eigenmächtig und für alle anderen sehr überraschend aufgehoben haben soll und daraufhin von Clay zu sich zitiert wurde. Dieser ließ ihn dann allerdings gewähren.[3] Diese Anekdote soll wohl nahelegen, dass Erhard seine Vorstellungen im Alleingang durchgesetzt habe. Doch obwohl er die zahlreichen Brüche innerhalb der Parteien und zwischen den eigentlich übereinstimmenden Arbeitnehmerflügeln von SPD und CDU/CSU zu nutzen wusste,[4] hatte er eben auch die parlamentarische Mehrheit hinter seinem Kurs. Die Narration, Erhard hätte bei der Durchsetzung dieses Gesetzes ohne alliierte Billigung gehandelt,[5] ist angesichts der US-amerikanischen Vormachtstellung als Mythos zu bewerten. Eine gewisse „Zivilcourage"[6] (Clay über Erhard) muss Erhard dadurch nicht abgesprochen werden. Doch ohne die Rückendeckung von zumindest Clay als Vertreter der US-amerikanischen Besatzungsmacht wäre die „freie Marktwirtschaft" vermutlich genauso

die durchaus ablehnend eingestellten Besatzungsmächte", Günther Schulz, Soziale Marktwirtschaft in der historischen Perspektive, S. 170. Der promovierte damalige Vizepräsident der Deutschen Bundesbank, *Helmut Schlesinger*, scheint es für Widerstand zu halten, wenn eine Mehrheit im Wirtschaftsrat einen Beschluss fasst und auch die zweite Kammer (der SPD-dominierte Länderrat) zustimmt: „Dies ist das besondere Werk Ludwig Erhards, der am 24. Juni 1948 [sic!] im Zwei-Zonen-Wirtschaftsrat das ‚Leitsätze-Gesetz' durchsetzte – gegen den Widerstand von zunächst fast allen –, um schrittweise, aber schnell die Grundelemente der fre ien Marktwirtschaft einzuführen", Schlesinger, Vierzig Jahre Währungsreform, S. 16. Auch *Hans Möller* spricht davon, dass diese Maßnahmen von Ludwig Erhard „gegen viele Widerstände in allen Lagern – selbst innerhalb der Militärregierung" durchgesetzt worden waren, Hans Möller (1989): Die Währungsreform von 1948 und die Wiederherstellung marktwirtschaftlicher Verhältnisse, in: Peter Hampe u. Christoph Buchheim (Hg.): Währungsreform und soziale Marktwirtschaft. Rückblicke und Ausblicke, München, S. 55–77, S. 56. Belege für diese zweifelhaften Erinnerungen bleibt der Zeitzeuge Möller (Mitglied des Länderrats, der Sonderstelle Geld und Kredit und des wissenschaftlichen Beirats) wie so viele andere schuldig. Im Gegensatz dazu merkt der hochdekorierte Nationalökonom und Politiker *Karl Schiller* immerhin an, dass seine eigene Beschreibung – Erhard hätte „gegen alle Widerstände, auch bei einigen Alliierten, bei der parlamentarischen Opposition und in den eigenen Reihen" das Leitsätzegesetz durchgebracht – nicht auf den Länderrat zutraf, weil dieser einstimmig zugestimmt hatte, Karl Schiller (1989): Wirtschaftspolitische Konsequenzen aus der Währungsreform, in: Peter Hampe u. Christoph Buchheim (Hg.): Währungsreform und soziale Marktwirtschaft. Rückblicke und Ausblicke, München, S. 78–85, S. 79 (mit Anm. 2). Auch der langjährige Chef der Bundesbank, *Karl Otto Pöhl* (SPD), erzählt uns von der Einsamkeit der Entscheidung Ludwig Erhards: „Ludwig Erhard, a legendary man, he decided, without asking anybody and against the will of the American occupation powers, he decided to give up all price controls.", vgl. Public Broadcasting Service, Commanding Heights (Film), etwa min. 52 der Sendung.

2 Vgl. Ohne Autor: Soziale Marktwirtschaft. Die Flucht nach vorn, in: Der Spiegel, 9. September 1953.

3 Vgl. z.B.: Volkhard Laitenberger (1986): Ludwig Erhard. Der Nationalökonom als Politiker, Göttingen und Zürich, S. 70 f; und zusammenfassend Commun, Erhards Bekehrung, S. 9: „Andachtsvoll wird immer wieder von allen Erhard-Biographen, inklusive von Volker Hentschel, die Szene bei General Clay erzählt, bei der Erhard die unmittelbare Entscheidung zur Freigabe der Preise übernahm". Sie findet sich besonders eindrucksvoll in einem Interview in: Public Broadcasting Service, Commanding Heights (Film), min. 52.45–53.20; darin erzählt der langjährige Geschäftsführer des Walter-Eucken-Instituts und Mitherausgeber der gesammelten Schriften Hayeks, Alfred Bosch, diese Geschichte so lebendig, als sei er dabei gewesen.

4 Ambrosius, Durchsetzung, S. 184–195, 219 und 223–225.

5 Vgl. beispielhaft Görtemaker, Kleine Geschichte der Bundesrepublik, S. 70f; Hohmann, Erhard, Ludwig. Gedanken, S. 10. Erhard selbst stellt sich zwar als außergewöhnlich „kühn" dar, aber gibt bereitwillig zu, dass Clay seine „Anordnungen deckte", Ludwig Erhard (1964[8]): Wohlstand für Alle, Düsseldorf, S. 23.

6 Clay, Entscheidung in Deutschland, S. 111 f.

verhindert worden wie die Sozialisierungen in Nordrhein-Westfalen und Hessen und die Mitbestimmung in Hessen und Württemberg-Baden.[7]

6.1.1 Erhards Bekenntnisse und seine Unterstützer

Ludwig Erhard machte bereits frühzeitig deutlich, welche wirtschaftspolitischen Positionen er vertrat. Ausgerechnet bei der Anhörung seines Vorgängers Johannes Semler (CSU) am 14. Januar 1948, der zuvor mit seiner „Hühnerfutterrede"[8] bei den US-Amerikanern in Ungnade gefallen war und kurze Zeit später abgesetzt wurde, nutzte Erhard die Aufmerksamkeit der Alliierten und tat kund, dass es seiner Meinung nach „die beste Lösung wäre, grundsätzlich mit einer Währungsreform tendenziell zu einer Marktwirtschaft mit freier Preisbildung überzugehen"[9].

Auch in der „Neuen Zeitung", die von Dwight D. Eisenhower immerhin als „offizielles Organ der amerikanischen Behörden"[10] bezeichnet wurde, sprach Erhard sich am 8. Februar 1948 nochmals klar und deutlich für eine neue Wirtschaftspolitik aus[11] – nicht zum ersten Mal an dieser Stelle.[12] Beide Gelegenheiten ergaben sich, wohlgemerkt, noch vor seiner von den Alliierten akzeptierten Ernennung zum Direktor für Wirtschaft. Erhards Standpunkte, die in der „Neuen Zeitung" nachzulesen waren, wurden von Clay zustim-

7 Clay mutmaßte 1971, die Preisfreigabe sei für den britischen und französischen Militärgouverneur schwer selbst durchzuführen gewesen, weil in ihren Heimatländern noch kontrollierte Wirtschaft herrschte – was sie aber nicht dazu brachte, gegen Erhards Beschluss tätig zu werden: „While my colleagues did express some unhappiness over the Directors action, a veto would have required unanimous decision and I do not remember any such effort on their part", Lucius D. Clay (1972): Glückwunschadresse, in: Gerhard Schröder (Hg.): Ludwig Erhard. Beiträge zu seiner politischen Biographie. Festschrift zum fünfundsiebzigsten Geburtstag, Frankfurt/M., S. 39–41, S. 40.

8 Vgl. den „Fall Semler": Dr. Johannes Semler (1898–1973), Rechtsanwalt und Wirtschaftsprüfer, war 1945 Mitbegründer der CSU und 1947–1948 Direktor der Verwaltung für Wirtschaft des Vereinigten Wirtschaftsgebiets bis zu seiner Amtsenthebung durch die Militärregierung. Semler hatte der Regierung der Vereinigten Staaten am 4. Januar 1948 in einer Sitzung des CSU-Landesausschuss in Erlangen vorgeworfen: „Man hat uns Mais geschickt und Hühnerfutter, und wir zahlen es teuer. Bezahlen es in Dollar aus deutscher Arbeit und deutschen Exporten. Und sollen uns auch noch dafür bedanken", zitiert nach: Pünder, Interregnum, S. 152. Nach dieser „Hühnerfutter-Rede" wurde Semler von der Militärregierung entlassen und auch von anderen politischen Ämtern ferngehalten, vgl. ebd., S. 154 f. Sein Nachfolger wurde am 2. März 1948 Ludwig Erhard.

9 Zitiert nach: Laitenberger, Auf dem Weg, S. 32. Sein Ziel hatte Erhard schon vor Kriegsende als „freie, auf echtem Leistungswettbewerb beruhende Marktwirtschaft" bezeichnet, siehe Ludwig Erhard (1977 [1943/44]): Kriegswirtschaft und Schuldenkonsolidierung (Faksimiledruck der Denkschrift von 1943/44), Frankfurt/M., S. 264, zitiert nach: Andreas Metz (1998): Gemeinschaft mit beschränkter Haltbarkeit. Adenauer und Erhard 1948/49, in: Historisch-Politische Mitteilungen. Archiv für Christlich-Demokratische Politik, H. 3 (Mai 1998), S. 49–81, S. 50.

10 Zitiert nach: Laura Wilfinger (2005): Carepakete, Marshallplan und eine „Neue Zeitung". Rezension zu Wilfried F. Schoeller (Hg.) (2005): Diese merkwürdige Zeit. Leben nach der Stunde Null, Frankfurt/M., Literaturkritik.de, unter: www.literaturkritik.de, zuletzt 20. August 2015. Presserechtlich verantwortlich für die Neue Zeitung war die „Publishing Operations Section" der „Information Control Division" der U.S. Army, vgl. ebd.

11 Vgl. Die Neue Zeitung, 8. Februar 1948, S. 8: „Abkehr von der bisherigen Wirtschaftspolitik".

12 Vgl. die beiden Beiträge „Freie Wirtschaft und Planwirtschaft" und „Sprachverwirrung um die Wirtschaftsordnung", Neue Zeitung vom 14. Oktober 1946 und 23. Juni 1947, ediert in: Erhard, Deutsche Wirtschaftspolitik, S. 19–22 und 23–27.

mend registriert.[13] Clay selbst berichtete 1971 sogar, er habe schon im Jahr 1946 aus derselben Zeitung von Erhards „faith in the market place as the voice of the economic society and, therefore, the proper place to determine wages and prices" erfahren.[14] Auch in der Sonderstelle Geld und Kredit nahm Erhard kein Blatt vor den Mund und präferierte schon am 25. Februar eine Währungsreform, mit der man „grundsätzlich zur freien Marktwirtschaft übergehen könnte."[15]

Folgerichtig waren es vor allem die wirtschaftsliberalen Kräfte der FDP, die in den folgenden Wochen die Wahl Erhards zum Direktor für Wirtschaft betrieben und gegen einige Widerstände innerhalb der CDU durchsetzten.[16] Unterstützung für diesen Vorschlag kam aus anderen Teilen der CDU-Fraktion, namentlich durch den Fürther Industriellen Otto Seeling,[17] Theodor Blank und Franz Böhm[18] sowie vor allem durch Alex Haffner.[19] Die CDU/CSU/DP-Fraktion stimmte zusammen mit der FDP, die sich kurz darauf über Erhards „Bekenntnis zum neoliberalen Gedanken"[20] freute, dessen Ernennung in der 12. Vollversammlung des Wirtschaftsrats (2. März 1948) zu.[21] Die Alliierten hatten – in voller Kenntnis seiner Positionen – keine Einwände, und so trat Erhard diesen einflussreichen Posten an.

Auch nach seinem Amtsantritt hielt er mit seinen Ansichten nicht hinter dem Berg. In einem Artikel in der Zeitung „Die Welt", zwei Wochen nach seiner Ernennung, erklärte er, dass „eine Währungsreform ohne Übergang zu freieren marktwirtschaftlichen Formen, insbesondere ohne die Rückkehr zu tendenziell freier Preisbildung" keine Heilung bringen könne.[22]

Am 21. April 1948 hielt Erhard eine breit rezipierte Grundsatzrede vor dem Wirtschaftsrat in Frankfurt.[23] Darin vermied er zwar jedwede konkrete Festlegung, sprach sich aber für eine gründliche Änderung des Wirtschaftssystems aus, wenn er sagte: „Jede Regelung, die uns [...] dazu zwingen würde, die bisherige Bewirtschaftung einschließlich des Preisstops als das auch künftige Wirtschaftssystem beizubehalten, [...] wäre geeignet, das Unheil zu verewigen."[24] Den historischen Erfahrungen trug Erhard Rechnung, indem er sich im gleichen Zusammenhang davon freispricht, „die Rückkehr zu den liberalistischen

13 Dirk Berg-Schlosser (1982): Ludwig Erhard, in: Walther Bernecker u. Volker Dotterweich (Hg.): Persönlichkeit und Politik in der Bundesrepublik Deutschland. Politische Porträts, Göttingen, S. 113–122, S. 117.

14 Clay, Glückwunschadresse, S. 40.

15 Zitiert nach: Mierzejewski, Ludwig Erhard, S. 98. Das Zitat stammt demnach aus „Stenographischer Bericht der Sitzung vom 25.2. 1948, Morgen", S. 13, BA Z32/10, Blatt 88, vgl. ebd. 343 (Anm. 58).

16 Zur Wahl Erhards zum Wirtschaftsdirektor und den damit verbundenen Konstellationen (wirtschaftspolitische Ausrichtung der CDU, Rolle der FDP, Regierung-Opposition) sowie Folgen: Ambrosius, Durchsetzung, S. 154–157, zur Unterstützung der Liberalen: Laitenberger, Auf dem Weg, S. 33.

17 Vgl. Anton Riedl (1992): Liberale Publizistik für soziale Marktwirtschaft. Die Unterstützung der Wirtschaftspolitik Ludwig Erhards in der Frankfurter Allgemeinen Zeitung und in der Neuen Zürcher Zeitung 1948/49 bis 1957, Regensburg, S. 102, 104.

18 Vgl. Laitenberger, Auf dem Weg, S. 33.

19 Vgl. Riedl, Liberale Publizistik, S. 102, 104.

20 So Blücher (FDP) in der 14. VV am 21. April 1948, in: Weisz u. Woller, Wörtliche Berichte, Band 2, S. 448.

21 Wahlergebnis zu finden in ebd., S. 342.

22 Nach Laitenberger, Auf dem Weg, S. 38. Laitenberger zitiert aus einem Artikel Erhards in „Die Welt", vom 15. März 1948, S. 1.

23 Vgl. Ludwig Erhard (1962): Der Weg in die Zukunft. Rede vor der 14. Vollversammlung des Wirtschaftsrates des Vereinigten Wirtschaftsgebietes am 21. April 1948, in: ders. (Hg.): Deutsche Wirtschaftspolitik. Der Weg der sozialen Marktwirtschaft, Düsseldorf, S. 37–61.

24 Ebd., S. 51.

Wirtschaftsformen historischer Prägung und einem verantwortunglosen Freibeutertum einer vergangenen Zeit“ zu predigen.[25] Er nutzte eine beidseitige Abgrenzung gegen „Anarchie“ (Liberalismus) und „Termitenstaat“[26] (Planwirtschaft), um seinen Vorzug der Konsumgüterindustrie und seinen Wunsch nach Preisfreigaben als „soziale Ausrichtung der Wirtschaftspolitik“[27] zu legitimieren. Die über 20 Seiten lange Rede besteht zwar zum größten Teil aus salbungsvollen Worten und unkonkreten Aussagen,[28] aber der Wille zur Aufhebung der Bewirtschaftung und des Preisstops ist ebenso deutlich zu erkennen wie Erhards „klare neoliberale Prioritäten“[29] als Ganzes.

6.1.2 Der Wissenschaftliche Beirat

Doch diese Ankündigungen eines grundsätzlichen Politikwechsels im Zuge der Währungsreform beschränkten sich nicht allein auf Äußerungen von Ludwig Erhard. Als der am 23. Januar 1948 (noch unter Johannes Semler) gegründete Wissenschaftliche Beirat der VfW am 18. April sein erstes Gutachten veröffentlichte, war darin zu lesen, dass die Währungsreform nur sinnvoll sei, wenn „eine grundsätzliche Änderung der bisherigen Wirtschaftslenkung mit ihr verbunden wird“.[30] Die Mehrheit des Beirats hielt es für geraten, „eine möglichst sofortige Freigabe der Preisbildung mit tendenzieller Angleichung an die Weltmarktpreise auch bei mengenmäßig rationierten Verbrauchsgütern“[31] vorzunehmen. Nur eine Minderheit des Beirates lehnte weitgehende Preisfreigaben ab und sprach sich unter anderem für die partielle Anwendung der „Methode der Marktsättigung oder Marktspaltung“ aus.[32]

6.1.3 Das Verhalten der Alliierten

Auch die westlichen Alliierten beteiligten sich an der praktischen und politischen Vorbereitung der marktwirtschaftlichen Wende. Bereits lange zuvor hatten sie die Weichen in diese Richtung gestellt, indem sie der Demokratisierung der Produktion und der Änderung der Eigentumsverhältnisse zwischen 1946 und 1948 entgegengewirkt hatten.

Als am 21. April 1948 im Wirtschaftsrat ein Enthortungsgesetz beschlossen wurde, welches die Versorgungslage vor der Währungsreform verbessert, aber die Warendeckung bei freien Preisen nach der Währungsreform verschlechtert hätte, wurde es von der Militär-

25 Ebd., S. 51.

26 Beide Zitate: ebd., S. 52. Die deutliche sprachliche Abgrenzung zum Liberalismus hat Erhard mit Miksch und anderen gemeinsam, vgl. S. 144–147.

27 Ebd., S. 54.

28 Vgl. dazu auch die Antwort des Redners der SPD-Fraktion (Kreyssig) als Antwort auf Erhards Rede: „So ist es Tatsache geworden, daß wir aus dem sehr langen Referat von heute früh über sehr viele wichtige, ja entscheidende Punkte so gut wie nichts erfahren haben“, in: Weisz u. Woller, Wörtliche Berichte, Band 2, S. 447.

29 Georg Müller (1982): Die Grundlegung der westdeutschen Wirtschaftsordnung im Frankfurter Wirtschaftsrat, Frankfurt/M., S. 109.

30 Das Gutachten findet sich in BA Z4/569 und ist ediert in: Bundeswirtschaftsministerium (Hg.) (1950): Der Wissenschaftliche Beirat bei der Verwaltung für Wirtschaft des Vereinigten Wirtschaftsgebietes. Gutachten 1948 bis Mai 1950, Göttingen, S. 25–30, Zitat 25.

31 Ebd., S. 27.

32 Vgl. die Begründung des Minderheitenvotums des Gutachtens in: ebd., S. 29 f bzw. BA Z4/569.

regierung verhindert; und zwar entgegen der üblichen Verfahren durch eine ausgreifende Verzögerungstaktik.

Das Gesetz ging noch auf eine Vorlage des später entlassenen Vorgängers von Ludwig Erhard, Johannes Semler, zurück und wurde dann in der Wirtschaftsratssitzung vom 17. März 1948 durch die SPD eingebracht. Erhard lehnte es mit Verweis auf die Warendeckung nach der Währungsreform ab,[33] trotzdem wurde es am 21. April im Wirtschaftsrat angenommen; der Länderrat stimmte am 30. April zu.[34] Die Zustimmung zum bereits beschlossenen Gesetz wurde jedoch von der Militärregierung verschleppt: Erst am 3. August 1948 – also lange nach der Währungsreform, als es seine Funktion längst nicht mehr erfüllen konnte –, wurde das Enthortungsgesetz zur Überprüfung zurückgegeben.[35]

Diese offiziellen und entsprechend dicht tradierten – wenn auch nicht in den narrativen Kanon aufgenommenen – Verlautbarungen und Vorkomnissen zeigen bereits an, dass sich eine breite informelle Koalition der marktwirtschaftlichen Kräfte etliche Monate vor der Währungsreform gebildet hatte. Man kann davon ausgehen, dass daneben ein informeller Austausch zwischen dem deutschen politischen Spitzenpersonal und den anglo-amerikanischen Entscheidungsträgern stattgefunden hat. Der Nachweis darüber ist naturgemäß schwieriger, weil die Überlieferung solcher meist mündlichen Begegnungen selten ist. Allerdings fanden im Jahr 1948 monatliche Treffen zwischen den Militärgouveneueren und ihrem Stab auf der einen Seite und dem Verwaltungsrat samt ausgesuchten Mitarbeitern auf der anderen Seite statt, die stets einen informellen Teil beinhalteten.[36] Manchmal liefern auch detaillierte Protokolle entsprechende Hinweise, etwa darauf, dass der Leiter der Währungsreformkommission, Edward Tenenbaum, Erhard versicherte, „freien Marktverhältnissen" keinesfalls im Wege zu stehen.[37] Ungewöhnlicherweise sind außerdem ein „Lunch" im Mai 1948 und eine „Cocktail-Party" (später, im November 1948), durch vertrauliche Berichte von Hermann Pünder belegt, bei denen weitere mündliche Zusagen gemacht wurden.[38] Bei besagtem Lunch fanden sich am Mittwoch, 12. Mai 1948, verschiedene Personen mittags zur „ungezwungenen Aussprache und zum Lunch" in der Wohnung des Generals Gordon MacReady in Frankfurt ein.[39] Anlass war der Besuch Lord Pakenhams, der u.a. für die britische Deutschland-Politik zuständig war. Von deutscher Seite waren die Mitglieder des Verwaltungsrates und einige Vertreter von Wirtschafts- und Länderrat zugegen. Nachdem Pünder sich mit Pakenham über verschiedene aktuelle deutschlandpo-

33 Vgl. Laitenberger, Auf dem Weg, S. 36 (Anm. 64).

34 Vgl. Pünder, Interregnum, S. 198.

35 Vgl. ebd., S. 229.

36 Vgl. Pünder, Von Preussen nach Europa, S. 343.

37 „Gegen einen Übergang zu freien Marktverhältnissen hatte Tenenbaum – von Erhard danach gefragt – keine Einwendungen.", Laitenberger, Auf dem Weg, S. 32 (mit Bezug auf „Sitzungen der Sonderstelle für Geld und Kredit. Stenographische Protokolle, 13.Nov. – 4.Dez.1947", BA Z32/7, S. 58).

38 „Vermerk betr. Besuch von Lord Pakenham in Frankfurt am Main", BA N1005/740, Blatt 3–4. Die von Clay ausgerichtete „Cocktail-Party" fand am 14. November 1948 im US Victory Guest House in Königstein statt, die „in Wirklichkeit eine Besprechung von bemerkenswerter politischer Bedeutung war", vgl. Hermann Pünder, „Vertraulicher Vermerk über eine deutsch-amerikanische Besprechung am Sonntag, 14. November 1948, nachmittags", BA N1005/740, Blatt 40–44.

39 Sir Gordon Nevil MacReady, (1891–1956), Lieutenant General, war von 1947–1949 „British Chairman of Economic Control Office for British and American Zones of Germany", diese Angaben nach Liddell Hart Centre for Military Archives (King's College London) (2014): Gordon Nevil MacReady, unter: www.kcl.ac.uk, zuletzt 4. Februar 2014; alle anderen Angaben in diesem Absatz nach: Hermann Pünder, „Vermerk betr. Besuch von Lord Pakenham in Frankfurt am Main", BA N1005/740, Blatt 3–4.

litische Themen ausgetauscht hatte, versicherte der Brite einem (um „Präsident Dr. Köhler und die Direktoren Prof. Erhard und Hartmann") erweiterten Gesprächskreis, dass „die anglo-amerikanische Auffassung unter allen Umständen dahin gehe, uns [den Deutschen, bzw. der momentanen deutschen Regierung] die Hände frei zu machen zu selbstständigen Arbeiten und eigener Verantwortung". Die führenden Personen der Besatzungsmächte USA und Großbritanien waren offensichtlich zu dem Schluss gekommen, dass angesichts der politischen Konstellation in Deutschland ihre Interessen bei den anstehenden gewichtigen Entscheidungen ausreichend berücksichtigt würden. Sodann lenkte Erhard das Gespräch auf die anstehende Währungsreform. Er begann mit der Frage nach dem deutschen Einfluss auf die Währungsreform, indem er von einem Besuch der in Rothwesten kasernierten Kommission zur Vorbereitung derselben berichtete, von welchem er und andere[40] soeben zurückgekehrt waren. An dieser Stelle bricht der Bericht unvermittelt ab, nicht weil er nicht zu Ende geschrieben worden wäre, sondern ganz offensichtlich haben die folgenden Seiten nicht ihren Weg in die Archivalie gefunden.[41] Was immer im Folgenden noch be- oder versprochen wurde – es lässt sich aufgrund dieser Quelle und vielen anderen Hinweisen davon ausgehen, dass die Besatzungsmächte wussten, worauf sie sich einließen, wenn sie *diesen* Deutschen freie Hand versprachen.

Obwohl die Besatzungsmächte die politische Linie „freie Marktwirtschaft" deckten, sahen sich ihre Vertreter genötigt, das Vorgehen der deutschen Verwaltung rund um die Währungsreform nicht unkommentiert durchgehen zu lassen. Am 2. Juli 1948 teilte das in Frankfurt ansässige Joint Secretariat des Bipartite Control Office (= BICO/Sec.) in einem Schreiben an den Vorsitzenden des Verwaltungsrates (d.i. Pünder) und an weitere maßgebliche Stellen (z.B. Erhard) mit, dass die deutsche Verwaltung bei allem, was künftig „hinsichtlich der Durchführung" des Leitsätzegesetzes unternommen wird, „enge Fühlung" mit den alliierten Stellen zu halten habe. Es wurde sich explizit vorbehalten, „sofort korrigierende Maßnahmen zu treffen, wenn die Grundsätze dieses Gesetzes verletzt werden".[42] Am 29. September verschärften die Alliierten diese Position und wiesen die Deutschen direkt an, zukünftig vor bestimmten Erlassen betreffend Bewirtschaftung und Preise eine Genehmigung einzuholen.[43] Allerdings sind die bis dahin verstrichenen drei Monate in diesem Zusammenhang eine sehr lange Zeit und lassen wohl kaum auf ein vordringliches Interesse zur Beendigung dieser Praxen schließen.

6.1.4 Maria Sevenich: Die CDU und die „freie Marktwirtschaft"

Auch ohne Kenntnisse der im weiteren Sinne parlamentarischen Vorgänge blieb aufmerksamen BeobachterInnen nicht verborgen, wohin die wirtschaftspolitische Reise gehen sollte. Eine solche Beobachterin war Maria Sevenich, die durch ihre fast spektakulär zu nen-

40 Dies waren Hartmann, Pferdemenges (beide CDU), Kriedemann (SPD) und Blücher (FDP).

41 Der Bestand ist sehr ordentlich geführt und offensichtlich auch archiviert worden. Die durch das Archiv aufgebrachten Seitenzahlen sind durchlaufend und vollständig, daher müssen die fehlenden Seiten vor der Freigabe für die Archivbenutzung abhandengekommen sein.

42 BICO/Sec (48) 410, BICO an den Vorsitzenden des Verwaltungsrates, Kopie an Vorsitzenden des Verwaltungsrates, Vorsitzenden des Länderrates, Direktor der Verwaltung für Wirtschaft, Betreff: Gesetz Nr. 37 des Wirtschaftsrates – Gesetz über die Leitsätze für die Bewirtschaftung und Preispolitik nach der Geldreform, BA Z4/7, Blatt 28.

43 Vgl. BICO/Memo (48) 80, BA Z4/7, Blatt 44.

nende politische Biografie[44] darin geschult war, politische Entwicklungen aufmerksam zu registrieren. Im Jahr 1948 saß sie als prominente CDU-Abgeordnete im niedersächsischen Landtag und fühlte sich der christlichen Sozialethik verpflichtet.

Im Zusammenhang mit der wirtschaftspolitischen Entwicklung im Jahr 1948 und der Frage nach ihrer Offensichtlichkeit ist Sevenichs analytischer Blick auf die CDU-Politik im betreffenden Zeitraum äußerst aufschlussreich. Sie unterhielt persönliche Kontakte sowohl zu Konrad Adenauer als auch zu Friedrich Holzapfel, dem Fraktionsvorsitzenden der CDU/CSU.[45] Letzteren bat sie am 29. April 1948 in einem mehrseitigen Brief um eine Stellungnahme zum Stand der CDU-Wirtschaftspolitik.[46] Anlass waren Äußerungen Holzapfels am 23. April in einem Artikel in der „Westfalenpost", die „in wesentlichen Teilen mit den Frankfurter Ausführungen von Prof. Erhard[[47]] übereinstimmen" und „eine Reihe gleichlautender Erklärungen von anderer Seite", die Sevenich zu dem Schluss führten, dass die Fraktion der CDU im Wirtschaftsrat einige grundlegende Entscheidungen getroffen hatte, ohne die Basis zu fragen. So sei inzwischen „als offizieller Kurs der Wirtschaftspolitik der CDU in Frankfurt die Wiederherstellung der ‚freien Marktwirtschaft' gekennzeichnet worden". Maria Sevenich stellte die berechtigte Frage, inwiefern sich das mit dem Ahlener Programm vertrage, welches – im Gegensatz zum momentanen Kurs – demokratisch beschlossen worden sei. Adenauer habe außerdem ihr gegenüber seine Ablehnung einer Koalition mit der SPD damit begründet, er wolle das Ziel der „freien Marktwirtschaft" nicht gefährden. Ob diese Haltung Adenauers von einem Beschluss der Fraktion gedeckt

44 Die gebürtige Kölnerin war bis 1937 wechselnd in verschiedenen linken Organisationen aktiv (KJVD, SPD, SAP, LO, KPD). Sie wurde zwischen 1933 und 1945 mehrfach festgenommen, emigrierte Ende 1933 über die Schweiz nach Frankreich, wurde dort interniert und später in Gestapohaft genommen. Sie entging mehrfach knapp Tod und KZ. Sevenich wendete sich bis 1945 wieder dem christlichen Glauben zu und war nach Kriegsende Mitbegründerin der CDU (in Hessen). Anfang November 1946 trat sie aus Protest gegen die absehbare Hungersnot im kommenden Winter in einen dreißigtägigen Hungerstreik. Im Jahr 1948 wurde sie für die CDU in den niedersächsischen Landtag gewählt, wechselte bald zur SPD und wurde 1965 Landesministerin für Bundesangelegenheiten, Vertriebene und Flüchtlinge. Wenige Wochen vor ihrem Tod trat sie 1970 wieder zur CDU über. Zur Biografie vgl. Ingrid Langer u.a. (Hg.) (1994): Alibi-Frauen? Hessische Politikerinnen. In den Vorparlamenten 1946–1950, Frankfurt/M., Eintrag Maria Meyer-Sevenich, S. 129–166. Vgl. außerdem die Korrespondenzen „Maria Sevenich Strohe/ Vechta-Oldenburg" mit Holzapfel und Adenauer in BA N1278/203. Aus dieser Korrespondenz geht hervorgeht, dass sie sich 1948 für eine Koalition mit der SPD einsetzte, um diese nicht zum Kommunismus zu drängen. In einem anderen Schreiben vom 29. Oktober 1946 (an „Das Hauptquartier der Britischen Besatzungsmacht Deutschlands") bezog sie sich im Hinblick auf ihren bevorstehenden Hungerstreik auf Ghandi. Zum Hungerstreik, der einiges Aufsehen verursacht hat, vgl. darüberhinaus das Schreiben von Sevenich vom 1. Dezember 1946, das u.a. von einem Treffen mit „Fratzscher, Keller, Oberleutnant Alexander in Detmold" am 7. November 1946 berichtet, ebd.

45 Vgl. ebd., S. 142–152 und Helga Grebing (1988): Auch eine Entscheidung für die SPD: Maria Meyer-Sevenich 1948/49, in: IWK 24 (1988) H. 1, S. 43–47, hier 45 (enge Kontakte zu Adenauer) und BA N1278/203 (Kontakt zu Holzapfel).

46 Vgl. Maria Sevenich an Holzapfel 29. April 1948, BA N1278/203.

47 Zur Einordnung dieser Rede Erhards am 21. April 1948 vgl. S. 123–125 und Bernhard Löffler (o.J.): Einführung. Rede Ludwig Erhards während der 14. Vollversammlung des Wirtschaftsrates des Vereinigten Wirtschaftsgebietes am 21.4.1948 in Frankfurt am Main, in: 100(0) Schlüsseldokumente zur deutschen Geschichte im 20. Jahrhundert, unter: www.1000dokumente.de, zuletzt 8. August 2015: „Es darf nicht übersehen werden, dass sich die Diskussionsfronten dabei überschnitten und sich innerhalb der Parteien (besonders innerhalb der Unionsparteien mit einem marktwirtschaftlichen und einem christlich-‚sozialistischen' Flügel) differierende Meinungen artikulierten. Erhards Rede war hier ein klärender Markstein. Sie trug dazu bei, dass sich wirtschafts- wie parteipolitisch die Gewichte zugunsten der ‚Marktwirtschaftler' neigten."

sei, wollte sie daher von Holzapfel wissen. Die „Proklamierung der freien Marktwirtschaft" durch die CDU-Fraktion, so ihre Analyse, beinhalte „ein uneingeschränktes JA zu der liberalistischen Wirtschaftsform des reinen und integralen Kapitalismus". Dadurch stehe die gesamte Fraktion „in grundsätzlichem Widerspruch zum Ahlener Programm" und „im gleichen Gegensatz zur christlichen Sozialdoktrin und der daraus folgenden Lehre vom Allgemeinwohl" – ein Zustand, der für Maria Sevenich nach dringender innerparteilicher Klärung verlangte.[48]

Diese Klärung ist, wie wir rückblickend feststellen können, nicht eingetreten. Stattdessen richtete Adenauer mehrere Briefe an Maria Sevenich, in welchen er zunächst zur Fraktionsdisziplin aufrief[49] und sie später zum Schweigen oder zum Austritt aufforderte.[50] Das dritte Schreiben Adenauers am 15. Mai 1948, in welchem er Sevenich doch noch zur Parteitreue aufforderte,[51] kam zu spät: Am 14. Mai 1948 hatte sie in einem sechsseitigen Brief an den Landesvorstand der CDU Niedersachsen ihren Austritt aus Partei und Fraktion erklärt.[52]

So plötzlich der Beschluss des Leitsätzegesetzes am 17. und 18. Juni und die Hinwendung zur „freien Marktwirtschaft" durch Ludwig Erhard am 20. Juni heute erscheinen mag, so vorhersehbar war dies doch spätestens Ende April 1948 nicht nur für die daran Beteiligten, sondern auch für aufmerksame BeobachterInnen wie Maria Sevenich und die Militärregierungen.

Dass Maria Sevenich mit ihrer Analyse völlig richtig lag, zeigen Äußerungen Alex Haffners im fraglichen Zeitraum. Er sagte am 21. April anlässlich der Grundsatzrede Erhards: „Wir haben Vertrauen zu dem neuen Direktor der Verwaltung für Wirtschaft, daß er diese Wiederherstellung der Marktwirtschaft, des Wettbewerbs, die allein die Produktion steigern kann, schnell und radikal durchführt." Er insistierte, schon „jetzt müssen alle Vorbereitungen getroffen werden", erklärte „wir brauchen die Freiheit" und bekannte unter Beifall und Bravorufen, dass die CDU-Fraktion in „großen Zügen" mit dem Programm Erhards einverstanden sei.[53] Dementsprechend wurde auch die Wirtschaftspolitik auf die zukünftige Entwicklung abgestellt.

6.2 Die wirtschaftspolitische Vorbereitung der „freien Marktwirtschaft"

Wie oben ausführlich dargelegt worden ist, stand die deutsche Wirtschaft schon vor der Währungsreform im internationalen Vergleich hervorragend da; für eine Reorganisation der Produktion gab es eine Reihe exzellenter – und historisch einmaliger – Voraussetzungen.

Zunächst mussten allerdings einige Hindernisse, die im wesentlichen in der weltpolitischen Situation begründet waren, überwunden werden. Ihre Beseitigung konnte seit der

48 Alle Zitate: Maria Sevenich an Holzapfel 29. April 1948, BA N1278/203.
49 Vgl. „Schreiben vom 19.4.1948 an die CDU-Politikerin Maria Meyer-Sevenich", StBKAH 07.23.
50 Vgl. „Schreiben vom 2.5.1948 an die CDU-Politikerin Maria Meyer-Sevenich", StBKAH 07.23.
51 Vgl. „Schreiben vom 15.5.1948 an die CDU-Politikerin Maria Meyer-Sevenich", StBKAH 07.23.
52 Findet sich ebenfalls in BA N1278/203.
53 Weisz u. Woller, Wörtliche Berichte, Band 2, S. 445 f.

Entscheidung für einen West-Staat zu Beginn des Jahres 1948 angegangen werden und vieles deutet darauf hin, dass dies in vielen Fällen auf den Termin der Wirtschafts- und Währungsreform abgestimmt wurde.

6.2.1 Die Wirtschaftsordnung vor der Währungsreform

In der Nachkriegszeit herrschte in den Westzonen Deutschlands bis in das Jahr 1948 hinein eine Wirtschaftsordnung, die eine „zentrale Inkonsistenz"[54] aufwies. Auf der einen Seite standen die Bewirtschaftung von Gütern und Lebensmitteln, die Zuteilung an den Endverbraucher durch Lebensmittelkarten, umfangreiche Preisbindungen, sowie der generelle Lohnstopp. Der Industrieplan des alliierten Kontrollrates vom 26. März 1946 begrenzte außerdem die Produktion in den ersten beiden Jahren nach dem Krieg administrativ; die Kapazität der Rohstoff- und Fertigwarenindustrie wurde auf etwa die Hälfte der Vorkriegsproduktion beschränkt und bestimmte Waren durften gar nicht oder nur in sehr engem Rahmen hergestellt werden. Dieser Industrieplan wurde erst Ende August 1947 teilweise revidiert, wodurch die Demontagen verringert und die Produktionsfreigaben erweitert wurden.[55] Darüber hinaus waren in der Zeit bis Juni 1948 verschiedene Beschränkungen der marktbasierten Wirtschaft auch im Konsumbereich gültig, ohne dass für die Warenverteilung ein schlüssiges Alternativprogramm entwickelt worden wäre. Wichtige Lebensmittel waren mittels eines komplizierten Bezugsscheinsystems erhältlich, und für die meisten Waren galten Preisbindungen. Diese Preise unterlagen ebenso wie Löhne und Gehälter einem gesetzlichen Stopp, der auf ein Gesetz vom Oktober 1939 zurückging und im Jahr 1945 von den Besatzungsmächten unbefristet verlängert worden war.

Auf der anderen Seite – und das macht die Widersprüchlichkeit dieser ‚Zwischenzeit' aus – stand die „private Verfügungsmacht über die Produktionsmittel"[56], denn „alle zentralen Funktionen – Beschaffung, Produktion, Absatz – blieben in Unternehmenshand"[57]. Der halbherzige Versuch, die Produktion oder zumindest die Verteilung von Gütern bürokratisch zu steuern, war mit bürgerlichen Produktions- und Besitzverhältnissen konfrontiert. Aus diesem Widerspruch ergaben sich Folgeprobleme; eine der gravierendsten Konsequenzen war die Stärkung des allgegenwärtigen Schwarzmarktes. Dieser hatte eine weitere Grundlage in der Disproportion von Waren und Geld, die durch den Preisstopp und die verdeckte Inflation immer größer wurde. Hans Möller spricht von einer zehnfach erhöhten Geldmenge am Stichtag 20. Juni 1948, also einem Geldüberhang von 90 Prozent,[58] Michael Prollius nennt für das Jahr 1945 ein Inflationspotential von rund 700 Prozent.[59] Auf den irregulären Märkten wurde etwa der 50fache Preis in RM verlangt oder aber direkt in ‚Zigarettenwährung' gezahlt, wobei US-amerikanischen Zigaretten der Vorzug galt. Zeitgenössische Schätzungen sprechen davon, dass nur „die Hälfte der Produkti-

54 Buchheim, Notwendigkeit, S. 61.

55 Vgl. Abelshauser, Deutsche Wirtschaftsgeschichte, S. 75 f; zur Revidierung des Planes vgl. Ambrosius, Durchsetzung, S. 125 f.

56 Buchheim, Notwendigkeit, S. 61.

57 Prollius, Deutsche Wirtschaftsgeschichte nach 1945, S. 43.

58 Vgl. Möller, Die Währungsreform von 1948, S. 75 f.

59 Vgl. Prollius, Deutsche Wirtschaftsgeschichte nach 1945, S. 25.

on in den legalen Handel" floss. Alle Versuche, dem Schwarzmarkt mit exekutiven Mitteln beizukommen, schlugen fehl.[60]

Die Dauer dieser Phase, in der Forschung mitunter unscharf „Lebensmittelkarten-sozialismus"[61] genannt, war bestimmt durch die Konflikte zwischen den verschiedenen Besatzungsmächten; sie wurde erst mit der Währungsreform am 20. Juni 1948 und dem sie begleitenden Leitsätzegesetz beendet. Mit den Reformen wurde der Widerspruch zwischen Eigentums- bzw. Produktionsverhältnissen und der Warendistribution aufgelöst, indem der Markt als Verteilungsmechanismus wieder Priorität erhielt. Bis dahin allerdings schlugen sich die oben skizzierten strukturellen Voraussetzungen bremsend in den Wirtschaftsdaten nieder, so dass – je nach Statistik – der Eindruck entstehen kann, der Aufschwung habe mit und aufgrund der Währungsreform eingesetzt. Durch Kontextualisierung der zur Verfügung stehenden Daten ordnet Werner Abelshauser jedoch die Entwicklung nach den einschneidenden Reformen im Juni 1948 „in den stetigen Wirtschaftsaufschwung ein, der im Herbst 1947 begann und eine Voraussetzung für [den] Erfolg" der Währungsreform war.[62]

Etwa zeitgleich mit der teilweisen Revidierung des Industrieplans des Kontrollrates im August 1947 begann die Produktion in der Bizone spürbar zuzunehmen. Dafür waren verschiedene Faktoren wichtig, vor allem die Instandsetzung des beschädigten, aber für die Wirtschaft unerlässlichen Transportsystems. Auf die Transportinfrastruktur war 1944 und 1945 annähernd doppelt soviel Bombenlast gefallen wie auf Städte und etwa 27-mal soviel wie auf die (Rüstungs-)Industrie.[63] Die ersten großen Erfolge der Bemühungen zur Wiederinstandsetzung stellten sich im Herbst 1947 ein, vor allem im zentralen Bereich des Schienentransports; auch die Kohleförderung und -verteilung konnte zu diesem Zeitpunkt verbessert werden.[64] Die von da an positive Entwicklung der Wirtschaftsdaten wies lediglich im 2. Quartal des Jahres 1948 eine Delle auf, die auf die allgemeine Erwartung der Währungsreform und die damit verbundenen zurückhaltenden Produktions- und Verkaufsstrategien (bis hin zur Hortung) zurückzuführen ist. Die zu realisierenden Preise am offenen Markt waren für Unternehmer vor der Einführung einer stabilen Währung relativ uninteressant; die Bezahlung in Reichsmark lieferte kaum Anreiz zum Verkauf. So

60 Vgl. Werner Bührer (1999): Schwarzer Markt, in: Wolfgang Benz (Hg.): Deutschland unter alliierter Besatzung 1945–1949/55, Berlin, S. 365 f., Zitat S. 366.

61 Erker, Hunger, S. 397. Dieser Begriff tendiert stark dazu, sowohl die von Erker selbst betonten Stadt-Land-Unterschiede, das Nord-Südgefälle (vgl. dazu Trittel, Hungerkrise und kollektiver Protest, S. 383 f.) und die unterschiedlichen Möglichkeiten der Schwarzmarktnutzung zu vernachlässigen.

62 Abelshauser, Deutsche Wirtschaftsgeschichte, S. 127. Zur Diskussion dieser These vgl. den sehr erhellenden Überblicksartikel über die Kontroverse um den Stellenwert verschiedener Faktoren für den Aufschwung in den 1950er Jahren: Christoph Buchheim (1989): Zur Kontroverse über den Stellenwert der Währungsreform für die Wachstumsdynamik in der Bundesrepublik Deutschland, in: Peter Hampe u. Christoph Buchheim (Hg.): Währungsreform und soziale Marktwirtschaft. Rückblicke und Ausblicke, München, S. 86–100. Die gesamte Diskussion würde sich erheblich verändern, wenn ein Blick über den deutschen Tellerrand geworfen werden würde, denn in vielen westlichen Staaten waren die Raten des Wirtschaftswachstums in den 1950er Jahren ähnlich hoch, auch mit einer anderen Politik, vgl. dazu Uwe Fuhrmann (2012): Stuttgart48 und die Soziale Marktwirtschaft. Von ignorierten Protesten und dem Ursprung einer Basiserzählung, in: Henning Fischer u.a. (Hg.): Zwischen Ignoranz und Inszenierung. Die Bedeutung von Mythos und Geschichte für die Gegenwart der Nation, Münster, S. 95–128, S. 125 f.

63 Angaben für das Transportsystem zu Land und zu Wasser, incl. Treibstoffproduktion; vgl. die entsprechenden Zahlen des „Strategic Bombing Survey" der USA, abgedruckt in: Abelshauser, Deutsche Wirtschaftsgeschichte, S. 70.

64 Vgl. ebd., S. 116 f.

wurden die Wochen und Monate vor der Währungsreform von Unternehmerseite dazu genutzt, Kriegs- und Demontageschäden zu beseitigen und – soweit möglich – Modernisierungen vorzunehmen.[65] Soweit die Produktion schon angelaufen war, beschränkten sich die Unternehmen weitestgehend darauf, Halbfertigprodukte herzustellen oder nur einen kleinen Anteil der Produktion auf den Markt zu bringen und auf diese Weise sowohl die geronnene Arbeitskraft als auch die Rohstoffe sicher vor der absehbaren Geldabwertung aufzubewahren;[66] ein durchaus rationales und wenig überraschendes Verhalten.[67] Dieser Zustand spitzte sich umso mehr zu, desto mehr vermutet wurde, die Reform stehe kurz bevor, so dass spätestens im Juni 1948 wenn auch nicht die Warenproduktion, so doch die -zirkulation großenteils zum Erliegen kam.[68] Paradoxerweise hat aber genau diese Verminderung der Handelstätigkeit vor und aufgrund der Währungsreform viel dazu beigetragen, die positiven Effekte der Währungsreform und des Leitsätzegesetzes größer erscheinen zu lassen, als sie waren. „So armselig hat es auch vor dem Tage X mit unserer Produktion nicht ausgesehen", formulierte es einige Monate später mit Erik Nölting (SPD) bereits ein Zeitgenosse, und fügte hinzu: „Man hat uns bei all diesen Produktionsmeldungen [an die offizielle Statistik] heidenmäßig angelogen"[69].

Insgesamt betrachtet, war die Situation 1947/1948 ökonomisch bei Weitem nicht so dramatisch, wie es in der heutigen Rückschau erscheint, sondern vielmehr reparabel.[70] Die Währungsreform schloss diese Phase vorläufig ab und beendete zusammen mit den sie flankierenden wirtschaftspolitischen Maßnahmen (dem Leitsätzegesetz) diesen Zustand, der im Großen und Ganzen seit Beginn der Besatzung geherrscht hatte. Die Währungsreform hatte vor allem dafür zu sorgen, dass die Geld-Waren-Relation so gestaltet war, dass es nicht zu einer offenen Inflation kommen würde. Dabei half die Beibehaltung des Lohnstopps; doch darüber hinaus konnte diese Relation auf drei Wegen beeinflusst werden. Zum Ersten mussten die für den freien Verkauf zur Verfügung stehenden Waren nach der Währungsreform möglichst zahlreich sein, zum Zweiten deren Preise zum Stichtag möglichst hoch und zum Dritten möglichst wenig Bargeld bei den Konsumenten verfügbar sein.

6.2.2 Die Beeinflussung der Warenmenge

Ein wiederkehrendes Streitthema vor der Währungsreform war, wie die produzierten Waren in den Wirtschaftskreislauf überführt werden und ausufernde Hortungen gestoppt werden könnten. Es war bereits die Rede davon, dass am 21. April im Wirtschaftsrat ein

65 Vgl. Freick, Die Währungsreform 1948, S. 85.

66 Ein Beispiel nach Buchheim, Notwendigkeit, S. 63: „Nach einer Untersuchung des Hessischen Statistischen Landesamtes bei 14 großen Industriefirmen überstieg deren Rohstoffbestand im Jahre 1947 denjenigen von 1936 um mehr als das Doppelte, ihre Umsätze aber beliefen sich nur auf die Hälfte".

67 Vgl. dazu ebd., S. 62 und Erwin Hielscher (1948): Der Leidensweg der deutschen Währungsreform. Bericht, abgeschlossen am 18. Juni 1948. Mit einem Nachwort, München, S. 25 und 33.

68 Zur Wirtschaftslähmung äußert sich Pünder am 2. Juni 1948 (noch ohne Kenntnis des Datums der Währungsreform) entsprechend, vgl. „Protokoll der Besprechung der Militärgouverneure mit Vertretern des Verwaltungsrats in Frankfurt am 2. Juni 1948", abgedruckt in: Weisz et al., Akten zur Vorgeschichte, S. 560–565, 560.

69 So Nölting in: Streitgespräch am 14. November 1948, S. 40.

70 Vgl. auch Hardach, Transnationale Wirtschaftspolitik, S. 71.

Enthortungsgesetz gebilligt worden war, welches im Grunde der letzte Versuch war, dieses Ziel zu erreichen.[71] Erhard ließ bei dieser Gelegenheit wissen, dass eine „radikale Lagerauflösung vor der Reform ungefähr der verhängnisvollste Schritt" sei, den er sich vorstellen könne.[72] Er geriet in dieser Sache unter öffentlichen Druck und fühlte sich später gar als „der Schutzheilige der Horter gestempelt"[73]. Die Alliierten sahen die Angelegenheit offensichtlich ähnlich wie Erhard und ließen das Gesetz zunächst ungewöhnlich lange unbewilligt.[74] Erst am 3. August 1948 gaben sie es zur Überarbeitung zurück; es war jedoch durch die profitable Lagerräumung im Zuge der Währungsreform gegenstandslos geworden, und der Wirtschaftsrat nahm folglich von einer weiteren Behandlung des Gesetzes Abstand.[75] Unter dem Gesichtspunkt, einen erfolgreichen Start der neuen Währung und der „freien Marktwirtschaft" zu ermöglichen, ist diese Entscheidung durchaus nachvollziehbar; der Preis dafür waren jedoch etliche Wochen, in denen dringend benötigte Lebensmittel und Waren des alltäglichen Bedarfes in Scheunen und Lagern gebunkert wurden, während große Teile der Bevölkerung (vor allem in den Städten) weiter in Hunger und Elend lebten.[76]

Einen ähnlichen Effekt wie die Hortung hatte die Verwendung der Waren der „Staatlichen Erfassungsgesellschaft für öffentliches Gut mbH" (StEG).[77] Die Gesellschaft selbst wehrte sich gegen den Vorwurf, Hortung betrieben zu haben, allerdings mit einer vielsagenden Argumentation: Die Auslieferung von Gütern vor der Währungsreform sei „nur auf Grund von Bezugsrechten der Staatlichen Lenkungsbehörden" erfolgt. „Diese Tatsache allein", so fuhr die Behörde in ihrer Argumentation fort, „widerlegt im übrigen schon den ab und zu vorgebrachten Vorwurf, die StEG habe Waren gehortet. Ein Unternehmen, das über seine Waren nicht frei verfügen kann und an die Entscheidungen anderer Dienststellen gebunden ist, kann keine Hortung betreiben."[78] Es wäre vor dem Hintergrund des Schicksals des Enthortungsgesetzes wenig überraschend, wenn auch im Fall der StEG-Waren diese „anderen Dienststellen" die Warenausgabe durchaus mit politischer Absicht auf einen Zeitpunkt nach der Währungsreform hinausgezögert hätten. Den Verdacht, dass die StEG-Waren wesentlich langsamer unters Volk gebracht wurden als möglich, hegten auch Redner der Opposition bereits am 21. April 1948 im Wirtschaftsrat. Sie nahmen Erhard ins Kreuzverhör, wie es sein könne, dass in Bremen der Lagerplatz knapp werde, weil sich darin seit Wochen dringend benötigte Textilwaren stapelten.[79] Eine politische Absicht ver-

71 Vgl. Weisz u. Woller, Wörtliche Berichte, Band 2, S. 436–455 (Erklärung Erhards) und 466–472 (Diskussion um das Enthortungsgesetz) bzw. Erhard, Der Weg in die Zukunft, S. 50 (Nachdruck der Rede Erhards). Das Enthortungsgesetz ging noch auf eine Vorlage von Semler zurück und wurde dann in der Wirtschaftsratssitzung vom 17. März durch die SPD eingebracht. Von Erhard wird es mit Verweis auf die Warendeckung nach der Währungsreform abgelehnt, vgl. Laitenberger, Auf dem Weg, S. 36 (Anm. 64). Es wurde am 21. April im Wirtschaftsrat angenommen, die Zustimmung des Länderrats erfolgte am 30. April; die Militärregierung stimmte dem Gesetz jedoch ohne Angabe von näheren Gründen nicht zu, vgl. Pünder, Interregnum, S. 198 und 229.

72 Vgl. Erhard, Der Weg in die Zukunft, S. 50 bzw. Weisz u. Woller, Wörtliche Berichte, Band 2, S. 440 f.

73 Streitgespräch am 14. November 1948, S. 3.

74 Vgl. Müller, Grundlegung, S. 107.

75 Vgl. Pünder, Interregnum, S. 229.

76 Vgl. Abelshauser, Probleme des Wiederaufbaus der, S. 236. Dieser Zustand befeuerte auch die allgemeine Notwendigkeit, nach der Währungsreform diesen Konsum nachzuholen, vgl. Nölting in: Streitgespräch am 14. November 1948, S. 41.

77 Vgl. ausführlich S. 238–244.

78 StEG Württemberg-Baden, Sandhofen, Blatt 46.

79 Weisz u. Woller, Wörtliche Berichte, Band 2, S. 479 f. Es dürfte sich dabei um Materialien aus dem SIM-

muteten die SPD-Abgeordneten allerdings nicht (oder sprachen es nicht aus), obwohl sich Erhard nur wenige Minuten vorher anlässlich der Debatte um das Enthortungsgesetz bzw. in seiner Grundsatzerklärung deutlich für Zurückhaltung von Waren ausgesprochen hatte.[80]

6.2.3 Preiserhöhungen vor der Währungsreform

In Vorbereitung der Währungsreform wurden durch die Bizonen-Verwaltung zahlreiche Erhöhungen der – zu diesem Zeitpunkt noch amtlich festgesetzten – Preise vorgenommen. Diese Preiserhöhungen dienten unter anderem dazu, Waren, die nach der Wirtschaftsreform noch Fest- oder Höchstpreise hatten, nicht allzu erschwinglich zu belassen – wiederum mit dem Ziel, die Geldmenge in den Händen der Endverbraucher zu verkleinern. Außerdem konnte im Falle der freigegeben Warengruppen durch die Erhöhung der amtlichen Preise vor der Währungsreform verhindert werden, dass der Preisschock durch einen Vorher-Nachher-Vergleich allzu heftig ausfiel.[81]

Im Mai wurden zum Beispiel die Preise für verschiedene landwirtschaftliche Erzeugnisse behördlicherseits um 25 Prozent erhöht,[82] und die Preise für Gas und Strom wurden per Anordnung mit Wirksamkeit zum 21. Juni 1948 erhöht.[83] Bereits im April waren spürbare Preiserhöhungen für Kohle und verwandte Rohstoffe beschlossen worden.[84] Dass hinter diesen zum Teil kurzfristig beschlossenen Maßnahmen politisches Kalkül steckte, verrät uns ein Schreiben von Ludwig Erhard, der am 3. Juni 1948 gegenüber den Gewerkschaften freimütig äußert, dass die „Preiserhöhungen, die vor der Währungsreform durchzuführen waren" zu diesem Zeitpunkt „im wesentlichen abgeschlossen" wären.[85]

Das erklärt die allgemeine Zustimmung zu einem Antrag der KPD im Wirtschaftsrat am 26. Mai, wonach vor der Währungsreform keine weiteren Preiserhöhungen mehr zu genehmigen seien. Zeitpunkt und Wortlaut („Der Wirtschaftsrat gibt seine Zustimmung zu Preiserhöhungen jeglicher Art vor Durchführung der Währungsreform nicht") waren so gewählt, dass die Annahme des Antrages folgenlos bleiben musste, weil die wichtigsten Preiserhöhungen mit Gültigkeit ab dem 21. Juni (also nach der Währungsreform) schon beschlossen worden waren oder aufgrund des Preisgesetzes gar nicht der Zustimmung des Wirtschaftsrates bedurft hätten. Dies ermöglichte allen Parteien, sich durch ihr Stimmver-

---

Programm gehandelt haben, die aus den USA via Bremen eingeführt wurden.

80 Vgl. ebd., S. 436–455 (Erklärung Erhards) und 466–472 (Diskussion um das Enthortungsgesetz) bzw. Erhard, Der Weg in die Zukunft, S. 50 (Nachdruck der Rede Erhards). Zum Thema Enthortung vgl. insbesondere ebd., S. 50 bzw. Weisz u. Woller, Wörtliche Berichte, Band 2, S. 440 f.

81 Diese Preiserhöhungen in den Wochen vor den Junireformen gilt es auch zu berücksichtigen, wenn Statistiken über Preiserhöhungen nach dem 20. Juni herangezogen werden. Diese waren an sich beeindruckend genug, lassen aber diese verdeckten Preiserhöhungen außen vor.

82 Vgl. Schreiben von Rittershausen an die „Herren Leiter der Preisbildungsstellen Persönlich, (II B 1030/48/1)", 15. Mai 1948, BA Z13/954. Möglicherweise lagen die Erhöhungen auch weit über diesem Satz, ein Artikel im Wirtschaftsspiegel spricht jedenfalls von Preiserhöhungen vor der Währungsreform von 43% bei Kartoffeln, 50% bei Milch und Hülsenfrüchten, 100% bei Ölsaaten und 53 bzw. 42% bei Zucker bzw. Butter vgl. ohne Verfasser (1948): Debakel der Preispolitik, in: Wirtschaftsspiegel, Heft III/15 (30. August 1948), S. 338.

83 Vgl. Weisz et al., Akten zur Vorgeschichte, S. 558 (Anm. 27) und 591 (Anm. 5).

84 Vgl. ebd., S. 467 (Anm. 22) und 560 f. (Anm. 4).

85 Erhard am 3. Juni 1948 an den DGB, BA Z8/221, Blatt 144.

halten als Gegner von Preiserhöhungen zu inszenieren; der KPD-Antrag wurde bei Enthaltung der CDU/CSU-Fraktion und nur drei Gegenstimmen angenommen.[86]

6.3 Welche Währungsreform?

Eine Währungsreform galt nach 1945 mit einigem Recht als wirtschaftspolitische Notwendigkeit,[87] übrigens auch innerhalb der Gewerkschaften.[88] Wie die Währungsreform von 1923 musste auch diejenige von 1948 die Spätfolgen eines verlorenen Krieges beheben und die Geld-Waren-Relation berichtigen. Was allerdings die Hyper-Inflation 1922/23 bereits erledigt hatte, musste diese Reform selbst besorgen: Die Vernichtung der Bar- und Buchgeldbestände.

Die zentrale Bedeutung, die der Währungsreform schon im Vorfeld zugemessen wurde, schlug sich in der Anzahl der Vorschläge, wie diese durchzuführen sei, nieder. So konnte Hans Möller in einer Studie den Wortlaut von 218 dieser Vorschläge rekonstruieren und sprach von insgesamt 250 nachgewiesenen Plänen.[89] Die ersten Pläne und Studien wurden noch während der Herrschaft der Nationalsozialisten erstellt, später kamen auch Entwürfe aus den USA. Allen gemeinsam war die „axiomatische Unterstellung", dass die gegebenen Eigentumsverhältnisse nicht angetastet würden.[90]

Auf deutscher Seite hatte sich bereits ab 1943 eine Diskussion um die fiskalischen Maßnahmen in der Nachkriegszeit etabliert.[91] Die alliierten Gremien, die sich ebenfalls seit mehreren Jahren mit einer Währungsreform in Deutschland beschäftigten, konnten sich allerdings bis April 1948 nicht auf ein abschließendes und „operationalisierbares Währungsreformkonzept" einigen,[92] was auch darin begründet war, dass lange Zeit unsicher war, auf welche Besatzungszonen das Konzept angewendet werden sollte. Das später umgesetzte Währungsreformkonzept, welches im Mai und im Juni 1948 unter Mithilfe deutscher Experten für die Westzonen ausgearbeitet wurde, orientierte sich „allein an Effizienzgesichtspunkten und nicht am Postulat sozialer Gerechtigkeit".[93]

Die frühen US-amerikanischen Planungen der Währungsreform hatten zunächst eine spürbare Belastung von Sachwerten und Aktien eingeschlossen. Im sog. Colm-Dodge-Goldsmith-Plan (CDG-Plan) aus dem Jahr 1946 (das erste und „zugleich auch das letzte relevante Währungsreformkonzept der Amerikaner"[94]) war eine Verteilung der Kriegsschulden auf alle gesellschaftlichen Gruppen vorgesehen. Danach wären „Grundvermögen, Fabriken, Ausrüstungen und Lagerbestände über 1000 DM" mit einer Hypothek von 50 Prozent ihres Wertes belastet worden. Weiterhin sah der Plan eine „Vermögens-

86 Vgl. Weisz u. Woller, Wörtliche Berichte, Band 2, S. 587–595, insbesondere 593 und 595, sowie Weisz et al., Akten zur Vorgeschichte, S. 561 (Anm. 7).
87 Vgl. Buchheim, Notwendigkeit.
88 Vgl. Mielke u. Rütters, Einleitung, S. 46 f.
89 Vgl. Möller, Vorgeschichte, S. 6.
90 Freick, Die Währungsreform 1948, S. 38 f.
91 Vgl. Brackmann, Vom totalen Krieg zum Wirtschaftswunder.
92 Ebd., S. 286.
93 Ebd., S. 286.
94 Ebd., S. 212.

zuwachsabgabe" vor, die Profite aus der Zeit zwischen 1935 und 1946 (also vor allem die Kriegsgewinne) mit einer Steuer von bis zu 90 Prozent belegt hätte. Die aus diesen Maßnahmen eingenommenen Mittel sollten zum Lastenausgleich für Kriegs- und Währungsreformgeschädigte dienen.[95] Dass der Plan, der den OMGUS-Experten und sogar Clay zunächst zusagte, schließlich nicht einmal im Ansatz umgesetzt wurde, führt Michael Brackmann vor allem auf die US-amerikanischen Befürchtungen zurück, dass die Belastung des Sachwertbesitzes die unternehmerische Initiative bremsen würde und ein dazu nötiger Lastenausgleichsfond, der von einer zentralen deutschen Behörde verwaltet worden wäre, womöglich einen neuen „deutschen Leviathan" zur Folge gehabt hätte.[96] Entscheidend für das Abrücken von der Belastung der Unternehmen und ihrer Kriegsgewinne war es aber wohl vielmehr, dass sich die Priorität der westlichen Alliierten in Richtung ökonomischer und politischer Westeinbindung verschoben hatte. Die OMGUS überließ ihrem Offizier Edward Tenenbaum[97] die konkrete Gestaltung der Währungsreform und stellte ihm ausgesuchte deutsche Fachleute zur Seite. Im Ergebnis spielte die soziale Dimension kaum mehr eine Rolle.[98] Der mit einigem Konfliktpotenzial beladene Lastenausgleich wurde schließlich auf deutsche Stellen übertragen und später von diesen in seiner Bedeutung enorm abgeschwächt.[99]

Durch die Finanzberater der Militärgouverneure Clay (Amerikanische Zone) und Robertson (Britische Zone) wurden die deutschen Stellen Anfang April 1948 über die Bildung einer letzten Findungskommission für die nahende Durchführung der Währungsreform informiert. In einer Sitzung der Sonderstelle Geld und Kredit am 9. April 1948,[100] die seit Herbst 1947 vom Wirtschaftsrat mit der Lösung des Problems der rückgestauten Inflation betraut war und der Ludwig Erhard vorstand,[101] wurden von alliierter Seite die technischen Umstände für die Arbeit dieser Kommission bekannt gegeben:

> „*Völlige Isolierung von der Außenwelt an einem unbekannten Ort, kein Briefverkehr mit Ausnahme von kurzen Nachrichten an die nächsten Angehörigen* [...] *Am 20. April wurde die gesamte Kommission in einem Omnibus, dessen Glasfenster man gewissenhaft mit Milchglas versehen hatte, mit unbekanntem Reiseziel verladen.*"[102]

Insgesamt etwa 25 Personen, größtenteils Mitglieder der Sonderstelle Geld und Kredit, zählten von deutscher Seite zu den Teilnehmern an dieser „Konklave", die vom 20. Ap-

95 Nach ebd., S. 212 f. Bei Möller, Vorgeschichte, S. 429–476 ist der Plan mit seiner enormen Datenfülle in weiten Teilen abgedruckt.
96 Vgl. Brackmann, Vom totalen Krieg zum Wirtschaftswunder, S. 213–216.
97 Tenenbaum gilt mitunter als der „wichtigste Mann bei der Vorbereitung der Währungsreform", Benz, Auftrag Demokratie, S. 275.
98 Vgl. Brackmann, Vom totalen Krieg zum Wirtschaftswunder, S. 286 f.
99 Zum Lastenausgleich vgl. S. 142 f.
100 Vgl. Pünder, Interregnum, S. 175.
101 Die Sonderstelle Geld und Kredit nahm am 10. Oktober 1947 ihre Arbeit auf, vgl. Hielscher, Leidensweg, S. 15. Zur Sonderstelle erläutert Brackmann, Vom totalen Krieg zum Wirtschaftswunder: „De facto arbeiteten die Mitglieder der Sonderstelle praktisch ohne jede Kontrolle deutscher Instanzen, der Wirtschaftsrat wurde über den Verlauf der internen Gespräche erst gar nicht in Kenntnis gesetzt", ebd. S. 244–248, Zitat 246. Ludwig Erhard war bis März 1948 Vorsitzender der Sonderstelle, vgl. Pünder, Interregnum, S. 174 f.
102 Hielscher, Leidensweg, S. 20.

ril bis zum 8. Juni permanent tagte.[103] In einer alten Kaserne in Rothwesten bei Kassel wurden, abgeschirmt von der Außenwelt, die letzten Beratungen von deutschen und US-amerikanischen Fachleuten abgehalten.[104] Das konspirative Vorgehen hatte durchaus seine Gründe. Wären Details des Plans oder der genaue Zeitpunkt der Durchführung zu früh an die Öffentlichkeit gedrungen, hätte dies den Erfolg in Frage gestellt, nicht zuletzt aufgrund der Ängste, die aus den schlechten Erfahrungen mit den Währungsproblemen nach dem Ersten Weltkrieg, vor allem während der Inflation 1922 und dem Krisenjahr 1923, resultierten.

Welchen Einfluss die deutschen Positionen, die im „Homburger Plan" kanonisiert worden waren,[105] letztlich auf die Konzeption der Währungsreform ausübten, ist unterschiedlich akzentuiert worden.[106] Die Differenzen zwischen den beteiligten Deutschen und US-Amerikanern spielten sich jedoch 1948 innerhalb desselben paradigmatischen Feldes ab und wurden im Konklave von Fall zu Fall gelöst.[107] Aber auch jenseits der Vorgänge in Rothwesten waren die Gegensätze zwischen deutschen und US-amerikanischen Stellen keineswegs grundsätzlich.[108] Nichtsdestotrotz konnte der Vorsitzende des Zentralbankrates der Bank deutscher Länder, Karl Bernard, mit einigem Recht resümieren, bei der Währungsreform handele es sich um „ein ausgesprochen alliiertes Gesetz"[109], worüber er aufgrund des allgemeinen Zorns über die soziale Unausgewogenheit wohl nicht ganz unglücklich gewesen sein dürfte. Durchgesetzt haben sich die deutschen Akteure lediglich mit der Forderungen nach einer Kombination von scharfem Geldschnitt mit einer relativ hohen einmaligen Kopfquote.[110]

103 Vgl. Pünder, Interregnum, S. 176 f.

104 Vgl. Hielscher, Leidensweg, S. 20 f.

105 Arne Weick (1998): Homburger Plan und Währungsreform. Kritische Analyse des Währungsreformplans der Sonderstelle Geld und Kredit und seiner Bedeutung für die westdeutsche Währungsreform von 1948, St. Katharinen, S. 5. Der Homburger Plan ist abgedruckt bei Möller, Vorgeschichte, S. 477–503.

106 In der Literatur wird oft die Rolle Tenenbaums hervorgehoben und die Rolle der deutschen Experten auf den Ratgeberstatus reduziert, deren Rat außerdem meist ignoriert worden sei, vgl. etwa Harold James (2005): Die D-Mark, in: Etienne François u. Hagen Schulze (Hg.): Deutsche Erinnerungsorte. Eine Auswahl, München, S. 369–384, S. 372; Pünder, Interregnum, S. 177. Willenborg, Das neue Geld, S. 179 sieht die Hauptaufgabe der deutschen Vertreter gar darin, die „in englischer Sprache vorliegende Formularentwürfe und Gesetze ins Deutsche zu übersetzen und wenn nötig an deutsche Rechtsverhältnisse anzupassen".

107 In der Frage nach der Härte des Geldschnittes kam es zum Beispiel zu einem Kompromiss zwischen den deutschen und den US-amerikanischen Plänen, vgl. Weick, Homburger Plan, S. 7 und 292 sowie Christoph Buchheim (1988): Die Währungsreform 1948 in Westdeutschland, in: Vierteljahrshefte für Zeitgeschichte, H. 2 (1988), S. 189–232, S. 215. Für Übereinstimmungen zwischen den entscheidenden Beteiligten (gleich welcher Staatsangehörigkeit) spricht Brackmann, Vom totalen Krieg zum Wirtschaftswunder, S. 287. Möller, Die Währungsreform von 1948, S. 56 spricht von „enge[r] und vorbehaltslose[r] Zusammenarbeit zwischen Alliierten und Deutschen auf allen Ebenen", und relativiert im selben Aufsatz seine eigene zeitgenössische Distanzierung von der Politik der Alliierten (ebd. 63 und 66). Reinhold Schillinger (1985): Der Entscheidungsprozeß beim Lastenausgleich 1945–1952, St. Katharinen, München, S. 110 spricht allerdings davon, dass in Rothwesten noch am ehesten von alliierten Vorgaben ausgegangen werden muss.

108 Vgl. anhand des Lastenausgleichs ebd., S. 109; Laitenberger, Auf dem Weg, S. 40 sieht den größten Einfluss deutscher Akteure in der abschließenden Regelung der Kopfquote und deren Höhe.

109 Zitiert nach: FR, 22. Juni 1948, S. 1: „Freistellung von Gebrauchsgütern". Zu den konzeptionellen Einflüssen der deutschen Fachleute vgl. vor allem Brackmann, Vom totalen Krieg zum Wirtschaftswunder.

110 Vgl. Laitenberger, Auf dem Weg, S. 32 und 40. Vgl. auch Anm. 107 auf S. 137.

6.3.1 Geheim? Der Zeitpunkt der Währungsreform

Die USA hatten sich schon im Laufe des Jahres 1947 darauf vorbereitet, hinsichtlich einer Währungsreform im Zweifelsfall allein handlungsfähig zu sein. Sie ließen schon im Herbst 1947 Geldscheine drucken[111] und getarnt nach Deutschland verschiffen, wo sie dann fast ein halbes Jahr (bis zum 11. Juni) in Frankfurt lagerten.[112]

Der genaue Zeitpunkt, an dem die Währungsreform stattfinden würde, war zunächst nicht bekannt. Er wurde von den Militärgouverneuren der drei Westzonen erst am 2. Juni 1948 festgelegt[113] und, um den Erfolg nicht zu gefährden, weiterhin geheimgehalten. Dieser Plan ging nur bedingt auf, denn die Wirtschaft stand über Wochen in Erwartung des Tages X quasi still und es drangen sehr früh mehr Informationen an die Öffentlichkeit als gewünscht.

Bereits die Verschiffung der neuen Banknoten aus den USA nach Deutschland (die als geheim geltende Operation „birddog"[114]) blieb nicht unbeobachtet. Am 20. Januar 1948 erschien im „Neuen Deutschland" ein Bericht über diese Transporte, die demnach u.a. am 8. und am 18. Dezember mit Frachtern in Bremerhaven angekommen waren.[115] Aufgrund solcher und ähnlicher Berichte sah sich z.B. der Landkreistag Niedersachsen schon am 13. Februar 1948 genötigt, offiziell Stellung zu Gerüchten betreffend die Währungsreform zu beziehen.[116] Solche Gerüchte ebbten auch in der Folgezeit nicht ab.

Wenige Tage vor dem 20. Juni 1948 verdichteten sich schließlich die Hinweise, so dass sich clevere Zeitgenossen sehr wohl den Termin zusammenreimen konnten. Am Montag, den 14. Juni 1948 waren Gerüchte über die direkt bevorstehende Währungsreform in den Zeitungen aufgetaucht, weil streng bewachte Spezialtransporte und LKW-Konvois, die das neue Geld zu den Ausgabestellen brachten, aufgefallen waren.[117] Wiederum war das „Neue Deutschland" recht frühzeitig informiert und berichtete schon am 13. Juni über die Verteilung der Banknoten an die Banken.[118] Wie in der Abbildung 10 zu erkennen ist, wurde die Sicherung der Transporte ihrer Geheimhaltung vorgezogen.

111 Die Entscheidung zum Druck fiel bereits im Oktober 1947, vgl. Buchheim, Die Währungsreform 1948, S. 208. Ausführlicher berichtet Eckhard Wandel (1980): Die Entstehung der Bank deutscher Länder und die deutsche Währungsreform 1948, Frankfurt/M., S. 126–132.

112 Vgl. Benz, Auftrag Demokratie, S. 276.

113 Vgl. Brackmann, Vom totalen Krieg zum Wirtschaftswunder, S. 269.

114 Vgl. etwa Werner Meyer (2001): Mythos Deutsche Mark. Zur Geschichte einer abgeschafften Währung, Berlin, S. 63 f. „Höchste militärische Geheimstufe" galt allerdings nur für die Transporte selbst, nicht für die gesamte Operation, vgl. Neue Zeitung, 20. Juni 1948, S. 1.

115 Vgl. Neues Deutschland, 20. Januar 1948, S. 2: „Das neue Westgeld ist da". In diesem Zeitungsartikel wird aus einer Pressemitteilung der US-Presseagentur „associated press" zitiert: „Von kompetenter Seite wird dazu mitgeteilt, daß sich das neue Geld bereits in Deutschland befinde". Weil US-amerikanische Quellen darauf hinwiesen und die SED-Zeitung „Neues Deutschland" eine Auflage von 400.000 vorzuweisen hatte, stellt dies die weitverbreitete Version in Frage, nach der die Geheimhaltung geglückt sei. Insofern ist die Ansicht, die Operation „birddog" sei in völliger Geheimhaltung verlaufen und selbst die Briten hätten „erst Anfang Mai 1948" davon erfahren, wie etwa von Brackmann, Vom totalen Krieg zum Wirtschaftswunder, S. 269 (Anm. 228) vertreten, zu verwerfen.

116 Vgl. Chronik des Landkreises Friesland, 1948, Abschnitt 5 „Währungsreform", Staatsarchiv Oldenburg Bestand 286, Nr. 24 IV.

117 Vgl. Karl-Heinz Willenborg (1980): Das neue Geld. Die Währungsreform und ihre wirtschaftlichen Folgen, in: Jürgen Weber (Hg.): Das Entscheidungsjahr 1948, Paderborn, S. 173–198, S. 179 f.

118 Vgl. Neues Deutschland, 13. Juni 1948, S. 1: „Vor dem Geldumtausch im Westen".

Die deutschen Mandatsträger konnten selbstverständlich ebenso gut begründete Vermutungen wie der Rest der Bevölkerung anstellen, aber die offizielle Unterrichtung durch Clay und Robertson erfolgte erst am 15. Juni und damit erst drei Tage, bevor auch die Öffentlichkeit informiert wurde.[119]

Abb. 10: Geldtransport am 14. Juni 1948 in Hamburg. Es ist deutlich zu erkennen, dass der bewachte Geldtransport öffentliche Aufmerksamkeit erregt.

Besonders gut informiert scheint allerdings die deutsche Unternehmerschaft gewesen zu sein. Die folgenden Aussagen stützen sich auf einen Bericht der Preisüberwachungsstelle Wiesbaden, welcher Anfang Juli 1948, also kurz nach der Währungsreform, verfasst wurde und auf verschiedene Missstände hinweist.[120] Das beiliegende Anschreiben an die

119 Vgl. Hentschel, Ludwig Erhard, S. 80 f. Zur genaueren Bestimmung: Im Gegensatz zur Aussage von Weisz et al., Akten zur Vorgeschichte, S. 533 (Anm. 11) lässt sich aus den Aussagen von Köhler und Ketel bzw. Clay im „Protokoll der Besprechung der Militärgouverneure mit bizonalen Vertretern in Frankfurt am 14./15. Juni 1948, Protokollteil B", in: ebd., S. 611–614, 613 und 614 sowie der späteren Aussage Clays (vgl. ebd., S. 614) begründet annehmen, dass die Unterrichtung der Deutschen im Anschluss an die am 15. Juni um 12.30 Uhr begonnene o.g. Besprechung stattgefunden hat; vgl. dazu auch ebd., S. 614 (Anm. 12). Im Tagebuch von Hermann Pünder finden sich in etwa dieselben Zeiten sowie der Hinweis, dass bis zum Abend des 15. Juni 1948 noch keine Einigung unter den drei Militärgouverneuren auf die wichtigen Fragen von Geldumstellung und Kopfgeldauszahlung stattgefunden hatte. Der entgeisterte Kommentar des deutschen Verwaltungschefs: „So etwas von Durcheinander und Kopflosigkeit hat die Weltgeschichte in so wichtigen Angelegenheiten wohl überhaupt noch nicht gesehen.", vgl. ACDP, Nachlass Pünder, 01-232-001/2, hier Blatt 19 f., Zitat 20.

120 Vgl. „Auszug aus dem Monatsbericht der Preisüberwachungsstelle Wiesbaden für den Monat Juni 1948" und den Entwurf eines Schreibens (9. Juli 1948) der Abteilung II B der VfW des Vereinigten Wirtschaftsgebietes (VWG) mit dem Aktenzeichen II B 3-Preismeldestelle-/A4d an Erhard, Kaufmann und das Re-

Preismeldestelle ist als Entwurf gekennzeichnet und es ist unklar, ob die Adressaten, unter Ihnen Ludwig Erhard, Kenntnis davon erlangten.[121] Die Authentizität des eigentlichen Berichtes steht jedoch nicht in Frage. Die Marktbeobachtung, die diese Stelle in den Tagen nach dem 20. Juni 1948 vornahm, förderte erstaunliche Ergebnisse zu Tage. Der schwarze Markt in all seinen Formen, so heißt es zu Beginn des Berichtes, „war von der Währungsreform keineswegs überrascht, sondern bestens informiert." Vor allem die Verantwortlichen für Großlager von Schwarzmarktwaren und „Fabrikanten" konnten demnach „Wochen vorher den Termin schon sehr genau voraussagen". Bei einer Hausdurchsuchung und anschließender Befragung stellte sich heraus, dass in Unternehmerkreisen eine Abschrift in etwa 1000 Exemplaren kursierte, in denen Besprechungsergebnisse über „vertrauliche Einzelheiten der Währungsreform bei höchsten Dienststellen" enthalten waren. Die darin enthaltenen Angaben erwiesen sich als zutreffend, und so konnten die „eingeweihten Wirtschaftskreise ihre Dispositionen entsprechend treffen".[122]

Im Gegensatz zu diesen eingeweihten Kreisen war die Spannung im Rest der Bevölkerung enorm und alle warteten auf konkrete Informationen zur Währungsreform. Was bekamen sie zu hören?

6.3.2 Gerecht? Der Geldschnitt

Über Radio wurde zunächst am Abend des 18. Juni, ein Freitag, verbreitet, dass ab dem 20. Juni 1948 in allen westlichen Besatzungszonen nur noch die neue DM gelten werde.[123] Bei Preisen, Löhnen, amtlichen Vorschriften usw. wurde im Verhältnis 1:1 (RM=DM) umgestellt, Schulden und sonstige Verbindlichkeiten reduzierten sich auf 10 Prozent. Die exakten Bestimmungen v. a. betreffend die Bestände des Altgeldes wurden aber erst im Laufe der nächsten Tage bzw. Wochen bekannt.

Ausgezahlt wurde eine Art Begrüßungsgeld von 40 DM pro Kopf (abzuholen am Sonntag, den 20. Juni, gegen Umtausch von 60 RM) und einige Wochen später noch einmal 20 DM.[124] Alle weiteren Barbestände mussten auf ein Umstellungskonto eingezahlt werden. Es galt dafür ein Höchstbetrag von 5.000 RM pro Privatperson bzw. Familie. Diese erhebliche Einschränkung galt allerdings nicht für Unternehmen.[125] Von diesem Betrag wur-

ferat Wirtschaftsbeobachtung (Paul Josten), BA Z8/1910, Blatt 99 f.

121 Anschreiben ist vor den Bericht geheftet. Dieses Anschreiben ist deutlich und komplett durchgestrichen worden.

122 Alle Zitate aus dem Bericht (wie Anm. 120, S.).

123 Die Währungsreform wurde durch den Sprecher der Militärregierung Robert H. Lochner verkündet (der später als Kennedys Übersetzer von „Ich bin ein Berliner" zu einiger Berühmtheit gelangte), vgl. Deutsches Historisches Museum/ Deutsches Rundfunkarchiv (2000): Überleben im Nachkriegsdeutschland. Tonaufnahmen von 1946 bis zur Währungsreform im Juni 1948, o.O., darin die Titelliste im Begleitheft (ohne Seitenangabe) und die Aufnahme Nr. 26 der CD. Vgl. weiter ein Interview mit Lochner aus dem Jahr 1998, in welchem er Hinweis auf Hunderte Briefe gibt, die Aufschluss über die unmittelbare Reaktion der Bevölkerung auf die Ankündigung der Währungsreform geben können: National Security Archive (George-Washington-University) (1998): Interview with Robert Lochner, unter: www2.gwu.edu, zuletzt 20. August 2015.

124 Der tatsächliche Auszahlungstermin für die zweite Charge, eigentlich für Ende August geplant, zog sich teilweise bis in die zweite Septemberwoche hin, vgl. S. 192 f.

125 Vgl. Drittes Gesetz zur Neuordnung des Geldwesens (Umstellungsgesetz – UmstG (20. Juni 1948)), § 5 Sofortfreigabe, Absatz 2. Michael Schneider merkt zu diesen Pauschalbeträgen an, dass auch Unterneh-

den – sofern vorhanden – zunächst 540 RM für jede gezahlte Kopfpauschale abgezogen (zusätzlich zu den am 20. Juni 1948 vollständig in bar mitzubringenden 60 RM für den Umtausch[126]), so dass für die Kopfpauschalen ein Umtauschverhältnis von 10:1 bestand.[127] Das restliche Buchgeldvermögen auf diesem Umstellungskonto wurde im gleichen Verhältnis 10:1 abgewertet. Von den übrigen 10 Prozent war wiederum nur eine Hälfte frei verfügbar.[128] Die zweite Hälfte des Kontorestbetrages (5 Prozent vom RM-Nennwert vor der Währungsreform) wurde am 4. Oktober 1948 aufgesplittet, indem davon zwei Zehntel (entsprach 1 Prozent des Nennwertes der RM-Ersparnisse) auf das Freikonto flossen, damit den Besitzern wieder zur Verfügung standen und ein Zehntel in „mittel- oder langfristigen Wertpapieren" angelegt werden durfte. Die restlichen sieben Zehntel (entsprachen 3,5 Prozent des RM-Nennwertes) verfielen.[129]

Durch diese gesetzlichen Regelungen im Nachhinein ergab sich insgesamt eine Abwertung der Geldbestände von 93,5 Prozent,[130] nicht eingerechnet die Geldbestände, die über die 5.000 RM auf den Festkonten hinausgingen und gestrichen wurden. Das war der „schärfste Währungsschnitt in der deutschen Wirtschaftsgeschichte"[131], über dessen Schärfe zudem bis Anfang Oktober 1948 weitestgehend Unklarheit herrschte.[132]

Aktien und andere Wertpapiere wurden – ganz anders als die Geldbestände – etwa im Verhältnis 1:1 umgetauscht;[133] Sachwerte (z.B. Immobilien und produzierte, aber nicht verkaufte Waren) behielten ebenfalls ihren Wert. Entsprechend besser sah die Bilanz bei den Unternehmen aus. Nachdem sie mit dem am 20. August 1949 verabschiedeten DM-Bilanzgesetz erneut begünstigt worden waren, ist von einer Wert-Umstellung im Verhältnis von 10:8,4 auszugehen.[134] Im Vergleich mit der lohnabhängigen Bevölkerung waren die Unternehmer und ihre Bilanzen damit um ein Vielfaches besser gestellt, wobei die vermö-

men Barbeträge ausgezahlt bekamen, 60 DM pro beschäftigter Person zusätzlich zum ersten Lohn, vgl. Schneider, Kleine Geschichte der Gewerkschaften, S. 251. Ob diese Beträge ebenfalls gestaffelt oder auf einmal ausgezahlt wurden, bleibt unklar.

126 Vgl. die Aussage von Robertson in der Besprechung des britischen Militärgouverneurs mit bizonalen Vertretern in Frankfurt am 16. Juni 1948, in: Weisz et al., Akten zur Vorgeschichte, S. 629–634, 630.

127 Vgl. UmstG, § 4 Anrechnung der Kopfbeträge und der Geschäftsbeträge.

128 Vgl. UmstG, § 2 Umwandlung und Ablösung der Altgeldguthaben, Absatz 1 sowie § 5 Sofortfreigabe, Absatz 1. Das heißt, dass maximal 223 DM zusätzlich ausgezahlt wurden. Für jedes Familienmitglied verringerte sich dieser Betrag um 27 DM. Eine vierköpfige Familie erhielt zwar vier Kopfpauschalen, aber von diesem Restbetrag nur maximal 142 DM, wenn sie vor der Reform die Maximalsumme 5.000 RM angespart hatten.

129 Vgl. Viertes Gesetz zur Neuordnung des Geldwesens (Ergänzung des Umstellungsgesetzes, 4. Oktober 1948), § 1.

130 Exemplarisch sei für diese Angaben auf Abelshauser, Deutsche Wirtschaftsgeschichte, S. 125, Willenborg, Das neue Geld, S. 180 f. und Freick, Die Währungsreform 1948, S. 89–94 verwiesen. Siegfried Freick kommt auf zwei verschiedenen Rechenwegen auf ein Umstellungsverhältnis von 10: 0,69 bzw. 10: 0,58, außerdem findet sich hier der Hinweis, dass durch die recht komplexen Umstellungsregeln für Konten und die enorme Abwertung „fast die Hälfte der vor der Währungsreform bestehenden Sparkonten [...] durch die Umstellung erloschen", ebd., S. 92 f. In München betraf dies beispielsweise 400.000 von 450.000 Konten der Münchener Sparkasse, Schattenhofer, Chronik der Stadt München, S. 393.

131 Abelshauser, Deutsche Wirtschaftsgeschichte, S. 125.

132 Vgl. Benz, Auftrag Demokratie, S. 286.

133 Vgl. Buchheim, Die Währungsreform 1948, S. 228 (mit einem Vergleich der Bilanzen).

134 Vgl. für diese Zahlen Zoltán Jákli (1990): Vom Marshallplan zum Kohlepfennig. Grundrisse der Subventionspolitik in der Bundesrepublik Deutschland 1948–1982, Opladen, S. 56.

genswerten Vorteile, die sie aus der intimen Vorab-Kenntnis der Details der Umstellung erlangen konnten,[135] noch nicht berücksichtigt sind.

6.3.3 Gewichtig? Der Lastenausgleich

Diese soziale Schieflage der Währungsreform wäre durch einen Lastenausgleich, der diesen Namen verdient hätte, abgemildert werden können. Er war in der ursprünglichen Fassung des CDG-Plans vorgesehen gewesen, wurde aber nicht umgesetzt. Zuständig für den Lastenausgleich waren mit Beschluss des ersten Gesetzes zur Neuordnung des Geldwesens (Währungsgesetz) nunmehr deutsche Stellen, die bis zum 31. Dezember 1948 eine gesetzliche Regelung herbeiführen sollten.[136] Diese noch zu beschließenden Gesetze hatten auch zu bestimmen „inwieweit für die durch die Geldreform entstehenden Verluste oder andere Verluste eine Entschädigung zu gewähren ist"[137].

Die Frist, den Lastenausgleich bis zum Ende des Jahres 1948 zu regeln, wurde nicht eingehalten. Deutsche Stellen hatten ein erstes Gesetz im Dezember 1948 vorgelegt, alliierte Einsprüche verzögerten aber die Umsetzung bis in den August 1949 und zogen zahlreiche Änderungen nach sich, unter anderem die Benennung als „Soforthilfegesetz".[138]

Auch nachdem das Soforthilfegesetz Gültigkeit erlangt hatte, waren entscheidende Punkte noch nicht behandelt, darunter die Finanzierung. Das endgültige Gesetz über den Lastenausgleich (Lastenausgleichsgesetz) trat erst zum 1. September 1952 in Kraft. Der Begriff „Lastenausgleich" wurde im Laufe der Monate und Jahren mehr und mehr mit der Entschädigung von Personen, die unter dem Begriff „Vertriebene" firmierten, aufgeladen; der Ausgleich von Kriegsschäden und von ungerechten Belastungen durch die Währungsreform geriet demgegenüber in den Hintergrund.[139] Ein weiteres Jahr später trat im gleichen Zusammenhang das Altsparergesetz in Kraft, welches den 10:1-Umtausch von Sparanlagen regelte, die bei der Währungsreform nicht hatten berücksichtigt werden können.[140] Jedwede Entschädigung setzte zudem voraus, dass die Geschädigten die komplexe Gesetzesarchitektur halbwegs verstanden hatten und selbstständig einen Antrag einreichten.[141]

Die vor der Währungsreform amtsmäßig verbreitete Hoffnung auf Linderung der sozialen Härten („Zahle jede Mark verbleibenden alten Geldes bei der Bank ein, es wird dir einmal wertvoll sein"[142]) wurde vom tatsächlichen Umtauschverhältnis und dem Lasten-

135 Vgl. S. 139 f.

136 Die erwähnte Präambel vom „Erste[n] Gesetz zur Neuordnung des Geldwesens (Währungsgesetz)" besagt: „Den deutschen gesetzgebenden Stellen wird die Regelung des Lastenausgleichs als vordringliche, bis zum 31. Dezember 1948 zu lösende Aufgabe übertragen." Im § 29 des Umstellungsgesetz wurde zunächst nur die juristische Rahmung (Schaffung eines außeretatmäßigen Ausgleichsfond für den Lastenausgleich) geregelt, das weitere Vorgehen sollte durch noch zu beschließenden Gesetzen definiert werden.

137 UmstG, § 29 Lastenausgleich.

138 Vgl. Schillinger, Entscheidungsprozeß, S. 135–146, 292 f.

139 Vgl. ebd., S. 111. Es gab sogar Forderungen, die Geschädigten der Währungsreform ganz aus dem Geltungsbereich des Lastenausgleichs herauszunehmen, vgl. ebd., S. 127 (Anm. 44).

140 Vgl. das „Gesetz zur Milderung von Härten der Währungsreform (Altsparergesetz – AspG)" (Juli 1953).

141 Vgl. Gesetz über den Lastenausgleich (Lastenausgleichsgesetz – LAG), § 234 Antrag, Abschnitt (1): „Ausgleichsleistungen werden nur auf Antrag gewährt".

142 „Aufruf der Niedersächsischen Staatsregierung zur Währungsreform", unterschrieben mit „Das nieder-

ausgleich, zumal letzterer erst Jahre später wirksam wurde, schwer enttäuscht.[143] Der Charakter hatte sich von den ursprünglichen CDG-Plänen, die eine Belastung der Kriegs- und Währungsreformprofiteure vorgesehen hatten, längst zu einer seichten, steuerfinanzierten und lediglich symbolischen Entschädigung der Kleinsparer mit mehreren Jahren Verzögerung entwickelt.[144]

6.4 Leitsätze und andere Gesetze: Die Grundlagen der „freien Marktwirtschaft"

Dies alles war aber nur die pekuniäre Seite der Währungsreform, die am 20. Juni einsetzte und deren Ausgestaltung sich über Jahre hinzog; viel grundlegender war die Hinwendung zur Marktwirtschaft, die parallel zur Währungsreform stattfand.

Im Juni 1948 wurde nicht nur eine Währungsreform durchgeführt, sondern auch versucht, das Wirtschaftssystem auf eine Marktwirtschaft umzustellen. Dieser Versuch gelang zunächst im Wesentlichen, indem parallel zu der Währungsreform durch das Leitsätzegesetz und weitere Maßnahmen der rechtliche Rahmen geschaffen wurde, wichtige Preisfixierungen und die dazugehörige Bewirtschaftung aufzuheben. Das in diesen Maßnahmen enthaltene Versprechen an die Wirtschaftsakteure aus Produktion und Handel, durch ihre Rückkehr auf den legalen Markt gutes Geld zu verdienen, wurde in ausreichendem Maße geglaubt, um einen verhältnismäßig erfolgreichen Start der neuen Währung zu ermöglichen.

Tilman Pünder, einer der ersten Chronisten des „Bizonalen Interregnums" nennt das „Gesetz über Leitsätze für die Bewirtschaftung und Preispolitik nach der Geldreform" (Leitsätzegesetz) die bis dahin „wohl bedeutsamste parlamentarische Entscheidung der Nachkriegszeit"[145]. Zu Recht, denn nachdem Vorentscheidungen für den Weststaat bereits gefallen waren (und zwar nicht durch parlamentarische Vorgänge, sondern durch interalliierte Dynamiken), wurde im Juni 1948 entschieden, welche Ausrichtung der im Entstehen begriffene Weststaat haben sollte. Die Währungsreform beseitigte den im Krieg und in den ersten Nachkriegsjahren angehäuften Geldüberhang, das Leitsätzegesetz aber gab die zukünftige Wirtschaftsform vor. Pünder sieht die eigentliche Substanz des Gesetzes im „politische[n] Grundsatzbekenntnis", welches in der Präambel zu finden ist.[146]

sächsische Staatsministerium", vgl. Chronik des Landkreises Friesland, 1948, Abschnitt 5 „Währungsreform", NLA Oldenburg Bestand 286, Nr. 24 IV.

143 Die Württembergische Landessparkasse teilt ihren Kunden noch ein Jahr nach der Währungsreform auf den entsprechenden Formularen zur Abwicklung der Restbeträge mit: „Wir wissen, daß die Währungsreform den Sparern eine bittere Enttäuschung bereitet hat und bedauern, daß unsere Vorschläge zur Wahrung der Belange der Sparer ohne Erfolg geblieben sind. Wir würden uns freuen, wenn trotz der Mängel und Härten der Währungsreform keine Unterbrechung unserer Geschäftsverbindungen eintreten würde." Am 1. September 1950 demonstrierten 1.000 „Währungsgeschädigte" für einen anderen Lastenausgleich vor dem Schöneberger Rathaus – die Demonstration wurde aufgelöst und zum ersten Mal in der Geschichte Westberlins kam ein Wasserwerfer zum Einsatz, vgl. Wolfgang Kraushaar (1996): Die Protest-Chronik 1949–1959, Frankfurt/M., S. 284.

144 Vgl. Schillinger, Entscheidungsprozeß, S. 298.

145 Pünder, Interregnum, S. 303.

146 Ebd., S. 304.

Doch das ist nur die halbe Wahrheit, denn das Gesetz hatte ganz konkrete Auswirkungen, welche sich in den Tagen und Wochen nach seiner Verkündung entfalteten und die Wirtschaftsordnung (wie vorgesehen) grundlegend beeinflussten. Dem Direktor für Wirtschaft, in diesem Fall Ludwig Erhard, wurde durch den Wirtschaftsrat mit diesem Gesetz die weitreichende Vollmacht gegeben, große Gruppen von Waren nach eigenem Ermessen von der Preisbindung zu befreien. Der Wirtschaftsrat wurde so in dieser Frage weitestgehend entmachtet und konnte Erhards Entscheidungen nur noch zur Kenntnis nehmen.[147]

Sowohl in der Situation von 1948 als auch in der heutigen Erinnerung ist Ludwig Erhard das Symbol für die Marktwirtschaft. Das bedeutet jedoch nicht, dass er diese Politik auch konzipiert hat. Man mag die harschen Bewertungen durch Volker Hentschel teilen oder nicht, aber richtig liegt Letzterer wohl damit, dass Ludwig Erhard keine Person war, die eigenständig kohärente wirtschaftswissenschaftliche Konzepte entwickelt hätte.[148] Erhards Stärke war eher die politische Repräsentation, Kurt Schumacher nannte ihn wenig später einen „Reklameluftballon"[149]. Sowohl Inspiration als auch stringente Pläne übernahm Erhard von Anderen.

6.4.1 Planung: Die Rolle von Leonhard Miksch

Inspiration bekam Erhard im Jahr 1948 etwa aus (neo-)liberalen Kreisen in der Schweiz,[150] vor allen anderen vom nach Genf emigrierten Wilhelm Röpke.[151] Der konkrete Plan für die Umstellung auf die Marktwirtschaft aber wurde von dem Sozialdemokraten Leonhard Miksch ausgearbeitet.[152] Miksch zählte trotz seiner SPD-Mitgliedschaft zu den Ordoliberalen der Freiburger Schule und war Mitarbeiter in Erhards Behörde.[153] Er kann getrost als das „Masterbrain" der Verwaltung für Wirtschaft gelten und stand hinter dem wirtschaftspolitischen Programm, welches spätestens ab dem 2. März 1948 von Erhard repräsentiert wurde. Im Zuge der Umsetzung der Währungsreform kam es allerdings zu einem grundsätzlichen Konflikt.

147 Vgl. Görtemaker, Kleine Geschichte der Bundesrepublik, S. 67–69.

148 Beispielhaft Hentschel, Ludwig Erhard, S. 30.

149 Der Ausdruck soll am 19. Juni 1949 in Gelsenkirchen gefallen sein, vgl. „Zitatesammlung Schumacher über die CDU", BA N1005/269, Blatt 15–20, hier Blatt 18.

150 Vgl. Kuno Ockhardt (1972): Der Vater des Wohlstandes, in: Gerhard Schröder (Hg.): Ludwig Erhard. Beiträge zu seiner politischen Biographie. Festschrift zum fünfundsiebzigsten Geburtstag, Frankfurt/M., S. 575–585, S. 580.

151 Vgl. Hentschel, Ludwig Erhard, S. 74–78 und Commun, Erhards Bekehrung, S. 10–17, insbesondere 11, 14, 15 und Anm. 34.

152 Vgl. Ambrosius, Durchsetzung, S. 173 und Nils Goldschmidt u. Jan-Otmar Hesse: Ludwig Erhard hatte Helfer, in: Süddeutsche Zeitung, 14. Juni 2008, S. 26.

153 Vgl. Arnold Berndt u. Nils Goldschmidt (2003): Leonhard Miksch (1901–1950). A Forgotten Member of the Freiburg School (= Freiburger Diskussionspapiere zur Ordnungökonomik, 2/2003), unter: portal.uni-freiburg.de, zuletzt 10. September 2013. Zur SPD-Mitgliedschaft heißt es dort, es sei „a fact absolutely uncommon for ordoliberal thinkers", ebd., S. 12 (Anm. 4). Allerdings ist eine SPD-Mitgliedschaft inhaltlich durchaus nicht so skurril ist, wie es erscheinen mag, so meint Miksch: „Nur die Wettbewerbsordnung versucht, dem Problem der [wirtschaftlichen] Macht radikal zu Leibe zu gehen. Sie steht daher in Einklang mit den richtig verstandenen Zielen der Demokratie und des freiheitlichen Sozialismus", Miksch, Gedanken zur Wirtschaftsordnung, S. 15.

Leonhard Miksch war 1948 Leiter des Grundsatzreferats der Abteilung Preise innerhalb der Hauptabteilung Wirtschaftspolitik der Verwaltung für Wirtschaft des Vereinigten Wirtschaftsgebietes (VfW, II B 1) und damit ein wichtiger Mitarbeiter von Ludwig Erhards „Ministerium".[154] Miksch ist auch derjenige, der das Leitsätzegesetz in den Wochen vor seinem Beschluss maßgeblich entworfen und bearbeitet hat; dies belegen sowohl sein Tagebuch[155] als auch einschlägige Akten. Er hatte sich in den Jahren vor der Währungsreform im Juni 1948 intensiv mit der anzustrebenden Wirtschaftsform auseinandergesetzt. Im Folgenden wird gezeigt, dass Leonhard Miksch zum einen eine hellsichtige Kritik des Liberalismus formulierte und zum anderen bereits im Januar 1948 in einer internen Denkschrift die sprachliche Wende von der „freien" zu „sozialen" Marktwirtschaft vollzog und damit viele Monate, bevor Erhard dies im Spätherbst 1948 unter öffentlichem Druck tat.

Eine der Schriften Leonhard Mikschs (vom 3. September 1946) trägt den Namen „Wirtschaftslenkung".[156] In diesem Text formulierte er als anzustrebende Grundlage noch eine „freie Verkehrswirtschaft"[157], wobei der Begriff Verkehrswirtschaft als Äquivalent zu „Marktwirtschaft" gelesen werden muss.[158] Erst in den folgenden knapp eineinhalb Jahren vollzog Miksch den Schwenk hin zur „sozialen Marktwirtschaft", zunächst in seinen theoretischen Schriften. Er legt nicht offen, ob er bei der Wortwahl vom Erscheinen der Schrift Müller-Armacks beeinflusst wurde, aber es steht zu vermuten.

Im November 1947 rekapitulierte Miksch in einem „Versuch eines preispolitischen Programms"[159] die Bedingungen der momentanen Preise und sah in der Marktwirtschaft die einzige Möglichkeit, aus der Misere herauszukommen. Er stellte ein erhebliches Missverhältnis in dem Bereich „Preise und Preisrelationen, [...] Kosten, Kapazitäten und Produktivitätsverhältnisse" fest, die in einem „Chaos" resultierten, welches „einzig und allein" durch die Marktwirtschaft überwunden werden könne. Denn es war, so seine Analyse, „die Wirtschaftslenkung bisher immer außerstande, ein funktionsfähiges Wirtschaftssystem aus sich selbst aufzubauen" und lediglich dazu in der Lage, an „gegebene" (marktwirtschaftliche) Preise anzudocken, die aufgrund der jahrelangen Bewirtschaftung während NS- und Nachkriegszeit jetzt – im Jahr 1947 – nicht vorhanden waren.[160]

---

154 Vgl. BA Z8/221, Blatt 127 bzw. zum allgemeinen Aufbau Potthoff u. Wenzel, Handbuch 1945–1949, S. 197 f.

155 Vgl. Goldschmidt et al., Ludwig Erhard hatte Helfer.

156 Leonhard Miksch, Wirtschaftslenkung, Z8/223, Blatt 43–47. Diese Schrift wurde von Miksch, damals in seiner Funktion als Mitarbeiter des Zentralamtes für Wirtschaft (ZfW) der BBZ u.a. an maßgebliche Personen dieser Behörde verschickt (z.B. an dessen Leiter Viktor Agartz oder an den Leiter der Abteilung Preise und Löhne, Heinrich Rittershausen, der auch in Erhards VfW wieder eine Rolle spielte). Mikschs Schrift stammt laut Archivalie aus der volkswirtschaftlichen Abteilung des ZfW, gemeint ist damit allem Anschein nach die Hauptabteilung III (Preise und Löhne), vgl. Potthoff u. Wenzel, Handbuch 1945–1949, S. 162 f.

157 Leonhard Miksch (1946): Wirtschaftslenkung, Z8/223, Blatt 43–47, Blatt 44.

158 Zu dieser Zeit nicht unüblich, vgl. als Beispiel Otto Suhr 1946, in: Abelshauser, Freiheitlicher Sozialismus, S. 435 oder das Verständnis von Walter Eucken, vgl. Dirk Sauerland: Eintrag „Verkehrswirtschaft", Gabler Wirtschaftslexikon, unter: wirtschaftslexikon.gabler.de, zuletzt 8. August 2015.

159 Leonhard Miksch, Versuch eines preispolitischen Programms, 20. November 1947, BA Z8/221, Blatt 153–159.

160 Leonhard Miksch, Versuch eines preispolitischen Programms, 20. November 1947, BA Z8/221, Blatt 153–159, hier Blatt 158.

In einer weiteren, diesmal in einer Fachzeitschrift veröffentlichten Schrift Ende des Jahres 1947[161] wird deutlich, dass sich Miksch möglicherweise im Lager der Befürworter einer Marktwirtschaft innerhalb der Hauptabteilung Wirtschaftspolitik der VfW nicht nur als Partner und Zuarbeiter, sondern auch als Gegenspieler Erhards etabliert hatte.[162] Während jener auch in den folgenden Monaten und Jahren noch einem dogmatischen Glauben an die Segen des Marktes anhing („Je freier die Wirtschaft, umso sozialer ist sie auch"[163]), zog Miksch aus seiner historischen Analyse des Liberalismus weitaus differenziertere (und auch zutreffendere Schlüsse) als sein Dienstherr – man beachte in diesem Zusammenhang den Streit, den Miksch und Erhard anlässlich der Preisfreigabe der Textilien austrugen.[164]

Zunächst trennte Miksch in diesem Text im Wirtschaftsspiegel die katastrophale Geschichte des Kapitalismus (von ihm als „Liberalismus" bezeichnet) diskursiv deutlich vom Begriff Marktwirtschaft: „Die Ansicht, daß die Marktwirtschaft aus dem Liberalismus entstanden und mit ihm identisch sei, ist [...] irrig."[165] Für Miksch ist die Marktwirtschaft zunächst „keine Schöpfung des 19. Jahrhunderts", sondern vielmehr ursprünglich „seit Jahrtausenden die vorherrschende Form."[166] Miksch sprach hier als Vertreter einer neo- bzw. ordoliberalen Kapitalismus-Kritik und konstruierte durch eine solche Abgrenzung ein Selbstverständnis, welches viele Ordoliberale durchaus teilten.[167]

Ein solcher ‚historischer Neoliberalismus'[168] konstituierte sich maßgeblich über eine Kritik der vorausgegangenen Jahrzehnte. Der klassische Wirtschaftsliberalismus [= Kapitalismus], so Miksch, habe

> *„die vorher natürlich gewachsenen, je nach gegebenen Umständen größeren oder geringeren Freiheiten des Wirtschaftsablaufes als wirtschaftspolitisches Ziel aufgefaßt und radikal verwirklicht. Er glaubte eine für alle Zeit gültige Ordnung gefunden zu haben und war der Meinung, daß nichts weiter als die Beseitigung aller Bindungen und Fesseln nötig wäre, um sie in Kraft zu setzen. Diese Vorstellung, daß die Marktwirtschaft nicht geschaffen, sondern gleichsam nur ans Licht gebracht werden müsse, war sein Fehler."*[169]

161 Der Text erschien zuerst in den Ausgaben 18, 19 und 20 (November und Dezember 1947) vom „Wirtschaftsspiegel", einer wirtschaftspolitischen Halbmonatsschrift, herausgegeben von Hans W. Doeblin (mit einer Auflage von 120 Exemplaren (vgl. Angabe in: Z8/223)), in der viele weitere bekannte Autoren von Zeit zu Zeit schrieben, etwa Ludwig Erhard oder Wilhelm Röpke. Die hier zitierten Seitenzahlen beziehen sich auf die textgleiche Broschüre (= Sonderdruck des Wirtschaftsspiegels) aus dem Jahr 1948: Miksch, Gedanken zur Wirtschaftsordnung.

162 Vgl. dazu auch Berndt et al., Leonhard Miksch, S. 2: „and it was a well-known fact at the time that Erhard was more scared by Miksch and his ideas than by the Americans".

163 So Erhard am 19. November 1953 in einer Rede bei der „Aktionsgemeinschaft Soziale Marktwirtschaft", zitiert nach: Mierzejewski, Ludwig Erhard, S. 59.

164 Vgl. S. 155 f.

165 Miksch, Gedanken zur Wirtschaftsordnung, S. 18.

166 Ebd., S. 17.

167 Zu dieser rhetorischen Figur der Abgrenzung von „Liberalismus" und „Soziale Marktwirtschaft" Nonhoff, Politischer Diskurs, S. 254–378, insbesondere 341.

168 ‚Historischer Neoliberalismus' zum einen, weil sich seine Konzeption erheblich von dem unterscheidet, was seit den 1970er Jahren weltweit als Realität des Neoliberalismus bezeichnet werden muss, und zum anderen, weil die Verarbeitung liberal-kapitalistischer Geschichte sein Gründungsimpuls war.

169 Miksch, Gedanken zur Wirtschaftsordnung, S. 18. Interessanterweise klingt diese Kritik der 1948er-Ordo- bzw. Neoliberalen am Alt-Liberalismus wie eine heutige Kritik an dem Neoliberalismus, der erstmals in großem Stil von den „Chicago-Boys" in der chilenischen Diktatur praktiziert wurde. Miksch hat

Und genau diese historische Interpretation erlaubt dem ordoliberalen Standpunkt, die Marktwirtschaft als etwas Neues zu konstruieren und später zu konstituieren. In den Jahrtausenden Marktwirtschaft, die „vor der Entstehung des modernen Staates" lagen, habe es, so Miksch, „gar keine übergeordneten Instanzen gegeben, die den Anspruch auf eine zentrale Lenkung der Wirtschaftsprozesses hätten erheben können."[170] Daran schloss sich in Mikschs Interpretation die Episode des Liberalismus an. Dieser hatte den Fehler begangen, der Konkurrenz und seinen Gefahren (z.B. Monopolen) nicht bewusst begegnet zu sein, sondern vielmehr die Beseitigung „aller Bindungen und Fesseln"[171], die den Markt beschränkten oder regulierten, betrieben zu haben – mit den bekannten katastrophalen Folgen.[172]

In Abgrenzung dazu wurde vom Ordoliberalismus eine wirtschaftspolitische Ordnung in den Blick genommen, die diese „Abstinenz des Staates" paradigmatisch zu überwinden habe und den „ständigen und wachsamen Einsatz der staatlichen Gewalt"[173] erfordere. Wir finden hier also eine als geschichtliches Lernen gerahmte bewusste und aktive Rolle des Staates vor, die nicht nur auf die Erreichung kurzfristiger eigener Ziele oder Bedürfnisse von Marktteilnehmern abzielt, sondern auch beinhaltet, zugunsten sozialer, moralischer oder politischer Werte in die Marktumgebung zu intervenieren. Für Leonhard Miksch unterscheidet sich daher das ordoliberale Staatsverständnis in dieser Hinsicht nicht von den Ideen der Wirtschaftslenkung.[174]

Der Lernprozess, der die historischen Erfahrungen mit der oft als „Kapitalismus" bezeichneten Wirtschaftsform (und seinen desaströsen Folgen) verarbeitete, war also ein allgemeiner. Er wurde durch die Weltwirtschaftskrise seit 1929 sowie den Aufstieg des (v.a. deutschen) Faschismus und den darauf folgenden Weltkrieg katalysiert. Der Ordoliberalismus war tatsächlich genauso eine mögliche Antwort auf die Schreckensbilanz des liberalen Kapitalismus, wie es das Ahlener Programm, Sozialisierungen, der New Deal oder die Oktoberrevolution gewesen sind. Bei der so begründeten „geordneten Marktwirtschaft" handelt es sich für Miksch und die Ordoliberalen „um keine Restauration, sondern um eine völlig neue Aufgabe, um kein Rückwärts, sondern um ein Vorwärts".[175]

diese Kritik ausführlich dargelegt, vgl. Leonhard Miksch (1946): Wettbewerb als Aufgabe. Grundsätze einer Wettbewerbsordnung, Godesberg, S. 9–17.

170 Miksch, Gedanken zur Wirtschaftsordnung, S. 17.

171 Ebd., S. 18.

172 Diese Erkenntnis erinnert stark an eine bekannte Stelle im Kommunistischen Manifest, wo es exakt hundert Jahre vor dieser ordoliberalen Erkenntnis heißt: „Die Bourgeoisie, wo sie zur Herrschaft gekommen, hat alle feudalen, patriarchalischen, idyllischen Verhältnisse zerstört. Sie hat die buntscheckigen Feudalbande, die den Menschen an seinen natürlichen Vorgesetzten knüpften, unbarmherzig zerrissen, und kein anderes Band zwischen Mensch und Mensch übrig gelassen, als das nackte Interesse, als die gefühllose ‚baare Zahlung'. Sie hat die heiligen Schauer der frommen Schwärmerei, der ritterlichen Begeisterung, der spießbürgerlichen Wehmuth in dem eiskalten Wasser egoistischer Berechnung ertränkt. Sie hat die persönliche Würde in den Tauschwerth aufgelöst, und an die Stelle der zahllosen verbrieften und wohlerworbenen Freiheiten die Eine gewissenlose Handelsfreiheit gesetzt. Sie hat, mit einem Wort, an die Stelle der mit religiösen und politischen Illusionen verhüllten Ausbeutung die offene, unverschämte, direkte, dürre Ausbeutung gesetzt", Karl Marx u. Friedrich Engels (1848): Manifest der Kommunistischen Partei. Veröffentlicht im Februar 1848, London, S. 5. Dass Miksch, der immerhin SPD-Mitglied war und Marx durchaus zur Kenntnis nahm, diesen Text zu Rate zog, ist nicht unwahrscheinlich; zur Marx-Rezeption vgl. Miksch, Gedanken zur Wirtschaftsordnung, S. 5.

173 Ebd., S. 22.

174 Vgl. ebd., S. 23.

175 Ebd., S. 19.

6.4.2 Legislation: Das Leitsätzegesetz

Aus diesen Analysen heraus entwickelte Leonhard Miksch einen Entwurf über „Grundsätze der Wirtschaftspolitik für die der Währungsreform folgende Übergangsperiode"[176], der sich inhaltlich in erstaunlichem Maße mit dem am 18. Juni beschlossenem tatsächlichen Gesetz deckte. Auch in diesem Entwurf war die Richtung klar: Freie Marktpreisbildung mit vorübergehenden Ausnahmen. Nach Miksch, der die sozialen Folgen im Blick behielt, sollten folgende Preisbereiche zunächst noch staatlich gelenkt werden:

> *„a. Bei wichtigen Lebensmitteln, Konsumgütern aus Textilien und Schuhen. b. Bei Mieten. c. Bei Waren, bei denen kein ausreichender Wettbewerb vorhanden ist oder die nur im Rahmen starrer Kontingente zur Verfügung stehen."*[177]

An dieser Stelle muss noch einmal daran erinnert werden, dass eine solche wirtschaftspolitische Ausrichtung (Freigabe von Preisen, Abschaffung der Bewirtschaftung) zu dieser Zeit im globalen Kontext keineswegs üblich war, vor allem nicht im Nachkriegseuropa. Die Preislenkung, gerade für wichtige Lebensmittel und Konsumgüter, war eher die Regel als die Ausnahme. Das ist ein Grund dafür, dass den Vorgängen während der deutschen Währungsreform große geschichtswissenschaftliche und geschichtspolitische Aufmerksamkeit zuteil wird, letztere bevorzugt aus dem neoliberalen Spektrum.[178]

In den amtlichen Protokollen vom 25. Mai 1948 findet sich ein erster Entwurf des späteren Leitsätzegesetzes. Dieser basierte auf Mikschs Vorarbeiten und sollte dem wirtschaftspolitischen Vorhaben „freie Marktwirtschaft" eine gesetzliche Grundlage geben. Er firmierte unter dem Namen „Entwurf der VfW über Thesen zur Preispolitik" und wurde auf der 10. Direktorialsitzung verhandelt.[179] Darin findet sich bereits die grundlegende Idee, die „freie Preisbildung" als Regelfall zu setzen und nur noch wenige Ausnahmen zuzulassen, die später Gesetzesnorm wurde. In den folgenden Tagen und Wochen wurde in den verschiedenen Frankfurter Gremien über diese Thesen (leicht abgeändert und schon in Form eines Gesetzesentwurfs) diskutiert und Änderungswünsche angebracht, etwa am 31. Mai 1948 in einer Sitzung der Stellvertreter der Länder-Wirtschaftsminister bzw. -senatoren der Bizone. Einziger Tagesordnungspunkt dieser Zusammenkunft war die „Lockerung der Zwangswirtschaft":

> *„Der Direktor der Verwaltung für Wirtschaft [Erhard] beabsichtigt auf Grund eines Ermächtigungsgesetzes [sic!] des Wirtschaftsrats eine Verordnung zu erlassen, die neben allgemeinen neuen Bewirtschaftungsgrundsätzen und -richtlinien einen Katalog über*

176 Vgl. BA Z8/223, Blatt 7–9, undatiert, Verfasser Miksch. Dabei handelte es sich aller Wahrscheinlichkeit nach um den Entwurf, der in der 12. Direktorialsitzung am 1. Juni 1948 besprochen und beschlossen wurde, vgl. Weisz et al., Akten zur Vorgeschichte, S. 552–554 (mit Anmerkungen); ähnlicher Auffassung ist Ambrosius, Durchsetzung, S. 172 f.

177 BA Z8/223, Blatt 8.

178 So wird sie z.B. als Hoffnungsschimmer (engl. „gleam of light") in einer düsteren Zeit geplanter Volkswirtschaften bezeichnet, vgl. Public Broadcasting Service, Commanding Heights (Film), min. 49:55–50:05. Diese Bezeichnung wird dort Hayek zugeschrieben.

179 Vgl. „Protokoll der 10. Direktorialsitzung in Frankfurt", 25. Mai 1948, abgedruckt in: Weisz et al., Akten zur Vorgeschichte, S. 517–525, darin 517–519.

sämtliche Erzeugnisse enthält, die nicht unter die Bewirtschaftung fallen sollten. Die Preise sollen nicht mehr gebunden werden, ‚oberste Preisgrenze ist der Wucher'."[180]

Zu den Unterlagen der Sitzung zählte auch eine Aufzählung von verschiedenen Waren, bei denen die Bewirtschaftung fortfallen sollte. Diese Aufteilung entsprach bereits im Wesentlichen der späteren Form des Leitsätzegesetzes, seiner ersten Verordnung und dem dazugehörigen Anhang.[181] Die Ländervertreter hatten keine Einwände, und am 1. Juni 1948 wurden diese Grundsätze – von Miksch entworfen und jetzt von Erhard präsentiert – in einer Direktorialsitzung abgesegnet und Länderrat und Wirtschaftsrat zum Beschluss zugeleitet.[182]

Das Gesetz über die „Leitsätze für die Bewirtschaftung und Preispolitik nach der Währungsreform", so die korrekte Bezeichnung, wurde erst am Tag der Verkündigung der Währungsreform und zwei Tage vor ihrer Umsetzung beschlossen. In einer Nachtsitzung des Wirtschaftsrates wurde es in den Morgenstunden des 18. Juni gegen das Votum von SPD und KPD mit 52:37 Stimmen vom Wirtschaftsrat angenommen.[183] Genau genommen hatten die zahlreichen Preisfreigaben in den Tagen nach der Währungsreform bis zum 30. Juni aber keine gültige gesetzliche Grundlage, vor allem nicht im Leitsätzegesetz. Es fehlte für die Gültigkeit nämlich sowohl die Zustimmung des Länderrates als auch die der Militärregierungen. Der Länderrat hatte eine Vorfassung zwar bereits am 4. Juni gebilligt, dem eigentlichen Gesetz jedoch erst am 21. Juni abends zugestimmt.[184] Die Genehmigung des Leitsätzegesetzes erfolgte erst am 30. Juni durch das Bipartite Board, d.h. durch den britischen und den US-amerikanischen Militärgouverneur, und zwar nicht rückwirkend.[185] Das Gesetz war bis zu diesem Datum also nicht anwendbar, was Ludwig Erhard auch wusste.[186] Veröffentlicht wurde das Leitsätzegesetz dann am 7. Juli 1948 im „Gesetzes- und Verordnungsblatt des Wirtschaftsrates des vereinigten Wirtschaftsgebietes" mit

180 „Kurzbericht über die Sitzung der Stellvertreter der Wirtschaftsminister und -senatoren des VWG am 31. Mai 1948" (ohne Anwesenheitsliste, Vorsitz Kaufmann und Magnus), BA Z4/9, Blatt 16–20, Blatt 16. Es folgt eine entsprechende Aufzählung, in den meisten Fällen sollte die Bewirtschaftung wegfallen, Nahrungsmittel sind hier nicht erwähnt.

181 Vgl. „Kurzbericht über die Sitzung der Stellvertreter der Wirtschaftsminister und -senatoren des VWG am 31. Mai 1948", ohne Anwesenheitsliste, Vorsitz Kaufmann und Magnus, BA Z4/9, Blatt 16–20.

182 Vgl. das Protokoll in: Weisz et al., Akten zur Vorgeschichte, S. 552–554 (mit Anmerkungen).

183 Vgl. Pünder, Interregnum, S. 303. Siehe auch „Auszug aus dem Ergebnis der Nachtsitzung des Plenums vom 17.6.1948, 23 Uhr auf dem Gebiete des Hauptreferats Wirtschaft, Verkehr und Arbeit", BA Z4/7 (o.B.), Zitat: „Das Gesetz wurde in 3. Lesung in namentlicher Abstimmung mit 50:37 Stimmen angenommen", vgl. auch Weisz u. Woller, Wörtliche Berichte, Band 2, S. 666 f. Es ist Laitenberger, Auf dem Weg, S. 39 (mit Anm. 90) zuzustimmen, wenn er feststellt, dass eine Überprüfung des Abstimmungsergebnisses das tatsächliche Resultat von 52:37 Stimmen ergibt.

184 Vgl. ebd., S. 42.

185 Schriftlich bestätigt wurde deren Zustimmung vom Bipartite Control Office (BICO), vgl. Pünder, Interregnum, S. 226 bzw. BICO/SEC (48) 408, BA Z4/7, Blatt 33.

186 Vgl. „Protokoll der 15. Direktorialsitzung in Frankfurt am 23. Juni 1948", in: Weisz et al., Akten zur Vorgeschichte, S. 635–641, 640. Zitat Erhard dort: „Die beantragte Anordnung soll in Kraft treten, sobald die Militärregierung das Leitsätzegesetz genehmigt hat". Die gesamte Forschungsliteratur kann sich nicht entscheiden, wie der Sachverhalt zu interpretieren ist, und spricht parallel von Genehmigung am 30. Juni 1948 und Inkrafttreten am 24. bzw. 25. Juni 1948, exemplarisch ebd., S. 669 (Anm. 3); sie kann auch nicht erklären, was für rechtliche und faktische Auswirkungen auf den Handel in den Tagen zwischen diesen beiden Daten und der Veröffentlichung herrschten.

darin benanntem Gültigkeitsdatum 24. Juni 1948. Es war zunächst bis zum 31. Dezember 1948 befristet.[187]

Das Leitsätzegesetz, wie es fortan genannt wurde, formulierte im ersten Teil den politischen Auftrag, den „Markt stärker zur Steigerung der Wirtschaftlichkeit in Erzeugung und Verteilung" einzuschalten.[188] Daher wird der „zuständige Direktor" (in fast allen Fällen Ludwig Erhard) beauftragt:

> *„1. die erforderlichen Maßnahmen auf dem Gebiet der Bewirtschaftung nach Maßgabe des Bewirtschaftungsnotgesetzes zu treffen,*
> *2. die Waren, Warengattungen, Güter und Leistungen im Einzelnen zu bestimmen, die von den Preisvorschriften freigestellt werden sollen, wobei er Preisvorschriften auf Zeit oder auf Dauer außer Kraft oder wieder in Kraft setzen kann."*[189]

In einer Anlage, die als Teil des Gesetzes verstanden werden muss, werden in fünf Artikeln Ziele formuliert, und zwar zunächst die Bewirtschaftungspolitik (I) und die Preispolitik (II) betreffend, wo jeweils „der Freigabe [...] der Vorzug zu geben ist". Aufgrund der großen Auswirkungen auf die Lebensrealität der Menschen ist es wichtig, diese Regelungen etwas ausführlicher zu beleuchten:

Nicht weiter spezifizierte „Hauptnahrungsmittel" und wesentliche Rohstoffe (z.B. Kohle) wurden von der Preisfreigabe ausgenommen, also weiterhin bewirtschaftet und ihre Preise „behördlich" festgesetzt, um einen „planmäßigen Einsatz" dieser Güter zu erzielen. Allerdings wurden diese pauschalen Ausnahmen ihrerseits dadurch eingeschränkt, dass alle Entscheidungen betreffend „Getreide und Getreideerzeugnisse, Milch und Milcherzeugnisse, Kartoffeln, Fleisch und Fett" sowie „Kohle, Eisen und Stahl" wiederum vom Wirtschaftsrat genehmigt werden mussten (und damit erneut ermöglicht wurden). In beiden Artikeln waren bereits Optionen angelegt, die später durch das Jedermann-Programm und das Preiswuchergesetz in Anspruch genommen wurden (I, 5 und II, 5).

Der Artikel III („Monopole [...] sind [...] zu beseitigen") kann angesichts der zeitlichen Befristung des Gesetzes nur als reine Akklamation bezeichnet werden. Artikel IV weist auf die Wichtigkeit der Kreditpolitik hin, und Artikel V stellt „die Lockerung der Lohnbildung", also die Aufhebung des Lohnstopps, in Aussicht – allerdings für einen unbestimmten Zeitpunkt.

Diese Anlage zum Leitsätzegesetz erforderte noch eine konkrete Anordnung, um die Vorgaben umsetzen zu können. Diese auf dem Leitsätzegesetz beruhende „Anordnung über Preisbildung und Preisüberwachung nach der Währungsreform" wurde zeitgleich veröffentlicht, datiert auf den 25. Juni 1948.[190] Sie konkretisierte die Herausnahme großer

---

187 Es wurde am 3. Februar 1949 (in geänderter Form) verlängert, vgl. Pünder, Interregnum, S. 303 (Anm. 20).

188 Aus der Einleitung des Gesetzes.

189 Leitsätzegesetz, Artikel II. Zu der Entstehungsgeschichte des Leitsätzegesetzes im Zusammenhang mit der Entwicklung hin zur Marktwirtschaft vgl. Knut Wolfgang Nörr (1997): Als die Würfel für die Marktwirtschaft fielen. Zur Entstehungsgeschichte des Leitsätzegesetzes vom Juni 1948, in: Gerhard Köbler u. Hermann Nehlsen (Hg.): Wirkungen europäischer Rechtskultur. Festschrift für Karl Kroeschell zum 70. Geburtstag, München, S. 885–905, S. 891–899 und Müller, Grundlegung, S. 95–100.

190 WiGBl. 12/1948 (7. Juli), S. 61–63. Da diese Verordnung auf dem Leitsätzegesetz beruhte, erforderte auch diese Gesetzgebung die erst am 30. Juni gegebene Zustimmung der Alliierten.

Warengruppen aus der Bewirtschaftung und war demgemäß die erste Gesetzgebung auf Grundlage des Leitsätzegesetzes. Während Letzteres nur durch den Präsidenten des Wirtschaftsrates (Köhler) unterzeichnet wurde, wurde die Anordnung durch den gesamten Verwaltungsrat paraphiert, also nicht nur von Erhard, sondern auch von den vier übrigen Direktoren sowie dem Oberdirektor Pünder. Diese Anordnung hob von ihrem Charakter her – analog zum Leitsätzegesetz – alle Bewirtschaftungs- und Preisvorschriften auf,[191] machte aber eine Reihe von wichtigen Ausnahmen (und Ausnahmen von diesen Ausnahmen), die den eigentlichen Gehalt dieser Anordnung ausmachten. Festpreise galten weiterhin für Getreide und Getreideerzeugnisse, Kartoffeln und Ölsaaten, Zucker, Butter und Hefe;[192] auch Fest- und Mindestpreisvorschriften für Schlachtvieh und Pferde wurden nicht geändert[193] bzw. Rinder, Schweine, Schafe und Pferde von den Preisfreigaben ausgenommen.[194] Auch für Holz und Nichteisenmetalle galten zunächst noch die alten Vorschriften.[195] In Höchstpreise umgeändert wurden die bisherigen Festpreise für die zentralen Rohstoffe,[196] sowie für Mieten und Pachten[197] und für Elektrizität, Gas und Strom.[198] Höchstpreise galten auch für Nahrungs- und Genussmittel, allerdings mit erheblichen Ausnahmen. Diese wurden in einer Anlage (zur Anordnung) festgeschrieben und die entsprechenden Preise damit allesamt freigegeben, darunter Obst und Gemüse, Nutzpflanzen (wie Gewürze), Wild, Honig oder Süßwasserfische. Mit dieser ersten Verordnung vom 25. Juni 1948 wurden also die rechtlichen Grundlagen für Preisfreigaben gelegt – vorbehaltlich der fünf Tage später erfolgenden Genehmigung. Keine Erwähnung fanden im Gesetzestext Textilien und andere Waren, die bereits auf Grundlage des Bewirtschaftungsnotgesetzes aus der Preisbindung entlassen worden waren.[199]

Die zentrale Bedeutung des Leitsätzegesetzes und die ihm inhärente politische Dramatik fand Ausdruck auf der sprachlichen Ebene. Von Beginn an ist in regierungsamtlichen Protokollen die Bezeichnung „Ermächtigungsgesetz" zu lesen, und zwar ohne jegliche Distanzierung etwa in Form von Anführungszeichen.[200] Der Ausdruck wurde als Bezeichnung für das Leitsätzegesetz auch von der Presse verwendet.[201] Unterdessen gingen Volksmund und Medien auch dazu über, den Ausdruck „Wirtschaftsdiktator" anstelle von „Wirtschaftsdi-

191 Vgl. § 4, (1).
192 Vgl. § 2, (1), Punkt 1.
193 Vgl. § 2, (3).
194 Vgl. Anlage, Punkte 14 und 15.
195 Vgl. § 3.
196 Nämlich Kohle, Eisen, Düngemittel, Erdöl, vgl. § 1, (1), Punkte 2, 4, 6.
197 Vgl. § 1, (1), Punkt 7.
198 Vgl. § 1, (1), Punkt 3.
199 Vgl. S. 155.
200 Z.B. in der Wirtschaftsratsfraktion von CDU/CSU, etwa im Protokoll der Sitzung vom 16. Juni 1948, in: Salzmann, CDU/CSU im Wirtschaftsrat, S. 224–228, hier 226; im Protokoll der 12. Direktorialsitzung in Frankfurt/M., 1. Juni 1948, in: Weisz et al., Akten zur Vorgeschichte, S. 552–559, 554 (Protokollant Krautwig) oder während der Sitzung der Stellvertreter der Wirtschaftsminister und -senatoren, BA Z4/9, Blatt 16–20.
201 Siehe auch S. 148. Einer der schärferen zeitgenössischen Kommentare, findet sich in der FR vom 19. Juni 1948 auf Seite 3: Hans Henrich, „Bedenklichkeiten im Wirtschaftsrat". Henrich weist auf die schlechten Erfahrungen hin, die Deutschland mit „Blankovollmachten" wie diesem „Ermächtigungsgesetz" gemacht hat, was eine deutliche Warnung vor undemokratischer Regierungsführung und eine klare Anspielung auf das „Gesetz zur Behebung der Not von Volk und Reich" vom 24. März 1933 war.

rektor" für Ludwig Erhard zu verwenden. Auch diese Bezeichnung fiel bereits während der parlamentarischen Debatte im Wirtschaftsrat.[202]

6.4.3 Widerstand? Der „Überwachungsausschuss" und die Politik der SPD

Bei den folgenschweren Entscheidungen, die im Juni 1948 getroffen wurden, lässt sich anhand des Verhaltens der SPD in der zweiten Kammer, dem Länderrat, beobachten, wie schwer sich die Sozialdemokratie damit tat, in dieser Umbruchphase eine erkennbare eigene Position zu entwickeln.

Um es vorwegzunehmen: Der Länderrat hat dem Leitsätzegesetz und damit der prinzipiellen Bejahung der Marktwirtschaft am 21. Juni einstimmig zugestimmt, d.h. auch mit den Stimmen der SPD-Vertreter.[203] Durch die Zusammensetzung des Länderrates hätte die SPD den Beschluss des Gesetzes verhindern oder zumindest aufschieben können, denn sie besaß im Juni 1948 acht von 16 Stimmen und stellte zum entscheidenden Zeitpunkt nicht nur den allgemeinen Vorsitzenden (Hinrich Wilhelm Kopf), sondern auch den Vorsitz der wichtigen Ausschüsse für Wirtschaft (Erik Nölting) und Recht (Rudolf Katz) sowie des Geschäftsführenden Ausschusses (Bernhard Hansen).[204] Außerdem war die SPD in mehr als der Hälfte der acht Bundesländer an der Regierung beteiligt, was insofern wichtig war, als dass die Länderratsdelegierten „an die Instruktionen der sie entsendenden Kabinette gebunden"[205] waren. Und obwohl dieser Länderrat formal keine Gesetze verhindern konnte, ließ sich durch Änderungsvorschläge und Einsprüche einiger Einfluss auf Gesetzesvorhaben des Wirtschaftsrates nehmen, und sei es nur durch Aufschieben. Von dieser Möglichkeit machte der Länderrat auch regen Gebrauch,[206] nur eben nicht bei der Abstimmung zum Leitsätzegesetz.

Im Wirtschaftsrat hatte die Fraktion der SPD für ihre Zustimmung zum Leitsätzegesetz noch die Bedingung formuliert, dass „ein Kontrollausschuß aus Mitgliedern des Wirtschaftsrates gebildet wird, der über die Anordnungen des Direktors der Verwaltung für Wirtschaft auf dem Gebiet der Bewirtschaftung und Preispolitik entscheidet"[207]. Ihre Bedingung wurde nicht erfüllt, da der eingesetzte Überwachungsausschuss nur sehr geringe Kompetenzen zugesprochen bekam: Im Artikel III des Leitsätzegesetzes wurde lediglich festgelegt, dass diesem Ausschuss (aus fünf Mitgliedern des Wirtschaftsrates und dreien des Länderrates) „unverzüglich Kenntnis" von grundsätzlichen Maßnahmen zu geben sei.

---

202 Etwa als „wirtschaftlicher Diktator" durch Kreyssig (SPD), vgl. Weisz u. Woller, Wörtliche Berichte, Band 2, S. 630. Später wurde der Ausdruck auch auf Protestplakaten benutzt, etwa in Stuttgart, siehe S. 199.

203 Vgl. „Auszug aus der Niederschrift über die 5. öffentliche Sitzung des Länderrates am 21.6.48", BA Z4/7, Blatt 26. Formulierung dort: „mit Rücksicht [auf die Erklärung Erhards] beschließt der Länderrat nach eingehender Aussprache, dem Gesetz zuzustimmen." Diese Formulierung interpretiere ich als einstimmige Zustimmung. Die Einstimmigkeit wird bestätigt durch: Der Tagesspiegel, 22. Juni 1948, Beiblatt ohne Seitennummer (entspricht S. 3): „Länderrat bestätigt Leitsätzegesetze".

204 Vgl. Potthoff u. Wenzel, Handbuch 1945–1949, S. 195–197.

205 Pünder, Interregnum, S. 140.

206 Vgl. ebd., S. 139.

207 Protokoll der 39. Fraktionssitzung der SPD-Fraktion am 16. Juni 1948, in: Stamm, SPD-Fraktion im Wirtschaftsrat, S. 151–154, Zitat 152.

Eine beratende Meinungsäußerung wurde dem Gremium für den Fall zugestanden, dass der Direktor für Wirtschaft den Wunsch danach äußern würde; der verwendete Ausdruck „Überwachungsausschuss" ist daher völlig unzutreffend.[208] Zuvor waren Verhandlungen an dem Postulat der SPD gescheitert, dem besagtem Ausschuss zu ermöglichen, an den Entscheidungen des Direktors für Wirtschaft „aktiv mitzuwirken" und Gewerkschaftsvertreter in diesen Ausschuss zu entsenden.[209] Die SPD-Fraktion stimmte in der entscheidenden Nachtsitzung des Wirtschaftsrates vom 17. auf den 18. Juni (zweite und dritte Lesung) gegen das Leitsätzegesetz (ihre Stimmen waren für die Annahme aber nicht nötig) und entsandte auch zunächst keine Vertreter in den ‚Überwachungsausschuss'.[210] In der Zeit bis zum 5. Juli 1948 gelangte die SPD-Fraktion aber zu der Erkenntnis, dass es besser sei, nicht vom Informationsfluss abgeschnitten zu sein und daher doch Vertreter in den – inzwischen konstituierten[211] – Ausschuss zu entsenden.[212] Womöglich noch wichtiger für diesen Sinneswandel als das mögliche Informationsdefizit war eine Erklärung Erhards, die dieser vor den Länderratsvertretern am 21. Juni 1948 gegeben hatte, um sie zur sofortigen Zustimmung zum Leitsätzegesetz zu bewegen. Darin erklärte der Direktor für Wirtschaft:

> „*1. Von den mir durch das Gesetz über Leitsätze für die Bewirtschaftung und Preispolitik nach der Währungsreform übertragenen Befugnissen werde ich nur nach Beratung im Verwaltungsrat Gebrauch machen.*
>
> *2. Die Ablehnung einer meiner Maßnahmen durch den Überwachungsausschuß werde ich zum Anlaß nehmen, die Entscheidung des Wirtschaftsrates herbeizuführen.*"[213]

Allerdings scheint es sich hierbei um eine informelle Zusicherung gehandelt zu haben. Im offiziellen Schreiben des Länderrates an den Vorsitzenden des Verwaltungsrates vom 21. Juni wird diese Erklärung mit keinem Wort erwähnt. Dort heißt es:

> „*Trotz erheblicher Bedenken wegen der nach seiner Ansicht unzureichenden Befugnisse des Überwachungs- und Beratungsausschusses hat der Länderrat dem Gesetz*

208 Vgl. Artikel III des Leitsätzegesetzes. Darauf wurde auch schon in der Aussprache zum Gesetz durch den Abgeordneten Arndt (SPD) deutlich hingewiesen, vgl. Weisz u. Woller, Wörtliche Berichte, Band 2, S. 659.

209 Vgl. „Sitzungsprotokoll der Unionsfraktion vom 17. Juni, 22.00 Uhr", in: Salzmann, CDU/CSU im Wirtschaftsrat, S. 229 sowie die entsprechenden Aussagen von Kreyssig und Schoettle (beide SPD), zitiert nach: ebd., S. 229 (Anm. 2), auch in: Weisz u. Woller, Wörtliche Berichte, Band 2, S. 654 und 664. Die dafür entscheidende Sitzung der SPD-Fraktion (um dieselbe Uhrzeit) wurde nicht protokolliert, aber der Entschluss wohl bekräftigt, vgl. Stamm, SPD-Fraktion im Wirtschaftsrat, S. 154 f. (mit Anm. 10 und 11). Vgl. auch Ambrosius, Durchsetzung, S. 175.

210 Vgl. Stamm, SPD-Fraktion im Wirtschaftsrat, S. 154; vgl. auch Ambrosius, Durchsetzung, S. 175 f.

211 Konstituierende Sitzung am 2. Juli 1948, HStAS EA6/005 Bü 19 (Protokoll).

212 Vgl. die Überlegung von Heinz Meyer, in: Stamm, SPD-Fraktion im Wirtschaftsrat, S. 155 (Anm. 11) sowie das Protokoll der 41. Fraktionssitzung am 5. Juli 1948, in: ebd., S. 156.

213 „Auszug aus der Niederschrift über die 9. nichtöffentliche Sitzung des Länderrates am 21. Juni 1948 in Ffm", BA Z4/7, Blatt 25. Leicht abweichende Textfassung: Protokoll der 41. Fraktionssitzung am 5. Juli 1948, in: ebd., S. 156. Auf selber Seite (Anm. 6) wird folgende Quellenangabe gemacht: „BA Z4/531, Protokoll der öffentlichen Sitzung des Länderrates vom 21. Juni und Erklärung Kreyssig in AdsD, Nl Kreyssig, Nr. 73, Vermerk über Sitzung des LR". Erhard bestätigte diese Erklärung im Wirtschaftsrat, vgl. Weisz u. Woller, Wörtliche Berichte, Band 2, S. 732 f.

zugestimmt, da er durch eine Versagung seiner Zustimmung die Geldreform nicht gefährden wollte."[214]

Erst im Protokoll, dessen Außenwirkung begrenzt gewesen sein dürfte, wird offenbar, dass die obige Erklärung Erhards im Länderrat eine wichtige Rolle gespielt hat. Der Länderrat erhielt also in seiner kurzfristig anberaumten und nichtöffentlichen Sitzung am Vormittag die genannte Erklärung von Erhard und stimmte daraufhin in der öffentlichen Sitzung am Abend des gleichen Tages (21. Juni 1948) dem Leitsätzegesetz zu.[215]

Für die marginale Rolle des Überwachungsausschuss in den folgenden Wochen gibt es theoretisch drei mögliche Gründe. Erstens könnten die Ausschussmitglieder mit der Politik Erhards einverstanden gewesen sein. Zweitens könnte der Ausschuss seine erweiterten Befugnisse nicht richtig genutzt haben. Oder aber drittens: Erhard hat seine Zusagen rein taktisch gegeben und nicht eingehalten. Dies scheint durchaus möglich, denn aufgrund der gesetzlichen Lage musste er dafür keine ernsthaften Konsequenzen befürchten. Die Quellenlage erlaubt es leider nicht, eine dieser drei Möglichkeiten als tatsächlichen Verlauf herauszustellen, auch weil die Mehrheitsverhältnisse nicht restlos aufzuklären sind.[216]

Insbesondere öffentliche Stellungnahmen des „Überwachungsausschusses" hätten in der aufgeheizten Debatte eine wichtige Funktion einnehmen können, sie sind aber nicht bekannt. Möglicherweise nutzten die Ausschussmitglieder, die von der SPD entsendet worden waren, ihren Einfluss nicht. Dafür sprechen an sie gerichtete fraktionsinterne Beschwerden. Nachdem er die entsprechende Protokolle durchgesehen hatte, stellte etwa der stellvertretende Vorsitzende des Wirtschaftsausschusses des WR, Gerhard Kreyssig, im November fest, er habe den Eindruck, dass „die Genossen sich nicht so eingesetzt haben wie es nötig gewesen wäre"[217]. Auch der damalige bayrische Wirtschaftsminister Hanns Seidel (CSU) war der Meinung, der Überwachungsausschuss „sei über die Äusserung von Bedenken nicht hinausgekommen", und behauptete, dass „Prof. Dr. Erhard das seinerzeit getroffene Gentlemen-Agreement eingehalten" habe.[218] Eine andere Meinung vertrat jedoch in derselben Sitzung Ludwig Preller (SPD, Minister für Arbeit, Wirtschaft und Verkehr, Schleswig-Holstein). Erhard habe, so Preller, „seine im Hinblick auf das Leitsätzegesetz dem Länderrat gegebene Zusicherung nicht eingehalten"[219]. Tatsächlich scheint Erhard die zentrale Aufhebung der Bewirtschaftungsvorschriften dem Ausschuss erst nach

214 BA Z4/7, Blatt 18.

215 Vgl. „Auszug aus der Niederschrift über die 5. öffentliche Sitzung des Länderrates am 21.6.48", BA Z4/7, Blatt 26. Für die Kurzfristigkeit und die Zeitpunkte der Sitzungen, vgl. Der Tagesspiegel, 22. Juni, Beiblatt ohne Seitennummer (entspricht Seite 3).

216 Der Ausschuss wurde in den Zeitungen so gut wie nicht erwähnt und selbst in den Nachschlagewerken ist er nicht aufgeführt, vgl. Potthoff u. Wenzel, Handbuch 1945–1949, S. 191 f., 196. Einige Information finden sich jedoch im „Protokoll der Vorstandssitzung der CDU am 23. Juni 1948", abgedruckt in: Salzmann, CDU/CSU im Wirtschaftsrat, S. 233 f.; im „Auszug aus der Niederschrift über die 5. öffentliche Sitzung des Länderrates am 21.6.48", BA Z4/7, Blatt 26; im „Protokoll der 41. Fraktionssitzung am 5. Juli 1948, 10 Uhr", in: Stamm, SPD-Fraktion im Wirtschaftsrat, S. 156f; und in einem Protestschreiben ohne Titel (22. Juni 1948) des Gewerkschaftsrats der vereinten Zonen (Fritz Tarnow), HStAS EA6/005 Bü 19.

217 „Protokoll der 55. Fraktionssitzung am 9. November 1948", in: Stamm, SPD-Fraktion im Wirtschaftsrat, S. 207.

218 BA Z4/570, Blatt 188.

219 BA Z4/570, Blatt 188.

der Veröffentlichung vorgelegt zu haben, was das Agreement ad absurdum führte und die Vermutung bestärkt, dass er nie vorhatte, seine Zusage einzuhalten.[220]

Ob nun ein Wortbruch Erhards oder das zahnlose Verhalten der SPD der Grund war, der Ausschuss nahm jedenfalls keine Korrektiv-Funktion wahr; noch nicht einmal ein diskursives Gegenüber zur Erhardschen Wirtschaftspolitik fand sich in seinen Reihen.

6.4.4 Umsetzung: Preisfreigaben und ihre gesetzlichen Grundlagen

Nachdem der Länderrat am 21. Juni mit dem Leitsätzegesetz weitreichende Vollmachten für Erhard beschlossen hatte, wurden also die entsprechenden Gesetze am 24. und 25. Juni ausgefertigt und am 30. Juni 1948 durch die Alliierten genehmigt.[221] Wie allgemein bekannt sein dürfte, wurden aber bereits am Montag, den 21. Juni, Waren zu freien Preisen verkauft. Wenn die Freigabe der Waren im direkten Anschluss an die Währungsreform sich aber nicht auf das Leitsätzegesetz berufen konnte, stellt sich die Frage nach den entsprechenden gesetzlichen Grundlagen: Waren die ersten Preisfreigaben überhaupt gesetzeskonform?

Die ersten Anordnungen, die ab Montag, den 21. Juni gültig sein sollten, bezogen sich noch auf das Bewirtschaftungsnotgesetz alter Fassung,[222] ein Gesetz, welches am 30. Oktober 1947 beschlossen worden war.[223] Diese Freigabe von Preisen erstreckte sich auf Erzeugnisse wie Textil, Leder, Schuhe, Glas, Keramik sowie Holzverarbeitungs- und Landmaschinen.[224] Speziell bei Textilien und Lederwaren[225] war die Entscheidung innerhalb von Erhards Verwaltung stark umstritten gewesen. Der Verfasser des Leitsätzegesetzes, Leonhard Miksch hatte noch am Samstag, den 19. Juni, versucht, beim Leiter der Abteilung Wirtschaftspolitik (Paul Josten[226]) telefonisch zu intervenieren, um die Preisfreigabe für diese „politisch und sozial besonders empfindliche[n] Preise"[227] aufzuhalten. Doch die-

220 Vgl. die entsprechende Aussage der SPD-Vertreter im Ausschuss (Kriedemann und Richter) im Protokoll der 55. Fraktionssitzung am 9. November 1948, in: Stamm, SPD-Fraktion im Wirtschaftsrat, S. 207.

221 Vgl. S. 1.

222 Vgl. die entsprechende Ankündigung im Rundschreiben vom 19. Juni 1948 durch Dr. Starke, BA Z8/151, Blatt 33; vgl. auch Laitenberger, Auf dem Weg, S. 40 (mit derselben Quelle).

223 Veröffentlicht im WiGBl. 2/1948, S. 3–7. Die darauf bezogene erste Verordnung vom 18. Dezember 1947 findet sich ebd., S. 7–8. Beide traten am 28. Januar 1948 mit der Verkündung im WiGBl. in Kraft (vgl. auch die entsprechende behördeninterne Mitteilung vom 2. Februar 1948, BA Z8/220, Blatt 59) und trat am 31. Dezember 1949 außer Kraft.

224 Vgl. das Rundschreiben vom 19. Juni, BA Z8/151, Blatt 33.

225 Für diese Waren galt für eine Übergangszeit eine Punkteregelung; Punkte wurden pro Kopf verteilt, konnten aber übertragen werden. Diese Punkte waren zeitweise zusätzlich zum Kaufpreis vorzulegen bzw. abzugeben. Die Bewirtschaftung dieser Waren wurde also liberalisiert, nicht aufgehoben, aber ihre Preise freigegeben. Allerdings: Diese Punkteregelung war so konstruiert, dass sie lediglich genutzt wurde, um den Verkauf zu verweigern, wenn jemand ohne Punkte nicht genug DM bieten konnte. Denn für die Auffüllung der Warenlager mussten keine Punkte vorgelegt werden, ein Verkauf ohne Punkte als Gegenleistung blieb also konsequenzlos, vgl. dazu Nölting in: Streitgespräch am 14. November 1948, S. 88. De facto war ein Kauf ohne Punkte möglich, ein Kauf ohne DM hingegen nicht.

226 Einige Angaben zu Paul Josten finden sich bei Abelshauser, Freiheitlicher Sozialismus, S. 419 (Anm. 19).

227 Aktenvermerk von Miksch vom 21. Juni 1948, BA Z8/220, Blatt 140. Bereits in den 1943 verfassten Richtlinien für alle britischen Soldaten, die in Deutschland eingesetzt wurden, wurde darauf hingewiesen, dass Schuhe und Bekleidung für die deutsche Bevölkerung in besonderem Maße Mangelware waren, vgl. Helge Malchow (Hg.) (2014[4]): Instructions for British Servicemen in Germany. Leitfaden für briti-

ser Vorstoß war genauso vergebens wie die vorherigen Versuche Mikschs, Erhard im Gespräch zu überzeugen, denn dieser hatte bereits beschlossen, die Leder- und Textilpreise freizugeben.[228] Der weitere Verlauf indes gab Miksch recht, bereits Mitte Juli bat der Ausschuss für Wirtschaft des Länderrates die VfW, zu prüfen, ob die Freigabe nicht rückgängig gemacht werden könnte,[229] und vor Ablauf von sechs Monaten sollte – nach heftigen sozialen Verwerfungen – der größere Teil der Bekleidungswaren im staatlich regulierten Jedermann-Programm verkauft werden.[230] Leonhard Miksch hatte wohl bei der Konzeption des Leitsätzegesetz ein vorsichtigeres („sozialeres") Vorgehen im Sinn gehabt und nicht damit gerechnet, dass Erhard den freien Preisen so schnell Tür und Tor öffnen und dabei wenig Rücksicht auf Recht und Gesetz nehmen würde. Eine genauere Überprüfung aller möglichen gesetzlichen Grundlagen führt allerdings genau zu diesem Schluss: Die Preisfreigaben, so wie sie stattgefunden haben, besaßen überhaupt keine gesetzliche Grundlage.

Die Freigabe, wie sie de facto von Erhard vorgenommen worden war, wurde also von ihm mit dem Bewirtschaftungsnotgesetz (BNG) bzw. der dazugehörigen ersten Verordnung vom 18. Dezember 1947 juristisch legitimiert.[231] Im BNG war ein solcher Fall jedoch nicht vorgesehen. Als einzige Möglichkeit käme der § 1 der genannten Verordnung in Frage, der die Aufhebung der Bewirtschaftung (nicht aber der Preise) nur für den Fall erlaubte, dass Waren „in ausreichender Menge verfügbar sind, um eine geordnete Erzeugung oder die Deckung des notwendigen Bedarfs der Bevölkerung aufrechtzuerhalten", eine Situation, die im Jahr 1948 sicherlich nicht gegeben war, was Erhard auch bewusst war.[232] Er bzw. seine Mitarbeiter vermieden wohl aus guten Gründen, sich auf genaue Abschnitte oder Paragrafen des Gesetzes zu beziehen. Insofern muss die entsprechende behördeninterne und öffentliche[233] Kommunikation, die auf das BNG abhebt, als formale

sche Soldaten in Deutschland 1944. Zweisprachige Ausgabe, Köln, S. 43: „The Germans are very short of clothes and footwear."

228 Vgl. Aktenvermerk von Miksch vom 21. Juni 1948, BA Z8/220, Blatt 140.

229 Vgl. „Kurzbericht über die 5. Sitzung des Ausschusses für Wirtschaft des Länderrates am 13. Juli 1948 in Frankfurt/Main", HstAS EA 6/005 Bü7, S. 2.

230 Zum Jedermann-Programm vgl. S. 244–250.

231 Erhards Behauptung findet sich im Rundschreiben vom 19. Juni 1948, BA Z8/151, Blatt 33.

232 Vgl. seine Aussagen im Streitgespräch mit Nölting am 14. November 1948, S. 26. In der gesamten öffentlichen Debatte vermischten sich die – im Leitsätzegesetz noch säuberlich getrennten – Bereiche Bewirtschaftung und Preisvorschriften. Mit der Aufhebung der Bewirtschaftung wurde vielfach nicht mehr nur der Wegfall von Kontingentierung im Handel und Verkauf sowie der Wegfall des Bezugsmarkensystems verstanden, sondern auch die Preisbeschränkungen mit einbezogen (differenzierende Ausnahme: Die Welt, 22. Juni 1948, S. 1). Aufschluss über die landläufige Praxis könnten tatsächliche Preise in den Schaufensterauslagen im Vergleich mit den Preisvorschriften geben. Aber auch die vorgeschriebenen Preisauszeichnungen wurden unterlaufen, vgl. Erhard in: Streitgespräch am 14. November 1948, S. 13. So blieb es einer Auswertung von Haushaltsbüchern vorbehalten, annähernd realistische Preise zu ermitteln. Aufgrund der bekannten Informationen ist davon auszugehen, dass unbeeindruckt von komplizierten Vorschriften de facto freie Preise verlangt und bezahlt wurden. Dies wird von zeitgenössischen Berichten bestätigt, vgl. S. 160 f.

233 Ministerialdirektor [Edmund] Kaufmann (VfW) äußerte auf einer Pressekonferenz am 21. Juni 1948 sinngemäß „daß die durch Presse und Rundfunk bekanntgegebene Freistellung von Gütern aus der Bewirtschaftung [sic] nicht der Genehmigung weiterer Instanzen des Länderrates und des Zweimächtekontrollamtes bedürfe, da diese Maßnahme nicht auf dem neuen Gesetz über die wirtschaftspolitischen Leitsätze nach der Währungsreform beruhe, sondern auf der alten Fassung des Bewirtschaftungsnotgesetzes und seiner ersten Durchführungsverordnung, welche bereits vor längerer Zeit die Zustimmung aller in Frage kommenden Instanzen gefunden hätten. Die Anordnung sei rechtsmäßig [sic] und rechtsgültig erlassen worden und die aufgezählten Produktionsgüter könnten also ohne weiteres frei verkauft werden.",

Erfüllung alliierter Vorgaben[234] und als Bluff eingestuft werden – ein Bluff allerdings, der weder in der turbulenten Zeit Mitte des Jahres 1948 noch während der folgenden 65 Jahre Geschichtswissenschaft aufgeflogen ist.[235]

Als weitere gesetzlich relevante Bestimmungen fielen außerdem zum 30. Juni 1948 einige Vorschriften des Bewirtschaftungsnotgesetzes aus der Zeit vor der Vereinigung zur Bizone weg, die nicht erneuert wurden (obwohl dies formal möglich gewesen wäre), womit auch der Handel jenseits des Endverbrauchermarktes zu diesem Datum wieder liberalisiert wurde.[236] Allerdings hatte auch dieser Umstand keinen Einfluss auf die ersten – und sehr entscheidenden – zehn Tage nach der Währungsreform.

Noch ein letztes Gesetz besaß eine gewisse Relevanz in diesem Zusammenhang. In den §§ 2, 4 und 8(1) des „Übergangsgesetzes über Preisbildung und Preisüberwachung (Preisgesetz)", welches am 10. April 1948 beschlossen worden war, erhielt Erhard die Oberhoheit über verschiedene Preisgestaltungen; die Länder und die anderen Ressorts hatten in diesem Gesetz eine ausgesprochen schwache Stellung. Die Durchführungsbestimmungen zum Preisgesetz erforderten zwar eine Genehmigung, jedoch keine parlamentarische, sondern nur diejenige des Verwaltungsrats.[237] Mit dem Preisgesetz konnten jedoch Preisgrenzen nicht aufgehoben, sondern nur geändert werden;[238] genau dieser Umstand hatte das Leitsätzegesetz erforderlich gemacht. Das Preisgesetz kam nur zur Anwendung, um Preiserhöhungen vor der Währungsreform durchzusetzen und konnte theoretisch als Notanker dienen, um Bestimmungen des Leitsätzegesetzes nach der Währungsreform wieder außer Kraft setzen zu können.[239]

Eine Rekapitulation der gesetzlichen Grundlagen führt zu folgendem Schluss: Die am 20. Juni 1948 per Radio an die Bevölkerung übermittelten Preisfreigaben und das partielle Ende der Bewirtschaftung waren ohne gesetzliche Grundlage – und zwar mindestens zehn Tage lang. Das Bewirtschaftungsnotgesetz alter Fassung, auf welches sich Erhard behördenintern bezog, ließ weder ein Ende der Bewirtschaftung noch die Freigabe der Preise zu. Eine nachgereichte Änderung der Durchführungsverordnung zu diesem Gesetz erlangte erst zum 1. Juli 1948 Gültigkeit.[240] Das Preisgesetz wiederum erlaubte Erhard nur die Veränderung der Höhe der festgelegten Preise oder neue Festpreise (und das nur mit Einverständnis des Verwaltungsrates), nicht aber die Freigabe. Die alten, auslaufenden Bewirtschaftungsvorschriften waren noch bis zum 30. Juni 1948 in Kraft. Das Leitsätzegesetz

FR, 22. Juni 1948, S. 1: „Freistellung von Gebrauchsgütern".

234 Der Artikel XI der Proklamation Nr. 7 verlangte die Offenlegung der Grundlage für gesetzgeberische Maßnahmen.

235 Tatsächlich hat sich auf der wissenschaftlichen Ebene anscheinend nur Volkhard Laitenberger jemals diese Frage überhaupt nur gestellt, vgl. Laitenberger, Auf dem Weg.

236 Vgl. Pünder, Interregnum, S. 305 bzw. den § 33, (1) des Bewirtschaftungsnotgesetzes, WiGBl. 2/1948, S. 3–7, hier 7. In der Literatur wird mitunter das Auslaufen dieser Bewirtschaftungsvorschriften mit dem Auslaufen des gesamten Gesetzes gleichgesetzt. Dies entspricht nicht den Tatsachen, das Gesetz als solches lief erst am 31. Dezember 1949 aus, vgl. ebd. Ein Beispiel für eine solche Fehlinterpretation („Das Bewirtschaftungsnotgesetz vom Oktober 1947 trat am 30. Juni 1948 außer Kraft.") ist Löffler, Einführung.

237 Vgl. § 14 des „Übergangsgesetzes über Preisbildung und Preisüberwachung (Preisgesetz)", in: WiGBl. 6/1948 (21. April), S. 27 f.

238 Diese Interpretation teilt Laitenberger, Auf dem Weg, S. 38.

239 Vgl. § 4, (2) des „Übergangsgesetzes über Preisbildung und Preisüberwachung (Preisgesetz)", in: WiGBl. 6/1948 (21. April), S. 27 f.

240 Vgl. Änderung der DVO zum Bewirtschaftungsnotgesetz, WiGBl. (Ausgabe 12), 1. Juli 1948, S. 64.

und die ihm zugeordnete Anordnung wurden am 24. bzw. 25. Juni ausgefertigt und die notwendige Genehmigung des alliierten Bipartite Control Office (BICO) erst am 30. Juni erteilt. Alles was innerhalb der ersten zehn Tage nach der Währungsreform an Preisfreigaben passierte, präjudizierte (wohlwollend interpretiert) spätere Regelungen; weniger wohlwollend ausgedrückt handelt es sich um Rechtsbruch oder zumindest um Rechtsbeugung.

6.4.5 Erste Folgen: Anarchie auf den Warenmärkten?

Diese Lage nach dem 20. Juni führt zur Frage nach den konkreten Auswirkungen: Woher wussten die Menschen, die Händler, die Kaufenden, Verkaufenden und Zwischenhändler, welche Preise galten, welche fest und welche frei waren? Was war überhaupt bekannt?

Es ergab sich in den Tagen nach dem 20. Juni 1948 eine nicht zu durchschauende Fülle an verschiedenen gesetzlichen Grundlagen. Darauf offiziell basierend erhielten verschiedene Warengruppen komplette Preisfreigaben, für andere ersetzte eine Höchstpreisgrenze die alten Festpreise, die für eine dritte Warengruppe wiederum beibehalten wurden. Diese Gruppen waren zum Teil in sich stark ausdifferenziert worden. Die dadurch für die allermeisten Zeitgenossen entstandene Verwirrung wurde dadurch gesteigert, dass diese Gesetze und Anordnungen erst viel später beschlossen und veröffentlicht wurden und noch später Gültigkeit erlangten. Die Öffentlichkeit konnte also in den Tagen nach der Währungsreform keine genauen, gesetzeskonformen Richtlinien für die Preise kennen, weil es sie schlichtweg noch nicht gab. Daraus ergibt sich eine zentrale Bedeutung für die Vorgaben, die über Medien an die Bevölkerung kommuniziert wurden.

Eine Problematisierung dieser Konstellation wird in der Forschungsliteratur nicht vorgenommen. Volkhard Laitenberger erwähnt allerdings eine durch Erhard lancierte Pressemeldung, die diese Kommunikation übernommen haben könnte; auf dieselbe Verlautbarung bezieht sich auch Volker Hentschel.[241] Es handelt sich dabei um einen Rundfunkbeitrag vom Sonntag (also dem 20. Juni), in dem Erhards Pressesprecher, Kuno Ockhardt, im Auftrag Erhards die Bevölkerung über Preisfreigaben im Zuge der Währungsreform unterrichtete.[242] Weitere Radio-Ansprachen, die im Zuge der Währungsreform an die Bevölkerung gerichtet wurden,[243] beinhalten keinerlei Hinweise auf die Gestaltung der Preise. Die meisten Zeitungen hatten ihren festen Erscheinungstag erst am Dienstag, was zu spät für entscheidenden Einfluss auf die Preisgestaltung nach der Währungsreform war. So kommt tatsächlich nur dieser Radiobeitrag von Ockhardt in Frage, um die ersten und wichtigsten Richtlinien zur Preisgestaltung zu verkünden. Umso verwunderlicher ist es, dass von dieser zentralen Verkündung (im Gegensatz zu den anderen Radiobeiträgen) keinerlei Archiv-

241 Vgl. Laitenberger, Auf dem Weg, S. 41 und Hentschel, Ludwig Erhard, S. 85 f.

242 Vgl. Ockhardt, Der Vater des Wohlstandes, S. 578. Vgl. auch die entsprechende Ankündigung im Rundschreiben vom 19. Juni, BA Z8/151, Blatt 33.

243 Vgl. Robert H. Lochner (Sprecher): „Verkündung der Währungsreform für die drei Westzonen Deutschlands", 18. Juni 1948, ediert in: Deutsches Historisches Museum/ Deutsches Rundfunkarchiv, Überleben im Nachkriegsdeutschland., Track 26; Dr. Hermann Pünder: Ohne Titel, 18. Juni 1948, ca. 13 min. [hr-Archiv/DRA]; Erich Köhler: Sondersendung zur Währungsreform des Präsidenten des Wirtschaftsrates, 19. Juni 1948 ca. 10 min. [hr-Archiv/DRA]; Ludwig Erhard (1962): Der neue Kurs. Rundfunkansprache am 21. Juni 1948, in: ders. (Hg.): Deutsche Wirtschaftspolitik. Der Weg der sozialen Marktwirtschaft, Düsseldorf, S. 62–68.

material vorhanden zu sein scheint; einzig ein NZZ-Artikel vom folgenden Tag überliefert wichtige Stichworte.[244]

Zum 21. Juni 1948 selbst waren offiziell tatsächlich „nur" die oben genannten Warengruppen, insbesondere Textilien, Leder und Schuhe aus der Preisfestsetzung entlassen worden; aber auch für Fahrräder, Autos, Schreib- und Nähmaschinen, Uhren und „andere mehr" wurden Bewirtschaftung und Preiskontrolle am Sonntag „mit sofortiger Wirkung" per Radio aufgehoben.[245] Es ist nahezu ausgeschlossen, dass nach einer solchen Ankündigung die MarktteilnehmerInnen die komplizierten Regeln, Ausnahmen und zeitlichen Einschränkungen behalten oder notiert, geschweige denn befolgt hätten, zumal quasi täglich neue Mitteilungen veröffentlicht wurden. Weitere Preisfreigaben der folgenden Tage bezogen sich auf eine Liste der VfW von 400 Waren, die aus der Preisbindung entlassen wurden. Zeitungen zitierten ab dem 22. Juni (also bei ihrem erstmaligen Erscheinen nach der Währungsreform) aus dieser etwas ominösen Liste,[246] druckten sie aber nicht ab, obwohl der Abdruck von Originaldokumenten in Zeitungen zu dieser Zeit durchaus üblich war.[247] Am 23. Juni wurden dann die ersten Lebensmittel (z.B. Obst, Gemüse, Honig, Meeresfrüchte) für frei verkäuflich erklärt, und zwar per Verlautbarung des Direktors für Ernährung, Landwirtschaft und Forsten, Hans Schlange-Schöningen.[248] Für diese Freiga-

244 Weder das DRA (incl. ARD-Sendeanstalten), noch die eigenen Archive von HR und WDR (als NWDR-Nachfolger) haben Mitschnitte. Auch das LEA hat weder Mitschnitt noch Transkription. Kuno Ockhardt selbst hat keinen Nachlass (www.nachlassdatenbank.de/ und www.kalliope.staatsbibliothek-berlin.de/). Das Rundfunkmuseum Fürth wurde angefragt und hat nichts zum Thema; das Stadtmuseum Fürth und das Ludwig-Erhard-Museum (Fürth) haben ebenfalls nichts; ebenso wenig wie das Museum zur Währungsreform in Rothwesten. Die KAS bzw. ihr Archiv haben keine Archivalien zu diesem Radiobeitrag. Eine Anfrage an das Archiv des BMWI war erfolglos. Im Bildarchiv des Bundesarchivs, welches online zugänglich ist, findet sich genauso wenig, wie die einschlägigen Bestände bzw. deren Findbücher Erfolg versprechen. Die einzige Überlieferung des Inhalts von Ockhardts Beitrag findet sich in einer telefonisch an die Redaktion der NZZ übermittelten Mitschrift eines Korrespondenten, die als Teil eines Artikels am 21. Juni 1948 abgedruckt wurde: „Die ersten positiven Angaben über die Art, wie die Verwaltung für Wirtschaft in der angelsächsischen Doppelzone ihre bereits grundsätzlich verkündete Lockerung der Bewirtschaftung durchzuführen gedenkt, gab ein Vertreter dieser Amtsstelle am Sonntagnachmittag am [sic] Frankfurter Sender bekannt. Wenn auch die Hauptnahrungsmittel und Rohstoffe wie Kohle und Eisen vorläufig noch weiterhin bewirtschaftet bleiben, so werde anderseits [sic] eine ganze Anzahl für den Konsumenten wichtiger Erleichterungen unverzüglich [!] in Kraft gesetzt. Die bisher für Textilien und Schuhe geltende Methode der Bezugsscheine […] [wird ersetzt durch ein Bezugspunktesystem]. Ähnlich stellt sich die Situation bei der Textilrationierung. Für eine große Zahl von Waren wie Haushaltsartikel aus Holz und Glas, andere Holzwaren, Schreib- und Nähmaschinen, Automobile, Fahrräder und Fahrradreifen, Radioapparate, Uhren, landwirtschaftliche Geräte und andere mehr werden Bewirtschaftung und Preiskontrolle mit sofortiger Wirkung [!] aufgehoben." NZZ, 21. Juni 1948, S. 1–2: Die Einführung der neuen Währung in Deutschland, hier 2.

245 NZZ, 21. Juni 1948: „Die Einführung der neuen Währung in Deutschland", S. 1–2, hier 2. Vgl. Anm. 244 auf S. 159.

246 Vgl. etwa Die Welt, 22. Juni 1948: „Start in die freie Wirtschaft". Die „Frankfurter Rundschau" sprach unter anderem von vielen Haushaltsgegenständen, Uhren aller Art, Kraftfahrzeugen und Fahrrädern mit einigen Ersatzteilen, vgl. FR, 22. Juni 1948, S. 1: „Liste der freien Waren".

247 So etwa im Falle der Textilien- und Leder-Punkteliste (Die Welt, 24. Juni 1948, 8) oder der Gesetze zur Währungsumstellung, die in nahezu allen Zeitungen wörtlich abgedruckt waren.

248 Vgl. einen kurzen Hinweis in FR, 24. Juni 1948, S. 2: „‚Bewirtschaftungsfreigabe'. Frankfurt a.M. 23. Juni, (DENA). Der Direktor der Verwaltung für Verkehr, Landwirtschaft und Forsten Schlange-Schöningen gibt die Aufhebung der Bewirtschaftung von Obst, Gemüse und Bienenhonig bekannt. Ferner ist die Bewirtschaftung von Saatgut (nicht Saatkartoffel), Stroh, Zuckerrüben, Wurzelfrüchten zu Futterzwecken, Molke und Molkeerzeugnissen, Schaf- und Ziegenmilch, Süßwasserfisch, Krabben, Muscheln, Kleinstheringen und Kleinfischen anderer Art aufgehoben."

ben wurde nach außen hin noch nicht einmal eine gesetzliche Grundlage, etwa das BNG, bemüht. Ein Abgeordneter der SPD spricht bei der 19. VV (8./9. Juli 1948) des Wirtschaftsrates sarkastisch davon, dass es jetzt „romantische Art" geworden sei, Gesetze und Anordnungen im Radio bekannt zu geben.[249] Aber die Verkündung dieser Gesetze ist nicht das Bemerkenswerteste an diesem Vorgang – dies ist vielmehr die Inkraftsetzung von z.T. zweifelhaft fundierten Gesetzen mittels Verkündigung, bevor jene beschlossen, veröffentlicht oder von der Militärregierung genehmigt worden waren.

Fehlende gesetzliche Grundlagen, nur unvollständig wiedergegebene Listen von freigegebenen Waren in den Zeitungen und eine einmalige und mündliche Radioankündigungen – mit dieser Informationspolitik ist es nicht nur möglich, sondern vielmehr wahrscheinlich, dass die ZeitgenossInnen keinen Überblick darüber hatten, welche Waren nun Stopp-Preise, welche Höchstpreise und welche überhaupt keine Preislimits mehr besaßen und in welchem Verhältnis sich die Freigabe aus der Bewirtschaftung zu freien Preisen befand.[250] Die tatsächlichen Zustände auf den Märkten und bei den Geschäftsabschlüssen können nur mühsam rekonstruiert werden. Es deutet jedoch alles darauf hin, dass die (z.T. illegalen) Lagerbestände schlichtweg ohne jegliche Rücksicht auf gesetzliche Vorschriften zu Phantasiepreisen angeboten wurden.

Die Reaktionen einer amtlichen Preisüberwachungsstelle, der Alliierten und des bekanntesten politischen Widersachers der schnellen Preisfreigabe, Erik Nölting,[251] bestätigen diesen Eindruck; sogar die VfW versuchte den „aufgetretene Unruhen" zu begegnen, indem sie neue, allerdings in keiner Weise klärende Listen veröffentlichte.[252] Die Verwirrung war so groß und die Reaktionen darauf so evident, dass zu fragen ist, ob hier nicht sogar mit einem temporären Chaos kalkuliert wurde, einer Art „Anarchie auf den Warenmärkten"[253], um auch ohne gesetzliche Grundlagen die unumkehrbare „Legalisierung" des freien Marktes zu erreichen.

Die Preisüberwachungsstelle Wiesbaden warnte jedenfalls kurz darauf, die künftige Politik dürfe nicht mehr „wie am 21. Juni ein Chaos auslösen"[254]. Aufgrund der Hortungstendenzen, die nach der ausreichenden Bargeldbeschaffung durch die erste Verkaufswelle wieder um sich griffen, befürchtete der Bericht außerdem „‚schwarze' Preise in der gewerblichen Wirtschaft" und die Rückkehr des Schwarzmarktes oder eine Wiederaufleben der geldlosen Tauschwirtschaft. Zahlen über die festgestellten Preisverstöße in der Bizone bewegten sich im ersten halben Jahr nach der Währungsreform ohne größere Schwankungen um die 30.000 Fälle pro Monat, obwohl ihre übergroße Mehrzahl nicht zur Kenntnis der Behörden gekommen sein dürfte.[255] Daher sah der Berichterstatter keinerlei Veranlassung

249 Vgl. Wörtlicher Bericht über die 19. VV des WR, in: Weisz u. Woller, Wörtliche Berichte, Band 2, S. 736.

250 Im September 1948 erschien eine kleine Broschüre, deren Manuskript vermutlich Ende Juli 1948 fertiggestellt wurde und den Stand der aktuellen Preisfreigaben samt Interpretation gesetzlicher Grundlagen darzustellen versucht. Verfasser war Leonhard Miksch, vgl. Leonhard Miksch (1948): Die Preisfreigabe. Wirtschaftspolitik und Recht, Siegburg. Eine allgemeine Verbreitung dieser Broschüre ist mehr als unwahrscheinlich, vermutlich war sie als Handreichung für den behördeninternen Gebrauch gedacht.

251 Vgl. dessen Äußerungen im Rededuell zwischen ihm und Erhard am 14. November 1948, S. 291–296.

252 Vgl. Die Welt, 26. Juni 1948: „Was noch bewirtschaftet wird".

253 Neue Zeitung, 9. November 1948, S. 1: „Generalstreik für Bizone beschlossen".

254 „Auszug aus dem Monatsbericht der Preisüberwachungsstelle Wiesbaden für den Monat Juni 1948", BA Z8/1910.

255 Vgl. die entsprechenden Übersichten der Verwaltung für Wirtschaft, BA Z8/1882, Blatt 53–55.

für den Staat, „seine Kontrollmaßnahmen schon jetzt abzubauen", und mahnte zur Vorsicht bei dem weiteren Abbau der Bewirtschaftungs- vor allem aber der Preisvorschriften. Besonders aufschlussreich ist aber die folgende Bemerkung: „Es muß verhindert werden, daß – wie bisher – noch nicht rechtskräftige Maßnahmen in einer Weise in der Presse veröffentlicht werden, die teilweise zu einer nicht mehr einzudämmenden Entwicklung führen".[256] Der Bericht nannte als Beispiel die „Obst- und Gemüsepreisbildung". Er ist somit eine Bestätigung für die oben vermutete, sehr laxe Handhabung wirtschaftspolitischer Vorgaben. Aus behördlicher Sicht wäre ein Einschreiten direkt nach der Währungsreform „in zahlreichen Fällen nicht nur geboten, sondern direkt eine Notwendigkeit gewesen". Bezeichnenderweise wurde dies aber durch ein verhängtes Reiseverbot für die Überwachungsstelle verhindert und diese so ihrer Interventionsfähigkeit beraubt.[257] Sowohl diese Ausführungen der Preisüberwachungsstelle als auch die schriftliche Reaktion des BICO sprechen für eine extra-legale Frühphase der Marktwirtschaft in Westdeutschland, die von Erhard und der VfW, aber auch von dem Rest der deutschen Regierung (und den Besatzungsbehörden) bewusst in Kauf genommen wurde.[258]

6.5 Zusammenfassung „Strategisches Dispositiv"

Mit dem Ziel „freie Marktwirtschaft" wurde durch die Doppelreform aus Währungsreform und dem Leitsätzegesetz eine wirtschaftspolitische Interimszeit beendet. Die Währungsreform, die von deutschen Experten nach strengen US-amerikanischen Vorgaben ausgearbeitet worden war, war auf die Stärkung des Unternehmertums zugeschnitten und beinhaltete eine deutliche soziale Schieflage. Der Lastenausgleich schien zeitweise als sehr ambitioniertes Projekt sozialen Ausgleichs, wurde aber in dieser Phase nicht umgesetzt und im weiteren Verlauf stark ausgehöhlt. Der Zeitpunkt und der Modus der Währungsreform waren am Ende keine große Überraschung mehr; auch die auf Preisfreigabe und Markt orientierte Wirtschaftspolitik war nach den Debatten im Wirtschaftsrat und den Spekulationen in den Zeitungen vorauszusehen.

Vertreten wurde dieses Strategische Dispositiv und insbesondere seine wirtschaftspolitische Ausrichtung von einer heterogenen Allianz. Im Wirtschaftsrat stützten CDU, CSU, DP und FDP diesen Kurs; der Länderrat mit SPD-Mehrheit gab sein Einverständnis. Neo- bzw. ordoliberal orientierte Vertreter im Wissenschaftlichen Beirat und innerhalb der Verwaltung für Wirtschaft unterstützten den marktwirtschaftlichen Kurs mehrheitlich in seiner freiheitlichen Variante, nicht jedoch Leonhard Miksch. In der OMGUS-nahen

256 „Auszug aus dem Monatsbericht der Preisüberwachungsstelle Wiesbaden für den Monat Juni 1948", BA Z8/1910.

257 Vgl. „Auszug aus dem Monatsbericht der Preisüberwachungsstelle Wiesbaden für den Monat Juni 1948", BA Z8/1910. Bereits am 26. Juni wurde in diesem Zusammenhang ein ausführlicher Bericht an die Preisabteilung des „Minister für Wirtschaft und Verkehr" [gemeint ist vermutlich der hessische Minister Harald Koch] gesendet, vgl. ebd.

258 Diese Phase ist übrigens keineswegs beschränkt auf die ersten Tage nach der Währungsreform, sondern setzte sich auch in den kommenden Monaten fort. So wurden etwa die Preisauszeichnungspflicht und die Textilpunkte, die eingeführt worden waren, ebenfalls großflächig ignoriert, vgl. Nölting in: Streitgespräch am 14. November 1948, S. 86 und 88.

„Neuen Zeitung" wurde dem Kurs von Beginn an ein Forum gegeben und die Alliierten gaben bereits im Vorfeld bei mehr als einer Gelegenheit deutlich zu verstehen, dass sie mit diesem Kurs einverstanden waren. Hatten ihre Vertreter Sozialisierungen auf Länderebene noch mit dem Argument verhindert, diese hätten die Struktur eines künftigen deutschen Staates zu sehr vorherbestimmt, genehmigten sie das Leitsätzegesetz ohne Umstände.

Ludwig Erhard übernahm vor allem die öffentliche Repräsentation marktwirtschaftlicher Positionen. Diese Präsenz hatte schon weit vor den Reformen im Juni angefangen und schlug sich in seinen Artikeln der OMGUS-nahen „Neue Zeitung" und seinen öffentlichen Grundsatzreden nieder, etwa am 21. April 1948 im Wirtschaftsrat. Die Ausrichtung an einem Modell „freier Marktwirtschaft", die Erhard ankündigte, wurde von der Politik bereits vor der Währungsreform durch gesetzliche Preiserhöhungen, Verhinderung der Enthortung und Lenkung der Warenmengen wirtschaftspolitisch vorbereitet.

Die wichtigste Grundlage für die Umsetzung dieses Kurses war das am 18. Juni verabschiedete Leitsätzegesetz und die dadurch möglichen – und durch Erhard und Schlange-Schöningen umgesetzten – Preisfreigaben. In den ersten Tagen nach dem 20. Juni bestanden allerdings keine belastbaren gesetzlichen Grundlagen für die vorgenommene Politik: Die Voraussetzungen für die Gültigkeit des Leitsätzegesetzes fehlten noch, und das herangezogene Bewirtschaftungsnotgesetz deckte die weitgehenden Preisfreigaben mitnichten ab. Hinzu kam eine enorme Unübersichtlichkeit gesetzlicher Grundlagen, die durch die Verkündung von Preisfreigaben im Radio durch die VfW bzw. Kuno Ockhardt oder auf Pressekonferenzen noch verstärkt wurde. Dies hatte vermutlich zur Folge, dass in weiten Teilen des Endverbraucherhandels ungeachtet der gesetzlichen Grundlagen bis auf Weiteres einfach zu freier Preisgestaltung übergegangen wurde, was wohl im Kalkül, zumindest aber im Interesse der Verfechter einer „freien Marktwirtschaft" lag. So setzte sich der Markt als alleinig anerkanntes Verteilungsprinzip wieder durch, bei heftig steigenden Preisen. Diese Politik des kalkulierten Chaos ermöglichte die fulminante Rückkehr des Marktmechanismus. Es wird im weiteren Verlauf noch deutlich werden, welche dramatischen Auswirkungen dies für die Bevölkerung nach sich zog und wie die politischen Geschehnisse in den folgenden Wochen von der dadurch entstandenden Empörung beeinflusst wurden.

In dieser Phase, als das Strategische Dispositiv „freie Marktwirtschaft" ins Werk gesetzt wurde, wäre Widerstand auf parlamentarischer Ebene zunächst naheliegend gewesen. Innerhalb der CDU entstand Unzufriedenheit, doch ernsthafte Konsequenzen erwuchsen daraus nicht. Die Fraktion im Wirtschaftsrat trug den neuen Kurs, der sich erheblich vom Ahlener Programm unterschied, ohne nennenswerte Abweichung mit. Eine Kompromisslosigkeit, wie sie sich bei Maria Sevenich bemerkbar gemacht hatte, blieb in der CDU die Ausnahme. Weil die KPD – mit einigen Ausnahmen auf Landesebene – extrem isoliert war, wäre es der SPD zugefallen, Alternativen zum freien Markt nicht nur auszusprechen, sondern auch glaubwürdig zu vertreten. Doch wo sie die Möglichkeit dazu gehabt hätte, etwa durch ihre Mehrheit im Länderrat oder durch ihre starke Position im Überwachungsausschuss, setze sie das vermeintliche Wohl des Staates über die politische Auseinandersetzung.

Zwischen Ludwig Erhards Neoliberalismus und dem ordoliberalen Kurs, wie er innerhalb der VfW vor allem von Leonhard Miksch repräsentiert wurde, deuteten sich allerdings schon kurz vor der Währungsreform Diskrepanzen an. Die Interventionen von Miksch, der entgegen der Politik Erhards eher die möglichen Folgen der Preisfreigabe berücksichtigen wollte, verfingen zu diesem Zeitpunkt jedoch nicht. Während Erhard den Markt als ‚sozial an sich' deklarierte, war sich Miksch durchaus bewusst, dass zu einer neuartigen Wirtschaftspolitik mehr gehörte als Freiheit für den Warentausch, namentlich ein wirtschafts- und sozialpolitisch reflektiertes Handeln des Staates. Das Leitsätzegesetz war von Miksch als Baustein für eine sozial verantwortliche, staatlich gerahmte Marktwirtschaft gedacht, wurde aber von Erhard als „freie Marktwirtschaft" umgesetzt. Ähnlich erging es dem Minderheitenvotum des wissenschaftlichen Beirates. Beide, die Minderheit des Beirates wie Miksch, hatten Maßnahmen vorgeschlagen, die das Projekt der „freien Marktwirtschaft" durch eine deutlich andere Akzentuierung verändert hätten. Die Vorschläge einer Marktspaltung (Beirat) bzw. der Ausnahme der Textil- und Lederpreise aus den Preisfreigaben (Miksch) hätten die sozialen Belange der Bevölkerung zumindest in einigen Bereichen über das Prinzip „Marktwirtschaft" gestellt. In den Kapiteln „Widerstand" und „Modifizierung" wird deutlich werden, dass diese Entscheidungen durch den äußeren Druck sozialer Auseinandersetzungen mit dem Konzept „soziale Marktwirtschaft" wieder zurückgenommen wurden.

Das Strategische Dispositiv war also erfolgreich auf den Weg gebracht worden. Während dieses Vorgangs traf es nur auf wenig Widerstand und wurde nahezu unverändert in Gesetzesform übertragen und durch die rigorose Auslegung Erhards vorangetrieben. Erst nach diesen Ereignissen geriet das Projekt „freie Marktwirtschaft" durch lokal initiierten Widerstand in ernsthafte Bedrängnis.

7 Widerstand: Die Proteste gegen steigende Preise und die „freie Marktwirtschaft"

Im Kapitel „Analytik" habe ich „Widerstand" als einen der zentralen Begriffe einer historischen Dispositivanalyse eingeführt. Die Modifizierung eines Strategischen Dispositivs, welche mit dem Austausch des Leeren Signifikanten einhergeht, wird erst dadurch nötig, dass ganz bestimmte Effekte auftreten, die „im vorhinein absolut nicht vorgesehen"[1] waren. Widerstand ist in diesem Sinne als eine mögliche Form solcher nicht vorhergesehener Effekte, als „ungewollte Wirkung"[2], zu deuten. Der Begriff ist im dispositivanalytischen Sinne zunächst sehr weit zu fassen, all jene Vorkommnisse, Artikulationen und Handlungen, die sich dem Strategischen Dispositiv widersetzen, lassen sich dazu zählen. Sie lassen sich auch als „Risse, Lücken, Differenzen und Grenzen von Machtbeziehungen"[3] deuten. Ob ein solcher Widerstand beachtet werden muss (in der Untersuchung) und musste (von den zeitgenössischen AkteurInnen), ist nicht eine Frage dessen, ob es ihn gegeben hat, sondern eine Frage der Quantität und der Qualität, das heißt, ob er die Etablierung einer Hegemonie des Strategischen Dispositivs und seiner Verfechter gefährden könnte.

Die im Folgenden beschriebene Opposition zur „freien Marktwirtschaft", deren Hauptbestandteil politischer Protest auf der Straße war, die aber auch andere Elemente besaß, hat genau dieses Kriterium erfüllt, indem ihr ein Durchbrechen (noch nicht nachhaltig) „gefestigter Machtbeziehungen und etablierter Wahrheiten"[4] gelang.

In den Monaten zwischen der Währungsreform und dem Jahresende rollte eine enorme Protestwelle durch die Bizone. Sie hatte nicht nur verschiedene Ursachen, sondern auch recht unterschiedliche Ausdrucksformen. Diese entwickelten sich von lokalen Unruhen auf den Märkten hin zu organisiertem und politisch formuliertem Protest, der auch von gewichtigen Akteuren, Gewerkschaften und Parteien, aufgenommen wurde. Die Proteste in ihrer Gesamtheit erzeugten einen weiteren Notstand im Sinne der Dispositivanalyse, der bisherige Kurs geriet unter politischen Druck und konnte nicht mehr beibehalten werden – die Hegemonialisierung des Strategischen Dispositivs schlug fehl.

Ganz in ihrem Selbstverständnis als Ordnungsfaktor tendierten die gewerkschaftlichen Organisationen jedoch dazu, die Proteste zu befrieden und lediglich die Suprematie eines Modifizierten Dispositivs anzustreben, dessen Teil sie werden wollten und (in den folgenden Jahrzehnten) auch wurden. Die Protestwelle von 1948 ist insofern eine besonders wichtige Stufe der Integration der Sozialdemokratie und Gewerkschaften in einen neuen „historischen Block" (Gramsci). Die markanten Eckdaten dieser Integration sind in der Entscheidung von ADGB und SPD für die Nation (und gegen die Klasse) bei Ausbruch des Ersten Weltkriegs (als Beginn) und in dem formalen Bekenntnis zu Parlamentarismus, Privateigentum an Produktionsmitteln, Landesverteidigung und staatlicher Wirtschaftspo-

1 Foucault, Dispositive der Macht, S. 121.
2 Ebd., S. 121.
3 Schauz, Diskursiver Wandel, S. 106.
4 Ebd., S. 106.

litik im Godesberger Programm von 1959 (als Abschluss) zu sehen. Das Verhalten im Jahr 1948 gibt einen deutlichen Eindruck von dieser Entwicklung.

7.1 Die Ursachen für die Proteste

Bereits in den ersten Wochen nach der Währungsreform ergaben sich durch den starken Preisanstieg für Lebensmittel und Waren des alltäglichen Bedarfes auf der einen Seite und die gesetzlich gestoppten Löhne auf der anderen Seite vermehrt soziale Probleme. Nachdem sich das große Staunen über die plötzlich gefüllten Verkaufsregale gelegt hatte, stellte sich bei großen Bevölkerungsgruppen angesichts der Preissteigerungen zwischen 25 und 150 Prozent für Lebensmittel und Güter des alltäglichen Bedarfes schon im Folgemonat Ernüchterung ein.[5]

Erhard hatte schon am Tag nach der Währungsreform das erste Mal präventiv beschwichtigt, die Preise würden sich sehr bald „einpendeln"; es wäre geradezu „ein Wunder, wenn die Preise [...] nicht nachgeben sollten".[6] Erhard wiederholte diese Meinung mehrfach öffentlich.[7] Seine Prognosen traten jedoch nicht ein, denn der Preisauftrieb nahm erst spät, gegen Ende des Jahres, und nur aufgrund wirtschaftspolitischer Interventionen ab.[8] Die Preise stabilisierten sich anschließend auf hohem Niveau. Die Sicht der Gewerkschaften auf diese Entwicklungen illustriert ein kritischer Rückblick der Mannheimer Gewerkschaften ein Jahr nach der Preisfreigabe. Das „Preispendel des Herrn Prof. Erhard" habe sich demnach als eine „Barometernadel" entpuppt, die solange gestiegen war, bis sie „auf schönem, beständigem Wetter für die Geschäftswelt stehen blieb"[9].

Immerhin blieb zumindest die Zunahme der Arbeitslosigkeit im Zusammenhang mit der Währungsumstellung und den Wirtschaftsreformen hinter den Befürchtungen zurück.[10] Bis Dezember hatte sich die Zahl der Arbeitslosen nichtsdestotrotz von 451.100 im Juni auf 759.600 erhöht. Sie stieg bis Juni 1949 auf 1.283.300[11] und sollte im Februar 1950 bereits bei knapp 2 Millionen liegen.[12] Aufgrund eines ganzen Bündels von Ursa-

5 Vgl. Brackmann, Vom totalen Krieg zum Wirtschaftswunder, S. 278. Bereits Ende Juli war fast die Hälfte der Bevölkerung nach einer Allensbach-Umfrage der Überzeugung, dass ihr Leben seit der Währungsreform schwieriger geworden war, profitiert hätten vor allem „Geschäftsinhaber, Fabrikanten, Kapitalisten, Schwarzhändler" vgl. Erich Peter Neumann u. Elisabeth Noelle (Hg.) (1956): Jahrbuch der öffentlichen Meinung 1947–1955, Allensbach am Bodensee, S. 151.

6 Erhard, Der neue Kurs, S. 64.

7 Z.B. Niederdeutsche Zeitung, 3. August 1948, S. 1: „Gesetz gegen Preiswucher kommt". Hier heißt es in einer Zwischenüberschrift: „Prof. Erhard: Höhepunkt der Preissteigerungen ist erreicht" und im Artikel: „Der Direktor für Wirtschaft war der Ansicht, daß sich jetzt allmählich wieder preissenkende Tendenzen bemerkbar machen werden"; vgl. auch Ludwig Erhard (1962): Marktwirtschaft im Streit der Meinungen. Rede vor dem 2. Parteikongreß der CDU der britischen Zone am 28. August 1948 in Recklinghausen, in: ders. (Hg.): Deutsche Wirtschaftspolitik. Der Weg der sozialen Marktwirtschaft, Düsseldorf, S. 69–85, S. 78.

8 Vgl. dazu die Abschnitte zum StEG-Programm (S. 238–244) und zum Jedermann-Programm (S. 244–250).

9 Protokoll der „Ortsausschuss-Generalversammlung am 18.7.49 nachmittags 14 Uhr im Lokal Landkutsche", Stadtarchiv Mannheim, Bestand Kleine Erwerbungen, Signatur 0649, Blatt 13–28, hier Blatt 13.

10 „Ausschusssitzung des Auss. f. Arbeit des LR [Länderrats] am 18. Sept.", BA Z4/545, Blatt 5: „Übereinstimmend wird festgestellt, daß die Auswirkungen der Währungsreform auf den Arbeitsmarkt weniger ungünstig seien als man vielfach erwartet hatte".

11 Vgl. Kurt Pritzkoleit (1963): Gott erhält die Mächtigen, Düsseldorf, S. 223.

12 Zahl für Februar 1950 nach Deppe, Kritik der Mitbestimmung, S. 92 (Anm. 96).

chen, von denen die Abschwächung der Welternährungskrise im Jahr 1948 und die entsprechend gesteigerten Lebensmittelimporte nicht die geringsten waren, stieg außerdem die ermittelte Tagesration der Bevölkerung auf über 2.000 Kalorien.[13] Die im Folgenden vorgestellten Ereignisse können daher nicht als Hungerproteste begriffen werden. Sie symbolisierten vielmehr grundsätzliche politische Konflikte über soziale Ungerechtigkeiten der neuen Wirtschaftspolitik, die sich aber an den Preisen bestimmter Waren entzündeten.

In den ersten drei bis vier Wochen nach der Währungsreform stellten sich VerbraucherInnen, ProduzentInnen und HändlerInnen noch auf die neuen Strukturen ein; nicht jeder preisliche Spielraum wurde sofort erkannt und ausgenutzt. Zudem bestanden gerade in kinderreichen Familien einige Zeit noch erwähnenswerte DM-Bargeldbestände, die von der Auszahlung der Kopfpauschalen herrührten.

Allerdings ließen die ersten Anzeichen dafür, dass aus der neuen Situation eine ernsthafte soziale Schieflage entstehen würde, nicht lange auf sich warten. Bereits eine Woche nach der Währungsreform waren viele Eltern gezwungen, ihre Kinder von der Schulspeisung abzumelden, weil sie den wöchentlichen Betrag von 1 DM nicht mehr aufbringen konnten,[14] und der Fahrkartenverkauf für den öffentlichen Verkehr sank stellenweise um 90 Prozent.[15]

Diese Symptome eines eklatanten Geldmangels vervielfältigten sich schnell. Die Bevölkerung reagierte in den folgenden Wochen mit einem ungeahnten Aufruhr, der sich im öffentlichen Raum Bahn brach. Dieser Aufruhr wird auf den folgenden Seiten dargestellt, doch sollen zunächst die wichtigsten Ursachen erläutert werden:

1.) Massive Preissteigerungen für Güter des alltäglichen Bedarfs
2.) Weiterhin geltender Lohnstopp
3.) Politische Opposition zur „freien Marktwirtschaft“
4.) Wut über soziale Ungerechtigkeit
5.) Missachtung von Demokratie und Rechtssicherheit.

Auch wenn diese Gründe sich zum Teil überlagerten, folgen die Erläuterungen zunächst dieser analytischen Trennung.

7.1.1 Massive Preissteigerungen für Güter des alltäglichen Bedarfs

Die Umstellung auf die Marktwirtschaft zog die vornehmliche Verteilung des knappen Angebots an finanzkräftige Kundschaft nach sich. Denn wo Mangel war – und nach mehreren Jahren Unterversorgung herrschte sehr viel Mangel – zogen die Preise, nun de facto flächendeckend freigegeben, sehr schnell an. Geld wurde zum zentralen Mittel, um sich versorgen zu können, zumal in den Städten und innerhalb der lohnabhängigen Gruppen.

In diesen rasanten Preissteigerungen nach dem 20. Juni ist der konkrete und auslösende Moment zu sehen, ohne den die Proteste so nicht stattgefunden hätten. Schon die oben

13 Vgl. Erker, Hunger, S. 403.
14 Etwa in Solingen, vgl. dafür Grunert, Solinger Chronik, Eintrag 26. Juni 1948 oder in Oldenburg (dort wurde etwa ein Drittel der Kinder abgemeldet), vgl. Nordwest-Zeitung, 24. Juni 1948, S. 4: „Schulspeisung zu teuer“.
15 Vgl. Grunert, Solinger Chronik,, Eintrag 30. Juni 1948.

genannte Steigerungsrate zwischen 25 und 150 Prozent, die für Lebensmittel und einfache Gebrauchsgüter in der Zeit nach der Währungsreform festzustellen war, ist enorm. Diese relativen Zahlen können die Dimension jedoch nur unzureichend erfassen, weil sich einige verschärfende Faktoren in dieser Statistik nicht wiederfinden. Dazu zählen die kurz vor dem oder am 20. Juni wirksam gewordenen Preiserhöhungen oder der Zustand, dass die offiziell registrierten Zahlen wohl kaum den tatsächlich gezahlten Preisen auf den Wochenmärkten und Läden entsprachen – nicht zuletzt aufgrund der fragwürdigen Rechtsgrundlage werden diese tatsächlich zu zahlenden Preise die offiziellen bei weitem überschritten haben.[16] Hinzu kommt, dass die Preise variierten, je nachdem wo eingekauft wurde, in der Stadt oder auf dem Land.[17]

Das gewerkschaftseigene Wirtschaftswissenschaftliche Institut (WWI) führte zwischen dem 20. Juni und dem 10. Juli eine eigene Untersuchung der Preissteigerungen in etwa 60 Orten der BBZ durch. Den eben geschilderten methodischen Problemen bei der Feststellung der Preise wurde dadurch begegnet, dass als Grundlage penibel geführte Ausgabenbücher dienten. Die so ermöglichte Erfassung der real gezahlten Preise offenbarte, dass sich Artikel des täglichen Bedarfes wie Haushaltswaren und Wäsche innerhalb von zwanzig Tagen stark verteuert hatten; insbesondere die Zahlen für Schuhe ragten mit 50–120 Prozent Preissteigerung heraus. Noch massiver fiel diese Entwicklung nach Aufhebung der Bewirtschaftung allerdings bei Lebensmitteln wie Gemüse (bis 120 Prozent), Obst (bis 200 Prozent) und Eiern (200 bis 500 Prozent) aus.[18]

„Nach dem 20. Juni 1948 veränderte sich die Situation grundlegend", resümierten Mannheimer Betriebsräte später, denn es gab „plötzlich Waren in Hülle und Fülle, jedoch zu Preisen, die in keinem Verhältnis zu den bestehenden Löhnen und Gehältern standen."[19] Die bayrischen Gewerkschaften hielten am 13. August 1948 fest, dass es nicht mehr möglich sei die „Lebenshaltung auf der Basis der Zeit vor der Währungsreform fortzuführen".[20] Beschwerde führten jedoch nicht nur Gewerkschaften und Privatpersonen, sondern auch Unternehmer mit Blick auf „ihre" Arbeiter. Die Leitung einer Stuttgarter Maschinenfab-

16 Es ist unverständlich, wieso Paul Erker zum Schluss kommt, das Gegenteil sei der Fall gewesen. Seine Einschätzung, dass „das wirkliche Ausmaß der Teuerung von der Bevölkerung vielfach überschätzt" worden sei und nicht nur das Bayerische Statistische Landesamt, sondern auch die Militärregierung unter Fehleinschätzungen gelitten hätten, müsste auf starke Argumente rekurrieren können, um plausibel zu sein. Aber nicht nur eine von ihm angeführte andere „offizielle Teuerungsrate" mit niedrigeren Steigerungsraten bleibt ohne Nachweis, sondern auch sein Argument der saisonalen Preise legt er genau auf die falsche Art und Weise aus, denn Obst, Kartoffeln, Gemüse wurden bei der guten Ernte des Jahres 1948 im diachronen Vergleich billiger und nicht teurer – wie Erker, Ernährungskrise, S. 292 f. argumentiert. Für die Interpretation, die Preissteigerungen seien „in Wirklichkeit" gar nicht so hoch, fehlen hier die Argumente. Zündorf, Preis, S. 61 f. macht auf den Unterschied zwischen Schwarzmarkt- und offiziellen Preisen vor der Währungsreform aufmerksam, was schon eher in diese Richtung interpretiert werden könnte. Diese Erfassung der „realen" Preise müsste allerdings auch nach der Währungsreform angewendet werden.

17 Ein Beispiel: Ende Juli wurden für ein frei verkäufliches Fahrrad in Bremen zwischen 64 und 80 DM berechnet, in Brake, keine 50 km entfernt, wurden bis zu 175 DM fällig, vgl. Nordwest-Zeitung, 29. Juli, S. 3: „Preisgestaltung muss überwacht werden". Bei landwirtschaftlichen Produkten wird es sich tendenziell umgekehrt verhalten haben, wodurch die städtischen Preise, vor allem im Ruhrgebiet, weit über denen in ländlichen Regionen lagen.

18 Vgl. „Memorandum des Gewerkschaftsrates der vereinten Zonen zur Lohn und Preisentwicklung", 11. August 1948, Mielke u. Rütters, Gewerkschaften 1945–1949, S. 582–587, hier 587 (Anhang).

19 „Rückblick auf die Betriebsrätearbeit 1948/1949", Stadtarchiv Mannheim, Bestand Kleine Erwerbungen, Signatur 0649, Blatt 5–9, hier Blatt 6.

20 Schattenhofer, Chronik der Stadt München, S. 402.

rik stellte Ende September fest, dass „es den Arbeitern unter den heutigen Verhältnissen unmöglich ist, mit ihrem Verdienst auszukommen", und bat die Politik um dringende Abhilfe, „um die Preisseite auf ein vernünftiges Maß zu bringen".[21] Wie die Bevölkerung die Umbrüche des zweiten Halbjahres 1948 erlebte, illustriert ein Karnevalsschlager von Jupp Schmitz. Er landete in der Karnevalssession 1948/1949 mit „Wer soll das bezahlen?" einen echten Hit, der bis heute gespielt wird. Sein Refrain:

> *„Wer soll das bezahlen? Wer hat soviel Geld? Wer hat soviel Pinke Pinke? Wer hat das bestellt?"*[22]

In zeitgenössischen Zeitungen abgedruckte Momentaufnahmen von Verdienst und nötigsten Ausgaben kommen zu dem Ergebnis, dass auch mit einem guten – und selten erreichten – Facharbeiterlohn von etwa 250 DM monatlich kaum die einfachsten Bedürfnisse befriedigt werden konnten.[23]

7.1.2 Weiterhin geltender Lohnstopp

Als Erhard ab Ende Juni 1948 die Preisfreigaben in Kraft setzte, wurde die langjährige, auf die Kriegswirtschaft der Nationalsozialisten zurückgehende Kopplung von gestoppten Preisen mit gestoppten Löhnen aufgehoben. Während die Preise sich nun frei nach oben entwickelten, wurden zunächst keinerlei Vorbereitungen dafür getroffen, auch den Lohnstopp aufzuheben. Zwar gehörte die freie Aushandlung von Löhnen prinzipiell zu den Ideen der freien Marktwirtschaft, jedoch befürchteten die politisch Verantwortlichen eine inflationäre Spirale von Preis- und Lohnerhöhungen und beließen daher den Lohnstopp in Kraft.

Die Last für diesen – keineswegs alternativlosen – Weg, einer Inflation vorzubeugen, hatten die Lohnabhängigen zu tragen. Die Einkommen stagnierten und jede Preiserhöhung verringerte auf direktem Wege die Menge der Waren, die vom Einkommen gekauft werden konnte. Arbeitskämpfe für Lohnerhöhungen waren jedoch zum Scheitern verurteilt, solange der gesetzliche Lohnstopp nicht aufgehoben wurde. Dieser Widerspruch spiegelt sich vielfach in den Resolutionen der im Herbst 1948 Protestierenden wider. Die strukturelle Verhinderung von Lohnkämpfen sorgte dafür, dass sich Verteilungskämpfe auf die Preisseite konzentrierten. Anstatt für eine Lohnerhöhung wurde für eine politische Lösung der Situation gestritten und gestreikt – und zwar auf der Straße anstatt im Betrieb.

7.1.3 Politische Opposition zur „freien Marktwirtschaft"

Nach der vorläufigen Niederlage jener gesellschaftlichen Kräfte, die Sozialisierungen, mehr Wirtschaftsdemokratie oder eine geplante Wirtschaft gefordert hatten, bot das sozialpolitische Chaos, als welches sich die Erhardschen Politik entpuppte, diesen Kräften Grund

21 Schreiben von „Terrot Söhne" (Maschinenfabrik in Bad Cannstatt) an das Arbeitsministerium am 28. September 1948, abgedruckt in: DGB Stuttgart, Arbeiterbewegung und Wiederaufbau, S. 269.

22 Jupp Schmitz (1949), Wer soll das bezahlen?

23 Ein Beispiel für die 119. Zuteilungsperiode (Oktober 1948) ist abgedruckt in: ebd., S. 268.

genauso wie Anlass, ihr Anliegen erneut auf den Tisch zu bringen. Anders gesagt: Die im weitesten Sinne sozialistischen Kräfte mussten sich umorientieren, weil grundsätzliche Entscheidungen vorerst zu ihren Ungunsten getroffen worden waren. „Antikapitalismus" war kein verbindendes Element mehr. Zugleich erhielten sie neue Argumente durch das Versagen der Marktmechanismen in Zeiten des Mangels.

7.1.4 Wut über soziale Ungerechtigkeit

Zu dieser Konfliktlinie entlang der Frage nach gesellschaftlichen Alternativen gesellte sich die Empörung über die extreme Ungerechtigkeit der währungspolitischen Maßnahmen, beginnend mit der Währungsreform. Nicht nur, dass die Reform an sich sozial ungerecht war: Es gab vielmehr auch ein weit verbreitetes Bewusstsein dafür, dass eine andere Lastenverteilung politisch und moralisch angemessen gewesen wäre. Paul Erker argumentiert nachvollziehbar, dass durch die Währungsreform auch die bereits vorhandenen sozialen Unterschiede und die ungleiche Lastenverteilung viel stärker zu Tage traten.[24] „Die Unternehmer", so stellten auch Solinger Betriebsräte am 30. Juni 1948 gemeinsam fest, „haben den Krieg vorbereitet und daran verdient" und forderten mit Blick auf die Lastenverteilung, dass diese „in erster Linie die Kosten des Konkurses tragen" müssten.[25] Auf diese Forderungen nach mehr Beteiligung der Kriegsprofiteure an den Kriegsfolgekosten wurde von Seiten der Politik zunächst überhaupt nicht eingegangen. Stattdessen folgte einige Wochen nach der Währungsreform die neuerliche und völlig einseitige Benachteiligung der Sparguthaben gegenüber Aktien und Sachkapital durch die Festkontenregelung am 4. Oktober 1948. Diese Regelung schlug „wie eine Bombe" in die sowieso schon aufgeheizte Stimmung ein.[26]

Es liegt auf der Hand, dass diese Verhältnisse in Kombination mit dem Umstand, dass bereits wieder demonstrativ Luxusgüter zur Schau getragen wurden, nicht nur Inspiration für Karnevalshits bot, sondern Unzufriedenheit und Wut nach sich zog.[27]

Über diese konkrete historische Konstellation hinaus scheint in den Monaten nach der Währungsreform ein Mechanismus gegriffen zu haben, der über Jahrhunderte immer wieder auftrat, wenn ein Mangel an Grundnahrungsmitteln überproportional erhöhte Preise nach sich zog. Was hier „Wut über soziale Ungerechtigkeit" genannt wird, findet sich nicht nur im Februar 1793 in Paris oder im Ersten Weltkrieg im deutschen „Hinterland", sondern bereits im 17. und 18. Jahrhundert in Großbritannien. Für den letzten Fall hat es E.P. Thompson unternommen, solcherlei Protesten eine Rationalität zuzusprechen, die auf den ersten Blick und in den allermeisten Darstellungen nicht sichtbar ist. Thompson spricht von einer „moral economy", einer „sittlichen Ökonomie" der Unterschichten.[28]

24 Vgl. Erker, Ernährungskrise, S. 286.

25 Mitteilung einer Funktionärs- und Betriebsrätekonferenz des Ortsausschusses der Solinger Gewerkschaften am 30. Juni 1948, Punkt 5, nach Grunert, Solinger Chronik, Eintrag 30. Juni 48.

26 Erker, Ernährungskrise, S. 297.

27 Noch im Dezember 1951 beginnt eine Rückschau auf einen langen Streik der hessischen IG Metall mit dem Satz „Es ist weniger die Not, welche das arbeitende Volk und die ihm zugehörenden Rentner, Invaliden, Kriegsbeschädigten, Witwen und Waisen beunruhigt als die sichtbare soziale Ungerechtigkeit", IG Metall (1951): Der große Streik in der hessischen Metallindustrie vom 27. August bis 22. September 1951, Frankfurt/M., S. 7.

28 Vgl. Thompson, The moral economy bzw. Thompson, Die ‚sittliche Ökonomie'.

Deren zentrale Punkte sind erstens eine genaue Vorstellung davon, wie hoch ein angemessener Preis zu sein hat, und zweitens ein exaktes Wissen darum, dass überhöhte Preise nur zu einem geringen Teil auf den tatsächlichen Mangel, sondern vielmehr auf das Verhalten der Händler und Produzenten zurückzuführen sind. Immer wenn in Zeiten des Mangels keinerlei Regulierung stattfand, kam es gerade nicht zu untereinander konkurrierenden Verkäufen, sondern zu Preisabsprachen, mehrfachem Zwischenhandel und Warenzurückhaltung der Produzenten (Bauern, Müller und andere) in Erwartung noch höherer Preise. Die vordergründig irrationalen Proteste im Affekt entpuppen sich in dieser Lesart als „Folgerichtigkeit im Hinblick auf das, was sie als ihr Ziel bekannten"[29]. Der initiale Part der Herbstproteste 1948 stellt sich nun nahezu als ein Zeitraffer des von Thompson über zwei Jahrhunderte untersuchten Aufruhrs dar, eine Wiederkehr etlicher von Thompson festgestellter Elemente – auf etwa zwei Wochen zusammengedrängt. Frappierende Gemeinsamkeit war nicht nur die Form, sondern auch die implizite politische Botschaft, denn beide richteten sich gegen den „Durchbruch der neuen politischen Ökonomie des freien Marktes"[30]. Die Untersuchungsergebnisse Thompsons lassen sich daher für die Analyse der Herbstproteste, die immerhin 200 Jahre später stattfanden, mit großem Gewinn nutzen – und zwar bis hin zu konkreten Formulierungen.

7.1.5 Missachtung von Demokratie und Rechtssicherheit

Nicht nur die beschriebene Empörung über die skandalöse Verteilung der Kriegslasten, sondern auch die als ‚Gelegenheitsdemokratie' erscheinenden Entscheidungen hinsichtlich Sozialisierungen und Mitbestimmung im Betrieb hatten bereits vor der Währungsreform für Frust gesorgt und ein latentes und abrufbares Wutpotential aufgebaut.[31]

Die dann folgenden Preisfreigaben, die vor Ort recht freizügig ausgelegt wurden, fügten dieser Enttäuschung über das uneingelöste Demokratieversprechen eine weitere hinzu: Selbst wenn offensichtlich war, dass viele Preise nicht nur unter ‚sittlichen', sondern auch gesetzlichen Gesichtspunkten unangemessen hoch waren, hatten die Einkaufenden keine wirksame legale Handhabe dagegen und massenhafte Rechtsverletzungen blieben ungeahndet. Denn die Preisbehörden wurden von ihrer Dienstaufsicht nicht angewiesen oder in die Lage versetzt, diesen Zustand zu beenden – im Gegenteil.[32] So konnten gesetzlich vorgeschriebene Mechanismen, welche die Einkaufenden hätten schützen können, vor Ort nicht durchgesetzt werden. Die Preisüberwachungsstelle München berichtete von einem ständigen „Absinken der Geschäftsmoral". Dies manifestiere sich besonders in der „mangelhaften Preisauszeichnung", der „trotz vielfacher Hinweise in Presse und Rundfunk und eingehender Belehrungen durch die Überwachungsorgane nicht überall genügt wird."[33]

29 Thompson, Die ‚sittliche Ökonomie', S. 71.
30 Ebd., S. 71.
31 Vgl. die entsprechenden Abschnitte auf den Seiten 86–100.
32 „Auszug aus dem Monatsbericht der Preisüberwachungsstelle Wiesbaden für den Monat Juni 1948", BA Z8/1910. Für diese Stelle galt (wie oben dargelegt) ein Reiseverbot für die Zeit nach der Währungsreform. Vgl. zu den Einschränkungen der Preisbehörden auch den Redebeitrag des SPD-Abgeordneten Schoettle zur Begründung des Misstrauensantrags gegen Erhard am 17. August 1948, in: Weisz u. Woller, Wörtliche Berichte, Band 2, S. 790.
33 Bericht der Preisüberwachungsstelle München, Monatsbericht September 1948 (= Anlage 2 zu B O 1),

Auch die Preisbindung für importierte Waren wurde nicht kontrolliert.[34] Die Verbraucher waren dem Markt ausgeliefert. Sowohl prall gefüllte Schaufenster, voll mit Waren, die alle begehrten, sich aber kaum jemand leisten konnte, als auch der Luxuskonsum, den Schwarzmarktprofiteure und Kriegsgewinnler wieder zur Schau stellten, wurden als ungerecht empfunden.[35]

Das aus diesen verschiedenen Komplexen resultierende Gefühl, dem Markt recht- und schutzlos ausgeliefert zu sein, war eine der wichtigen Motivationen für die folgenden Proteste. Wenn in der Zeitung zu lesen war, der DGB habe vor dem 12. November von „Anarchie auf den Warenmärkten" gesprochen, spiegelte das die Empörung über gesetzlose Zustände und griff eine Lebenserfahrung der Bevölkerung auf, die diese in den ersten Monaten mit der Marktwirtschaft gemacht hatte.[36] Für die Konsumierenden war die Situation außerdem kaum berechenbar, denn es war nicht vorauszusagen, ob man mit einer selbstauferlegten Verlängerung der Mangelzeit durch Konsumverzicht am Ende durch weitere Preissteigerung nicht noch schlechter da stehen würde als zuvor.

Die hier beschriebenen Beweggründe von Not, von sozialer Ungerechtigkeit und politischer Enttäuschung sorgten schnell für großen Unmut. „Kein Mensch", so hieß es aus der Gruppe der Arbeitnehmer in der CSU bereits am 3. August 1948, kann „verkennen, daß die seit Wochen anhaltende Preisentwicklung nicht nur größte soziale Gefahren in sich birgt, sondern auch [...] aus der berechtigten Mißstimmung weitester Kreise über diese Preisentwicklung politische Gefahren drohen."[37] Und tatsächlich erwuchsen aus der hier beschriebenen Gemengelage Proteste unterschiedlichen Charakters. Aus unkoordinierten, spontanen Protesten, Wutausbrüchen und Gewalttätigkeiten („soziale Gefahren") entwickelte sich auf Initiative der Gewerkschaften bald organisierter und befriedeter Protest („politische Gefahren"). Es waren vor allem diese politischen Gefahren, die eine strukturelle Veränderung des Strategischen Dispositivs nötig machten und damit dauerhafte Änderungen im politischen System nach sich zogen.

7.2 Die erste Phase bis Ende August

Die ersten Wochen nach der Währungsumstellung und der Freigabe der Preise verliefen noch verhältnismäßig ruhig. Nur vereinzelt kam es zu Protestkundgebungen, etwa in Solingen, wo bereits am 30. Juni über 2.500 Menschen einem Aufruf der örtlichen KPD, sich gegen Preiserhöhungen, Arbeitslosigkeit und Entlassungen zu versammeln, folgten.[38]

BA Z8/1910, Blatt 70.

34 Vgl. Weser-Kurier, 3. August 1948, S. 3: „‚Eierkrieg' und umgestoßene Obstkörbe".

35 Vgl. Dazu auch Erker, Ernährungskrise, S. 286.

36 Erker, Hunger, S. 405 und Benz, Auftrag Demokratie, S. 297 führen dieses angebliche Zitat des Gewerkschaftsrats an. Einziger tatsächlicher Fundort ist Neue Zeitung, 9. November 1948, S.1: „Generalstreik für Bizone beschlossen". Dort wird es dem Gewerkschaftsaufruf zugeschrieben, wo es sich aber nicht wiederfindet.

37 Schreiben von der Landesgruppe der Arbeitnehmer in der Christlich-Sozialen Union an das „Bayer. Wirtschaftsministerium" vom 3. August 1948 (Betr.: Preisentwicklung; gez. von Dr. Imhof), BA Z8/1910, Blatt 93.

38 Vgl. Grunert, Solinger Chronik, Eintrag 2. Juli 1948 (zum 30. Juni 1948).

Sechs Wochen nach der Währungsreform, Ende Juli 1948 begannen dann bizonenweit Unruhen, fast ausnahmslos auf den Märkten und in den Markthallen, in jenen Räumen also, in denen sich die Kluft zwischen Einkommen und Preisen besonders deutlich manifestierte.[39] Kurz darauf unternahmen die verschiedenen Organisationen der Arbeiterbewegung, meistens Gewerkschaften oder Betriebsräte, den Versuch, den Unmut in geordnete Bahnen zu lenken.

7.2.1 Spontan und wütend: die ersten Proteste

Die ersten flächendeckenden Proteste entzündeten sich spontan vor Ort an den Preisen der freigegebenen Lebensmittel, insbesondere an denen von Obst und Gemüse sowie Eiern, deren Preis zu einem besonderen Symbol für Preissteigerungen wurden. Am 1. Juli hatte die Frankfurter Verwaltung für Ernährung die Eierbewirtschaftung aufgehoben. Im August meldete die Presse, dass Eierhändler im Zuge der Währungsreform durch geschickten Einkauf, Horten und unverhältnismäßig langes Aufbewahren der Ware Gewinne bis zu zweitausend Prozent erzielten.[40] Bereits bei der 19. Vollversammlung des Wirtschaftsrates am 8. und 9. Juli 1948 hatte sich über dieses Thema eine Diskussion entsponnen. Auf ein Auskunftsersuchen der SPD-Fraktion nach geplanten Gegenmaßnahmen antwortete der zuständige Direktor (Schlange-Schöningen) mehrfach ausweichend, er wolle die Entwicklung weiter „genau beobachten". Er vertrat die Meinung, es werde sich schon irgendwie einspielen bzw. würde das „der Handel unter sich selbst" regulieren.[41] Streng genommen verweigerte sich der Direktor Schlange-Schöningen damit der rechtlichen gebotenen Verfolgung überhöhter Preise, worauf ihn Gerhard Kreyssig (SPD) auch hinwies.[42] Der Argumentation, vor der Freigabe hätte es angeblich überhaupt keine Eier gegeben, entgegnete der SPD-Abgeordnete mit dem Hinweis darauf, dass beispielsweise in Bayern die Eierpreisfreigabe genau an dem Morgen – wiederum per Radio – vorgenommen wurde, an dem die bewirtschafteten – und durchaus vorhandenen – Eier regulär per Berechtigungskarte an Kinder (je vier Stück) und Kranke (je acht Stück) ausgegeben werden sollten; Kinder und andere Bedürftige gingen daraufhin leer aus und die Preise stiegen um ein Vielfaches.[43]

Am letzten Juliwochenende kam es dann bei den Samstagsmärkten in der gesamten Bizone zu erheblichen Ausschreitungen. In Erlangen wurden unbeliebte Händler mit „Äpfeln und Tomaten bombardiert"; Preissenkungen waren die Folge.[44] Überwiegend aber waren es die Eierpreise, die den Zorn auf sich zogen. Ein Bauer wollte auf dem Markt in Oldenburg seine Eier für 50 Pfennige das Stück verkaufen; er wurde daraufhin von Hausfrauen bedroht und zerstörte selbst demonstrativ die begehrten Eier. Der „Sturm der Entrüstung", der nun folgte, wäre „dem Landmann verhängnisvoll geworden, wenn ihm

39 Vgl. dazu auch Erker, Hunger, S. 405 und die folgenden Ausführungen dieser Arbeit.
40 Vgl. Schattenhofer, Chronik der Stadt München, S. 405.
41 Wörtlicher Bericht über die 19. VV, in: Weisz u. Woller, Wörtliche Berichte, Band 2, S. 734 und 736. Hier offenbart sich bei Schlange-Schöningen derselbe Glaube an den Markt, wie wir ihn auch bei Erhard finden.
42 Vgl. Wörtlicher Bericht über die 19. VV, ebd., S. 735.
43 Vgl. Wörtlicher Bericht über die 19. VV, ebd., S. 735 f., laut einem Zuruf passierte Gleiches in Württemberg.
44 Weser-Kurier, 3. August 1948, S. 3: „‚Eierkrieg' und umgestoßene Obstkörbe".

nicht die Polizei, die an sich volles Verständnis für den Zorn der Hausfrauen hatte, sicheres Geleit ins Freie gewährt hätte".[45] Andere Händler, etwa am Nachbarstand oder in Lehe im benachbarten Emsland, schienen nicht so glimpflich davongekommen zu sein und bekamen den Zorn körperlich zu spüren.[46] Ebenso wie in Lehe und Oldenburg waren auch den Besuchern des Bielefelder Wochenmarktes 50 Pfennige eindeutig zu viel für ein Ei. Ein Verkaufsstand wurde durch „Bielefelder Einwohner" gestürmt und die Ware auf die Straße gekippt.[47] Auch auf dem Münchener Viktualienmarkt kam es zu turbulenten Szenen. Am 31. Juli 1948 wurden nicht nur überteuerte Gänse umverteilt,[48] sondern es fand auch eine regelrechte „Eierschlacht" statt, als ein überteuerter Eierstand „enteignet" wurde – das Überfallkommando der Polizei musste eingreifen.[49] Auch im nahen Pasing mussten Händler vor den erbosten Einkaufenden fliehen.[50]

Zum folgenden Wochenbeginn rieten Polizisten einem umringten Verkäufer auf dem Bremer Markt, seine Eierpreise doch besser auf 30 Pfennige zu senken. Er weigerte sich, woraufhin „unbekannte Hände" seinen Marktwagen dermaßen durchschüttelten, dass die Ware zu Bruch ging.[51] Die Polizeidirektion Bremen sah sich gezwungen, darauf hinzuweisen, dass „jede sogenannte Selbsthilfeaktion" gesetzeswidrig ist; vermehrte Polizeipräsenz sollte in Zukunft den Markt vor Störungen sichern.[52] In derselben Woche, am Mittwoch, den 5. August 1948, führten Tätlichkeiten gegen Händler in Augsburg zu deren Flucht und einer allgemeinen Preisreduktion um etwa 30 Prozent.[53]

Diese Zwischenfälle hielten die als viel zu hoch empfundenen Preise allerdings nicht nachhaltig oder flächendeckend auf, sondern oft nur lokal begrenzt und manchmal nur für wenige Stunden. Allerdings gilt, was Thompson im 18. Jahrhundert beobachtete, auch für den Herbst 1948: „Wie sorgfältig wir auch die vorhandenen Daten quantifizieren, sie verraten uns nicht, wie hoch die Preise gestiegen wären, wenn es die Drohung eines Aufruhrs nicht gegeben hätte"[54]. Unter anderem in einer zeitgenössischen Karikatur (vgl. Abb. 11) wird jedoch ersichtlich, dass so einer Normalisierung des hohen Preisniveaus entgegengewirkt wurde und Verkäufer am Endverbrauchermarkt samt ihrer „freien Preise" unter erheblichen Druck standen.

Obwohl die Proteste bald mehr und mehr die Form von organisierten Kaufstreiks oder Preiskontrollen annahmen, kam es noch in der Woche zwischen dem 9. und dem 15. Au-

45 Nordwest-Zeitung, 3. August 1948, S. 3: „Aufruhr in der Markthalle".

46 Vgl. Weser-Kurier, 3. August 1948, S. 3: „‚Eierkrieg' und umgestoßene Obstkörbe" sowie Abendpost, Ausgabe Oldenburg-Nord, 2. August 1948.

47 Die Welt, 3. August 1948, S. 3: „Erregte Hausfrauen, Händler fliehen. Protestkundgebungen gegen die hohen Preise". Auch zwei Wochen später waren die Eierpreise noch ein Politikum, vgl. Weser-Kurier, 19. August 1948, S. 3: „Um den Eierpreis". Es wird berichtet, dass durch Gewerkschaftsinterventionen der Eierpreis gesenkt werden konnte, etwa in Brake auf 50 Pf. pro 3 Eier oder in Hannover auf 10 Pf. pro Stück.

48 Die Welt, 3. August 1948, S. 3: „Erregte Hausfrauen, Händler fliehen. Protestkundgebungen gegen die hohen Preise".

49 Vgl. Schattenhofer, Chronik der Stadt München, S. 395.

50 Vgl. Die Welt, 3. August 1948, S. 3 „Erregte Hausfrauen, Händler fliehen. Protestkundgebungen gegen die hohen Preise".

51 Weser-Kurier, 5. August 1948, S. 3: „Kleine Wochenmarktrebellion".

52 Weser-Kurier, 5. August 1948, S. 3: „Polizei greift ein".

53 Vgl. FR, 6. August 1948, S. 1: „Empörte Käufer erzielen Erfolg".

54 Thompson, Die ‚sittliche Ökonomie', S. 54.

Abb. 11: Karikatur in der Abendpost vom 16. August 1948. Zu sehen ist ein gepanzerter Verkaufsstand, an dem Eier für 75 Pfennige verkauft werden. Im Bildhintergrund wird ein anderer Marktstand demoliert.

gust immer wieder zu Ausschreitungen – in Krefeld fand am Rande eines Kaufstreiks am 10. August eine regelrechte „Kartoffelschlacht“ statt,[55] in Bayern kam es bei den Mittwochsmärkten am 11. August zu Ausschreitungen, z.B. in Ansbach,[56] Weißenburg[57] und Bayreuth[58] – in Weißenburg wurde daraufhin auf Verfügung des Landrates der Verkauf komplett eingestellt. In vielen bayrischen Städten überstanden zudem die Schaufensterscheiben von Lebensmittelhändlern die Wut der Einkaufenden nicht.[59] Thompson spricht in ähnlichen Zusammenhängen davon, dass Bestrafung ein Motiv von vordergründig sinnlosen Aktionen sein konnte – auch mit dem mittelfristigen Ziel „die Reichen zum Nachgeben zu bringen“.[60]

55 Niederdeutsche Zeitung, 12. August 1948, S. 1: „Verschärfter Kampf gegen Preiswucher. Gewerkschaften fordern Herabsetzung. Aktionen in West- und Süddeutschland / Kartoffelschlacht in Krefeld“.
56 Vgl. FR, 13. August 1948. In Ansbach kam es am 11. August zur Preissenkung aufgrund der Drohung der Bevölkerung, die Stände umzuwerfen.
57 Vgl. FR, 13. August 1948. In Weißenburg demnach Zerstörung und Diebstahl („an sich nehmen“) angefaulter Zwetschgen durch Bevölkerung.
58 Abendpost, 12. August 1948, S. 4: „Käuferstreik auch in Hannover“ [sic].
59 Vgl. Erker, Ernährungskrise, S. 284.
60 Thompson, Die ‚sittliche Ökonomie‘, S. 48 f., Zitat 49.

7.2.2 Lokal und organisiert: die ersten Preisinterventionen

Im Vergleich mit den bloßen Tätlichkeiten gegen einzelne Händler waren Gewerkschafts- und Betriebsvertreter am 5. August in Nürnberg erfolgreicher darin, Preissenkungen durchzusetzen. Etwa hundert von ihnen erwirkten durch Preiskontrollen Preisreduktionen von 50 Prozent für Obst und Gemüse.[61] Dabei handelte es sich um eine Aktion, die bereits ein Charakteristikum der nächsten Stufe der Preiskämpfe aufwies, nämlich organisiertes Einwirken auf das gesamte Preisniveau auf örtlicher Ebene. Zeitgleich zu den ersten Ausschreitungen in Erlangen, Oldenburg, Bielefeld und anderen Orten wollten „Lippische Bauern" bis zu 1,– DM pro Ei kassieren; doch hier hatte der DGB bereits mit einem Lautsprecherwagen reagiert und die Leute angehalten, solche Preise nicht zu bezahlen;[62] in Münster kam es zu den ersten „Kaufstreiks"[63], und in anderen Orten hatten an diesem Samstag (31. Juli) große Kundgebungen stattgefunden. In Kulmbach fanden sich 4.000 „Werktätige und Hausfrauen" bei einer Kundgebung der SPD ein,[64] und in Bonn wurde auf dem Münsterplatz die Rückführung der Preise auf den Stand von Mai und „Sicherung dieser Höchstpreise unter Mitwirkung der Gewerkschaften" sowie eine Aufhebung des Lohnstopps verlangt. Bei „Nichterfüllung dieser Forderungen" sollte nach Meinung der TeilnehmerInnen „der Gewerkschaftsvorstand den Generalstreik vorbereiten".[65] Auch hatten auf Initiative der Gewerkschaften Informationsveranstaltungen über die „Arbeitnehmerinteressen nach Eintritt der Währungsreform" stattgefunden.[66]

Trotz weitgehender Preisfreigaben galten weiterhin Vorschriften, die der tatsächlichen Preisgestaltung Grenzen setzten, jedenfalls theoretisch. Deren älteste war die „Verordnung über die Auskunftspflicht" vom 13. Juli 1923, in der ein Recht für die Preisbehörden begründet lag, das betriebliche Zustandekommen der Verkaufspreise durch den Blick in interne Unterlagen zu überprüfen. Über diese rechtlichen Möglichkeiten waren die Gewerkschaften durchaus informiert.[67] Auch im Anhang zum Leitsätzegesetz wurde geradezu kategorisch festgestellt, dass überhöhte Preise durchaus als strafbar anzusehen seien.[68] Die jüngste Grundlage war das Preistreibereigesetz, welches die strafrechtliche Verfolgung von überhöhten Preisen ermöglichte. Wo die Behörden selbst diese Vorschriften nicht umsetzen konnten oder wollten – und dies war überwiegend der Fall –, wurden Preisinterventionen von nichtstaatlichen Akteuren legitim. Das nutzten die Gewerkschaften, indem

61 Vgl. FR, 6. August 1948, S. 1: „Preisherabsetzung erwirkt".

62 Vgl. Die Welt, 3. August 1948 S. 3: „Erregte Hausfrauen, Händler fliehen. Protestkundgebungen gegen die hohen Preise".

63 Vgl. S. 178.

64 FR, 2. August 1948, S. 2; Weser-Kurier, 3.August, S. 3: „‚Eierkrieg' und umgestoßene Obstkörbe".

65 Die Welt, 3. August 1948, S. 3: „Erregte Hausfrauen, Händler fliehen. Protestkundgebungen gegen die hohen Preise".

66 Etwa in Friesoythe am Abend des 30. Juli 1948 in der Wirtschaft Hüffen, vgl. Bestand DGB Oldenburg im Staatsarchiv Oldenburg, Akz 2011/040, Nr. 284 und 289.

67 Vgl. „Das gegenwärtige Preisrecht" (= Anlage 1 zum Rundschreiben Nr. 52/48 der Abteilung I des Bezirksvorstand des Bezirkes Niedersachsen des DGB vom 11. Oktober 1948), Staatsarchiv Oldenburg, Bestand DGB 2011/040, Nr. 1, (3 Seiten), hier: Punkt II e), S. 3. Die rechtlichen Erläuterungen erfolgen auf Grundlage dieser Ausarbeitung.

68 Vgl. Anhang zum Leitsätzegesetz, Abschnitt II, Punkt 5. Dort heißt es: „Alle Preise – auch die freigegebenen – sind behördlich zu überwachen. Wer Höchstpreise überschreitet oder wirtschaftliche Überlegenheit oder ein im Verhältnis zur Nachfrage geringes Angebot mißbraucht oder wer Waren zurückbehält in der Absicht, die Preise zu steigern, ist streng zu bestrafen".

sie selbstständig die Preise überprüften. Dies geschah zunächst eigenständig vor Ort; erst später versuchte der DGB diese Strategie der Preiskontrollen planmäßig auszuweiten.[69]

Wieder sind Parallelen zu den Aktionen der Unterschichten in Großbritannien gegen die langsame Ausbreitung des Liberalismus im 17. und 18. Jahrhundert nicht zu übersehen. Auch jene bezogen sich auf formale Grundlegungen gerechter Preise, damals im *book of orders* von 1630 kodifiziert.[70] Nicht selten intervenierten gut organisierte Belegschaften während der Arbeitszeit am Ort des Geschehens, im Jahr 1795 zogen Bergleute in die Stadt Haverfordwest und erklärten, dass „sie auf Bitten der armen Einwohner in der Stadt gekommen seien, die allein nicht genug Mut und Festigkeit besäßen, um den Preis festzusetzen“[71], und 153 Jahre später zogen etwa 1.000 Arbeiter der Belegschaft der Motorenwerke in Mannheim zum Markt, erwirkten dort Preissenkungen und blockierten unwillige Stände.[72] In Solingen kontrollierten bekannte Gewerkschafter in der ersten Augustwoche 1948 mehrfach die Wochenmarktpreise, woraufhin diese zum Teil erheblich gesenkt werden mussten.[73] „Bei vielen Aktionen, insbesondere in den alten Gewerbezentren [...] nahm die Menge für sich in Anspruch, daß sie selbst den ‚Gesetzen‘ Geltung verschafften müsse, weil die Behörden dies verweigerten.“[74] Auch Münchener Gewerkschafter überwachten wiederholt die Großhandelspreise auf Korrektheit, und auch für sie galt: „wo man sich ihnen nicht entgegenstellte, benahmen sie sich sehr diszipliniert und anständig. Wo sie auf Widerstand stießen, gab es Empörung und Gewalt.“[75] – Am 18. August kam es etwa bei einer solchen Kontrolle in der Münchener Großmarkthalle zu einer Schlägerei zwischen Metallarbeitern und Gemüsehändlern.[76]

Wenn wir mit der Inspiration von Thompsons Text die Ausschreitungen und die verschiedenen Aktionen im Herbst 1948 analysieren, lässt sich selbst für viele Vorkommnisse, die nach bloßer Randale aussahen, festhalten: „Im Mittelpunkt dieses Aktionsmusters steht nicht die Plünderung [...] oder die Dieberei [...], sondern die Preisfestsetzung.“[77]

---

69 Vgl. dazu S. 185.

70 Die Aufgaben der Friedensrichter, wie im *book of orders* (zwischen 1580 und 1630) kodifiziert, waren folgendermaßen umrissen: Sie durften Preise kontrollieren und ändern, Vorräte kontrollieren und ihren Verkauf erzwingen und dafür auch die Preise festlegen, ebd., S. 42–45. Die Lektüre von Thompsons Text legt in Form wie in Selbstverständnis frappierende Ähnlichkeiten offen zwischen Preiskämpfen im 17. und 18. Jahrhundert und denen im Herbst 1948. Ein gemeinsamer Tenor war: Wenn ihr nicht dafür sorgt, dass eure Gesetze eingehalten werden, dann greifen wir zur Selbsthilfe: „1693 holte die Bevölkerung in Banbury und Chipping Norton das Korn mit Gewalt aus den Wagen, als es von den Aufkäufern abtransportiert wurde, und erklärte, daß sie entschlossen sei, daß Gesetz zu vollstrecken, da die Behörden es nicht achteten.“, ebd., S. 44.

71 Ebd., S. 52. Auch die „Zinnbergleute Cornwalls waren für ihr wachsames Konsumentenbewußtsein und für ihrer Bereitschaft berüchtigt, rasch und in großer Zahl loszuschlagen“, ebd., S. 34.

72 Vgl. FR, 11. August 1948, S. 4. Vgl. Dazu auch: Protokoll der „Ortsausschuss-Generalversammlung am 18.7.49 nachmittags 14 Uhr im Lokal Landkutsche“, Stadtarchiv Mannheim, Bestand Kleine Erwerbungen Nr. 649, Blatt 13–28.

73 Vgl. Grunert, Solinger Chronik, Einträge 10. und 11. August 1948.

74 Thompson, Die ‚sittliche Ökonomie‘, S. 44.

75 Bericht eines „Konstablers“ über das Jahr 1766, als ein Mob in Gloucestershire Preiskontrollen in die eigene Hand nahm, zitiert nach: ebd., S. 44–46, Zitat 45.

76 Schattenhofer, Chronik der Stadt München, S. 403 und 405.

77 Thompson, Die ‚sittliche Ökonomie‘, S. 42.

7.2.3 „Käuferstreik gegen die Wucherpreise: 1:0 für die Hausfrau!“[78]

Ende Juli bzw. Anfang August 1948 verbreiten sich die ersten Nachrichten über organisierte „Kaufstreiks“, zum Teil auch „Käuferstreiks“ genannt.[79] Die wichtige Rolle der Gewerkschaften beim „Kaufstreik“ mag die Benutzung des Wortes erklären, weil er an Traditionen der Arbeiterbewegung erinnerte und in gewisser Weise zu Zeiten des Lohnstopps den Streik für Einkommenserhöhungen ersetzen musste.

Der erste dokumentierte Kaufstreik ereignete sich in Münster, wo am 28. Juli unter Beteiligung von Gewerkschaften und Belegschaften die Einkaufenden Preissenkungen durchsetzten. „Frauensieg im Käuferstreik“ hieß es tags darauf in der Zeitung.[80] Der vermeintliche Sieg war aber wenig nachhaltig; bereits wenige Tage später wurde vom Münsteraner Domplatz ein weiterer Kaufstreik gemeldet.[81]

In Lübeck wurde bei einer Großkundgebung am 6. August sogar ein „totaler Käuferstreik“[82] für die Dauer von einer Woche proklamiert.[83] Drei Tage später war zu lesen, dass die Preise bereits Stunden nach der Proklamation um 50–80 Prozent fielen, und der Käuferstreik daher nur begrenzt umgesetzt wurde.[84] Auch aus verschiedenen Städten des Ruhrgebiets[85] sowie aus Niedersachsen[86] wurden erfolgreiche Kaufstreiks durch EndverbraucherInnen gemeldet. In Varel war einige Tage zuvor ein Kaufstreik als Begleiterscheinung einer frühmorgendlichen Protestkundgebung ausgebrochen und durch Eierwürfe auf uneinsichtige Händler unterstrichen worden.[87] In der dritten Augustwoche wurde in ganz Ostfriesland per Plakat zum Kaufstreik aufgerufen.[88]

Das Prinzip des Kaufstreiks, durch Kaufverweigerung die Verkaufenden zu Preissenkungen zu bewegen, war überall gleich; nichtsdestotrotz sind lokale Besonderheiten zu verzeichnen. In Düsseldorf veranstaltete der Einzelhandel am 6. August 1948 einen Kaufstreik („Boykott“) gegen den überteuerten Großhandel. Nach Verhandlungen wurden auch hier die Preise gesenkt.[89] Kurz darauf (ab dem 9. August) boykottierte der gesamte Handel des Niederrheins die „Erzeugerhöchstpreise“[90]:

Eine Besonderheit ergab sich auch in Brake im Oldenburger Land, denn dort wurde der Ansatz der Gewerkschaften, selbst Kontrollfunktion zu übernehmen, beispielhaft um-

---

78 Deutsche Wochenschau GmbH (1948): Welt im Film 168, 13. August 1948, unter: www.filmothek.bundesarchiv.de, zuletzt 20. August 2015, min. 7:20. Im Film wird das Prinzip Kaufstreik erklärt (ab min 6:55) und einige Ereignisse (z.B. in Münster) aufgegriffen.

79 Die wichtigsten Akteure waren Frauen, weshalb im Folgenden absichtlich die genderneutrale Form „Kaufstreik“ verwendet wird.

80 Rhein-Echo, 29. Juli 1948: „Frauensieg im Käuferstreik“.

81 Vgl. Die Welt, 3. August 1948, S. 3: „Erregte Hausfrauen, Händler fliehen. Protestkundgebungen gegen die hohen Preise“.

82 Die Welt, 7. August 1948, S. 1: „Käuferstreik stürzt Preise“.

83 Vgl. „Aufruf des Ortsausschuss Lübeck des DGB (BBZ) zum Käuferstreik nach der Währungsreform“, Mielke u. Rütters, Gewerkschaften 1945–1949, S. 587 f.

84 Vgl. Die Welt, 10 August, S. 1: „Preise um 50 v. H. gesunken“.

85 Vgl. Die Welt, 14. August 1948, S. 1: „Käuferstreiks nehmen zu“; für Mülheim vgl. Rhein-Echo, 19. August 1948.

86 Vgl. Abendpost, 14. August 1948, S. 2: „Protestwelle gegen die Teuerung“.

87 Vgl. Abendpost, Ausgabe Oldenburg-Nord, 12. August 1948, S. 5.

88 Vgl. Abendpost, Ausgabe Ostfriesland, 19. August 1948, S. 3: „Käuferstreik in Ostfriesland“.

89 Vgl. Rhein-Echo, 7. August 1948.

90 Vgl. Die Welt, 10. August 1948, S. 1: „Boykott auf dem Gemüsemarkt“.

Abb. 12: Informationsplakat für den vom 9.–12. August 1948 geplanten Kaufstreik des Handels gegen die Erzeuger. Der Ausdruck „Boykott" wird hier vom Handel („Einzelhandel. Ambulanter Handel. Früchte-Großhandel") benutzt; die Verweigerung des Einkaufs auf Märkten hingegen wurde in Anlehnung an die Terminologie des Kampfes am Arbeitsplatz „Kaufstreik" oder „Käuferstreik" genannt.

gesetzt.[91] Der Samstags-Wochenmarkt am 14. August stand als Ganzes „unter der Kontrolle der Gewerkschaften", die den Händlern de facto Preisvorschriften machten. „Ohne Krawall", so fährt der sympathisierende Zeitungsbericht fort, „ohne lärmende Eierszenen und erregte Gemüseschlachten ging es hier ab." Einzig als ein Eierhändler den von Gewerkschaften geforderten Verkaufspreis nicht akzeptieren wollte, veranlasste eine „erregte Menschenmenge", die eine „drohende Haltung" einnahm, diesen Händler, den Markt zu verlassen.[92]

Der einzige Kaufstreik, der erfolglos abgebrochen werden musste, fand in Dortmund statt, und zwar gegen Ende der hier festgestellten Hochphase der Kaufstreiks, etwa eine Woche nach den meisten anderen Aktionen. In einem Zeitungsbericht vom 19. August wurde vermutet, dass die Aussicht auf die zweite Charge der Kopfquote, die für die zweite Augusthälfte angekündigt war, der Grund dafür war, dass sich die Leute nicht an den Aufruf hielten – die Preise stiegen daraufhin auch prompt weiter.[93]

91 Vgl. für diesen Ansatz, Behördenaufgaben zu übernehmen, die Gewerkschaftsaktion „Herunter mit den Preisen" (vgl. S. 185), deren Prinzip Anfang September erfolglos auf die gesamte Bizone ausgeweitet wurde, vgl. S. 193 f.

92 Nordwest-Zeitung, Ausgabe Wesermarsch, 17. August 1948, S. 3: „Wochenmarkt unter Kontrolle"; vgl. auch Weser-Kurier, 19. August 1948, S. 3: „Um den Eierpreis".

93 Vgl. Rhein-Echo, 19. August 1948.

Zumeist ging die Initiative zu den Kaufstreiks von den örtlichen Gewerkschaften aus (etwa in Bielefeld[94], Detmold[95], Hannover[96] oder Lübeck[97]); aber auch andere Akteure (Groß- oder Einzelhändler, Ratsherren, Parlamentsvertreter oder die berüchtigten „Hausfrauen") in regional unterschiedlichen Konstellationen waren beteiligt.[98] Aus Hannover wird sogar eine öffentliche Kundgebung des Einzelhandelsverbandes gemeldet, deren Mitglieder sich nicht mit der Rolle der Schuldigen abgeben wollten und auf die hohen Großhandelspreise hinwiesen.[99] In Hamburg ermöglichte Anfang August eine Vereinbarung zwischen „Erzeugern, Groß- und Einzelhandel" erhebliche Preissenkungen für ausgewähltes Obst und Gemüse.[100]

Sowohl während der Phase der lokalen und regionalen Proteste als auch während der Kaufstreiks gingen die spontanen Äußerungen von Unmut, die teilweise mit körperlicher Gewalt vorgetragen wurden, auf ein Minimum zurück. Insgesamt verliefen sich diese Ausbrüche in der zweiten Augusthälfte. Für die ersten drei Augustwochen waren dann die Kaufstreiks die vorherrschende Protest- bzw. Aktionsform, bis sich Mitte August zunehmend öffentlicher politischer Protest artikulierte, zunächst parallel oder verflochten mit den Aufrufen zum Boykott, später zunehmend alleinstehend. Schon in dieser Phase der Auseinandersetzungen um die Preisfestsetzungen machten sich einige OMGUS-lizensierte Zeitungsreporter und örtliche Polizeikräfte mit den Protesten gemein, und bald schon gesellte sich mehr als ein Bürgermeister hinzu. Es gab auch 1948 „keinen Zweifel, daß diese Aktionen im Volk auf überwältigende Zustimmung stießen."[101] Bald wurden die strukturellen Gründe für die desolate Lage stärker thematisiert und politische Gegenmaßnahmen gefordert. An die Stelle der lokal begrenzten Selbsthilfe trat die Politisierung durch Kundgebungen, Streiks und Demonstrationen.

Rückendeckung bekamen diese Straßenproteste auch von relevanten Teilen der Verwaltung. Sämtliche „Leiter der großstädtischen Wirtschaftsämter der Bizone" verabschiedeten am 8. August 1948 eine gemeinsame dreiseitige Entschließung. Darin stellen sie eingangs fest, dass nach erst sechs Wochen bereits klar sei, dass der erste Grundsatz der Präambel des Leitsätzegesetzes[102] „gröblich verletzt" worden sei. Insbesondere die unpraktikable und unsoziale Gestaltung des Punktesystems unterzogen sie einer geharnischten Kritik und bewerteten die „von interessierten Kreisen immer wieder aufgestellte Behauptung, das alte Bewirtschaftungssystem habe abgewirtschaftet" in diesem Zusammenhang als „nur bedingt richtig."[103] Der Widerstand gegen die freie Marktwirtschaft verfestigte sich weiter.

94 Vgl. Niederdeutsche Zeitung, 10. August 1948, S. 1: „Streiks gegen hohe Preise".

95 In Detmold wurden nach „Beratung von Vertretern der Gewerkschaften, der Gemüsehändler und Erzeuger sowie der Hausfrauen" für den weiteren Verkauf „einheitliche, erheblich herabgesetzte Preise vereinbart", vgl. Die Welt, 10. August 1948, S. 1: „Boykott auf dem Gemüsemarkt."

96 Vgl. Weserkurier, 14. August 1948, S. 1: „Selbsthilfe gegen Preissteigerungen".

97 Vgl. „Aufruf des Ortsausschuss Lübeck des DGB (BBZ) zum Käuferstreik nach der Währungsreform", Mielke u. Rütters, Gewerkschaften 1945–1949, S. 587 f.

98 Vgl. z.B. Die Welt, 7. August 1948, S. 1: „Käuferstreik stürzt Preise".

99 Vgl. Niederdeutsche Zeitung, 10. August 1948, S. 1: „Streiks gegen hohe Preise". Auf der Kundgebung am 9. August sprachen Vertreter des Einzelhandels sowie Dr. Friedrich Holzapfel (CDU) und Franz Blücher (FDP).

100 Die Welt, 7. August 1948, S. 1: „Käuferstreik stürzt Preise".

101 Thompson, Die ‚sittliche Ökonomie', S. 46.

102 Darin heißt es: „Die Auflockerung des staatlichen Warenverteilungs- und Preisfestsetzungssystems findet ihre Grenze dort, wo es darauf ankommt, den Schutz des wirtschaftlich Schwächeren zu gewährleisten".

103 Die Entschließung findet sich z.B. in BA N1278/142, Zitate S. 1 bzw. 2. Im Dezember 1948 waren schließlich 70 Prozent der Befragten einer Allensbach-Umfrage der Meinung, die Behörden sollten wieder

7.2.4 Formale Politisierung der Proteste: Streiks und Demonstrationen

An demselben 11. August, an dem es in Bayern noch zu spontanen Ausschreitungen kam, wurde in Münster, wo die allerersten Kaufstreiks stattgefunden hatten, auf Beschluss der Betriebsräte in allen Betrieben gestreikt,[104] und es versammelten sich „Zehntausende" zu einer Kundgebung.[105] Auch sämtliche Betriebe im ostwestfälischen Lübbecke wurden ganztägig bestreikt.[106] Bereits drei Tage zuvor hatten in Osnabrück 10.000 Beschäftigte aus Protest gegen die Preissteigerungen für zweieinhalb Stunden die Arbeit niedergelegt.[107]

In Oldenburg fanden in kurzer Folge zwei Kundgebungen statt. Zunächst (am 11. August) versammelten sich auf Initiative des DGB Kreisausschuss Oldenburg Betriebsräte und Funktionäre und schickten folgende Entschließung an den Wirtschaftsrat:

> *„1. Solange Mangel an Lebensmitteln und Gebrauchsgütern besteht, müssen die Höchstpreise festgesetzt und die Preise kontrolliert werden, was unter Hinzuziehung von Gewerkschaften zu erfolgen hat.*
> *2. Aufhebung des Lohnstops, umso* [sic] *die Löhne den Preisen angleichen zu können.*
> *3. Einen gesetzlichen Kündigungsschutz bei Massenentlassungen, die [...] nicht einer wirtschaftlichen Notlage entspringen. Eine vorgegebene Notlage muss gesetzlich abgesichert durch Betriebsräte und Gewerkschaften überprüft werden können."*[108]

Etwas mehr als eine Woche später wurde in Oldenburg zu einer „Massenkundgebung" am 20. August aufgerufen.[109]

Auf dieser Kundgebung fanden sich bis zu 3.000 Menschen ein. Neben der verbreiteten Kritik an der Wirtschaftspolitik von Erhard wurden die Verantwortlichen aufgefordert, entweder für Lohnerhöhungen oder die Senkung der Preise auf den Stand vom Mai des Jahres 1948 zu sorgen. Der Redner (Dr. Karl Hinkel, DGB-Landesbezirk Niedersachsen) wies auf eine Untersuchung des statistischen Amtes in Hannover hin, die Lebenshaltungskosten von mindestens 250 DM für eine vierköpfige Familie festgestellt hatte und stellte dem das Durchschnittseinkommen eines Arbeiters von nicht einmal 150 DM gegenüber.[110]

---

die Preise kontrollieren. Immer noch die Hälfte hätte dafür auch ein eingeschränktes Warenangebot in Kauf genommen, vgl. Neumann u. Noelle (Hg.) (1956), Jahrbuch der öffentlichen Meinung 1947–1955, S 154.

104 Vgl. Weserkurier, 10. August 1948, S. 1: „Proteststreik in Münster".

105 Abendpost, 12. August 1948, S. 4: „Käuferstreik auch in Hannover". Auch die Kundgebung hatte auf Beschluss einer „außerordentlichen Konferenz der Betriebsräte" stattgefunden, vgl. Weserkurier, 10. August 1948, S. 1: „Proteststreik in Münster".

106 Vgl. Die Welt, 10. August 1948, S. 1: „Boykott auf dem Gemüsemarkt".

107 Vgl. Hudemann u.a. (1992): Statistik der Arbeitskämpfe, S. 155.

108 Niedersächsisches Landesarchiv, Staatsarchiv Oldenburg, Bestand DGB 2011/040, Nr. 1.

109 Vgl. Plakat und Genehmigung vom 18. August 1948, NLA Oldenburg, Bestand DGB 2011/040, Nr. 1 („approved for 20 August 1948" unleserliche Unterschrift vom „18\8\48").

110 Vgl. Nordwest-Zeitung, 21. August 1948, S. 4, abgedruckt auch in: Stelljes, Gewerkschaften in Oldenburg, S. 169. Für die Zeit nach Aufhebung des Preisstopps (Juni 1948) und erst recht nach Aufhebung des Lohnstopps (November 1948) sind darüber hinaus kaum verlässliche Daten zu finden. Eine statistische Zusammenstellung über das westdeutsche Lohnniveau weist für diese Zeiträume nicht einmal Schätzungen aus, vgl. Rainer Skiba u.a. (1974): Das westdeutsche Lohnniveau zwischen den beiden Weltkriegen und nach der Währungsreform, Köln, S. 179. Im Jahr 1950 betrug das durchschnittliche Nettoarbeitsein-

Abb. 13: Mobilisierungsplakat „Herunter mit den Preisen" für eine Kundgebung in Oldenburg gegen Ende der ersten intensiven Protestphase am 20. August 1948.

Diese beiden Oldenburger Aktionen am 11. und am 20. August rahmten die intensivste Phase dieser Welle von Kundgebungen, im Zuge derer im Gegensatz zu den Eierkrawallen sehr dezidierte wirtschaftspolitische Forderungen erhoben wurden. Nahezu täglich wurden in dieser Phase Protestaktionen in den Westzonen gemeldet.[111]

Die einzige überregionale Aktion fand in Hessen statt. Dort schaffte es der Gewerkschaftsbund, am 12. August 1948 landesweit koordiniert vorzugehen. Bis zu 400.000 Menschen nahmen an diesem Tag an Protestversammlungen teil, die mit Niederlegung der Arbeit verbunden waren. In einer vorbereiteten Entschließung wurde neben den bekannten Forderungen nach einem Umschwenken der Wirtschaftspolitik auch betont, „ein gesunder Wiederaufbau [sei] nur möglich", wenn „Mitbestimmung und Mitverantwortung der Arbeitnehmer im Produktions- und Wirtschaftsprozess" verwirklicht würden.[112] Damit reflektiert diese Entschließung nicht nur die immer noch aktuelle Forderung nach den Schritten, die aus Gewerkschaftssicht zentral waren, um den Kapitalismus zurückzudrängen, sondern speziell auch die hessische Diskussion.[113]

kommen 212 DM, ebd., S. 130.

111 Dieser Zeitrahmen gilt vor allem für die BBZ; in der ABZ, namentlich in Bayern, reichten die Kundgebungen bis weit in den September.

112 Vgl. Weiss-Hartmann, Der Freie Gewerkschaftsbund Hessen, S. 305 f. Die Entschließung ist komplett abgedruckt bei ebd., S. 305 f.

113 Vgl. S. 94–97.

In Darmstadt versammelten sich mehr als 10.000 Menschen[114] und in Frankfurt auf dem Römerberg war den bis zu 20.000 Protestierenden[115] ihr Anliegen so wichtig, dass sie den regenbedingten Abbruch der Veranstaltung verhinderten.[116] Als ein US-amerikanischer Militärjeep die Kundgebung durchqueren wollte, wurde der Wagen umgeworfen und die Insassen (ein US-Amerikaner und ein Deutscher) „verprügelt".[117] Auch eingreifende Polizisten seien „tätlich angegriffen" worden.[118] Viele Demonstrierende diskutierten noch lange nach Kundgebungsende (gesprochen hatte der Bezirkssekretär Piper[119]) darüber, wie die Proteste fortzuführen seien,[120] während andere den Dienstsitz des Oberbürgermeisters Walter Kolb belagerten. Dort forderten sie eine öffentliche Erklärung von ihm, weil sich ein Gerücht verbreitet hatte, er habe kurz zuvor die Gewerkschaften beleidigt. Jener lehnte zwar eine öffentliche Erklärung ab, empfing aber eine Delegation zu Gesprächen.[121]

Für den nächsten Tag, Freitag, den 13. August 1948, war vom DGB Hannover für eine Kundgebung am Klagesmarkt mobilisiert worden.[122] Ein Lautsprecherwagen des DGB hatte bereits am Tag zuvor „zur Kaufenthaltung" aufgefordert und dieser Kaufstreik wurde während der Kundgebung fortgesetzt. Der Redner (Adalbert Stenzel, DGB) charakterisierte den Kaufstreik als Teil des Lohnkampfes.[123] Zu der Kundgebung waren trotz strömenden Regens zwischen 9.000 und 10.000 Menschen erschienen.[124] Auch im nordrheinwestfälischen Wuppertal kam es in diesen Tagen zu einer großen Protestaktion, an der sich auch Einzelhändler beteiligten.[125]

Ebenfalls am 13. August verabschiedeten die Vertreter der nordbadischen Gewerkschaften (u.a. aus Heidelberg, Mannheim, Karlsruhe), die für sich in Anspruch nehmen konnten, etwa 150.000 gewerkschaftlich Organisierte zu vertreten, auf einer außerordentlichen Versammlung eine Entschließung. In dieser wiesen sie auf die sich verschlechternde Situation der Lohnabhängigen in Folge der Währungsreform („wirtschaftliche Verelendung") hin und forderten scharfe Preiskontrollen und schwerste Strafen „gegen die [...] unverantwortlichen Preistreiber". Für den Fall, dass dieser „letzte Appell an die Behörden wiederum ungehört verhallen" sollte, lehnten die Gewerkschaftsvertreter die Verantwortung für die daraus resultierenden Folgen explizit ab.[126] Der Vorstand des Gewerkschaftsbundes Württemberg-Baden (GWB) wurde außerdem aufgefordert, Vertreter sämtlicher württemberg-badischer Ortsausschüsse zusammenzubringen.[127]

114 Angaben nach der Bildbeschreibung des Bundesarchivs, vgl. dazu den Nachweis zu Abb. 14 im Abbildungsnachweis.
115 Vgl. Abendpost, 14. August 1948, S. 2: „Protestwelle gegen die Teuerung".
116 Vgl. Weiss-Hartmann, Der Freie Gewerkschaftsbund Hessen, S. 306.
117 Niederdeutsche Zeitung, 14. August 1948, S. 1: Vermutlich handelte es sich um einen Angehörigen der Constabulary und einen deutschen Polizisten, die oft in „joint patrols" unterwegs waren, vgl. H.P. Rand (1949): A Progress Report on the United States Constabulary, in: Military Review, Oktober 1949, unter: www.usarmygermany.com, zuletzt 8. August 2015.
118 Die Welt, 14. August 1948, S. 1: „Käuferstreiks nehmen zu".
119 Niederdeutsche Zeitung, 14. August 1948, S. 1.
120 Vgl. Weiss-Hartmann, Der Freie Gewerkschaftsbund Hessen, S. 306.
121 Vgl. Niederdeutsche Zeitung, 14. August 1948, S. 1.
122 Vgl. Abendpost, 12. August 1948, S. 4: „Käuferstreik auch in Hannover".
123 Vgl. Abendpost, 14. August 1948, S. 2: „Protestwelle gegen die Teuerung".
124 Vgl. Die Welt, 14. August 1948, S. 1: „Käuferstreiks nehmen zu".
125 Vgl. Die Welt, 14. August 1948, S. 1: „Käuferstreiks nehmen zu".
126 „Entschliessung" vom 13. August 1948, Stadtarchiv Stuttgart Bestand 2137/292.
127 Vgl. das entsprechende Schreiben vom 13. August 1948 des Heidelberger Ortsausschusses (durch den Vor-

Abb. 14: Darmstadt, 12. August 1948: Kundgebung im Rahmen der hessenweiten Proteste auf dem Platz vor dem Landesmuseum.

Abb. 15: Frankfurt/M., 12. August 1948: Kundgebung auf dem Römerberg im Rahmen der hessenweiten Proteste. Auf dem Spruchband ist zu lesen: „Gegen Preiswucher und Lohndruck + Für gerechten Lohnausgleich. Für das Mitbestimmungsrecht der Betriebsräte".

Abb. 16: Stuttgart, 14. August 1948. Demonstration auf dem Wochenmarkt unter der Parole „Herunter mit den Preisen".

Diese Forderung der Delegierten widersprach der Politik der Leitung des GWB, auf die krisenhafte Lage lediglich mit lokalen Interventionen auf dem Preissektor zu reagieren. Zu einer entsprechenden „Gewerkschaftsaktion ‚Herunter mit den Preisen'" hatte nämlich Markus Schleicher nicht einmal eine Woche vorher, am 7. August, die Vorstände der Industrieverbände, die Ortsausschüsse und die Frauenausschüsse explizit aufgefordert. Schleicher präferierte als Reaktion auf die Preissituation, die „Preisentwicklung unter unsere [d.i. gewerkschaftliche] Kontrolle zu nehmen". Dazu sollten selbstständig herauszufindende Verstöße gegen die „Preisauszeichnungs- und Preisnachweispflicht des Handels und der Industrie" bei den Behörden gemeldet werden. Allgemein sollten die örtlichen Gliederungen „die Preisentwicklung regelmäßig [...] beobachten", sowie auf „grösste Disziplin beim Einkauf" hinwirken.[128]

Es ist mehr als fraglich, ob die Aktion, die eine Woche nach dieser Aufforderung in Stuttgart stattfand, dem Geist des Schreibens von Markus Schleicher entsprach. Als dort am 14. August 1948 mehrere Tausend Demonstrierende durch die Innenstadt und auf die Märkte zogen, wurde zwar das Motto „Herunter mit den Preisen" zitiert; doch von einer lautlosen Preiskontrolle und anschließender Meldung von Verstößen an die Behörden konnte wohl kaum die Rede sein. Der dpa-Report berichtet:

sitzenden Adolf Engelhardt) an den GWB (Markus Schleicher), Stadtarchiv Stuttgart Bestand 2137/292.

128 Vgl. dazu GWB, Bundesvorstand (Markus Schleicher) an die Vorstände der Industrieverbände, die Leiter der Ortsausschüsse und die Frauenausschüsse (= Rundschreiben Nr. 49/48, 7. August 1948), Stadtarchiv Stuttgart Bestand 2137/292.

„Herunter mit den Preisen' steht auf einem Plakat, das Demonstranten am 14.08.1948 während einer Demonstration in Stuttgart mit sich führen. [...] *Mehrere 1000 Menschen zogen zu den Kaufhäusern, auf den Wochemarkt [sic] und vor das Rathaus, um gegen die im Verhältnis zu den Löhnen und Gehältern zu hohen Preise von Lebensmitteln und Gebrauchsgegenständen zu protestieren. Geschäftsleute reduzierten daraufhin unmittelbar ihre Preise um bis zu 300 Prozent. Ein Verkäufer von Kochtöpfen auf dem Markt setzte z.B. den Preis pro Topf von 9,50 auf 2,50 Mark herab. Die überhöhten Preise waren eine Folge der Währungsreform, die am 21.06.1948 in den drei Westzonen in Kraft getreten war.*"[129]

Ein Zeitungsartikel berichtet, dass diese Aktion vom Betriebsrat der Firma Bosch auf Drängen der Arbeiter organisiert worden war und Forderungen nach einer Veränderung der Preis-Lohn-Verhältnisse per Lautsprecher verbreitet wurden. Dieser Bericht sprach von erheblichen Preissenkungen, deren Freiwilligkeit dem Reporter zweifelhaft erschien.[130] Die Umsetzung der Idee von Markus Schleicher, geräuschlos mit den Behörden zu kooperieren, hätte wohl anders ausgesehen.

Weit im Norden der Bizone, in der Wesermarsch, versammelte sich unterdessen die unzufriedene Bevölkerung am 15. August in Nordenham auf dem Marktplatz und am Abend desselben Tages in Burhave. Auf beiden Kundgebungen sprach Bürgermeister Johann Müller, der betonte, dass die von Erhard beschworenen Marktmechanismen in Zeiten wie diesen „eine Illusion" seien. Wütend stellte er fest: „Wenn eine solche wilde Preistreiberei dem Geist der Freiheit entspricht, dann solle man einen solchen Geist zum Teufel jagen."[131] Nach einigen auf den Märkten eingesetzten Polizisten bricht hier auch ein Bürgermeister in deutlichen Worten mit der „freien Marktwirtschaft"; aus den spontanen Protesten entwickelten sich mit enormer Geschwindigkeit die ersten „Lücken und Risse"[132] im Strategischen Dispositiv.

Auch im benachbarten Ostfriesland kam es in zahlreichen Orten zu gut besuchten Kundgebungen. Am 16. August, einem Montag, fanden gleichzeitig in Aurich, Emden, Wittmund, Norden, Leer und Weener Versammlungen statt. In Emden forderte der Oberbürgermeister (Hans Susemiehl, SPD) auf dem alten Markt, dass die Löhne solange steigen müssten, bis die gestiegenen Preise ausgeglichen seien, während in Leer der dortige Bürgermeister Louis Thelemann die über 1.000 Zuhörenden zum Kaufstreik aufforderte. Auf der mit 3.000 Personen größten Kundgebung in Aurich sprach Franz Stelter vom DGB Aurich-Wittmund, während die KPD Flugblätter verteilte. In Wittmund wiederum kündigte der lokale Landtagsabgeordnete Anton Pawlowski (SPD) auf einer Kundgebung des DGB nach einem Referat über die politische Lage die Gründung einer Konsumgenossen-

129 Bild und Bildbeschreibung: dpa-Foto Nummer 8386198.

130 Vgl. Stuttgarter Zeitung, 16. August 1948: „Bitte kaufen, meine Preise sind gesenkt". Fichter, Aufbau und Neuordnung, S. 544 f. (Anm. 332) nennt als weitere Quelle zu dieser Aktion: OMGWB, LSO Stuttgart, Weekly Intelligence Report, No. 33 vom 18. August 1948; NA, RG 260, 12/221-2/3. Vermutlich zu diesem Anlass erschien ein undatiertes Flugblatt der Stuttgarter Ortsausschusses, abgedruckt in: DGB Stuttgart, Arbeiterbewegung und Wiederaufbau, S. 271.

131 Nordwest-Zeitung, Ausgabe Wesermarsch, 17. August 1948, S. 3: „Protest-Großkundgebung in Nordenham. Gegen die wilden Preistreibereien".

132 Schauz, Diskursiver Wandel, S. 106.

schaft an.[133] Immer neue „Risse“ im Dispositiv, die in diesen „Momenten des Widerstands“ offensichtlich werden, lassen erahnen, dass die „Mikrophysik der Macht“ weitaus „fragiler“ sein kann, als gemeinhin angenommen.[134]

Es war alles andere als Zufall, dass die Fraktion der SPD im bizonalen Wirtschaftsrat genau am 17. August einen Misstrauensantrag gegen Ludwig Erhard stellte, der noch ausführlicher Thema sein wird. Der Antrag wurde zwar deutlich abgelehnt; doch wurde dadurch nur ein „äusserer formaler Widerstand beseitigt“, wie Erhard selbst feststellte.[135]

Die nächsten größeren (überlieferten) Aktionen fanden in Ludwigsburg (3.500 auf einer gewerkschaftlichen Demonstration[136]) Oldenburg (am 20. August, s.o.), Gütersloh (Protest von 8.000 Menschen[137]) und am 24. August in Düsseldorf statt. Vom Düsseldorfer Ortsausschuss wurde bereits im Aufruf zur Kundgebung mit Generalstreik gedroht. Es fanden sich 8.000 bis 10.000 Menschen ein, wie üblich fand die Kundgebung zur Arbeitszeit statt. Auch der Einzelhandel blieb für die Dauer der Aktion geschlossen. Wie in Hannover sprach das Mitglied des Bundesvorstandes der Gewerkschaften, Adalbert Stenzel.[138]

Bereits einen Tag später, am 25. August, fanden sich auf dem Königsplatz in München wiederum bis zu 100.000 TeilnehmerInnen zu einer Protestkundgebung ein.[139] Diese dürfte die größte dieser Art während dieser Protestphase gewesen sein, die Mitte September abebbte, nur um dann im Oktober von verschärften Protesten abgelöst zu werden.[140]

7.2.5 Exkurs: Die Proteste in Bayern

Eine günstige Quellenlage ermöglicht die exemplarische Vertiefung der Protestbewegung am Beispiel Bayerns. Im Bundesarchiv befindet sich eine Sammlung zahlreicher Resolutionen und Entschließungen, die von den Ortsausschüssen der bayrischen Gewerkschaften an amtliche Stellen, vor allem an den Oberdirektor Pünder, geschickt worden sind.[141] Die meisten dieser Schriftstücke gehen auf Protestversammlungen in Kleinstädten zurück, zu denen Hunderte, oft Tausende Menschen erschienen, unter ihnen – wie zu erwarten – nicht nur Beschäftigte, sondern auch „Hausfrauen“ und „Sozialrentner“. Dabei wird deut-

133 Abendpost, 19. August 1948, Ausgabe Ostfriesland, S. 3: „Käuferstreik in Ostfriesland“. Vgl. auch Nordwest-Zeitung, Ausgabe Ostfriesland-Süd bzw. Ostfriesland-Nord, 17. August 1948, S. 3: „Zum Käuferstreik aufgerufen. Protestversammlungen in allen Städten“.

134 Zitate aus Schauz, Diskursiver Wandel, S. 106.

135 Ludwig Erhard (1948): Gegenwartsfragen der Wirtschafts- und Preispolitik. Ansprache vor Vertretern der Industrie- und Handelskammern und der Wirtschaftsverbände im Handwerkersaal (Braubachstrasse) FfM., LEA NE1516 (mit Beiblatt), S. 1.

136 Hudemann u.a. (1992): Statisitik der Arbeitskämpfe, S. 223.

137 Ebd., S. 194.

138 Vgl. Rhein-Echo, 24. August 1948 und Rhein-Echo, 26. August 1948. Die Kundgebung fand auf der Reitallee am Jägerhof statt (d.i. der Hofgarten).

139 Schattenhofer, Chronik der Stadt München, S. 407. Vgl. auch Abb. 17.

140 In Delmenhorst fand am 3. September 1948 eine große Kundgebung der Gewerkschaften statt, diese war jedoch ursprünglich für den 21. August geplant, hätte sich also genau in den beschriebenen Protestzyklus eingefügt und war nur aus technischen Gründen verschoben worden, vgl. Nordwest-Zeitung (Ausgabe Delmenhorst), 28. August 1948, S. 4: „Die große Masse wartet darauf“ und Nordwest-Zeitung (Ausgabe Delmenhorst), 4. September 1948, S. 3 „Scharfer Protest der Gewerkschaften“.

141 Vgl. BA Z13/1179. Alle zitierten Dokumente und die Angaben in diesem Abschnitt entstammen (soweit nicht anders vermerkt) aus dieser Archivalie.

Abb. 17: München, 25. August 1948: Kundgebung auf dem Königsplatz. Auf einem Transparent im Hintergrund steht: „Der Preiswucher ist eine soziale Gefahr".

lich, wie breit die Protestbewegung tatsächlich war und welche Forderungen von ihr erhoben wurden. Insgesamt 43 solcher Versammlungen sind nur aufgrund dieser Dokumente in Bayern für den Zeitraum vom 6. August bis zum 23. September 1948 nachweisbar, davon 41 zwischen dem 12. August und dem 10. September. Weit über 70.000 Menschen nahmen allein an den Kundgebungen teil, zu denen konkrete Zahlenangaben vorliegen.[142] Die Versammlungen in den Großstädten wie München, Nürnberg oder Augsburg[143] sind dabei noch nicht enthalten.

Die bei diesen Gelegenheiten beschlossenen Resolutionen unterschieden sich zwar voneinander in Länge, Ton und Inhalt, aber bestimmte Motive wiederholten sich. Dabei überwiegt die Fokussierung auf den Markt im doppelten Sinne. Mit „Markt" ist zum einen der Wochenmarkt gemeint, wo sich die Bevölkerung mit Lebensmitteln versorgte und sich soziale und wirtschaftliche Beziehungen ebenso manifestierten wie Angebot und Preise auf die Lebensrealität und die finanziellen Möglichkeiten der zum Einkauf Gezwungenen trafen. Zweitens ist mit dem Markt gleichzeitig die allgemeine Sphäre und das Prinzip des freimarktwirtschaftlichen Warentausches (Kaufkraft als einziges Kriterium für das „Wie" der Warenverteilung) gemeint. In dieser Sphäre materialisierten sich im Spätsommer 1948 die Unzulänglichkeiten der neuen Wirtschaftsordnung am schnellsten, und zwar zumeist in der Form von hohen Preisen.

142 Diese Zahl kann nur sehr ungefähr die Dimension der Teilnahmezahlen widerspiegeln, da die von den Gewerkschaftsgliederungen gemachten Angaben nur im Einzelfall überprüft werden konnten.

143 Paul Erker spricht über „Zehntausende", die in „Augsburg, Nürnberg und anderen bayrischen Städten auf die Straße" gingen, vgl. Erker, Hunger, S. 405. In München waren es allein 100.000, vgl. Schattenhofer, Chronik der Stadt München, S. 407.

In den vorliegenden Resolutionen wurde die Herabsetzung der Preise gefordert, mit einer Selbstverständlichkeit, die an die Preisfestlegung der vergangenen Jahre erinnert. Dies lässt vermuten, dass die Marktwirtschaft noch nicht wieder Akzeptanz als normale Wirtschaftsweise erlangt hatte. Es wurde z.B. ein Preiswuchergesetz gefordert (Lauf a.d. Pegnitz, Kundgebung am 31. August, 4.000 TeilnehmerInnen), während anderswo kurze Zeit später bereits das in der Diskussion befindliche Gesetz gegen Preistreiberei für nicht ausreichend befunden wurde (z.B. bei der Kundgebung vor dem Arbeitsamt in Neu-Ulm am 8. September, 6.000 Menschen). Kopplungsgeschäfte[144] seien generell zu unterbinden, befand der Ortsausschuss (OA) Waldsassen bei einer Kundgebung in Tirschenreuth am 23. September (mit 4.000 Personen), und es seien „Preiskontrollausschüsse" der Verbraucher zu installieren, die – wie zum Beispiel in Bamberg am 16. August beschlossen – von den Gewerkschaften zu beschicken seien.

Typisch waren auch Rufe nach wirksamen oder „härtesten" (Lauf a.d. Pegnitz) Strafen. Überraschend selten aber wurden sie verbunden mit einer generellen Personalisierung, wie etwa Hinweisen auf eine „dünne Oberschicht" die schon wieder ein „ausgesprochenes Prasserleben" führt (Marktplatz Günzburg, 2. September, 4.000 Menschen) oder die Lohnabhängigen nach „Vampirart" aussauge und dabei von Frankfurt begünstigt werde (Erlanger Betriebsräte bei einer Kundgebung am 20. August). Obwohl diese Positionen nicht dominierten, war – auch aufgrund der Erfahrungen mit dem Schwarzmarkt – in der Bizone des Jahres 1948 „eine tiefempfundene Überzeugung" anzutreffen, „daß sich der Profitjäger außerhalb der Gesellschaft stellt."[145]

Häufiger fanden sich Rücktrittsforderungen, insbesondere an die Adresse Ludwig Erhards. Die Mittenwalder verlangten am 23. August in ihrer überfüllten Turnhalle, dass Erhard abtreten solle; ebenso erklärten 2.000 Menschen in Forchheim/Ofr. vier Tage vorher, Erhard sei für die Misere verantwortlich und müsse abberufen werden, um den Platz „verantwortungsbewussteren Männern frei zu machen" (Rehau, 20. August) – ohnehin hätten sich alle jetzigen Verantwortlichen gegenüber den Verbrauchern zu erklären (27. August, Landshut, Viehmarktplatz, 10.000 Personen).

Zu den häufigsten Forderungen gehörten die (partielle) Rückkehr zur Bewirtschaftung und Korrekturen im Lohn-Preis-Gefüge. Das Verlangen nach Ausgleich von Löhnen und Gehältern (so z.B. 700 in Sulzbach und 600 in Amberg, gemeinsame Resolution vom 20. August) war in Zeiten von Lohnstopp und Preisfreigabe gut nachvollziehbar, gerade weil die Preise bei dem seit Jahren herrschenden Mangel so schnell stiegen. Eine sofortige Lohnerhöhung (Landsberg am Lech, 18. August) bzw. Steigerung von Gehältern und Renten (Bamberg, 17. August) sei daher dringend notwendig, denn schließlich sei „die arbeitende Bevölkerung [...] nicht gewillt, alle Opfer des verlorenen Krieges allein zu tragen" (Versammlung in Pegnitz, 18. August). Vielmehr habe die Arbeitnehmerschaft schließlich „ihren guten Willen lange genug und oft unter Beweis gestellt. Nun", so der OA Ansbach mit Schreiben vom 20. August (Kundgebung am 6. des Monats), sei „es am anderen Teile des Volkes, seinerseits das gleiche zu tun."

144 Gemeint war damit eine Praxis, begehrte Waren nur im Verbund mit Ladenhütern zu verkaufen, um bei letzteren den Preis nicht senken zu müssen und bei ersteren keine Preistreibereigesetze zu verletzen.

145 Thompson, Die ‚sittliche Ökonomie', S. 46.

Mit der Bewirtschaftung, so sollte man eigentlich meinen, hatte die Bevölkerung in den vergangenen drei Jahren schlechte Erfahrungen gemacht. Dieser Eindruck scheint zu täuschen oder sich im Vergleich mit den Erfahrungen am „freien" Markt zu relativieren, denn die allermeisten Resolutionen forderten die Wiedereinführung der Bewirtschaftung für die „wichtigsten Bedarfsgüter" (z.B. Neumarkt i.d.OPf., 1.000 Personen, am 20. August), z.B. für „Kleider und Schuhe" (OA Rosenheim, 14. August, 4.000 Leute) und für die „nicht in ausreichender Menge vorhandenen lebensnotwendigen Nahrungsmittel" (OA Amberg und Sulzbach-Rosenberg am 20. August). Für diese Mangelgüter sollten die Preise „amtlich festgesetzt" werden (Memmingen, 31. August). Die „freie Wirtschaft", so verlautbarte der OA Weißenburg am 2. September anlässlich einer großen Versammlung in den „Müllersäälen", sei „erst dann möglich, wenn genügend Lebensmittel und Bedarfsgüter vorhanden sind". Tausende schlossen sich in Würzburg am 12. August der Schlussfolgerung an, dass die „Lebensmöglichkeiten der Schaffenden [....] durch die Auswirkungen der freien Marktwirtschaft auf das Ernsteste gefährdet" sind.

Bei der Skepsis gegenüber den Marktmechanismen handelte es sich nicht bloß um Anachronismen oder Gewohnheiten aus der vorhergehenden Dekade. Vielmehr reflektierten Formulierungen wie „Solange Mangel, solange Erfassung und gerechte Verteilung" (OA Zwiesel am 24. August) die Lebenswirklichkeit und Erfahrungen der Betroffenen. Die Legitimität freier Preise wurde an die ausreichende Versorgungslage gekoppelt. Die Entscheidung, wer wie viel Mangelwaren erhalten durfte, erschien der Bevölkerung bei einer Bewirtschaftung, sogar bei schlechter Ausführung, gerechter auszufallen, als diese Entscheidung der individuellen Kaufkraft zu überlassen (vor allem nach einer unsozialen Währungsreform). „Solange Lohnstop, solange Preisstop" fasst ein Schreiben des OA Zwiesel die Stimmung einer Holzarbeiterversammlung im Landkreis Regen – und die Stimmung auf zahlreichen Protestkundgebungen – zusammen.

Die TeilnehmerInnen an den Kundgebungen konnten also im Großen und Ganzen recht genau differenzieren und brachten ihre Erfahrung zum Ausdruck, dass es im Falle des Mangels gerechter zugeht, wenn die Verteilung von Gütern, zumal lebenswichtigen, nicht über eine „freie Marktwirtschaft" abgewickelt wird. Die Menschen auf den Kundgebungen zogen zu diesem Zeitpunkt tatsächlich die schlecht organisierte amtliche Politik der Lebensmittelmarken, die bis zum Juni in Kraft war und von Erhard als „Zwangswirtschaft" geschmäht wurde, der „freien Marktwirtschaft" vor. Insofern handelt es sich bei diesen Protesten keinesfalls um schlecht informierte Beschwerden (wie dies die Einschätzung von Erker nahelegt[146]), sondern diese sind eng verbunden mit den grundsätzlichen politischen Auseinandersetzungen, die in den Jahren nach dem Kriegsende geführt wurden.[147]

Die Protestversammlungen in Bayern riefen also im Allgemeinen auf verschiedenen Ebenen nach „Sofortmaßnahmen, welche die Existenz der schaffenden Bevölkerung sowie aller sozial Schwächeren" sicherstellen sollten (Fürstenfeldbruck, 14. August). Die verschiede-

146 „Von all diesen komplexen Zusammenhängen der Übergangssteuerung verstanden die meisten Normalverbraucher jedoch nichts. Sie waren zu verwirrt und gerieten umso mehr in Panik", schreibt Erker, Ernährungskrise, S. 294. Die Verbraucher hätten nach Erker außerdem durch „hemmungslose Kaufgier" (ebd., S. 286), die unbelegt bleiben muss, aber zynisch mit einer „Knappheitspsychose" (Kapitelüberschrift) in Verbindung gebracht wird, selbst dazu beigetragen. Ungeachtet dieser Aussagen sieht auch Erker durchaus nachvollziehbare Gründe für die Proteste, vor allem in der sozialen Ungerechtigkeit.

147 Vgl. die entsprechenden Abschnitte im Kapitel „Notstand", S. 166– 172.

nen geforderten Maßnahmen liefen darauf hinaus, die Reichweite der Marktwirtschaft zu begrenzen und ihre negativen Auswirkungen abzufedern. Wie weiter unten zu zeigen sein wird, wurde später eine solche Strategie vom Verwaltungsrat um Pünder und Erhard angewandt, um dem drohenden Verlust von gesellschaftlicher Zustimmung zum Projekt Marktwirtschaft entgegenzuwirken.[148]

In keinem der hier behandelten bayrischen Fälle wurde das Preis- und Marktproblem mit der Forderung nach Sozialisierung verknüpft, auch nicht von den Gewerkschaften. Offensichtlich dachten die Gewerkschaften Sozialisierung und Marktwirtschaft nicht gegeneinander. Dies lag zum Teil darin begründet, dass der Sozialisierungsbegriff der Gewerkschaften in dieser Phase sich primär auf eine Verstaatlichung bezog, womit die historischen Erfahrungen mit den politisch desaströs wirkenden Monopolen in der Schwerindustrie verarbeitet wurden sowie dem in der deutschen Arbeiterbewegung vorherrschenden Begriff eines allmählichen Übergangs in den Sozialismus Rechnung getragen wurde. Der Mitbestimmungsbegriff spielte bei diesen Protesten zunächst eine untergeordnete Rolle bzw. wurde anlassbezogen umformuliert, indem die Gewerkschaften als legitime Vertreter des Konsumenten die Preiskontrolle mitbestimmen sollten.

Eine Verantwortung für die gelegentlichen Ausschreitungen auf den Märkten lehnten die Gewerkschaften von Anfang an ab; nur punktuell wurde Verständnis geäußert. Erlanger Betriebsräte forderten zwar, diejenigen, „die ihren berechtigten Unwillen durch Affekthandlungen zum Ausdruck brachten“ nicht zu verfolgen; im Grunde aber bestand eine große Distanz zwischen unkontrolliertem Aufruhr und dem Selbstverständnis der deutschen Gewerkschaften. Letztere verstanden sich vielmehr als Ordnungsfaktor und versuchten allenfalls zaghaft, den Druck der Straße in eine Verbesserung ihrer Verhandlungsposition zu überführen. Es sind lediglich Ansätze einer solchen Doppelstrategie zu erkennen, etwa wenn die Gewerkschaftsvertreter mehrfach (etwa in Naila/Ofr., Marktredwitz oder Weissenburg) darauf hinwiesen, dass sie nicht mehr in der Lage seien, „örtliche Ausschreitungen und Selbsthilfemassnahmen der Bevölkerung zu unterbinden“ und gleichzeitig betonten, dass eine gerechte Lohn-Preis-Politik erste Voraussetzung für die „Aufrechterhaltung von Ruhe und Ordnung“ sei (Kempten, 3./4. September). Im „Falle des Versagens der Regierung“ (Marktredwitz, 19. August) liege die Verantwortung für die „Radikalisierung der arbeitenden Bevölkerung“ (Mittenwald, 21. August bzw. OA Garmisch-Partenkirchen, 23. August) nicht bei den Gewerkschaften. Die gewerkschaftliche Rhetorik wurde dann im September unter dem Eindruck ausbleibender Reaktionen verschärft. Nun wurde auch aktiv mit „Selbsthilfe“ (z.B. in Kitzingen vom OA Würzburg, 3. September) gedroht, ja durch gewerkschaftliche Mittel seien „die Verantwortlichen zur Erfüllung ihrer Aufgabe zu zwingen“ (Gunzenhausen, OA Weißenburg, 2. September) – für die deutschen Gewerkschaften in dieser historischen Phase durchaus harsche Töne.

Insofern ist hier eine Verschärfung der Konfrontation zu erkennen: Zunächst herrschte – mit wenigen Ausnahmen – Distanzierung von krawallartigen Formen von Unmutsäußerung vor. Erst nachdem keine politische Veränderung zu erkennen war, folgte der Übergang hin zu Drohungen mit „schärfsten Kampfmassnahmen“ (Tirschenreuth, OA Waldsassen, 23. September), die dann allerdings auf den geordneten Bahnen erprobter Gewerkschaftspraxen stattfinden sollten – und dies auch taten.

148 Vgl. S. 231–255 im Kapitel „Modifizierung“.

Am Beispiel dieser Vorkommnisse in Bayern zeigte sich exemplarisch, dass die Protestwelle schon lange vor dem Generalstreik im November die Schwelle zu gesamtgesellschaftlicher Relevanz deutlich überschritten hatte. Der Ortsausschuss Ansbach des Gewerkschaftsbundes formulierte bereits am 6. August, weit vor dem vorläufigen Höhepunkt der Protestwelle Mitte August:

> *„Nachdem überall im Lande und im Zweizonen-Wirtschaftsgebiet neuerdings solche Protestkundgebungen durchgeführt werden, tragen die einzelnen Veranstaltungen nicht mehr örtlichen Charakter; sie haben vielmehr im Rahmen der Gesamtaktion Bedeutung für das ganze Wirtschaftsgebiet erlangt."*

Trotz dieser hohen Bedeutung, die diese Proteste schon Anfang August aufwiesen, schickte der Bundesausschuss des Bayrischen Gewerkschaftsbundes (BGB) erst Mitte Oktober seine Forderungen zur Preispolitik an die Bayrische Staatsregierung und den bizonalen Wirtschaftsrat. Diese Forderungen des BGB (v.a. Senkung der Preise, Lohn- und Gehaltserhöhungen sowie Teuerungszulagen) nahmen viele Inhalte der Protestresolutionen auf.[149] Nicht nur diese zeitliche Abfolge, sondern auch die inhaltliche und sprachliche Varianz der örtlichen Resolutionen deutet darauf hin, dass der BGB Impulse seiner selbstständig aktiv gewordenen Gliederungen aufgenommen hat und nicht andersherum. Dies ist als ein weiteres Indiz dafür zu werten, dass die Gewerkschaftsbünde auf die Aktivitäten der Basis nur reagierten und nicht selbst willens waren, ihre Basis für die großen und weichenstellenden gesellschaftlichen Konflikte zu mobilisieren.

7.3 Protestpause: Die Situation zwischen Anfang September und Mitte Oktober

Nach dem vorläufigen Höhepunkt der Proteste im August sind zwischen Mitte September und Mitte Oktober so gut wie keine Aktionen überliefert, so dass sich die Frage nach den Gründen für diese plötzliche Pause stellt. Wiederum ist ein Bündel aus Ursachen auszumachen, wovon als die drei wichtigsten erstens die zusätzlichen Barmittel, die der Bevölkerung zukamen, zweitens die Preisspiegel sowie drittens die Strategie der Gewerkschaftsbünde auf Landes- und Zonenebene zu nennen sind:

Für den Zeitraum zwischen dem 20. August und dem 11. September war die Auszahlung der zweiten Charge der Kopfpauschale (20 DM) geplant.[150] Die Gesamthöhe der ausgegeben Barmittel im Zuge der zweiten Rate belief sich auf 940 Millionen DM.[151] Dieses Geld reichte aus, um mit ein bisschen guten Willen die soziale Schieflage für wenige Wochen zu verdrängen. Als Anfang Oktober das Vierte Gesetz zur Neuordnung des Geldwesens in Kraft trat, konnte zusätzlich über zwei Zehntel der vorher gebundenen

149 Vgl. FR, 18. Oktober 1948, S. 4: „Gewerkschaften zur Preispolitik".
150 Vgl. Freick, Die Währungsreform 1948, S. 89.
151 Angabe übernommen aus „Grundsätzliche Fragen der neuen Wirtschaftspolitik" vom 19. Juli 1948, Verfasser Leonhard Miksch (für Erhard), BA Z8/221, Blatt 288–290.

Geldbestände verfügt werden. Für Alleinstehende waren das einmalig bis zu 44,60 DM sein und für eine vierköpfige Familie zusammen maximal 28,40 DM.[152]

Zeitlich mit der Auszahlung der letzten Kopfpauschalen zusammenfallend, wurden seit dem 11. September 1948 die sogenannten Preisspiegel herausgegeben, was zunächst Hoffnung auf eine Intervention der staatlichen Organe gegen die hohen und vermutlich großenteils gesetzeswidrig zustande gekommenen Preise weckte. Der Effekt war jedoch maximal ein kurzes Strohfeuer, denn die Angaben waren nicht verbindlich, und spätestens Mitte Oktober wurden wieder Phantasiepreise jenseits einer soliden Kalkulation verlangt – weil sie verlangt werden konnten und im Regelfall eben nicht belangt wurden.[153] Im Großen und Ganzen blieben die in den Preisspiegeln verkündeten Preishöhen also „in der Wirtschaft unbeachtet“[154].

Die Gewerkschaften versuchten zu diesem Zeitpunkt, ihre Strategie der flächendeckenden Preiskontrollen durch ihre Mitglieder auf eine breitere Basis zu stellen, allerdings ohne nachhaltigen Erfolg. Am 1. September gab der Bundesbeirat (BBZ) eine Entschließung heraus, mit welcher die von Schleicher vertretene Strategie der Aktion „Herunter mit den Preisen“ von Mitte August verbreitert werden sollte. In dieser Entschließung wurde viel gefordert, erwartet und begrüßt, die konkreten Handlungsangebote an die örtlichen Stellen und Mitglieder beschränkten sich jedoch bezeichnenderweise auf eine Unterstützung der Behörden. Es sollten Aktionsausschüsse von wirtschaftlichen Akteuren gebildet werden, die dann selbstständig Preise und Preisauszeichnungen kontrollieren, Preisbeschwerden überprüfen, und so – wie abschließend freimütig formuliert wird – eine „Unterstützung der Strafverfolgungsbehörden gegen den Preiswucher“ leisten sollten.[155] Öffentlicher Protest oder politischer Druck durch Streiks waren nicht vorgesehen.

Ganz ähnlich verfuhren die Gewerkschaften in der ABZ. Telefonisch erteilte Fritz Tarnow, er war als Vertreter Süddeutschlands gemeinsam mit Ludwig Rosenberg Sekretär des bizonalen Gewerkschaftsrates, den lokalen Gliederungen „Anweisungen für die gewerkschaftliche Aktion gegen Preistreibereien“. Auch dort wurde das Augenmerk ausschließlich auf Maßnahmen gelegt, welche die Kontrolle von Preisen, Aufklärung der Öffentlichkeit und Zusammenarbeit mit der „Polizeiverwaltung“ und anderen Behörden zum Inhalt hatten. Als einzigen Ausreißer aus dieser Verwaltungslogik gestand der Gewerkschaftsrat seinen lokalen Gliederungen zu, „Organe der öffentlichen Kritik zu unterziehen, wenn sie sich unwillig und saumseelig [sic!] erweisen“.[156]

---

152 Eigenes Rechenbeispiel nach den auf S. 140 f. erläuterten Vorschriften, jeweils die Maximalsumme von 5.000 RM auf dem Festgeldkonto vorausgesetzt. Wenn auf dem Konto eines Ledigen 540 RM oder weniger vorhanden waren, blieb nichts übrig; bei der angenommen vierköpfigen Familie lag diese Schwelle bei 2160 RM. Die unterschiedlichen Zahlen ergaben sich aus dem vierfachen Abzug für die Kopfpauschalen (4x540 RM) von den maximalen 5.000 RM bei Familien, denn mit Eheschließung ersetzte ein Familienkonto etwaige vorherige Konten. Die Verfügungsgewalt darüber lag formal beim Mann. Die Festkonten der meisten Normalverbraucher waren aber sowieso erloschen.

153 Vgl. die behördlicherseits festgestellten Preisverstöße in der Bizone, BA Z8/1882, Blatt 53–55.

154 Preisbildungsstelle München im bayrischen Staatsministerium für Wirtschaft: Monatsbericht für Dezember 1948, zugleich Rückblick auf das Jahr 1948, BA Z8/222, Blatt 84–87, hier 87.

155 Ediert als „Entschließung des Bundesbeirats des DGB der britischen Zone zur Lohn- und Preisgestaltung“ veröffentlicht am 2. September 1948, in: Mielke u. Rütters, Gewerkschaften 1945–1949, S. 593–596.

156 Anweisungen für die gewerkschaftliche Aktion gegen Preistreibereien, 30. August 1948, Stadtarchiv Stuttgart, Bestand 2137/292.

Die Gewerkschaften des DGB waren das einzige organisatorische Rückgrat der Proteste; lediglich gut organisierte Betriebsräte konnten in verschiedenen Regionen, vor allem in den Städten, ebenfalls das Vorgehen koordinieren, taten dies aber nur in Ausnahmefällen gegen ihre eigenen Gewerkschaften. Daher wirkten diese Weisungen aus dem Gewerkschaftsrat der Bizone nachhaltiger auf das Nachlassen der öffentlichen Aktionen als bloße Untätigkeit, denn vorher konnten die Ortsausschüsse oder Betriebsräte noch selbst aktiv werden, ohne sich gegen die Position der Gesamtorganisation stellen zu müssen. Diese Strategie aus dem Zweizonensekretariat des DGB ist daher als ein wichtiger Faktor für das weitgehende Ausbleiben öffentlichen Protestes zwischen Mitte September und Mitte Oktober zu sehen. Ende Oktober musste aber ihre „weitgehende Erfolglosigkeit" eingestanden werden.[157]

Die Vorstellung, dem Preisproblem begegnen zu können, ohne politischen Druck aufzubauen und anstelle dessen das Ganze als eine Art Verwaltungsproblem zu sehen, kann nur verstanden werden, wenn nicht nur die aktionsfeindliche Tradition der deutschen Gewerkschaftsbewegung in Rechnung gestellt wird, sondern auch und gerade das Selbstverständnis, in den Jahren nach 1945 gemeinsam mit anderen politischen Akteuren ein neueres, besseres Gemeinwesen aufzubauen. So sehr verstanden sich die Gewerkschaften als Teil dieses Aufbaus, dass auch deutliche Zeichen einer Restaurierung der Klassengesellschaft (wie die soziale Schieflage der Währungsreform) vorerst nicht reichten, um den Glauben an ein gemeinsames Projekt aufzugeben. Denn mit dem Versuch, vor Ort auf die Einhaltung gesetzlicher Regelungen zu pochen, setzten sie voraus, dass die Gesetze der letzten Monate, einschließlich des Leitsätzegesetzes, in genau diesem Geiste verabschiedet worden wären und einfach nur schlampig umgesetzt würden. Es handelte sich bei den Turbulenzen und den negativen Auswirkungen der Umstellung auf die Marktwirtschaft jedoch nicht um technische Probleme, sondern um das Ergebnis politischer Entscheidungen. Solange kein politischer Wille der Behörden bzw. ihrer Weisungsgeber zu rigider Preiskontrolle vorhanden war, konnten GewerkschafterInnen sehr lange Preise vergleichen, ohne substantielle Veränderungen zu bewirken. Und die „zuständigen kommunalen und staatlichen Behörden" hatten keinerlei Ambitionen, den Gewerkschaften oder von ihnen initiierten „Aktionsausschüssen" Exekutivrechte einzuräumen. Sie konnten sich dazu auf fehlende Richtlinien der „Aufsichtsbehörden" berufen.[158]

Diese Phase ohne politische Turbulenzen ging ohne nennenswerte Verbesserung der Situation zu Ende, und es kündigte sich bald neuer Ärger an. Mitte September zog der Direktor des Kieler Institutes für Weltwirtschaft (Prof. Dr. Fritz Baade, SPD) im Beisein von Leonhard Miksch eine Zwischenbilanz und stellte fest, dass die Preisfreigaben bei Eiern, Geflügel und Süßwasserfischen sich „sozialpolitisch gesehen absolut katastrophal" ausgewirkt haben. Baade rechnete vor, dass sich diese Schieflage bei eventueller Freigabe der Fleischpreise (die dann unterblieb) dort genauso wiederholen würde: „Die Jahresfleischproduktion, die für die Versorgung in Frage kommt, betrage etwa 300.000 t. Nach Abzug der Schwerarbeiterzulagen etc. verblieben nur noch etwa 150.000 t für die Normalverbraucher, eine Menge, die mit Leichtigkeit von den Leuten mit einem Einkommen über DM 1000,– aufgegessen werden könne."[159]

157 Stelljes, Gewerkschaften in Oldenburg, S. 129.
158 Vgl. ebd., S. 129.
159 „Bericht über die Sitzung des Untersuchungsausschusses ‚landwirtschaftliche Preise' des Ernährungs- und Landwirtschaftsausschusses des Wirtschaftsrates (16.9.1948)", BA Z8/221 Blatt 5–9, hier Blatt 6.

7.4 Die zweite Phase bis zum Generalstreik

Bald waren die einmaligen Bargeldzuflüsse aufgebraucht, die Preisspiegel hatten im Wesentlichen ihre Unwirksamkeit bewiesen und der Lohnstopp war weiterhin in Kraft. Als sich an dem Missverhältnis zwischen Löhnen und Preisen nichts änderte und die Preise sogar weiter stiegen, wurde an die vorherigen Proteste angeknüpft. In der Bizone kam es wieder zu Demonstrationen und öffentlichen Protesten.

7.4.1 Mannheim am 20. Oktober 1948: „Kundgebung gegen Dr. Erhard"[160]

Die nächsten größeren Protestaktionen fanden am 20. Oktober 1948 in Mannheim bzw. in der Rhein-Neckar-Region statt. „Als alle Proteste nichts halfen", so formulierten es die Mannheimer Gewerkschaften im Rückblick, „waren wir gezwungen, schärfere Druckmittel anzuwenden", zu denen vor allem eine Demonstration auf dem Marktplatz während der Arbeitszeit zu zählen ist. „Wohl selten" fährt der Bericht fort, „hat Mannheim eine solche Kundgebung gesehen, ca. 80 000 Arbeiter, Angestellte und Beamte waren daran beteiligt".[161]

Einem entsprechenden Aufruf der Gewerkschaften einschließlich einem „anschließendem Marsch durch die Innenstadt" am 20. Oktober folgten auch nach anderen Angaben mindestens 60.000 Menschen.[162] Die Protestierenden verabschiedeten eine Resolution, in der sie unter anderem eine „planvolle Bewirtschaftung der wichtigsten Bedarfsgüter", die „Gleichstellung der Gewerkschaften mit den Unternehmern in allen wirtschaftlichen Fragen" und einen sofortigen Lastenausgleich für die Ungerechtigkeiten der Währungsreform von der Verwaltung für Wirtschaft und insbesondere von deren Chef, Ludwig Erhard, forderten. Für den Fall der Nichterfüllung der Forderungen bekundete die Resolution die Bereitschaft der Versammelten zur Anwendung der „schärfsten gewerkschaftlichen Kampfmittel".[163]

Ein Zeitungsbericht über die Kundgebung beschreibt, dass es in der arbeitenden Bevölkerung schon „seit Wochen [...] brodelt" und drückt Erstaunen darüber aus, dass es trotz „der gespannten Stimmung, von der die Kundgebung als Ganzes beherrscht war, [...] zu keinerlei Zwischenfällen" kam. Derselbe Artikel rezipierte die Rede des Ortsausschussvorsitzenden Karl Schweizer als „heftige Angriffe gegen die Frankfurter Wirtschafts- und Preispolitik".[164] Der Betriebsrat eines wichtigen Mannheimer Werkzeug- und Maschinenbaubetriebs (der Hommelwerke in Mannheim-Käfertal) sah die Sache im Nachgang etwas anders: „Allgemein geht die Ansicht dahin, daß die Rede des Kollegen Schweizer keine Höhepunkte erreichte", sie sei lau und zurückhaltend sowohl dem Wirtschaftsrat als auch

160 Vgl. FR, 21. Oktober 1948.
161 Protokoll von der „Ortsausschuss-Generalversammlung am 18.7.49 nachmittags 14 Uhr im Lokal Landkutsche", Stadtarchiv Mannheim, Bestand Kleine Erwerbungen Nr. 649, Blatt 13–28, hier Blatt 13.
162 Stadtarchiv Mannheim, Chronik der Stadt Mannheim, Eintrag 20. Oktober 1948.
163 AdsD 5/DGZA010023b.
164 Mannheimer Morgen, 22. Oktober 1948, abgedruckt in: Verwaltungsstelle Mannheim, „Säumt keine Minute!", S. 598–600.

den Besatzungsmächten gegenüber gewesen. „Solche Reden", schließt diese Bewertung, könnten die „Massen des arbeitenden und darbenden Volkes" nicht zufriedenstellen.[165] Im folgenden Jahr zog der Mannheimer Gewerkschaftsausschuss nichtsdestotrotz eine sehr positive Bilanz von dieser „Massendemonstration", die von einem „einstündigen, mustergültig durchgeführten Generalstreik" begleitet worden war.[166]

Am selben Tag, an dem auch die Kundgebung in Mannheim stattfand, gingen im nahegelegenen Heidelberg 5.000 und in Karlsruhe weitere 10 – 25.000 Menschen auf die Straße.[167] Überall forderten sie nun die Absetzung Erhards. In Weinheim wurde die „Kundgebung gegen Preiswucher" von 10.000 Menschen besucht – laut Auskunft des Ortsausschusses „ein Rekord für Weinheim".[168]

7.4.2 Stuttgart am 28. Oktober 1948: Die „Stuttgarter Vorfälle"[169]

Auch in Stuttgart mehrten sich die Anzeichen für eine Verschärfung der Proteste. Bereits bei Veranstaltungen im August hatten dort „führende Gewerkschaftsfunktionäre von der Notwendigkeit, den ‚sozialen Kampf' vorzubereiten", gesprochen.[170] Ab Mitte Oktober liefen dann offensichtlich die Diskussionen für konkrete Schritte dieses Kampfes in Stuttgart an.

Vorbereitung und Mobilisierung

Der Ortsausschuss Stuttgart forderte am 13. Oktober 1948 zunächst den Bundesvorstand des Gewerkschaftsbundes Württemberg-Baden (GWB) auf, eine zonenübergreifende Protestaktion zu organisieren, wenigstens aber „in Württemberg-Baden eine einheitliche Aktion durchzuführen". In dem Schreiben des Ortsausschusses wurde vorgeschlagen,

> *„dass erst in Betriebsrätevollversammlungen zu der ganzen derzeitigen Lage Stellung genommen wird, die Betriebsräte entsprechend informiert werden und mit ihnen die durchzuführenden Demonstrationen besprochen werden. Die Demonstrationen müssten möglichst zu gleicher Zeit im ganzen Lande, vielleicht eine oder 1½ Stunden vor Betriebsschluss abgehalten werden. Diese Demonstrationen könnten auch den [sic] weiteren Zweck dienen, gegen die Herausnahme der Bestimmungen des Mit-*

165 Protestschreiben des Betriebsrats der Hommelwerke Mannheim an den Ortsausschuss Mannheim, abgedruckt in: ebd., S. 602 f.

166 Protokoll der „Ortsausschuss-Generalversammlung am 18.7.49 nachmittags 14 Uhr im Lokal Landkutsche", Stadtarchiv Mannheim, Bestand Kleine Erwerbungen Nr. 649, Blatt 13–28, hier Blatt 13.

167 Vgl. Mannheimer Morgen, 22. Oktober 1948 und Badische Neue Nachrichten, 21. Oktober 1948.

168 Vgl. den entsprechenden Bericht, AdsD 5/DGZA010023b. Eine Aktion war offensichtlich auch in Düsseldorf für Ende Oktober geplant, vgl. Vorstandssitzung des OA Düsseldorf (DGB) am 5. Oktober 1948, Landesarchiv NRW Abt. Rheinland RW399 Nr.14.

169 Wesentliche Teile der Ausführungen über die Stuttgarter Vorfälle entstammen meiner Magisterarbeit und wurden für diese Ausarbeitung ergänzt oder korrigiert, vgl. Uwe Fuhrmann (2010): Die Stuttgarter Vorfälle. Kontext, Verlauf und Folgen, [Mag.], Berlin. Vgl. außerdem Fuhrmann, Eine proletarische Geschichte sowie Fuhrmann, Stuttgart48.

170 Fichter, Aufbau und Neuordnung, S. 544 f.

bestimmungsrechts über wirtschaftliche Fragen aus den [sic] *bekannten Gesetz zu protestieren".*[171]

Die Stuttgarter Ortsverwaltung reagierte damit auf die „gereizte Stimmung" und den zunehmenden Druck der Basis, die unter anderem in zahlreichen Protestschreiben „schärfere Kampfmassnahmen" gefordert hatte.[172] Wie der weitere Verlauf zeigt, ist weder der adressierte Vorstand der württembergisch-badischen Gewerkschaften noch der Gewerkschaftsrat den Vorschlägen des Ortsausschusses gefolgt. Zwischen diesen beiden Ebenen der Gewerkschaftsbürokratie, nämlich der Ortsverwaltung und dem Landesvorstand muss ein Bruch im Politikverständnis angenommen werden,[173] denn das Vorgehen bei der „Gewerkschaftsgründung von oben"[174] des WüGB bzw. GWB setzte ein entmündigendes Verhältnis der Funktionäre zu ihrer eigenen Basis voraus – eine Einstellung, die von der Ortsverwaltung offensichtlich nicht geteilt wurde. Das erklärt auch, dass nach Ablehnung oder Ignorierung dieser Vorschläge[175] der Ortsausschuss um den Vorsitzenden Hans Stetter in Stuttgart exakt das Modell umsetzte, das in den höheren Ebenen keine Beachtung fand:

Eine Versammlung der Stuttgarter Betriebsräte am 22. Oktober 1948[176] besprach zuerst die politische Lage und bezog danach entsprechend Stellung.[177] Die Versammlung wurde von Hans Stetter eröffnet. Der Kollege Ludwig Rosenberg vom Gewerkschaftsrat in Frankfurt[178] rekapitulierte die Entwicklung der letzten Monate (Preise und Versorgungslage). Kritik in Redebeiträgen, Zwischenrufe und Nachfragen zu der „besänftigenden" Gewerkschaftspolitik lassen darauf schließen, dass Rosenberg (als Vertreter der Gewerkschaftsführung) in der Versammlung unter massivem Rechtfertigungsdruck stand und sich gezwungen sah, die Gewerkschaftspolitik zu verteidigen und zu relativieren.[179] Ein Un-

171 Brief von Hans Stetter (im Auftrag des Ortsausschusses Stuttgart) vom 13. Oktober 1948 an den Bundesvorstand (d.i. der Landesvorstand) des GWB. Darin fasst Stetter die gesammelten Eindrücke der Mitglieder des „erweiterten Vorstandes des Ortsausschusses Stgt." vom 11. Oktober 1948 zusammen, AdsD 5/DGZA010024.

172 Stetter an GWB, 13. Oktober 1948, AdsD 5/DGZA010024.

173 Das würde die auf S. 73–76 beschriebenen Entwicklungen bestätigen.

174 Mielke, Wiederaufbau der Gewerkschaften, S. 75.

175 Entsprechende Dokumente, die das eine oder andere belegen würden, konnten nicht gefunden werden.

176 Der Versammlungsort war entweder der Zirkus Schulte (dafür: Stuttgarter Zeitung, 23. Oktober 1948) oder der Zirkus Althoff. Ein anonymer handschriftlicher Bericht über diese Versammlung gibt als Versammlungsort den Zirkus Althoff an, vgl. „Bericht über die Versammlung der Vors. der Betriebsräte am 22. Oktober im Zirkus Althoff", AdsD 5/DGZA010024. Der handschriftliche Bericht weist zahlreiche orthographische Fehler und falsche Namen auf, die Möglichkeit, dass er sich auch in Namen des Tagungsortes irrte, ist daher als nicht gering anzusehen.

177 Es wurden vier Punkte für eine Entschließung zu Abstimmung gestellt: I. Bildung eines Betriebsräteausschusses; II. Eine Entschließung gegen das Notopfer Berlin.; III. Eine Entschließung für das Notopfer [abgelehnt]; IV. Eine Entschließung Protest gegen die Verschlechterung des Betriebsrätegesetzes. Die Inhalte der angenommenen Resolutionen ist in englischer Sprachen den Anlagen B, C und D des OMGUS-Berichts über die Stuttgarter Vorfälle zu entnehmen; IfZ München-Berlin, OMGUS Manpower Div. 7/44-3/16, Appendix B, C, D.

178 Vgl. Stuttgarter Zeitung, 23. Oktober 1948, dort „Hermann Rosenberg", gemeint ist aber wahrscheinlich Ludwig Rosenberg, Sekretär des Gewerkschaftsrates.

179 Vgl. Stuttgarter Zeitung, 23. Oktober 1948. Der „Bericht über die Versammlung der Vors. der Betriebsräte am 22. Oktober im Zirkus Althoff", AdsD 5/DGZA010024, ergänzt, dass während der Aussprache „sämtliche Redner [...] die Haltung der Gewerkschaftsführung zum teil [sic] mit persöhnlicher [sic] Hitze" kritisierten.

tersuchungsbericht der Manpower Division der US-amerikanischen Militärverwaltung zu den Vorkommnissen am 28. Oktober betonte, dass viele der Redner bei diesem Vorbereitungstreffen Kommunisten gewesen seien; auch der ehemalige Minister Kohl (KPD) war auf Wunsch der Versammlung eingeladen worden.[180] In der folgenden Aussprache wurde der von Stetter vorgeschlagene Termin für eine Protestaktion um einen Tag verschoben, von Mittwoch auf Donnerstag, den 28. Oktober, 14 Uhr.[181] Die „Arbeiter- und Angestelltenschaft" war schlussendlich dazu aufgerufen, am Donnerstag, dem 28. Oktober 1948 „um 13 Uhr die Betriebe und Büros zu verlassen und um 15 Uhr auf den [sic] Karlsplatz gegen die gegenwärtige Preisentwicklung in einer Massenversammlung zu protestieren".[182]

Das Vorhaben fand Niederschlag in einigen Zeitungsartikeln[183] und wurde innerhalb der Organisationen der Arbeiter und Angestellten verbreitet.[184] Auch andere Verbände, wie zum Beispiel die Schuhmacher-Innung Stuttgart, erklärten sich solidarisch und schlossen sich dem Aufruf an.[185] Ludwig Erhard eilte am Tag vor der Kundgebung nach Stuttgart und pries die Steigerung der Produktion als Erfolg der freien Wirtschaft. Es ist wohl nicht auszuschließen, dass die dadurch produzierten Zeitungsartikel (z.B „Wirtschaftsgesundung durch verschärften Wettbewerb"[186]) zusätzlich Menschen mobilisierten.

Die deutschen Ordnungsbehörden sparten schon im Vorfeld nicht an Personal. Eingesetzt waren 800 Schutzpolizeibeamte[187] (davon 600 in Reserve[188]) und zusätzlich 200 Kriminalbeamte.[189] Bei Letzteren handelte es sich um zivile Kräfte.[190] Damit waren zwei Drittel aller überhaupt einsatzfähigen Polizisten Stuttgarts für die Demonstration abgestellt.[191]

Der Verlauf der Kundgebung

Am Donnerstag, dem 28. Oktober 1948, verließen die Beschäftigten in Stuttgart ihre Arbeitsplätze und strömten zum Kundgebungsplatz. Es ist anzunehmen, dass viele Belegschaften jeweils gemeinsam als kleinere Demonstrationszüge von ihren Betrieben aus zum

180 Der Untersuchungsbericht erklärt vor allem die angenommene Resolution gegen die Berlinsteuer aus der Agitation der Kommunisten, vgl. IfZ München-Berlin, OMGUS Manpower Div. 7/44-3/16, S. 2.

181 „Bericht über die Versammlung der Vors. der Betriebsräte am 22. Oktober im Zirkus Althoff", AdsD 5/DGZA010024.

182 Stuttgarter Zeitung, 23. Oktober 1948. Vgl. auch Vietzen, Chronik der Stadt Stuttgart, S. 136 f.

183 Z.B. Stuttgarter Zeitung, 23. Oktober 1948 und 27. Oktober 1948.

184 Der Betriebsrat der Stuttgarter Straßenbahn gibt zum Beispiel den geplanten Verlauf wie folgt bekannt: Geschlossene Demonstrationen sollten von verschiedenen Dienststellen der Straßenbahnbeschäftigten losziehen und sich am Karlsplatz bei der Musikkapelle der Straßenbahner vereinigen. Das Dokument ist abgedruckt in: DGB Stuttgart, Arbeiterbewegung und Wiederaufbau, S. 273.

185 Vgl. einen Brief der Schumacher-Innung Stuttgart an den Ortsausschuss der Gewerkschaften, abgedruckt in: ebd., S. 272.

186 Niederdeutsche Zeitung, 28. Oktober 1948, S. 4: „Wirtschaftsgesundung durch verschärften Wettbewerb".

187 Vgl. Vietzen, Chronik der Stadt Stuttgart, S. 566.

188 IfZ München-Berlin, OMGUS Manpower Div. 7/44-3/16, S. 8.

189 Vgl. IfZ München-Berlin, OMGUS Manpower Div. 7/44-3/16, S. 8. Es hat sich ausschließlich um männliche Beamte gehandelt, die ersten weiblichen Schutzpolizeibeamtinnen nehmen 1990 in Stuttgart ihren Dienst auf, vgl. Polizeimuseum Stuttgart (2015): Chronik Polizei Stuttgart, unter: www.polizeimuseum-stuttgart.de, zuletzt 8. August 2015, Eintrag „1990".

190 Vgl. Die Welt vom 30. Oktober 1948, S. 1: „Zwischenfall in Stuttgart". Polizeikommandeur war demnach ein gewisser Herr Frank.

191 Im Dienst waren zu diesem Zeitpunkt insgesamt 1.979 Amtsangehörige, davon etwa 1.500 Polizeibeamte, vgl. Vietzen, Chronik der Stadt Stuttgart, S. 563.

Abb. 18: Stuttgart, 28. Oktober 1948: Kundgebung am Karlsplatz. Das lesbare Transparent besagt: „Wir sind gegen die Frankfurter Politik Ehrhardt [sic!] bringt: Not den Armen – Überfluß den Reichen".

Kundgebungsplatz gingen.[192] Auf zahlreichen Plakaten waren Forderungen zu verschiedenen politischen Fragen zu lesen. Neben roten Fahnen wurden Transparente mitgeführt, die zum Beispiel die Absetzung des „Wirtschaftsdiktators" Erhard forderten. Andere Teilnehmende drohten Erhard direkt mit einem mitgeführten Galgen, für den Fall, dass die Preise nicht sinken würden.[193] Nach verschiedenen Berichten fanden sich zwischen 30.000 und 100.000 Menschen ein. Vermutlich ist in diesem Punkt dem OMGUS-Untersuchungsbericht zuzustimmen, der davon ausgeht, dass die ersten 40.000 Menschen den Karlsplatz füllten und mehrere Zehntausende weitere, die dort keinen Platz mehr fanden, auf den Schlossplatz und den Schlossgarten auswichen oder den Kundgebungsort ganz verließen, was die oft genannte Beteiligung von 80.000 Menschen durchaus realistisch werden lässt.[194]

Der zentral gelegene Karlsplatz war derselbe Platz, der bereits fast genau dreißig Jahre zuvor (am 5. November 1918) das Zentrum des Geschehens gewesen war, als eine genauso große Menschenmenge die Novemberrevolution in Stuttgart eingeläutet hatte.[195] Noch am Abend war damals ein Arbeiterrat gewählt worden, dessen einzige Handlung vor seiner Verhaftung die Veröffentlichung eines Aufrufs gewesen war. Zu den Gewählten und Verhafteten von damals hatte auch Hans Stetter gehört, der nun – dreißig Jahre später – an dieser Stelle die einzige Rede halten sollte.[196]

192 Vgl. DGB Stuttgart, Arbeiterbewegung und Wiederaufbau, S. 273 f. und IfZ München-Berlin, OMGUS Manpower Div. 7/44-3/16, Fotos #1 und #2. Die Stuttgarter Zeitung vom 30. Oktober 1948, S. 7: „Eine letzte ernste Warnung der Schaffenden", berichtet, eine dieser Demonstrationen hätte die Absetzung eines Radiokommentators vor dem Gebäude von Radio Stuttgart gefordert.

193 Stuttgarter Nachrichten, 30. Oktober 1948, S. 7: „Eine letzte ernste Warnung der Schaffenden". Der Artikel berichtet, die Galgen-Aktion hätte viel Beifall gefunden.

194 IfZ München-Berlin, OMGUS Manpower Div. 7/44-3/16, S. 3.

195 Vgl. Hans Stetter (1961): Aus dem Leben eines Proletariers. Redaktionell bearbeitet von Paul Stetter (1983), Stadtarchiv Stuttgart Bestand 1012 Nr. 36, S. 19.

196 Vgl. ebd., S. 19. Vgl. zur Biografie Stetters ausführlich Fuhrmann, Eine proletarische Geschichte.

Abb. 19: Stuttgart, 28. Oktober 1948: Blick auf den völlig überfüllten Karlsplatz, vermutlich während der Rede von Hans Stetter (ca. 15 Uhr).

Um exakt 15.00 Uhr wurde die Kundgebung vom Sekretär des Ortsausschusses Stuttgart eröffnet und das Wort an Stetter übergeben, der in einer analytischen, aber zugleich auch sehr bestimmten Rede die gewerkschaftliche Sicht darstellte.[197]

In seiner Ansprache stellte Stetter zunächst die Leistungen der Gewerkschaftsbewegung und aller arbeitenden Menschen beim ökonomischen und politischen Wiederaufbau sowie die Bescheidenheit und den konstruktiven Beitrag der Gewerkschaften heraus. Der Lohn sei jedoch Undankbarkeit gewesen.

Er kritisierte dann den Modus der Währungsreform, der zu Hortung und gesteigerter Ausbeutung geführt hatte und die kleinen Ersparnisse den Profiten des Schwarzmarkts und den Kriegsgewinnen gleichgestellt hatte. Das größte Elend sei aber die von Erhard angeführte Änderung des Wirtschaftssystems gewesen. Dessen Slogan, dass „Angebot und Nachfrage" die Preise regulieren würden, sei ein Verbrechen in Zeiten, in denen die Nachfrage nach Gütern hundertmal so hoch sei wie das Angebot.[198]

Die Gewerkschaften, so Stetter weiter, wollten eine gut geplante und zielgerichtete Ökonomie mit staatlich kontrollierten Preisen für die nötigsten Waren. Ein radikaler Kurswechsel der momentanen Wirtschaftspolitik, verbunden mit hohem Einfluss der

197 Die Rede liegt auf deutsch leider nur in Auszügen vor, der Originaltext ist verschollen. Daher stützen sich diese Ausführungen auf die englische Übersetzung, die dem Untersuchungsbericht beigefügt worden ist (Appendix E) und kurze deutsche Auszüge, abgedruckt in: DGB Stuttgart, Arbeiterbewegung und Wiederaufbau, S. 274.

198 Hier offenbarte sich also auch bei Hans Stetter die von E.P. Thompson für die Kämpfe im 18. Jahrhundert diagnostizierte „tiefempfundene Überzeugung, daß die Preise in Zeiten der Teuerung reguliert werden sollten", vgl Thompson, Die ‚sittliche Ökonomie', S. 46.

Betriebsräte, sollte diese Ökonomie herbeiführen. Nur so, mit einer kompletten Reform des Wirtschaftslebens, könne der Lebensstandard gehoben und die Lasten des Weltkrieges gerecht verteilt werden.

Er kritisierte weiterhin die deutschen Stellen, die tatenlos zuschauten, wie Preiswucher stattfände, Waren gehortet würden und hunderte Millionen von DM an Steuern, die im Zuge der Währungsreform fällig geworden wären, sich immer noch in den Kassen der Unternehmer befänden. Er kündigte an, den Gewerkschaftsrat aufzufordern, geeignete Maßnahmen zu ergreifen, um die gegenwärtige ökonomische Anarchie zu beenden.

Schließlich fand Stetter auch kritische Worte für die Besatzungspolitik. Es sei nicht einzusehen, warum die Hälfte der deutschen Steuereinnahmen für Besatzungskosten verwendet und Betriebe demontiert würden, die für den Wiederaufbau nötig seien. Vor allem aber machte er auf den Widerspruch zwischen dem propagierten Ziel, den Deutschen Demokratie und eine kritische Haltung beizubringen, einerseits und der realen politischen Praxis andererseits aufmerksam. So würde von den Besatzungsmächten Kritik nicht aufgenommen und demokratisch legitimierte Forderung der Gewerkschaften – gemeint sind vor allem Sozialisierung und Mitbestimmungsrechte – durch Befehle für nichtig erklärt.[199] Diese Demokratie habe ihren Namen nicht verdient.

Diese Interventionen zu Lasten der Mitbestimmung würden, so Stetter weiter, von den Gewerkschaften nicht als hilfreich gesehen, um Freiheit, Frieden und wirtschaftliche Fairness zu garantieren. Vielmehr betrachteten sie sowohl die Währungsreform als auch die Suspendierung der wirtschaftsdemokratischen Paragraphen aus der Landesverfassung als eine Verbeugung vor der „kapitalistischen Reaktion", die für die das Elend verantwortlich sei. Da sich im letzten Teil der Rede einige unmissverständliche und dezidierte Aufrufe Stetters finden, seien hier trotz der Tatsache, dass es sich um eine Übersetzung des Originaltextes durch US-amerikanische Stellen handelt, einige Auszüge wiedergegeben:

> „*We shall fight back against this reaction; we shall call up for open battling, no matter whether this will be agreable to everyone.* [...]
> *Unionized labor, in particular, workers, clerks, and civil servants, will not let themselves be pushed aside again, as they were after the first world war. Nor are they willing to foot alone the bill for the Hitler war while a handful of parasites keep rolling in wealth.* [...]
> *If we know what we want and back up our want by the necessary willpower, then everything is not yet lost and we may still win a world.* [...]
> *Nor does salvation come from any of the occupation powers, neither from the east nor from the west.*"

Abschließend rief Stetter zum vereinten Kampf unter Führung der Gewerkschaften auf, um eine andere ökonomische Ordnung und einen anderen Staat zu erkämpfen, dessen drei Säulen Frieden, Freiheit und Soziale Gerechtigkeit sein sollen. Mit diesem Ausruf beendete Stetter seinen Beitrag.

199 Wenige Tage zuvor hatte die bereits erwähnte Stuttgarter Betriebsrätekonferenz am 22. Oktober 1948 eine Protestresolution zur Suspendierung der Mitbestimmungs-Artikel 22 und 23 der Württemberg-Badischen Verfassung durch die OMGUS beschlossen, die den Besatzungsmächten Verfassungsbruch und undemokratisches Verhalten vorwarf, vgl. OMGUS Manpower Div. 7/44-3/16, Appendix C.

Diese Rede ist geradezu ein Destillat der Nachkriegsprobleme; viele der auch in dieser Arbeit ausgeführten Konflikte und Entwicklungen hat Hans Stetter pointiert zum Ausdruck gebracht. Es scheinen die schnörkellose Kritik an den Besatzungsbehörden, die kämpferische Haltung und die Entwicklung einer Gegenperspektive gewesen zu sein, die Stetters Rede unter vielen anderen hervorhob, auch wenn sich nicht mit Bestimmtheit sagen lässt, ob und welche Resonanz sie ohne die Ausschreitungen gefunden hätte.

Nach der Rede wurde ein Telegramm an den Wirtschaftsratsrat verlesen, das anschließend von der Kundgebung gebilligt wurde.[200] Darin gab die Kundgebungsleitung unmissverständlich zu verstehen, dass die Zeichen auf Sturm standen:

> *„100 000 Schaffender [sic] demonstrierten am 28.10. in Stuttgart unter Führung der Gewerkschaften gegen Wucher und Preistreiberei. Sie forderten schärfste Massnahmen gegen diese Auswüchse und eine sofortige Änderung des falschen Wirtschaftskurses. Wenn nicht unverzüglich spürbare Abhilfe erfolgt, bleibt nur noch der Weg der Selbsthilfe. Zu dieser Selbsthilfe werden wir mit allen uns zu Gebote stehenden Mitteln greifen.“*[201]

Direkt danach, um 15.35 Uhr, wurde die Kundgebung von der Leitung geschlossen und die Lautsprecheranlage abgestellt, um kommunistische Beiträge zu verhindern.[202] Versuche während der Vorbereitung, Rederecht auch für Betriebsräte durchzusetzen, waren von den Gewerkschaften aus Furcht vor kommunistischer Agitation abgewehrt worden.[203] Auch bei der Mannheimer Kundgebung wenige Tage zuvor hatte der Gewerkschaftsbund in dieser Hinsicht Vorsichtmaßnahmen getroffen: Die Forderung mehrerer Belegschaften, auch Betriebsratsvorsitzende und nicht nur hauptamtliche Gewerkschafter sprechen zu lassen, war dort ebenfalls ignoriert worden.[204]

Die Ausschreitungen und das Vorgehen der Sicherheitskräfte

Beim Abzug der VersammlungsteilnehmerInnen entstand ein Tumult in der unteren Königsstraße, der zentralen Stuttgarter Einkaufsstraße, wo sich besonders auffällige Neubauten befanden, die zu regelrechten Symbolen der neuen Missverhältnisse (insbesondere in der Bauwirtschaft[205])

200 Vgl. IfZ München-Berlin, OMGUS Manpower Div. 7/44-3/16, S. 5.

201 Telegramm (Abschrift), AdsD 5/DGZA010024. Das Zitat stellt die volle Länge des Telegramms dar.

202 IfZ München-Berlin, OMGUS Manpower Div. 7/44-3/16, S. 5. Dies soll auf Veranlassung von Stetter selbst geschehen sein. Zu beachten ist, dass Stetter erheblich unter Druck der Besatzungsmächte stand und seine entsprechende Aussage dadurch begünstigt worden sein könnte, dass er sich damit entlasten konnte. Eine Diskussion an einem offenen Mikrophon, wie sie bei der weitaus kleineren Kundgebung am 14. August 1948 in Stuttgart praktiziert worden war (vgl. Stuttgarter Zeitung, 16. August 1948), wurde allerdings an dieser Stelle aus selbigem Grund ebenfalls nicht riskiert, vgl. IfZ München-Berlin, OMGUS Manpower Div. 7/44-3/16, S. 5.

203 IfZ München-Berlin, OMGUS Manpower Div. 7/44-3/16, S. 3 und 5.

204 „Protestschreiben des Betriebsrats der Hommelwerke“ an den Ortsausschuss der Gewerkschaften, Oktober 1948, abgedruckt in: Verwaltungsstelle Mannheim, „Säumt keine Minute!“, S. 603 f.

205 Vor allem in der zweiten Jahreshälfte 1948 entstanden massiv Geschäfts-Neubauten oder wurden aufwendig saniert, während in Stuttgart im Jahr 1949 immer noch ca. 70.000 Wohnungen fehlten, vgl. dazu DGB Stuttgart, Arbeiterbewegung und Wiederaufbau, S. 55. Durch Abgleich zweier Fotos ist festzustellen, dass sich auf der Höhe des Modehauses Stahl, welches am 28. Oktober eine zentrale Rolle spielte, ein exemplarisches Beispiel dafür befand. Das Haus mit der Nr. 12 ist in der Bauzeitung Stuttgart München,

Abb. 20: Stuttgart, 28. Oktober 1948: Vor dem Modehaus Stahl in der Königsstraße steht die Situation kurz vor der Eskalation.

geworden waren.[206] In den frisch wiederaufgebauten oder renovierten Geschäften befanden sich exklusive, hochpreisige Läden. Die gesamte Straße war mit Menschen überfüllt – die untere Königsstraße lag auf dem Weg vom Kundgebungsplatz zum Bahnhof –, als sich um 15.50 Uhr bei dem bekannten Modehaus Stahl eine Menge von etwa 200 Personen sammelte. Das Modehaus war zuvor „wegen Preiswucher mit einer empfindlichen Geldstrafe" belegt worden[207] – nicht zum letzten Mal.[208] In den Schaufenstern wurden auch Ende Oktober Waren zu „exorbitanten Preisen"[209] ausgestellt. Die Menschenmenge beschwerte

Heft 3 (Dezember 1948) – vermutlich als Beispiel für restaurierte Geschäftsgebäude – abgebildet, abgedruckt in: ebd., S. 54. Zum Vergleich: OMGUS Manpower Div. 7/44-3/16, Foto #8.

206 In einer Replik auf die Rede Erhards am 10. November schrieb der Stuttgarter Gewerkschaftssekretär Fritz Henker 1948: „Es war sehr mutig – um es höflich zu sagen – von dem Verfechter der freien Marktwirtschaft, dass er sich nicht gescheut hat, auch vom Wohnungsbau zu sprechen. Es kann aber kein geeigneteres Beispiel für die Berechtigung der gewerkschaftlichen Forderungen gewählt werden als der Wohnungsbau. Nirgends ist das Fiasko der freien Marktwirtschaft, der Aufhebung der Bewirtschaftung um jeden Preis augenfälliger in Erscheinung getreten als in der Bauwirtschaft. Die systematische Vernachlässigung des Wohnungsbaus, die Fehlleitung von Baustoffen und Arbeitsenergien für den Ausbau ebenso überflüssiger wie zum Teil luxeriöser [sic] Ladengeschäfte springt jedem in die Augen", vgl. „Der Erfolg des 12. Novembers 1948", Nachlass Fritz Henker, Stadtarchiv Stuttgart Bestand 2137/276.

207 Wilhelm Kleinknecht, Was ist geschehen?, in: Stuttgarter Zeitung, 1. November 1948, hier zitiert nach einer Abschrift in AdsD 5/DGZA010024.

208 Vgl. IfZ München-Berlin, OMGUS Manpower Div. 7/44-3/16, Appendix G. Die zweite Verurteilung fand am 19. November statt, vgl. S. 234.

209 IfZ München-Berlin, OMGUS Manpower Div. 7/44-3/16, S. 5.

sich lautstark über die hohen Preise und kritisierte den bereits im Vorfeld aufgezogenen Polizeischutz für das Modehaus.[210] Nach Aussage des stadtbekannten Bosch-Betriebsrates Eugen Eberle, der auch ihm bekannte Polizisten als Augenzeugen nannte, machten sich der Inhaber Friedrich Stahl und seine Angestellten über vorbeiziehende Kommunisten lustig.[211] Aus der Masse heraus wurde ihm daraufhin gedroht.[212] Stahl sagte später aus, mit einem der in der Folge Angeklagten einige Tage vor den Unruhen heftigen Streit wegen der hohen Preise gehabt zu haben.[213] Kurze Zeit später wurden die Gitter vor den Fenstern entfernt und durch Steinwürfe einige Fensterscheiben demoliert.[214] Auch die Schaufenster der Firma „Luxus" wurden durch Steinwürfe „zertrümmert".[215] Die deutsche Polizei griff mit Schlagstöcken ein, um die Menge zu zerstreuen. Sofort kam es zu körperlichen Auseinandersetzungen; ein Polizist wurde niedergeschlagen, andere Beamte von umliegenden Dächern aus mit Flaschen, Messern und Steinen beworfen, wobei es zu einigen Verletzten kam.[216]

Gegen 16.30 Uhr traf die US-amerikanische Military Police (MP) ein.[217] Sie wurde mit Spottrufen („jeers") empfangen[218] und ging „mit Tränengas und aufgepflanztem Bajonetten gegen die lärmende und pfeifende Menge" vor.[219] Nachdem so die Königsstraße geräumt worden war, flammten allerdings neue Auseinandersetzungen auf, denn etwa 5.000 bis 6.000 Menschen weigerten sich den Platz vor dem Stuttgarter Hauptbahnhof zu verlassen.[220] Daraufhin schritten die Kräfte der Constabulary („Konstabler") ein; schließlich wurde die Versammlung von 12 US-Tanks, verstärkten MP-Kräften, den erwähnten Constabulary-Truppen, einer Kavallerieeinheit und berittener deutscher Polizei aufgelöst. Bei den Panzern hat es sich vermutlich um ein „tank platoon" der Constabulary gehandelt.[221]

Bis 19 Uhr war die Bahnhofsgegend schließlich geräumt und die Lage beruhigt worden.[222] Insgesamt sollen bis zu 2.000 Personen direkt an den Ausschreitungen beteiligt

210 IfZ München-Berlin, OMGUS Manpower Div. 7/44-3/16, S. 5 und 8 sowie Stuttgarter Nachrichten, 30. Oktober 1948. Es steht zu vermuten, dass auch in diesem Fall der Anlass zur Beschwerde nicht die hohen Preise an sich, sondern die daran sichtbaren werdende Ungerechtigkeit war.

211 Vgl. IfZ München-Berlin, OMGUS Manpower Div. 7/44-3/16, S. 6.

212 Vgl. ebd.

213 Vgl. Stuttgarter Nachrichten, 9. Dezember 1948.

214 Vgl. Stuttgarter Nachrichten, 30. Oktober 1948.

215 Stuttgarter Zeitung, S. 9: „Tumultartige Zwischenfälle nach der Stuttgarter Kundgebung".

216 Vgl. ebd. und IfZ München-Berlin, OMGUS Manpower Div. 7/44-3/16, S. 6.

217 Vgl. IfZ München-Berlin, OMGUS Manpower Div. 7/44-3/16, S. 6.

218 Durch die gesamte Berichterstattung wie auch durch den Untersuchungsbericht zieht sich die Einschätzung, dass die Ausschreitungen keine antiamerikanische Tendenz hatten, sondern sich die entsprechenden Feindseligkeiten erst mit dem als überzogen empfundenen Einsatz der US-amerikanischen Polizeikräfte entwickelten, IfZ München-Berlin, OMGUS Manpower Div. 7/44-3/16, S. 9–11.

219 Stuttgarter Nachrichten, 30. Oktober 1948, S. 7: „Eine letzte ernste Warnung der Schaffenden".

220 Vgl. Die Welt, 30. Oktober 1948, S. 1: „Zwischenfall in Stuttgart".

221 Vgl. ebd. und IfZ München-Berlin, OMGUS Manpower Div. 7/44-3/16, S. 7. Die Constabulary waren eine „außerordentlich mobile Truppe", die für Polizei und Bewachungsaufgaben gebildet worden war. Die 30.000 Mann starke Einheit (bei einem Stab von 7.600 Personen) besaß „eine hohe Moral, ausgezeichnete Disziplin und soldatisches Verhalten", Clay, Entscheidung in Deutschland, S. 82. Es handelte sich in Stuttgart um die 820ste Constabulary- sowie die 534ste und 539ste MP-Kompanie, vgl. „MPs battle Rioters in Stuttgart", The Stars And Stripes, European Edition, 29. Oktober 1948, S. 1 und S. 5; bei der Kavallerieeinheit handelte sich vermutlich ebenfalls um eine Abteilung der Constabulary, die zu diesem Zeitpunkt bereits schwer bewaffnet und für Aufstandsbekämpfung trainiert war, vgl. H.P. Rand, Progress Report.

222 Vgl. Stuttgarter Nachrichten, 30. Oktober 1948, S. 7: „Eine letzte ernste Warnung der Schaffenden" und IfZ München-Berlin, OMGUS Manpower Div. 7/44-3/16, S. 7.

Abb. 21 und 22: Stuttgart, 28. Oktober 1948: Die Spannungen beginnen auf die gesamte Königsstraße überzugreifen. Kurz darauf kommt es zu harten Auseinandersetzungen zwischen Bevölkerung und deutscher Polizei; die US-Einheiten treffen eine Weile danach am Ort des Geschehens ein.

gewesen sein.[223] US-amerikanische Panzer bezogen Stellung vor dem Hauptbahnhof und starke Polizei- und MP-Kräfte patrouillierten bis 23 Uhr in der gesamten Gegend.[224]

Bei den Vorfällen waren eine unbekannte Anzahl deutscher Polizisten und vier US-amerikanische MPs durch Steinwürfe und Messerstiche verletzt worden.[225] Mindestens ein Demonstrant wurde schwer am Kopf verletzt, er war zwischenzeitlich festgenommen worden.[226] Es liegen verschiedene Angaben über die Anzahl der Verhafteten vor; im Untersuchungsbericht der US-amerikanischen Stellen wurde von 17 Verhaftungen durch die deutsche Polizei berichtet[227] und andere Quellen sprechen von 15 weiteren (durch US-amerikanische Polizisten) Verhafteten.[228] Allerdings kam es möglicherweise zu Doppelmeldungen, denn von diesen 15 ist im offiziellen Abschlussbericht nichts zu erfahren,[229] und auch die deutschen polizeilichen Statistiken weisen auf lediglich 17 Verhaftete hin.[230] Von den Festgenommenen, seien es nun 17 oder 32, begingen fünf den Fehler, Sympathie für die Kommunisten zuzugeben, alle anderen durften nach der Identitätsfeststellung wieder gehen. Den verbliebenen fünf wurden zudem schwerwiegendere Tatvorwürfe gemacht als den freigelassenen zwölf.[231]

Unter den Verhafteten befanden sich nur wenige Gewerkschaftsmitglieder.[232] Augenzeugenberichte deutscher Polizisten machten Rowdys, „jugendliche Elemente" und Schwarzmarkthändler für die Ausschreitungen verantwortlich. Nur ein Zeuge will immerhin sächsischen und Berliner Dialekt herausgehört haben und schloss daraus auf Verbindungen zur SBZ.[233] Ein anderer Augenzeuge (ein Hauptamtlicher einer Angestellten-Gewerkschaft) hatte vor Ort indes extra nach Kommunisten gesucht, aber keine gefunden. Er schloss daher darauf, dass die Krawalle durch den rüden Polizeieinsatz ausgelöst worden wären.[234] Auch aus der von Einzelnen gerufenen Drohung „Wartet, bis die Russen kommen!"[235] kann sicherlich nicht auf eine geplante kommunistische Aktion geschlossen werden.

Gegen Karl Mayer (Stuttgart), Walter Goertz (Seppenrade, Westfalen) und Heinz Mokros (Dresden) wurde schließlich Haftbefehl aufgrund von Fluchtgefahr erlassen und ein Prozess wegen Landfriedensbruch angestrengt.[236] Heinz Mokros – er hatte ein Transparent

223 Vgl. Abendpost, 30. Oktober 1948, S. 2: „Tränengas und Panzer in Stuttgart" (Korrespondentenbericht).
224 Vgl. Stuttgarter Nachrichten, 30. Oktober 1948, S. 7: „Eine letzte ernste Warnung der Schaffenden".
225 Vgl. IfZ München-Berlin, OMGUS Manpower Div. 7/44-3/16, S. 7.
226 Vgl. Stuttgarter Zeitung, 3. November 1948.
227 Vgl. IfZ München-Berlin, OMGUS Manpower Div. 7/44-3/16, S. 12.
228 Vgl. Stuttgarter Zeitung, 30. Oktober 1948, S. 9: „Tumultartige Zwischenfälle nach der Stuttgarter Kundgebung".
229 Vgl. IfZ München-Berlin, OMGUS Manpower Div. 7/44-3/16.
230 Vgl. HStaS, EA 2/301 Bü 289. Darin die Verletzung deutscher Gesetze der Rubrik bzw. Aufruhr, Auflauf und Landfriedensbruch („Riot, Rebellion, Disturbing of peace") bzw. die Anzahl der gemachten Verhaftungen (in Klammern) : August 12 (12), September 1 (1), Oktober 41 (18), November 1 (22), Dezember 3 (3). Eventuell kam es zu Personalienaufnahmen, die nicht in Festnahmen mündeten.
231 Vgl. IfZ München-Berlin, OMGUS Manpower Div. 7/44-3/16, S. 12; vgl. auch: Die Welt, 30. Oktober 1948, S. 1 „Zwischenfall in Stuttgart".
232 Von den 17 Verhafteten waren lediglich vier in einer Gewerkschaft organisiert. Die Gewerkschaften sagten aus, diese seien als Auszubildende von 17–21 Jahren erst jüngst in die Gewerkschaft eingetreten, vgl. IfZ München-Berlin, OMGUS Manpower Div. 7/44-3/16, S. 12.
233 Vgl. IfZ München-Berlin, OMGUS Manpower Div. 7/44-3/16, S. 6 f.
234 Vgl. ebd, S. 11.
235 Vgl. ebd., S. 8.
236 Vgl. Stuttgarter Zeitung, 1. November 1948.

mit der Aufschrift „Die Polizei ist ein Werkzeug des Kapitals – Wir fordern sozialistische Einheit“ getragen[237] – wurde als vermeintlicher Anführer kurz vor dem Generalstreik am 12. November 1948 zu zehn Jahren Zuchthaus verurteilt – von einem US-amerikanischen Militärgericht in Stuttgart.[238] Drei weitere Personen erhielten ein bis zwei Jahre Haft.[239] Offensichtlich fanden in diesem Zusammenhang noch weitere Prozesse gegen 21 weitere Angeklagte statt.[240] Am 29. Januar wurden elf von ihnen vor dem Landgericht Stuttgart zu Gefängnisstrafen von bis zu zwei Jahren und drei Monaten verurteilt.[241] Zu diesen harten Strafen, die zum Teil die Gerichte der OMGUS aussprachen, passt auch das weitere Vorgehen der Militärverwaltung, welche offenbar um jeden Preis verhindern wollte, in Westdeutschland einen weiteren europäischen Krisenherd aufkommen zu lassen.

Die Reaktion der Militärverwaltung

Der Militärgouverneur der US-Zone Lucius Clay, der nach eigener Aussage allgemein nicht viel für Demonstrationen übrig hatte,[242] zog die Sache an sich und ließ Hans Stetter am folgenden Samstag von Soldaten abholen und in sein Büro bringen. Nach einer langen Wartezeit musste er sich heftige Vorwürfe anhören. Clay sprach von einer aufstachelnden Rede und machte Stetter für die folgenden Ausschreitungen verantwortlich.[243] Vor allem warf Clay Stetter seine Kritik an der Besatzungspolitik vor. Höhepunkt der recht einseitigen Unterredung war der Hinweis darauf, dass Clay für dieses Mal noch davon absehe, die Gewerkschaften verbieten zu lassen.[244] Im Gewerkschaftshaus in der Roten Straße

237 Vgl. Stuttgarter Zeitung, 30. Oktober 1948, S. 9: „Tumultartige Zwischenfälle nach der Stuttgarter Kundgebung“.

238 „‚Ich bin das erste Opfer der kapitalistischen Tyrannei‘, brüllte Mokross [sic] bei der Urteilsverkündung“, Ohne Autor: Heinz Mokross, in: Der Spiegel, 11. Dezember 1948. Die KPD distanzierte sich hingegen nachdrücklich von Mokros, es handele sich „um einen Psychopathen“, Neue Zeitung, 4. November 1948.

239 Die Welt 7. Dezember 1948 (nach einem DENA-Bericht, Stuttgart, 6. Dezember): „Vor einem amerikanischen Militärgericht begann am Montag die Verhandlung gegen die vier im Zusammenhang mit den Stuttgarter Unruhen vom 28. Oktober festgenommenen Personen. Alle vier Angeklagte, denen Aufhetzung zum Widerstand und Aufforderung zum Widerstand gegen die Staatsgewalt vorgeworfen wird, erklärten sich für ‚nicht-schuldig‘. Der Angeklagte Mokros gab zu, ein Plakat mit der Aufschrift ‚Die Polizei ist ein Werkzeug des Kapitals‘ getragen zu haben. Er bestritt jedoch, während der Unruhen auf einen Kriminalbeamten in zivil gedeutet und gesagt zu haben: ‚Haltet ihn fest, er ist ein Spitzel der Polizei und des CIC‘. Als erster Zeuge wurde ein Polizeibeamter der Stuttgarter Schutzpolizei vernommen. Er gab eine eingehende Schilderung der Vorgänge am 28. Oktober ab und sagte aus, die vier Angeklagten nicht zu kennen.“ Die Welt, 9. Dezember ergänzte (nach AP und dpd): „Ich bin das erste Opfer des Kapitalismus“ rief Heinz Mokroß [sic!] seinem amerikanischen Richter zu, als er gestern zu zehn Jahren Zuchthaus verurteilt wurde. Mokroß war der Hauptanstifter der Stuttgarter Krawalle vom Oktober diesen Jahres. Er fügte hinzu: ‚Der Kapitalismus wird bald bankrott machen. Ich bin sicher, dass ich keine zehn Jahre sitzen werde.‘ Die Angeklagten Betzner und Rauling erhielten je 2 Jahre, der Angeklagte Turek 1 Jahr Gefängnis. Mokroß erklärte in eigener Sache, er sei über die ‚Prügelei‘ durch deutsche Polizisten während der Zwischenfälle derart empört gewesen, daß er ein Plakat mit der Aufschrift: ‚Die Polizei ist ein Werkzeug der Kapitalisten, fordert sozialistische Einheit‘ angefertigt habe. Die drei Angeklagten bezeichneten die gegen sie erhobenen Vorwürfe als nicht zutreffend.“

240 Vgl. Stuttgarter Zeitung 8. Januar 1949. Verhandlungstermin gegen 21 Personen: 25. Januar 8.30 Uhr, Strafkammer, Saal 275. Vorsitz: Landgerichtsdirektor Dodel Anklage: Oberstaatsanwalt Dr. Eisenbacher.

241 Vgl. Kraushaar, Die Protest-Chronik, S. 34 f. (Eintrag 29. Januar 1949).

242 Clay, Entscheidung in Deutschland, S. 417.

243 Ebd., S. 331.

244 Für die Umstände (Abholung durch Offiziere, vier Stunden Wartezeit vor Clays Büro und einseitige Gesprächsführung) sowie die Verbotsdrohung vgl. das Gedächtnisprotokoll Stetters, HStaS Q 1/40 Bü 49.

in Stuttgart machten Gerüchte die Runde, Stetter sei festgenommen worden. Wilhelm Kleinknecht und der gesamte Bundesvorstand des GWB sahen sich genötigt, in einem Rundschreiben auf die Tatsache hinzuweisen, dass es sich um eine im Voraus angekündigte Besprechung mit Clay handelte und Stetter noch am selben Tag zurück erwartet werde, wovon sich der Bundesvorstand auch persönlich überzeugen werde.[245] Stetter selbst hatte Proteststreiks der Belegschaften Stuttgarts für wahrscheinlich gehalten, wenn er unter gleichen Umständen an einem Wochentag und nicht an einem arbeitsfreien Samstag zum Gespräch mit Clay abgeholt worden wäre.[246]

Auf Anweisung Clays, der neue Zwischenfälle befürchtete,[247] erließ der Militärgouverneur Württemberg-Badens, Charles M. LaFollette, darüber hinaus am Samstag, den 30. Oktober 1948 eine nicht befristete Ausgangssperre für das Stuttgarter Stadtgebiet von 21 Uhr bis 4 Uhr morgens. Es beinhaltete auch ein Versammlungsverbot ab fünf Personen. Diese Maßnahmen führten zu 38 Gerichtsverhandlungen vor einem Schnellgericht der US-amerikanischen Militärregierung, bei denen etwa die Hälfte der Angeklagten zu Strafen von 10 DM verurteilt wurde und die anderen Verfahren eingestellt wurden.[248]

Sogar der alliierte Gouverneur Charles LaFollette war mit dieser Maßnahme eigentlich nicht einverstanden.[249] Der Ministerpräsident Württemberg-Badens, Reinhold Maier, und der Oberbürgermeister von Stuttgart, Arnulf Klett protestierten sogar öffentlich gegen die Ausgangssperre.[250] Die politischen Parteien äußerten sich ebenfalls ablehnend gegen diese „Kollektivstrafe“.[251] Die „Stuttgarter Zeitung“ ließ es sich nicht nehmen, in der unentgeltlichen Sonderausgabe, die über die Ausgangssperre und das Versammlungsverbot informieren sollte, eindeutige Statements der wichtigsten politischen Parteien und des Gewerkschaftsbundes unterzubringen.[252]

Die US-amerikanische Militärpresse für Deutschland hatte zunächst mit einem reißerischen Artikel reagiert, dessen Inhalt später in großen Teilen vom OMGUS-Untersuchungsbericht widerlegt wurde, aber sich zunächst dazu eignete, das rigorose Vorgehen

245 Vgl. den von 16 Unterschriften gezeichneten Brief des Bundesvorstands, AdsD 5/DGZA010024.

246 Vgl. IfZ München-Berlin, OMGUS Manpower Div. 7/44-3/16, Appendix I.

247 Vgl. Backer, Die deutschen Jahre, S. 298.

248 Vgl. Stuttgarter Zeitung, 1. November 1948.

249 Ebd., S. 298. La Follette war „director of the Office of Military Government for Wurttemberg-Baden, Germany, from December 15, 1947, to January 16“, vgl. Biographical Directory of the United States Congress : La Follette, Charles Marion, (1898–1974), unter: bioguide.congress.gov, zuletzt 8. August 2015. Michael Bayer ist der Meinung, durch den ganzen Vorgang rund um die Stuttgarter Vorfälle wäre „viel unnötiges Porzellan“ zerschlagen worden und gibt den Stuttgarter Vorfällen eine Mitschuld am Rückzug LaFollettes Ende 1948, vgl. Michael Bayer (1995): Das Kriegsende und die Franzosenzeit, in: Edgar Lersch (Hg.): Stuttgart in den ersten Nachkriegsjahren, Stuttgart, S. 17–49, S. 46.

250 Vgl. IfZ München-Berlin, OMGUS Manpower Div. 7/44-3/16, S. 13. Klett hatte schon direkt nach den Vorfällen die Position bezogen, es habe sich lediglich um „ein paar zerbrochene Fensterscheiben“ gehandelt, vgl. Stuttgarter Zeitung, 30. Oktober 1948, S. 9: „Tumultartige Zwischenfälle nach der Stuttgarter Kundgebung“.

251 IfZ München-Berlin, OMGUS Manpower Div. 7/44-3/16, S. 13.

252 Vgl. Sonderausgabe der Stuttgarter Zeitung vom 30. Oktober 1948. Wilhelm Kleinknecht distanzierte sich für die Gewerkschaften ausdrücklich („mit den von Radaubrüdern inszenierten Tumulten“ habe die Gewerkschaft nichts zu tun). Vertreter der Parteien (CDU: Landesvorsitzender Andre; Wilhelm Kleinknecht als Gewerkschaftssekretär und SPD-Landtagsabgeordneter; DVP-MdL und Landesvorsitzender Wolfgang Haußmann; KPD: Landesvorsitzender Albert Buchmann) erklärten mit verschiedener Wortwahl, aber eindeutig, die Willkür dieses Versammlungsverbotes gegen die Stuttgarter Bevölkerung.

Clays zu legitimieren.[253] Auch die deutsche Presse berichtete überregional in allen Zonen von den Ereignissen, allerdings wesentlich moderater.

Nach sieben Tagen wurde die Ausgangssperre wieder aufgehoben,[254] während das Versammlungsverbot bis in den Dezember hinein beibehalten wurde.[255]

Reaktionen der Arbeiterbewegung

In einer Stellungnahme des Stuttgarter Ortsausschusses vom 1. November 1948 stellten sich Vertreter aller Stuttgarter Gewerkschaften einmütig hinter die Rede Stetters, die sie als „determined, but moderate" einschätzten. Sie lehnten jegliche Versuche, diese Rede für die Ausschreitung verantwortlich zu machen, als unbegründet ab.[256] Aus ganz Deutschland landeten beim Gewerkschaftsbund in Stuttgart außerdem zustimmende Schreiben von Einzelpersonen.[257] Diese Solidaritätsbekundungen sind ihrem Inhalt nach nicht auf die Ausschreitungen an sich zurückzuführen, sondern darauf, dass sich durch die Ausschreitungen eine gesteigerte Öffentlichkeit für diejenigen Missstände ergeben hatte, die Stetter in seiner Rede aufgegriffenen hatte. Zustimmend auf die Ausschreitungen bezogen sich lediglich am 12. November einige Streikende in Braunschweig, die mit „einer Aktion wie in Stuttgart" gedroht und so die Einstellung der Arbeit erzwungen hatten.[258]

Im Gegensatz dazu distanzierten sich die meisten Gewerkschaftsfunktionäre deutlich von den Ausschreitungen.[259] Die „Stuttgarter Zeitung" gab Wilhelm Kleinknecht vom GWB Gelegenheit, in einem Artikel die Gewerkschaftssicht darzustellen. Auch er grenzte sich klar von „Gewaltmethoden" ab, äußerte aber auch Verständnis für die zerbrochenen Fensterscheiben:

> *„Bei der Verhöhnung der arbeitenden Bevölkerung durch die hohen Preise sind solche Exzesse verständlich. Wieviel Scherbenhaufen sind schon entstanden durch den Preiswucher beim Menschen! Wieviel Menschen haben schon den Gashahn aufgemacht weil sie nicht mehr ein noch aus gewußt haben! Auch an das sollte man bei der Betrachtung dieser paar Fensterscheiben denken!"*[260]

Das von Kleinknecht geäußerte Verständnis markiert einen wichtigen Perspektivwechsel, der eher betont, wie gering das Ausmaß von Ausschreitungen in dieser historischen Phase angesichts der herrschenden Verzweiflung gewesen ist: „Nicht die Unordnung, sondern die Zurückhaltung ist bei alledem bemerkenswert."[261]

253 Vgl. The Stars And Stripes, European Edition, 29. Oktober 1948: „MPs battle Rioters in Stuttgart". Auf der Titelseite heißt es: „A rioting mob of about 30.000, inflamed by a labor leader, raged for several hours through the center of this city".

254 Vgl. Neue Zeitung, 6. November 1948.

255 Vgl. DGB Stuttgart, Arbeiterbewegung und Wiederaufbau, S. 281.

256 IfZ München-Berlin, OMGUS Manpower Div. 7/44-3/16, Appendix K.

257 Vgl. ebd., S. 278.

258 Abendpost, 13. November 1948, vgl. dazu auch S. 226.

259 Zum Beispiel der Bayrische Gewerkschaftsbund, vgl. „Rundschreiben des Informationsdienstes B/73/48", München 29. Oktober 1948, AdsD 5/DGZA010024. Vgl. auch Beier, Der Demonstrations- und Generalstreik, S. 38.

260 Wilhelm Kleinknecht, Was ist geschehen?, in: Stuttgarter Zeitung, 1. November 1948.

261 Thompson, Die ‚sittliche Ökonomie', S. 46.

Die Gegenüberstellung der zerstörten Fensterscheiben mit Selbstmorden aus Verzweiflung über die Folgen der Erhardschen Wirtschaftspolitik ist keineswegs eine weit hergeholte Polemik. Ähnliche Gedanken äußerte beispielsweise der frisch gewählte dritte Vorsitzende der CDU in der Britischen Zone, Dr. Linus Kather (der kein Vertreter der Arbeiterbewegung war) in einem Referat zur Vertriebenen-Problematik. Darin forderte er mit einem Verweis auf die hohen Selbstmordraten der mittellosen Flüchtlinge einen nennenswerten Lastenausgleich ein: „Ist es zuviel gesagt, wenn man unter diesen Umständen behauptet, daß ein großer Prozentsatz dieser Aermsten der Armen durch die Währungsreform geradezu zum Selbstmord reif gemacht worden ist?"[262]

Ähnlich wie Kleinknecht äußerten sich auch die versammelten Betriebsräte der Industriegewerkschaften in Nürnberg in einer Solidaritätsadresse. Sie stellten sich hinter die Forderungen der Stuttgarter Betriebsräte und sprachen den Gewerkschaften in Stuttgart ihre „vollste Sympathie" aus. Zu den Vorfällen auf der Königsstraße bemerkten sie lapidar:

> *„Wir bedauern die Ausschreitungen am Schluss der Kundgebung. Die Schuld trifft aber jene, die die Not der werteschaffenden Menschen missbrauchen und sie sogar noch verhöhnen".*[263]

Anders als bei dem Artikel Kleinknechts, der die Verhöhnung der „arbeitenden Bevölkerung" durch die hohen Preise sieht, zielt die Aussage der NürnbergerInnen direkt auf den Inhaber des Modehauses, der die Notlage – amtlich bescheinigt – durch illegale Preishöhen ausnutzte und sich über die Demonstrierenden auch persönlich lustig machte. Dieses Schreiben der Betriebsräte wurde dem GWB durch den Ortsausschuss der Gewerkschaften Nürnbergs übermittelt, was darauf hindeutet, dass sich vor Ort möglicherweise eine ähnliche Situation eingestellt hatte wie in Stuttgart, und gut organisierte Betriebsräte mit einem prinzipiell kooperationsbereiten Ortsausschuss zusammenarbeiteten.

Lediglich eine einzige Quelle einer politisch dissidenten Organisation ist im Zusammenhang mit den Stuttgarter Vorfällen auszumachen. Die Gruppe Arbeiterpolitik, die sich im Jahr 1947 als zunächst loser Zusammenschluss von ehemaligen Mitgliedern der KPO (Kommunistische Partei-Opposition) gegründet hatte und gemeinhin mit den Namen Heinrich Brandler und August Thalheimer verbunden wird, gab ab Ende des Jahres 1948 eine eigene Zeitung heraus („Arbeiterpolitik"). In der allerersten Ausgabe von Ende November finden sich nur drei Beiträge: Ein Text zum politischen Selbstverständnis der Gruppe, ein Nachruf auf August Thalheimer, der im September auf Kuba verstorben war – und ein Text mit dem Titel „Die Lehren von Stuttgart"[264], auf den sich die folgenden Ausführung beziehen. Die „Stuttgarter Massendemonstration" sei die „größte Aktion seit der Währungsreform" und habe laut der Gruppe Arbeiterpolitik „bei den Arbeitern Freude und Sympathie, bei der deutschen und alliierten Bourgeoisie Besorgnis und Angst ausgelöst". Hervorgehoben wird in der Analyse vor allem, dass die Initiative auf die Stuttgarter Betriebsrätevollversammlung übergegangen war und die Gewerkschaftsführung (die „Reformisten") nach drei Jahren falscher Politik der „Zusammenarbeit mit der Bourgeoisie"

262 Linus Kather: Der Flüchtling sollte Bruder sein, Referat auf dem zweiten Parteitag der CDU für die britische Zone (28.–29. August 1948) in Recklinghausen, abgedruckt in: Pütz, Konrad Adenauer, S. 600–615, 602 f.

263 Ortsausschuss Nürnberg an den GWB, 6. November 1948, AdsD 5/DGZA010024.

264 Arbeiterpolitik, Nr. 1/1948 (Ende November), S. 4–8.

reagieren musste. Anlässlich der Stuttgarter Vorfälle wurde von der Gruppe Arbeiterpolitik, meist zwar sachlich begründet, jedoch mit sehr scharfen Worten, gegen die Gewerkschaftspolitik nach der Währungsreform polemisiert.[265] Von deren „Willenlosigkeit, Unfähigkeit und Feigheit" höben sich die „spontanen Streiks gegen die Demontage", die „Proteststreiks gegen den Preiswucher und die Frankfurter Wirtschaftspolitik", vor allem aber der „Stuttgarter Streik" durch den dort sichtbaren „Kampfwille[n]" wohltuend ab.[266] Mit Bezug auf die Ausschreitungen spricht der Artikel in der „Arbeiterpolitik" von „unbedeutenden Entgleisungen" und verweist auf eine der zahlreichen Äußerungen von Gewerkschaftsfunktionären, eventuelle „Zwischenfälle" beim Widerstand der Gewerkschaften seien ausschließlich von der Frankfurter Verwaltung zu verantworten.[267] Auch die Gruppe Arbeiterpolitik plädierte in diesem Zusammenhang für „wirksame Preiskontrolle" durch Betriebsräte und Gewerkschaften. Sie ging jedoch einige Schritte weiter und forderte auch die Kontrolle der Produktion und der Verteilung durch „proletarische Kontrollorgane"[268], ohne allerdings an die zahlreichen rechtlichen Möglichkeiten, die schlicht nicht in Kraft gesetzt wurden, anzuschließen. Der Artikel endet mit dem Aufruf, den „Stuttgarter Weg" zu beschreiten – und damit war nicht die Zerstörung der Fensterscheiben gemeint, sondern die Initiative der Stuttgarter Betriebsräte, die eine Möglichkeit geboten hatte, sich „selbst die Führung" zu geben.[269] So sollte der „Stuttgarter Weg" für die Gruppe Arbeiterpolitik als Vorbild dienen, die Arbeiterbewegung durch eine „starke Betriebsrätebewegung" zu befähigen, die „kommenden schweren Kämpfe" zu organisieren.

Bewertung der Stuttgarter Vorfälle

Der Stellenwert der Stuttgarter Vorfälle sollte keinesfalls unterschätzt werden. Dafür sprechen nicht nur die Äußerungen der abtrünnigen KommunistInnen der Gruppe Arbeiterpolitik, sondern ebenso die Einschätzung der „Gegenseite", die genau solche Ereignisse befürchtete. Der augenfälligste Ausdruck dafür war die akribische Vorbereitung der Sicherheitskräfte auf diese Kundgebung. Bei keiner Versammlung im Jahr 1948 war es zu ernsthaften Ausschreitungen gekommen, und trotzdem hatten die deutschen Ordnungsbehörden zwei Drittel aller überhaupt einsatzfähigen Einsatzkräfte Stuttgarts für die Demonstration abgestellt. Auch die US-Behörden waren offensichtlich in Alarmbereitschaft und reagierten sofort und heftig.

Verglichen mit der Aussage des Stuttgarter Polizeipräsidenten Gustav Supper, er wäre mit seiner Polizei in der Lage gewesen, mit der Situation umzugehen und die Unruhen zu unterdrücken, und zwar „without assistance from the Military Police and Constabulary", war das eingesetzte Arsenal deutscher und US-amerikanischer Sicherheitskräfte äußerst beeindruckend: Panzer, Tränengas, Bajonette, 1.000 Polizisten, dazu die Military Police sowie die US-Constabulary; die Landespolizei und die Feuerwehr waren zusätzlich ge-

265 Arbeiterpolitik, Nr. 1/1948 (Ende November), S. 5–7.

266 Ebd., S. 7.

267 Beispiele solcher Äußerungen finden sich auf S. 191.

268 Arbeiterpolitik, Nr. 1/1948 (Ende November), S. 8.

269 Bei den Betriebsratswahlen Mai und Juni 1948 waren im Raum Stuttgart knapp 3.600 Betriebsräte gewählt worden, mit wenigen Ausnahmen alle gewerkschaftlich organisiert, davon 457 Frauen und 2.199 Arbeiter oder Arbeiterinnen. Zahlen zur Parteiorientierung liegen nicht vor, vgl. die Statistik „Betriebsrätewahlen 1948", Stadtarchiv Stuttgart Bestand 2137/294.

rufen worden, kamen aber nicht zum Einsatz.[270] Dieses harte und massive Vorgehen der Sicherheitskräfte ist sowohl als Zeichen von Nervosität wie auch als präventive Warnung zu interpretieren: Die OMGUS wie die deutschen Sicherheitsbehörden waren entschlossen, jegliche Artikulation von Protesten, die über Appelle hinausgingen, notfalls mit Waffengewalt zu unterdrücken.[271] Der Grund dafür ist nicht nur in der zugespitzten westdeutschen Situation zu sehen: Auf der ganzen Welt traten – aus Sicht der westlichen Politik – immer neue Krisenherde auf; in China etwa drohte in diesen Wochen der Sieg der kommunistischen Armee und in Frankreich wurde Militär gegen Streikende (zum großen Teil kommunistische Bergarbeiter) eingesetzt, die ihrerseits unter Einsatz von Dynamit Kohlegruben fluteten. Deutschland war auf der Bühne der Weltpolitik und der sich anbahnenden Blockkonfrontation besonders hervorgehoben, ja vielleicht schon 1948 deren wichtigste Arena. Hier sollten keine Unruhen unter Beteiligung der (für kommunistische Ideen anfälligen) Arbeiterbewegung zugelassen werden, welche die Manövrierfähigkeit der westlichen Alliierten hätten einschränken können.

Sowohl der hier beschriebene Verlauf der Ausschreitungen als auch die Berichte von ähnlichen Kundgebungen[272] stützen die Vermutung Jörg Roeslers, dass es „bis zu einem gewissen Grade Zufall war, dass die gereizte Stimmung gerade in Stuttgart in gewaltsame Demonstrationen umschlug"[273] und es sich keineswegs um absehbare oder gar geplante Aktionen gehandelt hat. Der Beobachter der Intelligence Division, Peter Vacca, war sogar – nachdem er die gelangweilteste jemals von ihm gesehene Menschenmasse („the most unenthusiastic crowd") in Augenschein genommen hatte – schon wieder in sein Büro zurückgekehrt, als die Unruhen ausbrachen.[274] Vielleicht war es genau diese „zufällige" Eskalation und die Verwobenheit mit den gesellschaftlichen Konfliktlagen, welche die Stuttgarter Vorfälle „in den Augen der Obrigkeit so gefährlich erscheinen"[275] ließen. Möglicherweise war diese Gesamtstimmung auch Voraussetzung dafür, dass die Arbeiterbewegung sich nicht distanzierte, sondern in der an die Vorfälle anschließenden Debatte offensiv auf die sozialen Ursachen der Krise aufmerksam machte.

Die Reaktion der Obrigkeiten auf die Stuttgarter Vorfälle nahmen sich im internationalen Vergleich zwar harmlos aus. Doch für die westdeutschen Verhältnisse müssen sie als heftig gelten, führten jedoch mitnichten dazu, dass die Proteste ausgesetzt wurden. Als sich Ende Oktober zum Beispiel der bayrische Minister für Ernährung, Landwirtschaft und Forsten, Alois Schlögl (CSU), im Nürnberger Rathaus mit Landräten besprechen wollte, kam es zu Protesten, im Zuge derer einige Frauen in das Rathaus eindrangen. Nach einem heftigen Disput sah sich Schlögl gezwungen, die Besprechung abzubrechen und das Rathaus zu verlassen.[276] Auch andernorts wurden die Proteste fortgeführt.

270 Stuttgarter Nachrichten, 30. Oktober 1948, S. 7: „Eine letzte ernste Warnung der Schaffenden". Die Zeitung zitiert einen amtlichen Polizeibericht, nachdem sich die Mannschaften der gerufenen Feuerwehr weigerten, an dem Einsatz mitzuwirken. Die Landespolizei hingegen war möglicherweise genau für solche Zwecke aufgebaut worden, vgl. Neues Deutschland, 30. September 1948, nach: Roesler, Die Stuttgarter Vorfälle, S. 42 f.

271 Vgl. Clay, Entscheidung in Deutschland, S. 331.

272 Vgl. den obenstehenden Bericht über die Mannheimer Kundgebung, S. 1 f.

273 Roesler, Wiederaufbaulüge, S. 50.

274 IfZ München-Berlin, OMGUS Manpower Div. 7/44-3/16, S. 8 f.

275 Roesler, Wiederaufbaulüge, S. 50.

276 Vgl. Rhein-Echo, 2. November 1948 und Hamburger Abendblatt, 30. Oktober 1948.

7.4.3 Bremen am 9. November 1948: Neue Massenkundgebung

Trotz des unmittelbar bevorstehenden Generalstreiks streikten und demonstrierten auch am 9. November 1948 in Bremen noch 30.000 Menschen anlässlich einer Gewerkschaftskundgebung auf dem Domshof. Deutsche und US-amerikanische Beobachter sprachen von einem Generalstreik in Bremen mit einer Beteiligung von bis zu 75 Prozent.[277] In vier verschiedenen Zügen zogen die Menschen zum Kundgebungsplatz.

Redner waren der Vorsitzende der Bremer Gewerkschaften, Oskar Schulze sowie Hans Böhm, Mitglied im Bundesvorstand des DGB. Die Politik von Erhard und „seinen Gefolgsleuten", so Böhm, sei nur den „wirtschaftlich Starken dienstbar". Er beklagte sich über die Missachtung der Gewerkschaften, obwohl sie und der „arbeitende Mensch" sich immer vorbildlich verhalten hätten. Die demokratisch zu Stande gekommenen Gesetze betreffend Sozialisierung und Mitbestimmung seien „immer wieder der Ablehnung anheimgefallen", wie Böhm es äußerst diplomatisch beschreibt. Der geplante Generalstreik solle unterstreichen, dass die politischen Forderungen der Gewerkschaften nicht überhört werden dürften.

Die von den TeilnehmerInnen mitgeführten Transparente fassten sich naturgemäß kürzer: „Eier 30 Pfg. Wo, Herr Senator?" (diese 30 Pfennig bezogen sich auf die Eier-Richtpreise in den Preisspiegeln), „Nicht nur der Handel will leben, wir auch!" oder „Hat nur der kleine Mann den Krieg verloren?" war auf ihnen zu lesen. Der Einzelhandel solidarisierte sich teilweise durch Plakate in den geschlossen Schaufenstern. Vereinzelt wurden andere Schaufensterscheiben vorsorglich mit Blechen „gepanzert", was aber nur für „allgemeine Heiterkeit" sorgte. In einem Artikel am Tag vor der Kundgebung appellierte der DGB mit Verweis auf die Stuttgarter Vorfälle massiv an die gewerkschaftliche Disziplin; der Bremer Polizeichef sprach der Bevölkerung sein Vertrauen aus – nicht ohne für den Fall der Fälle „entschiedenen Widerstand der Polizei" anzukündigen. Der Tag verlief vollkommen ohne Zwischenfälle und zum Abschluss wurde gemeinsam „Brüder zur Sonne, zur Freiheit" angestimmt.[278]

Ähnlich wie in der Neckarregion am 20. Oktober gab es auch im Norden am selben Tag ähnliche Kundgebungen, nämlich in Bremerhaven und Vegesack (mit 12.000 bzw. 5.000 Menschen).[279]

277 Vgl. Hudemann u.a. (1992), Statistik der Arbeitskämpfe, S. 205.

278 Vgl. Weser-Kurier, 8. November 1948, S. 3: „DGB will disziplinierten Protest. Zu der morgigen Kundgebung der Gewerkschaften."; Weser-Kurier, 9. November 1948, S. 3: „Heute Proteststreik – Freitag Generalstreik"; Weser-Kurier, 11. November 1948, Titelseite sowie S. 3: „Die Bremer Massenkundgebung gegen Preiswucher" und „Etwa 30 000 demonstrierten".

279 Hudemann u.a. (1992), Statistik der Arbeitskämpfe, S. 205. Siehe auch Niedersächsische Volksstimme, 12. November 1948, nach: Gundolf Algermissen (o.J.): Der „Demonstrationsstreik vom 12. November 1948" und die gewerkschaftliche Vorgeschichte. Chronik, unter: www.niedersachsen-bremen-sachsenanhalt.dgb.de, zuletzt 16. Juli 2015. (Die „Niedersächsische Volksstimme" [NVS] erschien nur kurzzeitig unter diesem Namen).

7.4.4 Die Bizone am 12. November 1948: Generalstreik

Von einem Ende der Proteste nach den Stuttgarter Vorfällen konnte also nicht die Rede sein, im Gegenteil. Dem fortgesetzten Drängen der Basis nach überregional koordinierten Aktionen konnte sich nun auch die Gewerkschaftsführungen der verschiedenen Zonen – anders als im Januar 1948 – nicht mehr entziehen. Für den 12. November 1948 rief der Gewerkschaftsrat der Bizone schließlich zu einer 24-stündigen Arbeitsniederlegung in der gesamten Bizone auf.

Es beteiligten sich zwischen sieben und über neun Millionen ArbeitnehmerInnen – eine hohe Zahl bei viereinhalb Millionen gewerkschaftlich Organisierten und unter zwölf Millionen Beschäftigten.[280] Noch am Vorabend des Streiktages hatte Ludwig Erhard in einer Rundfunkansprache wenig subtil (und offensichtlich erfolglos) versucht, die ArbeitnehmerInnen zu demobilisieren.[281]

Die folgende Darstellung soll einen Überblick über den kaum bekannten und bislang letzten (west-)deutschen Generalstreik geben und dabei auch die Konflikte beschreiben, die mit ihm verbunden waren. Damit sind sowohl einige innergewerkschaftlichen Widersprüche gemeint[282] als auch die öffentliche Diskussion, die durch den Streik befeuert wurde. Insbesondere letzterer Aspekt gibt bereits Hinweise darauf, dass der Generalstreik erheblichen diskursiven Einfluss hatte; dieser Zusammenhang wird im Kapitel „Modifizie-

280 Die Schätzungen der OMGUS lagen bei knapp über 7 Millionen Streikenden (vgl. Hudemann u.a. (1992): Statisitik der Arbeitskämpfe, S. 127) während Beier, Der Demonstrations- und Generalstreik, S. 43F die gewerkschaftliche Schätzung zitiert, nach denen 9,25 Millionen Beschäftigte von insgesamt 11,7 Millionen in der Bizone die Arbeit niedergelegt hatten. Beier macht anhand eines zusätzlichen Vergleichs mit einer Aufstellung der Streik-Ausfalltage 1949–1968 deutlich, welchen exzeptionellen Rang der 12. November 1948 in der deutschen Streikgeschichte hat.

281 Vgl. Rundfunkansprache Erhards am 11. November 1948, DRA/ WDR Dokument 564/2, abgedruckt in: Weber, Entscheidungsjahr, S. 286–288. Erhard versuchte darin mehrfach, die Forderungen der Gewerkschaften als Auftakt zu einer erneuten „Zwangswirtschaft" darzustellen, die die Normalverbraucher in „neue Not und Drangsal stürzen müssen". Es ginge bei der „diktierten Arbeitsruhe" eigentlich um die „Rettung des unhaltbaren Dogmas der kollektivistischen Wirtschaft". Er schloss seine Ansprache mit einer Aufzählung, wie viele Schuhe, Fahrräder, Glühlampen etc. wegen des Streiks nicht produziert werden könnten und forderte im direkten Anschluss daran, alle mögen „nach ihrem eigenen Gewissen" handeln.

282 In dieser Hinsicht bleiben einige Fragen weiter ungeklärt, etwa das Verhältnis der christlichen GewerkschafterInnen, der Beamten sowie der Eisenbahner zum Streik. Vgl. zu den christlichen GewerkschafterInnen z.B. Weser-Kurier, 9. November 1948, S. 1; gegensätzlich Weser-Kurier, 11. November 1948 (Bericht über eine Betriebsrätekonferenz); FR, 10. November 1948, S. 1; die Dokumente 323 (S. 1013 f.), 326 (S. 1026 f.) und die Anm. 3 (S. 1027), alle in: Mielke u. Rütters, Gewerkschaften 1945–1949 sowie Lauschke, Böckler, S. 309 f. Zur ablehnenden Haltung der CDU: FR, 12. November 1948, S. 1(„CDU Hamburg gegen Streik"). Auch eine Untersuchung des Verhaltens der DAG dürfte sich lohnen, da sie möglicherweise – entgegen der späteren Praxis – den Streik des DGB unterstützt hat, vgl. dazu Niederdeutsche Zeitung, 9. November 1948, S. 1; Weser-Kurier, 9. November 1948, S. 1. Auch wie die Gesetze bezüglich der Streikteilnahme von Beamten ausgelegt wurden, scheint variiert zu haben, vgl. FR, 12. November 1948, S. 1; Mitteilung von Pünder an den Gewerkschaftsrat am 11. November 1948, BA Z13/1177 oder ein Telegramm von Hans Schäfer (Deutscher Beamtenbund) an Pünder vom 9. November 1948, BA Z13/1177. Auch das auf S. 220 angesprochene Verhalten der Eisenbahner und Postgewerkschaft ist nicht befriedigend geklärt. Trotz ihres kurzfristigen Rückziehers ist nicht klar, inwieweit vor Ort nicht doch gestreikt wurde, vgl. etwa ein entsprechendes Flugblatt: „Eisenbahner! Es bleibt bei den gefaßten Beschlüssen. Am Freitag ist Arbeitsruhe für alle! Nur Notdienst wird aufrechterhalten. Anderslautende Meldungen sind falsch! Eisenbahner, auf eure Solidarität kommt es an! Deutscher Gewerkschaftsbund Bezirksleitung Nordrhein-Westfalen. Druck: M. DuMont Schauberg. Pressehaus, Köln. NRW/2/7D3/462 8364 5000. 11.48. Kl. C. Gedruckt für Deutschen Gewerkschaftsbund", AdsD 6/FLBL002131.

Deutscher Gewerkschafts-Bund

Britische Zone und das Land Bremen

Arbeiter, Angestellte und Beamte im Vereinigten Wirtschaftsgebiet.

Zur Demonstration

des gewerkschaftlichen Willens ruht die Arbeit am

Freitag, 12. November 1948 von 00 bis 24 Uhr

im gesamten Wirtschaftsgebiet der vereinigten Zonen.

Die Gewerkschaften fordern:

1. Die amtliche Verkündigung des wirtschaftlichen Notstandes.
2. Zur Ueberwindung dieses Notstandes zeitlich befristete ausserordentliche Maßnahmen:
   a) Einsetzung eines Preisbeauftragten mit besonderen Vollmachten;
   b) Erlaß eines dem Notstand angepaßten Preis-, Kontroll- und Wuchergesetzes
   c) erweiterte Vollmachten und Verpflichtungen für Polizei und Behörden zur wirksamen Bekämpfung von Preiswucher, Warenhortung und illegalem Warenhandel
   d) schnellste Aburteilung von Verstößen gegen Gesetze und Anordnungen in Verbindung mit dem Notstand in einem besonderen Verfahren.
3. Beschleunigung des Jedermann-Programms und seine Erweiterung in einem Ausmaß, das dem Verhältnis vordringlichem Massenbedarf und weniger vordringlichem Bedarf gerecht wird.
4. Neuordnung der Steuererfassung und drakonische Strafmaßnahmen gegen Steuerbetrüger und deren Mithelfer.
5. Wirksame Maßnahmen, um bei Lastenausgleich den Sachwertbesitz sowie die Sachwertgewinne aus Warenhortung und Preiswucher zu erfassen und für einen gerechten sozialen Ausgleich zu verwenden.
6. Aufrechterhaltung bezw. Wiederherstellung der vollen Erfassung und Bewirtschaftung im Ernährungssektor.
7. Planung und Lenkung im gewerblich-industriellen Sektor, insbesondere für Rohstoffe, Energie und Kredite, sowie für den Außenhandel und den Großverkehr.
8. Ueberführung der Grundstoffindustrien und Kreditinstitute in Gemeinwirtschaft.
9. Demokratisierung der Wirtschaft und gleichberechtigte Mitwirkung der Gewerkschaften in allen Organen der wirtschaftlichen Selbstverwaltung.
10. Inkraftsetzung der zu Ziffer 8 u. 9 von den Parlamenten bereits beschl. Gesetze.

Männer und Frauen, reiht Euch ein! **Es handelt sich um Euer Lebensinteresse!**

Frankfurt a. M., 6. November 1948

Der Gewerkschaftsrat des Vereinigt. Wirtschaftsgebietes
HANS BÖCKLER

W. Behnke, Bochum

Deutscher Gewerkschaftsbund
Ortsausschuß Bochum
Bochum, Kortumstraße 18

Abb. 23: Forderungskatalog zum 12. November 1948.

rung" noch eingehender erläutert. Hier geht es zunächst darum, diesen Streik diskutierbar zu machen, indem sein Zustandekommen, seine Durchführung und seine Stellung in den politischen Auseinandersetzungen herausgearbeitet werden.

Die Forderungen

Zum Generalstreik präsentierte der DGB einen 10-Punkte-Forderungskatalog. Er fand weitreichende Verbreitung, nicht nur innerhalb der Gewerkschaften, sondern auch durch Abdruck in vielen großen Zeitungen.[283] Dem eigentlichen Forderungskatalog wurde eine Analyse aus Gewerkschaftssicht vorangestellt, wie die herrschende katastrophale Lage zustande gekommen sei. Demnach mussten vor der Währungsreform „öffentlich befürwortete Hortung" und „Sabotage der Bewirtschaftung" erduldet werden, während die Wirtschaftspolitik nach der Währungsreform „die Armen ärmer und die Reichen reicher" gemacht habe, um nun im „wirtschaftlichen Chaos" zu enden, in welchem „die arbeitenden Menschen mit leeren Taschen vor vollen Schaufenstern" stünden.[284]

Mit diesen und anderen Missständen begründete der DGB die zehn Forderungen, die den zentralen Teil des offiziellen Aufrufs darstellten. Sie bezogen sich einerseits auf konkrete wirtschaftspolitische Maßnahmen, etwa eine „wirksamere Bekämpfung von Preiswucher, Warenhortung und illegalem Warenhandel", und formulierten andererseits wirtschaftsdemokratische und gemeinwirtschaftliche Postulate.[285]

Zunächst forderten die Gewerkschaften die „Verkündigung des wirtschaftlichen Notstandes", wodurch eine Anerkennung der dramatischen Lage in den Westzonen, die sich seit der Währungsreform entwickelt hatte, erfolgt wäre. Zur Überwindung dieses Notstandes sollten gesetzgeberische Maßnahmen ergriffen werden, Polizei, Behörden und Gerichte ihren Verpflichtungen nachkommen (nämlich Gesetzesverstöße festzustellen und zu verhindern) sowie das Jedermann-Programm erheblich ausgeweitet werden. Darüber hinaus sei die Steuerflucht, die nach der Währungsreform rapide zugenommen hatte, zu unterbinden und der Lastenausgleich zu einem „gerechten sozialen Ausgleich" zu entwickeln.[286]

Die Punkte sechs und sieben postulierten eine planwirtschaftliche und wirtschaftsdemokratische Umgestaltung der westdeutschen Wirtschaft. Dazu sollten im Ernährungssektor „volle Erfassung und Bewirtschaftung" wiederhergestellt, die Grundstoffindustrien und Kreditinstitute in „Gemeineigentum" bzw. „Gemeinwirtschaft"[287] überführt und im „gewerblich-industriellen Sektor" „Planung und Lenkung" eingeführt werden. Punkt neun wiederum verlangte pauschal die „Demokratisierung der Wirtschaft" und die „gleichberechtigte Mitwirkung der Gewerkschaften" in den entsprechenden Gremien. Die letzte Forderung griff den Missstand auf, dass zur Sozialisierung und zur Demokratisierung

283 Z.B. Weser-Kurier, 8. November 1948, S. 1; Abendpost, 8. November 1948, S. 1; Niederdeutsche Zeitung, 9. November 1948, S. 1.

284 Vgl. „Aufruf des Gewerkschaftsrates des VWG zum Demonstrationsstreiks und Forderungen zur Überwindung des wirtschaftlichen Notstandes", 6. November 1948, in: Mielke u. Rütters, Gewerkschaften 1945–1949, S. 1010–1012.

285 Vgl. den Forderungskatalog, abgedruckt in: ebd., S. 1012 f.; vgl. auch Abb. 23. Inwiefern diese Forderung explizit oder implizit aufgegriffen wurden wird im Kapitel „Modifizierung" diskutiert.

286 Entspricht den Punkten eins bis fünf.

287 „Gemeinwirtschaft" war die Wortwahl in des DGB (BBZ) und „Gemeineigentum" wurde auf den Druckerzeugnissen in Süddeutschland (ABZ ohne Bremen) verwendet.

bereits demokratische Beschlüsse in verschiedenen Bundesländern existierten, diese aber nicht in Kraft gesetzt wurden.[288]

Während das Möglichkeitsfenster, Demokratisierung und Vergesellschaftung zu erreichen, sich zum Zeitpunkt des Generalstreiks schon wieder geschlossen hatte (unabhängig davon, wie weit es vorher offen gestanden hatte), trafen die weniger grundsätzlichen Forderungen eins bis sechs auf die Einsicht des Verwaltungsrates, tatsächlich Maßnahmen ergreifen zu müssen, um nicht die Zustimmung der Bevölkerung zum Prinzip Marktwirtschaft zu verlieren.[289]

Der 12. November 1948 als politischer Streik

Mit Bezug auf den hier vorgestellten Forderungskatalog spricht Lucy Redler von einem „Angriffsstreik"[290], da versucht wurde, zentrale politische Veränderungen zu erstreiken. Tatsächlich muss – entgegen der Beteuerung der Besatzungsorgane und der Gewerkschaftsspitzen – eindeutig von einem „politischen Streik" gesprochen werden. Denn nicht durch Lohnforderungen im weitesten Sinne sollte der Misere begegnet werden,[291] sondern durch die Änderung der politischen Rahmenbedingung, und genau dafür wurde gestreikt. Formal gesehen ließe sich für den 12. November also nicht nur von einem politischen, sondern tatsächlich auch von einem Angriffsstreik sprechen, weil mit der Arbeitsniederlegung eine politische Kursänderung erreicht werden sollte. Doch eine Entschlossenheit der Gewerkschaftsgremien, diese Ziele tatsächlich durch Arbeitsniederlegung zu erzwingen, ist nicht festzustellen. Es war stattdessen kaum mehr als eine symbolische Geste – und zwar mit offizieller Ankündigung. Der DGB argumentierte sogar, es handele sich nicht um einen „Streik im eigentlichen Sinne gewerkschaftlicher Terminologie", sondern lediglich um eine „Manifestation gewerkschaftlichen Willens".[292] Angesichts der unbestreitbaren Tatsache, dass mehrere Millionen Menschen an einem Werktag auf Aufruf der Gewerkschaften nicht zur Arbeit erschienen, ließ sich diese Argumentation allerdings nicht durchhalten, was zur gewerkschaftsoffiziellen Bezeichnung „Demonstrationsstreik" führte. Insofern ist es zutreffend, beim 12. November 1948 von einem „politischen Streik" zu sprechen. Der Begriff „Angriffsstreik" lässt jedoch die konkrete Realität dieses Tages und seiner Vorbereitung unbeachtet. Nicht nur stand die letztlich extrem defensive Ausgestaltung ohne öffentliche Kundgebungen[293] einem solchen Angriffscharakter diametral entgegen, sondern es war darüber hinaus auch kein Organisationswille vorhanden, für die eigenen Forderungen mittels Massenstreik längerfristig einzustehen. Schon diese abgeschwächte Form eines Generalstreikes war stattdessen nur zustande gekommen, weil die Mitglieder ihre eigene Organisation durch wochenlangen Druck dazu gebracht hatten.

288 Vgl. dazu S. 93–100.

289 Die gewerkschaftlichen Forderungen und ihre Relevanz werden im Rahmen der Diskursanalyse wieder aufgegriffen, vgl. dazu auch das Kapitel „Modifizierung" ab S. 231.

290 Vgl. Redler, Der politische Streik, S. 33.

291 Zusätzlich zum bis in den Oktober hinein gültigen Lohnstopp hinderte die – volkswirtschaftlich sehr verantwortungsbewusste – Überlegung, durch Lohnkämpfe eine inflationsfördernde Lohn-Preis-Spirale in Gang zu setzen, den DGB an dieser Strategie, vgl. etwa Seifert, Entstehung, S. 349.

292 So der Bundesvorstand des DGB auf Anfrage der dpd, vgl. Niederdeutsche Zeitung, 11. November 1948, S. 1: „Kein Streikgeld für Arbeitsruhe".

293 Vgl. S. 222–225.

Erhöhter Druck der Basis

Zwar erhöhten wirtschaftspolitische Entwicklungen im Herbst 1948 die Bereitschaft der Gewerkschaftsspitzen, doch noch ein deutliches Signal ihres Missfallens mit der aktuellen Politik zu senden. Insbesondere die Verweigerung von wirtschaftlicher Mitsprache in den – öffentlich kaum präsenten – „fachlichen Wirtschaftsstellen" trug dazu bei. Diese Stellen wurden von Böckler als „Ansatz einer wirtschaftsdemokratischen Entwicklung"[294] verstanden. Doch ihre Konzeption sah nur geringen gewerkschaftlichen Einfluss vor und ließ endlich auch die gutgläubigsten Funktionäre daran zweifeln, dass die Gewerkschaften in die Zukunftsplanung mit einbezogen würden, wenn sie nicht unmissverständliche Zeichen setzen würden.[295] Doch sogar jetzt war in den gewerkschaftlichen Reden, etwa von Hans Böckler, nur von einer generellen Bereitschaft zum Kämpfen die Rede, nicht von konkreten Schritten (die auch tatsächlich ausblieben).[296]

Als viel entscheidender für den sich anbahnenden Streik müssen die Forderungen der eigenen Basis an die Adresse der Gewerkschaftsleitung verstanden werden. Rufe nach deutlicherem Protest waren – wie bereits dargelegt – schon in den Jahren 1947 und 1948 keine Seltenheit, traten aber im Spätsommer und Herbst 1948 verstärkt auf und ließen auch bis zur Durchführung des Generalstreiks am 12. November nicht mehr nach. Bereits Ende Juli gab es lokale Gewerkschaftsgliederungen, die meinten, der Bundesvorstand des DGB müsse „mit allen zu Gebote stehenden Mitteln die zuständigen Stellen zur Abhilfe zwingen", denn ansonsten drohten die Gewerkschaften ihren Ruf als „Schützer der Interessen der Schaffenden" zu verlieren.[297]

Aus Stuttgart und Mannheim, wo in der zweiten Oktoberhälfte die großen Kundgebungen durchgeführt wurden, kamen unmissverständliche Äußerungen. Bereits Ende August hatten die Stuttgarter Betriebsräte den GWB auf einer Versammlung gedrängt, „aktiveres und direkteres Vorgehen" an den Tag zu legen,[298] und Hans Stetter als Vertreter des Ortsausschusses Stuttgart argumentierte einige Wochen später in dieselbe Richtung. Er machte am 13. Oktober darauf aufmerksam, dass nach Einschätzung des gesamten Stuttgarter ADGB-Vorstandes „Mitglieder in grösserem Umfange" gewillt waren, aus der Gewerkschaft auszutreten und machte sich die Forderung zahlreicher Protestschreiben der Basis zu eigen, schnell „schärfere Kampfmassnahmen" zu ergreifen.[299] In Mannheim drängten organisierte Teile der Belegschaften auch nach der beeindruckenden Kundgebung vom 20. Oktober auf weitergehende Maßnahmen, hier gegenüber dem Ortsvorstand, weil dieser sich nicht so entschieden wie derjenige Stuttgarts positionierte. Die Belegschaft der Mannheimer Hommelwerke erklärte nicht nur ihre Bereitschaft zum Generalstreik, son-

294 Böckler an Robertson, 14. September 1948, zitiert nach: Lauschke, Böckler, S. 303. Ebd., S. 302–304 und 316 f. auch weiteres zu den fachlichen Wirtschaftsstellen.

295 Vgl. ebd., S. 303 f.

296 Vgl. etwa seine Äußerungen in der Gewerkschaftsratssitzung am 30. September und 1. Oktober 1948, zitiert in: ebd., S. 304 f. und die ausbleibenden Konsequenzen dieser Rede.

297 DGB-Kreisausschuss Euskirchen/Schleiden am 30. Juli 1948 in einer Resolution an den DGB-Bundesvorstand, nach: Engelberth, Gewerkschaften auf dem Lande, S. 190.

298 Seifert, Entstehung, S. 350 f.

299 Brief von Hans Stetter vom 13. Oktober 1948 (wie Anm. 172 auf S. 197). Vorgeschlagen wurden Demonstrationen zu einer einheitlichen Zeit in allen Zonen, zumindest aber in Württemberg-Baden, AdsD 5/DGZA010024.

dern richtete an den Gewerkschaftsbund auch diese unmissverständliche Ansage: „Wenn Ihr Euch die Sympathien der breiten Massen und auch euren Mitgliederstand erhalten wollt, dann laßt endlich einmal Taten sprechen".[300] Als die Wochen vergingen und die Preis-Lohnschere immer weiter auseinanderklaffte, nahmen diese Aufforderungen an Intensität zu und fanden auch in höheren Ebenen der Gewerkschaften Anklang.

Die hessische Gewerkschaft „Öffentliche Verwaltung und Betriebe" hielt am 16. und 17. Oktober ihren Landestag ab und legte in einer Resolution ihre Ansichten dar: Die mangelnde Preiskontrolle müsse zu „Verelendung und sozialen Unruhen" führen, während die Wirtschaft sich „ihren steuerlichen Pflichten entzieht". Alle Gewerkschaften werden in dieser Resolution aufgefordert, „sofortige Maßnahmen zu ergreifen, die geeignet sind, dieser verhängnisvollen Entwicklung ein Ende zu bereiten".[301]

Bei Gelegenheit des Zusammenschlusses der drei Zonenverbände der Industriegewerkschaft Chemie, Papier und Keramik am 16. Oktober 1948 in Hannover forderten die Delegierten per Beschluss die Ausrufung des Generalstreiks für den absehbaren Fall, dass die Forderungen der Gewerkschaften in Sachen Lohn und Preis nicht erfüllt würden. Der Antrag landete beim Bundesvorstand des DGB, aber auch in der Zeitung war zu lesen „Generalstreik gefordert".[302]

An diesen Ereignissen wird deutlich, dass der Wille, sich nicht nur lokal zu wehren, sondern länder- und zonenübergreifend zu handeln, nun auch höhere Gewerkschaftsgremien erfasst hatte. Erst jetzt – und wie einige Beobachter meinten, „beeindruckt durch die Kundgebungen"[303], ja allgemein durch die „Unruhe unter den Arbeitnehmern" – sah sich die Gewerkschaftsführung „schließlich zu einem energischeren Vorgehen gedrängt."[304] Nach den Erfahrungen aus den letzten Jahren und in dieser dramatischen Situation war den Beteiligten klar, dass es sich bei „energische[m] Vorgehen" nur noch um einen Generalstreik handeln könnte – fraglich waren nur noch Ausmaß und Charakter.

Die Entwicklung wurde durch die Vertreterversammlung des DGB in der BBZ am 26. Oktober 1948 in Münster weiter vorangetrieben. Die diversen gewerkschaftlichen Entschließungen würden „ihren Zweck in keinem Falle mehr erreichen", und so beauftragten die Versammelten den Bundesvorstand, „sofort energische Maßnahmen vorzubereiten". Die Sitzung ließ wissen, dass sie versuchen würde, die KollegInnen aus der Amerikanischen und Französischen Zone bei der Besprechung des gemeinsamen Gewerkschaftsrates vom 4. bis 6. November davon zu überzeugen, gemeinsam ein Zeichen zu setzen (dort wurde dann der Generalstreik beschlossen). Ungeachtet des Ausgangs dieser Verhandlungen, so kündigten die in Münster Versammelten an, würden sie nun in jedem Fall handeln.[305]

Nach diesen klaren Aussagen der Vertreterversammlung am 26. Oktober in Münster folgte der geschäftsführende Vorstand des DGB in der BBZ und beschloss etwa eine Wo-

300 Protestschreiben des Betriebsrats der Hommelwerke Mannheim an den Ortsausschuss Mannheim, Ende Oktober 1948, abgedruckt in: Verwaltungsstelle Mannheim, „Säumt keine Minute!", S. 602 f.

301 FR, 18. Oktober 1948, S. 4: „Preishöhe verursacht Verelendung". Die Forderung nach Einhaltung der steuerlichen Pflichten war als Punkt 4 auch im Forderungskatalog des Generalstreiks enthalten.

302 Vgl. FR, 18. Oktober 1948, S. 4: „Generalstreik gefordert".

303 Vgl. Protokoll von der „Ortsausschuss-Generalversammlung am 18.7.49 nachmittags 14 Uhr im Lokal Landkutsche", Stadtarchiv Mannheim (Bestand Kleine Erwerbungen) Nr. 649, Blatt 13–28, hier Blatt 14.

304 Stelljes, Gewerkschaften in Oldenburg, S. 129.

305 „Diskussion und Beschluß des Bundesvorstands und Bundesbeirates des DGB (BBZ) am 26. Oktober 1948", in: Mielke u. Rütters, Gewerkschaften 1945–1949, S. 997–999, Zitate 998.

che später (am 2. November) „eine 48-stündige allgemeine Arbeitsruhe als Demonstration des gewerkschaftlichen Willens"[306]. Ursprünglich wurde also von den Gewerkschaften der BBZ angestrebt, für 48 Stunden in allen drei Zonen die Arbeit niederzulegen.

Für die dann folgende Herabstufung der Aktion gab es zwei entscheidende Gründe. Zum einen waren die Landesgewerkschaftsbünde der US-Zone zurückhaltender als ihre KollegInnen aus Nordrhein-Westfalen, Niedersachsen und den anderen britischen Gebieten. Die Verkürzung auf 24 Stunden war ein Kompromiss, der auf der entscheidenden Sitzung des Gewerkschaftsrates der vereinten Zonen am 4.–6. November 1948 in Frankfurt geschlossen wurde, um den Gewerkschaften der ABZ die Teilnahme zu erleichtern.[307] Zum anderen hatte der französischen Militärgouverneur Pierre Koenig den Streik in „seiner" Zone schlichtweg verboten, was die Arbeitsniederlegung auf die Bizone beschränkte.[308]

Nachdem die Planung also nur mühevoll vorangekommen war, sorgten die Gewerkschaften aus der Britischen Zone nochmals für den nötigen Nachdruck. Etwa 300 versammelte Funktionäre des DGB-Bezirks Nordrhein-Westfalen legten am 7. November 1948 ein Gelöbnis ab, den gefassten Streikbeschluss umzusetzen und „dafür Sorge zu tragen, daß am 12. November 1948 von 0 bis 24 Uhr sämtliche Betriebe stillliegen."[309] Nochmals war die Aktion gefährdet, als zunächst die Eisenbahngewerkschaft, die noch am 8. November ihre Mitglieder zur Teilnahme aufgerufen hatte, völlig überraschend am 10. November ihre Beteiligung wieder absagte.[310] Als daraufhin auch die Postgewerkschaft ihre Zusage zurückzog, gab es am Nachmittag des 10. Novembers eine Debatte im Gewerkschaftsrat, ob nicht der Streik abzusagen oder zu verschieben sei. Vor allem der BGB wies auf die mangelnde Begeisterung der Betriebsräte von bayrischen Großbetrieben hin. Schließlich setzten sich aber die Argumentationen der Kollegen Hans vom Hoff („Die Austritte die kommen, wenn wir streiken, sind gering gegen die, die kommen werden, wenn wir nicht streiken.") und Albin Karl (Eine Absage „würde nur Unruhe unter unseren Kollegen geben, die radikalen Elemente bekämen Auftrieb, und es würde Befriedigung bei unserem Gegner auslösen.") durch und der Streikbeschluss wurde einvernehmlich bekräftigt.[311]

306 „Protokoll der Sitzung des geschäftsführenden Vorstandes am 2. November 1948", zitiert nach: Lauschke, Böckler, S. 306. Auch im ersten Entwurf für die Weisungen zur Durchführungen war der Donnerstag (11. November) noch mit berücksichtigt, vgl. AdsD 5/DGAB11, Blatt 207 f. Zu diesem Zeitpunkt waren außerdem Kundgebungen in großen Städten unmittelbar vor dem 12. November angedacht, vgl. Lauschke, Böckler, S. 306.

307 Vgl. „Protokoll der Gewerkschaftsratssitzung am 4., 5. und 6. November in Frankfurt a.M.", in: Mielke u. Rütters, Gewerkschaften 1945–1949, S. 1000–1007, vgl. auch Schmidt, Die verhinderte Neuordnung, S. 141 f. und Mielke u. Rütters, Einleitung, S. 66.

308 Roesler, Wiederaufbaulüge, S. 61.

309 Vgl. „Protokoll der Konferenz [von 300 Funktionären DGB Bezirk NRW am 7. November, Düsseldorf]", in: Mielke u. Rütters, Gewerkschaften 1945–1949, hier S. 1023. Das „Gelöbnis" kam nicht aus pathetischen Gründen zustande, sondern weil aus formalen Gründen kein Beschluss gefasst werden konnte.

310 Vgl. „Anordnung für die 24stündige Arbeitsruhe", Gewerkschaft der Eisenbahner Deutschlands, in: ebd., S. 1024 f. und „Eilrundschreiben Nr. 21. Betr.: Durchführung einer 24stündigen Arbeitsniederlegung" vom Hauptvorstand der Gewerkschaft der Eisenbahner Deutschlands, in: ebd., S. 1032–1035. Begründet wurde die Absage mit der Sicherstellung der Lebensmittelversorgung und der weitreichenden Befehlsgewalt der Militärregierungen über die Reichsbahn (S. 1034). Sie führte später zu erheblichen Verstimmungen im DGB, etwa zu einer Misstrauenserklärung des Beirates der Gewerkschaft Öffentliche Dienste, Transport und Verkehr (BBZ) gegenüber dem Gewerkschaftsrat am 17. November 1948, vgl. „Entschließung", in: ebd., S. 1046.

311 Vgl. „Protokoll der Sitzung des Gewerkschaftsrates am 10. November 1948 in Frankfurt a.M.", in: ebd., S. 1035–1038, Zitate 1037 f.

Die Absprachen mit OMGUS und dem Verwaltungsrat

Die ganze Aktion wurde von den Gewerkschaftsspitzen eng mit den Besatzungsmächten, insbesondere OMGUS, abgesprochen. Das Planungstreffen in Frankfurt (4.–6. November) wurde am 5. November durch einen nachmittäglichen Telefonanruf der US-Militärverwaltung unterbrochen. Der Anrufer teilte mit, man sei über Inhalte des Treffens informiert und die Gewerkschaften sollten ohne nochmalige Rücksprache mit den Militärgouverneuren keine „drastischen Maßnahmen in die Tat umsetzen". Der Mitarbeiter der OMGUS wies bei dieser Gelegenheit unter anderem darauf hin, dass der Ausgang der Präsidentschaftswahl in den USA, in der am 2. November der Demokrat Truman völlig überraschend sein Amt verteidigen konnte, „einen großen Einfluss ausübe".[312] Zwischen Gewerkschaftsleitung und OMGUS kam es am Nachmittag des 8. Novembers zu einer nochmaligen Rücksprache, und zwar zwischen Hans Böckler, Matthias Föcher und Hans vom Hoff gewerkschaftlicherseits und den Militärgouverneuren Brian Robertson und Lucius D. Clay von Seiten der Besatzungsmächte. Erleichtert durch eine entschärfende Sprachregelung hatten Letztere keine Einwände gegen die Arbeitsniederlegung, denn der Streik habe „gewerkschaftlichen und keinen politischen Charakter" und sei darüber hinaus „eine deutsche Angelegenheit".[313] Die Militärregierung wurde auch nach diesem Treffen von den Gewerkschaften auf dem Laufenden gehalten. Die Umsetzung der Arbeitsruhe und die Regelung der Ausnahmen, die für den Bedarf der Militärregierung notwendig waren, wurden in enger Zusammenarbeit der Gewerkschaften mit den regionalen Militärbehörden festgelegt.[314]

Aber auch mit den deutschen Entscheidungsträgern wurde die Möglichkeit zu Gesprächen ausgiebig genutzt. Ebenfalls am 5. November veranlasste der Gewerkschaftsrat ein Treffen zwischen etlichen Personen des Verwaltungsrates, u.a. Pünder, Erhard und Schlange-Schöningen und verschiedenen Gewerkschaftsvertretern (u.a. Hans Böckler, Albin Karl, Fritz Tarnow und Ludwig Rosenberg), um die Gewerkschaftsforderungen zu übermitteln.[315] In der Aussprache über die gewerkschaftlichen Positionen erklärten Pünder und Erhard laut dem Protokollanten (Rosenberg) „daß sie mit vielen Forderungen der Gewerkschaften einig seien". Sie lehnten aber eine „Wiedereinführung wesentlicher Formen

312 Vgl. die entsprechende Aktennotiz im „Protokoll der Gewerkschaftsratssitzung am 4., 5. und 6. November in Frankfurt a.M.", abgedruckt in: ebd., S. 1000–1007, hier 1005. Es ist nicht erwähnt, auf welchem Wege sich die OMGUS über die Inhalte des Treffens hatte informieren können. Hudemann u.a. (1992): Statistik der Arbeitskämpfe, S. 93 weisen darauf hin, dass seitens der Besatzungsmächte durchaus auch geheimdienstliche Aktivitäten und abgehörte Telefongespräche zum Einsatz kamen.

313 „Protokoll der Sitzung des Bundesvorstandes und Beirates am Montag, dem 8. November 1948 in Düsseldorf, Bundeshaus", in: Mielke u. Rütters, Gewerkschaften 1945–1949, S. 1027–1030, Zitat 1029. Es scheint, hier haben sich die Beteiligten selbst „goldene Brücken" gebaut, denn wenige Streiks in der deutschen Geschichte hatten wohl einen solch politischen Charakter, vgl. S. 217 dieser Arbeit.

314 Vgl. für Württemberg-Baden: „Akten-Notiz über die Besprechung mit Manpower Division, Mr. Friedman, Mr. Beal und Kollege Kleinknecht" 8. November 1948, AdsD 5/DGZA010024; für den Raum Oldenburg die entsprechende Anweisung „General Strike For Friday 00.01 – 24.00 hours, 12th November 1948", NLA Oldenburg, Bestand DGB 2011/040 Nr. 1.

315 Vgl. „Sitzung des Gewerkschaftsrates mit Mitgliedern des Verwaltungsrates am 5.11.1948 um 20.30", abgedruckt in: Mielke u. Rütters, Gewerkschaften 1945–1949, S. 1007–1009. Laut einem Vermerk vom 6. November 1948 („Besprechung zwischen Verwaltungsrat und Gewerkschaftsrat am 5. November 1948 in der Direktorialkanzlei" des ebenfalls anwesenden Sahm (vermutlich Ulrich, Mitarbeiter im Verwaltungsrat) waren von den sieben Direktoren fünf anwesend, BA Z13/1177.

der Bewirtschaftung" genauso ab, wie eine „bis nahezu 80–90%ige Ausweitung des Jedermann-Programms". Es wurde bei dieser Gelegenheit verabredet, dass der Verwaltungsrat seine Stellungnahme zu den Forderungen ausformuliert, um die Voraussetzungen zu schaffen, „mit den Mitgliedern des Gewerkschaftsrates die weiteren Schritte zu besprechen".[316] Dieses neuerliche im direkten zeitlichen Umfeld des bevorstehenden Streiks geplante Treffen[317] kam dann nicht zustande. Hermann Pünder sagte dieses Treffen ab, nachdem die SPD-Fraktion im Wirtschaftsrat die Debatte über die Gewerkschaftsforderungen direkt in die Wirtschaftsratssitzung am 10. November 1948 befördert hatte.[318]

Es ist durchaus bezeichnend, dass die wichtigsten Personen und Institutionen in dem Moment auf die Gewerkschaften zugingen, als der Generalstreik geplant wurde. Die lange vermiedene Mobilisierung der Mitglieder und der Rückgriff auf die Bereitschaft der Basis, sich am politischen Geschehen zu beteiligen, machte also die eigentliche Intention der Gewerkschaftsleitung, durch Verhandlungen zumindest formal zum Kreis der Entscheidungsträger zu gehören, überhaupt erst realistisch.

Kein Streikgeld, keine Urabstimmung, keine Versammlungen, keine Streikposten

Dass dem Drängen der Basis schließlich nachgegeben wurde, sagt aber noch nichts über den Charakter des „Demonstrationsstreiks" (wie nun die gewerkschaftsoffizielle Bezeichnung lautete) aus. Die schlussendliche Ausgestaltung des Tages manifestierte sich in einigen, zum Teil umstrittenen Vorgaben.

Unstrittig war lediglich die Entscheidung, kein Streikgeld an die Mitglieder zu zahlen. Denn nicht nur Bevölkerung und die Gewerkschaftsbasis, sondern auch die Bünde selbst waren von der Währungsreform hart getroffen worden. Über etwas mehr als eine halbe Millionen DM konnte der Gewerkschaftsbund nach der Währungsreform noch direkt verfügen.[319] Davon konnte längst nicht alles für Streikunterstützung ausgegeben werden, da auch die laufenden Kosten zu decken waren. Viereinhalb Millionen Streikende Gewerkschaftsmitglieder hätte diese Kasse auf keinen Fall verkraftet, weder 48 noch 24 Stunden. Um diesen Punkt gab es auch keine Diskussionen.[320] Andere Entscheidungen lösten hingegen heftige Meinungsverschiedenheiten aus oder wurden im Nachhinein scharf kritisiert.

Gefasst wurde der Beschluss für die Arbeitsniederlegung von den Spitzengremien der bizonalen Dachverbände und dem gemeinsamen Gewerkschaftsrat des DGB. Die Ausführenden vor Ort waren aber die Einzelgewerkschaften. Insofern lässt sich die Irritation einiger Industriegewerkschaften nachvollziehen, die dadurch entstand, dass sie erst aus der Presse die wesentlichen Informationen zum Generalstreik erhielten.[321] Die IG-Vorsitzen-

316 Vgl. „Sitzung des Gewerkschaftsrates mit Mitgliedern des Verwaltungsrates am 5.11.1948 um 20.30", abgedruckt in: ebd., S. 1007–1009, 1008 f.

317 Vgl. Vermerk von Sahm über die „Besprechung zwischen Verwaltungsrat und Gewerkschaftsrat am 5. November 1948 in der Direktorialkanzlei", 6. November 1948, BA Z13/1177.

318 Vgl. Schreiben Pünders an den Gewerkschaftsrat vom 11. November 1948, BA Z13/1177.

319 Vgl. Beier, Der Demonstrations- und Generalstreik, S. 35 f.

320 Vgl. „Stellungnahme der führenden Gewerkschaftsfunktionäre des DGB-Bezirks von NRW zum geplanten Demonstrationsstreik", 7. November 1948, Mielke u. Rütters, Gewerkschaften 1945–1949, S. 1014–1023, hier 1021.

321 Vgl. „Protokoll der Sitzung des Bundesvorstandes und Beirates am Montag, dem 8. November 1948 in

den waren mit dieser Situation keineswegs alleine, denn entgegen den gewerkschaftlichen Gepflogenheiten bei den normalen Streiks wurde keine Urabstimmung vorgenommen. Diese Tradition lässt sich zwar nicht ohne weiteres auf einen Generalstreik übertragen, denn dafür ist die Geschichte branchenübergreifender Generalstreiks in Deutschland zu dürftig. Nichtsdestotrotz hatte ein halbes Jahr zuvor (im „Fall Reusch"[322]) eine Urabstimmung durch die IG Metall in ihrem Organisationsbereich stattgefunden und es ist eine nachvollziehbare Vermutung des Gewerkschaftshistorikers Hans-Rainer Engelberth, die Vermeidung der Urabstimmung durch die Gewerkschaftsführung habe im Zusammenhang damit gestanden, dass „es zur Tradition dieses demokratischen Verfahrens gehörte, daß die Arbeitnehmerschaft bei unzureichender Durchsetzung ihrer Streikforderungen über die Fortsetzung der Arbeitsniederlegung entscheiden konnte".[323] Zu dieser Interpretation, auf diese Art und Weise wollte die Gewerkschaftsführung das Heft des Handelns in der Hand behalten, passt die Vermutung, der Streiktag sei mit Absicht auf einen Freitag gelegt worden, um eine spontane, von der Basis ausgehende Streikverlängerung zu vermeiden.[324] Der Beschluss des Streiks ohne Urabstimmung erntete jedenfalls viel Kritik.[325]

Fast noch dramatischer in den Auswirkungen auf das Streikgeschehen als diese undemokratische Festlegung der Dauer des Streiks war die Unterbindung öffentlicher Versammlungen und Demonstrationen. Mit Bezug auf die Stuttgarter Vorfälle gab die Gewerkschaftsführung vor, keinerlei Kundgebungen, Demonstrationen oder Streikposten zuzulassen.[326] Wie aus den DGB-internen Weisungen für die „Demonstrationsstreik" oder „Arbeitsruhe"[327] genannte 24-stündige Arbeitsniederlegung hervorgeht, war jegliche Versammlung oder Demonstration an diesem Tag unerwünscht:

> *„Während der Dauer der Arbeitsruhe finden Kundgebungen, Versammlungen und sonstige Betriebs- und Belegschaftszusammenkünfte nicht statt. Jeder Versuch, entgegen diesen Weisungen zu handeln, muß als eine Störung dieser Demonstration betrachtet und behandelt werden".*[328]

Düsseldorf, Bundeshaus", in: ebd., S. 1027–1030, hier 1029.

322 Vgl. zum Fall Reusch S. 112–116.

323 Vgl. Engelberth, Gewerkschaften auf dem Lande, S. 170 f.

324 Vgl. Karl-Heinz Willenborg (1980): Markt oder Plan. Der Kampf um die Wirtschaftsordnung, in: Jürgen Weber (Hg.): Das Entscheidungsjahr 1948, Paderborn, S. 233–256, S. 245 f.; Huster et al., Determinanten, S. 202.

325 Vgl. „Protokoll der Sitzung des Bundesvorstandes und Beirates am 16. und 17. Dezember 1948 in Düsseldorf", in: Mielke u. Rütters, Gewerkschaften 1945–1949, S. 1047–1049 und S. 225–228 dieser Arbeit. Auch der IG-Metallvorstand kritisierte dieses Vorgehen im Nachhinein, vgl. Schmidt, Die verhinderte Neuordnung, S. 143.

326 „Protokoll der Gewerkschaftsratssitzung am 4., 5. und 6. November in Frankfurt a.M.", in: Mielke u. Rütters, Gewerkschaften 1945–1949, S. 1000–1007, hier 1007.

327 „Protokoll der Gewerkschaftsratssitzung am 4., 5. und 6. November in Frankfurt a.M.", in: ebd., S. 1000–1007, hier 1007. Theodor Pirker sprach kritisch von einer „Art verlängertes Wochenende", Theo Pirker (1965): Die SPD nach Hitler. Die Geschichte der Sozialdemokratischen Partei Deutschlands 1945–1964, München, S. 106.

328 Diese Formulierung nach einem Rundschreiben des Hauptvorstandes der ÖTV Krefeld vom 10. November 1948, in: Mielke u. Rütters, Gewerkschaften 1945–1949, S. 1039 f. An anderer Stelle heißt es: „oder sonstige Zusammenkünfte der Gewerkschaften oder Betriebsbelegschaften", siehe „Allgemeine Weisungen für die Durchführungen der 24-stündigen Arbeitsruhe", Frankfurt/M., 6. November 1948, Archiv des DGB (BBZ), AdsD 5/DGAC000037. Wie wichtig der Gewerkschaftsführung diese Anweisung waren, zeigt sich im abschließenden Absatz: „Es bleibt in jedem Falle bei diesen Weisungen. Andere

In dieser Anweisung, einen „Demonstrationsstreik" ohne Demonstrationen zu machen, waren auch Streikposten eingeschlossen. Diese fehlende Organisierung lud zum einen oder anderen Täuschungsversuch der Arbeitgeberseite ein, die Arbeitsruhe zu umgehen.[329]

Auch nach außen wurde dieser Beschluss kommuniziert, so dass er sich in zahlreichen Zeitungen wiederfand.[330] Manchmal erschien der Wille der Gewerkschaftsleitung sogar als Verbot, dessen Urheberschaft nicht weiter thematisiert wurde.[331] Fritz Tarnow wurde gar zitiert, die Gewerkschaften hätten „keinerlei Anweisung zur Durchführung irgendwelcher Demonstrationen und Kundgebungen erhalten" und es „sei nicht beabsichtigt, Streikposten aufzustellen"[332] – es scheint, ihm wäre daran gelegen, nicht auszusprechen, dass die Gewerkschaften selbst für die Unterbindung von Versammlungen am Tag des Generalstreikes verantwortlich waren. Denn schließlich hätte der DGB natürlich nicht auf „Anweisung zur Durchführung" einer Demonstration – von wem auch immer – warten müssen. Die Stuttgarter Vorfälle und das sich daran anschließende harsche Vorgehen der OMGUS-Behörden, insbesondere von Lucius Clay, scheinen zwar in engem Zusammenhang mit den Gewerkschaftsanweisungen, keine Kundgebungen zu veranstalten, zu stehen. Es ist jedoch nicht ersichtlich, dass eine Weisung der Militärverwaltung ursächlich für die Haltung des Gewerkschaftsrates war, wie die entsprechende Literatur annimmt.[333] Vielmehr ist davon auszugehen, dass die Gewerkschaftsführung selbst diese Initiative ergriffen hat, denn Werner Hansen informierte die führenden GewerkschafterInnen Nordrhein-Westfalens (mit Verweis auf die Stuttgarter Vorfälle), man habe „sich zu dieser Anweisung nur schweren Herzens entschlossen".[334] Aufgrund der Befürchtung, die bürgerliche Öffentlichkeit könnte den DGB zu „Radaubrüdern und kommunistischen Marxisten"[335] stempeln, möglicherweise auch aufgrund der „Angst vor einer weiteren Radikalisierung"[336] bzw. aus Furcht vor einem drohenden Verlust ihrer Führung beschworen die führenden Funktionäre der Gewerkschaften eindringlich die Einhaltung dieser Anweisungen.[337] Es sei vor Ort dafür

Weisungen werden nicht herausgegeben. Hierauf wird besonders hingewiesen, damit Versuchen unverantwortlicher Stellen zur Störung der Arbeitsruhe nicht Folge geleistet wird". Diese Anweisungen wurden dann von den Einzelgewerkschaften weitergegeben.

329 So forderten Arbeitgeber vereinzelt die Belegschaften zum Weiterarbeiten auf, mit Hinweis auf andere Fabriken, die angeblich auch nicht streiken würden, vgl. Roesler, Wiederaufbaulüge, S. 67 f. (Opel Rüsselsheim u.a.) und Marßolek, Arbeiterbewegung nach dem Krieg, S. 199 (verschiedene Betriebe in Remscheid).

330 FR, 10. November 1948, S. 1: „Arbeitsruhe am Freitag".

331 Weser-Kurier, 9. November 1948, S. 1. Dort wurde ein „Verbot" von Ansammlungen erwähnt, aber nicht dessen Urheberschaft.

332 Weser-Kurier, 11. November 1948, S. 1: „Bahn, Post, Rundfunk ausgenommen" Darin: „Tarnow betonte, daß die Gewerkschaften keinerlei Anweisung zur Durchführung irgendwelcher Demonstrationen und Kundgebungen erhalten hätten. Außerdem sei nicht beabsichtigt, Streikposten aufzustellen."

333 Beck, Kein Neubeginn, S. 144; Jörg Roesler (2004): 12. November 1948 und 17. Juni 1953. Zum Verhältnis von ökonomischen und politischen Zielsetzungen der beiden größten Massenstreiks der deutschen Nachkriegsgeschichte, in: Deutschland Archiv – Zeitschrift für das vereinigte Deutschland, H. 37, S. 110–122, S. 113; Beier, Der Demonstrations- und Generalstreik, S. 37 f.

334 „Stellungnahme der führenden Gewerkschaftsfunktionäre des DGB-Bezirks von NRW zum geplanten Demonstrationsstreik", 7. November 1948, in: Mielke u. Rütters, Gewerkschaften 1945–1949, S. 1014–1023, Zitat 1020.

335 „Stellungnahme der führenden Gewerkschaftsfunktionäre des DGB-Bezirks von NRW zum geplanten Demonstrationsstreik", 7. November 1948, in: ebd., S. 1014–1023, Zitat 1018.

336 Redler, Der politische Streik, S. 32.

337 Vgl. „Stellungnahme der führenden Gewerkschaftsfunktionäre des DGB-Bezirks von NRW zum ge-

Sorge zu tragen, so Werner Hansen, dass geeignete motorisierte Kollegen bereitstünden, um eventuell „aufflackernde Unruhen sofort zu beseitigen“[338]. Auch solle mit der Polizei verabredet werden, dass diese sofort die Gewerkschaften informiere, falls Störungen auftreten sollten.[339] Es ist bei diesen Einschränkungen, insbesondere durch die freiwillige zeitliche Begrenzung und die Privatisierung der Willenskundgebung durch fehlende Versammlungen, nur folgerichtig, dass die Bezeichnung „Generalstreik“ von den maßgeblichen Gewerkschaftsgremien abgelehnt wurde und durch das unverfänglichere Wort „Arbeitsruhe“ oder den bereits erwähnten Ausdruck „Demonstrationsstreik“ ersetzt werden sollte. Damit konnten sie sich allerdings nicht durchsetzen, denn sowohl die eigenen Mitglieder und die Zeitungen, als auch die politischen Gegner oder Kritiker in den eigenen Reihen sprachen von einem „Generalstreik“.

Diejenigen, die von diesem Konzept enttäuscht waren, konnten sich zunächst mit der Hoffnung trösten, es handele sich bei diesem 12. November nur um den Beginn eines entschiedeneren Vorgehens.[340] Auch nach Einschätzung des „Weser-Kuriers“ gingen die Beschäftigten mehrheitlich davon aus, dass der Generalstreik nur ein Auftakt für „rigorosere“ Maßnahmen sei, sollten die Streikziele nicht erreicht werden.[341]

Der Ablauf

In der spärlichen Sekundärliteratur zum 12. November 1948 findet sich lediglich die Darstellung, den Anweisungen nach Unterlassen jeglicher Versammlung sei Folge geleistet worden[342] – dies trifft jedoch nicht ganz zu. An der Basis herrschte teilweise offene Empörung über den reinen Symbolcharakter und über die Art und Weise, wie der Streik zustande gekommen war, insbesondere über die fehlende Urabstimmung.[343] Die Reaktionen auf diese Top-down-Politik reichten von Abspaltungstendenzen bis hin zu der Aussage, dass „die Zeit des ‚Führer befiehl, wir folgen!‘ endgültig vorbei“ sei.[344] Der ganze Vorgang

planten Demonstrationsstreik“, 7. November 1948, in: Mielke u. Rütters, Gewerkschaften 1945–1949, S. 1014–1023. Werner Hansen beschwörte dort die Anwesenden, sich „eisern an diese Anweisungen zu halten“ – selbst im Protokoll wiederholt sich diese Instruktion in verschiedenen Varianten nicht weniger als viermal. Auflagen durch die Besatzungsmächte werden dabei nicht erwähnt. Vgl. zu der diffusen Angst vor der Mobilisierung der Massen und vor dem Erstarken der KPD auch Huster et al., Determinanten, S. 203.

338 „Stellungnahme der führenden Gewerkschaftsfunktionäre des DGB-Bezirks von NRW zum geplanten Demonstrationsstreik“, 7. November 1948, in: Mielke u. Rütters, Gewerkschaften 1945–1949, S. 1014–1023, 1020.

339 Vgl. „Stellungnahme der führenden Gewerkschaftsfunktionäre des DGB-Bezirks von NRW zum geplanten Demonstrationsstreik“, 7. November 1948, in: ebd., S. 1014–1023, 1020.

340 Entsprechende Signale wurden im Vorfeld ausgesendet, etwa zu Beginn der Versammlung der 300 führenden NRW-DGB-Funktionäre, vgl. „Stellungnahme der führenden Gewerkschaftsfunktionäre des DGB-Bezirks von NRW zum geplanten Demonstrationsstreik“, 7. November 1948, in: ebd., S. 1014–1023, 1014.

341 Weser-Kurier, 15. November 1948, S. 9.

342 Vgl. Redler, Der politische Streik, S. 32; Beier, Der Demonstrations- und Generalstreik, S. 43; Beck, Kein Neubeginn, S. 144; Schmidt, Die verhinderte Neuordnung, S. 141–144 und Roesler, Wiederaufbaulüge, S. 67–70.

343 Vgl. beispielhaft den Bericht der Manpower Division aus Württemberg-Baden, wiedergegeben in: Hudemann u.a. (1992): Statistik der Arbeitskämpfe, S. 126.

344 Bericht an den Frankfurter Gewerkschaftsrat von Wilhelm Sauer (Mannheim), 18. November 1948, AdsD 5/DGZA010024. Wilhelm Sauer, ein Mannheimer Angestellten-Betriebsrat und altgedienter Ge-

legte eine Intention der Gewerkschaftsspitzen nahe, die kritische Basis ruhigzustellen und sie von der politischen Willensbildung auszuschließen – und wurde entsprechend wütend kommentiert.[345]

Diese Unzufriedenheit mit der eigenen Leitung fand neben der innergewerkschaftlichen Kommunikation auch am 12. November öffentlichen Ausdruck. Auf der einen Seite weigerte sich in Bamberg eine 1000-köpfige Belegschaft zu streiken, und zwar mit der Begründung, die Aktion sei nicht entschieden genug, es hätte auch offiziell der Generalstreik und nicht nur ein Proteststreik verkündet werden müssen.[346] Auf der anderen Seite verhinderte die Klöckner-Belegschaft in Köln durch eine Massenschlägerei mit hundert Streikbrechern vor den Werkstoren den Streikbruch, obwohl Streikposten eigentlich nicht zugelassen waren.[347] Auch anderswo scheint es zur Aufstellung von Streikposten und damit zum Verstoß gegen die DGB-Anweisungen gekommen zu sein;[348] in Kiel wurde gar das Rathaus und der Sitz der Landesregierung durch Streikposten stillgelegt. Auch die Post und andere Betriebe wurden in Einzelfällen dazu gezwungen, ihre Arbeit einzustellen. In Lübeck blieben nur die Besatzungsmächte mit Strom versorgt.[349] Auch in Wuppertal wurde die Stromversorgung unterbrochen.[350] Vor einem Kino in Braunschweig „fuhr ein Lastwagen mit zwanzig Männern und Frauen vor, die unter Drohungen in das Kino eindrangen. [...] Die Theaterleitung sah sich gezwungen, die Vorstellung abzubrechen."[351] Vermutlich dieselbe Gruppe drohte vor dem Finanzamt mit „einer Aktion wie in Stuttgart" und erreichte dort ebenfalls die Einstellung der Arbeit.[352] Das war das Gegenteil von dem, was Werner Hansen im Sinn gehabt hatte, als er davon sprach, es sollten vor Ort geeignete Kollegen motorisiert werden. In Solingen war es ebenfalls das Finanzamt, welches als einzige Behörde arbeitete – allerdings unter Polizeischutz.[353] Solche eigenmächtigen Vorkommnisse waren allem Anschein nach jedoch nicht flächendeckend zu verzeichnen.

Es lassen sich noch weitere explizite Verstöße gegen die Auflagen des Gewerkschaftsrates festhalten, die aber – anders als die gerade beschriebenen – von Gliederungen der Gewerkschaften selbst kamen. Man kann nämlich vereinzelte,[354] im Württemberger Raum sogar

werkschafter, gab einen Bericht über die Stimmung unter den 230 Beschäftigten seines Betriebes ab. Er selbst besäße großes Vertrauen im Betrieb, habe den Streik entgegen seiner inneren Überzeugung unterstützt, und trotzdem hätten vierzig Beschäftigte verweigert, mit zu streiken. Zahlreiche Gewerkschafter hätten mit Austritt gedroht und eine Abspaltung von der Einheitsgewerkschaft erwogen. Vgl. auch Bericht des Ortsausschusses Göppingen, AdsD 5/DGZA010024.

345 Vgl. Seifert, Entstehung, S. 364; Beck, Kein Neubeginn, S. 139 f.

346 Vgl. Weserkurier, 15. November 1948, S. 9. Die Münchener Stadtchronik berichtet sogar, dass der Streik in München (eigentlich eine Hochburg der Proteste) nur eine „geteilte Aufnahme" fand, Schattenhofer, Chronik der Stadt München, S. 435.

347 Vgl. Roesler, Wiederaufbaulüge, S. 68.

348 Niedersächsische Volksstimme, 12. November 1948 (Streikposten in Northeim geplant) und 16. November 1948 (Streikposten bei den Atlas-Werken in Bremen), zitiert nach: Algermissen, Der „Demonstrationsstreik".

349 Vgl. Weser-Kurier, 15. November 1948, S. 9: „Arbeitsruhe ohne besondere Zwischenfälle" Untertitel: „In Norddeutschland schärfere, in Süddeutschland mildere Durchführung".

350 Vgl. Marßolek, Arbeiterbewegung nach dem Krieg, S. 199.

351 Weser-Kurier, 15. November 1948, S. 9: „Arbeitsruhe ohne besondere Zwischenfälle" Untertitel: „In Norddeutschland schärfere, in Süddeutschland mildere Durchführung". Zu Braunschweig vgl. auch Rhein-Echo, 13. November 1948: „Stiller als ein Sonntag".

352 Vgl. Abendpost 13. November 1948.

353 Vgl. Marßolek, Arbeiterbewegung nach dem Krieg, S. 199.

354 Im Oberbergischen fand z.B. in Dieringhausen (Gummersbach) eine Streikversammlung statt, vgl. Engelberth, Gewerkschaften auf dem Lande, S. 171.

eine ganze Reihe von öffentlichen Kundgebungen rekonstruieren; de facto opponierten die lokalen Gliederungen damit offen gegen die Weisungen der Gewerkschaftszentrale. Sie fanden mit unterschiedlicher Beteiligung statt; für Württemberg-Baden sind drei Kundgebungen (Göppingen, Backnang, Heidenheim) mit insgesamt über 10.000 Teilnehmenden nachweisbar,[355] die Manpower Divison zählte sogar neun Fälle.[356] Für die Stadt Stuttgart wurde das Versammlungsverbot auch für den 12. November beibehalten und wohl auch eingehalten.[357]

Abb. 24: „Weitgehend Stille am Streiktag: Im Hafen von Ruhrort, dem grössten Binnenhafen Europas, liegen in dichten Nebel gehüllt lange Reihen von Schleppkähnen aus Holland, Belgien, Frankreich usw., die wegen der Arbeitsruhe nicht entladen wurden."

Es ist insgesamt zutreffend, dass die Gestaltung dieses Tages eher einem Feiertag als einem Kampftag gleichkam. Gerade die großen Betriebe und Industrieanlagen lagen im Wesentlichen still und die übergroße Mehrheit der sonstigen Beschäftigten erschien nicht zur Arbeit. Es kam nur zu wenigen öffentlichen Aktionen und sogar lokale Gewerkschaftsgliederungen, die ansonsten kämpferisch auftraten, fügten sich der Weisung.[358] Die Kritik an den Gewerkschaftsspitzen war zwar zahlreich,[359]

355 Entsprechende Berichte der Ortsausschüsse Backnang (1.200 Besucher, kaum Frauen, keine Jugend) und Göppingen (mit 2.000 Menschen „sehr schlecht" besucht) an den Bundesvorstand des GWB sind überliefert, AdsD 5/DGZA010024. Auch für Heidenheim (als ein Beispiel von vielen) werden 9.000 KundgebungsteilnehmerInnen berichtet, vgl. „Demonstration gewerkschaftlichen Willens" [Bericht vom 12. November in Württemberg-Baden], ebd. Die Berichte nehmen keinerlei Bezug zu der Verfügung, keine Kundgebungen zu veranstalten, die Umstände bedürften daher einer weiteren Untersuchung.

356 Vgl. Hudemann u.a. (1992): Statistik der Arbeitskämpfe, S. 126.

357 Dass in Stuttgart am 12. November möglicherweise trotzdem eine Kundgebung stattgefunden hat, ist unwahrscheinlich. Seifert, Entstehung, S. 366 behauptet, in Stuttgart hätte im Neckarstadion eine Kundgebung stattgefunden. Die dem zugrunde liegende „Aktennotiz über Besprechung mit Manpower Division, Mr. Friedman, Mr. Beal und Kleinknecht", AdsD 5/DGZA010024, ist jedoch auf den 8. November 1948 datiert (also vor dem vermeintlichen Kundgebungsdatum) und berichtet nur von der Bereitschaft LaFollettes eine eventuelle Kundgebungen zu genehmigen, „und zwar entweder im Neckarstadion oder aber auf dem Sportplatz Degerloch oder in einem sonstigen Sportgelände". Ein entsprechender Beschluss sollte erst anderntags auf einer Landeskonferenz gefällt werden. Laut Weser-Kurier, 15. November 1948, S. 9: „Arbeitsruhe ohne besondere Zwischenfälle" ist es in Stuttgart aber ruhig geblieben. Fichter, Aufbau und Neuordnung, S. 545 schreibt explizit, dass es keine Kundgebung in Stuttgart gegeben hätte: „Während die Ausgangssperre [nach dem 28.Oktober] schon nach einer Woche aufgehoben wurde, galt das Versammlungsverbot bis Dezember 1948. Aus diesem Grunde gab es am 12. November 1948, als die Gewerkschaften im gesamten Vereinigten Wirtschaftsgebiet zum Demonstrationsstreik aufgerufen hatten, in Stuttgart keine öffentliche Kundgebung." Auch Enssle, Der Versorgungsalltag Stuttgarts 1945, S. 391 deutet eher darauf hin, dass es keine solche Kundgebung gab.

358 Etwa die Ortsausschüsse Remscheid und Solingen, vgl. Marßolek, Arbeiterbewegung nach dem Krieg, S. 199.

359 Zur Kritik an fehlenden Kundgebungen, hier in Remscheid und Solingen, ebd., S. 198 f; zum Zweifel an den Erfolgsaussichten einer auf 24 Stunden begrenzten Aktion (mit Verweis auf den folgenlosen Generalstreik am 3. Februar 1948) vgl. „Bericht aus Backnang über die am 12. November 1948 stattgefundene

manifestierte sich aber – wie gesehen – nur an wenigen Orten in rebellischen Handlungen gegen die eigene Leitung. Immerhin lassen diese Überlieferungen den Schluss zu, dass die im internationalen und historischen Maßstab krasse Disziplin und Disziplinierung der deutschen Arbeiterbewegung zwar extrem auffällig ist, aber keinesfalls allumfassend war. Ansonsten blieb die Kritik organisationsintern und wurde teilweise durch ausbleibende Mitgliedsbeiträge in den folgenden Monaten kommuniziert.[360] Damit hatte der DGB seine Generallinie durchgesetzt: „Arbeitsruhe ohne besondere Zwischenfälle"[361] oder „Stiller als ein Sonntag"[362] lauteten die entsprechenden Zeitungsmeldungen. Die allgemeine Stimmung war also bestenfalls sonntäglich und der Tag wurde im Wesentlichen unpolitisch verbracht – je nach Gelegenheit wurde der Schrebergarten aufgemöbelt,[363] auf den Landungsbrücken flaniert[364] oder der Rausch des 11.11. (Beginn der Karnevalssession) ausgeschlafen. Letzteres ließ die Streikbeteiligung im Niederrhein immerhin auf fast 100 Prozent ansteigen.[365]

7.5 Das Ende der Proteste

Nach dem ambivalenten Verlauf des großen Streiks am 12. November ließen die öffentlichen Proteste merklich nach, so dass dieser Protestzyklus mit dem Generalstreik sowohl seinen Höhepunkt als auch ein recht abruptes Ende fand. Zu diesem Ende haben mehrere Faktoren beigetragen:

Kurzfristig machte sich vor allem die weiterhin verhandlungsorientierte Gewerkschaftsstrategie bemerkbar. Nach der Durchführung des Generalstreiks kehrten die Gewerkschaftsbünde zu der appellativen Politik zurück, die sie bereits vorher praktiziert hatten. Deutlich wird diese etwa in einer Diskussion des Bundesvorstands des DGB (BBZ)[366] oder

Willenskundgebung mit Arbeitsruhe", AdsD 5/DGZA010024; zur Nutzlosigkeit der Befristung auf 24 Stunden sowie Kritik an fehlender Urabstimmung vgl. „Betrifft: Streik" (Ortsausschuss Göppingen am 16. November 1948), AdsD 5/DGZA010024. Vgl. dazu auch den Bericht von Wilhelm Sauer (Anm. 344 auf S. 225 f.). Diese verschiedenen Kritiken spielten auch auf der Betriebsebene eine erhebliche Rolle, vgl. Erker, Ernährungskrise, S. 313. Der Weser-Kurier berichtete ob dieser „passiven Aktion" von einem verhaltenen Echo und mutmaßte, viele Gewerkschaftsmitglieder dürften sich „angesichts des damit verbundenen Lohnausfalles nur mit starken inneren Vorbehalten und aus organisatorischer Disziplin" beteiligt haben. Er erinnerte daran, dass „ähnlichen gewerkschaftlichen Willenskundgebungen früher Urabstimmungen der Gewerkschaftsmitglieder vorauszugehen pflegten", Weser-Kurier, 15. November 1948, S. 9: „Arbeitsruhe in Bremen fast vollständig",

360 Vgl. Erker, Ernährungskrise, S. 313.

361 Weser-Kurier, 15. November 1948, S. 9: „Arbeitsruhe ohne besondere Zwischenfälle" Untertitel: „In Norddeutschland schärfere, in Süddeutschland mildere Durchführung" – ein langer Bericht aus unterschiedlichen Regionen.Vor allem die großen Industriebetriebe lagen nahezu hundertprozentig still, auch am Duisburger Hafen rührte sich nichts. Mehrheitlich gingen die Beschäftigten davon aus, dass dieser Tag nur ein Auftakt für „rigorosere" Maßnahmen sei, sollten die Streikziele nicht erreicht werden.

362 Vgl. Rhein-Echo, 13. November 1948: „Stiller als ein Sonntag".

363 Vgl. Weserkurier 15. November 1948, S. 3: „Arbeitsruhe in Bremen fast vollständig".

364 Hamburger Abendblatt, 13. November 1948, S. 3: „Protestaktion im Sonnenschein". Es sei „wie ein Feiertag" gewesen, auch Bahn, Hochbahn und Alsterdampfer verkehrten nicht, dafür „sonntäglich gekleidete Fußgänger". Keinerlei Erwähnung von Zwischenfällen, Kundgebungen o.ä.

365 Vgl. Rhein-Echo, 13. November 1948: „Stiller als ein Sonntag".

366 Vgl. das entsprechende Protokoll, abgedruckt in: Mielke u. Rütters, Gewerkschaften 1945–1949,

anlässlich einer DGB-Konferenz im hessischen Bad Vilbel.[367] Eindrucksvoll beweist auch eine – nicht im Mindesten selbstkritisch gemeinte – Auflistung gewerkschaftlicher Aktivitäten nach dem 12. November 1948 die Rückkehr zur Taktik der Verhandlung.[368]

Eine weitere wichtige Rolle für die Beendigungen dieses Protestzyklus spielte auch die Aufhebung des Lohnstopps Anfang November 1948.[369] Damit wurde nämlich nicht nur eine wichtige Forderung der Gewerkschaften erfüllt, sondern gleichzeitig die Auseinandersetzung um die Verteilung gesellschaftlichen Reichtums profanisiert. Denn waren die Gewerkschaften zwischen Juni 1948 und Herbst 1948 gezwungen, diese Kämpfe in der politischen Arena mittels wirtschaftspolitischer und preispolitischer Forderungen auszutragen, wurden diese Kämpfe nun wieder in den betrieblichen oder tariflichen Bereich und die Sphäre der Prozentaushandlung zurückverlegt. Dadurch wurden die Straße und der Wochenmarkt zu nachrangigen Orten der Austragung solcher Konflikte. Dies beraubte – nebenbei bemerkt – all diejenigen ihrer kurzfristig gleichberechtigten Position, die zwar ebenfalls nichts zu verkaufen hatten als ihre Arbeitskraft, aber im Gegensatz zu regulär Beschäftigten keinen Lohn erhielten. Die RentnerInnen, Arbeitslosen oder mit familiärer „Reproduktionsarbeit" Beschäftigten, insbesondere Frauen, verloren innerhalb der Arbeiterbewegung wieder an Einfluss.

Ebenso wichtig war das Ende der Preissteigerungen im Laufe des Dezember. Die Preise stabilisierten sich um Weihnachten herum auf hohem Niveau und fingen im neuen Jahr sogar an zu sinken.[370] Da aber das Lohnniveau noch nicht in Bewegung geraten war und die Preise weiterhin sehr hoch waren, hätte dieser Faktor alleine vermutlich nicht zum Ende der Proteste geführt. Zusätzlich sorgten jedoch die in Reaktion auf die Proteste ergriffenen politischen Maßnahmen[371] für eine Beruhigung auf dem Preissektor, machten die Erfüllung von Grundbedürfnissen erschwinglich und besänftigten auch den Gerechtigkeitssinn der betroffenen Bevölkerungsteile.

7.6 Zusammenfassung „Widerstand"

Der politische und materielle Notstand der Nachkriegsjahre wurde mit dem 20. Juni 1948 beantwortet, als versucht wurde, eine „freie Marktwirtschaft" durchzusetzen. Diese Antwort fand aber keine ausreichende Akzeptanz, und Ende Juli 1948 begann in der Bizone eine große Protestwelle gegen die Zustände nach der Währungsreform. Sie richtete sich gegen die steigenden Preise und oftmals auch explizit gegen die „freie Marktwirtschaft". Die

S. 1047–1049.

367 Vgl. Anhang zum Protokoll dieser Konferenz, abgedruckt in: ebd., S. 1052 f. Vgl. auch Seifert, Entstehung, S. 367 f. und Weiss-Hartmann, Der Freie Gewerkschaftsbund Hessen, S. 318 f. oder Schmidt, Die verhinderte Neuordnung, S. 142 f. Auf der Konferenz wurde der Demonstrationsstreik von den Gewerkschaftsspitzen ausgewertet.

368 Vgl. „Was geschah nach dem 12. November?", in: Gewerkschaftszeitung – Organ der Bayrischen Gewerkschaften, Nr. 23, datiert auf „Erste Dezemberhälfte" 1948, München.

369 Vgl. zum Lohnstopp S. 253–255.

370 Nachlassen der Preise nach Weihnachten vgl. Zündorf, Preis, S. 72 f. Vgl. exemplarisch auch Hamburger Abendblatt, 18. Dezember 1948, S. 1: „Erste Einbrüche ins Preisgefüge".

371 Diese Maßnahmen werden auf den Seiten 233–252 ausführlich dargestellt.

hier vorgestellten Proteste vom Herbst 1948 verwandelten die individuellen Nöte und Empörungen in einen weiteren gesellschaftlichen Notstand.[372] Erst durch die spontanen und organisierten Proteste wurde die Bearbeitung der zugrunde liegenden Probleme dringlich, weil sie ein einfaches „Weiter so" fundamental in Frage stellten. Die Formen des Protestes waren indes unterschiedlich und auch unterschiedlich erfolgreich.

Die zu Beginn, vor allem im Monat August vorherrschenden spontanen Protestaktionen erreichten lokale, kurzfristige Preissenkungen (und vielleicht die Befriedigung, sich nicht alles gefallen zu lassen). Mit Thompson ist festzuhalten, dass die Reichweite solcher Aktionen über den lokalen Radius hinausreichen kann; ein „Gewitter eines guten Aufruhrs in einer benachbarten Gemeinde" mag demnach manches Mal zur Annäherung an sittlich akzeptierte Preise auch im nahen Umkreis geführt haben.[373]

Mit Mühe gelang es den Gewerkschaften, die „zum Teil gewaltsamen Selbsthilfeaktionen der wütenden Verbraucher" in gewerkschaftlich organisierte Aktionen „gegen Preiswucher der Händler und gegen die ‚Anarchie auf den Warenmärkten' zu kanalisieren".[374] Es war, so ein Gewerkschaftsvertreter, „nur die gewerkschaftliche Disziplin", welche die „durch die Währungsreform um ihre Spargroschen gekommenen Arbeitnehmer, die mit leerem Geldbeutel vor den gefüllten Schaufenstern standen, vor Unbesonnenheiten" zurückhielt.[375] In den dann folgenden Kaufstreiks und Preisinterventionen, die einen Zwischenschritt von den spontanen ‚Eierunruhen' zu den politischen Kundgebungen darstellten, gelang es oftmals, die Preise großflächiger zu senken, als es durch spontane Aktionen der Fall war. Die sich direkt daran anschließenden Demonstrationen und Kundgebungen mit ausformulierten Forderungen erreichten erste politische Zugeständnisse.[376] So hatten sich die Gewerkschaften im Verlauf des August 1948 als zentraler Akteur der Proteste etabliert. Dass sie ihr genuines Feld der Betriebe und der Lohnverhandlungen verlassen hatten und verschiedene allgemein- bzw. wirtschaftspolitische Forderungen erhoben, ist nicht nur dem immer noch geltenden Lohnstopp anzurechnen, sondern auch ihrer Strategie, als wirtschaftspolitische Ordnungsmacht aufzutreten.

Bereits Anfang September hatten sie allerdings durch ihre Vorgabe, die Problemlösung sollte im Wesentlichen aus Preiskontrollen und politischen Appellen bestehen, deutlich gemacht, dass eine flächendeckende Mobilisierung ihrer Mitglieder zu Protesten nicht auf ihrer Agenda stand. Nur durch den starken Druck ihrer Basis, zu dem auch die Stuttgarter Vorfälle beitrugen, kam schließlich der torsohafte Generalstreik bzw. Demonstrationsstreik am 12. November 1948 zustande. Durch die sehr gut besuchten Kundgebungen im Vorfeld und den quantitativ sehr erfolgreichen Generalstreik kam Bewegung in die politische Landschaft und Vertreter von den Besatzungsmächten und des Verwaltungsrates gingen auf die Gewerkschaften zu.

372 „Das Dispositiv reagiert [...] auf einen Notstand und sucht ihn zu beseitigen, verursacht bei diesem Versuch jedoch [...] Effekte, [...] die [...] weitere Notstände hervorrufen", Jäger, Kritische Diskursanalyse, S. 72.

373 Thompson, Die ‚sittliche Ökonomie', S. 54–61, Zitat 61; vgl. auch die Funktion lokaler Aufstände, die „Androhung des Aufruhrs" über die betroffenen Region hinaus glaubwürdig zu machen, ebd. S. 54.

374 Erker, Hunger, S. 405.

375 „Rückblick auf die Betriebsrätearbeit 1948/1949", Stadtarchiv Mannheim, Bestand Kleine Erwerbungen, Signatur 0649, Blatt 5–9, hier Blatt 6.

376 Vgl. dazu zusammenfassend S. 237.

8 Modifizierung: Von der „freien" zur „sozialen Marktwirtschaft"

Die Antwort auf die Herausforderung, die durch die Proteste manifest geworden waren, wurde in einer spezifischen Modifizierung des Strategischen Dispositivs gefunden. Die Dispositivanalyse stellt dabei „den Versuch einer Erweiterung [der Diskursanalyse, U.F.] dar, die nach dem Verhältnis von diskursiver und nicht-diskursiver Ebene fragt."[1] Nach diesem Verhältnis zu fragen und ihnen jeweils Elemente zuzuordnen, setzt voraus, „dass beide Ebenen nicht völlig deckungsgleich sind" und „Sagbares und Sichtbares [...] nicht komplett ineinander [aufgehen]".[2]

Angesichts der Schwierigkeit, definitorisch zwischen diskursiven und nichtdiskursiven Elementen zu unterscheiden, orientiere ich mich daran, ob die zu untersuchenden Elemente vornehmlich sprachlich-textlich auftauchen.[3] Ein weiteres Kriterium für die forschungspraktische Unterteilung diskursiv – nichtdiskursiv ist darin zu sehen, welcher Stellenwert bezüglich der Sinnproduktion dem Element von den zeitgenössischen AkteurInnen selbst zugesprochen wurde. Durch dieses Prämisse wurden insbesondere Gesetze und Produktionsprogramme als nichtdiskursive Elemente angenommen.[4] Trotz dieser prinzipiellen analytischen Trennung in zwei verschiedene Ebenen werde ich in beiden Abschnitten die „gegenseitige Durchdringung von Diskursivem und Nicht-Diskursivem"[5] immer wieder einbeziehen und darstellen – nicht zuletzt, weil das „Problem kein linguistisches ist"[6].

8.1 Die nichtdiskursiven Elemente

Mit den Wirtschaftsreformen vom 20. Juni 1948 ist zunächst eine offensichtliche Niederlage der Verfechter von Sozialismus und/oder Wirtschaftsdemokratie zu konstatieren. Doch auch das im Zuge dieser Entwicklung zunächst erfolgreichere Strategische Dispositiv „freie Marktwirtschaft" konnte sich auf Dauer nicht halten und machte bald einem anderen Modell Platz.

Um diese Neukonstellierung der Elemente überschaubar und analysierbar zu machen, erfolgte die forschungspraktische Einteilung in „diskursiv" und „nichtdiskursiv". Als konstitutiver Teil der Entwicklung von der „freien" zur „sozialen Marktwirtschaft" werden an dieser Stelle die nichtdiskursiven Elemente untersucht; die Diskursanalyse erfolgt im

1 Schauz, Diskursiver Wandel, S. 106.
2 Ebd., S. 106.
3 Vgl. S. 24 f. dieser Arbeit.
4 Diese pragmatische Annahme erwies sich nicht immer als zutreffend, vgl. die Analyse des Gesetzes gegen Preistreiberei, S. 233–235.
5 Opitz, Gouvernementalität im Postfordismus, S. 48.
6 Michel Foucault, Dispositive der Macht, S. 125.

Anschluss. Einige der nichtdiskursiven Elemente waren gänzlich neu, etwa das Gesetz gegen Preistreiberei oder das Jedermann-Programm; andere wiederum erfuhren lediglich eine Readjustierung. So wurde das ERP in nur sehr geringer Abhängigkeit von der Entwicklung in Deutschland durchgeführt und die Aufhebung des Lohnstopp beendete in erster Linie eine 12-jährige historische Ausnahmesituation; beide konnten daher relativ problemlos neu situiert werden.

Die verschiedenen Elemente eines Dispositives müssen jedoch – wie in der Analytik dargelegt – ständig miteinander synchronisiert werden, und zwar besonders dringend in Zeiten wichtiger Entscheidungen, und als solche kann das Jahr 1948 zweifelsohne gelten. Dies gilt nicht nur für neue, sondern auch und gerade für solche Elemente des Strategischen Dispositivs, die trotz einer Modifizierung nicht ohne weiteres aufzugeben sind. Im Zeitraum 1948/49 betraf dies insbesondere die Preisfreigabe und ihre Folgen (vor allem die Preishöhe), die eine zentrale Rolle in politischen Konzepten und Debatten einnahmen.

Wichtige Positionswechsel und Funktionsveränderungen der nichtdiskursiven Elemente des Dispositives werden daher an dieser Stelle analysiert und auf diese Weise die Genese einzelner Elemente des Dispositivs herausgearbeitet. Diese Elemente lassen sich in drei verschiedene Bereiche einteilen:

- In einem ersten Schritt versuchte der Verwaltungsrat, der Preisentwicklung (und der daran geäußerten Kritik) Herr zu werden, indem er mit dem Preisgesetz eine zusätzliche gerichtliche Handhabe gegen „Preiswucher" schuf. Flankiert wurde dies von dem Versuch, mittels „Preisspiegeln" den Verbrauchern eine Richtschnur für ein legitimes Preisniveau an die Hand zu geben: Maßnahmen zur Preisregulierung.
- Wesentlich wirksamer war dann die kurze Zeit später in die Wege geleitete Warenlenkung. Für die Waren und Rohstoffe, auf die die Verwaltung für Wirtschaft (VfW) Zugriff hatte, wurden Auflagen bezüglich Preis, Qualität und Vertrieb erlassen. Militärbestände, ERP-Waren und unter internationalen Vereinbarungen importierte Rohstoffe trugen auf diese Art und Weise als „StEG-Waren" (s.u.) und als „Jedermann-Programm" entscheidend dazu bei, die Preise zum Jahreswechsel 1948/49 deutlich zu senken: Produktionsprogramme.
- In den wenigen Monaten des Herbst 1948, in denen die Modifizierung des Dispositivs stattfand, wurden darüber hinaus die Grundsteine für weitere Elemente gelegt. Einige von ihnen, etwa das Tarifsystem oder die Stärkung der Sozialversicherungen, galten in den folgenden Jahrzehnten als Grundpfeiler der „Sozialen Marktwirtschaft". Dass einige dieser Elemente gleichzeitig die Wiederaufnahme von Entwicklungspfaden mit teilweise vielen Jahrzehnten Geschichte waren, muss mitbedacht werden, stellt aber die Kontingenz einer solchen Entscheidung im Jahr 1948 zunächst nicht grundsätzlich in Frage. Hinzu kamen andere Veränderung des dispositiven Netzes, etwa auf sozialpolitischem Gebiet (nicht nur als schließlich kaum ins Gewicht fallender Lastenausgleich) oder in Gestalt einzelner Personalien (wie der Rückzug des Schuhindustriellen Alex Haffner): Veränderungen weiterer Elemente.

Im Folgenden werden diese drei Gruppen mit den einzelnen Elemente erläutert und auf ihre Funktion im Dispositiv hin untersucht.

8.1.1 Maßnahmen zur Preisregulierung

Sieht man davon ab, dass das Privateigentum an Produktionsmitteln schließlich im Wesentlichen beibehalten wurde, war die Preisfreigabe, die sich sukzessive an die Wirtschafts- und Währungsreform vom 20. Juni anschloss, das grundlegende Merkmal der neuen Wirtschaftspolitik: Ohne freie Preise hätte die Idee der Konkurrenz auf den Märkten keine Grundlage gehabt. Allerdings gab es schon vor der Währungsreform Furcht vor Unruhen aufgrund der Folgen dieser Entscheidung; die CDU-Fraktion stellte sich die Frage nach der „politischen Vertretbarkeit" und sorgte sich um die „schwerste Beunruhigung", die insbesondere in den Reihen der „Arbeiterschaft" durch die Preisfreigaben entstehen könnte. Schließlich setzte sich die Fraktion über die geäußerten Bedenken hinweg und übertrug diese politisch heiklen Entscheidungen durch das Leitsätzegesetz dem Direktor für Wirtschaft, Ludwig Erhard.[7] Verbunden war diese Entscheidung (wie oben ausgeführt) mit dem Kurs „freie Marktwirtschaft" und dem Versprechen bzw. der Hoffnung, dass der marktbasierte Wettbewerb für eine allseitige Verbesserung des Lebensstandards sorgen würde.

Dies erwies sich in den ersten Monaten nach der Währungsreform als Illusion: Die Preise stiegen rasant und die Bevölkerung musste zuschauen, wie sich andere, weniger vorteilhafte Mechanismen des freien Marktes Bahn brachen. Die hohen Gewinnmargen wurden durch temporäre Warenzurückhaltung und eigentlich überflüssigen Zwischenhandel weiter gesteigert. Sogar Güter, bei denen noch verschiedene gesetzliche Preisauflagen galten, wurden nach dem Dammbruch der unklar kommunizierten Preisfreigaben zu extrem hohen Preisen verkauft. Die von der VfW ausgelöste Dynamik, dem Markt – ungeachtet eigentlich zu beachtender gesetzlicher Grundlagen – die Preisgestaltung zu überantworten, hatte diese Situation ermöglicht. Diese wirtschaftliche Freiheit animierte in erster Linie dazu, die materielle Not und die nachteilige Bedürfnis-Waren-Relation für extreme Preissteigerungen zu nutzen und dafür zum Teil noch absichtlich zu verschärfen. Als sich die erhoffte Entspannung nicht einstellte, wurden die Vorteile der Marktwirtschaft von den Verhältnissen und zunehmend auch von den Betroffenen in Frage gestellt. Um Argumente für ein gutes Funktionieren der Marktmechanismen zu schaffen und dieses zentrale Element jeder Marktwirtschaft nicht aufgeben zu müssen, waren schnelle Reaktionen gefragt. Die erste Gegenbewegung zielte auf eine Eindämmung der Preise durch gesetzliche und verwaltungstechnische Maßnahmen.

Das Gesetz gegen Preistreiberei

Das „Gesetz gegen Preistreiberei" wurde erstmals am 17. August 1948 im Wirtschaftsrat diskutiert und erlangte am 7. Oktober 1948 Gültigkeit.[8] Eine erweiterte Fassung wurde am 28. Januar 1949 verkündet, ohne den grundsätzlichen Charakter des Gesetzes zu ver-

7 Vgl. Protokoll der Sitzung vom 16. Juni 1948, in: Salzmann, CDU/CSU im Wirtschaftsrat, S. 224–228, hier 225 f.

8 Vgl. Godin u. Gnam, Gesetz gegen Preistreiberei. Das Gesetz wurde veröffentlicht in WiGBl. (Ausgabe 20) 11. Oktober 1948, S. 99. Im Einzelnen wurde das Gesetz im Wirtschaftsrat am 19. August 1948 verabschiedet, dort auf Veranlassung der Militärregierung am 30. September abgeändert; Zustimmung des Länderrats erfolgte am 30. August bzw. 7. Oktober 1948. Genehmigung durch Militärregierung: 17. September [sic], diese Übersicht nach Pünder, Interregnum, S. 203.

ändern.[9] Es bot den Strafverfolgungsbehörden eine Handhabe bei besonders krassen Fällen von Preiswucher, bei Warenzurückhaltung und Warenvernichtung. Das Gesetz war eine Reaktion auf die Kritik, die von vielen gesellschaftlichen Akteuren an der ‚Anarchie auf den Warenmärkten' geäußert wurde.[10] Die darin vorgenommene Bewertung von Preisen als „unangemessen", von Geschäftspraktiken als „unlauter" bzw. von Waren als „lebenswichtig" wurde allerdings nicht konkretisiert.[11]

Man ging also von einer ‚gefühlt' richtigen Preishöhe aus.[12] Der Gesetzestext erschwerte durch diese juristische Unschärfe die Anwendung und „den Preisbehörden war von vorneherein klar, daß mit dem Gesetz kein energisches Durchgreifen möglich sein würde."[13] Als das Gesetz im August im Wirtschaftsausschuss des Länderrates erstmals diskutiert wurde, kam auch dort der prinzipielle Einwand auf, dass „in einer freien Wirtschaft, bei der sich der Preis aus Angebot und Nachfrage ergäbe, nicht von ‚unangemessenen Entgelten' geredet werden könne"[14]. Die Probleme mit der Umsetzbarkeit wurden den Ländern und nachgeordneten Behörden überlassen.[15] So ist nicht weiter verwunderlich, dass beispielsweise in München das Gesetz erst am 19. November „erstmals [...] in größerem Umfang" zur Anwendung kam.[16] Ebenfalls am 19. November 1948 verurteilte ein Schnellgericht den Inhaber des Modehauses Stahl, das ein wichtiger Schauplatz der Stuttgarter Vorfälle gewesen ist, wegen einer zu hohen „margin of profit" zu 3.000 DM Geldstrafe.[17]

Doch Statistiken über festgestellte Preisverstöße nach den verschiedenen dafür in Frage kommenden Gesetzen[18] nahmen im fraglichen Zeitraum nur geringfügig zu. Lediglich die Höhe der verhängten Geldstrafen erhöhte sich durch das Gesetz gegen Preistreiberei wahrnehmbar von etwa 1,2 (im September) auf 2 Millionen DM (im November).[19] Da jedoch ab November 1948 bis in den März 1949 sowohl Verstöße als auch Geldstrafen konstant blieben, kann davon ausgegangen werden, dass das Gesetz gegen Preistreiberei nicht in

9 Durch Beschluss des Wirtschaftsrates am 17. Dezember und des Länderrats am 23. Dezember 1948. Es mussten dann noch Änderungswünsche der Militärregierung aufgenommen werden. Dies geschah durch Beschluss des Wirtschaftsrats am 19. Januar 1949; es folgte der Länderrat am 26. Januar 1949, abschließende Genehmigung durch Militärregierung erfolgte bereits am 18. Januar 1949, nach ebd., S. 208.

10 Vgl. Johannes von Elmenau (Referent für Wirtschaft, Ernährung, Landwirtschaft und Forsten bei Oberdirektor Pünder, vgl. Potthoff u. Wenzel, Handbuch 1945–1949, S. 203) an den DGB, OA Schweinfurt: „Der Wirtschaftsrat hat auf Vorschlag des Verwaltungsrates in seiner Sitzung am 19.08. den Entwurf eines Gesetzes über die Preistreiberei verabschiedet, das ihren Wünschen entsprechen dürfte", 24. August 1948, BA Z13/1179.

11 Godin u. Gnam, Gesetz gegen Preistreiberei, S. 75 f. bzw. WiGBl. (Ausgabe 20) 11. Oktober 1948, S. 99.

12 Die von Thompson diagnostizierte „sittliche Ökonomie" erscheint hier in Gesetzesform.

13 Erker, Ernährungskrise, S. 287.

14 Vgl. „Kurzbericht über die 6. Sitzung des Ausschusses für Wirtschaft des Länderrates am 24. August 1948 in Frankfurt/M.", HStaS EA 6/005 Bü 7.

15 Vgl. dazu im Detail: „Preisbildungsstelle München im bayrischen Staatsministerium für Wirtschaft: Monatsbericht für Dezember 1948, zugleich Rückblick auf das Jahr 1948", BA Z8/222, Blatt 84–87, hier 85.

16 Schattenhofer, Chronik der Stadt München, S. 439 f.

17 Vgl. IfZ München-Berlin, OMGUS Manpower Div. 7/44-3/16, S. 5; als Appendix G findet sich eine entsprechende Pressemitteilung.

18 Neben dem Gesetz gegen Preistreiberei war vor allem das Bewirtschaftungsnotgesetz von Bedeutung. Eine Übersicht über die in Frage kommenden Verordnungen und Gesetze bei Godin u. Gnam, Gesetz gegen Preistreiberei, S. 52–76.

19 Die Gesamtsumme an Geldstrafen für Verstöße gegen die verschiedenen Preisgesetze zwischen Juli 1948 und März 1949 belief sich auf 15 Millionen DM. Angesichts der hohen winkenden Profite trat jedoch kein Abschreckungseffekt ein. Vgl. die entsprechenden Übersichten der VfW, BA Z8/1882, Blatt 53–55, Statistik Blatt 55.

dem Sinne wirkte, dass es das Verhalten der Marktteilnehmer nachhaltig beeinflusst hätte.

Weit wichtiger als diese juristischen Konsequenzen sind hingegen die Folgen auf der diskursiven Ebene zu werten, denn das Gesetz wurde von den Kritikern als eine Art Offenbarungseid des Strategischen Dispositivs „freie Marktwirtschaft" bewertet. Die hier vorgenommene Einordnung des Preistreibereigesetzes als vornehmlich nichtdiskursives Elemente ist also zu korrigieren; seine Folgen auf der Diskursebene werden daher in der Diskursanalyse nochmals untersucht.[20]

Die Preisspiegel

Eine weitere Maßnahme, die im Spätsommer 1948 beschlossen wurde, sollte den Verhältnissen nach der Währungsreform und insbesondere den „sozialen Gefahren", die „in dieser Bewegung schlummern", abhelfen.[21] Diese Ende August erstmals angekündigten[22] „Preisspiegel" folgten einer anderen Interventionslogik als das Gesetz gegen Preistreiberei. Die Verwaltung für Wirtschaft gab ab dem 11. September 1948 periodisch Listen heraus, die den Verbrauchern Anhaltspunkte dafür bieten sollten, was „unter den gegenwärtigen Bedingungen bei vernünftiger Kalkulation wichtige Waren in etwa kosten müssten"[23]. Es ist nach zwölf Jahren Preisstopp nur verständlich, wenn diese Listen vielfach noch im Sinne der festgesetzten Preise fehlgedeutet wurden.[24] Die Preisspiegel hatten jedoch eigentlich das Ziel, durch ihre Orientierungsgrößen die Konsumierenden darin zu bestärken, zu hohe Preise nicht zu akzeptieren. Sie sollten ein „höheres Maß von Disziplin erwecken"[25] und so helfen, Preisausschläge nach oben zu verhindern. Insofern stellten die Preisspiegel eine ideelle und logistische Unterstützung der Verbraucher auf dem Weg zu bewussten Marktteilnehmern dar. Anders als das Preistreibereigesetz könnten sie daher als prinzipientreue Maßnahme nicht nur im Sinne einer „sozialen", sondern auch einer „freien Marktwirtschaft" betrachtet werden.

Allerdings bestanden zwei gravierende Probleme. Zum Ersten war der Bedarf an allen möglichen Gütern des täglichen Bedarfes derart hoch und die überhöhten Preise so flächendeckend, dass diese von den Konsumierenden nicht zu umgehen waren. Zum Zweiten mussten die ständig zu aktualisierenden Listen der Bevölkerung auch zugänglich gemacht

20 Vgl. vor allem S. 270–276.

21 Erhard im Wirtschaftsrat am 10. November 1948, in: Christoph Weisz u. Hans Woller (Hg.) (1977): Wörtliche Berichte und Drucksachen des Wirtschaftsrates des Vereinigten Wirtschaftsgebietes 1947–1949. Band 3, 23.–40. Vollversammlung, München, S. 1114–1120, hier 1116: „Wenn ich sagte, die Verwaltung für Wirtschaft und ich im besonderen sind uns sehr wohl bewußt, welche sozialen Gefahren in dieser Bewegung schlummern, so haben wir doch sehr bald eingegriffen." Es bleibt unklar, was Erhard mit „dieser Bewegung" genau meinte. Einige Absätze zuvor sprach er von „Auseinanderklaffen von Löhnen und Preisen" aber unmittelbar vor diesem Satz schimpft er auf die geäußerte Unzufriedenheit mit der Preisentwicklung, weshalb sich die Bewegung sowohl auf die Preisentwicklung als auch auf die Protestbewegung beziehen könnte, vgl. ebd., S. 1116.

22 Vgl. Erhard am 28. August 1948 beim Parteitag der CDU (BBZ), Erhard, Streit der Meinungen, S. 80f (hier noch als „Preistafel" bezeichnet).

23 Willenborg, Markt oder Plan, S. 244; vgl. auch Pünder, Interregnum, S. 309.

24 Aus gegebenem Anlass wies z.B. ein Artikel in der Stuttgarter Zeitung Mitte August darauf hin, dass Preisspiegel – in diesem Fall von privater Seite erstellt – keinesfalls amtlichen Preisfestsetzungen sind, vgl. „Bitte kaufen, meine Preise sind gesenkt", Stuttgarter Zeitung, 16. August 1948.

25 Erhard im Wirtschaftsrat am 10. November 1948, in: Weisz u. Woller, Wörtliche Berichte, Band 3, S. 1114–1120, hier 1116.

werden, idealerweise dort, wo sie gebraucht wurden, nämlich beim Einkauf. Doch der dazu erlassenen Verpflichtung, den jeweiligen Preisspiegel in ihren Geschäften auszuhängen, kamen die Handel- und Gewerbetreibenden kaum nach – und wenn, dann oftmals auf eine Weise, „dass er kaum lesbar ist".[26] Hinzu kamen wohl auch handwerkliche Fehler bzw. mangelnde Sorgfalt auf Seiten der VfW (z.B. bei der Festlegung der Preise), so dass es aus dem bayrischen Staatsministerium für Wirtschaft im Januar 1949 bilanzierend hieß, dass die Preisspiegel „in der Wirtschaft weitgehend unbeachtet" blieben.[27]

Ein weiteres Mal zeigte sich die Schwierigkeit, den Wettbewerb pauschal gutzuheißen, aber nicht in Rechnung zu stellen, dass die Umgehung von Konkurrenz, Gesetzen und Moral im gleichen Maße zur Marktlogik gehört wie die „ehrliche" Konkurrenz auf einem vermeintlich neutralen Markt.

Der Preisrat

Den wenigsten Erfolg darin, den hohen Preisen Einhalt zu gebieten, hatte wohl der kurz vor dem Generalstreik geschaffene „Preisrat". In seiner 35. Sitzung (am 10. November) beschloss der Verwaltungsrat, dass dieser Rat aus den Stellvertretern der fünf Direktoren, zuzüglich des stellvertretenden Oberdirektors, bestehen sollte. Die Stimme des letzteren sei bei Stimmengleichheit entscheidend. Allerdings beschränkten sich die Rechte des Preisrates darauf, sich gründlich zu informieren und dann den zuständigen Direktoren Vorschläge zur Preispolitik zu machen – über welche die Direktoren aber dann weiterhin selbstständig entscheiden konnten.[28] Es war allgemein bekannt, dass es vor allem bei den Entscheidungen des Wirtschaftsdirektors Erhard kaum mangelnde Information, sondern vielmehr politische Überzeugung war, die seine Preispolitik bestimmte und er sich wohl kaum von einfachen Vorschlägen von seinem Kurs abbringen lassen würde. Der Preisrat war dermaßen auf Bedeutungslosigkeit hin konstruiert, dass der Forschungsmeinung zuzustimmen ist, der ganze Aufwand sei nur unternommen worden, um „die Opposition innerhalb des Verwaltungsrates und der Gewerkschaften [zu] beruhigen"[29]. So sollte deren Forderungen nach einem wesentlich einflussreicheren „Preisamt"[30] oder nach „einem Preisbeauftragten mit besonderen Vollmachten"[31] der Wind aus den Segeln genommen werden. Dies wurde auch von den ZeitgenossInnen öffentlich vermutet und passte zur Verkündung des Preisrates direkt im Anschluss an den Generalstreik.[32]

26 „Wochenbericht Nr. 20 der VfW des VWG (I B 7- Preismeldestelle, Az: A 4 d -Tgb Nr.199/48), 11. Dezember 1948 für die Zeit vom 6–11. Dezember 1948", BA Z13/1045.

27 Preisbildungsstelle München im bayrischen Staatsministerium für Wirtschaft: Monatsbericht für Dezember 1948, zugleich Rückblick auf das Jahr 1948, BA Z8/222, Blatt 84–87, hier 87; auch Irmgard Zündorf kommt zu dem Schluss, dass die Preisspiegel aufgrund zahlreicher struktureller Probleme außerhalb ihrer Reichweite „eine Orientierungsgröße ohne jegliche Durchsetzungskraft" blieben, Zündorf, Preis, S. 75.

28 Vgl. Schreiben Pünders an den Gewerkschaftsrat vom 11. November 1948, BA Z13/1177 und die Direktorialsitzungsprotokolle (Nr. 35 vom 10. November und Nr. 37 vom 16. November 1948) im Bestand BA Z13/1286.

29 Zündorf, Preis, S. 81.

30 Ein Preisamt wurde 1949 von der Opposition gefordert, war aber im November 1948 schon als Vorschlag aufgetaucht, vor allem auf Betreiben von Schlange-Schöningen, vgl. ebd., S. 79–81 oder das Ergebnisprotokoll der 35. Direktorialsitzung am 10. November, BA Z13/1286.

31 Forderung 2a) des gewerkschaftlichen Forderungskatalogs zum Generalstreik.

32 Vgl. Hamburger Abendblatt, 13. November 1948: „Preisrat gegen Wucher und Hortung errichtet".

Von den Preismaßnahmen zu den Produktionsprogrammen

Fassen wir die Entwicklungen und Folgen der hier beschriebenen gesetzlichen und verwaltungstechnischen Maßnahmen zusammen, die direkt auf die Preishöhe Einfluss nehmen sollten, ergibt sich ein zentraler Befund: Die Wirkung der von den ZeitgenossInnen breit diskutierten Preismaßnahmen spielte sich in der Hauptsache auf einer symbolischen Ebene ab und beeinflusste die Preishöhe nicht wesentlich. Das bedeutet aber keinesfalls, dass diese Preismaßnahmen für die politische Entwicklung zu vernachlässigen wären. Denn das symbolische Zugeständnis, dass es nötig sei, die Preise politisch zu beeinflussen, hatte durchaus Gewicht. Dies wird insbesondere an der Diskussion rund um das Preistreibereigesetz deutlich, welche direkt nach dem ersten Höhepunkt der Proteste und direkt vor der Verhandlung des ersten Misstrauensantrags gegen Erhard im Wirtschaftsrat stattfand. Diese Debatte hatte erhebliche Folgen auf der Diskursebene und wird daher während der Diskursanalyse aufgegriffen. Die ersten Versuche, die Wogen zu glätten (das Gesetz gegen Preistreiberei und die Preisspiegel) waren schlecht konzipiert, strukturell ungeeignet und verfehlten diesen Zweck. Zudem spielten sie argumentativ den Gegnern der „freien Marktwirtschaft" in die Hände.

Die beschränkte Reichweite der Preismaßnahmen war auch Ludwig Erhard klar. Er stellte zum Misserfolg der Preisspiegel fest: „Ich will die Wirkung gar nicht übertreiben. Wir haben von vorneherein gesagt: wir müssen den Rahmen dieses Preisspiegels ausbauen, wir müssen ihn ausfüllen mit realem Inhalt"[33].

Dieser „reale Inhalt" durfte jedoch nicht darin bestehen, wieder „Preis- und Bewirtschaftungsvorschriften" einzuführen, denn dann, so hatte Leonhard Miksch am 19. Juli 1948 gewarnt, wäre die Umstellung auf die Marktwirtschaft „praktisch missglückt"[34]. Die Zwangslage zwischen Strategischem Dispositiv und dem erheblichen Widerstand führte zu einer neuartigen Wirtschaftspolitik, nämlich einer sozial orientierten Lenkung der weiterhin privat organisierten Produktion – und zwar durch staatliche Akteure. Damit war die Einschränkung zahlreicher wirtschaftlicher Freiheiten verbunden. In der spezifischen Situation schlug sich das in einem in der VfW entworfenen Produktionsprogramm mit strikten Vorgaben für den Herstellungs- und Vertriebsprozess nieder. Anschließend an seine Erkenntnis, der erfolglose Versuch der Preisbeeinflussung durch Preisspiegel müsse offensichtlich mit „realen Inhalt" ausgefüllt werden, fuhr Erhard fort: „und so entstand das ‚Jedermann-Programm'."[35] Und tatsächlich waren das Jedermann-Programm und ähnliche Lenkungsmaßnahmen ungleich erfolgreicher in der Beeinflussung der wirtschaftlichen Entwicklung und der Höhe der Preise.

33 Erhard im Wirtschaftsrat am 10. November 1948, in: Weisz u. Woller, Wörtliche Berichte, Band 3, S. 11146–1120, hier 1116.

34 BA Z8/221 Blatt 288–290: „Grundsätzliche Fragen der neuen Wirtschaftspolitik", 19. Juli 1948, Verfasser Miksch (für Erhard).

35 Erhard im Wirtschaftsrat am 10. November 1948, in: ebd., S. 1114–1120, hier 1116.

8.1.2 Produktionsprogramme und Warenlenkung

Die Produktionsprogramme, die der Marktwirtschaft in einer heißen Phase das Überleben erleichterten, stellen eine heute schwer vorstellbare Form der wirtschaftspolitischen Intervention dar. Sie markieren aber den Beginn neuartigen staatlichen Handelns zur Beeinflussung der Wirtschaft. Dass diese Programme mit Ausnahme des aus anderen Gründen bis heute viel beschriebenen ERP weitestgehend unbekannt sind, bedeutet keinesfalls, dass sie in der konkreten historischen Situation nicht von hoher Bedeutung gewesen wären. Ihnen war bei aller Unterschiedlichkeit gemeinsam, dort zu intervenieren, wo die Marktlogik versagte. Ohne direkt zu Preisvorschriften und Bewirtschaftung zurückzukehren, hoben sie de facto die Wirtschaftspolitik des 20. Juni 1948 auf, die sich auf ein „Auspendeln" durch die Mechanismen des Marktes verlassen hatte. Sie waren in ihrer Wirkung das direkte Gegenstück zu den Preismaßnahmen, weil sie wenig Folgen im Diskurs hatten, aber Warenangebot und Preisniveau massiv beeinflussten.

Die ERP-Güter und das GARIOA-Programm

Wenn über die behördlichen Interventionen in die Wirtschaftspolitik während der Krise der „freien Marktwirtschaft" gesprochen wird, müssen in diesem Zusammenhang auch das ERP und die GARIOA-Mittel nochmals Erwähnung finden.[36] Insbesondere die Marshallplan-Gelder wurden genau in der Phase wirksam, in der die deutsche Politik zur Legitimation ihres Kurses auf wirtschaftliche Besserung angewiesen war. Es ist bemerkenswert, dass gerade die Textilwirtschaft, die seit der umstrittenen Preisfreigabe durch Erhard im Zuge der Währungsreform ein zentrales Feld der Auseinandersetzungen war, extrem von den Einfuhren durch den Marshallplan profitierte.[37] Allerdings war dieses Programm mit dem Ziel der wirtschaftlichen Erholung in Europa in hohem Maße von internationalen Entwicklungen und den Entscheidungen der US-amerikanischen Europa-Politik abhängig. Ein kausaler Zusammenhang mit der politischen Entwicklung in der Bizone dürfte daher nur eine untergeordnete Rolle gespielt haben, wenn auch die Problemstellungen in Deutschland denen in vielen anderen Teilen Europas zur gleichen Zeit ähnelten.

Das StEG-Programm

Das sogenannte StEG-Programm war das erste von zwei Programmen, in dem staatliche Akteure 1948 explizit über die Verteilung von Rohstoffen, Auflagen zu Qualität, Preis und/ oder Verkaufszeitpunkt entschieden. Die „Staatliche Erfassungsgesellschaft für öffentliches Gut mbH" (StEG) wurde auf Weisung der OMGUS am 29. August 1946 gegründet,

36 Vgl. S. 61 f. Das erste „Marshall-Plan-Jahr" begann offiziell am 2. Juli 1948, also zwei Wochen nach der Währungsreform und im ersten Jahr 1948/49 belief sich die Unterstützung auf etwa 613 Millionen Dollar. Das GARIOA-Programm war bereits Anfang Juli 1946 wirksam geworden und sorgte bis zum 31. März 1950 für Einfuhren im Wert von 1.620 Millionen Dollar, Zahlen nach Pünder, Interregnum, S. 246. Zur Einordnung der wirtschaftlichen Bedeutung von GARIOA und ERP vgl. Müller, Grundlegung, S. 219–222.

37 Vgl. Knut Borchardt u. Christoph Buchheim (1987): Die Wirkung der Marshallplan-Hilfe in Schlüsselbranchen der deutschen Wirtschaft, in: Vierteljahrshefte für Zeitgeschichte, H. 3 (1987), S. 317–348, insbesondere die Tabellen auf den Seiten 323 und 329.

wobei sie bis zum 14. Juli 1947 unter dem Namen „Gesellschaft zur Erfassung von Rüstungsgut mbH" (GER) firmierte und zunächst vor allem mit Munitionsbeseitigung beauftragt war. Gesellschafter waren die deutschen Länder der Amerikanischen Zone;[38] ihr Sitz befand sich in München.[39]

Die Aufgabe der StEG wandelte sich im Laufe der Zeit und wurde in Form von Programmen in verschiedene Bereiche aufgeteilt. Allen war gemeinsam, ehemalige Rüstungsgüter für den zivilen Bedarf nutzbar zu machen, sei es durch Reparatur, durch Zerlegung von Maschinen und Fahrzeugen oder durch Umarbeitung von Textilien oder Entschärfung von Munition.[40] Hinter dem „öffentlichen Gut" verbargen sich also Rüstungsgüter aller Art. Durch eine Art Recycling wurde der in ihnen geronnene gesellschaftliche Reichtum, der für die Kriegsführung absorbiert worden war, bruchstückhaft wieder einer sinnvollen Verwendung zugeführt.

Die Umbenennung am 14. Juli 1947 in StEG war zugleich ein Ausdruck von und Schritt zur Ausweitung der Tätigkeitsfelder.[41] Bis zu diesem Zeitpunkt wurden bereits folgende Aufgabenbereiche unterschieden:

1. Die Entmilitarisierung von Wehrmachtsgütern, die von den US-Truppen erobert worden waren und nun der bizonalen Wirtschaft zur Verwertung übergeben wurden – das „Captured Enemy Material" (CEM)-Programm („Beutegut-Programm").[42]
2. Die Entmilitarisierung der nicht weiter zu verwendenden Munitionsbestände deutscher und alliierter Herkunft einschließlich Blindgängern. Das geschah im Regelfall durch Entschärfen und Zerlegen deutscher und US-amerikanischer Munition („Munitionsprogramm").[43] Auch diese bis auf 250.000 t geschätzten Rohstoffe wurden wiederverwertet.[44]
3. Das „Aluminium-Programm", welches vor allem Aluminium aus schrottreifen Flugzeugen und zerlegten Motoren verwertete. Das gewonnene Metall ging zur Hälfte an die OMGUS. Ein ähnliches Programm existierte für Stahlschrott.[45]
4. Die Zerlegung verschiedener nicht mehr zu benutzender Militärgüter aus hochwertigen Materialien, insbesondere „Nachrichtengeräte" und etwa 18.000 Motoren.[46]
5. Die StEG war außerdem zuständig für Erfassung von Erlösen aus ähnlich gelagerten Verkäufen vor Gründung der GER.[47]

38 Vgl. StEG Württemberg-Baden, Sandhofen, Blatt 33 und Gioia-Olivia Karnagel (1999): Staatliche Erfassungsgesellschaft für öffentliches Gut mbH (StEG), in: Wolfgang Benz (Hg.): Deutschland unter alliierter Besatzung 1945–1949/55, Berlin, S. 370 f.
39 StEG Württemberg-Baden, Sandhofen, Blatt 1.
40 Vgl. ebd. und Karnagel, Staatliche Erfassungsgesellschaft.
41 StEG Württemberg-Baden, Sandhofen, Blatt 33.
42 Ebd., Blatt 33.
43 Ebd., Blatt 33 und „Übersicht über die Arbeitsprogramme der StEG", August 1948, BA Z13/1179, Blatt 2 f.
44 Vgl. Karnagel, Staatliche Erfassungsgesellschaft, S. 370.
45 Vgl. StEG Württemberg-Baden, Sandhofen, Blatt 33f und „Übersicht über die Arbeitsprogramme der StEG", August 1948, BA Z13/1179, Blatt 3.
46 Vgl. StEG Württemberg-Baden, Sandhofen, Blatt 34 und „Übersicht über die Arbeitsprogramme der StEG", August 1948, BA Z13/1179, Blatt 3.
47 Vgl. StEG Württemberg-Baden, Sandhofen, Blatt 33.

Eine StEG-interne Zwischenbilanz prognostizierte für den 30. Juni 1949 immerhin einen Einnahmenüberschuss von ca. sieben Millionen DM aus diesen „alten Programmen".[48]

Zum Jahreswechsel 1947/48 kamen zwei neue Programme hinzu, und zwar die Einfuhr überschüssiger US-amerikanischer Heeresgüter aus den USA im sogenannten „Surplus Encentive Material" („SIM-Programm", übersetzt mit „Material für Anreizprogramm") und der vom Umfang her bedeutsamste Posten, das „Bulk-Deal-Programm". Dahinter verbarg sich die Übernahme von US-amerikanischen Depots auf deutschem Territorium durch einen Gesamtkaufvertrag zwischen Wirtschaftsrat und US-amerikanischer Regierung am 23. Januar 1948.[49] In Württemberg-Baden hatte diese Übergabe geschlossener Depots im Rahmen des Bulk-Deals mit über 130 Millionen DM etwa den fünffachen Wert von CEM- und SIM-Programm zusammen.[50] Die Bevölkerung profitierte allerdings erst einige Wochen nach der Währungsreform von diesen Ressourcen. Diese Verzögerung der Bearbeitung war bereits bei Abschluss des Bulk-Deals vereinbart worden.[51]

Innerhalb der StEG existierte ein System von Außenstellen; in Württemberg-Baden befanden sich die wichtigsten in Stuttgart, Göppingen, Karlsruhe und Mannheim (insgesamt existierten etwa 30 Stück mit über 400.000 Tonnen Waren).[52] Die Arbeitsweise und Bedeutung lässt sich exemplarisch an der Außenstelle Sandhofen, einem Außenbezirk Mannheims, verdeutlichen.[53] Es handelte sich um eine gesonderte Außenstelle, die mit über 40.000 Tonnen Warenbestand „in dieser Richtung alles Andere in den Schatten" stellte.[54] Die zentrale Bedeutung dieses Lagers hängt vermutlich mit der Indienstnahme des ehemaligen Fliegerhorstes Sandhofen (später „Coleman Army Airfield") durch die US-Streitkräfte zusammen. Durch seine exzellente Verkehrsanbindung diente er als zentraler Umschlagsplatz für ganz Deutschland.[55]

Obwohl der Bulk-Deal Ende schon Januar 1948 abgeschlossen worden war, wurden auch in Sandhofen die Bestände erst am 2. August durch die StEG übernommen. Erst dann begann die Umarbeitung des vorhandenen Materials – davon 10.000 Tonnen Textilien und 15.000 Tonnen Zeltplanen[56] – für die zivile Nutzung.[57] Erfassung, Sortierung, Etikettierung und Entmilitarisierung (Entfernen von Abzeichen, Färben) nahmen einige Zeit in Anspruch, aber ab September (und bis bis Januar 1949) konnten monatlich 1.000 – 1.500 Tonnen aus Sandhofen verschickt werden, das entsprach monatlich etwa 150 Eisenbahnwaggons.[58] Bis Januar konnten so aus Sandhofen 6.000 Tonnen „hochwer-

48 Vgl. „Übersicht über die Arbeitsprogramme der StEG", August 1948, BA Z13/1179, Blatt 3.

49 StEG Württemberg-Baden, Sandhofen, Blatt 34 f.

50 Schätzwerte für Württemberg-Baden bis Ende 1948 (in Mill. DM): CEM: 16; SIM: 10; BULK-DEAL: 130-140,vgl. ebd., Blatt 44.

51 Demnach war das Zeitfenster für die Übernahmen der Lager vom 1. Mai bis zum 30. September 1948, vgl. „Übersicht über die Arbeitsprogramme der StEG", August 1948, BA Z13/1179, Blatt 2.

52 Ebd., Blatt 2. Magnus, Kriegsmaterial für den Frieden, S. 163 listet allein 26 „Bulk-Deal-Läger" auf und gibt detaillierte Informationen zu Lagerbeständen und Übergabedatum.

53 Vgl. „1948. Rückblick und Rechenschaft. Ein Auszug aus dem Geschäftsbericht der StEG-Zweigstelle Württemberg-Baden für das Jahr 1948. Der Presse überreicht beim 2. Presse-Empfang in Stuttgart am 3. Februar 1949", in: StEG Württemberg-Baden, Sandhofen, Blatt 31–59.

54 Vgl. ebd., Blatt 35 f., Zitat Blatt 36.

55 Der Flugplatz wurde in „Y79" getauft und 1951 in „Coleman Barracks" bzw. „Coleman Army Airfield" umbenannt.

56 StEG Württemberg-Baden, Sandhofen, Blatt 50.

57 Ebd., Blatt 2.

58 Ebd., Blatt 3 f.

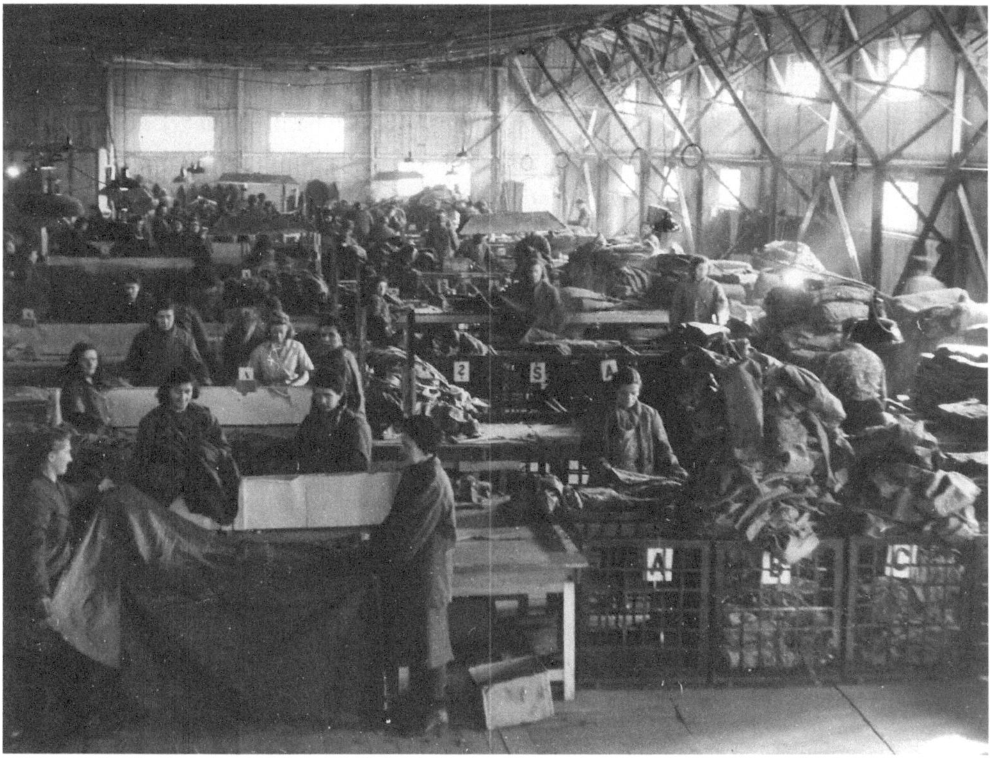

Abb. 25: Sortierarbeiten im StEG-Lager Mannheim-Sandhofen.

tige Konsumgüter" an die (ABZ-)Länder versandt werden (davon 90 Prozent Textilien), hinzu kamen 490 t, die in die Britische Zone (Nordrhein-Westfalen, Niedersachsen und Hamburg) gingen.[59]

Die Übernahme der anderen Großlager Württemberg-Badens fand im selben engen Zeitfenster Anfang August statt.[60] Auch dort wurde sofort mit Hochdruck daran gearbeitet, dass die eingelagerten Güter ihren Weg zur Bevölkerung fanden: Die Zahl der damit beschäftigten Arbeiter verdoppelte sich zwischen Mai und August von 612 auf 1.312 und von August bis Dezember noch einmal auf schließlich 2.620,[61] etwa ein Drittel davon arbeitete in Sandhofen.[62] Diese Zahlen aus dem Südwesten decken sich mit der Entwicklung der gesamten StEG-Beschäftigten.[63]

Die umfangreichen Warenströme aus den Militärbeständen (die VfW teilte im November mit, monatlich würden 3.200 Tonnen – davon zwei Drittel Textilien und Schuhe – in den Handel gebracht[64]) hätten also durch diese tatsächliche Vergrößerung des Warenangebotes dabei helfen können, den Preisdruck zu lindern und die Versorgung zu verbessern.

59 Ebd., Blatt 5 f.
60 Ebd., Blatt 39.
61 Ebd., Blatt 40.
62 Ebd., Blatt 8.
63 Magnus, Kriegsmaterial für den Frieden, S. 257.
64 Edmund Kaufmann (1948): Wirtschaft und Währung. Eine wirtschaftspolitische Studie zur Preisentwicklung, in: Wirtschaftsverwaltung, H. 12 (1948), S. 2–7, S. 6.

Es kam allerdings anders: Die Preise für StEG-Waren am Endverbrauchermarkt schlossen sich nämlich dem allgemeinen Preisauftrieb an, anstatt die Preishöhe nach unten zu beeinflussen. Die Gründe dafür und die politische Bearbeitung der Abgabe- und Preispolitik der StEG erlauben wiederum einige Rückschlüsse auf die Dynamiken der politischen Entwicklungen im bewegten Herbst 1948.

Die StEG war im Wesentlichen an Weisungen aus dem Wirtschaftsdirektorium (Erhard, Miksch, Edmund Kaufmann und andere) gebunden. Vor dem 20. Juni mussten die Firmen, Großhändler oder die bevorzugt behandelten öffentlichen Betriebe (vor allem Bahn, Post, Bergbau und Krankenhäuser) einen Antrag bei den Landeswirtschaftsämtern stellen und bekamen dann Güter zugewiesen. Die Auslieferung von Gütern fand also vor der Währungsreform „nur auf Grund von Bezugsrechten der Staatlichen Lenkungsbehörden"[65] statt und diese entschieden über die (Nicht-)Verteilung der gelagerten Waren.

Mit der Währungsreform änderte sich gleichzeitig die Arbeitsweise der StEG beträchtlich. Die Waren der StEG wurden wie bei allen anderen Verkäufen in der Bizone in zwei Gruppen eingeteilt, nämlich bewirtschaftete und unbewirtschaftete Güter.[66] Für die bewirtschafteten Güter galten die üblichen Vorschriften des Gesetzgebers; die anderen waren „frei"[67], wobei Ludwig Erhard vorgegeben hatte, „die Ware zu den besten Marktpreisen, die sich bei verantwortungsbewußter Preisbildung ergeben, abzusetzen"[68]. Die nun veränderten Aufgaben der StEG schlugen sich auch auf die Vertriebskanäle nieder. Nach der Währungsreform wurde die StEG selbstständig als Großverkäuferin tätig und brachte ihre Güter per Versteigerungen, Ausschreibungen und Auktionen an die Käufer. Auch spezielle Verkaufsstätten wurden eingerichtet, überwiegend an den Lagern, aber auch in Form mobiler „Verkaufslastzüge". Die Käufer waren zumeist Groß- und Zwischenhändler; die StEG dehnte ihre Tätigkeit nach der Währungsreform außerdem in die Britische und Französische Zone aus.[69] Die Positionierung der StEG-Waren im Strategischen Dispositiv ist hier klar zu erkennen: Verkauf an Höchstbietende, freie Preise, unbegrenzter Zwischenhandel, keine Bevorzugung öffentlicher Einrichtungen oder andere Formen der Warenlenkung.

Bald stellte sich jedoch heraus, dass die beiden von Erhard eingeforderten Kriterien („verantwortungsbewusst" und „beste Marktpreise") schwer miteinander vereinbar und StEG-Waren nur zu sehr hohen Preisen auf dem Endverbrauchermarkt zu bekommen waren. Das Problem dürfte allerdings zu großen Teilen darauf zurückzuführen sein, dass die Groß- und Zwischenhändler, die bei der StEG einkauften, die günstigen Preise keineswegs an den Endverbraucher weitergaben, sondern mit „hoher Gewinnspanne" weiterverkauften.[70]

Die Gewerkschaften fühlten sich nun zuständig und setzten in einer gemeinsamen Sitzung des Verwaltungsrates mit dem Gewerkschaftsrat der Vereinigten Zonen am 30. Juli die Preishöhe der StEG-Güter auf die Tagesordnung. „Nach der Währungsreform", so begründete Fritz Tarnow seine Forderung nach niedrigeren Preisen für StEG-Textilien, seien jene „so stark gestiegen, dass der Arbeiter nicht mehr in der Lage ist, dieselben zu kaufen."

65 StEG Württemberg-Baden, Sandhofen, Blatt 46.
66 Ebd., Blatt 46.
67 Ebd., Blatt 48.
68 „Übersicht über die Arbeitsprogramme der StEG", August 1948, BA Z13/1179, Blatt 1.
69 Karnagel, Staatliche Erfassungsgesellschaft, S. 371 und StEG Württemberg-Baden, Sandhofen, Blatt 46 f.
70 Karnagel, Staatliche Erfassungsgesellschaft, S. 371.

Erhard sprach von drohenden Schleuderpreisen und versuchte, sich für nicht zuständig zu erklären. Die Versammlung beschloss, die Gewerkschaften zum zuständigen Ausschuss, der wenige Tage später tagen sollte, einzuladen.[71]

Schließlich aber sorgte Ludwigs Erhard Direktorium mit Preisvorschriften für die besonders dringend benötigten Schuhe und Textilien doch für eine (bürokratische) Lösung des Problems. Mit Anordnung vom 6. September wurden Höchstpreise für diese Waren aus StEG-Beständen und Nachlässe für den Zwischenhandel (also Gewinnspannen) festgelegt.[72] Die in der Anordnung erwähnten „Letztverbraucherhöchstpreise" sollten mindestens zehn Prozent unter dem Wert für „gleichartige deutsche Neuwaren" liegen,[73] wobei als Orientierung vermutlich die Preisspiegel dienten. Schon am 6. September war das Element StEG-Waren readjustiert worden; es wurde – *avant la lettre* – zum Teil der „sozialen Marktwirtschaft".

Zwei Monate nach Erlass dieser Verordnung konnte Edmund Kaufmann, stellvertretender Direktor für Wirtschaft, in der November-Ausgabe der „Wirtschaftsverwaltung" die Erfolgsmeldung verkünden, dass die StEG-Waren nach „dem Urteil aller Sachverständigen so billig" seien, dass sie „sehr wohl in der Lage seien, preisregulierend zu wirken."[74] Auch in der Presse wurde entsprechend berichtet – in einem Leitartikel („Täglich 50 Waggons billige Textilien") prognostizierte die „Niederdeutsche Zeitung" nicht nur eine „fühlbare Entspannung auf dem Textilmarkt", sondern wies auch auf „Preise niedriger als Jedermann-Ware" hin.[75]

Die mit der Währungsreform in Angriff genommene Verwertung der Waren führte dazu, dass die Verkaufszahlen zwischen Währungsreform und Ende 1948 beständig stiegen und die Nachfrage erst Mitte des Jahres 1949 rapide sank. Zum Jahreswechsel 1952/53 wurde die Auflösung der StEG beschlossen und diese nach und nach abgewickelt.[76] Beachtet man die Schwerpunkte der verschiedenen Programme, lässt sich feststellen, dass fast die gesamten Bestände der StEG, die für den Endverbraucher interessant waren, in den kritischen Monaten nach der Währungsreform zur Verbesserung der Versorgung eingesetzt worden sind. Genau in dem Moment, als das Strategische Dispositiv „freie Marktwirtschaft" auf der diskursiven Ebene ab Mitte August erheblich unter Druck geriet, wurde die Funktion der StEG-Waren mit der Anordnung zur Preisbindung geändert. Anstelle der Hoffnung, durch eine planlose Flutung des Marktes die Situation zu verbessern, trat mit der Anordnung vom 6. September die regulierte Abgabe mit sozialen Auflagen.

71 „Gemeinsame Sitzung des Verwaltungsrates mit dem Gewerkschaftsrat der Vereinigten Zonen, FfM 30. Juli 1948", BA Z13/1179.

72 Vgl. die „Anordnung PR Nr. 95/48 über Preisbildung und Schuhe der Staatlichen Erfassungsgesellschaft für öffentliches Gut m.b.H (STEG)", erlassen durch Verwaltung für Wirtschaft und veröffentlicht am 6. September 1948 im Mitteilungsblatt der Verwaltung für Wirtschaft (Nr. 17), S. 156. Beinhaltet war eine Festsetzung von Höchstpreisen für Schuhe und Textilien; für den Handel galten dabei Nachlässe von 28 % (Großhandel) bzw. 20 % (Einzelhandel) auf den vorgeschriebenen „Letztverbraucherhöchstpreis". Richtlinien für den Höchstpreis waren in der Anordnung nicht erwähnt.

73 Karnagel, Staatliche Erfassungsgesellschaft, S. 371.

74 Kaufmann, Wirtschaft und Währung, Zitat S. 6.

75 Niederdeutsche Zeitung, 2. November 1948, Leitartikel: „Preise niedriger als Jedermann-Ware. Lieferung aus USA-Heerlagern demnächst/ Drei Güteklassen". Demnach waren 50 Waggonladungen täglich geplant, „so daß sich in nächster Zeit eine fühlbare Entspannung auf dem Textilmarkt bemerkbar machen muß" (im Original gesperrt).

76 Vgl. Karnagel, Staatliche Erfassungsgesellschaft, S. 370 f.

Abb. 26: Herbst 1948: Beim Einzelhandel bilden sich Menschentrauben, als die „US-Waren der STEG" angeboten werden. Das Bild zeigt eine Aufnahme von der Stuttgarter Königsstraße.

Erst aufgrund dieser Beschränkung des „freien" Marktes steht in einem einschlägigen Lexikonartikel von 1999 zu Recht, dass die StEG die „soziale Not gelindert" habe. Ohne diese Lenkungsmaßnahmen hätte es bei der ebenfalls berechtigten Feststellung bleiben müssen, dass die StEG „zum Wiederaufbau der deutschen Wirtschaft beigetragen" und „fast eine Millionen Tonnen Waren in die deutsche Wirtschaft geleitet" hat.[77]

Das Jedermann-Programm

Das Jedermann-Programm entstand im Gegensatz zur StEG und zum ERP in Eigenverantwortung der westdeutschen Politik. Außerdem ist seine gesamte Konzeption und (Entstehungs-)Geschichte ausschließlich in den Auseinandersetzungen begründet, welche die Einführung der Marktwirtschaft im Juni 1948 mit sich brachte.

Erklärtes Ziel war es, für die im Programm enthaltenen Waren (zuerst Schuhe und Textilien) Preisdruck nach unten auszulösen. Zunächst wurde dazu auf psychologische Wirkung gesetzt; später ersetzte die Jedermann-Produktion weite Teile des „freien" Warenangebots. Dahinter stand die Idee, die als „vernünftig" deklarierten Preisspiegel-Preise trotz der gegenläufigen Marktdynamiken durchzusetzen[78] und so weiteren sozialen Verwerfungen vorzubeugen. Zusätzlich zu der Beeinflussung der Preishöhe wurde mit dem Jedermann-Programm institutionell erheblicher Einfluss darauf genommen, was produziert wurde. Während sich unter den Umständen einer „freien Marktwirtschaft" schnell

77 Ebd., S. 371. Eine weitere Millionen Tonnen war aus verschiedenen Gründen nicht unmittelbar verwertbar.

78 Erhard im Wirtschaftsrat am 10. November 1948, in: Weisz u. Woller, Wörtliche Berichte, Band 3, S. 1114–1120, hier 1116: „Wir haben von vorneherein gesagt: wir müssen den Rahmen dieses Preisspiegels ausbauen, wir müssen ihn ausfüllen mit realem Inhalt und so entstand das ‚Jedermann-Programm'."

ein neues Segment für Luxusgüter etabliert hatte, sollte das Jedermann-Programm „die Industrie zur Produktion von Gebrauchsgütern anstelle von Luxuswaren [...] motivieren“[79].

Mittel der Wahl, um diese Ziele zu erreichen, war nun auch für die VfW unter Erhard eine „staatlich gelenkte Serienproduktion von Gütern des täglichen Bedarfs“[80]. Als Bezugspunkt in der Debatte und der Planung dienten die sogenannten Utility Goods, die „standardisierten und preiswerten Bedarfsgüter aus rohstoffsparender Produktion“, die in England seit 1941 produziert wurden.[81] In Westdeutschland sollte das Programm zusätzlich dazu dienen, Löhne und Preise wieder in „ein normales Verhältnis“[82] zu bringen und so den drohenden Forderungen nach Lohnerhöhung entgegenzuwirken.

Grundsätzlich wurde ein solcher Plan bereits von Erhard in seiner Rede am 28. August 1948 vor dem 2. Parteikongress der CDU (BBZ) mit folgenden Worten angekündigt: „[Ich möchte] Ihnen hier erstmalig das Programm bekanntgeben, das meine Verwaltung auf Grund sorgfältiger Überlegungen und Beratungen entwickelt hat.“ Erhards weiteren Ausführungen bei dieser Gelegenheit ist zu entnehmen, dass das Programm noch nicht angelaufen und auch der Produktionsbeginn unklar war. Auch einen Namen hatte das Vorhaben zu diesem Zeitpunkt noch nicht.[83] Insofern waren die 700.000 Paar Schuhe, die angeblich bereits im August für das Jedermann-Programm „zu besonders scharf kalkulierten Preisen“[84] hergestellt worden sein sollen, vielleicht unter besonderen Bedingungen produziert worden, aber nicht im Rahmen dieses Programms.

Eine offizielle Bekanntmachung unter dem Namen „Jedermann-Programm“ fand im Oktober statt.[85] Neben Erhards Formulierung, ‚seine‘ Verwaltung habe das Programm entwickelt, ist auch aus anderen Gründen der Gedanke naheliegend, dass das Konzept von Leonhard Miksch ausgearbeitet worden ist.[86] Zum Beispiel nahm er die Bekanntmachung vor und erläuterte die erwünschte Wirkungsweise:

> *„Der Grundgedanke ist allerdings einfach. Der Staat weist die Rohstoffe oder einen Teil davon nicht mehr wahllos allen vorhandenen Firmen zu, sondern gibt sie denjenigen, die bereit sind, ein nach Art und Qualität genau umschriebenes, als Jedermannsware zu kennzeichnendes Erzeugnis am billigsten und schnellsten auf den Markt zu bringen.“*[87]

Im Jedermann-Programm hatten sich die ordnungspolitischen Ideen von Miksch durchgesetzt, die noch beim Streit um die Preisfreigabe für Schuhe (bzw. Lederwaren) und Textilien durch Erhard vor dem 20. Juni konsequent zurückgewiesen worden waren. Gleichzeitig

79 Gioia-Olivia Karnagel (1999): Jedermann-Programm, in: Wolfgang Benz (Hg.): Deutschland unter alliierter Besatzung 1945–1949/55, Berlin, S. 351–353, S. 352.
80 Zündorf, Preis, S. 70.
81 Vgl. Karnagel, Jedermann-Programm, S. 351, Zitat ebd.
82 Vgl. Deutsche Wochenschau GmbH (1948): Welt im Film 183, 26. November 1948, unter: www.filmothek.bundesarchiv.de, zuletzt 30. April 2015, min. 9.45.
83 Vgl. Erhard, Streit der Meinungen, S. 80 f., Zitat 80.
84 Vgl. Erhard, Wohlstand für Alle, S. 35.
85 Pünder, Interregnum, S. 309.
86 Eine Urheberschaft Mikschs wird auch von Ptak, Ordoliberalismus, S. 273 (Anmerkung 292) angenommen.
87 Leonhard Miksch: Für Jedermann. Bemerkungen zum Produktionsprogramm, in: Wirtschaftsverwaltung, 1. Jg., Heft 10, Oktober 1948, S. 13–16, hier 14.

war Miksch Mitglied im Wissenschaftlichen Beirat, dessen Minderheit sich bereits im April bezüglich der bevorstehenden „Umstellungsaufgaben" auf dem Weg zur Marktwirtschaft für eine Methode von „Marktsättigung oder Marktspaltung" ausgesprochen hatte. Was im April 1948 noch an der Befürwortung einer möglichst „freien" Marktwirtschaft gescheitert war, wurde nun realisiert. Das Element „Jedermann-Programm" zeigt insofern deutlich die Modifizierung des Dispositives an; es war eine frühe Objektivation der Ideen von Miksch, der seinerseits schon lange vor Erhard in seinen Texten mit dem Begriff „soziale Marktwirtschaft" experimentiert hatte.[88] Gleichzeitig ist es im Gegensatz zur Renaissance der Sozialversicherungen[89] ein völlig neues dispositives Element, welches ordoliberale Diskussionen (gedacht in einem weiten Spektrum von Nölting bis Röpke) aufgriff. Die ordoliberalen Ideen Mikschs konnten sich jedoch erst unter dem Druck der Straße gegen den Kurs von Erhard durchsetzen, der dieselben Maßnahmen zuvor noch abgelehnt hatte. Die Bezeichnung als „soziale Marktwirtschaft" erfolgte erst nach dem Kurswechsel in der Wirtschaftspolitik; in diesem Schritt ging also die Änderung des Signifikats der veränderten Signifizierung voraus.

Im Wirtschaftsrat war am 17./18. Juni 1948 nicht nur das Leitsätzegesetz, sondern auch eine „Verordnung zur Änderung der ersten Durchführungsverordnung zum Bewirtschaftungsnotgesetz" beschlossen worden, die jetzt eine solide gesetzliche Grundlage für das Jedermann-Programm bot. Darin hieß es, dass der Direktor für Wirtschaft nach dieser Änderung nun „auch hinsichtlich nicht bewirtschafteter Gegenstände" Auflagen, Gebote und Verbote verfügen konnte, an welche die Vergabe von Rohstoffen geknüpft werden kann.[90] Diese legislative Vorsichtsmaßnahme machte sich während des langsamen Scheiterns der „freien Marktwirtschaft" bezahlt, weil schnell und rechtlich abgesichert reagiert werden konnte. Eine Diskussion des Programms im Wirtschaftsrat musste daher nicht stattfinden.

Nach außen betonte Erhard jedoch die „freiwillige Grundlage" und den „freien Kontrakt"[91], die dem Programm zugrunde lägen. Durch die bevorzugte Versorgung mit Rohstoffen (auch aus ERP-Lieferungen) – und zwar für die gesamte Produktion der jeweiligen Firma, nicht nur die Jedermann-Kontingente[92] – war die Gestaltung jedoch darauf ausgelegt, dass sich die Unternehmen tatsächlich darum bemühten, ja bemühen mussten,

88 Vgl. dazu S. 144–147.

89 Vgl. den Abschnitt zum „Sozialversicherungsanpassungsgesetz" S. 252 f.

90 Vgl. „Verordnung zur Änderung der ersten Durchführungsverordnung zum Bewirtschaftungsnotgesetz", WiGBl. (Ausgabe 12), 1. Juli 1948, S. 64. In Artikel 1, Punkt 1, Absatz (2) [= Änderung des § 2 der DVO des BNG] stand nun: „[Der Direktor] kann auch hinsichtlich nicht bewirtschafteter Gegenstände [...] Verfügungen im Sinne des § 4 des Gesetzes [BNG, = Auflagen etc. für die Produktion] erlassen". Im Fall von bewirtschafteten Waren war außerdem Artikel 1, Punkt 3, Absatz (2) relevant [= Änderung des § 5, Absatz(2) der DVO des BNG], durch welchen die Möglichkeit der Rohstoffkontingentierung für bewirtschaftete Waren durch den Einschub „und mit Auflagen zu versehen" ergänzt wurde. Beschlossen und diskutiert wurde die Änderung in der 18. VV des Wirtschaftsrats am 17. und 18. Juni und zwar im Block mit dem Leitsätzegesetz, vgl. Weisz u. Woller, Wörtliche Berichte, Band 2, S. 623–638 (erste Lesung) und 652–667 (zweite und dritte Lesung).

91 Erhard, Streit der Meinungen, S. 81.

92 Vgl. den entsprechenden Bericht des „Min.Rat Hoffmann-Bagienski" im „Auszug aus dem Protokoll No. 8 der Sitzung des Überwachungsausschusses des Wirtschaftsrats am 20. Oktober 1948 in FfM-Höchst", BA Z4/56, hier Blatt 348.

in dieses Programm aufgenommen zu werden.[93] Die Auswahl traf die VfW nach Ausschreibungen, wobei auch „Fachausschüsse“ aus Unternehmerverbänden Einfluss hatten.[94] Einige Entscheidungen, welche Firmen in das Programm aufgenommen wurden und welche nicht, führten zu Beschwerden bis hin zu Korruptionsvorwürfen.[95] Es kam auch vor, dass eine nicht ins Programm gelangte Firma versuchte, über höchste CDU-Verbindungen diese Entscheidung revidieren zu lassen.[96]

Doch die starke Beeinflussung der Wirtschaft erschöpfte sich nicht in den von Miksch formulierten Auflagen für die Produktion, sondern „auch die Verteilung der Waren von den Produzenten an den Handel erfolgte per Zuweisung durch die VfW.“[97] Im Verkauf angelangt, mussten die Jedermann-Waren zu von der VfW festgelegten Endverbraucherpreisen angeboten und verkauft werden.[98] Sonderbeauftragte sollte für den gesamten Prozess den korrekten Ablauf, „die Einhaltung der Qualitätsbestimmungen und den Absatz der Waren“[99], sicherstellen. Ein Jedermann-Emblem musste an den Produkten angebracht werden, wurde jedoch nicht als Stigma, sondern als Gütesiegel interpretiert. Daher konnte in einer Anzeige gelesen werden: „Schuhe mit dem runden Prägestempel. Billige Preise, aber keine schlechtere Qualität“.[100] Nur die Gestaltung und das Aussehen der Waren blieben „frei“.[101]

Abb. 27: Emblem des Jedermann-Programms (1949). Waren aus staatlich gelenkter Produktion mussten mit dem Logo aus den stilisierten Anfangsbuchstaben „J“ und „W“ gekennzeichnet werden.

93 Vgl. Karnagel, Jedermann-Programm, S. 352: „Sie erhielten die erforderlichen Rohstoffe bevorzugt aus Marshall-Plan-Lieferungen zugewiesen, was die Teilnahme an dem Programm aufgrund der damals herrschenden Rohstoffknappheit sehr attraktiv machte.“

94 Vgl. ebd., S. 352: „Firmen, die am Programm teilnehmen durften, wurden aufgrund von Ausschreibungen durch die VfW und sie beratende Fachausschüsse ausgewählt.“

95 Vgl. etwa ein Schreiben vom 24. November 1948 an die VfW (Edmund Kaufmann) (= Begleitschreiben für ein Schreiben der CDU Bochum betreffend die „Missstände bei der Zulassung von Bekleidungs-Firmen zum Jedermann-Programm“), BA N1278/138. In der Öffentlichkeit wurde vor allem der „Fall Müller/Wipperfürth“ bekannt, vgl. etwa die entsprechende Erörterung im Ausschuss für Wirtschaft des Länderrates (samt Erwähnung einer Vereinbarung vom 12. Januar 1949 zwischen VfW und Müller): „Protokoll der 11. Sitzung des Ausschusses für Wirtschaft des Länderrates am 15. Januar 1949 in Königsstein/Taunus“, BA Z4/571, Blatt 9 und folgende. Der Stellvertreter von Erhard (Kaufmann) schrieb am 29. November 1948 eine Beschwerde an die „Badische Zeitung“, weil sie in der Ausgabe 108 vom 20./21. November 1948 über Unregelmäßigkeiten beim Jedermann-Programm berichtet hatte, BA N1278/138. Auch Böckler äußerte sich ausführlich zum Fall Wipperfürth, vgl. Neue Zeitung, 11. November 1948, S. 5: „Gewerkschaftliche Mitbestimmung“.

96 Um die Firma eines befreundeten CDU-Parteigängers in das Jedermann-Programm zu befördern, wandte sich etwa ein Paul Juchem an den Oberbürgermeister von Wiesbaden (Hans Heinrich Redlhammer), der sich seinerseits an die Verwaltung für Wirtschaft wandte. Innerhalb der VfW wurde sich mit dem Hinweis auf die „Gefallen“, die Redlhammer kürzlich der VfW getan habe, für diesen Fall verwandt. Der Vorgang findet sich in BA Z13/993.

97 Karnagel, Jedermann-Programm, S. 352.

98 Ebd., S. 352.

99 Ebd., S. 352.

100 FR, 5. November 1948, S. 3.

101 Karnagel, Jedermann-Programm, S. 352.

Tatsächlich funktionierte das Programm gut; bereits zehn Wochen nach der erstmaligen Erwähnung finden sich die ersten Berichte über den Verkauf der Waren. In Hamburg zum Beispiel trafen die ersten Schuhe – früher als erwartet – kurz vor dem Generalstreik ein. Dass durch die Redaktion des „Hamburger Abendblatts" die Auslieferung der Schuhe direkt neben Berichten über die Streikvorbereitungen vermeldet wurde, ist vor dem Hintergrund der engen Abhängigkeit der neuen Wirtschaftspolitik von den gesellschaftlichen Konflikten kaum verwunderlich.[102] In anderen Städten begann der Verkauf etwas später.[103] Die „Jedermann-Schuhe" waren in der gesamten Bizone die ersten Erzeugnisse, die in die Einzelhandelsgeschäfte kamen, „750.000 Paar [...] wurden im November ausgeliefert."[104]

Der Sinn des Jedermann-Programms bestand in einer allgemeinen Preisdämpfung, die durch diese billiger angebotenen Waren erreicht werden sollte. Von der Wirtschaftsverwaltung unter Ludwig Erhard wurde dazu zunächst auf psychologische Wirkung statt auf tatsächliche Konkurrenz gesetzt.[105] Diese Taktik war jedoch, schon bevor die ersten Auslieferungen in den Läden ankamen, kaum noch zu halten.

In der Ausgabe der Gewerkschaftszeitung „Der Bund" vom 6. November 1948 ist auf der zweiten Seite eine Mitteilung zu lesen, dass Johannes Albers, Vorsitzender der CDU-Sozialausschüsse, den Direktor für Wirtschaft brieflich aufgefordert hatte, das Jedermann-Programm massiv auszuweiten und die Konsumgenossenschaften am Verkauf zu beteiligen. Auch der DGB selbst drängte zur gleichen Zeit auf verschiedenen Kanälen auf die Ausweitung, etwa in dem Forderungskatalog, der in der gesamten Bizone als Aufruf zum Generalstreik verbreitet wurde („Beschleunigung des Jedermann-Programms und seine Erweiterung"). Der bayrische Gewerkschaftsbund wiederholte diese Forderung nochmals in einer gesonderten Stellungnahme.[106]

Auch die SPD im Wirtschaftsrat kritisierte die ihrer Meinung nach zu geringen Rohstoffmengen, die für das Jedermann-Programm verwendet wurden. Ihr Abgeordneter Herbert Kriedemann sprach während der Begründung der Misstrauensanträge gegen Erhard und Pünder von lediglich zehn bis zwanzig Prozent der Baumwolle und nur einem Drittel der Schuhproduktion, die ins Programm gelangten. Nach Ansicht Kriedemanns war dieser Rohstoffanteil viel zu gering. Er führte dies (unter Berufung auf Experten der VfW) darauf zurück, dass der Handel für zwei Drittel der Produktion auf einer „Handelsspanne von 35-49%" bestanden habe.[107]

Der Verwaltungsrat gab schließlich in der Auseinandersetzung mit den Gewerkschaften nach. Die entsprechende Zusage des Verwaltungsrats gegenüber den Gewerkschaften am 5. November nahm Pünder in seiner Rede am 10. November 1948 im Verwaltungsrat zum Anlass, um öffentlich eine partielle Interessensüberschneidung zwischen Verwaltungsrat und Gewerkschaften zu betonen.[108]

102 Vgl. Hamburger Abendblatt, 8. November 1948, S. 3.

103 Vgl. Schattenhofer, Chronik der Stadt München, S. 438, Eintrag 16. November 1948: „Der Verkauf der ‚Jedermann-Schuhe', die durch ihre Billigkeit die Preise der übrigen Schuhe drücken sollen, beginnt".

104 Welt im Film 183, min. 9.20–9.26.

105 Zündorf, Preis, S. 72 f.

106 Vgl. „Stellungnahme des Bayrischen Gewerkschafts-Bundes zur Beseitigung der wirtschaftlichen Not der Beschäftigten", 9. November 1948; darin Forderung nach „Beschleunigung und Ausweitung des Jedermann-Programms", in: Mielke u. Rütters, Gewerkschaften 1945–1949, S. 1030–1032, 1031.

107 Vgl. Weisz u. Woller, Wörtliche Berichte, Band 3, S. 1111, Zitat ebd. und FR, 11. November 1948, Leitartikel: „Im Zeichen der Arbeitsruhe".

108 Vgl. für die Zusagen gegenüber den Gewerkschaften „Sitzung des Gewerkschaftsrates mit Mitgliedern des

Diese Entscheidung zur Ausweitung des Jedermann-Programms wurde wiederum sehr schnell umgesetzt. Noch im November verlautbarte aus Erhards Verwaltung: „Bei Textilien läuft schon jetzt fast der gesamte verfügbare Rohstoff in dieses Programm". Es sei beabsichtigt, „sowohl hinsichtlich des Umfangs der Rohstoffe [...] als auch hinsichtlich der Zahl der Artikel" das Jedermann-Programm ständig zu erweitern.[109]

Ludwig Erhard verkündete damit lediglich die Ergebnisse einer Erweiterung, die bereits in der Dynamik rund um den Generalstreik zugesagt worden war. Auf einer Pressekonferenz am 8. Dezember 1948 in Frankfurt teilte er mit, dass er bereit sei, das Volumen des Jedermann-Programms auf siebzig Prozent im Textilsektor und auf sechzig Prozent der Schuhproduktion auszuweiten;[110] andere Berichte sprachen sogar von bis zu achtzig Prozent Jedermann-Anteil bei Textilien.[111] Zusätzlich zu den allgegenwärtigen Schuhen und Textilien wurde auch für landwirtschaftliche Maschinen und Haushaltswaren als Lösung der Probleme eine Überführung in die „gelenkte und regulierte Zone"[112] des Programms begonnen.[113] Erhards allererste Preisfreigaben zur Währungsreform hatten die Bereiche Textil, Leder, Schuhe, Glas, Keramik sowie Holzverarbeitungs- und Landmaschinen betroffen[114] – das ist eine geradezu lächerlich genaue Übereinstimmung mit den Waren, die nun das Jedermann-Programm ausmachten.

Die erwünschte Wirkung des Programms stellte sich schnell ein. Die Preisstabilisierung, die sich gegen Ende des Jahres 1948 abzuzeichnen begann, hatte nach Einschätzung der Preisüberwachungsstelle Darmstadt (29. November 1948) keinesfalls nur mit dem Abebben der Kaufkraft aus den Kopfpauschalen zu tun, sondern in großem Ausmaß auch mit den Produktionsprogrammen StEG und Jedermann.[115] Erik Nölting kam schon am 15. Januar 1949 zu dem Schluss, der „erwartete Preissog der Jedermann-Ware habe sich z.B. bei Schuhen bereits ausgewirkt" und in der Folge seien „die Preise der ‚freien' Schuhe [...] nicht unbeträchtlich gefallen."[116]

Verwaltungsrates am 5.11.1948 um 20.30", in: Mielke u. Rütters, Gewerkschaften 1945–1949, S. 1007–1009 sowie Weisz u. Woller, Wörtliche Berichte, Band 3, S. 1102 für die Rede Pünders.

109 Kaufmann, Wirtschaft und Währung, S. 6. Ins Gespräch gebracht wurden von Erhard Porzellan, Fahrräder, Nähmaschinen und Rundfunkgeräte, vgl. „Auszug aus der Niederschrift über die Sitzung des Ausschusses für Wirtschaft des Wirtschaftsrats vom 18.1.1949", BA Z4/56, Blatt 337f, hier 338.

110 FR, 9. Dezember 1948, S. 1: „Jedermann-Programm wird erhöht".

111 Die Welt, 9. Dezember 1948, Leitartikel: „Eine Ankündigung Professor Erhards: Gebundene Jedermann-Preise. 75% der Textilproduktion einbezogen."

112 Zündorf, Preis, S. 73.

113 Karnagel, Jedermann-Programm, S. 352: „Im November 1948 umfaßte das Jedermann-Programm im wesentlichen Schuhe und Bekleidung, landwirtschaftliche Maschinen und Haushaltswaren." Vgl. dazu auch die gezeigten Waren in dem Werbe- bzw. Informationsfilm vom 26. November 1948, in: Welt im Film 183, ab Minute 8.00.

114 Vgl. das Rundschreiben vom 19. Juni, BA Z8/151, Blatt 33. Vgl. dazu S. 155.

115 Vgl. etwa die Statistiken in BA Z13/1045 bzw. den ebenfalls darin enthaltenen „Wochenbericht Nr. 20 der VfW des VWG (I B 7- Preismeldestelle, Az: A 4 d -Tgb Nr.199/48), 11. Dezember 1948 (für die Zeit vom 6–11. Dezember 1948)": „Der Regierungspräsident-Preisüberwachungsstelle-Darmstadt berichtet unter dem 29.11.1948: [....] Als Ursache für diese scheinbare Stabilisierung wird besonders vom Einzelhandel die größere Marktbelieferung im ‚Jedermannprogramm' bezeichnet. Aber durch die auf den Markt gebrachten Steg-Waren, die preislich ebenfalls [unterhalb?] liegen gegenüber der normalen Ware, dürfte der allgemein preissteigernden Tendenz wirksam entgegengesteuert worden sein."

116 „Protokoll der 11. Sitzung des Ausschusses für Wirtschaft des Länderrates am 15. Januar 1949 in Königstein/Taunus", BA Z4/571, Blatt 9 und folgende.

Abb. 28: Bei den Verbrauchern gewann das Jedermann-Programm schnell einen guten Ruf. Das abgebildete Bekleidungsgeschäft nutzte dies für seine Außendarstellung.

Auch Erhard stellte Ende November zwar die Vorteile des Programms gegenüber den „Mitteln der Zwangswirtschaft"[117] heraus, vermied jedoch den Vergleich mit den bis dahin besonders für diese Warengruppen geltenden Regeln der „freien Marktwirtschaft", die einen solchen Erfolg nicht vorweisen konnten. An ein breites Publikum gerichtet, sagte Erhard:

> *„Das jetzt anlaufende Jedermann-Programm dient dem Zweck innerhalb der sozialpolitisch wichtigsten Bedarfsbereiche eine fortlaufende Versorgung der Bevölkerung mit guten, preiswerten Waren sicherzustellen."*[118]

Angesichts der beschriebenen Entwicklung kann diese Erfolgsmeldung jedoch auch als Offenbarungseid seiner gescheiterten Wirtschaftspolitik gelesen werden. Doch Erhard ignorierte diesen Sachverhalt nicht nur, sondern er hatte zudem die Chuzpe, sich selbst als Urheber dieses Programms darzustellen.[119] Dass er zuvor eine gegensätzliche Politik verfolgt hatte und das Jedermann-Programm nicht von ihm, sondern seiner eigenen Aussage nach von ‚seiner' Verwaltung entwickelt worden war, schien ihn nicht weiter anzufechten.

Durch das Jedermann-Programm war eine für den Konsumenten positive Dynamik ausgelöst worden, die durch die bessere Versorgung der Wirtschaft mit Rohstoffen ab 1949 noch verstärkt wurde. In der Folge nahm zunächst das Interesse der Industrie (und später auch das der KonsumentInnen) an den Jedermann-Waren ab, so dass das Jedermann-Programm Anfang der fünfziger Jahre „sang- und klanglos" auslief.[120]

Seine Genese stellt indes eine weitere Miniatur des Übergangs von der „freien Marktwirtschaft" zu einer modifizierten Variante dar: Auch hier setzten sich nun die Kräfte durch, die von vorneherein eine klare Begrenzung des Marktes befürwortet hatten (Miksch, SPD, DGB, CDA und die Minderheit des wissenschaftlichen Beirates).

Zur Bedeutung der Produktionsprogramme

Zu Beginn des Jahres 1949 kamen im Konsumgütersektor durch die hier vorgestellten Maßnahmen (ERP, Jedermann-Programm und StEG-Waren) sowie Preisbindungen für importierte Fertigwaren immerhin „mehr als die Hälfte der Waren zu gebundenen Endverbraucherpreisen auf den Markt"[121]. Damit konnte der Auftrieb der Preise endlich gestoppt

117 Erhard in: Welt im Film 183, Minute 8.40.

118 Erhard in: ebd., Minute 8.24–8.38.

119 Zum Beispiel in einer Rundfunkansprache am 25. Januar 1949, ediert in: Ludwig Erhard (1988): Gedanken, Reden und Schriften, hg. v. Karl Hohmann, Düsseldorf, S. 125–128, hier S. 127.

120 Vgl. Karnagel, Jedermann-Programm, S. 352 f.

121 Ebd., S. 351.

werden, und zwar in den Bereichen, in denen die dringendste Nachfrage bestanden hatte.[122] Nach dem Beschluss, diese Programme ernsthaft zu betreiben, entsprach das durchaus den Absichten der VfW.[123] Die mit ihrer Hilfe vorgenommene Warenlenkung und Marktbeeinflussung erwiesen sich als erfolgreiche Methode, mit „strategischen Notwendigkeiten" umzugehen, „die nicht unmittelbar mit Interessen gleichzusetzen"[124] waren. Der Versuch allerdings, diese Programme in die alten wirtschaftspolitischen Leitsätze einzupassen, zog zunächst erstaunliche Verrenkungen nach sich. So versuchte Edmund Kaufmann, die Widersprüche zwischen den Ansätzen vom 20. Juni und der mittlerweile von ihm selbst vertretenen Politik zu kaschieren: „Also: freie Preisbildung auf der Produktionsseite mit den Einschränkungen, die durch das Preistreibereigesetz gegeben sind, und Sozialpreise auf der Konsumseite"[125]. Erhard bemühte sich noch deutlicher, das Offensichtliche zu negieren: „Nicht als neue, originäre Wirtschaftsform zur Ablösung der Marktwirtschaft, sondern umgekehrt als eine soziale Maßnahme der Marktwirtschaft wird das freigestaltete, beweglich und unbürokratisch gehandhabte Jedermann-Programm gerade der Wirtschaft des Jahres 1949 den Stempel aufdrücken."[126] Das laut Erhard „unbürokratisch gehandhabte Jedermann-Programm" setzte sich jedoch im Wesentlichen aus Maßnahmen der geschmähten Bürokratie zusammen (Auflagen zur Rohstoff-Vergabe, zur Qualität, zum Preis sowie Zulassung bzw. Auswahl durch Ausschüsse). Eine „soziale Maßnahme der Marktwirtschaft" konnte dies nur sein, wenn Erhard seine Verwaltung als Teil und Akteur der Marktwirtschaft oder gar der „freien Marktwirtschaft" begriffen hätte. Ohne dass die Marktwirtschaft als solche eine „Ablösung" erfahren hätte (in dieser Hinsicht trifft die Aussage Erhards zu), entstand eine „neue, originäre Wirtschaftsform", von der Erhard eigentlich nichts wissen wollte. Es war ein vorteilhafter Aspekt der Bezeichnung „soziale Marktwirtschaft", dass sie die Protagonisten zukünftig von den Strapazen entlastete, lenkende Eingriffe in die Wirtschaft mit der Vorstellung einer „freien Marktwirtschaft" in Einklang bringen zu müssen.

Näher an den Verhältnissen erscheint die Aussage Böcklers, durch die Proteste bzw. durch den Generalstreik „seien die Grundlagen der bisherigen Wirtschaftspolitik wesentlich erschüttert"[127] worden. Die in spezifischen Programmen auf den Markt kommenden Waren gaben der Wirtschaft seit Ende des Jahres 1948 jedenfalls – wie Erhard ganz richtig vermutete – „immer mehr den Stempel und das äußere Gepräge".[128] Die Produktionsprogramme bewahrten so einige Elemente des Strategischen Dispositivs vor dem Untergang –

122 Vgl. dazu die Antworten auf die Frage nach den Kaufplänen der nächsten drei Monate, gestellt im Juli 1948 in Neumann u. Noelle (Hg.) (1956): Jahrbuch der öffentlichen Meinung 1947–1955, S. 149.

123 Kaufmann, Wirtschaft und Währung, 6. November 1948: „Wie man sieht, werden bereits jetzt für einen sehr beachtlichen Teil der Verbrauchsgüter, nämlich für die Jedermann-Waren, die Steg-Waren und die eingeführten Fertigwaren Endverbraucher-Höchstpreise festgesetzt. Die Verwaltung wirkt darauf hin, daß darüber hinaus für möglichst viele Waren die zweite Hand preisgebunden wird." Ähnlich äußerte sich Erhard, vgl. Die Welt, 9. Dezember 1948, Leitartikel: „Eine Ankündigung Professor Erhards: Gebundene Jedermann-Preise. 75% der Textilproduktion einbezogen."

124 Foucault, Dispositive der Macht, S. 138.

125 Kaufmann, Wirtschaft und Währung, S. 6.

126 Rundfunkansprache am 25. Januar 1949, in: Ludwig Erhard, Gedanken, S. 125–128, S. 127.

127 So Böckler auf einer Gewerkschaftskonferenz zur Auswertung des 12. Novembers in Bad Vilbel am 19. November, ediert in: Mielke u. Rütters, Gewerkschaften 1945–1949, S. 1049–1053, hier 1051.

128 Erhard am 10. November 1948 im Wirtschaftsrat, in: Weisz u. Woller, Wörtliche Berichte, Band 3, S. 1116 f: „Die Entwicklung wird es lehren, daß dieses ‚Jedermann-Programm' und die in Massen erzeugten ‚Jedermann-Waren' unserer Wirtschaft immer mehr den Stempel und das äußere Gepräge geben".

allerdings um den nicht unerheblichen Preis der Modifizierung, die sich auch auf anderen Ebenen auswirken sollte.

8.1.3 Veränderungen weiterer Elemente

Neben diesen Maßnahmen, die aufgrund der konkreten historischen Situation nach der Währungsreform ergriffen wurden, sind eine Reihe weiterer Veränderungen zu beobachten. Ihre Reichweite geht zum Teil weit über die Gründungsjahre der Bundesrepublik hinaus. Vor allem das Sozialversicherungsanpassungsgesetz stellte die Weichen für einen zentralen Pfeiler der bundesrepublikanischen Wirtschafts- und Sozialordnung.

Der Lastenausgleich

Der politische Druck, der im Herbst 1948 zur Modifizierung des Strategischen Dispositivs führte, ließ die CDU von ihrem bisherigen Kurs, die Wirtschaftspolitik Erhards zu unterstützen, auf verschiedenen Ebenen abweichen. Die Notwendigkeit zur Modifizierung erhielt durch die Tendenz, dass die eigentlich sehr verhandlungsorientierten Gewerkschaftsspitzen große Streiks nicht mehr ausschlossen, eine besondere Dringlichkeit.

Während der Aushandlung des Lastenausgleichs, der vorübergehend als eine weit verbreitete Projektionsfläche für einen allgemeinen sozialen Ausgleich diente, wurde sogar die Zusammenarbeit zwischen CDU und FDP in Frage gestellt, denn Erstere fühlte sich Ende November auf Betreiben der SPD genötigt, einer allgemeinen Vermögensabgabe zur Finanzierung des Lastenausgleichs zuzustimmen. Obwohl das Lastenausgleichsgesetz auf Betreiben der Alliierten verschleppt wurde und schließlich einen gänzlich anderen Charakter erhielt,[129] zeigt sich daran doch, dass die Kräfteverhältnisse in Bewegung waren: Die CDU stimmte in dieser Frage Ende des Jahres 1948 zum ersten Mal in einer wichtigen Abstimmung mit der SPD und gegen ihren Partner, die FDP.[130]

Das Sozialversicherungsanpassungsgesetz

Bezeichnenderweise war es das zweite große Sozialvorhaben, bei dem die CDU das zweite und vorläufig letzte Mal mit der SPD gegen ihren bisherigen (und zukünftigen) Partner FDP stimmte.[131] Der darin zu beobachtende „starke Einfluß des CDU-Arbeitnehmerflügels auf die sozialpolitische Linie der Union"[132] war ein Ergebnis des anhaltenden Widerstands innerhalb und außerhalb der Partei.

129 Verabschiedung des „Ersten Gesetz zum Ausgleich von Kriegs- und Kriegsfolgeschäden (Erstes Lastenausgleichsgesetz)" durch den Wirtschaftsrat am 1. Dezember 1948 und Annahme der Länderrats-Änderungen am 14. Dezember 1948, nach alliierten Änderungswünschen jedoch erst am 6. August 1949 unter dem Namen „Soforthilfegesetz" genehmigt; vgl. Pünder, Interregnum, S. 206. Vgl. dazu rückblickend: Bundesamt für zentrale Dienste und offene Vermögensfragen (2013): Historie Lastenausgleich – Bundesamt für zentrale Dienste und offene Vermögensfragen, unter: www.badv.bund.de, zuletzt 5. September 2013.

130 Vgl. Müller, Grundlegung, S. 197–199.

131 Hockerts, Sozialpolitische Entscheidungen, S. 105.

132 Ebd., S. 90.

Gerade vor dem Hintergrund der Geschichte der deutschen Sozialpolitik, die mindestens zurück bis zu der Bismarckschen Sozialgesetzgebung (Kranken-, Unfall- und Rentenversicherung) berücksichtigt werden muss, gilt insbesondere für das Sozialversicherungsanpassungsgesetz, dass „Teilelemente [...] durchaus älter sein [können] als das Dispositiv selbst" und ihnen „lediglich eine neue Funktion zugewiesen" wird.[133] Dies bedeutet jedoch nicht, dass die Ausgestaltung der Sozialversicherung im Jahr 1948 nicht Gegenstand eines politischen Aushandlungsprozesses gewesen wäre. Es ist bezeichnend, dass die Entscheidung zur Rückkehr zu einer tragfähigen und paritätischen Finanzierung und zu entsprechenden Leistungen der verschiedenen Sozialversicherungen (genauso wie so viele andere Weichenstellungen) auf den Herbst 1948 zurückgehen. Das Sozialversicherungsanpassungsgesetz, das endgültig am 17. Juni 1949 in Kraft trat, war nämlich nach zahlreichen Lesungen und Abänderungen bereits am 17. Dezember 1948 (im Wirtschaftsrat) bzw. 20. Januar 1949 (Länderrat) von den deutschen Stellen beschlossen worden. Das Gesetz brachte schließlich unter anderem die paritätische Finanzierung der Krankenversicherung, wodurch der ‚Arbeitgeber-Anteil' ebenso stieg, wie er es bei der Finanzierung der Rente tat. Zahlreiche weitere Sozialleistungen wurden pauschal erhöht und der Bezug vereinfacht (etwa die Invaliden- und Witwen- und Waisenrenten).[134] Die Aufwendungen für die Leistungen der Sozialversicherung stiegen infolgedessen stark; die größte Zunahme war mit 58 Prozent bei der Rentenversicherung für ArbeiterInnen zu verzeichnen.[135] Trotz des umständlichen und harmlosen Namen brachte dieses Gesetz substantielle und strukturelle Verbesserungen der Sozialleistungen auf den Weg und bildete nach der Übernahme ins Bundesrecht ein „Fundament der Sozialversicherungspolitik des ersten Bundestages."[136] Nur eine mehrmonatige Verzögerung durch alliierte Einwände[137] verschleiert die enge Verflechtung dieses Gesetzes mit den hier beschriebenen Auseinandersetzungen um die Ausrichtung des Gemeinwesens.

Die Aufhebung des Lohnstopps

Der Lohnstopp hatte Lohnerhöhungen mit wenigen Ausnahmen untersagt. Er war durch eine Verordnung vom 12. Oktober 1939 in Kraft getreten und durch die Direktive Nr. 14 des Alliierten Kontrollrates genau sechs Jahre später bekräftigt worden. Am 17. Januar 1946 hatte der Kontrollrat zusätzlich eine Registrierung arbeitsfähiger Männer und Frauen (zwischen 14 und 65 bzw. 15 und 50) zur Voraussetzung zum Erhalt von Lebensmittelkarten gemacht.[138] Mit dem „Gesetz zur Aufhebung des Lohnstops" wurde dieser Zustand am 3. November 1948 beendet und einer „neuen tariflichen Regelung" der Weg bereitet.[139]

133 Schauz, Diskursiver Wandel, S. 107.

134 WiGBl. 6. Juli 1949, S. 99–101, verschiedene Paragrafen. Die 50/50 Prozent-Regel zur Finanzierung der KV ist in § 12 (Seite 100) festgelegt. Kurzübersicht in Pünder, Interregnum, S. 209.

135 Hockerts, Sozialpolitische Entscheidungen, S. 94.

136 Ebd., S. 90 f.

137 Diese Einsprüche verhinderten zum einen eine mögliche Sonderabgabe beim Bergbau zum Zwecke der Finanzierung der Sozialversicherung (vgl. Weisz u. Woller, Wörtliche Berichte, Band 3, S. 1672) und wendeten sich zum anderen gegen zu starke finanzielle Belastungen der öffentlichen Haushalte, vgl. Hockerts, Sozialpolitische Entscheidungen, S. 101.

138 Vgl. Kleßmann, Die doppelte Staatsgründung, S. 50 f.

139 WiGBl. (Ausgabe 24), 10. November 1948, S. 117, Zitat § 2, Abs. 1. Vgl. auch Pünder, Interregnum, S. 204 und 305.

Die Aufhebung des Lohnstopps wird in der Literatur grundsätzlich als der einzige, zumindest aber als der wichtigste Erfolg des absehbaren Generalstreikes gewertet.[140] Dieser Bewertung muss allerdings widersprochen werden. Es war allenfalls ein geringfügig vorgezogener Zeitpunkt dieser Aufhebung, der mit den Protesten in Zusammenhang gebracht werden kann.

Mit Ausnahme Erhards, der in dieser Hinsicht von seiner eigenen Behörde im Stich gelassen wurde,[141] waren alle relevanten politischen Kräfte prinzipiell für eine zügige Aufhebung des Lohnstopps. Tarifverhandlungen passten nämlich als Element nicht nur in das dispositive Netz einer „sozialen", sondern auch in dasjenige einer „freien Marktwirtschaft". Nicht zufällig war es die FDP, die bereits bei der Diskussion des Leitsätzegesetzes ein Ende des Lohnstopps gefordert hatte,[142] woraufhin der Wirtschaftsrat am 9. Juli dem Antrag zustimmte, den Verwaltungsrat bzw. Pünder zu beauftragen, diese Aufhebung bei den Alliierten zu verhandeln.[143] Nur nach Auffassung Ludwig Erhards sollte der Lohnstopp über diesen Zeitpunkt hinaus dabei helfen, eine Inflationsspirale zu vermeiden. Doch sein Versuch, sich auf diesem Weg (auf Kosten der Lohnabhängigen) weitere Zeit zu verschaffen, scheiterte am 30. Juli am Widerstand der Gewerkschaften und der Unwilligkeit seiner Kollegen.[144] Daraufhin wurde der Auftrag, die Aufhebung des Lohnstopps mit den Alliierten zu verhandeln, am 31. Juli umgesetzt.[145] Der Wirtschaftsrat selbst nahm das Gesetz schließlich in der 22. VV des Wirtschaftsrats in allen drei Lesungen und nach unkontroverser Diskussion am 30. September 1948 einstimmig an.[146] Die dadurch erforderliche Regelung des Tarifrechts wurde nach einem längeren Aushandlungsprozess zwischen Wirtschaftsrat, Länderrat und Militärregierungen allerdings erst am 9. April 1949 wirksam.[147]

---

140 Vgl. Redler, Der politische Streik, S. 34 bzw. Brackmann, Vom totalen Krieg zum Wirtschaftswunder, S. 277–279 und Roesler, 12. November, S. 122.

141 Vgl. Vermerk mit Datum 6. August 1948, BA Z8/219, Blatt 53. Als Vertreter der VfW wurde Miksch in die Kommission der Militärregierung zur Untersuchung der Lohn-Preis-Verhältnisse entsendet. Miksch machte dann in einer Stellungnahme (vgl. Entwurf, 10. August 1948, BA Z8/219, Blatt 56 f.) zu der beantragten Aufhebung des Lohnstopps deutlich, dass diese Aufhebung a) eine Frage der Gerechtigkeit sei und b) die Geld- und Kreditpolitik für die Entwicklung der Preise entscheidend sei – und nicht die freie Aushandlung der Löhne. Bleibe aufgrund dieser Politik die Geldmenge gleich, so Miksch, sei nicht mit gravierenden Lohnerhöhungen zu rechnen, erhöhe sie sich, sei es besser, die Löhne erhöhten sich ebenfalls, als dass die Bewirtschaftung wieder eingeführt würde. Er sprach sich daher auch bei der BICO für „collective bargaining" (Tarifverhandlungen) aus, BA Z8/219, Blatt 70.

142 Vgl. die Rede von Everhard Bungartz (FDP) am 17. Juni 1948 im Wirtschaftsrat, in: Weisz u. Woller, Wörtliche Berichte, Band 2, S. 633 f. hier 634 und den Antrag am 18. Juni, ebd. S. 667 f.

143 Vgl. ebd., S. 756.

144 Vgl. Protokoll „Gemeinsame Sitzung des Verwaltungsrates mit dem Gewerkschaftsrat der Vereinigten Zonen, FfM 30. Juli 1948", BA Z13/1179. Unter Tagesordnungspunkt 1 („Aufhebung des Lohnstops") heißt es im Protokoll „Prof. Dr. Erhard bittet […] um ein Stillhalteabkommen für 5–6 Wochen." Er kann sich damit jedoch nicht durchsetzen: „In allgemeiner Aussprache wird folgendes Übereinkommen erreicht: Der Lohnstop soll aufgehoben werden" und „BICO soll gebeten werden, das Erforderliche zu veranlassen".

145 Vgl. „Schreiben an das Bipartite Control Office, 31. Juli 1948, Aktenzeichen 2008/48, Betr: Beseitigung gesetzlicher Bindungen von Löhnen und Gehältern", BA Z8/219, Blatt 65–67.

146 Vgl. ebd., S. 975–977, Wortlaut in: Christoph Weisz u. Hans Woller (Hg.) (1977): Wörtliche Berichte und Drucksachen des Wirtschaftsrates des Vereinigten Wirtschaftsgebietes 1947–1949, Band 4, Drucksachen 1–637, München, S. 837 (Drucksache 598).

147 Der Gesetzgebungsprozess begann mit dem Beschluss des Tarifvertragsgesetzes am 9. November 1948, vgl. Pünder, Interregnum, S. 206 und Weisz u. Woller, Wörtliche Berichte, Band 3, S. 1094–1100.

Die Aufhebung des Lohnstopps führte auf den Entwicklungspfad der Tarifverhandlungen vor 1933 zurück und hatte nur wenig mit der Modifizierung von der „freien" zur „sozialen Marktwirtschaft" zu tun. Sie ist ebenfalls als eines der älteren „Teilelemente" zu begreifen, denen im Rahmen eines neuen Dispositivs „lediglich eine neue Funktion zugewiesen"[148] wird.

Die Aufhebung des Lohnstopps erforderte auch keine größeren Kämpfe; nur der Zeitpunkt wurde durch die Entschiedenheit der Gewerkschaften nicht noch weiter hinausgezögert.

Der Rücktritt von Alex Haffner

Die Modifizierung des Dispositivs äußerte sich auf vielen weiteren, sehr unterschiedlichen Ebenen. Die beteiligten Personen, auch mit ihren zum Teil wechselnden Positionen, können durchaus selber als Elemente eines Dispositivs verstanden werden. Als Beispiel für eine Neuzusammensetzung dieser spezifischen Elemente kann der Werdegang Alex Haffners dienen.

Im Jahr 1940 war Alex Haffner Vorstandsvorsitzender der Salamander AG und Mitglied im Aufsichtsrat der Commerzbank.[149] Trotz der Beteiligung der Salamander AG an der brutalen Ausbeutung von ZwangsarbeiterInnen, auch in Konzentrationslagern,[150] blieb Haffner in der Nachkriegszeit Chef des Unternehmens. Neben seiner Rolle bei der Gründung der wirtschaftsliberalen „Wirtschaftspolitischen Gesellschaft von 1947"[151] (und später auch der FAZ[152]) war er Mitglied der CDU und des Wirtschaftsrates. Er hatte sich besonders dafür eingesetzt, dass seine Partei Ludwig Erhard als Kandidat für den Posten des Direktor für Wirtschaft akzeptierte.[153] Am 3. März 1948 – und damit wohl kaum zufällig am Tag nach Erhards Wahl zum Wirtschaftsdirektor – löste Haffner als „konsequenter Verfechter einer liberalen Wirtschaftspolitik" seinen auf Ausgleich bedachten Vorgänger (Wilhelm Naegel) als Vorsitzender des Wirtschaftsausschusses ab.[154] Als Erhard am 21. April seine Grundsatzrede hielt, war es Haffner, der im Namen der Fraktion und unter Bravorufen erklärte: „In großen Zügen ist die Fraktion der CDU mit seinem Programm einverstanden"[155]. Bei derselben Gelegenheit buchstabierte er auch aus, was damit gemeint war: „Wir haben Vertrauen zu dem neuen Direktor der Verwaltung für Wirtschaft, daß er diese Wiederherstellung der Marktwirtschaft, des Wettbewerbs, die allein die Produktion steigern kann, schnell und radikal durchführt."[156]

148 Schauz, Diskursiver Wandel, S. 107.

149 Vgl. Commerzbank (1940): Jahresbericht über das 71. Geschäftsjahr, unter: www.commerzbank.de, zuletzt 23. August 2015, S. 6.

150 Vgl. Susanne Mathes: Interview mit Anne Sudrow, in: Stuttgarter Nachrichten, 26. Februar 2011.

151 Vgl. Siegfried Blasche (2004): Die Gründungen der Wirtschaftspolitischen Gesellschaft von 1947 e.V. und der Frankfurter Allgemeinen Zeitung (1949). Vortrag am 20. Oktober 2004 in den Räumen der Frankfurter Allgemeinen Zeitung, Frankfurt/M., unter: wipog.de, zuletzt 15. Juni 2015.

152 Vgl. Jürgen Jeske (2015): Marktwirtschaft braucht eine Stimme, unter: www.ludwig-erhard-stiftung.de, zuletzt 2. Juni 2015.

153 Vgl. Müller, Grundlegung, S. 285.

154 Ambrosius, Durchsetzung, S. 156.

155 Protokoll der 14. VV des Wirtschaftsrats am 21. April 1948, in: Weisz u. Woller, Wörtliche Berichte, Band 2, S. 446.

156 Ebd., S. 445.

Genau diese Politik verfolgten speziell Haffner und Erhard in den nächsten Monaten; die CDU-Fraktion folgte. Als es jedoch ab August unter dem Druck der Proteste zu wirtschaftspolitischen Kurskorrekturen kam, geriet Haffner als loyaler Unterstützer des Erhardschen Kurses – als einer derjenigen, die „einen möglichst raschen und konsequenten Übergang zur freien Marktwirtschaft" forderten – in den Gegensatz zur Politik der Modifizierung und trat kurz vor dem Generalstreik zurück. Es ist nicht auszuschließen, dass neben seiner einfallslosen Argumentation – anstelle von Wirtschaftsförderung betreibe der Wirtschaftsrat Politik[157] – auch eine persönliche Kränkung für seinen Rücktritt eine Rolle spielte: Das Vorzeigeprojekt innerhalb des Jedermann-Programms waren immerhin die bis dahin so profitablen Schuhe, mit deren Knappheit der Salamander-Chef sich wohl weiterhin gut hätte abfinden können. Erhard, der sich seinerseits wesentlich flexibler zeigte, verlor jedenfalls einen wichtigen wirtschaftsliberalen Bündnispartner innerhalb der CDU-Fraktion,[158] in der sich zur gleichen Zeit die Sozialausschüsse stärkeres Gehör verschafften.

Präventive Sicherheitspolitik

Der in dieser Arbeit behandelte Zeitraum zeichnet sich in Westdeutschland dadurch aus, dass der Anteil von offener Repression im historischen wie zeitgenössischen Vergleich sehr gering war. Zusätzlich zum stummen Zwang der Verhältnisse und der diskursiven Aushandlung sind gerade vor 1945 oft offene Gewalt und politische Repression in verschiedenem Ausmaß festzustellen – bis hin zu militärischen Maßnahmen. Die deutsche Geschichte politischer Krisenbearbeitung war also vor 1945 über viele Jahrzehnte auch eine Geschichte der Repression – im Jahr 1948 wurde auf diese Option hingegen nur wesentlich subtiler zurückgegriffen. Trotz dieser im historischen Vergleich geringen Bedeutung staatlichen Zwangs wurden doch entsprechende Vorsichtsmaßnahmen ergriffen. Diese bestanden darin, die betreffenden Einrichtungen in die Lage zu versetzen, mit eventuellen Aufständen umgehen zu können.

Weitblickend scheinen dabei nur die US-amerikanischen Stellen agiert zu haben, während die deutschen Akteure erst auf die tatsächlich aufgetretenen Spannungen nach der Währungsreform reagierten, die sich schließlich in Stuttgart einmalig manifestierten. Konrad Adenauer brachte auf der CDU-Zonenausschusssitzung Ende Oktober, am Tag nach den Stuttgarter Vorfällen und mit Verweis auf die militärischen Auseinandersetzungen zwischen dem französischen Staat und den dort Streikenden, die Möglichkeit ins Spiel, Streiks in Westdeutschland rechtlich erheblich zu erschweren. Er hielt es ungeachtet solcher rechtlicher Vorkehrungen außerdem für „notwendig", eine kasernierte „Bundespolizeireserve" für vergleichbare Fälle in Westdeutschland zu schaffen.[159]

Der Landesvorstand der Zentrums-Partei in Hessen machte sich sogar eine aufgeregte Denkschrift zu eigen, die Ende November 1948 von einem Polizeipräsidenten im einst-

157 Vgl. Ambrosius, Durchsetzung, S. 191, Zitat ebd. Gegenüber dem Präsidenten des Wirtschaftsrats, Erich Köhler, begründete Haffner diesen Schritt in einem Brief vom 9. November 1948 (dieser liegt laut Ambrosius im Parlamentsarchiv). Vgl. Protokoll der 25. VV vom 19. und 20. November 1948, in: Weisz u. Woller, Wörtliche Berichte, Band 3, S. 1135. Offizielles Datum für den Rücktritt war der 11. November 1948, vgl. Potthoff u. Wenzel, Handbuch 1945–1949, S. 192.

158 Vgl. Müller, Grundlegung, S. 283. Ein Nachfolger für Haffner als Vorsitzender des Wirtschaftsausschusses ist nicht überliefert, vgl. Potthoff u. Wenzel, Handbuch 1945–1949, S. 191.

159 Vgl. Adenauers Wortbeitrag am 29. Oktober 1948, in: Pütz, Konrad Adenauer, S. 751.

weiligen Ruhestand („z.D.") namens Nölle verfasst worden war.[160] Er schickte diesen viele Seiten langen Text, der eine Remilitarisierung des deutschen Polizeiapparates forderte, an Hermann Pünder und den Länderrat; auch im Radio wurde darüber berichtet. Die Schrift argumentierte, zur Zeit sei die deutsche Polizei – im Gegensatz zur „stärksten Polizeimacht der Welt" der Weimarer Republik – eine „Schönwetterpolizei" und habe nun zwar den Willen, aber nicht die Möglichkeiten, den demokratischen Staat verteidigen. Als Beleg führte Nölle an, dass der „Stuttgarter Polizeipräsident bei den jüngsten dortigen Tumulten bekanntlich den polizeilichen Bankerott erklären musste" und etliche Mitarbeiter von Polizeibehörden während des Generalstreiks „keinerlei Bedenken hatten, ihren Dienst ohne Rücksicht auf den Charakter ihrer Behörde niederzulegen" – für Nölle war das eine „innerlich unmögliche Tatsache".[161]

Zwei Argumente sprachen für den Verfasser dafür, der westdeutschen Polizei eine ähnliche Kampfkraft wie in der Weimarer Republik zukommen zu lassen. Der eine Hinweis war für ihn die „steigende Kurve der Demonstrationen, Streiks, Versammlungsstörungen, unsachlichen Pressefehden und Verhetzungsreden sowie die Politisierung wirtschaftlicher Forderungen [sic!] und die Ansätze neuer ‚Interessentenhaufen'", die „eine sehr ernste Sprache" sprechen würden. Eine zweite Gefahr ergebe sich aus der Aufrüstung der ostdeutschen Polizeiverbände, für die Westdeutschland nach dem „dereinstigen Abzug der Besatzungstruppen" keine „wehrlose Beute antidemokratischer Bestrebungen" werden dürfte. Der Feind kam also angeblich von außen und innen – und für den Polizeipräsident im Ruhestand musste die deutsche Polizei diese Probleme militärisch lösen können. Nölles Vorschläge waren daher auch nicht eben raffiniert: Aufrüstung auch mit schweren Waffen, Zentralisierung der Entscheidungsstrukturen und Entlastung durch „Einwohnernotdienste", denn sonst sei man „ohne Unterstützung der Besatzungstruppen nicht in der Lage, gesteigerten Anforderungen gerecht zu werden".[162]

Doch Polizeipräsident z. D. Nölle machte sich umsonst Sorgen, denn die Besatzungstruppen zogen nicht ab. Vielmehr wurden die US-Constabulary ab April 1948 – zeitgleich zur Übernahme normaler Polizeiaufgaben durch die wieder auf Friedensstärke aufgebaute deutsche Polizei[163] – zu einer zur Aufstandsbekämpfung geeigneten, bewaffneten Kampfeinheit umgebaut.[164] Diese neuen Fähigkeiten waren in Stuttgart bereits demonstrativ zur Schau gestellt worden. Die Hegemoniesicherung mittels wirtschaftspolitischer und diskursiver Readjustierungen verlief indes so erfolgreich, dass der Anteil von Repression am Dispositiv „Soziale Marktwirtschaft" in dieser historischen Phase sehr gering blieb.

---

160 „Denkschrift betreffend die zwingende Notwendigkeit einer Reorganisierung der westdeutschen Polizei" Verfasser: Polizeipräsident z.D. Nölle Wiesbaden, 29. November 1948, BA Z13/1209.

161 Ebd., Zitate S. 10, 6, 3, 8 (in dieser Reihenfolge).

162 Ebd., Zitate S. 8, 12, 2 (in dieser Reihenfolge).

163 Vgl. als Beispiel die Entwicklung in Mannheim, Stadtarchiv Mannheim, Chronik der Stadt Mannheim, Eintrag 25. Juni 1948, zuletzt 20. Mai 2015: „Polizeipräsident Rudolf Leiber gibt einen Rechenschaftsbericht: Nachdem 1945 ca. 80 % der gesamten Polizei aus politischen Gründen entlassen werden musste, sei heute mit 627 Beamten der Schutzpolizei und 129 der Kriminalpolizei der Friedensstand wieder erreicht."

164 „Now the emphasis was shifted to a purely military mission which required changes in training, planning, and organization. [...] This time, the changes were radical. Regiments were reorganized as armored cavalry. [...] Under this latest plan [„during the summer and fall of 1948"], the brigades assume functions comparable to those of a combat command in the armored division, and the brigade headquarters have been reorganized to fit this new function.", H.P. Rand, Progress Report.

8.1.4 Zusammenfassung „nichtdiskursive Elemente"

Trotz des Drucks, der durch den Widerstand auf die „freie Marktwirtschaft" ausgeübt worden war, griff die Frankfurter Politik im Herbst 1948 nicht auf die gleichen „Preis- und Bewirtschaftungsvorschriften" zurück, wie sie vor dem 20. Juni 1948 bestanden hatten. Die diesbezügliche Warnung von Leonhard Miksch vor einem Scheitern der Reform wurde also beherzigt.[165] Es ist keine Rückkehr zum Bewirtschaftungssystem zu beobachten und erst recht keine Aufnahme der deutlich artikulierten Bestrebungen nach mehr Wirtschaftsdemokratie und/oder Sozialisierungen. Es fand jedoch eine andere Art des Kurswechsels in der Wirtschafts- und Sozialpolitik statt.

Mit dem Einsatz der StEG-Waren ab Anfang August wurde zunächst versucht, die Preishöhe im Sinne einer „freien Marktwirtschaft" durch die einfache Erhöhung der Warenmenge zu beeinflussen. Erst als diese Strategie nicht wirkte und der politische Druck nicht nachließ, wurde am 6. September 1948 wieder zur Preisbindung gegriffen – die entsprechende Verordnung ist ein Mosaikstein in der Modifizierung des Dispositivs. Ähnlich wie die StEG-Waren mit den nun gebundenen Preisen wirkte das Jedermann-Programm. Es unterwarf genau die Warengruppen einer gelenkten Produktion, die als erste von Erhard aus der Preisbindung entlassen worden waren. Ein struktureller Unterschied zur vorherigen Bewirtschaftung bestand allerdings darin, dass die Höhe des Gewinns durch firmeneigene Organisation der Produktion beeinflusst werden konnte und außerdem in einer neuen, sicheren Währung erfolgte. Handelsgewinne wurden garantiert, aber beschränkt. Die preisgebundenen Waren – behördlich gelenkt, aber zum Teil privat hergestellt – waren der entscheidende Impuls zur Preissenkung am Jahresende.

Es waren diese Programme, die zusammen mit den ebenfalls preisgebundenen Importwaren die Versorgung verbesserten und den Preisaufstieg aufhielten. Bezogen auf das Ziel, nicht nur eine Verbesserung der materiellen Lebensqualität zu gewährleisten, sondern auch breite gesellschaftliche Zustimmung für die grundlegenden Prinzipien der Marktwirtschaft zu gewinnen, konnte ein Teilerfolg verbucht werden – paradoxerweise durch ein Vorgehen, das den marktwirtschaftlichen Prinzipien deutlich widersprach. Die auf Konkurrenz ausgelegten Produktionsbedingungen wurden grundsätzlich beibehalten; aber Preisvorschriften und vorgeschriebene Handelsspannen limitierten die Marktmechanismen. Die hier beschriebenen Vorgänge im Herbst 1948 waren insofern der Beginn einer gemischten Wirtschaftsform. Durch diesen Kurswechsel konnten einige wichtige Elemente des Strategischen Dispositivs trotz ihrer zwischenzeitlichen Suspendierung über die Zeit gerettet werden.

Verbunden war dieser wirtschaftspolitische Umschwung mit einer Verschiebung von Kräfteverhältnissen auf der politischen Bühne der Bizone. Überzeugte Liberale wie Alex Haffner zogen sich zurück, Leonhard Mikschs Ansätze bekamen mehr Gehör und wurden nun umgesetzt. Auch die CDU-Sozialausschüsse konnten sich mit der Forderung nach Ausweitung des Jedermann-Programms, die sie mit DGB und SPD teilten, durchsetzen. Durch verschiedene Zugeständnisse entstand ein neue, modifizierte staatliche Wirtschaftspolitik. Die beschriebenen Veränderungen und Readjustierungen der dispositiven Elemente fügten sich also bald zu etwas grundlegend Anderem zusammen – „freie Marktwirt-

165 Vgl. „Grundsätzliche Fragen der neuen Wirtschaftspolitik", 19. Juli 1948, BA Z8/221, Blatt 288–290.

schaft" passte nicht mehr zu der betriebenen Politik und geriet praktisch wie diskursiv unter Druck. Als Leerer Signifikant hatte sie sich der gesellschaftlichen Umwelt nicht genug anpassen können; ihre Anhängerschaft erodierte im Laufe dieser Monate. Auch in Erhards Verhältnis zum Jedermann-Programm wird deutlich, dass auch er sich nach einer mehrwöchigen Re-Orientierungsphase dem neuen Kurs anschloss – ein Eindruck, der in der Untersuchung der diskursiven Elemente deutlich bestätigt werden wird.

8.2 Diskursanalyse

Auf den vorhergehenden Seiten wurden einige Elemente (subsumiert unter der Bezeichnung „nichtdiskursiv") vorgestellt, die als Teil der Modifizierung des Dispositivs zu verstehen sind. Durch die im Folgenden vorgenommene Untersuchung des Sprechens auf Mikro-Ebene soll nun der Blick darauf gelenkt werden, dass dem Strategischen Dispositiv nicht nur ein neuer Anstrich verpasst wurde, sondern sich das gesamte ‚hegemoniale Projekt' tatsächlich veränderte. Das schließt die oben beschriebenen nichtdiskursiven Maßnahmen genauso ein wie das veränderte Selbstverständnis der Wirtschaftspolitik und die Zusammensetzung der Äquivalenzkette.

Wenn bisweilen die Rede davon ist, dass der Ansatz der Dispositivanalyse besonders für die Geschichtswissenschaft interessant ist, dann aufgrund der Erkenntnis, dass mit Hilfe der Berücksichtigung nichtdiskursiver Elemente „Stabilität und Dynamik von Diskursen" gleichermaßen beschrieben werden können.[166]

Die Verflochtenheit der diskursiven und nichtdiskursiven Elemente wird daher auch in diesem Abschnitt, der sich auf die Diskursebene konzentriert, berücksichtigt, um mit Hilfe dieser erweiterten Perspektive die „Transformation der Beziehungen der Diskurselemente untereinander"[167] darzulegen und die dabei entstehenden „neuen Formationsregeln"[168] als Ergebnis eines Manövers zu beschreiben, welches das Strategische Dispositiv modifiziert hat.

Bei der Untersuchung der Genese des Diskurses „Soziale Marktwirtschaft" liegt der Fokus auf der Dynamik. Das Forschungsprogramm besteht im Grunde darin, zu untersuchen, wie sich „Diskurse verschieben und in neuartiger Form verflechten" und im Zuge dessen „sowohl das Vorher als auch das Nachher"[169] dieser Entwicklung deutlich zu machen.[170] Dabei wird das Ziel verfolgt, dass „ein bestimmtes Kräfteverhältnis nicht bloß sich erhalten, sondern vielmehr sich akzentuieren, sich stabilisieren, an Boden gewinnen kann"[171]. Das stellt einen wichtigen Antrieb für einflussreiche Akteure dar, auch diejenigen Veränderungen, die nicht direkt der eigenen Agenda entsprechen, als Notwendigkeit für die Erhaltung der eigenen Hegemonie zu akzeptieren. Michel Foucault nimmt an, dass zu

166 Schauz, Diskursiver Wandel, S. 106.
167 Landwehr, Historische Diskursanalyse, S. 69.
168 Ebd., S. 69.
169 Schauz, Diskursiver Wandel, S. 106.
170 Vgl. ebd., S. 106.
171 Foucault, Dispositive der Macht, S. 138.

diesem Zweck in bestimmten historischen Situation ein „Manöver notwendig"[172] ist. Es muss angenommen werden, dass ein solches Manöver besonders dringlich in Zeiten ist, in denen mit massivem Widerstand auf bestimmte Zustände reagiert wird.

8.2.1 „Soziale Marktwirtschaft" als Fachdiskurs

Es könnte angenommen werden, dass die „Soziale Marktwirtschaft", die sich in der jungen Bundesrepublik mehr und mehr etablierte, die planmäßige Übertragung eines wissenschaftlichen Modells auf einen wirtschaftspolitische Orientierung suchenden Staat war. Dies trifft nicht zu. Der heute bekannteste Vertreter der entsprechenden Denkrichtung, Alfred Müller-Armack, fand erst nach der Verankerung der „sozialen Marktwirtschaft" im Programm der Regierungsparteien seinen Weg zu wichtigen Entscheidungspositionen; er konnte ab 1952 im Wirtschaftsministerium arbeiten. Leonhard Miksch, der ebenfalls schon 1947/48 von einer „sozialen Marktwirtschaft" gesprochen hatte, war im Juni 1948 mit seinen Positionen noch an der Politik der „freien Marktwirtschaft" von Ludwig Erhard gescheitert. Im Wissenschaftlichen Beirat fanden sich unterschiedliche wirtschaftspolitische Ansätze, doch überstimmten die Anhänger einer möglichst freien Marktwirtschaft noch im April 1948 die Befürworter einer „Marktspaltung"[173], wie sie dann erst in den Gründungswochen der „sozialen Marktwirtschaft" zwischen August und November (z.B. durch das Jedermann-Programm) praktiziert wurde. Auch sonst kamen aus diesem prominent besetzten wissenschaftlichen Beirat keine Impulse, unter der Fahne der „sozialen Marktwirtschaft" zu segeln.

Dennoch soll an dieser Stelle skizziert werden, welche Vorgeschichte der Begriff und die dahinterstehende Leitidee aufweisen. Der Grundgedanke der Konzeption der „Sozialen Marktwirtschaft" (die Verbindung vom „Prinzip der Freiheit auf dem Markte mit dem des sozialen Ausgleichs"[174]) war zu diesem Zeitpunkt grundsätzlich mit den Vorstellungen vieler Sozialisten und denen der katholischen Soziallehre kompatibel; er war eine „Zeitströmung" und in diesem Sinne nicht besonders originell.[175] Vielmehr unterscheidet sich – hier in Worten von Leonhard Miksch – diese „Wettbewerbsordnung, die soziale Marktwirtschaft, oder wie immer man den angestrebten Zustand nennen will" nicht grundsätzlich von Ideen der Wirtschaftslenkung.[176]

Auch der Begriff „Soziale Marktwirtschaft" selbst wurde kaum als solcher „erfunden", denn die Kombination dieser beiden Wörter war dementsprechend naheliegend. Seine

172 Ebd., S. 138.

173 Vgl. die Begründung des Minderheitenvotums zum ersten Gutachten des Wissenschaftlichen Beirats. Dort heißt es, der Weg zu einem „sinnvollen volkswirtschaftlichen Gleichgewicht [...] durch ungesteuerte Marktpreisbildung [sei] ungangbar". Aufgrund der Gesamtlage sei stattdessen „die Methode der Marktsättigung oder Marktspaltung zu verwenden", Bundeswirtschaftsministerium, Der Wissenschaftliche Beirat, S. 29 f.

174 Alfred Müller-Armack (1956): Soziale Marktwirtschaft, in: Erwin v. Beckerath u.a. (Hg.): Handwörterbuch der Sozialwissenschaften. Restitution – Stadt, Göttingen, S. 390–392, S. 390.

175 Ptak, Ordoliberalismus, S. 209.

176 Miksch, Gedanken zur Wirtschaftsordnung, S. 23. Der Unterschied bestehe laut Miksch somit darin, dass hier der Staat nicht als eigenständiger Wirtschaftsakteur auftreten soll (durch eine als Staatsbesitz verstandene Sozialisierung), sondern auf die Aufrechterhaltung einer marktwirtschaftlichen Warenverteilung und Monopolkontrolle fokussieren soll.

erstmalige Verwendung ist letztlich nicht eindeutig nachzuweisen. Dies ist aber vor dem beschriebenen Hintergrund für die „analytische Erfassung der Sozialen Marktwirtschaft von nachrangiger Bedeutung“[177], nicht zuletzt weil eine Fixierung auf eine vermeintliche Personengebundenheit das „Verstehen und Erklären der Genese dieser Konzeption“[178] eher beeinträchtigt. Entscheidend ist an dieser Stelle der Aufstieg des Diskurses (der wesentlich vom Niedergang der „freien Marktwirtschaft“ abhängig war), seine Ausbreitung und die Umstände, unter denen dies geschah.

Bis weit in das Jahr 1948 hinein war „Soziale Marktwirtschaft“ allenfalls ein Fachdiskurs unter Spezialisten. Es ist weiterhin festzustellen, dass der Begriff in der Öffentlichkeit überhaupt nicht zu finden ist, nicht in den Zeitungen, nicht in öffentlichen Reden und auch nicht in den verschiedenen Programmen der Parteien. Insgesamt hatten wohl bis weit in das Jahr 1948 hinein maximal einige Dutzend Wissenschaftler Kenntnis von diesem Begriff genommen.

Ohne zu viel vorwegzunehmen, lassen es die Ergebnisse der Diskursanalyse am wahrscheinlichsten erscheinen, dass das Schlagwort ‚im Affekt‘ in die politisch-öffentliche Debatte eingeführt wurde. Dort wurde es binnen eines Jahres und unter beachtenswerten politischen Dynamiken zu einem Leeren Signifikanten, dessen Sinngehalt sich weitestgehend unabhängig vom Fachdiskurs entwickelt hatte. Die Verbindung zwischen dem wissenschaftlichen Fachdiskurs und dem gesellschaftlichen Leeren Signifikanten wurde erst ex post intensiviert – das betrifft auch die systematische Kooperation der Politik mit einschlägigen Wirtschaftswissenschaftlern.

8.2.2 Der Niedergang der „freien Marktwirtschaft“; die erste Äußerung „soziale Marktwirtschaft“

Die „freie Marktwirtschaft“ bis zur Währungsreform (Rekapitulation)

Wie dargestellt, kam es bereits vor der Wirtschafts- und Währungsreform am 20. Juni 1948 zu einer diskursiven Einigung auf eine Art der „freien Marktwirtschaft“, die von entsprechenden nichtdiskursiven Akten begleitet wurde. Zahlreiche Akteure sprachen ihre Unterstützung für einen solchen Kurs und ihr zentrales Element (die Preisfreigabe) aus, unter ihnen der bizonale Wirtschaftsdirektor Ludwig Erhard, der US-Verantwortliche für die Währungsreform Edward Tenenbaum, wichtige Politiker der CDU (wie Friedrich Holzapfel) und die Mehrheit des neugegründeten Wissenschaftlichen Beirates. De facto unterstützten auch die alliierten Besatzungsbehörden das Experiment einer „freien Marktwirtschaft“, indem sie den deutschen Akteuren freie Hand gewährten.

Die „freie Marktwirtschaft“ hatte im ersten Halbjahr 1948 von ihren Verfechtern dreierlei Merkmale zugesprochen bekommen, die notwendig waren, um eine umfassende positive Konnotation zu ermöglichen. Erstens bezog sich „frei“ auf eine umfassend verstandene gesellschaftliche Orientierung, die nicht zuletzt mit der spezifischen Tradition des Begriffes *freedom* bzw. *liberty* in der US-amerikanischen Tradition im Zusammenhang stand. Diese

177 Ptak, Ordoliberalismus, S. 206.
178 Ebd., S. 206.

Abb. 29: „Frei-Verkauf": Eine Schaufensterauslage nimmt nach der Währungsreform positiven Bezug auf die Einführung der „freien Marktwirtschaft" und verknüpft die Freigabe der Preise mit dem generellen Freiheitsbegriff: „endlich frei".

Orientierung am „Westen" wurde – vor dem Hintergrund der aufziehenden Blockkonfrontation – zunehmend mit dem Antikommunismus verbunden und mit dem vermeintlichen Gegensatz zwischen individueller Freiheit und wirtschaftlichem „Kollektivismus" verknüpft.[179] Zweitens wurde eine „freie Marktwirtschaft" als das einer Planwirtschaft überlegene Wirtschaftssystem gesetzt, insbesondere im Hinblick auf ihre wirtschaftliche Effizienz, die Koordination von Angebot und Nachfrage sowie das Wirtschaftswachstum. Drittens implizierten ihre Befürworter (und insbesondere Ludwig Erhard), dass eine Marktwirtschaft an sich sozial wirken würde, ja umso sozialer wirke, desto freier sie sei.[180] Notwendige Voraussetzung für jede dieser drei Äquivalenzierungen war die Abgrenzung vom klassischen „Liberalismus" der vergangenen Epoche.[181]

179 Zum Beispiel bei Erhard, Streit der Meinungen, S. 70 und 76.

180 Dazu passt auch, dass Erhard später „freie Marktwirtschaft" und „Soziale Marktwirtschaft" als Synonyme benutzte, vgl. Commun, Erhards Bekehrung, S. 16 (Anm. 35).

181 Diese Abgrenzung geht zurück auf Überlegungen, die schließlich 1938 während des „Colloque Walter Lippmann" im Begriff des „Neoliberalismus" ihren Ausdruck fanden. Bekannte Vertreter dieser Artikulation von „Kontrarität" (Martin Nonhoff) von Liberalismus / Kapitalismus und Marktwirtschaft war zum Beispiel Alexander Rüstow, vgl. Philip Mirowski u. Dieter Plehwe (Hg.) (2009): The road from Mont Pèlerin. The making of the neoliberal thought collective, Cambridge (Mass.), S. 13. Ein anderer bekannter

Dieses umfassende Verständnis hätte es bei nachhaltigem Erfolg ermöglicht, die „freie Marktwirtschaft“ dauerhaft als Repräsentanten der guten Äquivalenzkette zu etablieren; seine Funktion als Leerer Signifikant hätte sich dann verstetigt. Ob dies gelingen würde, war im Juni 1948 nicht entschieden.

Die Verteidigung der „freien Marktwirtschaft“ (bis Mitte August)

Nach der Währungsreform bezeichnete Erhard – der zu diesem Zeitpunkt nicht nur einflussreichster Direktor des Verwaltungsrats, sondern gleichzeitig auch Symbolfigur für den neuen Kurs war – das gerade eingeführte System als „freie Marktwirtschaft“. Diese Bezeichnung geschah im Anschluss an die im Frühjahr vorgenommenen Aussagen, wonach mit ihrer Hilfe der Ausgang aus der festgefahrenen Situation der Bewirtschaftung zu erreichen sei.[182] Während in der Wirtschaftspolitik neben weiteren Preisfreigaben bereits die ersten Kurskorrekturen vorbereitet wurden, geriet einige Wochen nach der Währungsreform vor allem der Signifikant „frei“ (bzw. „Freiheit“) in die Kritik und wurde in einem nur wenige Wochen dauernden Prozess einem Funktionswandel unterworfen.

Die Verfechter des Modells „freie Marktwirtschaft“, einschließlich Erhard selbst, fanden sich zunächst nach nur wenigen Wochen in der Situation wieder, ihren Kurs öffentlich rechtfertigen zu müssen. Der „Weserkurier“ titelte zum Beispiel am 10. August 1948 „Verteidigung der freien Wirtschaft“[183], und versammelte verschiedene Meldungen unter dieser Überschrift. Neben den Aussagen von „maßgebenden Wissenschaftlern und Politikern“ standen bezeichnenderweise eine Meldung über den geplanten Boykott von inländischem Obst und Gemüse durch den bizonalen Einzelhandel[184] sowie eine Ankündigung des oben beschriebenen eintägigen Proteststreiks in Münsteraner Betrieben.[185] Franz Blücher, der Vorsitzende der FDP (BBZ), betonte dem Bericht nach, dass der „Tariflohn der Arbeiter vielfach unzureichend“ sei, und nahm den Handel in Schutz, indem er darauf hinwies, dass die deutschen Unternehmen die für sie vorteilhaften neuen Bedingungen nicht bei der Preisbildung berücksichtigten. Letzteres war auf einer Kundgebung des Einzelhandels, der sich gegen seine Diffamierung zur Wehr setzte, vielleicht naheliegend – und doch ist es bemerkenswert, dass der Vorsitzende derjenigen Fraktion, die Ludwig Erhard als Wirtschaftsdirektor vorgeschlagen hatte, der Erhöhung der Tariflöhne das Wort redete und die freie Preisgestaltung der deutschen Wirtschaft kritisierte.

Vertreter dieser Richtung war der ebenfalls auf dem Colloquium anwesende Wilhelm Röpke, der gegen Kriegsende in seinem Werk „Civitas Humana“ geäußert hatte, Marktwirtschaft bedeute „das genaue Gegenteil von Monopol und Konzentration“, vgl. Michael von Prollius (2005): Wilhelm Röpke. Deutscher Nationalökonom und Sozialphilosoph (1899–1966), unter: michael.von.prollius.de, zuletzt 18. August 2015, ohne Seitenzählung (entspricht Seite 8).

182 Erhard nutzte den Begriff mindestens seit Februar 1948, um seine wirtschaftspolitischen Ziele zu bezeichnen: „Wir müssen die Währungsreform so machen, dass […] man tendenziell und grundsätzlich zur freien Marktwirtschaft übergehen könnte“, siehe „Stenographischer Bericht der Sitzung vom 25.2.1948, Morgen“, S. 13, BA Z32/10, Blatt 88, zitiert nach: Mierzejewski, Ludwig Erhard, S. 98 bzw. 343 (Anm. 58). Vgl. dazu auch S. 121–129.

183 Weserkurier 10. August 1948, S. 1: „Verteidigung der freien Wirtschaft. Auszahlung der restlichen Kopfquote – Stabilität der Löhne und Preise“.

184 Vgl. das entsprechende Plakat auf S. 179.

185 Vgl. S. 181.

Während Hermann Pünder sich lediglich als Garanten für die anstehende Auszahlung des zweiten Teils der Kopfquote (die bald beginnen sollte) inszenierte und eine gute Kartoffelernte ankündigen konnte, resümierte Friedrich Holzapfel die Politik von CDU/CSU/DP, FDP und LDP „hinsichtlich des Überganges von der Zwangswirtschaft zur freien Marktwirtschaft" dem Bericht nach etwas grundsätzlicher. An dieser Stelle musste Holzapfel sich ebenso wie Erhard in diesem Zeitraum der Figur des „Auspendelns" bedienen, um die Hoffnung am Leben zu erhalten, dass sich das Problem zu hoher Preise bald von alleine erledigen würde. Ihre Höhe bewegte sich zu diesem Zeitpunkt über Weltmarktniveau – ganz im Gegensatz zu den Löhnen.[186]

In dem Bericht wird auch auf eine Rundfunkansprache Erhards eingegangen, in der er sich mit der Kritik auseinandersetzte, die „an der Preisgestaltung nach der Währungsreform und dem neuen wirtschaftspolitischen Kurs" geübt worden war. Auch Erhard äußerte darin „vollstes Verständnis für die Gehalts- und Lohnempfänger, die Sorge tragen, daß ihr aus ehrlicher Arbeit gewonnenes Einkommen durch den Preisanstieg lebenswichtiger Verbrauchsgüter zusehends ausgehöhlt wird und die nach kurzer Befriedigung schon wieder mit Schrecken an die Zukunft denken". Er hatte aber zu diesem Zeitpunkt nicht viel mehr zu bieten als eine Zusicherung, die Befürchtungen seien unbegründet.[187]

Es ist vor diesem Hintergrund keineswegs überraschend, dass die Wirtschaftsform in der Öffentlichkeit wie selbstverständlich als die „von Erhard sanktionierte freie Marktwirtschaft"[188] begriffen wurde. Die Verteidigung der „freien Marktwirtschaft" während der ersten Augusthälfte fand schon vor dem Hintergrund der vermehrt auftretenden Proteste statt. Am 14. und 15. August war ein Höhepunkt der regional organisierten Proteste erreicht; im Zuge dessen wandten sich nicht nur Lohnabhängige und „Hausfrauen", sondern auch verschiedene Bürgermeister von der Frankfurter Politik ab. Selbst innerhalb der Polizeikräfte machte sich nachlassende Loyalität breit.[189] Dies soll nicht bedeuten, dass die Gesellschaft in der Bizone kurz davor stand, auseinanderzubrechen; eher handelt es sich um Hinweise darauf, dass die landläufige Meinung sich gegen die Durchsetzung des Projektes „freie Marktwirtschaft" mitsamt seinen Folgen richtete, wobei erste, deutlich sichtbare Risse zwischen ihren verschiedenen Verfechtern auftraten. Die SPD versuchte diesen Druck der Straße ins Parlament zu übersetzen und stellte in der dem Protestwochenende folgenden Sitzung des Wirtschaftsrates ein Misstrauensvotum gegen die Symbolfigur des Kurses in der Wirtschaftspolitik, Ludwig Erhard.

Konkurrenz für die „freie Marktwirtschaft": die erste Äußerung „soziale Marktwirtschaft" am 17. August 1948

In diesem gesellschaftlichen Kontext benutzte Erhard in einer Rede am 17. August 1948 erstmals den Ausdruck „soziale Marktwirtschaft" als Bezeichnung für seine Wirtschaftspolitik: „Ich nehme für mich in Anspruch, nichts anderes zu wollen und nichts anderes

186 Weserkurier 10. August 1948, S. 1: „Verteidigung der freien Wirtschaft. Auszahlung der restlichen Kopfquote – Stabilität der Löhne und Preise".
187 Ebd.
188 FR, 13. August 1948, S. 2: „Gewerkschaft wendet sich gegen Dr. Erhard".
189 Vgl. S. 174 und Erker, Ernährungskrise, S. 284 f.

zu erstreben, als durch eine soziale Marktwirtschaft ein Maximum an Lebensmöglichkeiten und ein Maximum an Lebenssicherung für unser Volk sicherzustellen".[190] In dieser Formulierung ist sehr deutlich die mögliche Funktion eines Leeren Signifikanten zu erkennen, die der „sozialen Marktwirtschaft" innewohnt. Eine nähere Erläuterung, was er mit dieser Formulierung gemeint haben könnte, gibt Erhard nicht; allem Anschein nach war es keine lange geplante, sondern eher eine spontane Erwähnung dieser Begriffskombination.

Im Sinne der im Kapitel „Analytik" dargelegten Terminologie handelt es sich hier zunächst um eine Äußerung, d.h. eine erstmalige Artikulation des Inhalts, dass die „soziale Marktwirtschaft" ein anzustrebender Zustand, eine Gesellschaftsordnung größten Allgemeinwohls sei. Die erstmals im öffentlichen Diskurs erwähnte „soziale Marktwirtschaft" tritt uns in Gestalt eines Leeren Signifikanten entgegen. Bei dieser Äußerung hätte es bleiben können, und die „soziale Marktwirtschaft" wäre wieder im Dunkel der Geschichte, im Wuchern der Diskurse und im Rauschen des Blätterwalds untergegangen. Warum geschah dies nicht? Unter welchen (diskursiven) Umständen hatte Erhard diese Formulierung gewählt und wie verlief die weitere Entwicklung?

Die Konzeption der hier verwandten Analytik enthält die Annahme, dass sich politische Auseinandersetzungen unter anderem auf der Ebene der Äquivalenzketten äußern. Die prominenteste dieser diskursiven Veränderungen ist die hier und im Folgenden sukzessive analysierte Ersetzung des Leeren Signifikanten, der als Repräsentant der guten Äquivalenzkette dient. Der Begriff „frei/Freiheit" ist in diesem Zusammenhang ganz besonders wichtig, denn schließlich war die Selbstbezeichnung des Strategischen Dispositivs „freie Marktwirtschaft". Die detaillierte Rekonstruktion wird zeigen, dass das Adjektiv „frei" nicht nur deswegen von „sozial" verdrängt wurde, weil Letzteres soviel besser den hegemonialen Bedürfnissen entsprach, sondern dass in einem ersten Schritt der Signifikant „frei/Freiheit" unter Druck geriet und deshalb einem Funktionswandel unterworfen wurde. Obwohl das Element nicht verschwand, ist doch eine „Transformation der Beziehungen der Diskurselemente untereinander"[191] zu beobachten, welche „frei" von der engen Koppelung an die „Marktwirtschaft" ablöste, den momentanen Leeren Signifikanten in Frage stellte und daraufhin eine Leerstelle hinterließ.

Bei den Protesten, die unmittelbar vor diesen Verhandlungen im ganzen Land stattgefunden hatten, waren diesbezüglich drastische Töne in diese Richtung zu hören. In der Wesermarsch fiel dem Bürgermeister von Nordenham, Johann Müller, zur „freien Marktwirtschaft" nichts Gutes ein: „Wenn eine solche wilde Preistreiberei dem Geist der Freiheit entspricht, dann solle man einen solchen Geist zum Teufel jagen."[192] Einen Tag zuvor bei der – ebenfalls oben näher beschriebenen – Protestaktion in Stuttgart hatte der gewerkschaftliche Ortsausschuss auf seinem Flugblatt optisch folgendes sehr deutlich hervorgehoben:

190 Weisz u. Woller, Wörtliche Berichte, Band 2, S. 799.
191 Landwehr, Historische Diskursanalyse, S. 69 f.
192 Nordwest-Zeitung, Ausgabe Wesermarsch, 17. August 1948, S. 3: „Protest-Großkundgebung in Nordenham. Gegen die wilden Preistreibereien".

„Freie Marktwirtschaft
nennt Herr Dr. Erhardt [sic!] seine unverantwortlichen Anordnungen in bezug auf Freigabe fast aller wichtigen Lebensgüter.
Verbrechen und Diktatur einer Clique von Großverdienern nennen wir diese Politik."[193]

Noch sollte das Strategische Dispositiv „freie Marktwirtschaft" in den nächsten Wochen gelegentlich verteidigt werden. Doch auf einigen diskursiven wie nichtdiskursiven Ebenen hatte das Abrücken von wichtigen Elementen Mitte August 1948 schon begonnen. Diese Veränderungen im dispositiven Netz betrafen verschiedene Elemente, auf der diskursiven Ebene insbesondere den Bestandteil „frei" bzw. das Verständnis von Freiheit, welches der „freien Marktwirtschaft" zugeordnet war.

Durch die Verhandlungen um den Misstrauensantrag der SPD-Fraktion und während der verschiedenen Lesungen des Gesetzes gegen Preistreiberei gewann diese Diskussion weiter an Fahrt. Beide Debatten fanden unmittelbar nacheinander während der 20. Vollversammlung des Wirtschaftsrates vom 17. bis 20. August 1948 in Frankfurt statt.[194]

Am 17. August 1948 brachte die SPD-Fraktion einen Misstrauensantrag gegen den Direktor für Wirtschaft, Ludwig Erhard, ein. In der anschließenden Debatte liefen die parlamentarische Ebene und die Artikulationen der nicht-parlamentarischen Akteure – mit einem ersten Höhepunkt nur drei Tage vor dieser Debatte – zusammen. Nicht nur, dass der Antrag mit Bezug auf die Proteste auf den Plätzen und Märkten und auf die dramatischen Folgen der Preisfreigaben gestellt worden war, sondern die Verteidigungsrede Erhards wurde von den Adressaten der Proteste durchaus als Antwort auf die Kundgebungen verstanden: Als innerhalb des Verwaltungsrates die Frage aufkam, ob auf die Resolutionen und Forderungen der protestierenden Gewerkschaften geantwortet werden müsse, hieß es: „Die Antwort ist in den Reden von Prof. Erhard enthalten."[195]

Der SPD-Antrag wurde im Wesentlichen durch eine Rede des Abgeordneten und Fraktionsvorsitzenden Erwin Schoettle begründet.[196] Offensichtlich machte sich die sozialdemokratische Fraktion wenig Illusionen über den Ausgang der entsprechenden Abstimmung. Eines ihrer Anliegen war es vielmehr, öffentlich feststellen zu lassen, „inwieweit die CDU in Frankfurt dieselbe CDU ist, die draußen im Lande einen Propagandaschleier um die Wirtschaftspolitik in Frankfurt verbreitet."[197] Die Sozialdemokraten erreichten ihr Ziel, die Handlungen der CDU-Abgeordneten im Wirtschaftsrat mit dem zu kontrastieren, was „ihre Parteifreunde draußen in den Versammlungen [...] in aller Öffentlichkeit sagen"[198]:

---

193 Flugblatt des Stuttgarter Ortsausschusses, abgedruckt in: DGB Stuttgart, Arbeiterbewegung und Wiederaufbau, S. 271. Hervorhebung durch den Satz ähnlich dem Original.

194 Zu Ersterem redeten am 17. August 1948 in dieser Reihenfolge die Abgeordneten Schoettle (SPD, zur Begründung des Misstrauensantrags), Holzapfel als Fraktionsvorsitzender der CDU-Fraktion, Rische (KPD), Stricker (Zentrum), Storch (als Gewerkschafter in der CDU), Blücher (FDP), Seuffert (SPD), Mühlenfeld (DP), Erhard (als Wirtschaftsdirektor) und nochmals Schoettle.

195 Vgl. Schriftwechsel Sahm – Elmenau, 21. und 30. August 1948, Zitat Sahm am 30. August, BA Z13/1179. Besagter Elmenau hatte jedoch zuvor bereits dem Schweinfurter Ortsausschuss geschrieben, dass das am 19. August beschlossene Gesetz gegen Preistreiberei „ihren Wünschen entsprechen dürfte", ebd.

196 Vgl. Weisz u. Woller, Wörtliche Berichte, Band 2, S. 786–791.

197 Schoettle (SPD) in: ebd., S. 786.

198 Ebd., S. 800.

Der Antrag wurde mit 52:35 Stimmen bei zwei Enthaltungen abgelehnt – CDU, FDP, und DP bekannten sich zur Wirtschaftspolitik Erhards, das Zentrum enthielt sich; nur die KPD schloss sich dem Antrag der SPD an. So war auch die damit zusammenhängende Frage beantwortet, wie sich die „Mehrheit dieses Hauses" in Zukunft gegenüber der Öffentlichkeit verhalten würde – wobei mit Öffentlichkeit „nicht nur die aufgehetzte Menge, [...] die gelegentlich ihren Unwillen auf den Marktplätzen, in den Markthallen und bei sonstigen Gelegenheiten Ausdruck gibt", gemeint war, sondern auch „eine sehr, sehr umfangreiche öffentliche Meinung, die kritisch und sehr beunruhigt ist".[199]

Erwin Schoettle, der auch Vorsitzender des Hauptausschusses des Wirtschaftsrats war, erinnerte in seiner Rede daran, dass sich die SPD schon in der Vergangenheit gegen eine Zwangswirtschaft ausgesprochen hätte, aber aufgrund des absehbar anhaltenden Mangels „eine Beschränkung der Freiheit der Wirtschaft im Interesse der gerechten Versorgung [und] im Interesse des sozialen Friedens" noch für längere Zeit als notwendig erachtete. Er setzte den von Erhard und Verbündeten hochgehaltenen Freiheitsbegriff in Gegensatz zur „gerechten Versorgung" und wusste dabei zu diesem Zeitpunkt entscheidende Teile der Bevölkerung hinter sich. Explizit bekannte sich Schoettle im Namen seiner Fraktion zu einer so begründeten Beschränkung dieser Freiheit; Erhard hingegen weise mit seinem Freiheitsverständnis einem großen Teil der Bevölkerung eine Rolle „weit, weit unterhalb des Existenzminimums" zu. Schoettle verschärfte diese Angriffe weiter. Die Politik der bürgerlichen Mehrheit betreibe „durch das, was sie Freiheit" nennt, die „materielle und psychologische Vorbereitung von breiten Schichten unseres Volkes für die Infiltration aus dem Osten" und brachte es damit fertig, den Vorwurf der kommunistischen Wühlarbeit gegen seine Urheber zu drehen. Auf der Äquivalenzkette der Freiheit im Sinne der „freien Marktwirtschaft" fanden sich durch Schoettles Rede im Wirtschaftsrat nun soziale Ungerechtigkeit und die Vorbereitung einer sowjetischen Infiltration.[200]

Glaubwürdig und überhaupt nur ernst zu nehmen war diese recht drastische Wendung einzig, weil die Ausschreitungen und Demonstrationen in der gesamten Bizone bewiesen, dass tatsächlich politische Gefahren drohten (die sich aus der mit „Freiheit" konnotierten Politik ergaben) – oder besser: Diese Aktionen auf der Straße waren und katalysierten diese Gefahren, weil sie den geordneten Lauf der Dinge unterbrachen.

Genau auf diese Konstellation nahm Schoettle auch in seinem nächsten Angriff Bezug. Denn die „freie Marktwirtschaft" beinhalte den Widerspruch, dass die wirtschaftlichen Akteure die Preise zwar nach Belieben erhöhen könnten, die Arbeitnehmer aber durch die auf der Hand liegenden nachziehenden Lohnerhöhungen, die ja auch erst erkämpft werden müssten, eine „Spirale der Inflation" auslösen würden. Schoettle nutzte die mobilisierte Arbeiterschaft als Drohkulisse: „Wollen sie in unserer geschwächten Volkswirtschaft soziale Auseinandersetzungen von einem Ausmaß haben [...], wie sie aus diesen theoretischen Überlegungen, die Herr Professor Erhard anstellt, sich notwendigerweise ergeben, dann können Sie sie haben." Gegenüber dieser als gefährlich gebrandmarkten Freiheit setzte er ein Verständnis von „Freiheit des Lebens und der Gestaltung dieses Lebens [...] auch für die Menschen auf der untersten Stufe" und „Freiheit in der Bindung an die Interessen der Gemeinschaft". Zur Illustration der dramatischen Folgen der Freigabe der Gemüse-

199 Schoettle in: ebd., S. 787.
200 Zitate in diesem Absatz: ebd., S. 786 f.

und Eierpreise nutzte Schoettle Zitate eines CDU-Politikers, der von „liberaler Prägung" der Wirtschaftspolitik und vom „laisser faire" gesprochen hatte. Schoettle redete in diesem Zusammenhang von einem „langsamen, aber sicheren Verelendungsprozeß im Zeichen der Freiheit". Schlussendlich schrieb er der „freien Marktwirtschaft, die sich hier vorbereitet" zu, den Menschen soviel zu nehmen, dass ihnen „nicht mehr viel übrig bleibt, um ihr Alltagsleben zu gestalten".[201]

Es wurde dem Bestandteil „frei" also von Seiten der Widersacher der „freien Marktwirtschaft" mittels zweierlei Strategien entgegengetreten: Zum einen sagten sie sich von dem eigentlich positiven konnotierten Begriffskomplex „frei/ Freiheit/ freie Marktwirtschaft" deutlich los („zum Teufel jagen") bzw. hoben seine negativen Seiten hervor („Verbrechen und Diktatur", „Verelendungsprozeß"). Zum anderen formulierten sie – als Auseinandersetzung um die „eigentliche Bedeutung"[202], die durch diese Abwertung ermöglicht wurde – ein alternatives, „richtiges" Verständnis von Freiheit (z.B. „Freiheit in der Bindung an die Interessen der Gemeinschaft"). Wie lautete nun die Antwort der Unterstützer des Strategischen Dispositivs „freie Marktwirtschaft" auf diesen Versuch, den Begriff „Freiheit" aus der Äquivalenzkette herauszulösen?

Die meisten Redner der Koalition beschränkten sich in der unmittelbaren Reaktion, also in der Wirtschaftsratsdebatte über das Gesetz gegen Preistreiberei darauf, in kurzen Beiträgen ihre Loyalität (Storch/CDU, Blücher/FDP) bzw. Geduld (Stricker/Zentrum, Mühlenfeld/DP) mit Erhard zu bekunden – womöglich im Wissen um die sichere parlamentarische Mehrheit. Lediglich Holzapfel und Erhard selbst nahmen überhaupt Bezug auf die zentralen Ausführungen Schoettles zum Problem der Freiheit.

Holzapfel musste zugeben, dass mit dem „Übergang zu einer freien Marktwirtschaft" noch längst nicht „alle Fragen wunderbar und fabelhaft gelöst" worden wären oder das „Paradies auf Erden" erreicht sei. Im Gegenteil, er und seine Partei („wir"), „wissen, wieviel wir noch zu tun haben". Er stellte das Gesetz gegen Preistreiberei in diesen Zusammenhang. Ludwig Erhard gelte Dank dafür, dass er der Wirtschaft die Möglichkeit einer „wirklich freien Entfaltung" gegeben habe.[203]

Am Tag danach konstatierte ebenjener allerdings, dass „nach allen Wahrnehmungen nicht mehr übersehen werden [kann], dass sich die Marktwirtschaft zugleich in der Verteidigung und im Angriff befindet."[204] Der Angriff realisierte sich seit dem Beschluss des Leitsätzegesetzes hauptsächlich in den fortdauernden Preisfreigaben für immer mehr Warengruppen; doch in der Rede anlässlich des Misstrauensvotums spielte naturgemäß die verbale Verteidigung die zentrale Rolle. Wie die meisten anderen Redner, die den marktwirtschaftlichen Kurs verteidigten, betonte Erhard zunächst, dass sich die positiven Preiseffekte erst später zeigen würden und sich die Preisangleichungen noch in Bewegung befänden. Darüber hinaus stellte er besonders seine Überzeugung heraus, dass die Leistungsbereitschaft durch die Marktwirtschaft enorm gesteigert würde.[205] In dieser Abwehrbewegung wies er außerdem mehrfach auf die Unzulänglichkeit der bereits erprobten Alternativen

201 Zitate in diesem Absatz: ebd., S. 788, 780.
202 Vgl. S. 35.
203 Zitate in diesem Absatz: ebd., S. 791 f.
204 Erhard, Gegenwartsfragen, S. 1.
205 Weisz u. Woller, Wörtliche Berichte, Band 2, insbesondere S. 799, ausführlicher siehe unten.

hin, die bei ihm vornehmlich unter Begriffen wie „Zwangswirtschaft“ oder „Sklaverei einer Behördenwirtschaft“ vorkamen und zu denen eine Rückkehr nicht geben dürfe.[206]

In Erhards Redetext findet sich die „freie Marktwirtschaft“ nicht. Nur einmalig ist etwas Ähnliches zu finden, bezeichnenderweise als Versuch, eine Diskussion zu vermeiden: Die Auseinandersetzung um Geld als Bezugsschein habe nichts mit dem Wirtschaftsprinzip – „ob Planwirtschaft oder freie Wirtschaft“ – zu tun. Statt einer expliziten Verteidigung der „freien Marktwirtschaft“ griff Erhard verstärkt auf die Abgrenzung zur „pure negativity“, zum verallgemeinerten Außen zurück, um den Angriffen zu begegnen: Die jetzt noch vorhandenen Missstände entsprangen aus seiner Sicht der „Schule der staatlichen Preisbildung und der staatlichen Zwangsbewirtschaftung“. Insbesondere die Erinnerung an die unerfreulichen drei Jahre nach Kriegsende dienten als Legitimation, er fühle ein „Glück der Menschen, endlich [...] aus dieser Sklaverei befreit zu sein.“[207]

Bemerkenswert ist gerade bei Erhard der schnelle Funktionswandel des Wortes „frei“. Es galt bislang in der Konzeption und diskursiven Konstruktion der „freien Marktwirtschaft“ nicht nur als Garant für eine sich frei entfaltende Wirtschaft, sondern auch ganz explizit für soziale Wohlfahrt. Das änderte sich – zunächst für einen historischen Augenblick – deutlich. Die Freiheit der Wirtschaft wurde nun nicht mehr als ein Allheilmittel gesehen, sondern in gleich mehreren Stellen der Rede Erhards auf seine Funktion für die Ankurbelung der Wirtschaft reduziert: Es sei eine Wirtschaftsform zu erreichen, die „starke Leistungsanreize schafft, ja jeden einzelnen zu so starken Leistungen zwingt, daß er auf Gedeih und Verderb gezwungen ist, das Letzte herauszuholen“. Seine permanente Zuversicht begründete Erhard mit dem Merkmal seiner Wirtschaftspolitik, die „jeden einzelnen durch höchsten Wettbewerb zur Leistung“ zwinge. Auch die Wirtschaft brächte er, Erhard, auf diese Weise „zur höchsten Leistung“. Diese „höhere Effizienz“ stelle nicht nur ein Höchstmaß an „realer Kaufkraft“ sicher, sondern ermögliche durch ein „hohes Sozialprodukt“ erst soziale Maßnahmen – etwa „möglichst bald mit den Leistungen den Lastenausgleich beginnen zu können“. So könne das Ziel, welches er mit seinen Widersachern teile, nämlich „ein Maximum an sozialer Wohlfahrt für das gesamte Volk“ – im Gegensatz zum fehlgeschlagenen Weg von staatlicher „Bewirtschaftung und Preisbildung“ – erreicht werden.[208]

Hier ist bereits in Ansätzen zu erkennen, wie sich die Argumentation (speziell Erhards) in diesen Wochen veränderte. Es hieß nun nicht mehr, eine „freie Marktwirtschaft“ führe durch die Mechanismen des Marktes zu sinkenden Preisen und damit automatisch zu Wohlstand. Ein solcher Automatismus wurde in dieser Zeit – in der offensichtlich wurde, dass zum normalen Marktmechanismus immer auch sein Versagen gehört – nicht weiter ins Feld geführt. An dessen Stelle trat die umso stärkere Betonung der hohen Produktivität und der effizienten Auslastung des fixen Kapitals (etwa der Produktionsmittel wie Maschinen) wie auch des variablen Kapitals (Ausweitung und Verdichtung der Arbeitszeit). Durch diese Folgen würde der Staat nun in die Lage versetzt, mit sozialen Zielen zu intervenieren.

Erst dieser Umweg, der den vorherigen Merkmalen einer „freien Marktwirtschaft“ doch erheblich entgegenstand, führte zum Schluss der Rede Erhards zu der Formulierung, die erstmalig die beiden Begriffe „sozial“ und „Marktwirtschaft“ verband: „Ich nehme für

206 Ebd., S. 797 f.
207 Zitate in diesem Absatz: ebd., S. 798, 797, 798 (in dieser Reihenfolge).
208 Zitate in diesem Absatz: ebd., S. 797, 799.

mich in Anspruch, nichts anderes zu wollen und nichts anderes zu erstreben, als durch eine soziale Marktwirtschaft ein Maximum an Lebensmöglichkeiten und ein Maximum an Lebenssicherung für unser Volk sicherzustellen."[209] Auf diese Art wurde in breiter Öffentlichkeit erstmals der Signifikant „soziale Marktwirtschaft" genutzt, und zwar in einer Formulierung, die als nahezu idealtypisch für einen Leeren Signifikanten gelten kann.

Zuvor hatte Erhard versucht, seine Widersacher für seine Sache zu gewinnen und ihnen – in einer fast identischen Formulierung – bescheinigt, dass auch sie „von sozialem Bestreben erfüllt sind, ein Maximum an sozialer Wohlfahrt für das gesamte Volk sicherzustellen".[210] Nur sei eben seine Politik dafür der bessere Weg. Dieses Zugehen auf seine „erbittertsten Gegner" wurde begleitet von der erstmaligen Verwendung des Begriffs „soziale Marktwirtschaft" und von der Vorstellung, durch Wirtschaftswachstum einen Lastenausgleich ermöglichen zu können – und zwar unabhängig davon, ob die Formulierung „soziale Marktwirtschaft" von Erhard aus Strategie gewählt wurde oder intuitiv.

Der weitere Funktionswandel von „Freiheit" und „freier Marktwirtschaft"

Bemerkenswert ist die Selbstverständlichkeit, mit der Erhard die neue Situation erfasst und situativ in seine eigene Positionierung einarbeitet. Dennoch sollte es noch eine Weile dauern, bis dieser Begriff bei Erhard selber, seinen Widersachern wie Unterstützern und schließlich in der politischen Argumentation routiniert – als Aussage im Sinne der Diskursanalyse – verwendet wurde. Die kommenden Wochen und Monaten erlebten zunächst eine Systematisierung und Verstärkung der in dieser Diskussion angelegten Diskursverschiebungen, insbesondere bezüglich der Begriffe „frei/Freiheit" und „soziale Marktwirtschaft". Auch die bei Holzapfel und Erhard explizit zu findende Konstellation (die Affirmation von „frei/Freiheit" wird zunehmend auf die Wirtschaft beschränkt; zur Komplettierung einer gelungenen Wirtschaftspolitik gibt es noch einiges zu tun) sollte in den kommenden Wochen noch präsenter werden.

Schoettle wies in seinem zweiten Debattenbeitrag auf einen Widerspruch im Gefüge des Strategischen Dispositivs hin, der durch die Reaktion auf die Fehlfunktionen des Marktes schon offenbar geworden war: Eine Verdammung der Zwangswirtschaft dürfe nicht bedeuten, „überhaupt nirgendwo eingreifen" zu können. Er richtete sich dann an die Unterstützer Erhards, denen er darlegte, dass sich auch und gerade bei der momentanen Wirtschaftspolitik die Frage noch stellen wird, „ob Sie nicht die persönliche Freiheit einschränken wollen. Sie fangen ja schon an mit dem Preiswuchergesetz."[211] Tatsächlich verkomplizierte das auf Druck der Proteste und aufgrund des Misserfolges der Preisfreigaben (zumindest in sozialer Hinsicht) vorgelegte Preistreibereigesetz die global-affirmative Verwendung des Wortes „frei" weiter.

Infolge der hier dargelegten Diskussion im Wirtschaftsrat schien sich der Begriff „frei" bzw. „Freiheit" aus der Definitionshoheit der Verfechter des Strategischen Dispositivs herauszulösen, und seine Verwendung wurde zunehmend schwieriger. Die Zurückhaltungen und Akzentverschiebungen, welche die Allianz des Strategischen Dispositivs in der De-

209 Ebd., S. 799.
210 Ebd., S. 799.
211 Ebd., S. 800.

batte am 17. August 1948 an den Tag gelegt hatte, wurde in der Folgezeit jedenfalls noch deutlicher.

Nur einen Tag nach dem überstandenen Misstrauensvotum (also am 18. August 1948) redete Erhard vor Vertretern der Industrie- und Handelskammern und Wirtschaftsverbänden im Handwerkersaal in Frankfurt. Dort konstatierte er zunächst, dass „sich die Marktwirtschaft zugleich in der Verteidigung und im Angriff befindet".[212] In dieser Rede, die er in der Debatte im Wirtschaftsrat schon als „Appell an die Moral" der Unternehmer angekündigt hatte,[213] fällt die Wortkombination „freie Marktwirtschaft" ebenfalls nicht ein einziges Mal. Erhard bevorzugte stattdessen, durchgängig von „Marktwirtschaft" zu reden, wie ein stenographisches Redeprotokoll belegt.[214] Vor dem Unternehmerpublikum diente wiederum nicht die „freie", aber auch nicht die „soziale", sondern die adjektivlose „Marktwirtschaft" als Bezeichnung für die ideale Gesellschaft.[215] Dies ist ein weiteres Indiz für die intuitive und situative Entwicklung der Rhetorik Erhards, die allem Anschein nach keinem festgelegten Plan folgte.

Die Degradierung der „Freiheit" ist im Kleinen bzw. in den konkreten Aussagen nachzuvollziehen. Dabei ist ein Funktionswandel zu beobachten. War „freie Marktwirtschaft" in den Wochen zuvor noch das anzustrebende Ziel und gleichbedeutend mit allgemeinem Wohlstand, wurde der Terminus nun auch von Erhard fallengelassen; zehn Tage später sollte Erhard sich sogar explizit davon distanzieren. Stattdessen wurde die adjektivlose Marktwirtschaft wie hier am 18. August in erster Linie mit der „höchsten volkswirtschaftlichen Leistung auf allen Ebenen" gleichgesetzt (‚äquivalenziert') – bereits bei gelegentlicher rhetorischer Abgrenzung vom „freien Spiel der Kräfte".[216] Ähnliche Charakterisierungen der Marktwirtschaft als „Leistungswettbewerb" oder als das „treibende Motiv" ziehen sich durch den gesamten Text. Erhards Verständnis von „Marktwirtschaft" implizierte nun nicht mehr den bestmöglichen Zustand der Gesellschaft, sondern er beschränkte ihre Funktion darauf, „die in der Wirtschaft lebendigen Kräfte zu wecken und zu einer so hohen Leistung zu bringen oder sogar zu zwingen".[217]

Diese der Marktwirtschaft zugesprochene Eigenschaft sollte es ermöglichen, den Mangel zu beheben und „durch höhere Leistung zu einer Erhöhung [des] Sozialproduktes" zu kommen bzw. „den allgemeinen Lebensstandard zu heben". Das Prinzip „Marktwirtschaft" verbürgte für Erhard „mehr und besser als jedes andere den wirtschaftlichen Fortschritt, die wirtschaftlichste Leistung und damit auch den höchsten sozialen Lebensstandard für alle". Der „wahre Kaufmannsgeist", ja das „Kämpfen" in der Konkurrenz, dient nach Erhards Auffassung „zuletzt dem sozialen Frieden". [218]

212 Vgl. Erhard, Gegenwartsfragen. Ein weiteres Exemplar befindet sich unter der Signatur O II 218 Nr. 17 in der Bibliothek der Handelskammer Bremen. Zitat ebd., S. 1.

213 Vgl. Weisz u. Woller, Wörtliche Berichte, Band 2, S. 799.

214 Erhard, Gegenwartsfragen; dort sind verschiedene situative Beifallsbekundungen verzeichnet, weswegen es sich um eine Mitschrift handeln muss.

215 Nur eine geringfügige Variation vom Vortag stellte die Aussage dar, dass seine Politik „allen Menschen ein Maximum an Lebensmöglichkeiten und dem gesamten Volk ein Maximum an Wohlfahrt und Wohlstand verschafft", ebd., S. 4.

216 Diese Aussage muss wiederum als Distanzierung von schlechten historischen Erfahrungen mit dem Liberalismus gelesen werden – Erhard bezeichnet das „freie Spiel der Kräfte" an dieser Stelle als „alten Ladenhüter".

217 Zitate in diesem Absatz: ebd., S. 7, 6, 8, 8, 17 (in dieser Reihenfolge).

218 Zitate in diesem Absatz: ebd., S. 11, 9, 1, 19 (in dieser Reihenfolge).

Diesen neuen „Geist" stellte Ludwig Erhard in dieser Rede besonders heraus, denn er sprach gegenüber den dort versammelten UnternehmensvertreterInnen „an die deutsche Wirtschaft in ihrer Gesamtheit". Nicht umsonst schloss er seine Ausführungen mit einem Appell an das moralisch richtige Verhalten: „Ich möchte die deutsche Wirtschaft, – die Marktwirtschaft, – gestützt wissen auf den tüchtigen, den fleissigen, den seiner sozialen Verantwortung stets eingedenken [sic] Unternehmer! (Lebhafter Beifall und Bravo-Rufe!)".[219]

Ein Kommentar des Präsidenten der IHK von Augsburg, Bogel, zu dieser Rede Erhards zeigt uns nochmals die enge Verbindung, in der diese Ereignisse mit den Protesten der Bevölkerung und den sich daraus ergebenen politischen und sozialen Gefahren standen. Er griff den Appell Erhards nach Verantwortungsübernahme durch die Wirtschaftsakteure auf; es sei „die Aufgabe der Selbstverwaltungsorganisationen der Wirtschaft, die verbrecherische Profitgier ganz gewisser Kreise mit allen Mitteln zu bekämpfen, vor allem auch, um soziale Unruhen zu vermeiden"[220].

Diese beiden dicht aufeinander folgenden Reden skizzierten eine Konstellation der Dispositiv-Elemente, die sich im Laufe der Zeit verfestigte und sich schließlich etablierte: Die „freie Wirtschaft" wurde auf die Funktionen Effizienz und Leistungssteigerung reduziert, während für das Soziale zukünftig staatliche Interventionen sorgen sollten. Letzteres fand vor den Wirtschaftsvertretern allerdings keine Erwähnung. Der Zusatz „freie" vor der Marktwirtschaft wurde unter politischem Druck sukzessive aufgegeben; auf diese Weise entstand – nach und nach[221] – Platz für eine andere Spezifizierung der Marktwirtschaft. Es handelt sich also um einen weiteren Schritt auf dem Weg von der „freien" zur „sozialen Marktwirtschaft".

Auch in der zweiten Lesung des „Gesetzes gegen Preistreiberei" (auch „Preiswuchergesetz" genannt) am 19. August 1948, dem Tag nach der Rede Erhards vor der IHK,

219 Zitate in diesem Absatz: ebd., S. 14, 21. Drei Monate später hat Erhard anscheinend die Illusion verloren, den strukturellen Schwierigkeiten mit moralischen Appellen beizukommen, vgl. Streitgespräch am 14. November 1948, S. 81.

220 Zitiert nach dem Zeitungsbericht über Erhards Rede, Niederdeutsche Zeitung, 19. August 1948, S. 1 (Leitartikel).

221 Interessant ist dabei die Tatsache, dass die Zeitungen am nächsten Tag mit der Verteidigung der „freien Marktwirtschaft" durch Erhard titelten, obwohl dieser Ausdruck vor Ort nicht gefallen war. Da sie aber ansonsten nah am Text berichteten, ist eine naheliegende Möglichkeit, dass die den Zeitungsberichten zugrundeliegenden Agenturmeldungen (dpd-AP; es handelt sich nicht um Korrespondentenberichte) mit dem ursprünglichen Redetext Erhards arbeiteten. In diesem Fall hätte Erhard damit auf die Debatte am Tag zuvor reagiert und entgegen seines schriftlichen Redetextes aus der „freien Marktwirtschaft" das Adjektiv gestrichen. Ein Redemanuskript war indessen nicht aufzufinden. Als weitere Möglichkeit bietet sich an, dass die gebräuchliche Zuspitzung in öffentlichen Debatten den Begriff „freie Marktwirtschaft" prominenter benutzte als Ludwig Erhard selbst, es aber im Prinzip seinem Programm entsprach und er deswegen nicht dagegen intervenierte. Zur Verwendung von „freie Marktwirtschaft" vgl. FR, 19. August 1948, S. 1 und Niederdeutsche Zeitung, 19. August 1948, S. 1: „Freie Marktwirtschaft für die Westzonen. Dr. Erhard entwickelt sein Programm". In letzterem Artikel kommt die exakte Wortkombination „freie Marktwirtschaft" fünfmal vor, neben einigen ähnlichen Konstellationen (etwa „freie Wirtschaft"). Vgl. auch, dass die FR am 20. August 1948 auf ihrer Titelseite („Preiswuchergesetz angenommen") in anderer Sache, aber wiederum abweichend von Protokollformulierungen berichtete, Altwein habe den Vorwurf erhoben, wer „dem Dogma der freien Marktwirtschaft in einem solchen Maße huldige wie Dr. Erhard, verliere einfach den Blick für die tatsächlichen Bedürfnisse des Volkes"; FR, 20. August 1948, S. 1. Originalformulierung war hingegen: „Wer das Zentraldogma der freien wirtschaftlichen Bestätigung anbetet", vgl. Weisz u. Woller, Wörtliche Berichte, Band 2, S. 814.

schlug der SPD-Abgeordnete Erich Altwein nochmals in diese Kerbe. Zunächst warf er dem politischen Kontrahenten Widersprüchlichkeit vor und bezeichnete das Gesetz als eine „Kreuzung von Adam Smith und einem Polizeistaat", in dessen Formulierungen sich „ganz deutlich die Gegensätzlichkeit von freier und gebundener Wirtschaft" spiegele.[222] Altwein erkannte das Dilemma, in das die Wirtschaftspolitik des 20. Juni geraten war, recht genau, und es gelang ihm, dies im Wirtschaftsrat – trotz polemischer Wortwahl – auf den Punkt zu bringen:

> „*Wer das Zentraldogma der freien wirtschaftlichen Bestätigung anbetet, der gerät notwendig in dem unvermeidlichen Interessenskonflikt zwischen dem Einzelinteresse und dem Schutzbedürfnis des gesamten Volkes in eine gewisse Richtungslosigkeit, weil er aus den Prinzipien der freien Wirtschaft, d.h. aus den Prinzipien der Marktwirtschaft heraus*[,] *keine* [...] *diese Gegensätze ausgleichenden Vorstellungen gewinnen kann* [...]. [Das] *individuelle Gewinnstreben findet seine Grenze nicht etwa in menschenfreundlichen Überlegungen, sondern nur da, wo eine weitere Ausweitung des Gewinns zu einem Absinken des Umsatzes führen muß.*"[223]

In einem ähnlichen Wortbeitrag machte auch der zweite Redner der SPD-Fraktion, Adolf Arndt, auf diese Widersprüche aufmerksam. Die Zustände in der „Preispolitik und auf dem freien Markt" seien „Folge der Gesetze, die Herr Direktor Erhard als ‚eherne' bezeichnet". Die Unterstützer der „Grundsätze der freien Marktwirtschaft" müssten sich zu diesen Zuständen bekennen, weil sie „keine andere Heilung sehen, als die in den Selbsthilfekräften der Wirtschaft". Diese scharfen Angriffe zielten auf die Prinzipien des Leitsätzegesetzes, wie Erhard es auslegte, ab. Sie waren mitnichten schon alle umgesetzt, aber vom Direktor für Wirtschaft und dem Verwaltungsrat immer weiter vorangetrieben worden. Erstmalig wurden mit dem Preistreibereigesetz diesen Prinzipien widersprochen, was tatsächlich die Frage nach der (wirtschafts-)politischen Orientierung aufwerfen musste. Zu diesem Zeitpunkt hatten die Verfechter der „freien Marktwirtschaft" jedenfalls keine argumentativ stringente Antwort darauf; ein Zustand, der den politischen Gegnern trotz parlamentarischer Unterlegenheit einige Vorteile verschaffte. Adolf Arndt wandte sich etwa folgendermaßen an die Fraktion, die soeben das Preistreibereigesetz eingebracht hatte: „Sie können aber hier nicht mit einem unguten Gewissen Strafrechtssätze aufstellen, die keine Strafrechtssätze sind, um auf diesem Wege Fehler zu reparieren, die bei ihrer eigenen Preispolitik herauskommen."[224]

Beide Redner, Altwein wie Arndt, konnten bei ihrer Argumentation nicht nur die argumentative Sackgasse der Wirtschaftspolitik des Verwaltungsrates, sondern auch die Verhältnisse auf der Straße und auf den Märkten aufgreifen. Eine inhaltliche Entgegnung auf der Ebene der Argumention erfolgte nicht, sondern das Gesetz wurde – wie oben bereits beschrieben – ohne weiteres angenommen.

Dass in diesen Tagen sowohl die Zeitungsredaktionen als auch die Abgeordneten der SPD weiterhin die „freie Marktwirtschaft" als Blaupause für die verfolgte Wirtschafts-

222 Ebd., S. 813 f.
223 Ebd., S. 814.
224 Alle Zitate: ebd., S. 817.

politik benutzten, obwohl sie in Erhards Beiträgen gar nicht mehr erwähnt wurde, kann nur wenig verwundern. Ihnen war womöglich gar nicht aufgefallen, dass der Direktor für Wirtschaft auf diese Bezeichnung sowohl am 17. als auch 18. August verzichtet hatte. Allerdings musste das zu diesem Zeitpunkt auch noch nicht viel heißen, zumal Erhard auch bei anderen wichtigen Reden zuvor zwar viel von Freiheit und freier Wirtschaft, aber nicht immer explizit von „freier Marktwirtschaft" gesprochen hatte.[225] Bedeutung gewinnt diese Tatsache aus der weiteren Entwicklung.

Weil die „freie Marktwirtschaft" also als paradigmatische Zuspitzung weiterhin argumentativ und politisch in Parlament, in den Medien und auf der Straße thematisiert, kritisiert, verteidigt und bekämpft wurde, suchten die Angegriffenen aus dieser defensiven Lage wieder herauszukommen. Dies machte einige „Umbauten" der Argumentation – man könnte hinzufügen: auch der Äquivalenzkette – nötig. Der nächste wichtige Schritt war, sich deutlich von der Strategie der „freien Marktwirtschaft" (als vormals bevorzugte Lösung des Notstandes) zu distanzieren, um argumentativen und wirtschaftspolitischen Handlungsspielraum zurückzugewinnen. Der beschriebene Kampf um die Bedeutung von „frei" bzw. „Freiheit" hatte den Grundstein dafür gelegt. Das zunächst kommentarlose Fallenlassen und die bald darauf folgende Distanzierung war ein notwendiger Schritt hin zur diskursiven Ersetzung der „freien Marktwirtschaft" durch die „soziale Marktwirtschaft"; allerdings sollte bis dahin noch einige Zeit vergehen.

Der nächste Akt wurde am 28. und 29. August 1948 auf dem Zonenparteitag der CDU (BBZ) in Recklinghausen aufgeführt. Der CDU-Fraktionsvorsitzende im Wirtschaftsrat Dr. Friedrich Holzapfel rekapitulierte in seinem Referat am ersten der beiden Tage den „Übergang zur freien Wirtschaft"[226] vom 20. Juni 1948. Als er auf die tagesaktuellen Probleme zu sprechen kam, hieß es:

> *„Was wir in Frankfurt bisher getan haben, ist letzten Endes etwas, was nicht [!] den Gedanken einer wirklichen Sozialpolitik in sich trägt, sondern sich nur darauf bezog, die am Boden liegende Wirtschaft wieder auf die Beine zu stellen. Wir haben aber ein Programm mit starken sozialen Forderungen. Und jetzt* [!] *kommt für uns die große Probe, ob wir zu diesem sozialen Standpunkt stehen werden oder nicht."*[227]

Holzapfel hatte damit nolens volens die Argumentation der SPD im Wirtschaftsrat übernommen und behandelte die Wiederbelebung der Wirtschaft durch deren „Freiheit" einerseits und die soziale Verbesserung andererseits als zwei verschiedene Probleme – mit dem wichtigen Unterschied, dass Friedrich Holzapfel sie für miteinander vereinbar hielt. Die „freie Marktwirtschaft" konnte für ihn Ende August 1948 zwar für Wirtschaftswachstum sorgen; die Politik aber musste eingreifen, wenn soziale Wirkung erreicht werden sollte. In diesem Zitat wird die bisherige – erklärtermaßen freimarktwirtschaftliche – Politik also auf die Ankurbelung der Wirtschaft reduziert und konzediert, dass die „soziale Ausrichtung" damit nicht erreicht werden konnte. Diese Argumentation wurde noch von seiner Forderung verstärkt, es müsse „auch zu einer sozialen Ausrichtung in unserer Wirtschaft

225 Zum Beispiel nicht bei seinen Reden am 21. April oder am 21. Juni 1948.
226 Pütz, Konrad Adenauer, S. 594.
227 Ebd., S. 597. Hierzu empfahl Holzapfel vor allem einen schnellen und umfassenden Lastenausgleich.

kommen“[228], womit Holzapfel vor allem die (noch nicht erfolgte) Aufhebung des Lohnstopps meinte. Eine sozialere Gesellschaft war demnach zu erreichen, indem erstens für eine „wirkliche Sozialpolitik“ auf gesellschaftlicher Ebene und zweitens für angemessene Löhne gesorgt würde.[229] Möglicherweise erkannte Holzapfel die Notwendigkeit, die CDU aus einer Situation zu befreien, die Franz Etzel einige Monate später so formulierte: „Wir haben, wenn ich es glatt heraussagen darf, ja gar keine Wirtschaftspolitik der CDU, sondern die Wirtschaftspolitik von Prof. Erhard gemacht, und von der CDU her haben wir sie sanktioniert.“[230]

Eine interessante Variante des diskursiven Rückzugs vom Strategischen Dispositiv ist dabei die Umschreibung „was wir in Frankfurt bisher getan haben“. Bei Erhard hatte sich in den Tagen zuvor beobachten lassen, dass er dazu tendierte, die Marktwirtschaft nach den scharfen Angriffen auf „frei“ bzw. „Freiheit“ adjektivlos zu nutzen. Beides waren Verlegenheitslösungen, weil die „freie Marktwirtschaft“ als Leerer Signifikant nicht (mehr) funktionierte und noch kein Ersatz vorhanden war. Auch Holzapfel fiel es schwer, zwischen der nun anzupackenden „wirklichen Sozialpolitik“ und der wirtschaftsfördernden Politik der vergangenen Wochen begrifflich (‚signifikativ‘) zu unterscheiden. Deswegen – und vielleicht fehlte ihm auch die dazu nötige Chuzpe – war ihm nicht möglich, was Erhard einige Stunden später an selber Stelle erstmalig vornahm: Die Distanzierung von der „freien Marktwirtschaft“.

Ludwig Erhard nämlich reagierte in einer Rede vor demselben Parteikongress der CDU, ebenfalls am 28. August 1948, im Prinzip in ähnlicher Weise wie Holzapfel auf den gesellschaftlichen Druck, unter den die „freie Marktwirtschaft“ durch den neuen Notstand geraten war.[231] Angesichts seine vorangegangenen Äußerungen wenig überraschend, fiel bei ihm die Betonung der Leistungsfähigkeit der Marktwirtschaft jedoch deutlicher aus als bei Holzapfel, auch wenn er erklärte, sie sei kein „Allheilmittel“.[232] Seine in diesem Referat „Marktwirtschaft moderner Prägung“ genannte Wirtschaftspolitik grenzte er – wie bislang – vom Liberalismus ab, diesmal allerdings in überraschender Formulierung: „Nicht die freie Marktwirtschaft des liberalistischen Freibeutertums einer vergangenen Ära, auch nicht das ‚freie Spiel der Kräfte‘ […], sondern die sozial verpflichtete Marktwirtschaft“ zeichnete nach Erhard diese Art von Marktwirtschaft aus.[233] Rhetorisch ging er also viel weiter als Holzapfel, wenn er die „freie Marktwirtschaft“ – wenn auch mit einer Spezifizierung – damit erstmalig als Negativfolie benutzte. Gleichzeitig brachte Erhard zwei weitere Ersatzkandidaten für den Repräsentanten der guten Äquivalenzkette ins Spiel („Marktwirtschaft moderner Prägung“ und „sozial verpflichtete Marktwirtschaft“) – zusätzlich zu der „sozialen Marktwirtschaft“ (17. August) und der adjektivlosen Marktwirtschaft (z.B. 21. Juni oder 18. August).

Die bei dieser Rede zu Tage tretende Flexibilität von Erhards Zielvorstellungen erlaubte ihm eine bemerkenswerte Volte, die ihm die künftigen Auseinandersetzung extrem ver-

228 Ebd., S. 598.
229 Ebd., S. 598.
230 So Etzel in einem Diskussionsbeitrag während des Zonenausschusses der CDU in der BBZ am 25. Februar 1949 in Königsstein, in: ebd., S. 861 f.
231 Vgl. Erhard, Streit der Meinungen.
232 Vgl. ebd., insbesondere S. 75 f., Zitat 85.
233 Ebd., S. 70.

einfachte. Die „freie Marktwirtschaft", an der die schlechten Erfahrungen der ersten zwei Monate nach der Währungsreform klebten und die den Zorn auch der antikapitalistischen Teile der Bevölkerung auf sich gezogen hatte, musste damit nicht mehr von ihm verteidigt werden. So konnte Erhard kühn feststellen: „Wir sind nicht in der Verteidigung, sondern wir können im Angriff vorgehen."[234] Dies war eine äußerst aufschlussreiche Bemerkung, wenn man bedenkt, dass er noch zehn Tage zuvor explizit davon gesprochen hatte, sich eben auch „in der Verteidigung" zu befinden. Dass Erhard nun mit einem anderen Gefühl in die künftigen Auseinandersetzungen gehen konnte und seine Unterstützer dazu aufrief, es ihm gleichzutun, lag in der Distanzierung von der „freien Marktwirtschaft" begründet. Ihre Unterstützer im Wirtschaftsrat sollten keine drei Monate später im Zusammenhang mit dem Generalstreik am 12. November behaupten, schon immer Gegner einer „freien Marktwirtschaft" gewesen zu sein.

Als Zwischenbilanz können wir für Ende August 1948 – nur wenig mehr als zwei Monate nach der Durchführung der Wirtschafts- und Währungsreform und einen Monat nach dem Beginn der flächendeckenden Proteste der Bevölkerung – festhalten, dass das vorgängige Strategische Dispositiv auch auf der diskursiven Ebene in eine Phase der Modifikation eingetreten war.

Das Element „freie Marktwirtschaft" wurde in diesem Prozess einem Funktionswandel unterworfen. Es verlor die Bedeutung als Leerer Signifikant und unterlag einer Abwertung, indem „freie Marktwirtschaft" fortan nur noch als Äquivalent zu einer wachsenden, produktiven Wirtschaft, aber nicht mehr als Garant für eine soziale Gesellschaft genutzt wurde. Dadurch entstand eine Leerstelle bei der Bezeichnung des Gemeinwohls. Diese wurde durch die nun zunächst adjektivlose Verwendung der „Marktwirtschaft" nur dürftig abgedeckt und verschiedene Vorschläge zu ihrem Ersatz („Marktwirtschaft moderner Prägung", „soziale Marktwirtschaft" „sozial verpflichtete Wirtschaftsordnung") geisterten noch recht einflusslos durch die diskursive Arena.

Zu diesem Zeitpunkt lässt sich vermuten, was Foucault womöglich mit einer Readjustierung der heterogenen Elemente vor Augen hatte. Die Proteste forderten weitere Veränderungen; auf der nichtdiskursiven Ebene wurden die ersten korrigierenden Maßnahmen geplant. Das Gesetz gegen Preistreiberei stellte in seiner Begründung die Logik des Strategischen Dispositivs in Frage und die Debatten auf der Straße und im Wirtschaftsrat veränderten den Leeren Signifikanten. Das ganze System aufeinander verweisender Elemente war in Bewegung. Diese Modifizierung des Dispositivs wird in der folgenden Entwicklung immer deutlicher erkennbar und fand 1949 seinen vorläufigen Abschluss dadurch, dass sich „soziale Marktwirtschaft" als Leerer Signifikant und Bezeichnung des Modifizierten Dispositivs durchsetzte.

Zur Bedeutung von „Planung"

Im Zuge der in der Analytik beschriebenen Überprüfung, wie sich die Äquivalenzketten im Laufe des Untersuchungszeitraumes geändert haben, sollte auch der Signifikant „Planung" untersucht werden. Dahinter stand die Annahme, dass „geplant" bzw. „Planung" und insbesondere „Planwirtschaft" in besonders starkem Gegensatz zur Marktwirtschaft

234 Ebd., S. 79.

gestanden hätten, sich diese Konstellation aber mit dem Aufkommen der „sozialen Marktwirtschaft“ geändert haben könnte. Eine Funktionsänderung der „Planung“ hätte – so die Vermutung – entweder im Zuge der neuen Wirtschaftspolitik stattfinden können oder aber als „Durchbrechung der antagonistischen Grenze“,[235] um andere politische Spektren, namentlich das sozialdemokratische Milieu, einbinden zu können.

Bei einer Überprüfung der einschlägigen Texte und Reden Ludwig Erhards, bei dem eine Distanz zu diesem Begriff angenommen wurde, stellte sich allerdings heraus, dass von ihm schon seit 1946 eine Unterscheidung zwischen einer „sozial ausgerichteten planvollen Wirtschaft“ und „totaler Planwirtschaft“ vorgenommen wurde.[236] Eine „Durchbrechung der antagonistischen Grenze“ liegt also nicht vor, wenn Erhard Ende mitten in den hier beschriebenen politischen Auseinandersetzungen (Ende August 1948) den „scheinbaren Dualismus hier Planwirtschaft, dort Marktwirtschaft“[237] auflösen wollte, weil eine ‚richtige Planung‘ sich bereits durchgängig auf der guten Äquivalenzkette befunden hatte. Während die Planwirtschaft den Einzelnen „unter die Knute einer seelenlosen Bürokratie“[238] zwinge, wird von Erhard mit Hilfe von Formulierungen wie „wohldurchdachte Planung im besten Sinne des Wortes“[239] der Komplex einer planvollen Wirtschaftspolitik im Rahmen einer Marktwirtschaft für durchaus wünschenswert gehalten.

Daher handelt es sich bei den entsprechende Zeugnissen aus dem Herbst 1948 nicht um eine neue Konstellation der guten Äquivalenzkette, sondern allenfalls um eine Hervorhebung einer schon bestehenden Konfiguration, etwa wenn Erhard zur Freude seines gewerkschaftlichen Gegenübers im Dezember 1948 zugab, er sei „durchaus in gewisser Hinsicht Planwirtschaftler“[240].

Die Verfestigung der neuen Konstellation (September bis Mitte Oktober)

Zwischen Anfang September und Mitte Oktober fanden auf der Diskursebene keine großen Umbrüche statt; die Beteiligten nahmen aber die verschiedenen Diskurselemente in ihrer neuen Anordnung auf und verwendeten sie in diesem Sinne. Voraussetzung für diese ‚Sedimentierung‘ der neuen Konstellationen war es, dass es in der Frage der hohen Preise keinerlei Entwarnung gab und auch der Druck auf den Verwaltungsrat sich zwar veränderte, aber keinesfalls aufhörte – andernfalls hätte es nach einer Phase der Irritation ein ‚Zurück‘ geben können. Es ist festzuhalten, dass sich diese – an „Ereignissen“[241] ärmere – Zeitspanne exakt mit dem Zeitraum deckt, in dem auch die Proteste nur noch sporadisch stattfanden. Neben den zahlreichen expliziten Querverweisen in zeitgenössischen Texten

---

235 Nonhoff, Politischer Diskurs, S. 324.

236 Ludwig Erhard (1962): Zusammenschluss und Wirtschaftseinheit. Artikel aus der Neuen Zeitung vom 23. September 1946, in: ders. (Hg.): Deutsche Wirtschaftspolitik. Der Weg der sozialen Marktwirtschaft, Düsseldorf, S. 16–18, S. 17.

237 Erhard, Streit der Meinungen, S. 70.

238 Ebd., S. 70.

239 Ebd., S. 71. Wiederum erinnert diese Rhetorik an das Strategem IX („Strategem der eigentlichen Bedeutung“) der Systematik von Martin Nonhoff.

240 FR, 9. Dezember 1948, S. 1: „Jedermann-Programm wird erhöht“.

241 Als diskursives Ereignis lässt sich bezeichnen, was „den weiteren Verlauf des Diskurses, zu dem es gehört, beeinflusst oder auch radikal verändert.“, Jäger u. Zimmermann, Lexikon kritische Diskursanalyse, S. 56 (= Eintrag „Ereignis“).

muss diese hier nochmals zu beobachtende zeitliche Parallelität von Widerstand und Entwicklung des Dispositivs (und insbesondere dessen diskursiver Elemente) als wichtiger Hinweis für deren gegenseitige Verflechtung und Abhängigkeit verstanden werden.

Auch an der CDU gingen die Ereignisse nicht spurlos vorbei. Vielmehr entwickelte sich die „innerparteiliche Opposition auf dem linken Flügel [...] fast kongruent mit den Preissteigerungen"[242] und Konrad Adenauer musste schon Mitte September auf einer Tagung der Sozialausschüsse in Herne das Versprechen von einer Verständigung mit der SPD und einem „entschieden sozialen Kurs der Union" auf Grundlage des Ahlener Programms abgeben.[243] Diese Versprechungen erfüllte Adenauer allerdings nicht; die Verständigung mit der SPD blieb aus, und Adenauer beförderte das Ahlener Programm binnen einiger Monate mit Hilfe der Düsseldorfer Leitsätze ins Abseits.[244]

Auch die Alliierten reagierten, indem sie ihre Kontrollfunktion wieder stärker wahrnahmen, um noch stärkeren Aufruhr zu verhindern: Am 29. September verschärften sie ihre Position vom 2. Juli 1948 (der Verwaltungsrat habe „enge Fühlung" mit den Besatzungsmächten zu halten[245]) und verlangten, dass zukünftig vor bestimmten Erlassen aufgrund des Leitsätzegesetzes eine Genehmigung einzuholen sei und keine Inkraftsetzung vor einer solchen Genehmigung vorzunehmen wäre. Es war weiterhin erwünscht, dass der Präsident des Wirtschaftsrates (Köhler) bei jedem derartigen Beschluss die Mitglieder des Wirtschaftsrates und des Verwaltungsrates auf diese Bedingung hinweisen sollte. Dies zielte offensichtlich auf Erhard ab. Hierdurch sollten nicht nur weitere Preisfreigaben gebremst oder verhindert, sondern auch „eventuell voreiliges Verhalten [...] seitens der Öffentlichkeit vermieden" werden.[246] Offensichtlich sahen auch die Alliierten in den Protesten und dem weitverbreiteten Verständnis, auf das sie stießen, eine Gefahr für die bislang sicher geglaubte Vorherrschaft ihrer politischen Partner und wollten eine weitere Verschärfung der Situation verhindern.

Nur zwei Tage später erhöhte auch die CDU-Fraktion den Druck auf Erhard, der die „freie Marktwirtschaft" noch nicht endgültig aufgegeben hatte: Einen Antrag, der noch auf seiner wirtschaftspolitischen Linie lag, ließ die Fraktion im Wirtschaftsrat am 1. Oktober 1948 scheitern, „weil die Unterlagen noch überprüft werden müßten"[247]. Die Brisanz hinter diesem Vorgang brachte eine Zeitungsüberschrift vom nächsten Tag auf den Punkt: „CDU läßt Erhard im Stich"[248]; ein deutlicher Warnschuss für Erhard, mit dem Ziel, die bisherige Politik zu modifizieren.

Am 7. Oktober 1948 verbreitete die CDU-Fraktion des hessischen Landtages eine Entschließung,[249] für die sie zu einer Sondersitzung zusammengekommen war.[250] Darin

242 Ambrosius, Durchsetzung, S. 185.
243 Ebd., S. 185.
244 Vgl. Hentschel, Ludwig Erhard, S. 102–105.
245 „BICO/Sec (48) 410, BICO an den Vorsitzenden des Verwaltungsrates, Kopie an Vorsitzenden des Verwaltungsrates, Vorsitzenden des Länderrates, Direktor der Verwaltung für Wirtschaft, Betreff: Gesetz Nr. 37 des Wirtschaftsrates – Gesetz über die Leitsätze für die Bewirtschaftung und Preispolitik nach der Geldreform", BA Z4/7, Blatt 28.
246 Vgl. BICO/Memo (48) 80, BA Z4/7, Blatt 44.
247 Weser-Kurier, 2. Oktober 1948, S. 1: „Aufhebung des Lohnstopps beschlossen".
248 Abendpost, 2. Oktober 1948, S. 2: „CDU läßt Erhard im Stich".
249 Die Entschließung findet sich in BA N1278/142.
250 In der Signatur BA N1278/142 findet sich mit Datum vom 19. Oktober 1948 in einem Schreiben der CDU-Fraktion Hessen an die Fraktion des Wirtschaftsrates auch der Hinweis auf die Sondersitzung.

heißt es unter anderem, die „derzeitigen ungünstigen Verhältnisse auf wirtschaftlichem und politischem Gebiet haben [...] zu schweren Mißständen geführt" und diesen Verhältnissen sei „nicht mehr mit dem Hinweis auf die Funktionen [zu begegnen], die einer freien Marktwirtschaft unter normalen Verhältnissen zukommt." Die CDU-Fraktion in Hessen forderte mit dieser Begründung „unter grundsätzlicher Billigung der neuen wirtschaftspolitischen Leitsätze" (die ihrerseits in viele Richtungen interpretiert werden konnten), dass gegen die aktuellen Probleme wie Preiserhöhung, Warenhortung und die massive Steuerhinterziehung „rücksichtslos und wirksam eingeschritten werde." Friedrich Holzapfel nahm diese grundsätzlichen Einwände aufmerksam zur Kenntnis.[251]

In dieser angespannten Lage hielt Erhard am 16. Oktober eine nervöse Rundfunkrede, in der er seine Gegner übel beschimpfte. Erik Nölting sollte später – ebenso wenig zimperlich – seinen Eindruck von dieser Rede mit den Worten beschreiben, „der unselige Joseph Goebbels wäre plötzlich seinem Grabe entstiegen und hätte [Erhard] das Manuskript seiner letzten, nicht mehr gehaltenen Rede unter[ge]schoben."[252]

Auch auf der Zonenausschusssitzung der CDU (BBZ) am 28. Oktober wurde deutlich, wie hoch der Druck auf die Koalition im Wirtschaftsrat in diesen Wochen war: Aufgrund entschlossener Initiativen der CSU in diese Richtung wurde darüber debattiert, ob nun besser Ludwig Erhard oder Hans Schlange-Schöningen abzusetzen sei; die CSU war der Meinung „eher geht einer [der beiden] über die Klinge, als daß die Union über die Klinge geht."[253]

Erhard reagierte auf diese heikle Lage so, wie es sich schon in der zweiten Augusthälfte abgezeichnet hatte. Er distanzierte sich – etwas zivilisierter als am 16. Oktober – laut von den vermeintlichen Alternativen („Nie wieder Zwangswirtschaft"[254]). Die „Neue Zeitung" berichtete am 26. Oktober 1948 von einer Veranstaltung in Stuttgart. Dort berichtete Erhard über seine Pläne, wie er die sozialen Wirkungen seiner Wirtschaftspolitik beschleunigen wollte. Der „Druck von außen" auf die Wirtschaft müsse erhöht werden, um der Kostensenkung auf die Sprünge zu helfen. Das Jedermann-Programm würde dabei helfen, „ohne die Zwangswirtschaft durch eine Hintertür wieder einzuführen." Außerdem sprach er nun auch von konkreten Maßnahmen sozialen Ausgleichs: „Die Not der Ärmsten der Armen verlange [...] eine Soforthilfe, für die ihm sogar eine Vermögenssteuer recht sei."[255] Erhard wollte also Ende Oktober durch Steuern auf Mittel zugreifen, um für den Lastenausgleich sorgen zu können, der zu diesem Zeitpunkt in aller Munde war. Für die Zeitgenossen stellte dieser eine Art Chiffre für soziale Kompensation dar, eine Funktion, die der Lastenausgleich – ex post betrachtet – nicht im Ansatz erfüllen sollte. Aber Beteiligte, etwa der Präsident des Wirtschaftsrates, vermuteten noch während der Verhandlungen, es könne sich um das „bedeutsamste" Gesetz handeln, das der Wirtschaftsrat je beschließen würde.[256] Von der automatischen sozialen Funktion der freien Preise war beim Direktor für Wirtschaft zu diesem Zeitpunkt keine Rede mehr.

251 Alle Zitate aus der Entschließung, BA N1278/142. Holzapfel unterstrich in seinem Exemplar die hier zitierten Passagen.

252 Streitgespräch am 14. November 1948, S. 35 f.

253 Vgl. den Beitrag von Josef Müller (CSU) im „Protokoll der Zonenausschußsitzung der CDU für die britische Zone am 28. und 29.10.1948 in Königswinter", in: Pütz, Konrad Adenauer, S. 738.

254 Neue Zeitung, 26. Oktober 1948, S. 6: „Erhard: Nie wieder Zwangswirtschaft".

255 Neue Zeitung, 26. Oktober 1948, S. 6: „Erhard: Nie wieder Zwangswirtschaft".

256 Köhler am 19. November 1948 im Wirtschaftsrat, in: Weisz u. Woller, Wörtliche Berichte, Band 3, S. 1135.

Als Ludwig Erhard am Abend des 3. Novembers 1948 auf einer CDU-Kundgebung in Mannheim ähnlich redete, wurde seine Argumentation noch deutlicher als zuvor als Defensivposition wahrgenommen. Auf der ersten Seite der „Frankfurter Rundschau" vom folgenden Tag heißt es – unter der Überschrift „Prof. Erhard rechtfertigt sich" – in einem kurzen Bericht, dass seine „Verteidigungsrede für die freie Marktwirtschaft [...] von vielen Zwischenrufen unterbrochen" worden war und Erhard zugeben musste, dass „soziale Maßnahmen in den wirtschaftspolitischen Kurs eingebaut werden müßten."[257] Im Laufe von etwa acht Wochen hatte sich ein neues Verhältnis der Elemente (des Dispositivs) auch bei Erhard verfestigt. Auch er machte sich nun die Argumentation zu eigen, wie sie etwa von Holzapfel schon ganz explizit am 28. August benutzt wurde, dass nämlich soziale Sicherungen durch die Politik ausdrücklich nötig seien.

8.2.3 Der Aufstieg der „sozialen Marktwirtschaft" – von der Äußerung zur Aussage

Die zweite Äußerung (13. Oktober 1948)

In dieser offenen Situation (insbesondere durch die Vakanz eines Leeren Signifikanten) griff Erik Nölting, der SPD-Wirtschaftsminister von Nordrhein-Westfalen, die „soziale Marktwirtschaft" auf. Am 13. Oktober machte er sich den darin enthaltenen (tradierten) Sinngehalt zu Nutze und forderte eine Veränderung der Wirtschaftspolitik in seinem Sinne. Er versuchte, „soziale Marktwirtschaft" mit einer ihm gefälligen Bedeutung zu versehen. Nölting forderte, die „notwendigen sozialen Sicherungen" in den Wirtschaftskurs einzubauen – er nannte explizit ein Produktionsprogramm und die „schnelle Ausgabe der StEG-Waren". Eine entsprechende Einigung, so Nölting, müsste „umso leichter sein, als Erhard nicht eine liberale, sondern die soziale Marktwirtschaft als sein Ziel bezeichnet habe"[258]. Hier wird klar, dass der Begriff für Erhards urspünglichen Kurs nicht in erster Linie eine Chance, sondern vielmehr eine große Gefahr darstellte, weil seine politischen Gegner damit ihre Position stärken konnten.

Durch diese Rede Nöltings bzw. die darin enthaltene Erwähnung ist freilich die „soziale Marktwirtschaft" noch nicht zu einer Aussage, geschweige denn zum Diskurs geworden. Vielmehr tritt neben die einzelne Äußerung Erhards eine zweite – von einer anderen Sprecherposition aus.[259] Nölting spitzte in seiner Formulierung (Ziel sei „nicht eine liberale, sondern die soziale Marktwirtschaft") zwei vereinzelte Bemerkungen Erhards zu, der sich am 17. August für eine „soziale Marktwirtschaft" als Ziel ausgesprochen und sich am 28. August gegen eine „freie Marktwirtschaft des liberalistischen Freibeutertums" und „das ‚freie Spiel der Kräfte'" gewandt hatte. Eine Zuspitzung durch Nölting war dies deshalb, weil Erhard vermieden hatte, die liberale oder „freie" Marktwirtschaft an sich komplett abzulehnen, sondern auf Spezifizierungen wie „liberalistisch" ausgewichen war.[260]

257 FR 5. November 1948, S. 1: „Prof. Erhard rechtfertigt sich".

258 Rhein-Echo, 16. Oktober 1948, S. 1. Darin wird eine Rede von Nölting am 13. Oktober vor dem Landesverbandstag des Gaststätten- und Hotelgewerbes wiedergegeben.

259 Erik Nölting galt als personifizierte „sozialdemokratische Alternative zur neoliberalen Politik Erhards", Beier, Der Demonstrations- und Generalstreik, S. 46.

260 Vgl. Nonhoff, Politischer Diskurs, S. 325.

Im allgemeinen Sprachgebrauch durchgesetzt hat sich allerdings nicht Erhard, sondern Nölting: Bereits einen Monat später sollte Hermann Pünder im Wirtschaftsrat behaupten: „Immer wieder betonen wir, dass wir keine freie, sondern nur eine soziale Marktwirtschaft schaffen und betreiben."[261] Die später von der Koalition im Wirtschaftsrat als Beweis dafür angeführten Elemente (Jedermann-Programm und StEG-Waren) wurden vier Wochen vorher noch von Nölting gegen die eigentliche Frankfurter Wirtschaftspolitik eingefordert.[262] Dazwischen lagen Kundgebungen in und um Mannheim und Bremen sowie die Stuttgarter Vorfälle, bei denen insgesamt fast 250.000 Menschen während der Arbeitszeit gegen die „freie Marktwirtschaft" auf die Straße gegangen waren.

SPD und DGB bereiten der „sozialen Marktwirtschaft" den Weg

Die eigentliche diskursive Inauguration der „sozialen Marktwirtschaft" aber fand zweifelsohne rund um den Generalstreik am 12. November statt, insbesondere in den Tagen zuvor. Nachdem die Arbeitsniederlegung am 2. November erstmalig öffentlich angekündigt worden war, vergingen kaum drei Wochen, bis die „soziale Marktwirtschaft" im öffentlichen Sprechen fest verankert worden war.

Für die vorliegende Untersuchung wurden alle Äußerungen, die sich – affirmativ, ablehnend oder sonst irgendwie – auf die „soziale Marktwirtschaft" beziehen und in den vorliegenden Quellen und Literatur zu finden waren, beachtet. Das überraschende Ergebnis: Ausgehend von der einmaligen, situativen Äußerung durch Ludwig Erhard am 17. August kam es nicht nur zu einer Vervielfältigung der Sprecher, Äußerungen, Aussagen und Inhalte, sondern es waren vor allem seine politischen Widersacher (das heißt die entschiedenen Gegner des Strategischen Dispositivs „freie Marktwirtschaft"), welche die „soziale Marktwirtschaft" im Diskurs hielten und für seine Ausbreitung sorgten. Unter der Fahne der „sozialen Marktwirtschaft" forderten Erik Nölting (SPD), der DGB, Albin Karl (DGB/SPD), die CDU-Sozialausschüsse und schließlich Oswald Nell-Breuning politische Kurskorrekturen.

Als zu dieser Zeit ein regelrechtes Äußerungsgewitter in Sachen „soziale Marktwirtschaft" über der Bizone niederging, war Ludwig Erhard daran eher unbeteiligt. Stattdessen trat Hermann Pünder als einziger aus der Koalition, die den Erhardschen Wirtschaftskurs ermöglicht hatte, am 12. November an, um im sich anbahnenden Konflikt um die „eigentliche Bedeutung" einer „sozialen Marktwirtschaft" die bisherige Politik nicht in einen Gegensatz zu ihr geraten zu lassen. Doch zunächst weiter in der Chronologie:

Am 5. November 1948 nahm Erik Nölting während einer Debatte zum Preisproblem im Landtag von Nordrhein-Westfalen die Wortkombination auf. Er sprach sich in dieser Rede für „eine regulierte Marktwirtschaft" aus, „damit aus der liberalen Marktwirtschaft

261 BA Z13/1177, S. 4, Unterstreichung im Original. Vgl. auch Weisz u. Woller, Wörtliche Berichte, Band 3, S. 1102. Vgl. ausführlich S. 287–291.

262 Die Vorschläge, die Nölting dahingehend machte, entsprachen dem Jedermann-Programm, welches einen Monat später die ersten Waren auslieferte: „Um dies zu erreichen, verlangt Nölting die Aufstellung eines festumrissenen Produktionsprogramms mit Produktionsauflagen an die Betriebe. [...] Wer sich beteiligt, wird vorzugsweise beliefert und behandelt, so dass er mit einer 90-100prozentigen Kapazitätsauslastung rechnen kann. Nölting erinnert auch an das Utility-Programm in Großbritannien und verlangt schnelle Ausgabe der StEG-Waren", Rhein-Echo, 16. Oktober 1948, S. 1.

Abb. 30: München (Nähe Isartor) im Juli 1948: Passanten begutachten die Auslage eines Lederwarengeschäftes. Nach der Preisfreigabe und vor dem Beginn des Jedermann-Programms wurde ein großer Teil der Lederrohstoffe nicht für dringend benötigte Schuhe, sondern für Lederluxuswaren verwendet.

die soziale Marktwirtschaft" werden könne.[263] Er griff also zum zweiten Mal binnen kurzem auf diese Formel zurück, doch anders als drei Wochen zuvor (am 13. Oktober) als explizite Forderung nach einer „sozialen Marktwirtschaft".

Nölting trat für eine Produktion ein, die auf die Bedürfnisse der Bevölkerung abgestimmt wäre, und illustriert dies am Beispiel der Verwendung der Ledervorräte. Wie bei anderen Rohstoffen auch, sei nicht genug vorhanden, um den gesamten Bedarf zu decken. Umso unverständlicher sei es, wenn für teure Aktentaschen, mit denen viel Geld verdient werden konnte, Leder verbraucht wurde, das dann in der Schuhproduktion fehlte. Diesen – den Zeitgenossen nur allzu vertrauten Sachverhalt – fasste Nölting unter dem Begriff „Aktentaschenpsychose" zusammen. Als Konsequenz daraus forderte er:

> *„Wir brauchen eine gelenkte Wirtschaft, und bitte, werden sie nicht gleich wieder schreckhaft bei diesem Wort: eine regulierte Marktwirtschaft, damit aus der liberalen Marktwirtschaft eine soziale Marktwirtschaft wird, die ja auch Sie wollen, und die Prof. Erhard uns versprochen hat."*

Nachdem er sich dann deutlich und wortreich von der „Zwangswirtschaft" distanziert hatte, bezweifelte er, dass die Alternative zu einer Zwangswirtschaft einzig aus dem freien Markt bestehen könnte:

263 Archiv des Landtag NRW MMP01-67 (Plenarprotokolle des Landtags), S. 1200.

> *„Aber wir können doch nicht einfach mit dem guten alten Adam Smith unter der Nase durch die Landschaft der Wirtschaft stolpern. [...] Wenn die Ware so knapp und die Not so groß ist, [...] wird die freie Wirtschaft zum Piratentum, zur Ausbeuterwirtschaft. Ich glaube, es sollten alle begreifen, daß Wirtschaftspolitik mit einem Tropfen sozialen Öls gesalbt sein muß. Dieser Liberalismus, den Frankfurt so pompös verkündet, ist keine neue Heilsbotschaft! Es ist nur ein alter, verstaubter Ladenhüter.“*[264]

Wieder bejahte Erik Nölting damit eine noch wenig konturierte „soziale Marktwirtschaft“. Er ließ sie als eine anzustrebenden Zustand erscheinen, der explizit weder Zwangswirtschaft noch Liberalismus darstellte. Eine solche Verwendung ist ein deutlicher Hinweis darauf, dass Nölting in diesen Wochen die „soziale Marktwirtschaft“ tatsächlich als Leeren Signifikanten nutzte. Für Erik Nölting war „soziale Marktwirtschaft“ zu einem früheren Zeitpunkt eine akzeptable (und durchdachte) Zielvorstellung als für Ludwig Erhard. Nölting stieß damit in die Lücke, die sich aus der auf „Produktionssteigerung“ verminderten Funktion der „freien Marktwirtschaft“ und der daraus folgenden Vakanz eines Repräsentanten des Allgemeinwohls ergeben hatte.

Am folgenden Tag (6. November 1948) veröffentlichte das Zentralorgan der Gewerkschaften in der BBZ, die Zeitschrift „Der Bund“, auf ihrer Titelseite einen offenen Brief von Albin Karl[265] vom Gewerkschaftsvorstand. Das Gewerkschaftsblatt titelte: „Es wird gefährlich, Herr Prof. Erhard!“[266]

Der BUND

DAS GEWERKSCHAFTSBLATT DER BRITISCHEN ZONE

Nr. 23 - Jahrgang 2 | Veröffentlicht unter Zulassung Nr. 104 der Militärregierung | 6. November 1948

Es wird gefährlich, Herr Prof. Erhard!

Offener Brief an den Direktor der Verwaltung für Wirtschaft

Von Albin Karl, Stellvertretendem Vorsitzenden des Deutschen Gewerkschaftsbundes

Sehr geehrter Herr Professor!

Vor wenigen Tagen erst wurde mir der [illegible]-Bericht über eine Rundfunkrede in die [illegible]nd gespielt, die Sie am 16. Oktober über [illegible]dio München gehalten haben. Es war eine [illegible] Rede. Sie sprachen von einem „hyste-[illegible]schen Gekeife der Kollektivisten aller Sor-[illegible]“, die von „schlotternder Angst“ befallen [illegible], weil sich das Volk der „geistigen Be- Änderung erhoffen. Es gibt Leute, die Ihre Lage „tragisch“ nennen. Sie seien von den Alliierten und allen sonstigen guten Geistern im Stich gelassen worden. Sie hätten auf hemmungslose Rohstofflieferungen vertraut, und darauf sei Ihre freie Marktwirtschaft gegründet gewesen. Das ist eine miserable Rechtfertigung. Es ist klüger, mit dem Spatz in der Hand zu rechnen, als mit Tauben, die noch nicht einmal auf den eigenen Dächern Profite bietet, kann für eine verständige Wirtschaftslenkung nichts übrig haben.

Mit halbem Ernst

Indem Sie sich zu dem Jedermann-Programm entschlossen, haben Sie diese Gesichtspunkte im Grunde anerkannt. Sie taten es aber so zögernd und Sie tun es noch mit so schwachen Mitteln, daß man ordentlich das Unbehagen herausspürt, das Sie dabei empfinden. Wenn Preisspiegeln, denen keine exakten Kalkulationen zugrunde liegen, sondern Fausturteile, die lediglich der „psychologischen Beeinflussung“ dienen sollen. Mit derartigen Methoden kann man die Produktion und die Preisbildung nicht auf eine soziale Linie führen.

Ablieferungsstreik

Nun werden auch die Bauern mobil. Sie haben Ihre freiwirtschaftlichen Parolen vernommen

Abb. 31: Der Bund, 6. November 1948: Titelseite der Gewerkschaftszeitung des DGB in der Britischen Zone.

264 Archiv des Landtag NRW MMP01-67 (Plenarprotokolle des Landtags), S. 1200.

265 Auf dem Gründungskongress des DGB für die Britische Besatzungszone im März 1947 wurde Albin Karl zum stellvertretenden Vorsitzenden gewählt. Im Jahr 1949 wählte ihn der Gründungskongress des DGB für die Bundesrepublik zum Mitglied des Geschäftsführenden Bundesvorstandes, vgl. AdsD: Eintrag Albin Karl, unter: www.fes.de, zuletzt 18. August 2015, zuletzt 8. August 2015.

266 Vgl. „Der Bund. Das Gewerkschaftsblatt der britischen Zone“, 6. November 1948, S. 1: „Es wird gefährlich, Herr Prof. Erhard! Offener Brief an den Direktor der Verwaltung für Wirtschaft.Von Albin Karl, Stellvertretendem Vorsitzendem des Deutschen Gewerkschaftsbundes“. Beier, Der Demonstrations- und Generalstreik, S. 40 berichtet von „Schlagzeilen“, die dieser Brief damals gemacht habe, aber ohne weitere Erläuterung und ohne Quellenangaben.

Zunächst nahm Karl darin Stellung zu der bei den Zeitgenossen schnell berühmt-berüchtigt gewordenen Rundfunkrede Erhards vom 16. Oktober, in der jener gegen „hysterisches Gekeife der Kollektivisten" und „seelenlose Bürokratie und Bonzokratie" gewettert hatte.[267] Diese verbalen Ausfälle stellte Karl in den Zusammenhang mit der kurz zuvor ausgesprochenen Drohung der CSU, Erhard fallen zu lassen, falls er seinen Kurs unbeirrt beibehielte.[268] Der SPD-nahe „Telegraf" aus Berlin machte auf den Einfluss Röpkes aufmerksam, der von Erhard selber als Inspiration genutzt wurde[269] und kurz zuvor eine Broschüre mit dem Titel „Die Krise des Kollektivismus" veröffentlicht hatte. Nach Meinung des Kommentators wolle man „anscheinend den morschen Körper der ‚freien Wirtschaft' dadurch retten, daß dem staunenden Publikum der Schwarze Mann des ‚Kollektivismus' vorgeführt wird."[270] Die umso stärkere Abgrenzung gegen die „pure negativity" scheint einmal mehr eine Folge des Drucks gewesen zu sein, unter den das Projekt Erhards („freie Marktwirtschaft") geraten war. Dieses charakterisierte Albin Karl als „unerschütterlichen Glauben an die liberalen Marktgesetze", von denen insbesondere Erhard „erfüllt" sei und die er zuweilen „mit leidenschaftlichem Pathos" vortragen würde. Doch diese Marktgesetze – von denen Karl offenließ, ob er an sie glaubte – seien momentan unerreichbar, die Wirtschaft unterliege bereits „mannigfaltigen politischen Eingriffen". Daraus müssten die „notwendigen Folgerungen" gezogen werden:

> *„Eine soziale Marktwirtschaft (von der sie so oft reden[271]) kommt nicht von selbst zustande, sondern bedarf einer planvollen Regulierung, die keineswegs einer behördlichen Zwangswirtschaft gleichkommt."*[272]

Vor dem Generalstreik, aber nach den ersten Neuanordnungen und Ergänzungen der Elemente des Dispositivs schilderte Albin Karl die Umbruchsituation, in der sich die Wirtschaftspolitik des künftigen Weststaates befand und mit der eine gewisse temporäre Orientierungslosigkeit einherging. Dass eine „soziale Marktwirtschaft" (wenn sie denn möglich sei) nicht durch die Freiheit der Märkte, sondern nur durch institutionelle Regulierung Wirklichkeit werden könne, habe Erhard, indem er sich zum Jedermann-Programm entschlossen habe, bereits „im Grunde anerkannt". Dann legte Karl den Finger in die Wunde, die aus dem unwilligen Rückzug von der rein marktwirtschaftlichen Politik und dem gleichzeitigen Fehlen einer Alternative entstanden war – eine Lage, die auch innerhalb der CDU kurze Zeit später erkannt wurde.[273] Der Entschluss, wirtschaftspolitisch diesen Ein-

---

267 Die besagte Rede Erhards wurde allenthalben aufgegriffen, etwa vom Abgeordneten Kriedemann (SPD) im Wirtschaftsrat am 10. November 1948, vgl. Weisz u. Woller, Wörtliche Berichte, Band 3, S. 1109 und 1111.

268 Albin Karl bezog sich hinsichtlich dieser CSU-Drohung auf einen Bericht in der Badischen Zeitung vom 21. Oktober 1948.

269 Vgl. dazu S. 144 dieser Arbeit.

270 Telegraf, 19. November 1948: „‚Kollektivisten aller Sorten'. Prof. Röpke bekämpft den Sozialismus mit Schlagworten."

271 Es gibt abseits der einmaligen Äußerung vom 17. August 1948 keinen weiteren Nachweis, dass Erhard „soziale Marktwirtschaft" bis zu diesem Zeitpunkt genutzt hätte; wahrscheinlicher ist, dass Albin Karl die Vervielfältigung des Begriffes durch Nölting vor Augen hatte oder diese Aussage als rhetorisches Mittel nutzt.

272 Offener Brief, 6. November 1948 (wie Anm. 266 auf S. 283). Die Wörter „soziale" und „Regulierung" sind im Original gesperrt.

273 Vgl. dazu verschiedene Schreiben von Franz Etzel an Pünder und Holzapfel vom 29. November 1948 und

sichten (die noch nicht ausgesprochenen, aber schon umgesetzt waren) zu folgen, würde aber, so Karl, noch zögernd umgesetzt und zudem „mit so schwachen Mitteln, daß man ordentlich das Unbehagen herausspürt," welches Erhard dabei empfinde. Für diese Einschätzung konnte Albin Karl sich nicht nur auf die Berichte von Gewerkschaftskollegen berufen; vielmehr hatte er selber tags zuvor die gleiche Erfahrung gemacht, als Erhard dem Gewerkschaftsrat gegenüber abgelehnt hatte, das Jedermann-Programm auf achtzig bis neunzig Prozent auszuweiten.[274] Anfang Dezember verkündete Erhard allerdings dann doch noch die Erweiterung des Programms.[275] Zur Bekräftigung seiner geharnischten Aufforderung, die Wirtschaftspolitik endlich zu ändern, trat auch Albin Karl noch einmal gegen das im Scheitern begriffene Projekt „freie Marktwirtschaft" nach:

> *„Die alleinigen Opfer Ihrer freien Marktwirtschaft werden am Ende Lohn- und Gehaltsempfänger, die Sozialrentner und die Wohlfahrtsunterstützten sein, alle diejenigen, die fixe Einkommen haben und weder über Produktionsmittel noch über handelsfähige Waren verfügen. Auf deren Rücken vollzieht sich der wirtschaftliche Wiederaufbau im Zeichen der Freiheit."*[276]

Im typischen Stil der deutschen Gewerkschaften, soziale Kämpfe öfter anzukündigen, als sie wirklich zu führen, beschrieb Karl schließlich den „sozialen Explosivstoff", der sich zur Zeit ansammele. Sollte eines Tages der DGB beschließen, dass die „unerträgliche Senkung der Massenkaufkraft [...] mit einer klaren Negation der Mitbestimmungsrechte der Arbeiter zusammentrifft", würden die Gewerkschaften aber wirklich „mit geballter Kraft den Kampf aufnehmen."[277]

Karl war am Tag der Veröffentlichung des offenen Briefes, am 6. November 1948, bei der Sitzung des Gewerkschaftsrates der vereinten Zonen anwesend, auf der über die Form des bevorstehenden Ausstandes diskutiert wurde; er berichtete dort auch von diesem Brief.[278] Die Gewerkschafter verabschiedeten auf dieser Sitzung den Entwurf für den Aufruf zum Generalstreik „nach verschiedentlichen Änderungen". In der ebenfalls weit verbreiteten

17. Januar 1949, in denen das Vorstandsmitglied der CDU Rheinland und Mitglied des Zonenausschusses der CDU in der BBZ um eine Art Klausurtagung bittet. Erstmalig am 17. November ins Auge gefasst, sollte eine solche Tagung eine „einheitliche Linie" der CDU-Wirtschaftspolitik festlegen. Bislang kam es nach Einschätzung des Zonenausschusses oft zu Forderungen verschiedener Parteigliederungen, die „gegenüber der Frankfurter Wirtschaftspolitik systemfremd und in sich widerspruchsvoll" waren. Etzel spricht davon, dass die CDU/CSU auch in Frankfurt selbst „uneinheitlich [...] regiert", weil es an einem Wirtschaftsprogramm und einer „wirtschaftspolitischen Führung" mangele, BA N1278/163, o.S.

274 „Unsere Kollegen, die gelegentlich an Besprechungen über die Ausführungen des Jedermann-Programms teilgenommen haben, sind arg enttäuscht und haben den Eindruck, daß diese Sache von Ihnen und ihren verantwortlichen Mitarbeitern nur mit halbem Ernst angepackt wird. Das gilt auch von [sic!] den Preisspiegeln [...]", Offener Brief, 6. November 1948 (wie Anm. 266 auf S. 283). Albin Karl und Ludwig Erhard waren am Tag zuvor auf aufeinandergetroffen und Erhard hatte sich noch gegen die Ausweitung des Jedermann-Programms gewehrt, vgl. „Sitzung des Gewerkschaftsrates mit Mitgliedern des Verwaltungsrates am 5.11.1948 um 20.30", abgedruckt in Mielke u. Rütters, Gewerkschaften 1945–1949, S. 1007–1009, 1008 f.

275 Vgl. S. 249.

276 Offener Brief, 6. November 1948 (wie Anm. 266 auf S. 283).

277 Alle Zitate aus dem Offenen Brief (wie Anm. 266 auf S. 283).

278 „Protokoll der Gewerkschaftsratssitzung am 4., 5. und 6. November in Frankfurt a.M.", in: Mielke u. Rütters, Gewerkschaften 1945–1949, S. 1000–1007, hier 1002.

Begründung[279] des Forderungskataloges wurde dargelegt, wie die Wirtschaftspolitik „die Armen ärmer und die Reichen reicher" gemacht habe und die Forderungen und die Mitarbeit der Gewerkschaften abgelehnt worden waren. Der erste Satz dieses Aufrufs lautete: „Wirtschaftlicher Notstand ist das Ergebnis einer Politik, die als ‚freie Wirtschaft' oder eine angeblich ‚soziale Marktwirtschaft' bezeichnet wird."[280] Der Aufruf wurde nicht so deutlich wie Nölting am Tag zuvor; doch durch das Wort „angeblich" markierte auch der DGB einen wichtigen Unterschied: Die aus Sicht des DGB unhaltbaren Zustände ließen sich problemlos als „freie Marktwirtschaft" bezeichnen; als „soziale Marktwirtschaft" ging die am 20. Juni realisierte Wirtschaftspolitik für den DGB jedoch nicht durch. Die Möglichkeit, dass durch die Erfüllung einiger Forderungen der Gewerkschaften eine wirklich und nicht nur angeblich „soziale Marktwirtschaft" erreicht werden könne, liegt dieser Konstruktion zugrunde, wurde bei dieser Gelegenheit aber nicht expliziert.

Alle drei Formulierungen – die des SPD-Wirtschaftspolitikers Nölting, des gewerkschaftlichen Vorstandes Albin Karl (zugleich ebenfalls SPD-Mitglied) wie auch der Aufruf des DGB – sind Teil der eingangs beschriebenen Mechanismen, mit denen die Stellung der Diskurse ermittelt wird. Die Zustimmungsreichweite für den Diskurs „soziale Marktwirtschaft" war ganz offensichtlich ungleich höher als diejenige der „freien Marktwirtschaft", obwohl – oder weil – nicht wirklich klar war, was „soziale Marktwirtschaft" überhaupt bedeutete. Die „freie Marktwirtschaft" hatte diese Bedeutungsoffenheit mit den Erfahrungen nach der Währungsreform eingebüßt. Das Sinn-Erbe des Wortes „sozial" weitete den Kreis der potenziellen Befürworter dieser Wirtschafts- und Gesellschaftsordnung aus nachvollziehbaren Gründen erheblich aus.

Mit diesen Forderungen von SPD und DGB stellt sich also ein Zwischenstand der Genealogie des Diskurses „soziale Marktwirtschaft" überraschenderweise so dar, dass es nach der erstmaligen Äußerung Erhards am 17. August unter dem Eindruck des ersten Höhepunktes der Proteste Sozialdemokraten aus SPD und DGB waren, die diese Äußerung aufgriffen und zu einem Ausgangspunkt für ihre politischen Forderungen machten. Es ist indes nicht klar, ob es sich um bewusste oder strategische Formulierungen gehandelt hat. Möglicherweise kann die „soziale Marktwirtschaft" auch als „glückliche Fundsache"[281] beschrieben werden, die sich durch intuitive, spontane Formulierungen herauskristallisiert hat. Foucaults Annahme einer „Strategie ohne Stratege" scheint damit eine Bestätigung zu erhalten.

279 Sie fand sich etwa auf der Rückseite des auf Flugblättern verbreiteten Forderungskataloges, vgl. ebd., S. 1019 (Anm. 15).

280 Abgedruckt in: ebd., S. 1010–1012, hier 1011. Nochmals findet sich hier das Strategem IX („eigentliche Bedeutung") der Systematik von Martin Nonhoff in aller Deutlichkeit.

281 Alain Lipietz: Kette, Schuss und die Regulation. Ein Werkzeug für die Sozialwissenschaften, in: Nach dem Ende des „Goldenen Zeitalters". Regulation und Transformation kapitalistischer Gesellschaften. Ausgewählte Schriften, hg. v. Hans-Peter Krebs, Berlin 1998, S. 77–115., S. 104. Alain Lipietz spricht davon, dass solche „glücklichen Fundsachen" dann durchaus „im Laufe der Zeit bewusst konsolidiert" werden können, ebd. S. 103 f.

„Soziale Marktwirtschaft": von der Äußerung zur Aussage (10. November 1948)

In den Tagen vor und nach dem Generalstreik wiederholte sich der Ablauf von Mitte August. In offensichtlicher Beziehung zu einem Höhepunkt sozialer Proteste (am 14./15. August mit zahlreichen Protestdemonstrationen bzw. am 12. November mit dem Generalstreik) fanden intensive politische Debatten statt, während derer es auch zu einschneidenden Änderungen auf der Diskursebene kam.

Wieder reflektierte ein Misstrauensantrag der SPD-Fraktion – diesmal nicht nur gegen Ludwig Erhard, sondern auch gegen den Vorsitzenden des Verwaltungsrats Hermann Pünder – die Bewegung auf der Straße und in den Betrieben. Die Proteste hatten sich mit Hilfe der Gewerkschaften institutionalisiert und waren berechenbarer geworden. Dies erklärt die Tatsache, dass der Misstrauensantrag unmittelbar vor dem Generalstreik diskutiert wurde und nicht – wie im August – kurz nach den spontanen Protesten.

Besonders auffällig ist, dass nun Pünder den Begriff nutzte; und zwar viel bewusster, öfter und systematischer als Erhard oder irgendjemand anders zuvor. Die Rede von Pünder am 10. November im Wirtschaftsrat, mit der er dem Misstrauensantrag begegnete, hatte zunächst ein vielsagendes Vorspiel. Bei dem bereits dargelegten Zusammentreffen der Gewerkschaftsspitzen mit den hohen Vertretern des Verwaltungsrates am Abend des 5. November hatte Pünder (und laut Protokoll auch Erhard) gegenüber vielen Gewerkschaftsforderungen Zustimmung signalisiert.[282] Pünder ließ die Presse, die das Thema in den Leitartikeln verhandelte, dazu wissen, dass der Verwaltungsrat bei „diesen Verhandlungen gegenüber den Gewerkschaften betont [hat], daß der von Direktor Erhard eingeschlagene Kurs nicht eine liberalistische, sondern eine sozial-verpflichte[te] Wirtschaftsordnung darstelle" und Teile des Gewerkschaftsprogramms „als Grundlage für einzuschlagende Maßnahmen" dienen könnten.[283] Es handelte sich hierbei um ein politisch-diskursives Entgegenkommen, welches in diesen Aussagen als solches erkennbar ist. Erich Potthoff, in Nordrhein-Westfalen Landtagsmitglied für die SPD und Leiter des „Wirtschaftswissenschaftlichen Instituts" (WWI) des DGB, nahm diese Ankündigungen zwar nur als „Pflästerchen" wahr, notierte sich aber in diesem Zusammenhang, dass die Verwaltung für Wirtschaft „gerne wieder die Verbindung haben möchte"[284]. Bei den hier zu beobachtenden Änderungen – der Modifizierung des Dispositivs – haben wir es ganz offensichtlich „mit strategischen Notwendigkeiten zu tun, die nicht unmittelbar mit Interessen gleichzusetzen sind"[285]. Das diskursive Eingehen auf den Gegenpart, der Versuch des Wiedereinfangens sollte durch eine Erweiterung der diskursiven Reichweite des grundlegenden – leeren – Signifikanten geschehen; und ohne entsprechende nichtdiskursive Elemente wäre dieser Versuch wenig glaubwürdig gewesen.

Begleitet wurde die Modifizierung allerdings von einem klassischen rhetorischen Mittel, um das Heft des Handelns in der Hand zu behalten und die politische Initiative nicht zu

282 Vgl. „Sitzung des Gewerkschaftsrates mit Mitgliedern des Verwaltungsrates am 5.11.1948 um 20.30", in: Mielke u. Rütters, Gewerkschaften 1945–1949, S. 1007–1009.

283 Weser-Kurier, 8. November 1948, S. 1 : „‚Kurs wird unverändert fortgesetzt'" und Hamburger Abendblatt, 8. November 1948, Leitartikel S. 1: „Verhandlungen vor dem Generalstreik".

284 „Aktennotiz von Erich Potthoff für Hans Böckler vom 24. November 1948", DGB-Archiv [jetzt: AdsD] 5/DGAB 11, Blatt 127f, zitiert nach: Lauschke, Böckler, S. 316.

285 Foucault, Dispositive der Macht, S. 138.

verlieren: der Behauptung, genau dies eigentlich schon immer gewollt zu haben. Für eine soziale Ausrichtung, und sei es nur durch Abfederung der absehbaren unsozialen Folgen der Preisfreigabe, hätte es in der ersten Hälfte des Jahres 1948 ebenso viel Zeit und Spielraum gegeben wie für die systematische Vorbereitung der „freien Marktwirtschaft". Es ist jedoch offensichtlich, dass dies nicht geschehen ist und auch von Pünder, Erhard und den sie tragenden Kräften nicht geplant war.

Ob es nun politische Rhetorik war oder er selbst daran glaubte: Pünder sagte am 10. November 1948 in einer Art „Regierungserklärung" zum Generalstreik (tags zuvor waren in Bremen nochmals 30.000 Menschen gegen den Wirtschaftskurs Erhards auf die Straße gegangen): „Immer wieder betonen wir, dass wir keine freie, sondern nur eine soziale Marktwirtschaft [im Orig. unterstrichen] schaffen und betreiben". Wann dieses „immer wieder" gewesen sein soll, wird wohl Hermann Pünders Geheimnis bleiben, zumal sich seine diesbezügliche Beweisführung nur auf Maßnahmen allerjüngsten Datums bezieht; denn es solle geschehen mittels eines „sinnvollen Zusammenspiel[s] organischer Hilfsmittel." Diese Instrumente sah Pünder vor allem in dem „Jedermann-Programm, dem Ausbau der Preisspiegel-Aktion, der schleunigen Zuführung billiger Fertigwaren über die STEG und gewisse ausländische Importe, Beschaffung von Rohstoffen und ihrer planvollen Verteilung" sowie Kredit- und Steuerpolitik sowie dem Lastenausgleich.[286] Hier wurden durch Pünder viele Elemente des neuen – modifizierten – Dispositivs zusammengebracht, die in der Vorstellung einer „freien Marktwirtschaft" nicht unterzubringen waren. In seiner verhältnismäßig kurzen Rede tauchen in dichter Abfolge verschiedene weitere Äußerungen zur „sozialen Marktwirtschaft" auf.

Noch deutlicher als in der Besprechung mit den Gewerkschaftsspitzen tritt in dieser Erklärung zu Tage, dass Hermann Pünder darum bemüht war, die Kritiker des Verwaltungsrats wieder an Bord zu holen – der Unterschied zwischen beiden bestehe nämlich nur in den „Methoden, die zur Durchsetzung dieses sozialen Charakters unserer Marktwirtschaft anzuwenden sind"[287], nicht aber in der eigentlichen sozialen Zielsetzung. Die mit dem Begriff verbundenen Verheißungen (in der historischen Situation vor allem eine gesicherte Versorgung und soziale Gerechtigkeit) seien nah, insofern Pünder meinte, „dass wir auf diesem Wege zu einer wirklich sozialen Marktwirtschaft in nicht zu ferner Zeit vollen Erfolg haben werden".[288] Von „dem als richtig erkannten Wege – hin zu einer sozialen Marktwirtschaft –", werde sich der Verwaltungsrat „auch nicht im geringsten abbringen lassen."[289]

Bei dieser Gelegenheit wurde die „soziale Marktwirtschaft" in der Öffentlichkeit erstmals durch einen Vertreter der Koalition im Wirtschaftsrat systematisch und bewusst genutzt.[290] Trotzdem ist Pünders Rede Teil einer „Strategie ohne Stratege", da damit kein langfristiger Plan verfolgt wurde, sondern sie in das tagespolitische Spiel eingebunden war. In dieser

286 Tageordnungspunkt 12 der 24. VV des WR: „Entgegennahme einer Erklärung des Vorsitzenden des Verwaltungsrates über die Verhandlungen mit den Vertretern der Gewerkschaften mit anschließender Aussprache", in: Weisz u. Woller, Wörtliche Berichte, Band 3, S. 1102. Das Protokoll ist fast in Gänze wortgleich mit dem Manuskript Pünders, BA Z13/1177, hier Blatt 4, darin auch Unterstreichungen.

287 Weisz u. Woller, Wörtliche Berichte, Band 3, S. 1102 bzw. BA Z13/1177, hier Blatt 4.

288 Weisz u. Woller, Wörtliche Berichte, Band 3, S. 1102 bzw. BA Z13/1177, hier Blatt 5.

289 Weisz u. Woller, Wörtliche Berichte, Band 3, S. 1103 bzw. BA Z13/1177, hier Blatt 6.

290 Dass dies bewusst geschehen ist, leite ich ab daraus, dass Pünder in seinem Redemanuskript entsprechende Unterstreichungen vorgenommen hat, vgl. BA Z13/1177.

frühen Phase des Diskurses „soziale Marktwirtschaft" wurde dieses Spiel allerdings wesentlich von Pünders und insbesondere Erhards politischen Kontrahenten geprägt. Denn vor und nach dieser Erklärung Pünders war eine Vervielfältigung verschiedener Aussagen zur „sozialen Marktwirtschaft" zu beobachten – die meisten kamen von Kritikern der „freien Marktwirtschaft", welche die unsoziale Wirkung des vorherigen Dispositivs immer und immer wieder bemängelt hatten und versuchten, aus dem Begriff „soziale Marktwirtschaft" erhöhte Legitimation für ihre Vorschläge abzuleiten.

Ob sich Sozialisten oder Anhänger der „freien Marktwirtschaft" zur „sozialen Marktwirtschaft" bekannten, ist aus geschichtswissenschaftlicher, hegemonietheoretischer und allgemein aus politischer Perspektive äußerst interessant und aufschlussreich. Für die Feststellung des Aufstiegs eines neuen ‚Sagbarkeitsregimes' aus diskurstheoretischer Sicht ist dieser Umstand jedoch zweitrangig: „What counts is the newness of the regime itself in which enunciation is made, given that such a regime is capable of containing contradictory énoncés."[291]

Durch Hermann Pünder wurde zur Aussage, was am 17. August 1948 erstmals als Äußerung hervorgetreten war: Die „soziale Marktwirtschaft" sei das allgemeine Ziel, dessen Erreichung das höchste Allgemeinwohl zur Folge hätte; Pünder etablierte sie als Leereren Signifikanten. Es war eine Wiederholung der Äußerung Erhards vom 17. August, in einer ähnlichen Arena (dem Wirtschaftsrat) und durch einen ähnlich verorteten Sprecher, jedoch nachdrücklicher und als zentraler Punkt erkennbar. Durch das vor dem Generalstreik zu beobachtende Auftreten „zahlreicher verstreuter Äußerungen und Praktiken, die eine gewisse Ordnung erkennen lassen", deren Inhalt zudem „typisierbar" ist, sind die Voraussetzung erfüllt, welche die „soziale Marktwirtschaft" am 10. November 1948 als Aussage erkenntlich werden lassen.[292]

Erhard blieb bei dieser Gelegenheit blass. Er redete einige Zeit nach Pünder und etwa dreimal so lange, ohne dass diese Rede sonderlichen Widerhall gefunden hätte.[293] In seinem ziemlich unstrukturierten Beitrag vermischen sich die von ihm als „soziale Notwendigkeit"[294] erkannten Maßnahmen zur Gegensteuerung (hier: Steuern auf Warenbesitz) mit seiner eigentlichen Grundüberzeugung, nur der Markt sei in letzter Konsequenz sozial. Das hinderte ihn in diesem Stadium an überzeugenden programmatischen Aussagen, die in dieser Rede (anders als bei Pünder wenige Augenblicke zuvor) fehlten. Es ist beileibe kein Zufall, dass unklar blieb, auf welche Politik bzw. auf welche Elemente seiner eigenen Politik sich Erhard bei seiner einzigen Erwähnung von „soziale Marktwirtschaft" bezog: „Diese Wirtschaftspolitik, das sind nicht Mätzchen, sondern das ist die einzig mögliche Wirtschaftspolitik überhaupt, um das Ziel einer sozialen Marktwirtschaft

291 Deleuze, What is a dispositif?, S. 163: „When he [Foucault] challenges the originality of an énoncé, he means that a contradiction which might arise between two énoncés is not enough to distinguish between them, or to mark the newness of one with regard to the other. What counts is the newness of the regime itself in which enunciation is made, given that such a regime is capable of containing contradictory énoncés."

292 Landwehr, Historische Diskursanalyse, S. 78.

293 Vgl. z.B. Niederdeutsche Zeitung, 11. November 1948, Leitartikel S. 1. Erhard kommt in diesem ausführlichen Zeitungsbericht überhaupt nicht vor. Die Rede ist ediert in: Weisz u. Woller, Wörtliche Berichte, Band 3, S. 1114–1120.

294 Ebd., S. 1118.

zu erreichen.“[295] Erhard ließ offen, ob der Ausdruck „diese Wirtschaftspolitik“ die Preisfreigaben vom 20. Juni oder korrigierende Maßnahmen wie das Jedermann-Programm, Preismaßnahmen und Warenbesteuerung meinte. Es sollte noch zwei Monate dauern, bis er sich in derselben Klarheit wie Pünder (und zunächst mit diesem gemeinsam[296]) zum Konzept einer „sozialen Marktwirtschaft“ bekennen sollte.

Teile der bizonalen Presse griffen nun das Thema „soziale Marktwirtschaft“ auf. Die „Niederdeutsche Zeitung“ etwa zitierte aus der Rede Pünders die in dieser Hinsicht entscheidenden Stellen:

> *„‚Der Verwaltungsrat betone immer wieder, daß gegenwärtig keine freie sondern eine s o z i a l e M a r k t w i r t s c h a f t betrieben werde‘, führte Dr. Pünder anschließend aus. Es bleibe noch viel zu tun übrig, um die soziale Not der breiten Schichten zu beheben. ‚Über die Methoden, die zum Durchsetzen des sozialen Charakters unserer Marktwirtschaft anzuwenden sind, gehen allerdings die Auffassungen auseinander‘, sagte Dr. Pünder.“*[297]

Jetzt nutzten auch die CDU-Sozialausschüsse, die bereits in den Monaten zuvor mit dem rein marktwirtschaftlichen Kurs nicht einverstanden waren, die Möglichkeit, die sich aus der Wortkombination „sozial“ und „Marktwirtschaft“ und dem aufstrebenden Diskurs ergaben, insbesondere, was das spezifische Sinn-Erbe des Wortes „sozial“ anbelangte. Die überhöhten Preise ließen sich damit so darstellen, dass sie nicht mehr volkswirtschaftlich notwendige Vernichtung zu hoher Kaufkraft sicherstellten, sondern den sozialen Zielen der Gesellschaft zuwiderliefen. Die Sozialausschüsse stellten dazu am 11. November 1948 fest: „Wenn zahlreiche Unternehmer und Geschäftsleute nicht gewillt sind, den Anforderungen einer sozialen Marktwirtschaft nachzukommen, muß der Staat eingreifen und sie dazu zwingen“.[298] Nehmen wir nun noch hinzu, dass der „Nestor der katholischen Soziallehre“[299], Oswald Nell-Breuning, sich wenige Tage später ebenfalls öffentlich zu einer „sozialen Marktwirtschaft“ bekannte,[300] verfestigt sich das Bild, dass rund um den „limitierten Generalstreik“[301] eine spezifische Etablierung und Vervielfältigung von Aussagen stattgefunden hat, die dann gemeinsam den Diskurs „soziale Marktwirtschaft“ institutionalisierten.

295 Ebd., S. 1119.

296 Vgl. dazu S. 299 f. dieser Arbeit.

297 Niederdeutsche Zeitung, 11. November 1948, Leitartikel S. 1: „Dr. Pünder: Streik schädigt alle.“ Im Weser-Kurier, 11. November 1948, Leitartikel S. 1: „Wirtschaftsrat im Schatten des Streiks“ fehlte die Vokabel hingegen gänzlich, ebenso im Leitartikel der FR vom 11. November 1948 („Im Zeichen der Arbeitsruhe“).

298 Informationsdienst des Zonenausschusses der CDU für die britische Zone, Köln (1946–1948), Nr. 19 vom 11. Dezember 1948, S. 3, zitiert nach: Ambrosius, Durchsetzung, S. 185.

299 „Unumstritten galt er als *der* ‚Nestor der katholischen Soziallehre‘“, Oswald von Nell-Breuning-Institut (o.J.): Kurzbiografie von Pater Oswald von Nell-Breuning SJ, unter: www.sankt-georgen.de, zuletzt 8. August 2015. Ähnlich äußerte sich Reinhard Marx 2008: „Der Nestor der Katholischen Soziallehre, Oswald von Nell-Breuning, hat das umstrittene Wort gesagt: Wir stehen auf den Schultern von Karl Marx. Da hat es heftige Kritik gegeben. Aber er hatte recht.“, Peter Wensierski u. Stefan Berg (2008): Wilde Spekulation ist Sünde. Interview mit Reinhard Marx, in: Der Spiegel, 27. Oktober 2008, unter: www.spiegel.de, zuletzt 8. August 2015.

300 Riedl, Liberale Publizistik, S. 114.

301 Roesler, Wiederaufbaulüge, S. 57.

Die treibende Kraft war dabei nicht Ludwig Erhard, sondern seine Kritiker oder zumindest ein bestimmter Teil von ihnen.[302] Nur die KPD sah den Begriff lediglich als propagandistische Aufbauschung minimaler Zugeständnisse.[303] Doch die sozial orientierten Vertreter der SPD, des Deutschen Gewerkschaftsbundes und der christlichen Soziallehre (auch innerhalb der CDU) bemächtigten sich für den kurzen historischen Moment rund um den Generalstreik dieses Begriffs – es waren dieselben Akteure, die im gleichen Zeitraum die Ausweitungen des Jedermann-Programms erzwangen. Wenn nicht Hermann Pünder zu diesem Zeitpunkt eine Interpretation im Namen des Verwaltungsrates vorgetragen hätte und wenn SPD und DGB eine eigene Füllung der „sozialen Marktwirtschaft" als Strategie weiter verfolgt hätten, hätte dieser Teil der Geschichte Westdeutschlands möglicherweise einen ganz anderen Verlauf genommen.

Erhard versus Nölting: Antagonisten im Dilemma (14. November 1948)

Eine weitere interessante Quelle für die Untersuchung der Genese des Diskurses bietet ein Streitgespräch, das am 14. November 1948 zwischen Ludwig Erhard und Erik Nölting stattfand. Nicht nur die enorme Aufmerksamkeit der Öffentlichkeit, sondern auch die Form der Veranstaltung macht diese Quelle besonders.

Zunächst hatte der Bezirksvorsitzende der SPD Hessen-Süd, Willy Knothe, eine SPD-Großkundgebung vorbereitet. Das Motto sollte lauten: „Das Steuer herum! Niedrige Löhne, steigende Preise, hohe Profite, so kann es nicht weitergehen!".[304] Das hier thematisierte Streitgespräch fand in diesem Rahmen statt, wurde aber schnell zum eigentlichen Mittelpunkt der Veranstaltung, so dass die ursprüngliche Intention kaum mehr Beachtung fand und sich ein sehr gemischtes Publikum einfand. Es war Ludwig Erhard selber, der schon vier Tage vor dem Termin diese Veranstaltung im Wirtschaftsrat ankündigte.[305] Der Ort der Diskussion war der Franz-Althoff-Bau, ein Zirkus-Zelt, welches zu dieser Zeit auf dem Gelände des Frankfurter Zoos aufgebaut war;[306] sie fand am Sonntag, 14. November 1948, vormittags statt.[307]

302 Leonhard Miksch war übrigens bis zum 11. November 1948 krankgemeldet und hat erst am 12. November wieder den Dienst aufgenommen, vgl. BA Z8/221, Blatt 93.

303 Vgl. Rede des KPD-Abgeordneten Rische am 10. November 1948, in: Weisz u. Woller, Wörtliche Berichte, Band 3, S. 1106. Die KPD war somit die einzige wahrnehmbare politische Kraft, die den Begriff nicht mit positiver Aufladung benutzte.

304 Vgl. Telegraf, 14. November 1948: „‚Das Steuer herum!' Großkundgebung der SPD in Frankfurt/ Streitgespräch Nölting – Erhard".

305 Weisz u. Woller, Wörtliche Berichte, S. 1119.

306 Zum Ort: Die Angabe „im Franz-Althoff-Bau" findet sich in: Telegraf, 14. November 1948: „‚Das Steuer herum!' Großkundgebung der SPD in Frankfurt/ Streitgespräch Nölting – Erhard". Auf den Internetseiten des Frankfurter Zoos findet sich die Angabe, dass der Althoff-Bau zur fraglichen Zeit hier gestanden hat: „Noch vor der Währungsreform wurde eine Veranstaltungshalle für 3.000 Besucher, der Franz-Althoff-Bau, errichtet, in der Operetten, Revuen, Ballettabende, Theatervorführungen und Konzerte genauso stattfanden wie Tanzvergnügungen, Rundfunk-Aufnahmen und Sportveranstaltungen.", Zoo Frankfurt (o.J.): Unser Zoo. Geschichte, Sonderveranstaltungen. Unterhaltung und Bildung für Zoobesucher, unter: www.zoo-frankfurt.de, zuletzt 8. August 2015. In den folgenden Jahren war der Franz-Althoff-Bau dann ein wichtiger Auftrittsort für die Frankfurter Jazz-Szene, vgl. Jürgen Schwab u. Harald Hertel (2004): Der Frankfurt Sound. Eine Stadt und ihre Jazzgeschichte(n), Frankfurt/M., S. 84–89.

307 Streitgespräch am 14. November 1948, S. 67.

Nach verschiedenen Zeitungsberichten[308] waren weit mehr als die zulässigen 3.000 Zuschauer gekommen, von denen viele das Duell außerhalb des Althoff-Baus an Lautsprechern verfolgten. Der Nordwestdeutsche Rundfunk, Vorläufer von NDR und WDR, übertrug die Diskussion im Radio, und große wie kleine Zeitungen berichteten ausführlich; etliche diskutierten in Kommentaren die dort verhandelten Fragen.[309] Eine rasche Veröffentlichung des Gespräches als Broschüre war geplant, konnte aber nicht umgesetzt werden, da Ludwig Erhard eine entsprechende Zusage ohne ersichtliche Begründung wieder zurückgezogen hatte.[310]

Die Diskussion dauerte drei Stunden, und es wurde berichtet, dass die ZuschauerInnen, „trotz aller zu Tage tretenden Gegensätze" nicht „aus der Rolle" gefallen waren.[311] Allein dieses erstmalige direkte Aufeinandertreffen der beiden landläufig als wirtschaftspolitische Gegenspieler geltenden Oppenheimer-Schüler war ein Ereignis an sich, an welches noch Jahre später, insbesondere bei ähnlichen Gelegenheiten, erinnert wurde.[312] Aber auch der von Respekt geprägte Umgang der Diskutanten wie auch der Zuschauer sorgte für die einhellige Meinung, dass zumindest die Demokratie an diesem Tage einen Sieg davongetragen habe. Ansonsten gingen die Meinungen durchaus auseinander.

Anders als die Reden im Wirtschaftsrat oder publizierte Texte, die beide „häufig eine mehr oder weniger normierte Form" aufweisen, stand bei diesem Streitgespräch zu vermuten, dass es durch seine „untypischen Eigenschaften diejenigen Merkmale stärker hervorheben [könnte], die sich ansonsten nur mühselig erschließen lassen" würden.[313] Dieser Charakter war indes weniger ausgeprägt als angenommen; die Struktur von jeweils zwei langen Beiträgen ohne Unterbrechungen zwang die beiden Vielredner nur wenig, von ihrer geschlossenen Argumentation abzuweichen. Dies nimmt der Veranstaltung vor dem Hintergrund der politischen Zuspitzungen aber nicht den grundsätzlichen Charakter von einem „Gefecht um Worte und mittels Worten"[314].

---

308 Es existiert eine thematische Zeitungsausschnittsammlung, die sich mit diesem und weiteren Aufeinandertreffen von Erik Nölting und Ludwig Erhard beschäftigt, vgl. LAV NRW, Abt. Rheinland, RW 0307.

309 Beispiel FR, 15. November 1948, Leitartikel: „Diskussion über die Wirtschaftspolitik" und ebd.: Kommentar zum Leitartikel.

310 Erik Nölting wollte daraufhin seine eigenen Äußerungen separat drucken lassen, vgl. Neue Ruhr-Zeitung, 13. Dezember 1948: „‚Erhard steht das Wasser bis zum Hals'. Prof. Nölting sprach auf der Landeskonferenz der SPD." Der Redakteur berichtete darin von einem Gespräch mit Nölting. Ähnlich Rhein-Echo 11. Dezember 1948, S. 1. Auch hierin hieß es, trotz anderweitiger Vereinbarung verweigere Erhard die Zustimmung. Diese nicht produzierte Broschüre ist nicht zu verwechseln mit der eines ähnlichen Streitgespräches zwei Jahre später, vgl. SPD-Vorstand (1951): Nölting kontra Erhard. Streitgespräch zwischen Bundeswirtschaftsminister Prof. Dr. Ludwig Erhard und Prof. Dr. Erik Nölting am 8. Dezember 1951 in Düsseldorf, Bonn, 1951. Auszüge aus dem Streitgespräch von 1948 sind hingegen ediert in: Hohmann, Erhard, Ludwig. Gedanken, S. 166–181, allerdings nur die Passagen von Erhard. Ein vollständiges Transkript findet sich im Archiv der Ludwig-Erhard-Stiftung (LEA), Streitgespräch am 14. November 1948, LEA NE 1558 A. Im Archiv des WDR findet sich eine Audio-Aufzeichnung, vgl. „Streitgespräch zwischen Ludwig Erhard und Erik Nölting", Erstsendedatum 14. November 1948, Archiv des WDR Nr. 5163109/1–3. Alle folgenden Angaben nach dem Transkript, LEA NE 1558 A.

311 Hamburger Allgemeine, 16. November 1948: „Streitgespräche".

312 Vgl. etwa Rheinische Post, 10. Dezember 1951, die anlässlich eines neuerlichen Duells an das offensichtlich legendäre Frankfurter Duell erinnerte. Auch in weiteren Zeitungen finden sich zahlreiche Berichte über diese Rededuelle, auch bei gleichzeitigen Auftritten an unterschiedlichen Orten wurde von „Schattenboxen" oder „Fernduell" geredet, vgl. LAV NRW, Abt. Rheinland, Sammlung RW 0307.

313 Landwehr, Historische Diskursanalyse, S. 115.

314 Michel Foucault (1975): Der Fall Rivière. Materialien zum Verhältnis von Psychiatrie und Strafjustiz,

Viele der schon in den Wochen zuvor anzutreffenden Argumentationsfiguren finden sich bei dieser Gelegenheit wieder. Es war sicherlich mehr als nur ein rhetorischer Kniff, wenn Erhard wie so oft die Gemeinsamkeiten zwischen seinen Zielen und denen seiner Opponenten herausstellte; bei dieser Gelegenheit nahm er Bezug auf die gemeinsame wissenschaftliche Ausbildung bei Franz Oppenheimer, dem „liberalen Sozialisten".[315] „Vielleicht" so mutmaßte Erhard, „tragen wir beide etwas von diesem Erbe in uns, nämlich die Überzeugung, daß diese beiden Begriffe ‚liberal' und ‚sozial' oder ‚sozialistisch' nicht unbedingt Gegensätze zu sein brauchen, sondern […] beide Zielsetzungen und vielleicht auch beide Methoden miteinander in Einklang" gebracht werden könnten.[316] Im gleichen Maße wie er sich selbst soziale Ziele attestierte, gestand Erhard dieselben auch seinen Kontrahenten zu; bislang hatte er allerdings immer scharf darauf bestanden, dass sich die Methoden grundsätzlich unterschieden.[317] Diese Position weichte er in diesem Eingangsstatement nun auf.

Nölting seinerseits nahm dieses Versöhnungsangebot an – freilich nur in Teilen seiner Rede – und freute sich mit Erhard über das Ende der Zwangswirtschaft und den „Wind eines schärferen Wettbewerbes"; er sei weiterhin vermutlich mit Erhard, „gar nicht so uneins" darüber, dass der Staat eher „auf die Kommandobrücke des Wirtschaftsschiffes" als „in die Balkonloge des Wirtschaftslebens als müßiger Zuschauer" gehöre.[318]

Trotz der tatsächlichen oder vermeintlichen Gemeinsamkeiten blieben beide in den nächsten Jahren bei ihrer jeweiligen Prioritätensetzung (Erhard beim freien Markt, Nölting bei der Lenkung des Wettbewerbs) und wichen nur gelegentlich davon ab. Die Konstellation, dass Erhard für sich den Begriff „soziale Marktwirtschaft" in Beschlag nahm und dabei auf Maßnahmen verweisen konnte, die seiner Grundüberzeugung widersprachen, während Nölting vom Bundestagswahlkampf 1949 bis zu seinem Tod 1953 dauernde rhetorische Angriffe gegen die „Soziale Marktwirtschaft" fuhr (obwohl unter diesem Segel einige seiner wirtschaftspolitischen Überzeugungen umgesetzt wurden) entbehrt nicht einer gewissen Ironie. Am 14. November 1948 war die zukünftige Konstellation zwischen Erhard, der CDU, den Sozialdemokraten und dem Leeren Signifikanten „soziale Marktwirtschaft" noch kontingent. Die Wahl einer anderen Taktik der Sozialdemokraten oder etwas weniger Gespür Pünders und Erhards für die Stimmung auf der Straße hätte durchaus zu ganz anderen politischen Konstellationen und Auseinandersetzungen in der frühen Bundesrepublik führen können. Dafür spricht nicht nur die bemerkenswerte Rolle des ordoliberalen Sozialdemokraten Leonhard Miksch, der früh verstarb, aber zuvor in der Verwaltung von Erhard eine zentrale Rolle bei der Konzeption der Wirtschaftspolitik gespielt hatte, sondern auch die frühe Genealogie des Leeren Signifikanten „soziale Marktwirtschaft", wie sie sich in diesem Rededuell abermals darstellt.

Wir finden den Begriff im Transkript der Veranstaltung insgesamt dreimal, wobei Erhard ihn gar nicht erwähnte, sondern es Erik Nölting war, der die „soziale Marktwirtschaft" in der Diskussion hält: „Sie versprachen uns eine soziale Marktwirtschaft. […] Aber

Frankfurt/M., S. 10.

315 Die folgenden Angaben beziehen sich auf das Transkript der Veranstaltung, Streitgespräch am 14. November 1948, LEA NE 1558 A, hier S. 1.

316 Ebd., S. 1, vgl. auch S. 16 und 82.

317 Weisz u. Woller, Wörtliche Berichte, Band 3, S. 799.

318 Streitgespräch am 14. November 1948, S. 37.

ich glaube, da[s], was uns bisher beschert wurde, sieht einer liberalen Marktwirtschaft mit ihrer sozialen Kaltschnäuzigkeit verdammt ähnlich."[319] Deutlich ist hier festzustellen, was eingangs mit dem Begriff „Sinn-Erbe" beschrieben wurde. Der Signifikant „soziale Marktwirtschaft" war eben nicht frei von historisch gewachsenen Assoziationen, von ererbtem Sinngehalt, insbesondere hinsichtlich des Bestandteils „sozial". Nölting rief diese Assoziationen in der Auseinandersetzung ab und nutzte sie für sich, während Erhard sich zu diesem Zeitpunkt in einer Zwickmühle befand. Er konnte sich nicht von dem – von ihm zuvor lediglich zweimal genutzten – Begriff „soziale Marktwirtschaft" lossagen, ohne den Eindruck zu erwecken, er verfolge soziale Ziele nur untergeordnet. Letzteres hätte ihn in der zugespitzten Situation wohl seine Stellung als Direktor für Wirtschaft gekostet. Erhard wollte sich aber eigentlich auch nicht offensiv zur „sozialen Marktwirtschaft" bekennen; zu groß war die Gefahr, durch das Vehikel „sozial" solchen Maßnahmen Legitimation zu verschaffen, die seinen Überzeugungen zuwiderliefen. Auch der Weg „freie Marktwirtschaft" war für Erhard verstellt, nicht nur durch die unsozialen Wirkungen, die auf seinem Fuße folgten, sondern auch durch die darauf folgenden Protestwellen in der Bizone und die begleitenden diskursiven Veränderungen, die zur Abwertung von „frei" und „Freiheit" führten. Nicht zuletzt verhinderten die Maßnahmen des Verwaltungsrates selber (wie das Jedermann-Programm oder das Gesetz gegen Preistreiberei), die der Idee einer „freien Marktwirtschaft" entgegenstanden, einen ungebrochenen Bezug auf diese Ideologie.

Dieses Dilemma ist ein Grund dafür, dass wir eine frühe Verwendung der „sozialen Marktwirtschaft" kaum bei Erhard erleben, sondern zunächst bei seinen Kritikern (SPD, CDA, DGB und Nell-Breuning), die im Namen einer „sozialen Marktwirtschaft" ihre Agenda stark machten. Bei Erik Nölting hörte sich das am 14. November 1948 so an: „Die soziale Marktwirtschaft bleibt, fürchte ich, ein Phantom, wenn man sich so sehr wie bisher der Pflicht entzieht, steuernd und kontrollierend einzugreifen."[320] Nölting war sich dabei sehr wohl bewusst, in welcher schwierigen Lage sich die Verfechter einer marktwirtschaftlichen Politik befanden, weil sie gezwungen waren, der Kritik mit Mitteln zu begegnen, die sie eigentlich abgelehnt hatten. An Erhard gerichtet sagte er: „Auch Sie merken die allgemeine Stimmungseintrübung und möchten ihr begegnen. Und Sie sprachen ja heute von dem Jedermanns-Programm, das in Kritik und Gegenkritik geboren worden ist. [...] Zu Ende gedacht und voll entwickelt, würde das den Umbruch und die Preisgabe des ganzen liberalen Systems bedeuten, wenn ernstlich etwas aus ihm werden sollte."[321]

Als Nölting versuchte, eine wirtschaftspolitische Alternative der Sozialdemokraten zu konkretisieren, nannte er einige zentrale Elemente, die aus seiner Sicht sozialdemokratische Wirtschaftspolitik nach der Währungsreform ausgemacht hätten. Die Kernaussage war allerdings wenig dazu geeignet, Begeisterung für die sozialdemokratische Konzeption zu entfachen: „Wichtige Dinge, die Sie jetzt unternehmen, hätten an den Anfang gehört."[322] Dies lässt darauf schließen, dass sich zu diesem Zeitpunkt nicht nur Erhard, sondern auch

319 Ebd., S. 43, vgl. auch die Nennungen auf S. 52 und 65 f. Zwar finden sich Zeitungsberichte, die davon sprechen, dass Erhard zu dieser Gelegenheit die „soziale Marktwirtschaft" als Ziel genannt hätte. Vgl. Neuer Westfälischer Kurier, 15. November 1948: „Professoren-Duell Nölting-Erhard" sowie Handelsblatt, verm. 16. November 1948: „Erhard diskutierte mit Nölting. Öffentliche Aussprache vor großer Zuhörerschaft in Frankfurt." Doch solche Berichte haben keine Entsprechung in den Aussagen Erhards.

320 Streitgespräch am 14. November 1948, S. 52.

321 Ebd., S. 64.

322 Ebd., S. 87.

Nölting in einem strategischen Dilemma befand, denn was dieser präsentierte, beinhaltete kaum eine politische Alternative. Nach Nölting hätte das Angebot von nicht beliebig im Preis zu erhöhenden Waren zum Start der Währungsreform viel umfassender sein müssen, etwa durch die Umsetzung des Jedermann-Programms „in breiter Streuung“ und rechtzeitige Einschleusung von StEG-Waren und „Fertigwaren aus den USA“ auf den Endverbrauchermarkt. Auch mit diesen Maßnahmen wäre die Nachfrage jedoch durch den erzwungenen Konsumverzicht in den Kriegs- und Nachkriegsjahren höher als das Angebot gewesen – sie war es im November immer noch. Um zu verhindern, dass daraus – nach den Regeln des freien Marktes – im wahrsten Sinne des Wortes Kapital geschlagen werden konnte, wollte Nölting die auch von ihm grundsätzlich bejahte Freigabe der Preise mit Höchstpreisen für zentrale Bedarfsgüter kombinieren; außerdem sollten die Gewinnspannen gesetzlich begrenzt werden.[323]

Diese Positionen Nöltings enthielten tatsächlich viele der zentralen Elemente, die in diesen Wochen aus Frankfurt kamen: verstärkte Bemühungen um Importe, die Verbringung eines großen Teils der StEG-Waren auf den Endverbrauchermarkt und verschiedene Preismaßnahmen. Letztere verliehen dem Konzept der Profitbegrenzung Legitimität, auch wenn Preisspiegel und Preisgesetze in der Anwendung versagten, nicht zuletzt weil ihre Konstruktion dies begünstigte. Die ersten Jedermann-Waren hatten etwa eine Woche zuvor die Auslagen erreicht. Obwohl er rhetorisch scharfe Angriffe auf die Frankfurter Wirtschaftspolitik fuhr, geriet Nölting so in das Dilemma, welches die SPD noch Jahrzehnte beschäftigen sollte: Einerseits die Frage der Eigentumsverhältnisse an Produktionsmitteln nicht offensiv zu thematisieren, aber sich andererseits trotzdem nicht zur Marktwirtschaft bekennen zu wollen, während die CDU – wenn auch unter Druck – diejenigen Reformen umsetzte, die den Sozialdemokraten dadurch als Forderungen übrig geblieben waren.

Noch rechnete Nölting offensichtlich nicht damit, dass genau dies passieren würde und sein Verlangen, dass das Jedermann-Programm mit „größerem Elan, mit einer verbissenen Konsequenz“ angepackt werden müsste, in nicht allzu ferner Zukunft aufgegriffen wurde; zu sehr hielt Nölting solche Maßnahmen für einen „Fremdkörper im System des Liberalismus“, ein „fremdes Kuckucks-Ei, das man Frankfurt ins Nest gelegt hat“.[324] Zu wenig rechnete er damit, dass Erhard flexibel genug war, sich kurzerhand die Lösungsansätze, die Elemente eines neuen Dispositives, wie etwa Jedermann-Programm oder den Ausdruck „soziale Marktwirtschaft“, zu eigen zu machen und sich um deren Widersprüche zu seiner eigenen Begeisterung für den Markt nicht weiter zu kümmern. Ein weitsichtiger Kommentar im Berliner „Tagesspiegel“ merkte zwei Tage später an: „Während [Nölting] aber behauptet, das ‚Jedermann-Programm‘ sei eine ‚Sünde wider den Geist der Erhardschen Wirtschaftspolitik‘, sehen wir in dieser Maßnahme den Beweis dafür, daß Erhard kein Doktrinär ist.“[325] Dies war Erhard gegenüber sehr wohlwollend,[326] beschrieb aber einen für die künftige Entwicklung zentralen Punkt.

323 Ebd., S. 87 f.

324 Ebd., S. 65.

325 Tagesspiegel, 16. November 1948: „Freie Wirtschaft. Das Streitgespräch Erhard – Nölting“.

326 Weniger wohlwollend benennt der Erhard-Biograf Volker Hentschel dies als Eigenschaft Erhards, auch „ökonomische Grundsätze“ mit dem Zeitgeist zu wechseln, vgl. Volker Hentschel (1998): Ludwig Erhard, die „soziale Marktwirtschaft“ und das Wirtschaftswunder. Historisches Lehrstück oder Mythos?, Bonn, S. 16 f.

Indes war Mitte November 1948 zunächst noch nicht klar, dass das modifizierte dispositive Netz und sein namensgebender Leerer Signifikant „Soziale Marktwirtschaft" in den kommenden Jahrzehnten (und bis heute) nicht mit dem Sozialdemokraten Erik Nölting (und auch nicht mit Hermann Pünder), sondern mit (dem Neoliberalen) Ludwig Erhard verbunden sein würden.

8.2.4 Von der Aussage zum Diskurs: „soziale Marktwirtschaft" als Leerer Signifikant

Im Abschnitt „nichtdiskursive Elemente" wurde deutlich, dass im Herbst sukzessive die Zurücknahme des vorherigen Kurses der konkreten Wirtschaftspolitik vollzogen wurde – die diskursive Entwicklung samt der Sinnzuweisung für die Elemente des Dispositivs befand sich jedoch auch Mitte November noch im Umbruch. Elemente wie das Jedermann-Programm hatten in der alten Äquivalenzkette des Strategischen Dispositivs „freie Marktwirtschaft" keinen Platz und die völlige Preisfreigabe keinen Platz in der neuen („soziale Marktwirtschaft"). Um diese Zuordnungen wurde im Herbst 1948 noch gerungen. Ein instruktives Beispiel für dieses Ringen finden wir in einem bemerkenswert analytischen Kommentar der sozialdemokratischen „Neue Ruhr-Zeitung" vom 17. November 1948:

> *„Erhards Maßnahmen der letzten Zeit sind Maßnahmen gegen seine eigene Konzeption. Jedermannprogramm, Lenkung der Rohstoffe zu lebenswichtigen Produktionen, Einfuhr billigerer Auslandswaren zum Druck auf die Preise: Das ist keine freie Wirtschaft mehr: das ist Lenkung und Planung. Damit ist Erhard bei dem angelangt, was die Sozialdemokratie fordert.* [...] *In Frankfurt will man aber den Deutschen einreden, die Beseitigung jeder Preiskontrolle sei das Geheimnis der sozialen Marktwirtschaft. Sie ist der Ursprung der antisozialen Marktwirtschaft, die wir heute erdulden müssen. Die Zeichen stehen auf Revision."*[327]

Ende des Jahres 1948 fügten sich verschiedene Maßnahmen mit Hilfe solcher Interventionen zu einem modifizierten dispositiven Netz zusammen; sie ergaben einen eigenen neuen Sinn und ihre Gesamtheit erhielt bald auch den wohlbekannten Namen. Mit dieser detaillierten Betrachtung der Entwicklung des Diskurses lässt sich eine Überlegung Martin Nonhoffs erweitern, die er hinsichtlich eines hier zu beobachtenden „Deutungskonflikts" angestellt hat: Ein solcher „Konflikt um eine bestimmte Lesart" eines „Repräsentanten des Allgemeinen" sei demnach ein „Kennzeichen für eine erfolgreiche hegemoniale Praxis, denn es wird nun um die Bedeutung der zentralen umfassenden Forderung gestritten und nicht mehr um die Angemessenheit der Forderung selbst"[328]. Mit der hier gezeigten Dynamik ist nun als weitere Möglichkeit hinzugetreten, dass ein solcher Deutungskonflikt nicht unbedingt „zweiter Ordnung"[329] sein muss, sondern unter Umständen auch eine Phase oder ein Vehikel sein kann, um einen Signifikanten – zeitlich deutlich vor seiner Hegemonialisierung – als Platzhalter für das Allgemeinwohl zu installieren.

327 Neue Ruhr-Zeitung 17. November 1948: „Revision".
328 Nonhoff, Politischer Diskurs, S. 136.
329 Ein Konflikt erster Ordnung geht darum, welcher Signifikant überhaupt das Allgemeine repräsentiert.

Der Länderrat schaffte am 18. November 1948 zusätzlichen Platz für einen neue Leeren Signifikanten. Waren in den Augusttagen bereits „frei" bzw. „Freiheit" problematisiert worden und anschließend aus der engeren Bezeichnung des wirtschaftspolitischen Zieles hinausgefallen, erklärte die zweite Kammer nun auch die adjektivlose „Marktwirtschaft" öffentlich für gescheitert und forderte den Wirtschaftsrat zu entschlossenen Maßnahmen auf. Zwar schränkte diese einstimmig (das heißt auch mit den CDU-Stimmen) angenommene Erklärung die Feststellung des Scheiterns etwas ein („der Versuch, eine funktionierende Marktwirtschaft herzustellen, [muss] auf den kritischen Mangelgebieten als vorläufig gescheitert betrachtet werden"[330]). Doch angesichts der zahlreichen „kritischen Mangelgebiete" unter denen die ZeitgenossInnen noch zu leiden hatten, war es nicht verwunderlich, dass zum Beispiel im sozialliberalen „Weser-Kurier" daraufhin zu lesen war: „Marktwirtschaft gescheitert"[331]. Folgerichtig erschien in derselben Zeitung am 23. November 1948 ein Kommentar, der versuchte, diese Situation aufzulösen: „Marktwirtschaft – aber sozial!"[332] Auch dort findet sich die doppelte Abgrenzung gegen die „früheren Wirtschaftssysteme", denn weder würde sich „die Wiedereinführung der Wirtschaftslenkung und der Zwangsbewirtschaftung" günstig auf die Produktion auswirken, noch würde das jetzt erlebte „‚freie Spiel der Kräfte'" Gerechtigkeit mit sich bringen. Für den Kommentator[333] ist folglich die „Synthese der natürlichen Kräfte individuellen Erwerbsstrebens mit dem anerkannten Postulat des sozialen Ausgleichs im Interesse des Ganzen" der „moderne ‚Stein der Weisen'". Den signifikativen Platzhalter dafür, also die historisch angemessene Bezeichnung für den „Stein der Weisen", entnahm dieser programmatische Beitrag dem Diskurs, der sich rund um den Generalstreik entwickelt hatte:

> *„Das Ziel ist die soziale Marktwirtschaft, in der bei gesundem Wettbewerbsverhältnissen die Entwicklung der schöpferischen Kräfte des wirtschaftenden Menschen – Arbeiter wie Unternehmer – möglich und auf die Sicherung der sozialen Gerechtigkeit abgestellt ist."*[334]

Hier wird klar, welches Potential der Signifikant „soziale Marktwirtschaft" hatte, zum Leeren Signifikanten der westdeutschen Nachkriegsepoche zu werden (zumindest im wichtigen Bereich der Wirtschaftspolitik). Vor dem Hintergrund der katastrophalen Verhältnisse bei der Durchsetzung des Liberalismus im 19. Jahrhundert, der an politischen Widersprüchen gescheiterten Weimarer Republik, der unterschiedlich interpretierten nationalsozialistischen autoritären Wirtschaft und den Zeiten des Mangels in den Jahren nach Kriegsende wurden der „sozialen Marktwirtschaft" Gerechtigkeit, Effizienz, soziale Sicherheit sowie die Versöhnung von Gegensätzen zugesprochen. Viel deutlichere Hinweise auf die Funktion eines Leeren Signifikanten als „Stein der Weisen" kann es kaum geben.

330 „Entschließung des Länderrats vom 18.11.48 zur gegenwärtigen Preispolitik", z.B. in BA Z4/542 oder HStAS EA6/005 Bü 4.

331 Weser-Kurier, 20. November 1948, S. 1.

332 Weser-Kurier, 23. November 1948, S. 8: „Marktwirtschaft – aber sozial!".

333 Gezeichnet war der Kommentar von „H.A.K.", wobei es sich möglicherweise um den Verleger Hans Hackmack gehandelt hat (Auskunft des Archivs des Weser-Kuriers am 7. Februar 2015).

334 Weser-Kurier, 23. November 1948, S. 8: „Marktwirtschaft – aber sozial!".

Hinsichtlich seiner weiteren Entwicklung ist jedoch eine eigentümliche Konstellation festzustellen: Es lässt sich zwar konstatieren, dass es ein Bündnis aus institutionalisierter Arbeiterbewegung und christlicher Soziallehre (gleich ob in CDU/CSU, SPD oder DGB) war, das rund um den 12. November die „soziale Marktwirtschaft" erfolgreich – und gegen den Kurs Erhards – einforderte.[335] Diese Allianz trat allerdings als solche zu diesem Zeitpunkt genauso wenig in Erscheinung wie in den kommenden Jahrzehnten, sondern wurde von den Auseinandersetzungen zwischen CDU, SPD und DGB verdeckt. Das eröffnete anderen Akteuren die Chance, sich im Kampf um Hegemonie Vorteile zu verschaffen.

8.2.5 Wem gehört die „soziale Marktwirtschaft"?

Hier wurde gezeigt, wie das neue Modifizierte Dispositiv sich entwickelt hat, welche Elemente ihm zugeordnet wurden und wer die zentralen Akteure waren, die den diskursiven Repräsentanten „soziale Marktwirtschaft" etablierten. Vor diesem Hintergrund war es zwar nicht ausgeschlossen, dass die CDU sich dieses Schlagwort zu eigen machen würde. Es ist jedoch überraschend, dass dies ab Februar 1949 auch von Ludwig Erhard vorangetrieben wurde, denn nach seiner situativ begründeten Erwähnung der „sozialen Marktwirtschaft" im Zuge der beiden Misstrauensanträge (17. August und 10. November 1948) hielt er sich im Einklang mit seinen Überzeugungen diesbezüglich zunächst zurück.

Doch das Potential an Zustimmung, das in der Verkettung der beiden Begriffe lag, erkannte nach dem Jahreswechsel auch Erhard. Ganz anders als bei seinen vorherigen „beiläufigen" Erwähnungen bereitete er eine programmatische Rede vor, die er auf dem Zonenkongress der CDU (BBZ) am 25. Februar 1949 hielt und die als Etablierung und Vereinnahmung dieses Begriffes durch die CDU – und durch Erhard – gelten kann.

Innerhalb der CDU zirkulierte der Begriff spätestens seit dem Generalstreik; nicht nur die Sozialausschüsse der Partei hatten sich in diese Richtung geäußert, sondern insbesondere Hermann Pünder hatte zu verschiedenen Gelegenheiten intensiv dafür geworben. Wie am 10. November 1948 ging auch der Systematisierung und dem klaren Bekenntnis zur „sozialen Marktwirtschaft" von Erhard im Februar ein ähnlicher Schritt von Hermann Pünder voraus. Unter dem Titel „Unsere soziale Marktwirtschaft" veröffentlichte er Anfang des Jahres 1949 eine programmatische Broschüre, in der er seine Positionen zusammenfasste, die er nach eigener Aussage im Herbst 1948 und insbesondere kurz vor Weihnachten bei einer Rede in Köln entwickelt hatte.[336] In Erhards eigener Wirtschaftsverwaltung hatten sich sowohl Leonhard Miksch als auch Erhards Stellvertreter Edmund Kaufmann (letzterer ab September 1948[337]) schon länger mit dem Begriff „soziale Marktwirtschaft" angefreundet.

335 Diese Allianz agierte zu diesem Zeitpunkt getrennt von den ordoliberalen Wissenschaftlern, selbst in der Zeitschrift der VfW („Wirtschaftsverwaltung") finden sich in den einschlägigen Beiträgen keine Bezüge auf Müller-Armack, die Freiburger Schule oder den Ordoliberalismus. Erst nachdem sich die „Soziale Marktwirtschaft" in der öffentlichen Arena durchgesetzt hatte, fanden diese Stimmen Zugang zu Entscheidungspositionen.

336 Vgl. eine entsprechende Beschreibung der Broschüre durch Pünder „Hermann Pünder: Unsere soziale Marktwirtschaft", BA Z13/1228, 4 Seiten. Die Originalbroschüre konnte nicht aufgefunden werden.

337 Vgl. Edmund Kaufmann (1948): Soziale Marktwirtschaft, in: Wirtschaftsverwaltung, Heft 8 (September 1948), S. 1–7.

Bemerkenswert ist eine Initiative mehrerer entscheidender Personen auf einem Treffen von fast hundert CDU- und CSU-FunktionärInnen am 8. und 9. Januar 1949 in Königswinter.[338] Durch die Initiative sollte ein öffentliches Bekenntnis der CDU/CSU zur bisherigen Frankfurter Wirtschaftspolitik erreicht werden. Der Vorstoß dieser nicht genauer beschriebenen Personengruppe (Pünder nennt sie „unsere Freunde"[339]) wurde auf dem Treffen von Hermann Pünder und Ludwig Erhard gemeinsam vorgetragen.[340] Bemerkenswert ist dies aus zwei Gründen: zum Ersten, weil sich dort erstmals ein Parteigremium zu einer „sozialen Marktwirtschaft" bekannte (und deren Beginn auf den 20. Juni 1948 vorverlegte) und zum Zweiten wegen der typischen Rezeptionsgeschichte. Das Treffen taucht in der wissenschaftlichen Literatur fast gar nicht auf, selbst wenn es explizit um die Genese des Begriffs „Soziale Marktwirtschaft" geht; und wenn es Erwähnung findet, wird der gemeinsame Vorschlag mehrerer Personen (Pünder, Erhard und weitere) – entgegen der Quelle – auf einen „Formulierungsvorschlag Erhards"[341] reduziert. In der kurzen Diskussion machte der christliche Gewerkschafter und CDU-Mitbegründer Theodor Blank darauf aufmerksam, dass die „Kollegen, die vielleicht mehr in der Arbeiterbewegung stehen", die Politik der CDU/CSU-Fraktion „weitestgehend beeinflusst haben." Die „materiellen Fragen" müssten vor allem für die „Arbeitermassen an Rhein und Ruhr" geklärt werden, um weiterhin Erfolg haben zu können.[342] Die Kommission nahm diesen Hinweis auf und fügte den vorgeschlagenen zwei Sätzen noch einen entsprechenden Absatz hinzu, so dass die Entschließung in Gänze lautete:

> *„Soziale Marktwirtschaft*
> *Die Versammlung billigt die vom Verwaltungsrat und den einzelnen Verwaltungen des Vereinigten Wirtschaftsgebietes eingeschlagene Politik der sozialen Marktwirtschaft. Gegenüber einer behördlich-bürokratischen Bevormundung der Menschen und der dadurch bedingten starren mechanischen Ordnung des öffentlichen Lebens erblickt die Versammlung in der sozialen Marktwirtschaft, die eine organische und gerechte Ordnung zum Ziele hat, die Grundlage der wirtschaftlichen, sozialen und seelischen Gesundung unseres Volkes.*
> *In diesem Zusammenhang nahm die Versammlung nach Erklärungen des Verwaltungsrates mit Genugtuung davon Kenntnis, daß aufgrund der sich anbahnenden Entwicklung und der weiter eingeleiteten wirtschaftspolitischen Maßnahmen auf dem Gebiete der Produktion und der Preisgestaltung die Sicherheit gewährleistet erscheint, daß die noch bestehenden sozialen Spannungen, insbesondere zwischen Löhnen und Preisen, überwunden werden."*[343]

338 Vgl. das Protokoll „Tagung der CDU/CSU Königswinter, 8./9. Januar 1949", in: Kaff, Die Unionsparteien, S. 252–370, hier 252 (Anm. 2).

339 Vgl. ebd., S. 364.

340 Vgl. ebd., S. 364 f.

341 Bernhard Löffler (2002): Soziale Marktwirtschaft und administrative Praxis. Das Bundeswirtschaftsministerium unter Ludwig Erhard, Stuttgart, S. 467. Als Beleg gibt Löffler Kaff, Die Unionsparteien, S. 364 ff., und 369 f. an; im dort zu findenden Protokoll wird jedoch von Pünder explizit darauf verwiesen, dass es sich um einen Vorschlag mehrerer Personen handelt (364), was von Adenauer auch explizit zur Kenntnis genommen wird (365) – nicht jedoch von Löffler. Vgl. zu diesen Mechanismen den Epilog ab Seite 319.

342 Ebd., S. 365 f.

343 Ebd., S. 369 f. Die erste Version findet sich ebd., S. 365.

Wiederum finden sich in dieser Entschließung Formulierungen, die nahe an eine idealtypische Beschreibung eines Leeren Signifikanten herankommen, so eine „organische und gerechte Ordnung" oder die „wirtschaftliche, soziale und seelische Gesundung" des „Volkes" als Ziele.

Nachdem Holzapfel sich bereits am 28. August 1948 für einen Politikwechsel zu „wirkliche[r] Sozialpolitik"[344] ausgesprochen hatte, blieb Erhard in der Kommission (Erhard, Holzapfel, Arnold, Pünder, Blank und Albers)[345] der einzig übriggebliebene Verfechter der Ansicht, dass der Markt eigentlich alles regeln würde, wenn man ihn nur ließe. Die Kräfteverhältnisse hatten sich im Vergleich zu Mitte des Jahres 1948 nun stark geändert – jetzt lief der Direktor für Wirtschaft den Entwicklungen hinterher. Es war fast eine Brüskierung Erhards, dass Pünder bei der Begründung für diese Erklärung gesagt hatte: „Ich stelle an die Spitze: wir führen eine sozial ausgerichtete Wirtschaftspolitik. Von dem Auspendeln der Preise und dem freien Spiel der Kräfte wollen wir nichts wissen. Von unseren politischen Gegnern unterscheiden wir uns nur durch die Methode."[346] Gerade die Distanzierung vom Auspendeln der Preise (vor den versammelten Entscheidungsträgern der CDU/CSU-Fraktion) – eine Idee, die Erhard nach Meinung der Öffentlichkeit ein halbes Jahr als Mantra vor sich hergetragen hatte – zeigte die Defensivposition, in die Erhard geraten war. Dennoch bilanzierte er noch am 25. Januar 1949 in einer Rundfunkansprache die Wirtschaftspolitik und die wirtschaftliche Entwicklungen seit der Währungsreform ohne eine „soziale Marktwirtschaft" auch nur zu erwähnen.[347]

Erst im Februar 1949 schien Erhard sich aufgrund der neuen Kräfteverhältnisse endgültig entschieden zu haben, trotz der ihr inhärenten Gefahren ebenfalls auf die Wortkombination „soziale Marktwirtschaft" zu setzen. In einem Vortrag vor dem Zonenausschuss der CDU der Britischen Zone suchte er nämlich darzulegen, wie die Politik einer „sozialen Marktwirtschaft" beschaffen und wie sie begründet sein sollte. Diese Rede vom 25. Februar 1949 ist in vielerlei Hinsicht bemerkenswert und gilt – freilich in einer Geschichtsschreibung, die Erhard und „Soziale Marktwirtschaft" aus der ex-post-Perspektive immer zusammen denkt – mitunter als entscheidender Schritt, als „endgültiger Durchbruch"[348] der Verankerung der „Sozialen Marktwirtschaft" innerhalb der CDU. Es war gleichzeitig das erste Mal, dass sich Ludwig Erhard ausführlicher mit ihr beschäftigte.

Von dieser Rede existiert – für Erhard recht ungewöhnlich[349] – ein schriftliches Redemanuskript, gegliedert in zwölf Unterpunkte.[350] Diesen Text ließ Erhard im Verwaltungsrat verbreiten, indem er ihn dem Oberdirektor Pünder durch seine Mitarbeiter zuschicken ließ – erstmals noch bevor er die Rede gehalten hatte und ein zweites Mal am 28. Febru-

344 Pütz, Konrad Adenauer, S. 597.
345 Kaff, Die Unionsparteien, S. 366.
346 Ebd., S. 364.
347 Diese Rundfunkrede ist ediert in: Ludwig Erhard, Gedanken, S. 125–128.
348 Helmuth Pütz (1975): Einführung in die Dokumentation, in: ders. (Hg.): Konrad Adenauer und die CDU der britischen Besatzungszone 1946–1949. Dokumente zur Gründungsgeschichte der CDU Deutschlands, Bonn, S. 1–98, S. 48. Interessanterweise findet sich in der umfangreichen Sammlung Erhard, Deutsche Wirtschaftspolitik diese Rede nicht, was vermuten lässt, dass ihre Historisierung als Durchbruch innerhalb der CDU zwischen diesen beiden Veröffentlichung (1962 und 1975) stattgefunden hat.
349 Laut Auskunft des Ludwig-Erhard-Archivs vom 18. Februar 2015.
350 Zu finden im Nachlass Pünder BA N1005/714, Blatt 2–14.

ar 1948, als Erhards Stellvertreter Edmund Kaufmann dem Oberdirektor empfahl, diese Gedanken doch in seine Etatrede einzubauen. Bei dieser späteren Gelegenheit wies Kaufmann auch darauf hin, dass dieser Beitrag für das „Wirtschaftsprogramm der CDU/CSU" erarbeitet worden sei.[351]

Dieses Manuskript weist jedoch erhebliche Unterschiede zu der tatsächlich gehaltenen Rede auf, so dass zwei stark voneinander abweichende Versionen vorliegen, die im Grunde zwei unterschiedliche Texte darstellen.[352] Bei beiden handelte es sich aber – wie bei vielen Reden dieser Zeit und insbesondere bei Erhard – um eine Art Grundsatzrede über Planwirtschaft und Zwangswirtschaft, über Löhne, Preise und Kreditpolitik, über Wettbewerb, Marktwirtschaft und Gerechtigkeit sowie ähnliche elementare Fragen, die in dieser Zeit zentral und Gegenstand des allgemeinen Interesses waren. Genauso wenig sind Differenzen in der politischen Ausrichtung der unterschiedlich strukturierten Reden zu beobachten.

Obwohl Erhard sich vom stark gegliederten Manuskript gelöst hatte und ins Reden geraten war, bescheinigte ihm Konrad Adenauer, der Vortrag sei „klar und lichtvoll" gewesen und im Prinzip würden sich wohl die anwesenden CDU-Funktionäre alle anschließen können.[353] So „klar und gut" habe er Erhard noch nie seine „Grundsätze entwickeln gehört".[354] Möglicherweise hatte Adenauer jedoch diesen Eindruck aus dem Manuskript gewonnen[355] und auf die gehaltene Rede übertragen. Außerdem ist in Rechnung zu stellen, dass der spätere Bundeskanzler damit auch seine eigene Agenda verfolgte, aus den Positionen Erhards Leitsätze für den anstehenden Wahlkampf zu destillieren. Eine Kommission wurde gebildet, die – von diesem Beitrag ausgehend – die Düsseldorfer Leitsätze auf den Weg brachte.[356]

In der Rede finden sich im Grunde dieselben Argumentationen, die sich in den vorangegangenen Monaten abgezeichnete hatte.[357] Durch einen Vergleich der gescheiterten „planwirtschaftliche[n] Preispolitik" mit seinem eigenen – als „organische Preispolitik" bezeichneten – Vorgehen kommt er zu dem Ergebnis, dass der Wettbewerb die „Leistungen in qualitativer, quantitativer und preislicher Hinsicht" verbessere und „im wahrsten Sinne des Wortes der sozialen Wohlfahrt" diene; aus diesem Grund sei es berechtigt, diese Wirtschaftsordnung als „soziale Marktwirtschaft" zu bezeichnen. Erhard übernahm also die „soziale Marktwirtschaft" als Bezeichnung für die gleiche Politik, die er seit fast einem Jahr verfolgte und blendete die einschneidenden Änderungen der letzten Monate aus bzw. sah in ihnen lediglich Maßnahmen, einer „Störung" zu begegnen.[358] Deren Überwindung

351 Vgl. die entsprechenden Anschreiben in BA N1005/714, Blatt 1.

352 Diese zweite Version ist auf Grundlage von Wortprotokollen ediert in: Pütz, Konrad Adenauer, S. 838–854.

353 Ebd., S. 854.

354 Ebd., S. 859.

355 Hentschel, Ludwig Erhard, S. 102 vermutet ein abgesprochenes Vorgehen in dieser Sache, was die Möglichkeit wahrscheinlicher werden ließe, dass Adenauer das Manuskript kannte. In der Forschung einschließlich Hentschel ist das Redemanuskript aber bislang unbeachtet (oder unentdeckt) geblieben. Auch im LEA selbst war laut Auskunft vom 25. März 2015 das Manuskript nicht bekannt.

356 Vgl. Pütz, Konrad Adenauer, S. 854–864, insbesondere 855.

357 Das gesprochene Wort ist ediert in: ebd., S. 838–854 sowie wortgleich in: Ludwig Erhard, Gedanken, S. 129–143. Die folgenden Angaben beziehen sich auf Ersteres. Die folgende Skizze des Inhalts beruht auf der tatsächlich gehaltenen Rede, auch weil die anschließende Diskussion diese Version als Grundlage hatte.

358 Pütz, Konrad Adenauer, S. 842 f., Zitat 843.

würde sodann die heilsamen Kräfte des Marktes zur Entfaltung bringen.[359] Erhard hatte zwar die Bezeichnung übernommen, doch seine Überzeugungen nicht der neuen Politik angepasst; er fühlte sich in allen seinen Vorhersagen bestätigt.[360] Für ihn galt nach wie vor: „nur die Marktwirtschaft ist sozial."[361] Während andere unter „soziale Marktwirtschaft" eine spezifische Regulation des Wettbewerbs verstanden, sah Erhard in der Wortkombination seine Überzeugung ausgedrückt, der Wettbewerb an sich sei sozial. Damit konnte er besten Gewissens und ohne Preisgabe seiner Überzeugungen folgern: „Wem das Wohl des Volkes am Herzen liegt, [...] muß die soziale Marktwirtschaft mit allen Fasern seines Herzens herbeisehnen."[362]

Dieses sehr spezifische Verständnis verhinderte aber nicht, dass sich auch andere politische Kräfte mit diesem Begriff identifizieren konnten und so eine Akzeptanz für ein marktwirtschaftliches System überhaupt erst ermöglicht wurde. Dies zeigte sich beispielhaft direkt im Anschluss an diese Rede, als es daran ging, auf Grundlage der Ausführungen Erhards ein Programm für die kommende Wahl auszuarbeiten.[363] Johannes Albers (Mitbegründer und Bundesvorsitzender der Sozialausschüsse, Vorläufer der Christlich-Demokratischen Arbeitnehmerschaft [CDA][364]) plädierte dafür, das Ahlener Programm nicht gegen das „Prinzip einer liberalen Wirtschaft" Erhards einzutauschen, Arbeitnehmervertreter an der Ausarbeitung der Grundsätze zu beteiligen und die Sozialpolitik stärker einzubeziehen. Konrad Adenauer entgegnete, es solle Sinn des Vorhabens sein, die Frage zu behandeln: „Planwirtschaft oder Marktwirtschaft". In diesem Moment – und das ist symptomatisch – rief Albers laut Protokoll dazwischen: „soziale!", worauf Adenauer die Frage zu „bürokratische Planwirtschaft oder soziale Marktwirtschaft" präzisierte.[365] Hierin zeigt sich abermals, wie wichtig die Ergänzung „sozial" mit ihrem Sinn-Erbe für die Zustimmung der Gruppe der Lohnabhängigen und ihre politischen Vertreter war. Dies ist eine der wenigen Gelegenheiten, bei denen auch in schriftlichen Quellen ein Nachweis darüber möglich ist, dass situativ geäußerte Unterstützung eines Kandidaten für den Leeren Signifikanten sehr wichtig ist: Der Zuruf von Albers ändert den Gesprächsverlauf (und so die Bezeichnung des Leeren Signifikanten). Solche Situation können, wenn sie wiederholt auftreten, Diskurse nachhaltig beeinflussen. Sie sind im Regelfall aber schwer nachzuweisen, weil über die allermeisten Gespräche und insbesondere über Mimik und Gestik kaum Protokoll geführt wird.

Wie geplant, wurde bei dieser Tagung in Königsstein im letzten Tagesordnungspunkt eine Kommission zusammengestellt, die den Auftrag hatte, auf der Grundlage von Erhards Rede die Leitsätze zur kommenden Bundestagswahl zu formulieren. Um sich nicht allzu offensichtlich vom Ahlener Programm zu distanzieren, wurde der Begriff „Programm" vermieden.[366] Bei näherer Betrachtung dieser „Düsseldorfer Leitsätze" ist festzustellen, dass die zu diesem Zweck einberufene Kommission im Laufe der nächsten fünf Monate einen

359 Ebd., S. 844 f.
360 Ebd., S. 839 f.
361 Ebd., S. 846.
362 Ebd., S. 847.
363 Vgl. ebd., S. 854–865.
364 Vgl. Michael Hansmann (2015): Johannes Albers, unter: www.kas.de, zuletzt 7. August 2015.
365 Pütz, Konrad Adenauer, S. 857 f.
366 Vgl. Hentschel, Ludwig Erhard, S. 100–105.

komplett neuen Text komponierte und sich der konkrete Nachweis von Spuren aus Erhards Manuskript oder der gehaltenen Rede insofern erübrigt.

Die „Düsseldorfer Leitsätze" vom 15. Juli 1949

Die „Düsseldorfer Leitsätze“ wurden am 15. Juli 1949 von den Gremien der CDU verabschiedet und der Öffentlichkeit vorgestellt.[367] Eine vierseitige Kurzfassung enthielt eine Erläuterung des Konzeptes der „sozialen Marktwirtschaft“ und als Richtschnur für ihre Verwirklichung 16 kurze Leitsätze. Eine längere Version (auf denen die weiteren Ausführungen beruhen[368]) begründete jeden dieser wirtschaftspolitischen Standpunkte ausführlich und ergänzte sie durch gesonderte Ausführungen für die Themen Landwirtschaftspolitik, Sozialpolitik und Wohnungsbau.

Bei den Düsseldorfer Leitsätzen handelt es sich einerseits um das öffentliche Zeugnis dafür, dass sich die „soziale Marktwirtschaft“ innerhalb der CDU als konsensuale Leitvokabel durchgesetzt hat und andererseits um die Willensbekundung, unter dieser Fahne den mittlerweile gegründeten Weststaat in eine bessere Zukunft zu führen. Diese beiden Merkmale sind zusammen mit dem anschließenden Wahlsieg der CDU/CSU Meilensteine der steilen Karriere der „Sozialen Marktwirtschaft“ in den folgenden Jahrzehnten.

Wer die Diskussion der vorangegangenen zwölf Monate berücksichtigt, wird nur wenig Überraschendes in dem Programm finden. Es ist die Systematisierung und starke öffentliche Präsenz, welche die Bedeutung dieses Textes ausmachen. Das Ziel, mit dieser Schrift im Wahlkampf Gehör zu finden, bringt es mit sich, dass die Formulierungen etliche Ansichten auf den Punkt bringen.

Auch in den Düsseldorfer Leitsätzen ist die Abgrenzung sowohl gegen „Planwirtschaft“ als auch eine „freie Wirtschaft“ konstituierend für das, was die CDU unter „sozialer Marktwirtschaft“ verstand. Die Formulierungen sind eindeutig: „Die ‚soziale Marktwirtschaft‘ steht in scharfem Gegensatz zum System der Planwirtschaft“, „aber auch im Gegensatz zur sogenannten ‚freien Wirtschaft‘ liberalistischer Prägung“.[369]

Durch eine „planvolle Beeinflussung“ des Marktes sollte erreicht werden, dass die Wirtschaft „in Erfüllung ihrer letzten Zielsetzung der Wohlfahrt und der Bedarfsdeckung des ganzen Volkes dient“. Die Wertschätzung von „Leistungswettbewerb“ oder „freier Konkurrenz“ einerseits und „organischer Beeinflussung“ der wirtschaftspolitischen Rahmenbedingungen andererseits war im Grunde der Versuch einer Versöhnung verschiedener politischer Lager, ohne dass dies explizit ausgesprochen wurde.[370] Eine Kombination von „Freiheit *und* Bindung“[371] hatte beispielsweise ein Jahr zuvor der SPD-Fraktionsvorsitzende Schoettle gegen die Frankfurter Wirtschaftspolitik der „freien Marktwirtschaft“ in Stellung gebracht.[372] Durch die notwendige Mitwirkung aller Bevölkerungsteile könne, so hallte es

367 Vgl. Hansmann, Johannes Albers.
368 CDU (1949): Düsseldorfer Leitsätze. 15. Juli 1949, bereitgestellt von der Konrad-Adenauer-Stiftung, unter: www.kas.de, zuletzt 20. August 2015.
369 Ebd., S. 1 f.
370 Alle Zitate: ebd., S. 2, 4, 1, 4 (in dieser Reihenfolge).
371 Ebd., S. 1, Hervorhebung: U.F.
372 Vgl. S. 267. Schoettle hatte am 17. August 1948 gegen Erhards Freiheitsbegriff eine „Freiheit in der Bindung an die Interessen der Gemeinschaft“ eingefordert.

aus den Düsseldorfer Leitsätzen wider, eine Wirtschaft erreicht werden, die „zugleich frei und sozial ist".[373]

Eine ganze Reihe von unterschiedlichen Forderungen wird in diesem Text als mit dem Konzept vereinbar dargestellt.[374] Besonders bemerkenswert ist der Anschluss an die zwischen Mai 1945 und Juni 1948 weit verbreitete „antikapitalistische Grundstimmung". Das ist zum einen an formalen bzw. rhetorischen Zugeständnissen ablesbar, etwa wenn die CDU behauptete, sie erstrebe „aufbauend auf dem Ahlener Programm" die „soziale Marktwirtschaft"[375], obwohl das „antikapitalistische" Ahlener Programm überhaupt nicht mehr verfolgt wurde. Zum anderen werden aber auch eine ganze Reihe anderer antikapitalistischer Versatzstücken als mit den Leitsätzen vereinbar dargestellt. Die „soziale Marktwirtschaft" sorge dafür, dass das „Sozialisierungsproblem" eine „nachgeordnete Bedeutung" erhalte, indem sie die Schieflagen, die mit der Sozialisierung gelöst werden sollten, dadurch behebe, dass sie „möglichst vielen Tüchtigen Eigentum" verschaffe.[376] Durch „Leistungswettbewerb und Monopolkontrolle" könne also „die soziale und wirtschaftliche Demokratie erfüllt und gesichert werden";[377] mehr noch: „die [von der CDU] geforderte Wirtschaftsordnung" führe zu „wahrer Wirtschaftsdemokratie und deshalb" nenne die CDU sie „soziale Marktwirtschaft".[378]

Komplementär zu dieser frappierenden Ansammlung von Begriffen, die genuin dem Feld der Sozialdemokratie entstammten, reflektierte eine mehrfache und deutliche Abgrenzung von der „freien Wirtschaft alten Stils"[379] die Diskussionen und Auseinandersetzungen vom Herbst 1948. Als wichtigstes Mittel zur Verhinderung dieser falschen Freiheit wurde in den „Düsseldorfer Leitsätzen" immer wieder die „unabhängige Monopolkontrolle" erwähnt. Allein in der Kurzfassung (vier Seiten) findet sich dieser Topos viermal, darunter prominent als erster der 16 Leitsätze und im Schlussabsatz. Der Funktionswandel des Signifikanten „frei" bzw. „Freiheit", der zwischen August und November 1948 unter dem Druck der Proteste stattgefunden hatte, spiegelte sich in den Äquivalenzketten der Düsseldorfer Leitsätze; was als innerhalb einer „sozialen Marktwirtschaft" sagbar war und als erstrebenswert galt, war maßgeblich von diesen Auseinandersetzungen beeinflusst. So endet das Wahlprogramm der CDU für die Bundestagswahl 1949 mit einer Differenzierung dessen, was als gute und was als schlechte Freiheit zu begreifen sei:

> *„Wer frei sein will, muß sich dem Wettbewerb unterwerfen und darauf verzichten, Macht auf dem Markt zu erstreben. Wer Macht auf dem Markt besitzt, d.h. wer nicht durch Wettbewerb kontrolliert ist, darf nicht frei sein."*[380]

Der CDU gelang es mit diesem Programm, das Konzept der „sozialen Marktwirtschaft" bekannt zu machen und sich selbst als „Protagonistin des hegemonialen Projekts ‚Soziale

373 Ebd., S. 20.
374 Vgl. dazu auch Nonhoff, Politischer Diskurs, S. 333–335.
375 CDU, Düsseldorfer Leitsätze, S. 6, ähnlich 9.
376 Ebd., S. 15.
377 Ebd., S. 4.
378 Ebd., S. 9.
379 Ebd., S. 9, 11.
380 Ebd., S. 20.

Marktwirtschaft'"[381] zu etablieren. Gleichzeitig erschien das Konzept als Entgegnung auf den Mangel – seine Funktion als Leerer Signifikant und Repräsentant des modifizierten Allgemeinwohls wurde gestärkt.

Die Bundestagswahl am 14. August 1949

Die erste Wahl zum westdeutschen Bundestag fand am 14. August 1949 statt – und „die Frage: ‚Planwirtschaft' oder ‚Soziale Marktwirtschaft' hat im Wahlkampf eine überragende Rolle gespielt", wie Adenauer am 20. September 1948 in einer Regierungserklärung feststellte.[382]

Gemeinsam mit der CSU, die sich ebenfalls – wenn auch weniger prominent – in ihrem Wahlprogramm zur Wirtschaftspolitik einer „sozialen Marktwirtschaft" bekannt hatte,[383] erreichte die CDU die meisten Sitze im ersten Bundestag, was auch als Beweis für eine erfolgreiche Wirtschaftspolitik gedeutet wurde.[384] In einer Koalition aus CDU/CSU, FDP und der nationalkonservativen „Deutschen Partei" (DP) konnte die CDU der „sozialen Marktwirtschaft" durch die eroberte Machtstellung in den nächsten Jahren auch ganz praktisch ihren Stempel aufdrücken.

Nachdem sich im Herbst 1948 ungeplant und unter bewegten Umständen der Begriff „soziale Marktwirtschaft" als am besten an die diskursive Umgebung angepasster Leerer Signifikant erwiesen hatte, begann im Laufe des Jahres 1949 die Integration derjenigen Wirtschaftswissenschaftler, welche die im diskursiven Ringen erfolgreichen Ideen vertraten. Schon für die Ausarbeitung der „Düsseldorfer Leitsätze" – also vor der Wahl, aber nach der Entscheidung der CDU Ende Februar 1949, „soziale Marktwirtschaft" als Wahlkampfparole zu nutzen – war Franz Böhm als Berater in die Politik geholt worden.[385] Ab Oktober 1949 ging auch der wissenschaftliche Beirat dazu über, in die Überschriften seiner nüchternen Gutachten die „soziale Marktwirtschaft" zu integrieren.[386]

381 Nonhoff, Politischer Diskurs, S. 331, vgl. auch ebd. 328.

382 Zitiert nach: Pünder, Von Preussen nach Europa, S. 417.

383 Vgl. CSU (1949): Wahlprogramm zur Bundestagswahl am 14. August 1949. Bereitgestellt vom ACSP der Hans-Seidel-Stiftung, unter: www.hss.de, zuletzt 8. August 2015, S. 13.

384 Beispielhaft ein Schreiben von Kreistagsfraktion und Vorstand der CDU Höxter vom 31. August 1949 an Holzapfel. Der Ausgang der Bundestagswahl sei ein Vertrauensbeweis für die CDU und ihre Wirtschaftspolitik. Der Vorstand „ist tief beeindruckt von dem Erfolg der sozialen Marktwirtschaft und fordert einmütig die konsequente Weiterführung dieser, für unser Vaterland erfolgreichen Politik" und die Abschaffung der letzten Reste der Zwangswirtschaft, BA N1278/142.

385 Vgl. Markus Lingen (2010): Düsseldorfer Leitsätze. Einführung, Konrad-Adenauer-Stiftung, unter: www.kas.de, zuletzt 8. August 2015. Darin: „In der CDU erstellte eine Kommission unter der Leitung von Franz Etzel mit den ‚Düsseldorfer Leitsätzen' ein neues Programm für eine freiheitliche und soziale Wirtschaftspolitik, das am 15. Juli 1949 einmütig von den Gremien der Union in den westlichen Besatzungszonen beschlossen wurde. Neben Etzel hatte noch u.a. der an der Universität Frankfurt lehrende Kartellrechtler Franz Böhm ein Jahr lang [sic!] am Entwurf der ‚Düsseldorfer Leitsätze' mitgearbeitet. Dieses Konzept der Sozialen Marktwirtschaft wurde am 15. Juli auf einer Pressekonferenz verkündet, an der mit Johannes Albers und Jakob Kaiser auch Vertreter des Gewerkschaftsflügels der CDU teilnahmen." Böhm hatte sich ausgiebig – unter anderem in seiner Habilitationsschrift (Franz Böhm (2010 [1933]): Wettbewerb und Monopolkampf. Eine Untersuchung zur Frage des wirtschaftlichen Kampfrechts und zur Frage der rechtlichen Struktur der geltenden Wirtschaftsordnung, hg. v. Ernst-Joachim Mestmäcker, Baden-Baden) – mit dem Thema Monopolkontrolle befasst, das sich an prominenter Stelle in den Leitsätzen findet. Dass Böhm „ein Jahr lang" am Entwurf der Leitsätze mitgearbeitet haben soll, ist indes unmöglich.

386 Vgl. die Gutachten Nr. 11 („Thema: Agrarpolitik in der sozialen Marktwirtschaft", 30. Oktober 1949),

Immer stärker wurden nun die im weiteren Sinne ordoliberalen Wirtschaftswissenschaftler in die politischen Entscheidungsprozesse einbezogen. Auf Anfrage Adenauers verteidigte Wilhelm Röpke 1950 öffentlich und unter großer Aufmerksamkeit Ludwig Erhard und die deutsche Wirtschaftspolitik.[387] Erst im Jahr 1952 wurde Alfred Müller-Armack zum Leiter der Grundsatzabteilung ins Wirtschaftsministerium ernannt.[388] Die stets umstrittene Ausgestaltung und Konkretisierung des Dispositivs „Soziale Marktwirtschaft" nahm nach der Bundestagswahl Fahrt auf; die Grundideen und der symbolische Repräsentant hatten sich jedoch in den bewegten Monaten zwischen August 1948 und Februar 1949 weitestgehend unabhängig vom Fachdiskurs herausgebildet.

8.2.6 Zusammenfassung „Diskursanalyse"

Bereits bei der Einführungen der „freien Marktwirtschaft" hatten sich vereinzelt Risse in der Allianz des Strategischen Dispositivs gezeigt. Der „Fall Reusch", den ich als Kennzeichen für den ersten Notstand gesehen und in die entsprechende Matrix eingeordnet hatte, erscheint im Rückblick vielmehr als mit dem Strategischen Dispositiv verbunden denn als Teil des Notstands. Demnach hätte die versuchte Berufung Reuschs der Vorbereitung einer „freien Marktwirtschaft" gedient. Dass sein geplanter großer Einfluss noch vor dem 20. Juni 1948 durch massiven Widerstand verhindert worden war, liest sich dann als eine Art verfrühte Modifizierung des Strategischen Dispositivs.

Trotz der Niederlage in diesem kleinen Teilbereich konnten sich die Befürworter einer „freien Marktwirtschaft" im Zuge der Währungsreform aber zunächst durchsetzen. Der Ausgang des Konfliktes zwischen Leonhard Miksch und Ludwig Erhard in den Tagen direkt vor dem 20. Juni 1948, ob die Preise der so zentralen Textilien und Leder (einschließlich Schuhe) freigegeben werden sollten, symbolisiert diesen vorläufigen Sieg der Fraktion, die eine möglichst „freie Marktwirtschaft" anstrebte und zeigt gleichzeitig eine weitere Ebene des Widerstandes der kommenden Monate auf.

Dann traten die Elemente der „freien Marktwirtschaft" in Widerspruch zueinander; die Entwicklung der Ware-Geld-Relation bzw. der Preishöhe erwies sich (spätestens mit den Protesten) als unvereinbar mit der Idee, die „freie Marktwirtschaft" würde automatisch soziale Wirkungen nach sich ziehen. Dies führte zu einer weiteren Readjustierung der heterogenen Elemente, die sich auch auf der Diskursebene abspielte.

Nr. 14 („Thema: Kapitalmangel und Arbeitslosigkeit in der sozialen Marktwirtschaft", 26. Februar 1950) oder Nr. 15 („Thema: Stellung des Wohnungswesens in der sozialen Marktwirtschaft", 7. Mai 1950), alle ediert in: Bundeswirtschaftsministerium, Der Wissenschaftliche Beirat.

387 Wilhelm Röpke (1950): Ist die deutsche Wirtschaftspolitik richtig? Analyse und Kritik, Stuttgart, vgl. dazu Commun, Erhards Bekehrung, S. 15 f. Das Gutachten wurde öffentlich stark diskutiert und die Gewerkschaften veröffentlichten im folgenden Jahr im Bund-Verlag ein Gegen-Gutachten, vgl. Hans Peter (1951): Ist das Röpke-Gutachten wissenschaftlich fundiert?, Köln. Eine ähnliche Schrift wurde vom selben Verlag als Sonderdruck neu herausgegeben, nachdem die Adenauer-Regierung das Röpke-Gutachten mit einem Vorwort des Bundeskanzlers veröffentlicht hatte: Paul Sering (o.J.): Der Mythos des XIX. Jahrhunderts. Bemerkungen aus Anlass des Roepke-Gutachtens zur deutschen Wirtschaftspolitik, Limburg/Lahn.

388 Vgl. Andreas Müller-Armack (1997): Eintrag „Müller-Armack, Alfred" [Onlinefassung], in: Neue Deutsche Biographie 18, S. 487–488, unter: www.deutsche-biographie.de, zuletzt 18. August 2015.

Das Ziel, eine neue Ordnung zu etablieren, war durch die sich Mitte August ausweitenden und sich zunehmend politisierenden Proteste gefährdet. Mittelbar führten diese Proteste zu einem ersten Misstrauensantrag gegen den Direktor für Wirtschaft durch die SPD am 17. August 1948. In seiner Verteidigungsrede rief Ludwig Erhard durch eine Erwähnung der „sozialen Marktwirtschaft" Geister, die er fortan nicht wieder los wurde. Es war in diesem Zusammenhang – ein Misstrauensantrag gegen ihn und seine Politik, der zeitlich und inhaltlich eng mit dem ersten großen Höhepunkt der Proteste verbunden war –, dass Ludwig Erhard zum ersten Mal eine „soziale Marktwirtschaft" als Weg und Ziel erwähnte.

Möglich ist, dass er bei einem seiner Mitarbeiter (etwa Leonhard Miksch oder Edmund Kaufmann) den Ausdruck „soziale Marktwirtschaft" gelesen oder ihn anderweitig zur Kenntnis genommen hatte und ihm diese Assoziation daher am 17. August 1948 in den Sinn kam. Genauso wahrscheinlich ist es aber, dass dies nicht der Fall war und Erhard den Ausdruck benutzte, wie er in der Diskussion bei Müller-Armack, Miksch und anderen auch zustande kam: Als in der historischen Situation sehr naheliegende Wortverbindung, deren genauere Füllung mit Sinn umstritten blieb.

In der Folge traten neue dispositive Elemente auf: die gescheiterte Preisregulation durch das Preistreibereigesetz, das Jedermann-Programm und etliche andere, die mit dem Begriff der „freien Marktwirtschaft" nur schwer in Einklang zu bringen waren. Starke, parallel stattfindende Angriffe der politischen Gegner auf den Signifikanten „frei" bzw. „Freiheit" besaßen aufgrund der Preissteigerungen hohe Glaubwürdigkeit und führten dazu, dass Holzapfel und Erhard – als herausragende Verfechter des Strategischen Dispositivs – nach diesen Auseinandersetzungen Hemmungen zeigten, weiterhin von „freier Marktwirtschaft" zu reden oder diese zu verteidigen. Es war daher nur folgerichtig, dass diese sukzessive von der Funktion des Leeren Signifikanten zurücktrat. Die Funktion des Elements „frei" bzw. „Freiheit" veränderte sich deutlich.

Die „freie Marktwirtschaft" war nicht mehr sozial, sondern nur noch effizient, der Staat nicht mehr nur zuständig, den Wettbewerb zu ermöglichen, sondern zugleich auch dafür zu sorgen, dessen unsoziale Folgen abzufedern. Diese Readjustierung wurde im Verbund mit den Angriffen auf die „falsche Freiheit" allmählich ein solcher qualitativer Einschnitt, dass das gesamte Dispositiv „freie Marktwirtschaft" aufgegeben werden musste und schließlich einem neuen dispositiven Regime wich. Zunächst jedoch blieb in einem Zwischenschritt die „Marktwirtschaft" alleinstehend – ‚adjektivlos' – übrig. Für den freien Platz des zentralen Leeren Signifikanten gab es nun mehrere Kandidaten (Marktwirtschaft moderner Prägung; sozial-verpflichtete Marktwirtschaft; soziale Marktwirtschaft etc.) Aus durchaus benennbaren Gründen[389] ging „soziale Marktwirtschaft" aus diesem Ringen als Sieger hervor:

Diese Wortkombination verleitete zunächst die verschiedenen Gegner der „freien Marktwirtschaft" dazu, sich ihrer zu bemächtigen, weil sich mit dem Sinn-Erbe des Wortes „sozial" vermeintlich oder tatsächlich die Möglichkeit eröffnete, bestimmte Inhalte und Ideen an diesen Leeren Signifikanten anzukoppeln. Dies galt für die Vertreter der christdemokratischen Sozialausschüsse und der christlichen Soziallehre, besonders aber für

389 In diesem Punkt möchte ich Martin Nonhoff widersprechen, der annimmt, historische Unvorhersehbarkeiten verhinderten „Aussagen darüber, warum sich in einem bestimmten Fall letztlich diese und nicht eine andere Hegemonie ausgebildet hat", Nonhoff, Politischer Diskurs, S. 17.

Sozialdemokraten in Partei und Gewerkschaft. Sie waren es, die in den Tagen vor dem Generalstreik massiv eine „soziale Marktwirtschaft" einforderten und anschließend von ihrem eigenen Erfolg überfordert waren. Sozialisierungen oder der „demokratische Sozialismus" standen zu diesem Zeitpunkt nicht mehr zur Diskussion; an ihrer Stelle und anstelle einer Wirtschaftsdemokratie wurde später die Mitbestimmung teilweise in die „Soziale Marktwirtschaft" integriert.

In den Düsseldorfer Leitsätzen flossen schließlich die Entwicklungen des vorherigen Jahres zusammen. Um ein Beispiel zu geben: Die Kritik des SPD-Abgeordneten Schoettle vom 17. August 1948, statt der „Freiheit der Wirtschaft" sei „Freiheit in der Bindung an die Interessen der Gemeinschaft"[390] anzustreben, fand sich in der einleitenden Erklärung („Was versteht die CDU unter sozialer Marktwirtschaft?") wieder: „Diese Ordnung wird geschaffen durch Freiheit und Bindung, die in der ‚sozialen Marktwirtschaft' durch echten Leistungswettbewerb und unabhängige Monopolkontrolle zum Ausdruck kommen." Die Düsseldorfer Leitsätze waren im Grunde also der Versuch einer Versöhnung verschiedener politischer Lager, ohne dass dies explizit ausgesprochen wurde.

Einige Ordoliberale hatten sich dem Namen nach schon 1947 für eine „Soziale Marktwirtschaft" ausgesprochen. Die meisten Wirtschaftswissenschaftler hatten im wissenschaftlichen Beirat jedoch den wirtschaftsliberalen Kurs von Ludwig Erhard unterstützt. Die Befunde meiner Untersuchung und die zeitliche Abfolge der öffentlichen Positionierungen bestätigen, dass es keinen Masterplan gab, eine „Soziale Marktwirtschaft" einzuführen. Vielmehr stellte der Verlauf der politisch-diskursiven Auseinandersetzungen im Herbst 1948 umgekehrt die Voraussetzung dafür dar, dass in den folgenden Jahren die ordoliberalen Wissenschaftler verschiedener Ausrichtung wie Böhm (1949) und Müller-Armack (1952) in die politischen Entscheidungen einbezogen wurden.

390 Weisz u. Woller, Wörtliche Berichte, Band 2, S. 788.

9 Fazit

Die in der vorliegenden Studie erzielten Forschungsergebnisse unterscheiden sich erheblich von den bisher bekannten Lesarten der Ereignisse 1948/49. Ein Grund dafür ist – dies wird in der Reflexion des analytischen Vorgehens („Methodischer Kommentar") deutlich – ein wissenschaftliches Vorgehen, dass durch seine methodisch-theoretische Grundlagen einen genauen Blick auf den Forschungsgegenstand ermöglicht hat. Nach der daran anschließenden Zusammenfassung der zentralen Erkenntnisse folgt im letzten Kapitel ein Blick auf die bisherige Historisierung des Entstehungszeitraums der „Sozialen Marktwirtschaft" von 1948 bis zur Gegenwart („Epilog"). Darin wird eine weitere Ursache für die Diskrepanz zwischen der vorherrschenden Erzählung und der hier vorgetragenen Lesart deutlich. Diese ist darin zu sehen, dass die bisherigen geschichtswissenschaftlichen Bearbeitungen sich zumeist unkritisch von der zeitgenössischen Interpretation der Ereignisse haben beeinflussen lassen.

9.1 Methodischer Kommentar: Möglichkeiten und Grenzen der Dispositivanalyse

Im Abschnitt „Analytik" habe ich die methodischen Werkzeuge entwickelt, die mir für die Dispositivanalyse sinnvoll erschienen. Dazu wurde zunächst auf die vielzitierte Charakterisierung eines „Dispositivs" durch Michel Foucault zurückgegriffen, die als Ausgangspunkt und Annäherung an den Dispositivbegriff diente (Dispositiv als Netz aus diskursiven wie nichtdiskursiven Elementen). Die etwas sperrigen Teile des zugrundeliegenden Interviews,[1] die im Allgemeinen selten genutzt worden sind, eröffneten darüber hinaus einige Ansatzpunkte für die historische Perspektive (Positionswechsel, Readjustierung, Funktionswandel, Wiederauffüllung von Elementen) und inspirierten bereits erste Ansätze zur Operationalisierung (Notstand, Strategisches Dispositiv, Widerstand, Modifizierung). Im Anschluss daran wurden unter Berücksichtigung verschiedener Beiträge aus der Dispositiv- und Diskurstheorie weitere Überlegungen und Begrifflichkeiten vorgestellt und entwickelt (Leerer Signifikant, Äquivalenzketten, Äußerung und Aussage, Sinn-Erbe). Diese Konzepte und Begriffe sollten dabei helfen, das Verhältnis der Elemente untereinander bzw. deren Genese zu verstehen, um schließlich die übergeordnete Frage nach der Genealogie des gesamten Dispositivs beantworten zu können. Die Anwendung dieser verschiedenen Werkzeuge soll im Folgenden reflektiert werden.

Die Kernfrage der hier durchgeführten Dispositivanalyse stellte sich nach der frühen Genealogie des Dispositivs „Soziale Marktwirtschaft". In der theoretischen Diskussion ist dazu mitunter angemerkt worden, dass sich eine Dispositivanalyse insbesondere dazu

1 Foucault, Dispositive der Macht, S. 119–121.

eignet, „sowohl das Vorher als auch das Nachher“ von Diskursverschiebungen und -verflechtungen „erfassbar zu machen“[2]. Konkretisiert habe ich diese Genealogie anhand der oben genannten Begriffe, wobei der diagnostizierte Notstand als das „Vorher“ und das modifizierte Dispositiv als „Nachher“ anzusehen sind. Die Figur der Modifizierung ist angemessen, weil im vorliegenden Fall die Readjustierungen der dispositiven Elemente weit über eine reine Verschiebung hinaus gingen. Nicht nur wurde der Leere Signifikant ausgetauscht, sondern auch andere Elemente zeigten deutliche Veränderungen: einige kamen im Zuge der Modifizierung neu hinzu (z.B. das Jedermann-Programm), andere erhielten eine neue Funktion oder verloren ihre zentrale Stellung, insbesondere „frei“ bzw. „Freiheit“. Letztere Entwicklung war sowohl hinsichtlich des Funktionswandels als auch der Readjustierung sicherlich die bedeutsamste Änderung, weil mit der verminderten Bedeutung der „freien Marktwirtschaft“ eine Leerstelle auf der Position des Leeren Signifikanten einherging. Mit der „sozialen Marktwirtschaft“ hat sich unter dieser Voraussetzung schließlich ein gänzlich neues Dispositiv herausgebildet.

Die Genealogie vom Notstand (über das Strategische Dispositiv und den Widerstand) bis zur Modifizierung bot also einen chronologischen wie begrifflichen Rahmen, in dem genauere Fragestellungen und Untersuchungen Platz hatten. Für die präzisere Analyse war eine Ergänzung der Werkzeuge erforderlich. Dazu habe ich mich im Anschluss an einige einschlägige Vertreter der Zeichen- und Diskurstheorie (besonders Ferdinand de Saussure und Ernesto Laclau) der Begriffe „Äquivalenzkette“ und „Leerer Signifikant“ bedient. Martin Nonhoff hat dazu nicht nur hilfreiche Betrachtungen vorgelegt, sondern er hat seinerseits vorgeschlagen, die „Soziale Marktwirtschaft“ als Leeren Signifikanten zu betrachten – eine Einschätzung, die ich übernommen und in meinem Material bestätigt gefunden habe.

Eine besondere Bedeutung kommt darüber hinaus dem Komplex zu, den Nonhoff als das „Strategem der eigentlichen Bedeutung“ bezeichnet hat. Was er lediglich als ein Kennzeichen erreichter Hegemonie festgestellt hat[3] – die Auseinandersetzung um die Bedeutung eines Leeren Signifikanten –, spielte während der Durchsetzung 1948 eine geradezu konstituierende Rolle. Die Sozialdemokraten in Partei und Gewerkschaften spürten zunächst die Vorteile, die eine Hinzunahme des Wortes „sozial“ zur Marktwirtschaft für sie bieten konnte. Sie griffen die Äußerung Erhards vom 17. August 1948 erfreut auf, denn das Sinn-Erbe des Wortes „sozial“ wurde tatsächlich viel eher mit der sozialdemokratischen Tradition verbunden als mit der Politik Erhards. Die Benutzung des Wortes war in der konkreten historischen Situation aber für beide Seiten ein zweischneidiges Schwert: Der zu erwartenden erweiterten Akzeptanz einer so bezeichneten Politik Erhards stand die erhöhte Legitimation für alle „sozialen“ Forderungen, vor allem der Sozialdemokratie, gegenüber. Erik Nölting und Albin Karl machten vor dem Generalstreik ausgiebig von diesem Vorteil Gebrauch und stellten genau diese Forderungen, im Allgemeinen wie im Konkreten. Doch bereits kurz darauf überließen sie ihren politischen Gegnern das Feld, was diese ausnutzten, indem sie nun ihrerseits Vorteile aus dieser Konstellation zogen.

Die Antagonisten Erhards spielten also eine so zentrale Rolle, dass die „Soziale Marktwirtschaft“ ohne ihre Beteiligung nicht den Rang bekommen hätte, den sie bis heute hat.

2 Schauz, Diskursiver Wandel, S. 106.

3 Nonhoff ordnet es als „sekundäres hegemoniales Strategem“ ein, weil es „erst innerhalb eines bereits relativ erfolgreichen hegemonialen Projekts [...] zum Tragen kommt“, Nonhoff, Politischer Diskurs, S. 235.

So verdeutlicht der Aufstieg der »Sozialen Marktwirtschaft«, dass auch kritisch gemeinte Beiträge einem Diskurs helfen können, hegemonial zu werden. Es ist eines der wesentlichen Ergebnisse dieser Untersuchung, die Genealogie des spezifischen (und namensgebenden) Elements des Dispositivs „Soziale Marktwirtschaft", nämlich ihres gleichlautenden Leeren Signifikanten, herausgearbeitet zu haben. Der diesem Schritt inhärente enge Fokus auf die Wortkombination „sozial" und „Marktwirtschaft" schärfte den Blick für die damit verbundenen Veränderungen, die sich vor allem im Jahr 1948 vollzogen. Von diesen Änderungen war die wichtigste der Abstieg des Strategischen Dispositivs „freie Marktwirtschaft".

Um den Aufstieg der „Sozialen Marktwirtschaft" und den Fall der „freien Marktwirtschaft" systematisch erfassen zu können, waren die diskurstheoretischen Begriffe „Äußerung" und „Aussage" besonders hilfreich. Gerade durch diese feinen Analyseinstrumente konnten sehr genaue und weiterführende Erkenntnisse gewonnen werden, zum Beispiel, wie viel Zeit zwischen der ersten Äußerung und der Aussagewerdung verging und welche Entwicklungen dazwischen auf diskursiver und nichtdiskursiver Ebene stattfanden. Von dieser Feststellung ausgehend, ließen sich wiederum die Veränderungen weiterer dispositiver Elemente, also ihr Auftauchen oder Verschwinden, ihre Readjustierungen und Funktionswandel genauer bestimmen. Damit wurden die Verflechtungen der verschiedenen Elemente des Dispositivs deutlich.

Überraschend gut konnte anhand der Aussagen verschiedener Akteure während der Proteste und der besser dokumentierten Parlamentsdebatten nachvollzogen werden, wie genau die Ablösung der „freien Marktwirtschaft" vor sich ging. Auch der Funktionswandel des Signifikanten „frei" bzw. „Freiheit" ließ sich offenlegen. Dieser Teil der Untersuchung kam am ehesten der Untersuchung von Äquivalenzketten nahe, wie Martin Nonhoff sie vorgeschlagen hatte. Insgesamt erschien mir Nonhoffs begrifflicher Apparat der neun Strategeme für mein Anliegen aber als zu starr, so dass ich die Überprüfung an der Empirie daher nicht als produktiv einschätzte; wichtiger für diese Entscheidung war jedoch die Tendenz dieser Art der Äquivalenzkettenuntersuchung, die nichtdiskursiven Elemente zu vernachlässigen und die Entwicklung des Diskurses aus einer Eigenlogik heraus zu erklären.

Gegenüber dieser Einschränkung habe ich das Untersuchungsfeld um nichtdiskursive Elemente erweitert und damit auf weite Teile des gesellschaftlichen (historischen) Kontextes ausgedehnt. Diese Untersuchung des Verhältnisses der Elemente des Dispositivs zueinander erwies sich als sehr ergiebig. Da ich von vorne herein Subjektivierungen und Objektivationen ausgeschlossen hatte, lässt sich sagen, dass ich hier eine Analyse vorgenommen habe, die sich auf die Verflechtungen der dispositiven Elemente und deren Gesamtheit konzentriert – eine historische Dispositivanalyse als Genealogie seiner Elemente.

Mir scheint es vielversprechend, diese Methode der Analyse der verflochtenen Elemente (einschließlich eines Leeren Signifikanten) weiterzudenken. Eine solche Untersuchung könnte darauf hinauslaufen, unter Beachtung der historischen Entwicklung eine Art ‚Definition durch Relation' für die einzelnen Elemente vorzunehmen. Barbara Birkhan hat darauf hingewiesen, dass ein Vorgehen, welches die Elemente eines dispositiven Netzes durch ihre Stellung zu den anderen Elementen zu bestimmen sucht, einem „Modell der Sprache folgt"[4], wie es de Saussure für Signifikanten und ihr Verhältnis zu anderen Signifikanten beschrieben hat. Vielleicht findet sich in dieser Überlegung ein Beitrag zur dialektischen

4 Birkhan, Das Dispositiv, Absatz 69.

Auflösung des Dauerproblems der Unterscheidung von diskursiven und nichtdiskursiven Elementen. Eine solche ‚Definition durch Relation' kann zwar das Dilemma, sämtliche Elemente nur in ihrem sprachlich bestimmten Sinn erfassen zu können, nicht auflösen. Ein um nichtdiskursive Elemente erweitertes Verständnis einzelner Signifikanten vermag aber eventuell Barrieren zu überwinden, die der Erweiterung der diskursanalytischen Praxis bislang im Weg stehen. Eine damit verbundene (Ein-)Sicht, dass Signifikanten erst durch ihre Stellung zu nichtdiskursiven Elementen in Gänze zu begreifen sind, ermuntert zur Beachtung von Materialitäten und ihrer Interpretation. Auch würde sie es erleichtern, die historische Dimension von Signifikanten und ihrer Bedeutung verstärkt zu berücksichtigen.

Es wäre zu kurz gegriffen bzw. unmöglich, für ein dispositives Netz die Relation seiner Elemente nur aus einer Momentaufnahme heraus zu erklären, weil jedes Element für sich eine Geschichte hat, die einen Gutteil ihres Sinngehaltes ausmacht. Ganz besonders deutlich ist dies beim zentralen Wort „sozial"; um dies zu kennzeichnen, habe ich den Begriff „Sinn-Erbe" genutzt. Zwischen dem tradierten Sinn und der jeweils aktuellen Verwendung kann es zu Spannungen kommen. Damit ist auf eine notwendige Kohärenz des Netzes verwiesen, dessen Fäden zwar eine gewisse Spannung aushalten, aber eben auch reißen und so das Gesamtensemble auflösen können.

Diese Spannung kann vermindert werden, indem historisch bedingte Erwartungen und Assoziationen bezüglich eines Signifikanten in einem Maße aufgenommen werden, dass ein nötiges Minimum an Kohärenz erreicht wird. Die verschiedenen dispositiven Mechanismen – Readjustierungen, Funktionswandel und Positionswechsel, aber auch Wiederauffüllungen und das Verschwinden von Elementen – werden von dieser Dynamik beeinflusst. Das Verhältnis der Elemente eines Dispositivs wird damit von den Interessen der Akteure einerseits und dem Kriterium anzustrebender Kohärenz andererseits bestimmt.

In diesem Zusammenhang ist besonders zu erwähnen, dass im Herbst 1948 die Veränderungen anderer Elemente dem Austausch des Leeren Signifikanten vorausgingen. Das Jedermann-Programm und andere nichtdiskursive Elemente ermöglichten überhaupt erst eine Bezeichnung als „soziale Marktwirtschaft". Der Diskurs erscheint somit als eine „an Kohärenz gebundene Reflexion des nichtdiskursiven Bereichs"[5]; er kann aber seinerseits diesen Bereich sinnhaft strukturieren.

Als Hermann Pünder in Verteidigung seiner und Erhards Politik im Wirtschaftsrat sprach, zeigte sich dieser Mechanismus eindrücklich. Er wolle eine „soziale Marktwirtschaft schaffen und betreiben"; den Weg dazu sah er am 10. November in einem „sinnvollen Zusammenspiel organischer Hilfsmittel".[6] Die zahlreichen in diesem Zusammenhang von Pünder angeführten nichtdiskursiven Elemente waren aber Maßnahmen, die erst kurz zuvor beschlossen worden waren, und mit dem zuvor eingeschlagenen Kurs der „freien Marktwirtschaft" deutliche Kohärenz-Konflikte hatten. Sie wurden daher nun ihrerseits mit dem (neuen) Leeren Signifikanten „soziale Marktwirtschaft" sinnhaft strukturiert.

Die „Soziale Marktwirtschaft" wird so – in den Begriffen der Dispositivanalyse – deutlich als Ergebnis einer diskursiven Strukturierung von nichtdiskursiven Reaktionen, die ihrerseits auf gesellschaftliche Konflikte (auf Widerstand) gefolgt waren. Sie ist der erfolg-

5 Ebd., Absatz 69.
6 Weisz u. Woller, Wörtliche Berichte, Band 3, S. 1102, vgl. ausführlich oben, S. 287–291.

reiche Versuch, eine Kohärenz zwischen den verschiedenen Elementen eines Dispositivs herzustellen. Allerdings hat jeder Diskurs einen „Eigen-Sinn", was eine ganz eigene Dynamik auslösen kann – eine „Produktivität" im Sinne der Dispositivanalyse.[7] Im hier untersuchten Fall kam dies erstmals zum Tragen, als Erik Nölting, Albin Karl und die Sozialausschüsse in der CDU die einmalige Äußerung Erhards vom 17. August 1948 gegen seine Politik in Stellung brachten – also bevor die „soziale Marktwirtschaft" von Erhard, Pünder und der CDU vereinnahmt wurde. Die Gegner der wirtschaftsliberalen Politik konnten sich dabei auf das Sinn-Erbe des Wortes „sozial" stützen und – ohne dass sie sich weiter hätten erklären müssen – mit dem Verweis auf den bislang nur *angeblich* sozialen Charakter der Wirtschaftspolitik ihre eigenen Forderungen unterstreichen. Sie verließen sich in dieser Sache darauf, dass ihre Auffassung vom Wort „sozial" mit dem Verständnis großer Bevölkerungsgruppen übereinstimmte. Wieder war die Kohärenz der Elemente des Dispositivs gefragt.[8] Die aufgrund der Verschiebung nichtdiskursiver Elemente nötig gewordene sinngebende „Neustrukturierung" als „soziale Marktwirtschaft" tendierte nun dazu, neue Elemente in ihrem Sinne nach sich zu ziehen. Da der Bestandteil „Marktwirtschaft" sich nicht veränderte, trat „sozial" besonders hervor, und dieser Effekt fiel entsprechend stark aus. Vielleicht war dies die „Hintertür", durch welche die sozialen Sicherungssysteme vergangener Epochen in modernisierter Form den einfachsten Eingang in die Ordnung des entstehenden Weststaates fanden. Das „Sozialversicherungsanpassungsgesetz" war gleichzeitig die partielle Aufnahme der Tradition obrigkeitsstaatlicher Sozialfürsorge und eine Maßnahme, um die Kohärenz zwischen der Bezeichnung „soziale Marktwirtschaft" und dem Signifizierten herzustellen. Welche der zahlreichen „unterschiedlichen Zeitschichten", die sich innerhalb von Dispositiven ablagern können,[9] tatsächlich integriert wird, bleibt aber kontingent.

Das Verhältnis der Elemente eines Dispositivs wird in einer ständigen und wechselseitigen Beeinflussung hergestellt. Die daran beteiligten Akteure können, um die Gestalt des Dispositivs als Ganzes in ihrem Sinne zu beeinflussen, ihren Einfluss auf den Diskurs genauso als Werkzeug nutzen wie das Hinzufügen, Readjustieren oder Entfernen nichtdiskursiver Elemente.

Der Umfang der Modifizierung, die im Jahr 1948 stattfand und im Austausch des Leeren Signifikanten den Höhepunkt erreichte, war umfassend. Dies hat gleichzeitig bewirkt, dass der Prozess der „strategischen Wiederauffüllung"[10], den Foucault bei anderen Änderung von Dispositiven beobachtet hatte, beim Leeren Signifikanten wenig zum Tragen kam. Dieser wurde nicht durch neue Elemente wiederaufgefüllt, sondern selbst geändert.

Umso deutlicher kann anhand der in dieser Arbeit untersuchten Vorgänge bestätigt werden, dass ein „Manöver" notwendig ist, „damit ein bestimmtes Kräfteverhältnis nicht bloß sich erhalten, sondern vielmehr sich akzentuieren, sich stabilisieren, an Boden gewinnen

7 Birkhan, Das Dispositiv, Absatz 69.

8 Vgl. Schauz, Diskursiver Wandel, S. 94.

9 Vgl. ebd., S. 98: „Dispositive sind daher zu keiner Zeit widerspruchsfreie Totalisierungen einer Form der Intervention. Ihr heterogenes Ensemble repräsentiert unterschiedliche historische Konkretisierungen, das heißt auch innerhalb von Dispositiven lagern sich unterschiedliche Zeitschichten ab".

10 Foucault, Dispositive der Macht, S. 121. Der Versuch einer Wiederauffüllung war etwa die Figur des „Auspendelns" der Preise. Als sich der automatische Ausgleich zwischen Angebot und Nachfrage, der in diesem Bild enthalten ist, nicht eintraf, sollte das Bild mit Hilfe einer neuen Rhetorik der Ausnahme aufrechterhalten werden.

kann“[11]. Im Sinne der „Strategie ohne Stratege“[12] hatte dieses Manöver keinen Kapitän und keinen Oberbefehlshaber. Vielmehr wäre das Bild der „Schwarmintelligenz“ zu bemühen, freilich eines Schwarmes von Ungleichen. Alle Akteure interpretieren die gleichen Umgebungsbedingungen; sie spüren Wasserströmungen und Umgebungstemperatur – und die Bewegungen der übrigen Schwarmbestandteile, an denen sie sich orientieren oder die sie ablehnen können. Weiter allerdings trägt das Bild nicht: Die Beteiligten haben unterschiedliche Erfahrungen und differente Interessen, die als Grundlage für Entscheidungen dienen. Das Bild soll lediglich verdeutlichen, dass auch der einflussreiche Akteur Erhard von den Verhältnissen zu einer Richtungsänderung animiert wurde, weil Hermann Pünder, die CDU-Sozialausschüsse und Nell-Breuning sich der Bewegung ‚Her mit der sozialen Marktwirtschaft‘ anschlossen, welche kurzzeitig, aber in einem entscheidenden Moment von Erik Nölting und dem DGB angeführt worden war. Anders als Alex Haffner entschied sich Erhard für den Richtungswechsel und zog seine Vorteile daraus.

Die „soziale Marktwirtschaft“ hatte sich als am besten an die gesellschaftliche Umgebung angepasst erwiesen, weil sie im entscheidenden historischen Augenblick viele einflussreiche Unterstützer gewann. In den folgenden Jahren schritt ihre Etablierung als Dispositiv weiter voran – und „durch seine Formation verhindert[e] oder de-formiert[e] es andere Dispositive“[13]. Die zahlreichen alternativen antikapitalistischen Signifikanten, die als Ausgangspunkte für andere gesamtgesellschaftliche Dispositive hätten dienen können, wurden „verhindert“, während das strategische, aber erfolglose Dispositiv „freie Marktwirtschaft“ fast bis zur Unkenntlichkeit „de-formiert“ und schließlich der „Sozialen Marktwirtschaft“ untergeordnet wurde.

Als größtes Hindernis, Dispositivanalysen durchzuführen, erscheint in der Rückschau die bislang nur zögerliche Benennung und Einbeziehung nichtdiskursiver Elemente. Dies in einer Art und Weise zu ändern, die nicht mit der gesamten Diskurstheorie kollidiert, erfordert noch einigen Aufwand.

Es scheint in diesem Zusammenhang keinesfalls ausgeschlossen, Persönlichkeiten mit einem spezifischen politischen Profil gleichfalls als Elemente eines Dispositivs zu behandeln, die sich readjustieren, einen Positionswechsel vornehmen oder auch verschwinden können.[14] Ludwig Erhard, der als prominentester Verfechter einer „freien Marktwirtschaft“ seine Karriere auf der großen politischen Bühne begonnen hatte, gelang es zwischen August 1948 und Februar 1949, seine eigene Ansichten so zu reformulieren, dass sie auf das neue Dispositiv abgestimmt waren: Erhard (als Akteur) hat Erhard (als Element des Dispositivs) erfolgreich readjustiert.

11 Ebd., S. 138.

12 Ebd., S. 132.

13 Birkhan, Das Dispositiv, Absatz 19.

14 Diese Überlegungen treffen sich mit Nonhoff, Politischer Diskurs, S. 386 f: Er stellt ein Desiderat fest, es seien auch die „nicht-sprachlichen Artikulationen zu untersuchen“ und vermutet: „Eine Praktik wäre dann analog zu einer Artikulation als eine bestimmte Relationierung von (praktisch-)diskursiven Elementen zu sehen – und der Akteur müsste in einem Gleichursprünglichkeitsverhältnis zur Praktik konzeptualisiert werden.“ Auf seine Fragen, „welche Arten von Relationen, welche Möglichkeiten zur Kombination von Relationen und welche Dynamiken der Relationierung sich rekonstruieren lassen“ lassen sich in der hier vorliegenden Arbeit (v.a. im Verhältnis der Elemente des Dispositives zueinander) einige Antworten finden.

Auch der Fall eines deutlichen Positionswechsels eines personalen Akteurs ist mir Laufe der Recherchen begegnet. Der überzeugte Wirtschaftsliberale Alex Haffner wechselte durch seinen Rückzug aus dem Wirtschaftsrat in dem Augenblick seine Position, als sich die „soziale Marktwirtschaft" durchsetzte. Dieser „Positionswechsel" bedeutet aber nicht, dass er seine Ansichten geändert hatte, der Begriff bezeichnet vielmehr die Änderung des Verhältnisses, in dem er zum dispositiven Netz stand. Er trat als Mitgestalter und Motor des Strategischen Dispositivs während dessen Fall ab und versuchte anschließend mit den gleichen Ansichten ab 1949 im Rahmen der FAZ[15] als außenstehender Kritiker, das modifizierte Dispositiv im Sinne seiner (unveränderten) Interessen und Auffassungen zu beeinflussen.

Verschwunden im physischen Sinne ist in meinem Untersuchungszeitraum niemand. Wohl aber verschwanden Heinz Mokros und mit ihm viele andere nach den Stuttgarter Vorfällen Angeklagte für Jahre hinter Gittern. Mokros wurde, auch formal, für ein Plakat verurteilt. Solche Mechanismen verengen im Großen wie im Alltäglichen die Grenzen des Sagbaren. Die Stuttgarter Vorfälle und die Reaktionen auf sie berühren zudem eine weitergehende Frage, wenn man die Ausweitung der Untersuchungsfelder, die im Rahmen einer Dispositivanalyse möglich sind, ernst nehmen will: das Problem, inwiefern Repression, Zwang und Gewalt mit den Mitteln einer Dispositivanalyse zu fassen sind.

9.2 Zusammenfassung: Die Entstehung der „Sozialen Marktwirtschaft"

Als Grundlage für meine Untersuchung habe ich eingangs eine Methodik konzipiert, die es mir ermöglicht hat, diskursive und nichtdiskursive Entwicklungen zusammenzudenken. Die Chronologie dieser dispositivanalytischen Genealogie orientierte sich (in dieser Reihenfolge) an den Begriffen Notstand, Strategisches Dispositiv, Widerstand und Modifizierung.

Dabei stand zunächst der Notstand im Mittelpunkt, der sich aus der Kombination der prekären materiellen Situation der Bevölkerung hinsichtlich Ernährung, Versorgung, Wohnen und Gesundheit mit einer vielfältig umstrittenen politischen Zukunft ergab. Weil sich diese Untersuchung auf die Entstehung der „Sozialen Marktwirtschaft" konzentrierte, wurden andere Komplexe nur am Rand berührt, etwa die Frage nach der Teilung Deutschlands. Im so festgestellten politisch-diskursiven Notstand standen dem gemeinsamen diskursiven Außen („Kapitalismus") zunächst verschiedene Angebote gegenüber (Wirtschaftsdemokratie, Sozialisierungen, [christlicher] Sozialismus, Neoliberalismus). Die Antwort auf diesen Notstand wurde von der internationalen Entwicklung entscheidend beeinflusst. Die USA als Verfechter des freien Unternehmertums gewannen in der Bizone gegenüber den planwirtschaftlich orientierten Briten immer mehr Einfluss. Schließlich wurde ab Anfang des Jahres 1948 ein eigenständiger Weststaat immer absehbarer, weil der Kalte Krieg die interalliierten Verhandlungen ablöste. Unter diesen Bedingungen wurde das Strategische Dispositiv entwickelt.

15 Vgl. Blasche, Gründungen, S. 6.

Die Vorbereitungen zur Gestaltung des Weststaates wurden getroffen. Ihr Ziel war die wirtschaftliche, wirtschaftspolitische und ideologische Integration Westdeutschlands in ‚den Westen' unter US-amerikanischer Führung. Die Währungsreform wurde entsprechend konzipiert, Semler abgesetzt und Erhard als neuer Wirtschaftsdirektor mit einem klaren wirtschaftsliberalen Profil ernannt. Gleichzeitig liefen politische Vorbereitungen, den Übergang zur „freien Marktwirtschaft" parallel zur Durchführung der Währungsreform zu bewerkstelligen und ihren Start so erfolgreich wie möglich zu machen. Die noch festgelegten Preise wurden präventiv erhöht, Hortungen protegiert und die Währungsreform darauf eingerichtet, die Unternehmen zu schonen. Das Leitsätzegesetz erweiterte den gesetzlichen Handlungsspielraum um das nötige Maß. Bewältigt wurden diese Vorbereitungen von einer informellen Allianz des Strategischen Dispositivs „freie Marktwirtschaft", zusammengesetzt vor allem aus deutschen Politikern im Wirtschaftsrat (insbesondere der FDP und Teilen der CDU) und US-amerikanischen Entscheidungsträgern.

Unter Berücksichtigung der eigenen wirtschaftlichen, ideologischen und strategischen Prämissen und Interessen sollte so der Notstand durch die „freie Marktwirtschaft" beendet werden. Doch es dauerte keinen Monat, bis sich der zuvor im Parlament ausgebliebene Widerstand auf der Straße und den Märkten bemerkbar machte. Hinsichtlich seiner Akteure im Herbst 1948 ist festzuhalten, dass zwar mächtige Gewerkschaften existierten, deren Leitungen aber zögerten, ihre Machtmittel einzusetzen. So machten sich zunächst vor allem lokale Gewerkschaften zum Fürsprecher dieser breiten Bewegung, auch weil es keine anderen überregionalen Akteure gab, die diese Proteste organisiert hätten. Trotz durchaus kämpferischer Stimmung an der Basis hielt der Großteil der Lohnabhängigen aber an ihrer Organisation fest, weil die Einheitsgewerkschaft als Lehre aus der Geschichte gesehen wurde. Die Wirtschaftsrats-Fraktion der SPD übersetzte die Proteste am 17. August 1948 in ein erstes Misstrauensvotum gegen Erhard. Den in weiten Teilen politisch motivierten Protesten wurde zunächst mit klangvollen wirtschaftspolitischen Initiativen wie beispielsweise dem „Gesetz gegen Preistreiberei" begegnet. Parallel dazu sprach Erhard zu seiner Verteidigung nicht mehr von „freier Marktwirtschaft", sondern adjektivlos von „Marktwirtschaft" oder – zunächst einmalig – von „sozialer Marktwirtschaft". Das reichte jedoch nicht, um den Widerstand zu stoppen und so wurden, zunächst zögerlich, dann immer entschiedener, verschiedene Hebel in der Wirtschaftspolitik umgelegt. Das Jedermann-Programm wurde in die Wege geleitet, die StEG-Waren bekamen Preisvorschriften und die Ausstattung der Sozialversicherungen verbessert. Ab Oktober machte sich eine zweite Phase des Widerstands bemerkbar, die in einem Generalstreik gipfelte und wiederum im Parlament durch zwei Misstrauensanträge gegen Pünder und Erhard reflektiert wurde. In der intensiven Debatte der Tage vor diesem Streik ist der Durchbruch der „Sozialen Marktwirtschaft" auf der diskursiven Ebene zu verorten. Hermann Pünder folgte den verlockenden Rufen der Gegner der „freien Marktwirtschaft" nach einer „sozialen Marktwirtschaft" und machte sie mit seiner programmatischen Rede am 10. November 1948 zur Richtschnur.

In Folge der ergriffenen Kurskorrekturen ebbten die Proteste ab. Es dauerte weitere zwei Monate, bis sich auf Initiative Pünders und Erhards die CDU zur „sozialen Marktwirtschaft" bekannte und nochmals etliche Wochen, bis Ludwig Erhard begann, offensiv mit dem Begriff Politik zu machen. In den Düsseldorfer Leitsätzen flossen schließlich viele Diskussionen aus dem Herbst 1948 zusammen. Unter dem Label „soziale Marktwirtschaft" zog die CDU in den Bundestagswahlkampf, den sie schließlich für sich gewinnen konnte. Der weitere Aufstieg der „Sozialen Marktwirtschaft" hatte damit eine feste Grundlage.

Vor dem Hintergrund der bisherigen Geschichtsschreibung zur „Sozialen Marktwirtschaft" ist als zentraler Befund der voranstehenden Genealogie festzuhalten, dass die „Soziale Marktwirtschaft" nicht am 20. Juni 1948 eingeführt worden ist. Sie wurde vielmehr überhaupt nicht eingeführt, sondern ist das Ergebnis gesellschaftlicher Auseinandersetzungen, die auf den Märkten, den Straßen, im Betrieb und im Parlament stattfanden. Weite Teile der Bevölkerung wehrten sich über viele Wochen gegen den Versuch, eine „freie Marktwirtschaft" in der Bizone zu etablieren; ein Generalstreik war der Höhepunkt. Diese Auseinandersetzungen führten im Herbst 1948 zu einer veränderten, sozialer orientierten Wirtschaftspolitik in der Bizone, die mit etwas zeitlicher Verzögerung schließlich die allseits bekannte neue Bezeichnung bekam. Diese Bezeichnung – „soziale Marktwirtschaft" – entstand in einer öffentlichen Korrespondenz zwischen den Gegnern der wirtschaftsliberalen Frankfurter Wirtschaftspolitik (SPD, DGB, Sozialausschüsse) und ihren Verfechtern (insbesondere Hermann Pünder und Ludwig Erhard). Die CDU/CSU machte sich den Begriff Anfang Januar 1949 zu eigen – einige Wochen später, am 25. Februar 1949, reüssierte Erhard mit einer programmatischen Rede als herausragender Vertreter der „Sozialen Marktwirtschaft". Das so entstehende Dispositiv „Soziale Marktwirtschaft" wurde durch die Entscheidung der CDU, unter dieser Parole Wahlkampf zu führen, schnell verbreitet.

Erst der folgende Wahlsieg auf Grundlage der Düsseldorfer Leitsätze am 14. August 1949 ermöglichte es anschließend einzelnen Wirtschaftswissenschaftlern, in politische Entscheidungspositionen zu gelangen. Das muss insbesondere für Alfred Müller-Armack betont werden: Es war nicht sein Konzept, das 1948/49 verfolgt wurde. Weder auf der Stufe der Äußerungen (Erhard und Nölting) und der Aussage (an den Tagen vor dem Generalstreik) noch als sich die „Soziale Marktwirtschaft" als Diskurs etablierte ist ein Bezug auf einen dabei verfolgten Plan zu beobachten, geschweige denn auf Müller-Armack. Auch an der Systematisierung der „Sozialen Marktwirtschaft" durch die Düsseldorfer Leitsätze im ersten Halbjahr 1949 war er unbeteiligt, lediglich Franz Böhm spielte dabei eine Rolle. Erst als die „Soziale Marktwirtschaft" bereits real existierte, fanden sie und die gleichnamige Skizze aus Alfred Müller-Armacks Buch „Wirtschaftslenkung und Marktwirtschaft" zueinander. Dass er 1952 im Bundeswirtschaftsministerium zu wirken begann, ist der prominente Ausdruck dieser späten Bezugnahme.

10 Epilog: Die Historisierung der „Sozialen Marktwirtschaft"

Erinnern beinhaltet zwangsläufig eine Reduktion komplexer historischer Situationen, vieles wird vergessen und anderes sinnhaft strukturiert. Diese Reduktion läuft auf eine Erzählung hinaus, die ihrerseits von den jeweils gegenwärtigen politischen Verhältnissen der Geschichtsschreibenden beeinflusst wird. Ihr Ergebnis ist im gleichen Maße kontingent wie die Geschichte selbst. Walter Benjamin hat in einem kurzen Text auf einen wichtigen Teilaspekt seiner als „Konstruktion" verstandenen Geschichtsphilosophie hingewiesen.[1] Dieser Text trägt den Titel „Ausgraben und Erinnern"[2] und schlägt eine Art ‚Entschichtung' als Methode vor. Für Benjamin besteht ein wesentlicher Erkenntnisgewinn darin, nicht nur die geschichtliche Fundsache und ihren Fundort genau zu bezeichnen, sondern vor allem zu beobachten und zu berichten, welche anderen Schichten auf der Suche „vorher zu durchstoßen waren"; für Benjamin kann uns die Art, in der es erzählt wird, genauso viel verraten wie das Ereignis selbst.

Allerdings ist mein Zugang als Historiker in diesem Fall ein umgekehrter. Ich habe mich nicht mit der Absicht, mich meiner „eignen verschütteten Vergangenheit zu nähern", von der Oberfläche der Gegenwart auf eine „verschüttete Vergangenheit" zubewegt. Stattdessen nähert sich dieser Epilog nun andersherum – ausgehend von der geschichtswissenschaftlichen Bearbeitung des Vergangenen – der den LeserInnen wohlbekannten Oberfläche.

In der gegebenen Kürze verfolge ich dabei die drei wesentlichen Topoi, welche die Hauptbestandteile der Erzählung sind, die bezüglich des ‚Ursprungs' der „Sozialen Marktwirtschaft" in der Regel verbreitet wird. Der erste Bestandteil ist die Behauptung, dass das Wirtschaftssystem, dessen Eckpunkte spätestens Mitte des Jahres 1949 deutlich geworden

1 Zum Begriff der „Konstruktion" vgl. Fischer, „Erinnerung" an und für Deutschland, S. 17–23.

2 Der vollständige Text lautet: „Die Sprache hat es unmißverständlich bedeutet, daß das Gedächtnis nicht ein Instrument für die Erkundung des Vergangenen ist, vielmehr das Medium. Es ist das Medium des Erlebten wie das Erdreich das Medium ist, in dem die alten Städte verschüttet liegen. Wer sich der eignen verschütteten Vergangenheit zu nähern trachtet, muß sich verhalten wie ein Mann, der gräbt. Vor allem darf er sich nicht scheuen, immer wieder auf einen und denselben Sachverhalt zurückzukommen – ihn auszustreuen wie man Erde ausstreut, ihn umzuwühlen, wie man Erdreich umwühlt. Denn ‚Sachverhalte' sind nicht mehr als Schichten, die erst der sorgsamsten Durchforschung das ausliefern, um dessentwillen sich die Grabung lohnt. Die Bilder nämlich, welche, losgebrochen aus allen früheren Zusammenhängen, als Kostbarkeiten in den nüchternen Gemächern unserer späten Einsicht – wie Torsi in der Galerie des Sammlers – stehen. Und gewiß ist's nützlich, bei Grabungen nach Plänen vorzugehen. Doch ebenso ist unerläßlich der behutsame, tastende Spatenstich in's dunkle Erdreich. Und der betrügt sich selber um das Beste, der nur das Inventar der Funde macht und nicht im heutigen Boden Ort und Stelle bezeichnen kann, an denen er das Alte aufbewahrt. So müssen wahrhafte Erinnerungen viel weniger berichtend verfahren als genau den Ort bezeichnen, an dem der Forscher ihrer habhaft wurde. Im strengsten Sinne episch und rhapsodisch muß daher wirkliche Erinnerung ein Bild zugleich von dem der sich erinnert geben, wie ein guter archäologischer Bericht nicht nur die Schichten angeben muß, aus denen seine Fundobjekte stammen, sondern jene anderen vor allem, welche vorher zu durchstoßen waren",Walter Benjamin: Ausgraben und Erinnern, in: Gesammelte Schriften. Band IV.1, hg. v. Rolf Tiedemann u. Hermann Schweppenhäuser, Frankfurt/M. 1972, S. 400 f.

waren, Ergebnis eines entsprechenden Vorhabens gewesen sei. Der zweite Bestandteil personalisiert diesen Topos eines „Plan zur Sozialen Marktwirtschaft“ und behauptet, dieser Plan wäre von Alfred Müller-Armack entworfen und von Ludwig Erhard bewusst verfolgt und erfolgreich umgesetzt worden. Die dritte Komponente legt den 20. Juni 1948 als Startpunkt der Umsetzung fest. Alle drei Bestandteile sind in einem kurzen Satz zusammenzufassen: Am 20. Juni 1948 wurde die „Soziale Marktwirtschaft“ von Ludwig Erhard in die Tat umgesetzt.

Auf den folgenden Seiten sind herausragende Beispiele für die Erinnerungsschichten zu finden, die sich auf die Ereignisse vom Herbst 1948 bzw. der Entstehung der „Sozialen Marktwirtschaft“ gelegt haben. Zwischen den Schichten liegen jeweils etwa 10 Jahre: Auf die politische Erinnerung beteiligter Akteure (Erhard 1957, Pünder 1968) folgt der Blick auf die wissenschaftliche Historisierung (Abelshauser 1976, Kleßmann 1982–1991, Benz 2009) und zum Abschluss erfolgt ein Ausblick auf die gesellschaftlichen Veränderungen nach dem Ende des Kalten Krieges.

Die hier begonnene Entschichtung kann ein wichtiger Beitrag sein für eine – unter anderem von Michel Foucault eingeforderte – „Geschichte der Gegenwart“, und zwar unabhängig davon, ob dieser ‚Forschungsbericht‘ in der Gegenwart des Historikers beginnt und im historischen Augenblick endet oder vice versa. Henning Fischer hat am Beispiel der Bombardierung Dresdens im Februar 1945 dargelegt, wie entscheidend eine zeitgenössische Interpretation, die bruchlos in die erste Phase der Historisierung übergeht, für die daran anschließende Erinnerung sein kann.[3] Ähnlich verhält es sich im Fall des Ursprungs der „Sozialen Marktwirtschaft“: Die Historisierung begann im Augenblick der Entstehung, die Politik des Moments beeinflusste die Erinnerung der folgende Jahrzehnte. Politik ist der Beginn von Geschichtspolitik.

Bereits am 17. August 1948 beobachtete die SPD-Opposition im Wirtschaftsrat eine aus ihrer Sicht unzulässige „Legendenbildung“ um die Person Erhards, der im Alleingang „die deutsche Wirtschaft aus den furchtbaren Fesseln der Zwangswirtschaft befreit habe“[4]. Ein Fraktionskollege hatte einige Minuten zuvor daran erinnert, dass die Erfolge der Währungsreform zu Unrecht Erhard zugeschlagen würden und vertrat die Ansicht, jener sei am 20. Juni 1948 „in eine beginnende Konjunktur“ eingestiegen.[5] Es überrascht nicht, dass die SPD-Abgeordneten im Zuge dieser Kritik zwar erwähnten, dass die Mehrheit des Hauses Erhards Politik mitgetragen hatte, aber von der Zustimmung des SPD-dominierten Länderrates schwiegen. Dass die SPD eine Verdichtung der komplexen Vorgänge in der Person Erhards als „Legendenbildung“ kritisierte, weist schon darauf hin, dass diese Legende keine Erfindung strategischer Geschichtspolitik der kommenden Jahrzehnte ist, sondern unmittelbar auf die historische Konstellation selbst zurückgeht. Anders als das hier gegebene Beispiel vermuten lässt, gilt die Personifizierung im Übrigen nicht nur für

3 Fischer, „Erinnerung“ an und für Deutschland, S. 78–80. Im ersten Monat nach der Bombardierung war weltweit auf Grundlage der NS-Propaganda berichtet worden. In vielen dieser Berichte fanden sich bereits die „zentralen Momente des Dresden-Mythos“ – das heißt die Unschuld Dresdens, die militärische Sinnlosigkeit der Angriffe und die völlig übertriebenen Opferzahlen –, die sich bis weit nach der Jahrtausendwende in den Erinnerungsdiskursen gehalten haben, Zitat ebd., S. 78.

4 Schoettle (SPD) in der Begründung des Misstrauensvotum gegen Erhard am 17. August 1948, in: Weisz u. Woller, Wörtliche Berichte, Band 2, S. 787.

5 Ebd., S. 785.

die Unterstützer Erhards und ihn selbst, sondern auch für viele Kritiker der Frankfurter Wirtschaftspolitik, die Erhard als Symbolfigur aufbauten. Diese enge Verknüpfung Erhards mit dem 20. Juni 1948 war allerdings für einige lange Wochen ein Vabanquespiel, weil nicht nur die wirtschaftlichen Erfolge, sondern auch der enorme Preisauftrieb und große politische Unzufriedenheit mit diesem Datum verbunden waren.

Die Verwandlung in eine dauerhafte Erfolgserzählung wurde mit den verschiedenen Reaktionen auf den Generalstreik am 12. November 1948 erreicht. Mit der Legitimation im Rücken, die das Preistreiberei-Gesetz und die Produktionsprogramme ihm verschafft hatten, machte Hermann Pünder (wie ausführlich ausgeführt) mit seiner Regierungserklärung zum Generalstreik die Version sagbar, dass die Mehrheit des Verwaltungsrats „keine freie, sondern nur eine soziale Marktwirtschaft" betreibe; wie selbstverständlich projizierte er dabei die allerjüngsten Maßnahmen und eine soziale Orientierung auf die vorangegangen Monate zurück. Aus zeitgenössischer Perspektive handelte es sich dabei um eine Art ‚Politik durch Geschichtspolitik'. Doch für die Vorstellung der folgenden Jahrzehnte, wie die „Soziale Marktwirtschaft" zustande gekommen sei, ist umgekehrt festzuhalten: ‚Geschichtspolitik durch Politik', denn das Geschichtsbild wird bis heute maßgeblich von solchen (politisch genehmen) zeitgenössischen Interpretationen beeinflusst.

Die „soziale Marktwirtschaft" war also erst auf dem Weg zur neuen Leitvokabel, als ihre vermeintliche Geschichte schon von der Tagespolitik beeinflusst wurde. Die Personifizierung des 20. Juni 1948 in der Person Erhards (noch ohne Verknüpfung mit „soziale Marktwirtschaft") war im August schon so weit gediehen, dass die SPD dies im Wirtschaftsrat deutlich kritisierte; die Rückdatierung des Beginns der „Sozialen Marktwirtschaft" fand erstmals drei Monate später exakt in dem Augenblick statt, als sie zum ersten Mal als Aussage auftrat.

Noch einmal drei Monate später – mit seiner Rede am 25. Februar 1949 – verknüpfte Erhard sich nach außen hin mit diesem Begriff und im Juni desselben Jahres war er dann offensichtlich schon fest davon überzeugt, es sei sein Verdienst, dass der Wahlkampf der CDU unter der Fahne der „sozialen Marktwirtschaft" stattfand:

> *„Es ist nicht so, als gestaltete ich allein die deutsche Wirtschaft. Ich bemühe mich lediglich, sie vernünftig zu lenken und ihre soziale Aufgabe dabei nicht aus dem Auge zu verlieren. Wenn ich den Begriff der ‚Sozialen Marktwirtschaft' geprägt habe, dann war das keine leere Umschreibung; es war und ist ernst von mir gemeint."* [6]

Damit sind bereits im Juni 1949 die drei eingangs genannten Topoi im Selbstbild der politischen Akteure zu finden.

Ihr Übergang in die gesamtgesellschaftliche Historisierung wurde aber von einer zeitgenössischen Konstellation ermöglicht oder zumindest stark begünstigt. Denn diese unumstrittene Vereinnahmung der „Sozialen Marktwirtschaft" wurde nicht nur durch die geschickte Politik der CDU beeinflusst, sondern auch durch diesbezügliche Entscheidungen der Gewerkschaften und der Sozialdemokraten. Beide waren gefangen zwischen ihrem überlieferten Selbstverständnis als Sozialisten und der längst alltäglichen Praxis, nicht zu

6 „Mitschrift einer Rede Erhards zur gegenwärtigen Wirtschaftslage vor dem Wirtschaftspolitischen Ausschuss der CDU in Hagen-Haspe u. Detmold [sic!]" am 2. Juni 1949, BA N1278/163, Blatt 5.

opponieren, sondern mitzugestalten. Dadurch brachten sie viele ihrer konkreten Anliegen voran, überließen den Ruhm aber unbewusst anderen.[7]

Dabei hatten die Gewerkschaften zunächst eine brauchbare Analyse zur Hand, die es erlaubt hätte, dies zu verhindern. Noch am 19. November 1948 meinte Hans Böckler nämlich, dass durch den Generalstreik „die Grundlagen der bisherigen Wirtschaftspolitik wesentlich erschüttert"[8] worden seien. Dafür konnte er sich auf die von den Gewerkschaften eingeforderte Ausweitung des Jedermann-Programms und auf weitere Erfolge bei der Einforderung einer ‚wirklich sozialen' „sozialen Marktwirtschaft" stützen. Anstatt diese Analyse zu vertiefen, den eigenen Erfolg hinsichtlich der Kursänderung herauszustellen und weiter Druck in diese Richtung zu machen, zogen sich die Gewerkschaften jedoch im Moment des größten Erfolges zurück und überließen Pünder, Erhard und der CDU das Feld: Ende November 1948 wendete sich der Zweizonengewerkschaftsrat in einigen Beiträgen gegen das Jedermann-Programm, weil es Augenwischerei betreibe und hauptsächlich enorme Profite der Fabrikanten garantiere.[9] Auch beim StEG-Programm zogen die Gewerkschaften Ende des Jahres ihre Vertreter aus den einschlägigen Ausschüssen zurück.[10]

Noch auffälliger ist der verhängnisvolle Kurswechsel bei der SPD. Er lässt sich an der geänderten Strategie Erik Nöltings nachvollziehen. Hatte er im Herbst noch maßgeblich dazu beigetragen, den Ausdruck „soziale Marktwirtschaft" in der Politik der Bizone zu verankern, versuchte er im ersten Bundestagswahlkampf eine Kehrtwende. Nölting stritt 1949 nicht mehr – diese affirmierend – um die Bedeutung der „sozialen Marktwirtschaft", sondern tat sie im Bundestagswahlkampf 1949 als „bewußte Schönfärberei"[11] ab und sah 1952 in ihr nur noch ein „propagandistisches Tarnwort".[12]

Weil die „Soziale Marktwirtschaft" aber durch den wirtschaftlichen Aufschwung, die materielle Beteiligung breiter Bevölkerungsschichten daran und durch eine gezielte Kampagne von Vereinen wie „Die Waage" ein immer positiveres Image bekam, sind diese Entscheidungen der SPD und des DGB als der Anfang vom Ende sozialdemokratischer Regierungsoptionen für einen langen Zeitraum zu sehen.

Es ist also ein weiterer – recht gelungener – Treppenwitz der Geschichte, dass Erik Nölting zusammen mit anderen sozial orientierten Widersachern Erhards zwar diese Auseinandersetzung um die „eigentliche Bedeutung" des Leeren Signifikanten „Soziale Marktwirtschaft" gewonnen hatte – denn nicht die grenzenlose Preisfreigabe, sondern die Regulation des Marktes und sozialer Ausgleich durch den Staat galten ab 1949 als „Soziale Marktwirtschaft" – diese „Gewinner" aber dann in gesellschaftliche Opposition zur „Sozialen Marktwirtschaft" gerieten (und sich selbst setzten), weil nicht nur die CDU

---

7 Schon auf einem SPD-Parteitag im September 1948 stellte Herbert Kriedemann für seine Fraktion im Wirtschaftsrat einen erheblichen „Einfluss auf die Gestaltung der Dinge im einzelnen" fest, musste jedoch hinzufügen, dass dieser „leider in der breiten Öffentlichkeit nicht beachtet worden" ist, zitiert nach: Susanne Miller u. Heinrich Potthoff u. (2002[8]): Kleine Geschichte der SPD 1848–2002, Bonn, S. 192.

8 So Böckler auf einer Gewerkschaftskonferenz zur Auswertung des 12. Novembers in Bad Vilbel am 19. November, in: Mielke u. Rütters, Gewerkschaften 1945–1949, S. 1049–1053, hier 1051.

9 Vgl. FR, 27. November 1948: „Gewerkschaften gegen ‚Jedermann'".

10 Vgl. „Stellungnahme der führenden Gewerkschaftsfunktionäre des DGB-Bezirks von NRW zum geplanten Demonstrationsstreik", 7. November 1948, in: ebd., S. 1014–1023, 1016.

11 Vgl. beispielhaft Weser-Kurier, 30. Juli 1949: „Professor Nölting zur Wirtschaftspolitik".

12 Vgl. Erik Nölting: „Soziale Marktwirtschaft – propagandistisches Tarnwort", in: „Neuer Vorwärts", 1952, S. 7.

mit Pünder, sondern auch Erhard sie (ab Februar 1949) unbekümmert und offensiv für sich reklamierte.

Diese Konstellation verhinderte bis auf weiteres nicht nur eine fortgesetzte Auseinandersetzung um die „eigentliche Bedeutung" der „Sozialen Marktwirtschaft", sondern legte damit auch mögliche Konflikte um ihren historischen Ursprung still. Sie veränderte sich über viele Jahre, wenn nicht Jahrzehnte, nur wenig. Eingangs wurde ein CDU-Wahlkampfplakat aus dem Jahr 1957 vorgestellt, auf dem mit Erhard und der ihm zugeschlagenen „Sozialen Marktwirtschaft" um Stimmen geworben wurde. Es kann bei dieser späteren Gelegenheit eher davon ausgegangen werden, dass es sich um eine durchdachte Kommunikationsstrategie gehandelt hat, zumal es unter Beteiligung des Vereins „Die Waage – Gemeinschaft zur Förderung sozialen Ausgleichs" entstanden ist. Dieser von Unternehmern gegründete und finanzierte Verein[13] hatte es sich zur Aufgabe gemacht, mit Hilfe einer spezifischen Interpretation der „Sozialen Marktwirtschaft" öffentlich für Erhards Politik zu werben. Die „Waage" betonte (hier im Jahr 1952) den „freiheitliche[n] Wettbewerb"[14] der „Sozialen Marktwirtschaft". Ein zentrales Moment dieser Strategie, „Freiheit" und „Wettbewerb" im Diskurs der „Sozialen Marktwirtschaft" zu stärken, war Geschichtspolitik. Der 20. Juni 1948 wurde von der „Waage" folgendermaßen historisiert:

> *„Mutig zerriß er [Erhard] die ‚Behördlichen Vorschriften zur Bewirtschaftung gewerblicher Erzeugnisse'. Anstelle der Kommandowirtschaft setzte er die SOZIALE MARKTWIRTSCHAFT. Er sagte: ‚Von jetzt an ist Geld der einzige Bezugsschein.'"*[15]

Beides – das Plakat wie auch die Anzeige – zeugen bereits von der unumstrittenen Verankerung der Erzählung, wie und wann die „Soziale Marktwirtschaft" entstanden sei. Aus demselben Jahr wie das Wahlkampfplakat (1957) stammt der Bestseller „Wohlstand für alle" von Ludwig Erhard. Auch in diesem Dokument finden wir die zentrale Konstruktion, die „Soziale Marktwirtschaft" sei am 20. Juni 1948 eingeführt worden. Diese unzutreffende Behauptung ist die Grundlage für die Geschichtsschreibung, leider auch der wissenschaftlichen, die sich mit dem Thema beschäftigt.

Ein Teil dieser Konstruktion sind Erhards Texte selbst, womit ich auf „Wohlstand für alle" zurückkomme. Zum ersten Misstrauensantrag am 17. August 1948 (Erhard verfolgte zu dieser Zeit wirtschaftsliberale Ziele und sprach meistens von „Marktwirtschaft" oder „freier Marktwirtschaft"), heißt es bei ihm 1957: „Die SPD läßt keinen Zweifel daran, daß sie den Initiator der sozialen Marktwirtschaft stürzen will"[16], wobei er über sich selbst in der dritten Person redet. Weiter schreibt Ludwig Erhard über den 12. November 1948, dass mit diesem Generalstreik „zum letzten Male in der deutschen Geschichte der Versuch gemacht wurde, die soziale Marktwirtschaft durch einen Streik ‚wegzufegen'."[17] Die

13 Mitgliederliste abgedruckt in: Schindelbeck u. Ilgen, Werbung, S. 276 f. Dort finden sich Vertreter großer deutscher Unternehmen (Siemens, MAN, Opel, Klöckner-Humboldt-Deutz, Degussa, Daimler-Benz, Philipps, BASF, etc.). Auch Hermann Reusch und ein Vertreter der nicht-sozialisierten hessischen Buderus-Werke finden sich in dieser Liste.

14 Vgl. Anzeige im Spiegel vom 15. Oktober 1952, abgedruckt in: Nonhoff, Politischer Diskurs, S. 360.

15 Ebd.

16 Erhard, Wohlstand für Alle, S. 105.

17 Vgl. ebd., S. 109–110. Die Gewerkschaften wurden damit im Wahlkampfjahr 1957 als Gegner einer Wirtschaftsordnung markiert, die auch den Lohnabhängigen materielle Beteiligung beschert hatte.

historische Rekonstruktion offenbart jedoch: Misstrauensantrag wie Streik richteten sich nicht gegen eine „soziale Marktwirtschaft", sondern gegen die „freie Marktwirtschaft", die in diesen Wochen in aller Munde war. Es lässt sich sogar sagen, dass die Gewerkschaften 1948 für etwas Sozialeres als die „freie Marktwirtschaft", womöglich sogar *für* eine „soziale Marktwirtschaft" streikten. Der Streik war ein wichtiger Mosaikstein in der Entwicklung der westdeutschen Wirtschaftspolitik, sich zunehmend sozialen Absicherungen zuzuwenden. Doch die hier von Erhard verbreitete Version, der Streik habe sich gegen ‚seine' „soziale Marktwirtschaft" (von der er zu diesem Zeitpunkt noch nicht viel wissen wollte) gerichtet, ist bis heute die Standarderzählung für unzählige Darstellungen der Nachkriegsgeschichte oder der Entstehung der „Sozialen Marktwirtschaft".

Nochmals elf Jahre später ging Hermann Pünder, Erhards damaliger Vorgesetzter, in seinen „Lebenserinnerungen" auf die „Anfänge der Sozialen Marktwirtschaft" ein.[18] Er schrieb im Jahr 1968 die „Soziale Marktwirtschaft" nicht sich selbst, sondern im Einklang mit der nun hegemonialen Erzählung ebenfalls der „genialen Initiative des Kollegen Professor Erhard"[19] zu und lässt sie noch vor der Währungsreform beginnen, was eine gewisse Logik aufwiese, wenn sie denn ab dem 20. Juni 1948 umgesetzt worden wäre. Pünders Aussage bezüglich der Planung von Wirtschafts- und Währungsreform – „Wir wußten [...] genau, was in der Linie der neuen ‚Sozialen Marktwirtschaft' jeweils nötig war, und insbesondere wußte es unser Kollege Erhard"[20] – unterscheidet sich allerdings erheblich von den Ergebnissen dieser Studie, denn zwischen Mitte August und Ende des Jahres 1948 hatte es wie dargelegt einen deutlichen Kurswechsel gegeben. Pünder hatte diese Neuorientierung selbst mit vorgenommen und einige zentrale Entscheidungen vom 20. Juni 1948 wieder rückgängig gemacht – erinnert sei hier nur an die Preispolitik für Textilien und Schuhe. Er selbst erinnert in lebhaften Bildern an die Wichtigkeit des Jedermann-Programms, dessen Waren als „Werbestücke rechts und links" die Rednerpulte von ihm und seinen Kollegen zierten.[21] Trotzdem ist für Pünder die Nacht, in der die Verabschiedung des Leitsätzegesetzes beschlossen wurde (17. und 18. Juni) die „Geburtsstunde der ‚Sozialen Marktwirtschaft'"[22] und es ist insofern nur konsequent, wenn er in diese Erzählung eine fast geglückte Bekämpfung der „Sozialen Marktwirtschaft" durch die Opposition als dramatisches Moment einbaut. Die Proteste und Misstrauensbekundungen erscheinen so nicht als Anlass für einen Politikwechsel, sondern als ein Hindernis, welches erfolgreich überwunden wurde.[23] In einem zumindest ist Pünder in dieser Rückschau unumschränkt zuzustimmen: „Es lohnt sich für jeden Wirtschaftshistoriker wirklich, die deutsche Presse jener Tage einmal nachzulesen."[24]

Der Faden der politischen und öffentlichen Erinnerungen ließe sich weiterspinnen; viele wichtigen Politiker haben sich dieser Erzählung bedient, einschließlich Helmut Kohl und Angela Merkel. Ich wende mich stattdessen dem Beitrag der deutschen Geschichtswissenschaft zu dieser Erzählung zu. Exemplarisch möchte ich dazu Texte genauer unter die Lupe

18 Pünder, Von Preussen nach Europa, S. 360–364.
19 Ebd., S. 360.
20 Ebd., S. 361.
21 Ebd., S. 363.
22 Ebd., S. 362.
23 Vgl. ebd., S. 363.
24 Ebd., S. 363.

nehmen, deren Autoren weder mangelnde Kompetenz noch politische Absichten darin unterstellt werden können, die hegemoniale Erzählung wissenschaftlich zu unterfüttern – und bei denen doch festzustellen ist, dass das jeweilige Bild der Gegenwart von der Vergangenheit die wissenschaftlichen Ergebnisse stark beeinflusst hat.

Am 21. und 22. Juni 1946 fand in Hamburg eine „Gutachtertagung über Grundfragen der Wirtschaftsplanung und Wirtschaftslenkung" statt; Teilnehmer waren „Wissenschaftler, Verwaltungspraktiker und deutsche Politiker aus allen vier Zonen"[25]. Von dieser Tagung liegt eine recht ausführliche Dokumentation vor. Diese wurde 1976 in Auszügen in den „Vierteljahresheften für Zeitgeschichte" abgedruckt und durch Werner Abelshauser eingeleitet und kontextualisiert.[26]

Durch die von Abelshauser gewählte Überschrift aus dem Jahr 1976 – „Freiheitlicher Sozialismus oder Soziale Marktwirtschaft?" – wird suggeriert, es hätten zwei Lager auf dieser Tagung bestanden, von denen sich dann wohl die „Soziale Marktwirtschaft" historisch durchgesetzt hätte. In Abelshausers eigenem Kommentar wird jedoch deutlich, dass es sich zu diesem Zeitpunkt bei den Anwesenden allenfalls um die Diskussion gradueller Unterschiede handeln musste. Seine Beschreibung der Ziele der ‚freiheitlichen Sozialisten' – „planvolle Lenkung der Wirtschaft bei prinzipiell marktwirtschaftlicher Wirtschaftsordnung"[27] – könnte genauso gut Müller-Armacks Ideen umschreiben; Müller-Armack sah nämlich eine sinnvolle Verbindung „einer aktiven Sozial- oder sozialistischen Wirtschaftspolitik mit einer Marktwirtschaft"[28] als erstrebenswert an. Die eigentlichen Antagonisten (die Befürworter einer „freien Marktwirtschaft") waren auf der Tagung gar nicht anwesend[29] – weswegen auch der Veranstalter den ihm bekannten Alfred Müller-Armack darum bat, entgegen seiner Überzeugungen „liberalistische" Positionen darzustellen.[30]

Die Bezeichnung eines der vorgeblich widerstreitenden Lager als „Soziale Marktwirtschaft" wird erst durch Abelshauser selbst ins Spiel „geschmuggelt", indem er den Ausdruck aus Müller-Armacks erst später erschienenen Werk „Wirtschaftslenkung und Marktwirtschaft" in die Tagung vom Juni 1946 vorverlegt. Abgesehen von einem Interview (aus dem Jahr 1975) ist „Wirtschaftslenkung und Marktwirtschaft" die einzige Quelle, die nicht aus dem Tagungsprotokoll oder der vorbereitenden Korrespondenz stammt. Eine „Soziale Marktwirtschaft" wurde auf der Tagung nicht erwähnt und es ist unwahrscheinlich, dass dies geschehen wäre, selbst wenn Müller-Armack seine eigenen Positionen dargestellt hätte. Es ist daher umso bemerkenswerter, dass es die „Soziale Marktwirtschaft" bis in den Titel dieser Dokumentenvorstellung geschafft hat. Hinzu kommt, dass Abelshauser durch eine Fußnote mit einer falschen Jahreszahl eine größere Nähe der Wirtschaftspolitik der Jahre 1948–1952 und Müller-Armacks Ideen herstellt, als sie gegeben war.[31]

25 Abelshauser, Freiheitlicher Sozialismus, S. 416, Teilnehmerliste 426 f.

26 Abelshauser, Freiheitlicher Sozialismus.

27 Ebd., S. 420.

28 Ebd., S. 423 und 431.

29 Die „Stunde der ‚Liberalisten' war [...] noch nicht gekommen", ebd., S. 418.

30 Vgl. ebd., S. 422.

31 „In seinem Wohnort Vreden (Münsterland) traf M.-A. [sic!] 1940 mit Ludwig Erhard zusammen, an dessen Seite er ab 1949 seine Konzeption der ‚Sozialen Marktwirtschaft' politisch umzusetzen versuchte", ebd., S. 422 (Anm. 41). Abgesehen von der Suggestion einer frühen Nähe durch ein Zusammentreffen am Wohnort trifft die Datierung „ab 1949" nicht zu, denn Müller-Armack wechselte erst 1952 ins Wirtschaftsministerium, vgl. Müller-Armack, Eintrag „Müller-Armack, Alfred".

Auch wenn Abelshauser dieses ‚konstruktive‘ Vorgehen durchaus hätte kenntlich machen können oder sollen, soll hier kein gravierender handwerklicher Mangel behauptet werden, zumal die Geschichtswissenschaft von der Suche nach solcherlei Spuren in der Vorgeschichte eines Diskurses oder eines Ereignisses lebt. Vielmehr ist es ein Beispiel dafür, wie im konkreten Fall eben auch akzeptierte Mechanismen der Geschichtswissenschaft eine Vorgeschichte „erfinden“ können oder eine solche Erfindung absichern – eine *invention of tradition* im Sinne von Hobsbawm und Ranger[32] *en miniature.*

Was bei Abelshausers Text noch wie etwas kleinliche Kritik erscheinen mag,[33] taucht in einem echten „Klassiker der deutschen Zeitgeschichte“[34] – nämlich in Christoph Kleßmanns „Die doppelte Staatsgründung“ – in einer wissenschaftlich bedenklicheren Form auf. Edgar Wolfrum, ein ebenfalls sehr renommierter Historiker, urteilte noch im Jahr 2011 über das zuerst 1982 erschienene Werk: „[F]ünf teilweise ergänzte und erweiterte Auflagen sowie die frühzeitige Aufnahme in die Schriftenreihe der Bundeszentrale für politische Bildung sprechen für die Qualität“[35] dieser Publikation, die zuletzt 1991 neu aufgelegt wurde.[36]

Kleßmann schreibt in diesem Buch, in den Jahren nach den Wahlen in Nordrhein-Westfalen (am 20. April 1947) sei Adenauer bestrebt gewesen, „Erhards Konzept der Sozialen Marktwirtschaft in der CDU Geltung zu verschaffen“. Allerdings hatte Erhard weder 1947 noch 1948 ein „Konzept der Sozialen Marktwirtschaft“ und insofern konnte sich Adenauer auch nicht dafür einsetzen. Der vermeintliche Beleg, den Kleßmann für diese Unmöglichkeit anführt, ist die Diskussion nach Erhards Referat auf dem 2. Parteitag der CDU der Britischen Zone am 28. und 29. August 1948. Dort hätte Adenauer als momentan entscheidende Wahl „bürokratische Planwirtschaft oder soziale Marktwirtschaft“ genannt.[37] Bei der genannten Gelegenheit hat Adenauer aber nicht von der „Sozialen Marktwirtschaft“ geredet, noch nicht einmal von der Marktwirtschaft an sich, sondern hauptsächlich von Deutschland, Europa und der CDU.[38]

Diesem gravierenden Fehler liegen drei verschiedene Unsauberkeiten zugrunde. Zum Ersten hat Kleßmann sich (laut seinem Beleg[39]) auf die Einleitung des Quellenbandes „Konrad Adenauer und die CDU der britischen Besatzungszone“[40] durch Helmuth Pütz verlassen und die Aussagen nicht am – im selben Band abgedruckten – Quellenmaterial überprüft. Zum Zweiten hat Kleßmann übersehen, dass Pütz auf der Seite 48 einen Ge-

32 Vgl. Eric Hobsbawm u. Terence Ranger (1983): The Invention of tradition, Cambridge. Die Autoren schreiben zur Funktionsweise der invented traditions unter anderem: „In fact, where possible, they normally attempt to establish continuity with a suitable historic past“, ebd., S. 1.

33 Eine Rückdatierung des Konzepts „Soziale Marktwirtschaft“ nahm ein Jahr vor Abelshauser auch Pütz, Einführung vor, mehr dazu unten.

34 Einschätzung von Edgar Wolfrum u. Günther R. Mittler (2011): Kleßmann, Zwei Staaten, eine Nation, Docupedia-Zeitgeschichte, unter: docupedia.de, zuletzt 18. August 2015.

35 Ebd.

36 Die fünfte Auflage von 1991 ist um einen Literaturbericht ergänzt, aber der Originaltext nicht verändert worden, vgl. Kleßmann, Die doppelte Staatsgründung, S. 10, 13. Bereits im Jahr des Erst-Erscheinen bei Vandenhoeck und Ruprecht ist das Buch gleichzeitig als Lizenzausgabe der Bundeszentrale für politische Bildung erschienen.

37 Alles ebd., S. 145 f.

38 Vgl. das entsprechende Protokoll Pütz, Konrad Adenauer, S. 581–593; 710–712.

39 Lautet auf Pütz, Einführung, S. 49.

40 Ebd.

genstandswechsel vorgenommen hat und nicht mehr aus dem August 1948, sondern vom 24. und 25. Februar 1949 berichtet. Die dritte und ebenso gravierende Fehlerquelle ist die Einleitung durch Pütz selbst, weil er in den drei kurzen Absätzen, in denen er Erhards Rolle am 28. und 29. August 1948 skizziert und auf die Kleßmann zum Teil rekurriert, viermal das „Konzept der Sozialen Marktwirtschaft" hervorhebt, was aus seiner Sicht sogar in eine entsprechende Entschließung dieser CDU-Versammlung gemündet sei.[41] Bei beidem handelt es sich um eine reine Projektion; in Erhards sehr, sehr langem Referat fällt dutzendfach das Wort „Marktwirtschaft", aber nicht ein einziges Mal mit der Spezifikation „sozial".[42] Die besagte Entschließung weiß ebenfalls nichts von „sozialer Marktwirtschaft".[43] Erhards Bekenntnis zur „sozialen Marktwirtschaft" ist – wie oben dargelegt – auf Ende Februar 1949 zu datieren, und entsprechend macht sich Adenauer mit seinem Zitat „bürokratische Planwirtschaft oder soziale Marktwirtschaft" auch erst zu diesem Zeitpunkt für das Konzept stark. Er musste darüber hinaus noch von einem Vertreter der Sozialausschüsse (Johannes Albers) zur Hinzunahme des Wortes „sozial" gedrängt werden.[44] Es handelt sich also bei Kleßmanns Darstellung um eine fatale Anhäufung handwerklicher Ungenauigkeiten. Weil Pütz wie Kleßmann gleichermaßen von der anerkannten, aber falschen Annahme ausgehen, Erhard hätte den Plan gehabt, die „Soziale Marktwirtschaft" einzuführen, weisen diese Fehler immer die gleiche Tendenz auf und sind daher kaum noch zufällig zu nennen.

Der Mechanismus, die Entstehung der „sozialen Marktwirtschaft" im Konsens mit der hegemonialen Erzählung möglichst weit nach hinten zu verlegen (und daher notwendigerweise nur nebulöse oder falsche Belege vorweisen zu können), findet sich auch in anderen Sektoren der Geschichtswissenschaft: Ich habe im Kapitel „Modifizierung" eine Rede Erhards in die Diskursanalyse einbezogen, die er am 18. August 1948 vor Vertretern der IHK gehalten hatte und dabei darauf hingewiesen, dass dort keine Äußerung der „sozialen Marktwirtschaft" stattgefunden hatte. Es ist vor dem Hintergrund der in dieser Arbeit gemachten Ausführungen nun kaum noch verwunderlich, dass ein unbekannter Archivar diese Archivalie mit dem Titel „Soziale Marktwirtschaft" versehen hat.[45] Die Heldenerzählung, die 1948/49 begann, schafft sich so ihre eigene Realität.

Auf der vorherrschenden geschichtswissenschaftlichen Ebene gab es hinsichtlich der Interpretation des Ursprungs der „Sozialen Marktwirtschaft" trotz der „Wiedervereinigung" kaum Veränderungen. Im Jahr 2009 äußert sich etwa Wolfgang Benz in seinem „Standardwerk zur Vorgeschichte der Bundesrepublik"[46] immerhin vergleichsweise ausführlich

41 Pütz, Konrad Adenauer, S. 47 f.

42 Vgl. ebd., S. 657–678, d.i. eine Rede vor dem 2. Parteikongress der CDU der Britischen Zone am 28. August 1948 in Recklinghausen, abgedruckt unter dem Titel „Marktwirtschaft moderner Prägung", und unter dem Titel „Marktwirtschaft im Streit der Meinungen" ediert in: Erhard, Streit der Meinungen. In der gesamten Rede spricht Erhard durchgängig (und sehr oft) von „Marktwirtschaft" ohne Adjektiv, vgl. z.B. ebd., S. 72, 80, 82. Ein einziges Mal nennt er diese „Marktwirtschaft moderner Prägung" in Abgrenzung zum Freibeutertum „der vergangenen Ära" immerhin eine „sozial verpflichtete Marktwirtschaft", ebd., S. 70. Die Wortkombination „soziale Marktwirtschaft" kommt also nicht vor.

43 Pütz, Konrad Adenauer, S. 712.

44 Vgl. ebd., S. 857 f. und S. 302 dieser Arbeit.

45 Vgl. Erhard, Gegenwartsfragen. Der Titel wurde laut Auskunft der Bibliothek der Handelskammer Bremen (wo sie archiviert ist) vor 1991 vergeben; eine genauere Rekonstruktion war nicht mehr möglich.

46 Heike Amos (2009): Rezension von: Wolfgang Benz: Auftrag Demokratie. Die Gründungsgeschichte der Bundesrepublik und die Entstehung der DDR 1945–1949, Berlin: Metropol 2009, in: Sehepunkte Nr. 9, unter: www.sehepunkte.de, zuletzt 20. August 2015.

zu den Vorgängen im Herbst 1948; doch weicht auch er nicht von der Lesart ab, das Leitsätzegesetz sei „eine Art Grundsatzprogramm der Sozialen Marktwirtschaft"[47] gewesen und diese mit dem 20. Juni 1948 eingeführt worden.[48] Seinen eigenen Arbeitsauftrag, „durch Bericht und Beschreibung historischer Tatsachen und Entwicklungen Mythen zu zerstören"[49], hat Benz hinsichtlich der „Sozialen Marktwirtschaft" dadurch verfehlt.

Nach diesem kursorischen Durchgang durch die Schichten der Erinnerung[50] sei als Letztes eine Einschätzung der aktuellen Bedeutung der „Sozialen Marktwirtschaft" gegeben. Nach der „Wiedervereinigung" erlebte die Reichweite des Leeren Signifikanten „Soziale Marktwirtschaft" einen erneuten Aufschwung. Dafür war grundlegend, dass die Vorgänge, die zum Ende der DDR führten, in eine Erfolgserzählung für das westdeutsche Modell (einschließlich der „Sozialen Marktwirtschaft") umgewandelt wurden. Im „Vertrag über die Schaffung einer Währungs-, Wirtschafts- und Sozialunion" vom 18. Mai 1990 war in der Präambel zu lesen, die Vertragspartner BRD und DDR hätten den

> *„gemeinsamen Willen, die Soziale Marktwirtschaft als Grundlage für die weitere wirtschaftliche und gesellschaftliche Entwicklung mit sozialem Ausgleich und sozialer Absicherung und Verantwortung gegenüber der Umwelt auch in der Deutschen Demokratischen Republik einzuführen und hierdurch die Lebens- und Beschäftigungsbedingungen ihrer Bevölkerung stetig zu verbessern".*[51]

Weitere formale Bekenntnisse folgten, die SPD bekannte sich ab 1994 vorbehaltlos zur „Sozialen Marktwirtschaft",[52] und auch beim DGB war in seinem Grundsatzprogramm von 1996 ein deutlicher Schritt in diese Richtung zu beobachten.[53] Bei den Grünen hatte sich 1993 eine Offenheit gegenüber der bundesrepublikanischen Wirtschaftsverfassung eingestellt[54] und am 3. Juli 2007 fasste die Bundestagsfraktion einen in dieser Hinsicht eindeutigen Grundsatzbeschluss („Grüne Marktwirtschaft").[55] Neu hinzu kam im Zuge der europäischen Krise, dass das deutsche Modell – bezeichnet als eine „in hohem Maße wettbewerbsfähige soziale Marktwirtschaft" – im Jahr 2009 als gemeinsames europäisches

47 Benz, Auftrag Demokratie, S. 290.

48 Vgl. ebd., S. 288–301, zum Beginn der „Sozialen Marktwirtschaft" insbesondere 289 f.

49 Ebd., S. 10.

50 Dies könnte in verschiedenen Hinsichten ausgeweitet werden. Etwa auf die Frage, ob bzw. welcher Bezug zur „Sozialen Marktwirtschaft" in den Streiks in den 1950er Jahren hergestellt worden ist.

51 Vertrag über die Schaffung einer Währungs-, Wirtschafts- und Sozialunion zwischen der Bundesrepublik Deutschland und der Deutschen Demokratischen Republik, Präambel.

52 Vgl. Nonhoff, Politischer Diskurs, S. 389–391, hier 389. Entgegen der verbreiteten Meinung bekannte sich die SPD 1959 im Godesberger Progamm nur zu einigen Praxen der „Sozialen Marktwirtschaft", nicht aber zum Begriff selbst. „Marktwirtschaft" wird nur einmal erwähnt und zwar in tendenziell distanzierender Absicht und ohne den Zusatz „sozial" (im Abschnitt „Einkommens- und Vermögensverteilung"). Vgl. Grundsatzprogramm der Sozialdemokratischen Partei Deutschlands. Beschlossen vom Außerordentlichen Parteitag in Bad Godesberg vom 13. bis 15. November 1959, S. 16.

53 Vgl. DGB Bundesvorstand (1996): Grundsatzprogramm des Deutschen Gewerkschaftsbundes. Beschlossen auf dem 5. Außerordentlichen Bundeskongreß am 13.–16. November 1996 in Dresden. Für die organisationseigene Interpretation des Programms vgl. Deutscher Gewerkschaftsbund (DGB) (o.J.): Für eine sozial regulierte Marktwirtschaft, unter: www.dgb.de, zuletzt 8. August 2015.

54 Bündnis '90/Die Grünen (1993): Politische Grundsätze, S. 20 und 25 f.

55 Bündnis '90/Die Grünen – Bundestagsfraktion (2007): Grüne Marktwirtschaft, 3. Juli 2007. Auf Seite vier heißt es darin: „Grüne Marktwirtschaft ist immer auch soziale Marktwirtschaft."

Ziel im Vertrag von Lissabon kodifiziert wurde.[56] Während die Erzählstruktur an sich also auch nach 1989/90 eine große Kontinuität aufweist, hat sich der Kreis derjenigen, die sich der „Sozialen Marktwirtschaft" verpflichtet fühlen, innerhalb Deutschlands ausgeweitet und es sind Anstrengungen zu beobachten, dieses etablierte Dispositiv auch über die Ländergrenzen hinweg auszudehnen.

Aus diesen jüngeren Entwicklungen lässt sich die Prognose wagen, dass sich das Bild und die Funktion der „Sozialen Marktwirtschaft" deutlich ändern werden. Auf europäischer Ebene wird, sofern die Übertragung, die durch den Vertrag von Lissabon vorgeschrieben wird, überhaupt gelingt, aufgrund „kulturspezifischer Brechung"[57] des Diskurses im Ergebnis vermutlich ein deutlich anderes Dispositiv in Europa stehen als heute in der Bundesrepublik. Ob möglicherweise auch innerhalb Deutschlands ein „Bruch" bevorsteht und insbesondere die Konflikte um die „eigentliche Bedeutung" zunehmen, lässt sich nur mutmaßen. Desto mehr Akteure sich zur „Sozialen Marktwirtschaft" bekennen, desto wahrscheinlicher werden diese Konflikte. Dies gilt allerdings nur für den Fall, dass die Positionen dieser Akteure sich wesentlich unterscheiden.

Eine besondere Konstellation liegt in einer jüngeren Intervention durch Sahra Wagenknecht vor. In ihrem Buch mit dem Titel „Freiheit statt Kapitalismus"[58] bezieht sie sich die damalige stellvertretende Vorsitzende der Partei „Die Linke" positiv auf die ordoliberalen Ideen und bedient sich am „Mythos Erhard"[59]. In Wagenknechts eigenem Vorwort zur erweiterten Neuausgabe diese Buches aus dem Jahr 2012 findet sich ein exzellentes Beispiel für den Kampf um die „eigentliche Bedeutung", denn man gelange, so die Verfasserin, „wenn man die originären liberalen Idee zu Ende denkt, direkt in den [kreativen] Sozialismus".[60] Bei Wagenknecht bezieht sich der Kampf um die „eigentliche Bedeutung" allerdings in erster Linie auf die ordoliberalen Ideen und nicht auf den Leeren Signifikanten als solchen, den sie lieber durch den „kreativen Sozialismus" ersetzt sehen will. Wenn sie mit Ausnahme der historischen Abschnitte den (kleingeschriebenen) Begriff „soziale Marktwirtschaft" in diesem Buch vermeidet,[61] liegt sie damit auf der Linie ihrer Partei, welche die „soziale Marktwirtschaft" ebenfalls nur als historische Bezeichnung für die Zeit vor der „neoliberalen Wende seit den 1970er Jahren" verwendet – und nur in Anführungsstrichen.[62] Für die heutigen Zustände wird von Wagenknecht auf die Begriffe „neoliberale Politik" und „Kapitalismus" zurückgegriffen.[63]

Die Distanzierung vom „Kapitalismus" ist auch heute eine wichtige Positionsbestimmung fast aller politischen Akteure. Wagenknechts Auffassung, heute im Kapitalismus zu leben, wird allerdings nicht von allen geteilt – nur so kann verstanden werden, dass die

56 Vgl. Vertrag über die Europäische Union, Fassung aufgrund des am 1.12.2009 in Kraft getretenen Vertrages von Lissabon, Zitat Artikel 3, Absatz 3.

57 Birkhan, Das Dispositiv, Absatz 69.

58 Sahra Wagenknecht (2012²): Freiheit statt Kapitalismus. Über vergessene Ideale, die Eurokrise und unsere Zukunft, Frankfurt/M.

59 Hentschel, Ludwig Erhard, Inhaltstext.

60 Wagenknecht, Freiheit statt Kapitalismus, S. 11.

61 Vgl. ebd., S. 49–55.

62 Vgl. DIE LINKE (2011): Programm. Beschluss des Parteitages der Partei DIE LINKE vom 21. bis 23. Oktober 2011 in Erfurt, S. 14–22. Der Begriffsbestandteil „sozial" wird im Programm genauso kleingeschrieben wie bei Wagenknecht.

63 Wagenknecht, Freiheit statt Kapitalismus, S. 23.

„Süddeutsche Zeitung" und der FDP-Vorsitzende Christian Lindner ein Interview Ende des Jahres 2013 unter der Überschrift: „Wir sind keine Kapitalisten"[64] veröffentlichten. Aus diskursanalytischer Perspektive ist es im Übrigen nebensächlich, wie glaubhaft eine solche Distanzierung ist.

Der wichtigste Unterschied zwischen 1948 und heute besteht in dieser Hinsicht darin, dass mit der „Sozialen Marktwirtschaft" derzeit ein etablierter Diskurs besteht, der weite Teile der politischen Akteure hinter sich vereinigt und gleichzeitig als Abgrenzung zum Kapitalismus Gültigkeit beansprucht. Zwei konträre Überzeugungen haben darin Platz, denn mit diesem Begriff können sich einerseits diejenigen identifizieren, die davon ausgehen, dass eine „Marktwirtschaft" neben vielen Vorteilen auch immer unsoziale Folgen habe, diese aber in einer so bezeichneten Wirtschafts- und Sozialordnung „sozial" abgefedert würden. Andererseits aber ermöglicht sie auch denen ein Bekenntnis, die meinen, „Soziale Marktwirtschaft" bringe lediglich zum Ausdruck, dass eine „Marktwirtschaft" als solche bereits „sozial" wirken würde (und die Ergänzung „sozial" strenggenommen überflüssig sei). Ob die „Soziale Marktwirtschaft" diese beherrschende Stellung beibehält und welche politischen Inhalte sich mit ihr verbinden, ist indes Ergebnis entsprechender Auseinandersetzungen, für die – ich komme auf meine Forschungsergebnisse zurück – ein Generalstreik größere Bedeutung haben kann als ein Parteiprogramm.

64 Christian Lindner (FDP): „Wir sind keine Kapitalisten". Interview, in: Süddeutsche Zeitung, 4. Dezember 2013.

11 Abkürzungs- und Abbildungsverzeichnis

11.1 Verzeichnis der wichtigsten Abkürzungen

Zur Auflösung der Archiv-Abkürzungen vgl. Fußnote 22 auf Seite 46 (im Forschungsbericht).

ABZ	=	Amerikanische Besatzungszone
ADGB	=	Allgemeiner Deutscher Gewerkschaftsbund
BBZ	=	Britische Besatzungszone
BICO	=	Bipartite Control Office
BNG	=	Bewirtschaftungsnotgesetz
DGB	=	Deutscher Gewerkschaftsbund
GWB	=	Gewerkschaftsbund Württemberg-Baden
KRG	=	Kontrollratsgesetz
LR	=	Länderrat. Hier: Zweite Kammer des VWG (Vorläufer des Bundesrats). Nicht zu verwechseln mit der gleichlautenden Bezeichnung für ein Treffen der Länder der ABZ.
OA	=	Ortsausschuss (der Gewerkschaften)
OMGUS	=	Office of Military Government for Germany (U.S.)
VfW	=	Verwaltung für Wirtschaft (= Vorläufer des Wirtschaftsministeriums)
VWG	=	Vereinigtes Wirtschaftsgebiet (= Bizone)
WiGBl.	=	Gesetzes- und Verordnungsblatt des Wirtschaftsrates des Vereinigten Wirtschaftsgebietes
WR	=	Wirtschaftsrat. Erste Kammer des VWG (Vorläufer Bundestag)
WüGB	=	Württembergischer Gewerkschaftsbund (= Vorläufer des GWB)

11.2 Abbildungsverzeichnis

12 Quellen- und Literaturverzeichnis

Zeitungen (nur mehrfach verwendete)

Mit grober politischer Verortung im Jahr 1948

Abendpost: Frankfurt/M., erschien seit Oktober 1948, unabhängig.
Die Welt: Hamburg, unabhängig, zu diesem Zeitpunkt noch liberal.
Die Neue Zeitung: München, von der OMGUS kontrolliert.
Die Zeit: Hamburg, unabhängig, bürgerlich.
Frankfurter Rundschau (FR): Frankfurt, sozial-liberal.
Hamburger Abendblatt: Hamburg, erschien seit Oktober 1948, parteiunabhängig, Verlag Axel Springer.
Neues Deutschland: Berlin, Zeitung der SED.
Niederdeutsche Zeitung: Stade/Norddeutschland, mit verschiedenen Regionalausgaben. Gegründet 1947, stand nicht in direkter Tradition der gleichnamigen DNVP-Zeitung. Im Jahr 1950 eingestellt bzw. nur noch lokale Bedeutung. Politische Orientierung sozial-konservativ.
Nordwest-Zeitung: Oldenburg, unabhängig, familiengeführt.
Rhein-Echo: Düsseldorf, sozialdemokratisch.
Stuttgarter Nachrichten: Stuttgart, überparteilich.
Stuttgarter Zeitung: Stuttgart, bürgerlich-liberal.
Weser-Kurier: überparteilich, sozial-liberal.

Archive

Zu den genutzten Archiven vgl. den Forschungsbericht (S. 45–56) und darin insbesondere die Anmerkung 22 auf Seite 46.

Chroniken

Gundolf Algermissen (2008): Der „Demonstrationsstreik vom 12. November 1948" und die gewerkschaftliche Vorgeschichte. Chronik, unter: www.niedersachsen-bremen-sachsenanhalt.dgb.de/themen/++co++9a73cd8c-467d-11e1-4676-00188b4dc422, zuletzt 16. Juli 2015.

Andreas Grunert (1995): Solinger Chronik 1945–1949 (= Solinger Archivheft, Bd. 6), Solingen.

Rainer Hudemann, Günter Morsch, Hasso Spode und Heinrich Volkmann (1992): Statistik der Arbeitskämpfe in Deutschland. Deutsches Reich 1936/37, Westzonen und Berlin 1945–1948, Bundesrepublik Deutschland 1949–1980, St. Katharinen, (= Quellen und Forschungen zur Historischen Statistik von Deutschland, Bd. 15).

Polizeimuseum Stuttgart (2015): Chronik Polizei Stuttgart, unter: www.polizeimuseum-stuttgart.de/startseite/chronik-polizei-stuttgart, zuletzt 8. August 2015.

Michael Schattenhofer (1980): Chronik der Stadt München 1945–1948, München.

Stadtarchiv Mannheim (2015): Chronik der Stadt Mannheim, unter: www.stadtarchiv.mannheim.de/chronikstar/public_html/index.php, zuletzt 17. August 2015.

Hermann Vietzen (1972): Chronik der Stadt Stuttgart 1945–1948, Stuttgart.

Quelleneditionen

Helmut Berding (Hg.) (1996): Die Entstehung der Hessischen Verfassung von 1946. Eine Dokumentation (= Veröffentlichungen der Historischen Kommission für Nassau, Bd. 58), Wiesbaden.

Bundeswirtschaftsministerium (Hg.) (1950): Der Wissenschaftliche Beirat bei der Verwaltung für Wirtschaft des Vereinigten Wirtschaftsgebietes. Gutachten 1948 bis Mai 1950, Göttingen.

Bundeszentrale für politische Bildung/ Deutsches Historisches Museum/ Internationale Filmfestspiele Berlin (Berlinale)/ Bundesarchiv-Filmarchiv (2006): Selling democracy. Die Filme des Marshallplans, Bonn.

Büro des Wirtschaftsrates (Hg.) (1949): Der Wirtschaftsrat des Vereinigten Wirtschaftsgebietes 1947–1949, Frankfurt/M.

Deutsche Bibliothek [heute: Deutsche Nationalbibliothek] und Bayerische Staatsbibliothek: Sammlung einschlägiger Rechtsquellen aus der Besatzungszeit: http://deposit.d-nb.de/online/vdr/titel.htm bzw. http://deposit.d-nb.de/online/vdr/rechtsq.htm, zuletzt 14. August 2015.

Deutsches Historisches Museum/ Deutsches Rundfunkarchiv (2000): Überleben im Nachkriegsdeutschland. Tonaufnahmen von 1946 bis zur Währungsreform im Juni 1948 (= Reihe „Stimmen des 20. Jahrhunderts"), o.O.

Hans von Godin u. Arnulf Gnam (1949): Gesetz gegen Preistreiberei, München.

Brigitte Kaff (Hg.) (1991): Die Unionsparteien 1946–1950. Protokolle der Arbeitsgemeinschaft der CDU/CSU Deutschlands und der Konferenzen der Landesvorsitzenden (= Forschungen und Quellen zur Zeitgeschichte, Bd. 17), Düsseldorf.

Siegfried Mielke u. Peter Rütters (Hg.) (1991): Gewerkschaften in Politik, Wirtschaft und Gesellschaft 1945–1949 (= Quellen zur Geschichte der deutschen Gewerkschaftsbewegung im 20. Jahrhundert, Bd. 7), Köln.

Hans Möller (1961): Zur Vorgeschichte der deutschen Mark. Die Währungsreformpläne 1945–1948 (= Veröffentlichungen der List Gesellschaft, e.V Reihe B: Studien zur Ökonomie der Gegenwart, Bd. 22), Basel.
Helmuth Pütz (Hg.) (1975): Konrad Adenauer und die CDU der britischen Besatzungszone 1946–1949. Dokumente zur Gründungsgeschichte der CDU Deutschlands, Bonn.
Rainer Salzmann (1988): Die CDU/CSU im Frankfurter Wirtschaftsrat. Protokolle der Unionsfraktion 1947–1949 (= Forschungen und Quellen zur Zeitgeschichte, Bd. 13), Düsseldorf.
Christoph Stamm (Hg.) (1993): Die SPD-Fraktion im Frankfurter Wirtschaftsrat 1947–1949. Protokolle, Aufzeichnungen, Rundschreiben (= Veröffentlichungen aus dem Archiv der sozialen Demokratie der Friedrich-Ebert-Stiftung, Bd. 1), Bonn.
United States Department of State (Hg.) (1985): Documents on Germany 1944–1985, Washington.
Verwaltungsstelle Mannheim (IG Metall) (Hg.) (1986): „Säumt keine Minute!". Dokumente zur Geschichte der Arbeiterbewegung in Mannheim 1848–1949, Mannheim.
Christoph Weisz, Hans Dieter Kreikamp u. Bernd Steger (Bearb.) (1983): Akten zur Vorgeschichte der Bundesrepublik Deutschland 1945–1949, hg. v. Institut für Zeitgeschichte, München.
Christoph Weisz u. Hans Woller (Bearb.) (Hg.) (1977): Wörtliche Berichte und Drucksachen des Wirtschaftsrates des Vereinigten Wirtschaftsgebietes 1947–1949. Bd. 2, 1.–22. Vollversammlung, hg. v. Institut für Zeitgeschichte, München.
Christoph Weisz u. Hans Woller (Bearb.) (Hg.) (1977): Wörtliche Berichte und Drucksachen des Wirtschaftsrates des Vereinigten Wirtschaftsgebietes 1947–1949. Bd. 3, 23.–40. Vollversammlung, hg. v. Institut für Zeitgeschichte, München.
Christoph Weisz u. Hans Woller (Bearb.) (Hg.) (1977): Wörtliche Berichte und Drucksachen des Wirtschaftsrates des Vereinigten Wirtschaftsgebietes 1947–1949. Band 4, Drucksachen 1–637, hg. v. Institut für Zeitgeschichte, München.

Nachschlagewerke

Bayerische Staatsbibliothek gemeinsam mit der Historischen Kommission bei der Bayerischen Akademie der Wissenschaften: Sammlung deutscher Biografien (unter Einschluss der Neuen Deutschen Biographie, NDB), unter: http://www.deutsche-biographie.de/, zuletzt 24. August 2015.
Wolfgang Benz (Hg.) (1999): Deutschland unter alliierter Besatzung 1945–1949/55, Berlin.
Wolfgang Benz u. Michael F. Scholz (2009[10]): Deutschland unter alliierter Besatzung 1945–1949 (= Handbuch der deutschen Geschichte, 22 : 20. Jahrhundert [1918–2000]), Stuttgart.
Berlin-Brandenburgische Akademie der Wissenschaften: Das Digitale Wörterbuch der deutschen Sprache, http://www.dwds.de/, zuletzt 8. August 2015.
Bundesarchiv: Systematisches Verzeichnis von Nachlässen, unter: http://www.nachlassdatenbank.de/, zuletzt 24. August 2015.
Ernst Klee (2005[2]): Das Personenlexikon zum Dritten Reich. Wer war was vor und nach 1945, Frankfurt/M.
Heinrich Potthoff u. Rüdiger Wenzel (1983): Handbuch politischer Institutionen und Organisationen 1945–1949 (= Handbücher zur Geschichte des Parlamentarismus und der politischen Parteien, Bd. 1), Düsseldorf.
Tilman Pünder (1966): Das bizonale Interregnum. Die Geschichte des Vereinigten Wirtschaftsgebiets 1946–1949, Köln.

Literatur

Monographien, Sammelbände, Aufsätze, Zeitschriftenbeiträge, Filme und Audioquellen, Einzeleinträge in Lexika und anderen Nachschlagewerken sowie umfangreiche Einzelquellen

A

Werner Abelshauser (1976): Freiheitlicher Sozialismus oder Soziale Marktwirtschaft? Die Gutachtertagung über Grundfragen der Wirtschaftsplanung und Wirtschaftslenkung am 21. und 22. Juni 1946. Dokumentation, in: Vierteljahrshefte für Zeitgeschichte, H. 4 (1976), S. 415–449.

Werner Abelshauser (1979): Probleme des Wiederaufbaus der westdeutschen Wirtschaft 1945–1953, in: Heinrich August Winkler (Hg.): Politische Weichenstellungen im Nachkriegsdeutschland 1945–1953 (= Geschichte und Gesellschaft Sonderheft, Bd. 5), Göttingen, S. 208–253.

Werner Abelshauser (1983): Wirtschaftsgeschichte der Bundesrepublik Deutschland 1945–1980 (= Neue historische Bibliothek, Bd. 1241), Frankfurt/M.

Werner Abelshauser (1991): Die ordnungspolitische Epochenbedeutung der Weltwirtschaftskrise in Deutschland. Ein Beitrag zur Entstehungsgeschichte der Sozialen Marktwirtschaft, in: Werner Abelshauser u. Dietmar Petzina (Hg.): Ordnungspolitische Weichenstellungen nach dem Zweiten Weltkrieg, Berlin, S. 11–29.

Werner Abelshauser (2005): Deutsche Wirtschaftsgeschichte seit 1945 (= Schriftenreihe der Bundeszentrale für Politische Bildung, Bd. 460), Bonn.

Werner Abelshauser u. Dietmar Petzina (Hg.) (1991): Ordnungspolitische Weichenstellungen nach dem Zweiten Weltkrieg, Berlin.

Hermann G. Abmayr (1992): Wir brauchen kein Denkmal. Willi Bleicher, der Arbeiterführer und seine Erben, Stuttgart.

Giorgio Agamben (2008): Was ist ein Dispositiv?, Zürich.

Frank Ahland (2002): Ludwig Rosenberg. Der Bürger als Gewerkschafter, Bochum.

Gerold Ambrosius (1977): Die Durchsetzung der Sozialen Marktwirtschaft in Westdeutschland 1945–1949 (= Studien zur Zeitgeschichte, Bd. 10), Stuttgart.

Gerold Ambrosius (1979): Funktionswandel und Strukturveränderung der Bürokratie 1945–1949. Das Beispiel der Wirtschaftsverwaltung, in: Heinrich August Winkler (Hg.): Politische Weichenstellungen im Nachkriegsdeutschland 1945–1953 (= Geschichte und Gesellschaft Sonderheft, Bd. 5), Göttingen, S. 167–207.

Heike Amos (2009): Rezension von: Wolfgang Benz: Auftrag Demokratie. Die Gründungsgeschichte der Bundesrepublik und die Entstehung der DDR 1945–1949, Berlin: Metropol 2009, in: Sehepunkte Nr. 9, 15. Dezember 2009, unter: www.sehepunkte.de/2009/12/16308.html, zuletzt 20. August 2015.

Johannes Angermüller (2005): Sozialwissenschaftliche Diskursanalyse in Deutschland: zwischen Rekonstruktion und Dekonstruktion, in: Reiner Keller u.a. (Hg.): Die diskursive Konstruktion von Wirklichkeit, Konstanz, S. 23–48.

Johannes Angermüller (Hg.) (2014): Diskursforschung. Ein interdisziplinäres Handbuch (= DiskursNetz, Bd. 1), Bielefeld.

Johannes Angermüller (2014): Einleitung. Diskursforschung als Theorie und Analyse. Umrisse eines interdisziplinären und internationalen Feldes, in: Johannes Angermüller (Hg.): Diskursforschung. Ein interdisziplinäres Handbuch (= DiskursNetz, Bd. 1), Bielefeld, S. 16–36.

Julia Angster (2003): Konsenskapitalismus und Sozialdemokratie. Die Westernisierung von SPD und DGB (= Ordnungssysteme, Bd. 13), München.

B

John H. Backer (1983): Die deutschen Jahre des Generals Clay. Der Weg zur Bundesrepublik 1945–1949, München.

Rolf Badstübner u. Siegfried Thomas (1975): Restauration und Spaltung. Entstehung und Entwicklung der BRD 1945–1955, Köln.

Johannes Bähr (2008²): GHH und MAN in der Weimarer Republik, im Nationalsozialismus und in der Nachkriegszeit (1920–1960), in: Johannes Bähr u.a. (Hg.): Die MAN. Eine deutsche Industriegeschichte, München, S. 231–374.

Michael Bayer (1995): Das Kriegsende und die Franzosenzeit, in: Edgar Lersch (Hg.): Stuttgart in den ersten Nachkriegsjahren (= Veröffentlichungen des Archivs der Stadt Stuttgart, Bd. 66), Stuttgart, S. 17–49.

Ursel Beck (2007): 1945: Kein Neubeginn – Konsolidierung des Kapitalismus, in: Theodor Bergmann u. Tom Adler (Hg.): Klassenkampf und Solidarität. Geschichte der Stuttgarter Metallarbeiter, Hamburg, S. 111–148.

Gerhard Beier (1975): Der Demonstrations- und Generalstreik vom 12. November 1948. Im Zusammenhang mit der parlamentarischen Entwicklung Westdeutschlands, Frankfurt/M.

Walter Benjamin (1972 [1932]): Ausgraben und Erinnern, in: Gesammelte Schriften. Band IV.1, hg. v. Rolf Tiedemann u. Hermann Schweppenhäuser, Frankfurt/M., S. 400 f.

Wolfgang Benz (2010): Auftrag Demokratie. Die Gründungsgeschichte der Bundesrepublik und die Entstehung der DDR 1945–1949 (= Schriftenreihe / Bundeszentrale für Politische Bildung, Bd. 1079), Bonn.

Theodor Bergmann (1987): „Gegen den Strom". Die Geschichte der Kommunistischen-Partei-Opposition, Hamburg.

Theodor Bergmann u. Tom Adler (Hg.) (2007): Klassenkampf und Solidarität. Geschichte der Stuttgarter Metallarbeiter, Hamburg.

Dirk Berg-Schlosser (1982): Ludwig Erhard, in: Walther Bernecker u. Volker Dotterweich (Hg.): Persönlichkeit und Politik in der Bundesrepublik Deutschland. Politische Porträts (= Uni-Taschenbücher, Bd. 1221), Göttingen, S. 113–122.

Arnold Berndt u. Nils Goldschmidt (2003): Leonhard Miksch (1901–1950). A Forgotten Member of the Freiburg School (= Freiburger Diskussionspapiere zur Ordnungökonomik, 2/2003), unter: portal.uni-freiburg.de/wirtschaftspolitik/dateien/research/folder.2005-09-22.7371202696/03_2bw.pdf, zuletzt 10. September 2013.

Biographical Directory of the United States Congress (o.J.) : La Follette, Charles Marion, (1898–1974), unter: bioguide.congress.gov/scripts/biodisplay.pl?index=L000003, zuletzt 8. August 2015.

Barbara Birkhan (2010): Das Dispositiv – die andere Seite des Diskurses. Review Essay zu Andrea D. Bührmann & Werner Schneider (2008): Vom Diskurs zum Dispositiv. Eine Einführung in die Dispositivanalyse, in: Forum Qualitative Sozialforschung, H. 2 (Mai 2010) Art. 9.

Guido Birkner u. Bundesministerium für Wirtschaft und Technologie (Hg.) (2009): Wirtschaft in Freiheit und Einheit. Festschrift zum 60. Jahrestag der Bundesrepublik Deutschland und zum 20. Jahrestag der Friedlichen Revolution, Frankfurt/M.

Siegfried Blasche (2004): Die Gründungen der Wirtschaftspolitischen Gesellschaft von 1947 e.V. und der Frankfurter Allgemeinen Zeitung (1949). Vortrag am 20. Oktober 2004 in den Räumen der Frankfurter Allgemeinen Zeitung, Frankfurt/M., unter: wipog.de/app/download/5783903822/VortragSBlasche20041020.pdf, zuletzt 15. Juni 2015.

Franz Boese (Hg.) (1932): Deutschland und die Weltkrise (= Schriften des Vereins für Sozialpolitik, Bd. 187), München.

Manfred Bohlen (Mitarb.) (1956): Zehn Jahre Arbeit – zehn Jahre Aufstieg. 1945–1955: Zehn Jahre neue deutsche Gewerkschaftsbewegung, Köln.

Franz Böhm (2010 [1933]): Wettbewerb und Monopolkampf. Eine Untersuchung zur Frage des wirtschaftlichen Kampfrechts und zur Frage der rechtlichen Struktur der geltenden Wirtschaftsordnung (= Wirtschaftsrecht und Wirtschaftspolitik, Bd. 246), hg. v. Ernst-Joachim Mestmäcker, Baden-Baden.

Friedhelm Boll (1995): Hungerstreiks und Jugendunruhen 1947/48, in: Birgit Pollmann (Hg.): Schicht, Protest, Revolution in Braunschweig 1292 bis 1947/48 (= Braunschweiger Werkstücke, Bd. 89), Braunschweig, S. 197–224.

Knut Borchardt u. Christoph Buchheim (1987): Die Wirkung der Marshallplan-Hilfe in Schlüsselbranchen der deutschen Wirtschaft, in: Vierteljahrshefte für Zeitgeschichte, H. 3 (1987), S. 317–348.

Michael Brackmann (1993): Vom totalen Krieg zum Wirtschaftswunder. Die Vorgeschichte der westdeutschen Währungsreform 1948, Essen.

Bernd Braun (2013): Rezension von Hildegard Wehrmann: Hermann Pünder, in: Archiv für Sozialgeschichte (online), unter: www.fes.de/cgi-bin/afs.cgi?id=81410, zuletzt 8. August 2015.

Otto Brenner (1947): Die Ursachen des Bode-Streiks und seine gewerkschaftlichen Lehren, in: Gewerkschaftszeitung. Zeitschrift der Freien Gewerkschaften der britischen Zone, H. 3 (März/April 1947).

Dorothee Buchhaas (1985): Gesetzgebung im Wiederaufbau. Schulgesetz in Nordrhein-Westfalen und Betriebsverfassungsgesetz. Eine vergleichende Untersuchung zum Einfluß von Parteien, Kirchen und Verbänden in Land und Bund 1945–1952 (= Beiträge zur Geschichte des Parlamentarismus und der politischen Parteien, Bd. 79), Düsseldorf.

Christoph Buchheim (1988): Die Währungsreform 1948 in Westdeutschland, in: Vierteljahrshefte für Zeitgeschichte, H. 2 (1988), S. 189–232.

Christoph Buchheim (1989): Zur Kontroverse über den Stellenwert der Währungsreform für die Wachstumsdynamik in der Bundesrepublik Deutschland, in: Peter Hampe u. Christoph Buchheim (Hg.): Währungsreform und soziale Marktwirtschaft. Rückblicke und Ausblicke (= Akademiebeiträge zur politischen Bildung, Bd. 23), München, S. 86–100.

Christoph Buchheim (1991): Die Notwendigkeit einer durchgreifenden Wirtschaftsreform zur Ankurbelung des westdeutschen Wirtschaftswachstums in den 1940er Jahren, in: Werner Abelshauser u. Dietmar Petzina (Hg.): Ordnungspolitische Weichenstellungen nach dem Zweiten Weltkrieg, Berlin, S. 56–65.

Sonja Buckel, Fabian Georgi, John Kannankulam, Jens Wissel (2013): Theorie, Methoden und Analysen kritischer Europaforschung, in: Forschungsgruppe »Staatsprojekt Europa« (Hg.): Kämpfe um Migrationspolitik. Theorie, Methode und Analysen kritischer Europaforschung (= Kultur und soziale Praxis), Bielefeld, S. 15–86.

Werner Bührer (1999): Schwarzer Markt, in: Wolfgang Benz (Hg.): Deutschland unter alliierter Besatzung 1945–1949/55, Berlin, S. 365–366.

Werner Bührer (2003): Eintrag „Reusch, Karl Hermann“, in: Neue Deutsche Biographie 21 (2003), S. 457–458 [Onlinefassung], unter: www.deutsche-biographie.de/sfz105382.html, zuletzt 19. August 2015.

Andrea D. Bührmann u. Werner Schneider (2008): Vom Diskurs zum Dispositiv. Eine Einführung in die Dispositivanalyse, Bielefeld.

Bundesamt für zentrale Dienste und offene Vermögensfragen (2013): Historie Lastenausgleich, 4. September 2013, unter: www.badv.bund.de/003_menue_links/g0_Bundesausgleichsamt/030_Historie/, zuletzt 5. September 2013.

Bündnis ‘90/Die Grünen (1993): Politische Grundsätze.

Bündnis '90/Die Grünen – Bundestagsfraktion (2007): Grüne Marktwirtschaft, 3. Juli 2007.

C

CDU (1949): Düsseldorfer Leitsätze. 15. Juli 1949, bereitgestellt von der Konrad-Adenauer-Stiftung, unter: www.kas.de/upload/ACDP/CDU/Programme_Bundestag/1949_Duesseldorfer-Leitsaetze.pdf, zuletzt 20. August 2015.

CDU Rheinland und Westfalen (2009 [September 1945]): Kölner Leitsätze, in: Merith Niehuss u. Ulrike Lindner (Hg.): Besatzungszeit, Bundesrepublik und DDR 1945–1969 (= Deutsche Geschichte in Quellen und Darstellung, Bd. 10), S. 73–78.

Lucius D. Clay (1950): Entscheidung in Deutschland, Frankfurt/M.

Lucius D. Clay (1972): Glückwunschadresse, in: Gerhard Schröder (Hg.): Ludwig Erhard. Beiträge zu seiner politischen Biographie. Festschrift zum fünfundsiebzigsten Geburtstag, Frankfurt/M., S. 39–41.

Commerzbank (1940): Jahresbericht über das 71. Geschäftsjahr, unter: www.commerzbank.de/media/konzern_1/geschichte/download_8/1940_Geschaeftsbericht.pdf, zuletzt 23. August 2015.

Patricia Commun (2004): Erhards Bekehrung zum Ordoliberalismus. Die grundlegende Bedeutung des wirtschaftspolitischen Diskurses in Umbruchszeiten (= Freiburger Diskussionspapiere zur Ordnungsökonomik, 4/2004).

CSU (1949): Wahlprogramm zur Bundestagswahl am 14. August 1949. Bereitgestellt vom ACSP der Hans-Seidel-Stiftung, unter: www.hss.de/downloads/BTW_1949-08-14.pdf, zuletzt 8. August 2015.

Ernst Otto Czempiel u. Carl Christoph Schweitzer (1989): Weltpolitik der USA nach 1945. Einführung und Dokumente (= Schriftenreihe / Bundeszentrale für Politische Bildung, Bd. 276), Bonn.

D

Gilles Deleuze (1992): What is a dispositif?, in: Timothy J. Armstrong (Hg.): Michel Foucault, philosopher. International conference, Paris, 9, 10, 11, January 1988, New York, S. 159–166.

Alex Demirović (1992): Regulation und Hegemonie, in: Ders. (Hg.): Hegemonie und Staat. Kapitalistische Regulation als Projekt und Prozeß, Münster, S. 128–157.

Alex Demirović (2007): Hegemonie und die diskursive Konstruktion der Gesellschaft, in: Martin Nonhoff (Hg.): Diskurs – radikale Demokratie – Hegemonie. Zum politischen Denken von Ernesto Laclau und Chantal Mouffe (= Edition Moderne Postmoderne), Hamburg, S. 55–86.

Frank Deppe (1969): Kritik der Mitbestimmung. Partnerschaft oder Klassenkampf? (= Edition Suhrkamp, Bd. 358), Frankfurt/M.

Richard Detje (1982): Von der Westzone zum Kalten Krieg. Restauration und Gewerkschaftspolitik im Nachkriegsdeutschland, Hamburg.

Deutsche Wochenschau GmbH (1948): Welt im Film 168, 13. August 1948, unter: www.filmothek.bundesarchiv.de/video/583600, zuletzt 20. August 2015.

Deutsche Wochenschau GmbH (1948): Welt im Film 183, 26. November 1948, unter: www.filmothek.bundesarchiv.de/video/583615, zuletzt 30. April 2015.

Deutscher Gewerkschaftsbund (DGB) (o.J.): Für eine sozial regulierte Marktwirtschaft, unter: www.dgb.de/uber-uns/bewegte-zeiten/60-jahre-dgb/1989-1998/fur-eine-sozial-regulierte-marktwirtschaft, zuletzt 8. August 2015.

DGB Bundesvorstand (1996): Grundsatzprogramm des Deutschen Gewerkschaftsbundes. Beschlossen auf dem 5. Außerordentlichen Bundeskongreß am 13.–16. November 1996 in Dresden.

DGB-Kreis Stuttgart (Hg.) (1982): Arbeiterbewegung und Wiederaufbau Stuttgart 1945–49. Materialsammlung und Katalog zur Ausstellung in der „Galerie im Lichthof" des DGB-Hauses Stuttgart 28.4.–3.7.1982, Stuttgart.

DIE LINKE (2011): Programm. Beschluss des Parteitages der Partei DIE LINKE vom 21. bis 23. Oktober 2011 in Erfurt.

Yorck Dietrich (1997): Die Erhard-Biographie von Volker Hentschel, in: Historisch-Politische Mitteilungen. Archiv für Christlich-Demokratische Politik, H. 4 (Juli 1997), S. 283–299.

Heinrich Droege u. Otto Behrens (1976): Bode-Panzer wird geknackt. Die ersten Mitbestimmungsstreiks nach 1945, in: Erasmus Schöfer (Hg.): Die Kinder des roten Großvaters erzählen. Berichte zur Vor- und Frühgeschichte der Bundesrepublik Deutschland, Frankfurt/M., S. 110–121.

Dieter Düding (2008): Parlamentarismus in Nordrhein-Westfalen 1946–1980. Vom Fünfparteien- zum Zweiparteienlandtag (= Handbuch der Geschichte des deutschen Parlamentarismus), Düsseldorf.

E

Eugen Eberle (1974): Sieben Jahre offensiver Widerstand, in: Tilman Fichter u. Eugen Eberle (Hg.): Kampf um Bosch, Berlin, S. 138–191.

Eugen Eberle u. Peter Grohmann (1982): Die schlaflosen Nächte des Eugen E. Erinnerungen eines neuen schwäbischen Jacobiners, Stuttgart.

Franz X. Eder (2006): Historische Diskurse und ihre Analyse – eine Einleitung, in: Franz X. Eder (Hg.): Historische Diskursanalysen. Genealogie, Theorie, Anwendungen, Wiesbaden, S. 9–23.

Hans-Peter Ehni (1973): Sozialistische Neubauforderung und Proklamation des „Dritten Weges". Richtungen sozialdemokratischer Wirtschaftspolitik 1945–1947, in: Archiv für Sozialgeschichte, H. 13 (1973), S. 131–190.

Hans-Rainer Engelberth (1997): Gewerkschaften auf dem Lande. Gewerkschaftsbund und Industriegewerkschaft Metall 1945–1971 (= Schriftenreihe der Otto Brenner Stiftung, Bd. 63), Köln.

Herbert Engler (1948): Das hessische Betriebsrätegesetz, in: Hans Carl Nipperdey (Hg.): Recht der Arbeit. Zeitschrift für die Wissenschaft und Praxis des gesamten Arbeitsrechts, München, Jg.1, Heft 1 (1948), S. 15–18.

Manfred J. Enssle (1995): Der Versorgungsalltag Stuttgarts 1945–1949. Aus den vertraulichen Stimmungsberichten der Polizeireviere, in: Edgar Lersch (Hg.): Stuttgart in den ersten Nachkriegsjahren (= Veröffentlichungen des Archivs der Stadt Stuttgart, Bd. 66), Stuttgart, S. 353–397.

Ludwig Erhard (1948): Gegenwartsfragen der Wirtschafts- und Preispolitik. Ansprache vor Vertretern der Industrie- und Handelskammern und der Wirtschaftsverbände im Handwerkersaal (Braubachstrasse) FfM., LEA NE1516 (mit Beiblatt).

Ludwig Erhard (1957[1]): Wohlstand für alle, Düsseldorf.

Ludwig Erhard (1962): Der neue Kurs. Rundfunkansprache am 21. Juni 1948, in: Ludwig Erhard (Hg.): Deutsche Wirtschaftspolitik. Der Weg der sozialen Marktwirtschaft, Düsseldorf, S. 62–68.

Ludwig Erhard (1962): Der Weg in die Zukunft. Rede vor der 14. Vollversammlung des Wirtschaftsrates des Vereinigten Wirtschaftsgebietes am 21. April 1948, in: Ludwig Erhard (Hg.): Deutsche Wirtschaftspolitik. Der Weg der sozialen Marktwirtschaft, Düsseldorf, S. 37–61.

Ludwig Erhard (Hg.) (1962): Deutsche Wirtschaftspolitik. Der Weg der sozialen Marktwirtschaft, Düsseldorf.

Ludwig Erhard (1962): Marktwirtschaft im Streit der Meinungen. Rede vor dem 2. Parteikongreß der CDU der britischen Zone am 28. August 1948 in Recklinghausen, in: Ludwig Erhard (Hg.): Deutsche Wirtschaftspolitik. Der Weg der sozialen Marktwirtschaft, Düsseldorf, S. 69–85.

Ludwig Erhard (1962): Zusammenschluss und Wirtschaftseinheit. Artikel aus der Neuen Zeitung vom 23. September 1946, in: Ludwig Erhard (Hg.): Deutsche Wirtschaftspolitik. Der Weg der sozialen Marktwirtschaft, Düsseldorf, S. 16–18.

Ludwig Erhard (1964[8] [1957]): Wohlstand für Alle, Düsseldorf.

Ludwig Erhard (1988): Gedanken aus fünf Jahrzehnten. Reden und Schriften, hg. v. Karl Hohmann, Düsseldorf.

Ludwig Erhard (1988): Gedanken, Reden und Schriften, hg. v. Karl Hohmann, Düsseldorf.

Ludwig Erhard (2009): Das Prinzip Freiheit. Maximen und Erkenntnisse, hg. v. Lars Vogel, Köln.

Ludwig Erhard u. Erik Nölting (1948): Streitgespräch am 14. November 1948 in Frankfurt am Main. Tonbandabschrift. LEA NE 1558 A, 14. November 1948.

Paul Erker (1990): Ernährungskrise und Nachkriegsgesellschaft. Bauern und Arbeiterschaft in Bayern 1943–1953 (= Industrielle Welt, Bd. 50), Stuttgart.

Paul Erker (1991): Die Arbeiter bei MAN 1945–1950, in: Klaus Tenfelde (Hg.): Arbeiter im 20. Jahrhundert (= Industrielle Welt, Bd. 51), Stuttgart, S. 548–574.

Paul Erker (1994): Hunger und sozialer Konflikt in der Nachkriegszeit, in: Manfred Gailus u. Heinrich Volkmann (Hg.): Der Kampf um das tägliche Brot. Nahrungsmangel, Versorgungspolitik und Protest, 1770–1990, Opladen, S. 392–410.

Albrecht Ernst (2008): Terroranschläge gegen Spruchkammern in Stuttgart und Umgebung. Der Fall Kabus, in: Archivnachrichten des Landesarchivs Baden-Württemberg, H. 36 (März 2008), S. 10–11.

Erzbistum Köln (o.J.): Eine Predigt mit Folgen. Die Bedeutung des Wortes „fringsen“, unter: www.erzbistum-koeln.de/kultur_und_bildung/historisches-archiv/schaetze_aus_dem_archiv_1/eine_predigt_mit_folgen_die_bedeutung_des_wortes_fringsen/index.html, zuletzt 31. Juli 2015.

F

Lars P. Feld (Hg.) (2015): Wettbewerb und Monopolbekämpfung. Zum Gedenken an Leonhard Miksch (1901–1950), Tübingen.

Michael Fichter (1982): Besatzungsmacht und Gewerkschaften. Zur Entwicklung und Anwendung der US-Gewerkschaftspolitik in Deutschland 1944–1948 (= Schriften des Zentralinstituts für Sozialwissenschaftliche Forschung der Freien Universität Berlin, Bd. 40), Opladen.

Michael Fichter (1989[2]): Aufbau und Neuordnung. Betriebsräte zwischen Klassensolidarität und Betriebsloyalität, in: Martin Broszat u.a. (Hg.): Von Stalingrad zur Währungsreform. Zur Sozialgeschichte des Umbruchs in Deutschland (= Quellen und Darstellungen zur Zeitgeschichte, Bd. 26), München, S. 469–549.

Michael Fichter (1995): Kommunalverwaltung und Demokratisierung des öffentlichen Lebens, in: Edgar Lersch (Hg.): Stuttgart in den ersten Nachkriegsjahren (= Veröffentlichungen des Archivs der Stadt Stuttgart, Bd. 66), Stuttgart, S. 73–102.

Tilman Fichter (1974): Betriebspolitik der KPD nach 1945. Am Beispiel der Firma Bosch, in: Tilman Fichter u. Eugen Eberle (Hg.): Kampf um Bosch (= Politik, Bd. 50), Berlin, S. 5–137.

Tilman Fichter u. Eugen Eberle (Hg.) (1974): Kampf um Bosch, Berlin.

Tilman Fichter u. Ute Schmidt (1971): Der erzwungene Kapitalismus. Klassenkämpfe in den Westzonen 1945–48 (= Rotbuch, Bd. 27), Berlin.

Jörg Fisch (1992): Reparationen nach dem Zweiten Weltkrieg, München.

Henning Fischer (2011): „Erinnerung“ an und für Deutschland. Dresden und der 13. Februar 1945 im Gedächtnis der Berliner Republik, Münster.

Michel Foucault (1975): Der Fall Rivière. Materialien zum Verhältnis von Psychiatrie und Strafjustiz (= Suhrkamp-Taschenbuch Wissenschaft, Bd. 128), Frankfurt/M.

Michel Foucault (1976): Mikrophysik der Macht. Über Strafjustiz, Psychiatrie und Medizin, Berlin.

Michel Foucault (1978): Dispositive der Macht. Über Sexualität, Wissen u. Wahrheit (= Internationale marxistische Diskussion, Bd. 77), Berlin.

Michel Foucault (1978): Ein Spiel um die Psychoanalyse. Gespräch mit Angehörigen des Departement de Psychoanalyse der Universität Paris/Vincennes, in: Michel Foucault: Dispositive der Macht. Über Sexualität, Wissen u. Wahrheit (= Internationale marxistische Diskussion, Bd. 77), Berlin, S. 118–175.

Michel Foucault (1979): Der Wille zum Wissen (= Sexualität und Wahrheit, Bd. 1), Frankfurt/M.

Michel Foucault (1988^3): Archäologie des Wissens (= Suhrkamp-Taschenbuch Wissenschaft, Bd. 356), Frankfurt/M.

Michel Foucault (1996): Der Mensch ist ein Erfahrungstier. Gespräch mit Ducio Trombadori (= Suhrkamp Taschenbuch Wissenschaft, Bd. 1274), Frankfurt/M.

Michel Foucault (2004): Die Geburt der Biopolitik. Vorlesung am Collège de France 1978–1979 (= Geschichte der Gouvernementalität, Bd. 2), Frankfurt/M.

Siegfried Freick (2001): Die Währungsreform 1948 in Westdeutschland. Weichenstellung für ein halbes Jahrhundert, Schkeuditz.

Uwe Fuhrmann (2010): Die Stuttgarter Vorfälle. Kontext, Verlauf und Folgen, [Mag.], Berlin.

Uwe Fuhrmann (2012): Stuttgart48 und die Soziale Marktwirtschaft. Von ignorierten Protesten und dem Ursprung einer Basiserzählung, in: Henning Fischer u.a. (Hg.): Zwischen Ignoranz und Inszenierung. Die Bedeutung von Mythos und Geschichte für die Gegenwart der Nation, Münster, S. 95–128.

Uwe Fuhrmann (2013): Eine proletarische Geschichte Deutschlands. Hans (Johannes) Stetter (1885–1963), in: JahrBuch für Forschung zur Geschichte der Arbeiterbewegung, H. III (2013), S. 106–127.

Francis Fukuyama (1989): The End of History?, in: The National Interest, H. 1 (summer 1989).

Francis Fukuyama (1992): The End of History and the Last Man, London.

Marian Füssel u. Tim Neu (2014): Diskursforschung in der Geschichtswissenschaft, in: Johannes Angermüller (Hg.): Diskursforschung. Ein interdisziplinäres Handbuch (= DiskursNetz, Bd. 1), Bielefeld, S. 145–161.

G

Manfred Gailus u. Heinrich Volkmann (Hg.) (1994): Der Kampf um das tägliche Brot. Nahrungsmangel, Versorgungspolitik und Protest, 1770–1990, Opladen.

John Kenneth Galbraith (2005): Die Ökonomie des unschuldigen Betrugs. Vom Realitätsverlust der heutigen Wirtschaft, München.

Günther Gerstenberg (o.J.): Hungermärsche – Hungerstreiks. Materialien 1948, in: Günther Gerstenberg (Hg.): Protest in München 1945 bis in die Gegenwart, protest-muenchen.sub-bavaria.de, zuletzt 23. August 2015.

Günther Gerstenberg (o.J.): Im Winter 1946/47, in: Günther Gerstenberg (Hg.): Protest in München 1945 bis in die Gegenwart, protest-muenchen.sub-bavaria.de, zuletzt 23. August 2015.

Günther Gerstenberg (Hg.) (o.J.): Protest in München 1945 bis in die Gegenwart, protest-muenchen.sub-bavaria.de, zuletzt 23. August 2015.

John Gimbel (1971): Amerikanische Besatzungspolitik in Deutschland 1945–1949, Frankfurt/M.

John Gimbel (1990): Die Entstehung des Marshall-Plans, in: Hans-Jürgen Schröder (Hg.): Marshallplan und westdeutscher Wiederaufstieg. Positionen, Kontroversen, Stuttgart, S. 11–21.

Nils Goldschmidt u. Jan-Otmar Hesse (2008): Ludwig Erhard hatte Helfer, in: Süddeutsche Zeitung, 14. Juni 2008, S. 26.

Manfred Görtemaker (2002): Kleine Geschichte der Bundesrepublik Deutschland, München.

Antonio Gramsci (2012^{2}): Gefängnishefte. Kritische Gesamtausgabe, hg. v. Wolfgang Fritz Haug u. Klaus Bochmann, Hamburg.

Helga Grebing (1983): Einleitung, in: Helga Grebing (Hg.): Lehrstücke in Solidarität. Briefe und Biographien deutscher Sozialisten 1945–1949 (= Veröffentlichungen des Instituts für Zeitgeschichte, Bd. 23), Stuttgart, S. 11–46.

Gruppe Arbeiterpolitik (Hg.) (1975): Arbeiterpolitik 1948–1950. Reprint, o.O.

H

Peter Hampe u. Christoph Buchheim (Hg.) (1989): Währungsreform und soziale Marktwirtschaft. Rückblicke und Ausblicke (= Akademiebeiträge zur politischen Bildung, Bd. 23), München.

M. Michaela Hampf (2006): Radio als Dispositiv: Die Geschichte ungeschriebener Gebrauchsanleitungen, in: Michaela Hampf u. Ursula Lehmkuhl (Hg.): Radio Welten. Politische, soziale und kulturelle Aspekte atlantischer Mediengeschichte vor und während des Zweiten Weltkriegs (= Studien zu Geschichte, Politik und Gesellschaft Nordamerikas, Bd. 23), Berlin, S. 73–83.

Michaela Hampf u. Ursula Lehmkuhl (Hg.) (2006): Radio Welten. Politische, soziale und kulturelle Aspekte atlantischer Mediengeschichte vor und während des Zweiten Weltkriegs (= Studien zu Geschichte, Politik und Gesellschaft Nordamerikas, Bd. 23), Berlin.

Michael Hansmann (2015): Johannes Albers, 23. Juni 2015, unter: www.kas.de/wf/de/71.8314/, zuletzt 7. August 2015.

Gerd Hardach (1991): Transnationale Wirtschaftspolitik. Der Marshall-Plan in Deutschland 1947–1952, in: Werner Abelshauser u. Dietmar Petzina (Hg.): Ordnungspolitische Weichenstellungen nach dem Zweiten Weltkrieg, Berlin, S. 67–100.

Franz Hartmann u. Hans Peter Riesche (1987): 40 Jahre DGB-Niedersachsen, Hannover.

Friedrich August von Hayek (2004): Wissenschaft und Sozialismus, in: Wissenschaft und Sozialismus. Aufsätze zur Sozialismuskritik, hg. v. Manfred E. Streit (= Gesammelte Schriften in deutscher Sprache Aufsätze, Bd. 7), Tübingen 2004, S. 52–62.

Detlev Heiden (1999): „Im Grunde alles erreicht, worum wir jahrelang gekämpft haben". Die hessische Sozialisierung und die Unternehmer, in: Zeitschrift für Unternehmensgeschichte / Journal of Business History, H. 1 (1999), S. 67–86.

Veronika Helfert (2014): „Unter Anführung eines 13jährigen Mädchens". Gewalt und Geschlecht in unorganisierten Protestformen in Wien während des Ersten Weltkrieges, in: JahrBuch für Forschung zur Geschichte der Arbeiterbewegung, H. II (2014), S. 66–82.

Klaus-Dietmar Henke (1995): Die amerikanische Besetzung Deutschlands (= Quellen und Darstellungen zur Zeitgeschichte, Bd. 27), München.

Volker Hentschel (1998): Ludwig Erhard. Ein Politikerleben (= Ullstein-Buch, Bd. 26536), Berlin.

Volker Hentschel (1998): Ludwig Erhard, die „soziale Marktwirtschaft" und das Wirtschaftswunder. Historisches Lehrstück oder Mythos?, Bonn.

Das hessische Betriebsrätegesetz, in: Hans Carl Nipperdey (Hg.) : Recht der Arbeit. Zeitschrift für die Wissenschaft und Praxis des gesamten Arbeitsrechts, München, Jg. 1 H. 3 (1948), S. 95.

Gerhard Hetzer (2003): Unternehmer in Umbruchszeiten: Paul und Hermann Reusch, in: Paul Hoser u. Reinhard Baumann (Hg.): Kriegsende und Neubeginn. Die Besatzungszeit im schwäbisch-alemannischen Raum (= Forum Suevicum, Bd. 5), Konstanz, S. 463–496.

Erwin Hielscher (1948): Der Leidensweg der deutschen Währungsreform. Bericht, abgeschlossen am 18. Juni 1948. Mit einem Nachwort, München.

Eric Hobsbawm u. Terence Ranger (1983): The Invention of tradition, Cambridge.

Hans Günter Hockerts (1980): Sozialpolitische Entscheidungen im Nachkriegsdeutschland. Alliierte und deutsche Sozialversicherungspolitik 1945 bis 1957 (= Forschungen und Quellen zur Zeitgeschichte, Bd. 1), Stuttgart.

Rainer Hudemann, Günter Morsch, Hasso Spode und Heinrich Volkmann (1992): Statistik der Arbeitskämpfe in Deutschland. Deutsches Reich 1936/37, Westzonen und Berlin 1945–1948, Bundesrepublik Deutschland 1949–1980, St. Katharinen, (= Quellen und Forschungen zur Historischen Statistik von Deutschland, Bd. 15).

Ernst-Ulrich Huster u.a. (1972): Determinanten der westdeutschen Restauration 1945–1949, Frankfurt/M.

I

IG Metall (1951): Der große Streik in der hessischen Metallindustrie vom 27. August bis 22. September 1951 (= Schriftenreihe der Industriegewerkschaft Metall), Frankfurt/M.

Initiative Neue Soziale Marktwirtschaft (o.J.): Themenseite „Soziale Marktwirtschaft". Einführender Absatz, unter: www.insm.de/insm/Themen/Soziale-Marktwirtschaft.html, zuletzt 14. August 2015.

J

Angelika Jacobi-Bettien (1982): Metallgewerkschaft Hessen 1945 bis 1948. Zur Herausbildung des Prinzips autonomer Industriegewerkschaften (= Schriftenreihe für Sozialgeschichte und Arbeiterbewegung, Bd. 26), Marburg.

Siegfried Jäger (2012^{6}): Kritische Diskursanalyse. Eine Einführung (= Edition DISS, Bd. 3), Münster.

Siegfried Jäger u. Jens Zimmermann (2010): Lexikon kritische Diskursanalyse. Eine Werkzeugkiste, Münster.

Zoltán Jákli (1990): Vom Marshallplan zum Kohlepfennig. Grundrisse der Subventionspolitik in der Bundesrepublik Deutschland 1948–1982 (= Schriften des Zentralinstituts für Sozialwissenschaftliche Forschung der Freien Universität Berlin, Bd. 58), Opladen.

Harold James (2005): Die D-Mark, in: Etienne François u. Hagen Schulze (Hg.): Deutsche Erinnerungsorte. Eine Auswahl, München, S. 369–384.

Helmut W. Jenkis (1976): Wohnungswirtschaft und Wohnungspolitik in beiden deutschen Staaten. Versuch eines Vergleichs, Hamburg.

Jürgen Jeske (o.J.): Marktwirtschaft braucht eine Stimme, unter: www.ludwig-erhard-stiftung.de/erhard-aktuell/standpunkt/marktwirtschaft-braucht-eine-stimme/, zuletzt 2. Juni 2015.

Stefan Jordan (2011): Francis Fukuyama und das „Ende der Geschichte". Version 1.0, Docupedia-Zeitgeschichte, 30. Mai 2011, unter: docupedia.de/zg/Fukuyama.2C_Ende_der_Geschichte?oldid=84609, zuletzt 20. August 2015.

Robert Jütte (1995): Gesundheitswesen, in: Edgar Lersch (Hg.): Stuttgart in den ersten Nachkriegsjahren (= Veröffentlichungen des Archivs der Stadt Stuttgart, Bd. 66), Stuttgart, S. 398–421.

K

Rainer Kalbitz (1972): Die Arbeitskämpfe in der BRD. Aussperrung und Streik 1948–1968, Bochum.

Gioia-Olivia Karnagel (1999): Jedermann-Programm, in: Wolfgang Benz (Hg.): Deutschland unter alliierter Besatzung 1945–1949/55, Berlin, S. 351–353.

Gioia-Olivia Karnagel (1999): Staatliche Erfassungsgesellschaft für öffentliches Gut mbH (StEG), in: Wolfgang Benz (Hg.): Deutschland unter alliierter Besatzung 1945–1949/55, Berlin, S. 370 f.

Edmund Kaufmann (1948): Wirtschaft und Währung. Eine wirtschaftspolitische Studie zur Preisentwicklung, in: Wirtschaftsverwaltung, H. 12 (1948), S. 2–7.

Reiner Keller (2007): Diskurse und Dispositive analysieren. Die Wissenssoziologische Diskursanalyse als Beitrag zu einer wissensanalytischen Profilierung der Diskursforschung, in: Forum Qualitative Sozialforschung, H. 2 (2007), Art. 19.

Bernd Klemm (1978): Die Arbeiter-Partei (sozialistische Einheitspartei Hessen) 1945–1954. Entstehungsbedingungen, Geschichte und Programmatik einer dritten deutschen Arbeiterpartei nach dem Zweiten Weltkrieg, o.O.

Christoph Kleßmann (1979): Betriebsräte und Gewerkschaften in Deutschland 1945–1952, in: Heinrich August Winkler (Hg.): Politische Weichenstellungen im Nachkriegsdeutschland 1945–1953 (= Geschichte und Gesellschaft Sonderheft, Bd. 5), Göttingen, S. 44–73.

Christoph Kleßmann (1991[5]): Die doppelte Staatsgründung. Deutsche Geschichte 1945–1955 (= Schriftenreihe der Bundeszentrale für Politische Bildung, Bd. 298), Bonn.

Christoph Kleßmann u. Peter Friedemann (1977): Streiks und Hungermärsche im Ruhrgebiet 1946–1948 (= Campus Paperbacks Sozialgeschichte), Frankfurt/M.

Rainer Klump (1997): Soziale Marktwirtschaft: Vom Wirtschaftsordnungsmodell zum gesellschaftspolitischen Leitbild?, in: Historisch-Politische Mitteilungen. Archiv für Christlich-Demokratische Politik, H. 4 (1997), S. 221–238.

Jürgen Kocka (1979): 1945. Neubeginn oder Restauration?, in: Carola Stern u. Jürgen Kocka (Hg.): Wendepunkte deutscher Geschichte 1848–1945 (= Fischer-Taschenbücher, Bd. 3421), Frankfurt/M., S. 141–168.

Volker Koop (2006): Besetzt. Amerikanische Besatzungspolitik in Deutschland, Berlin.

Alan Kramer (1991): Die britische Demontagepolitik am Beispiel Hamburgs 1945–1950 (= Beiträge zur Geschichte Hamburgs, Bd. 40), Hamburg.

Wolfgang Kraushaar (1996): Die Protest-Chronik 1949–1959, Frankfurt/M.

Gregor Kritidis (2008): Linkssozialistische Opposition in der Ära Adenauer. Ein Beitrag zur Frühgeschichte der Bundesrepublik Deutschland, Hannover.

Wolf-Arno Kropat (2004): Entnazifizierung, Mitbestimmung, Schulgeldfreiheit. Hessische Landtagsdebatten 1947–1950. Eine Dokumentation (= Politische und parlamentarische Geschichte des Landes Hessen, Bd. 31), Wiesbaden.

Reinhard Krusche u. Dagmar Pfeiffer (1976): Probleme der Gewerkschaftspolitik 1945–1965, in: Bernhard Blanke (Hg.): Bedingungen sozialistischer Politik. 1945–1965, Berlin, S. 139–158.

Andreas Robert Kuhrt (1987): Eine Reise durch die Ackerstraße. Die Geschichte einer Straße. Berlin.

Peter Kulemann (1978): Die Linke in Westdeutschland nach 1945. Die erste Nachkriegszeit, zwischen sozialdemokratischer Integration und dem Stalinismus der KPD – das Scheitern der „Titoistischen“ Unabhängigen Arbeiterpartei UAP 1950 (= Texte zur Arbeiterbewegung), Hannover.

L

Ernesto Laclau (2007): Why do Empty Signifiers Matter to Politics?, in: Ernesto Laclau (Hg.): Emancipation(s) (= Radical Thinkers, Bd. 19), London, S. 36–46.

Volkhard Laitenberger (1986): Ludwig Erhard. Der Nationalökonom als Politiker, Göttingen und Zürich.

Volkhard Laitenberger (1988): Auf dem Weg zur Wirtschafts- und Währungsreform. Ludwig Erhards Wirtschaftspolitik im Frühjahr 1948, in: Aus Politik und Zeitgeschichte, H. 23 (3. Juni 1988), S. 29–42.

Achim Landwehr (2009[2]): Historische Diskursanalyse (= Historische Einführungen, Bd. 4), Frankfurt/M.

Joachim Landwehr (2010): Diskurs und Diskursgeschichte. Version 1.0, Docupedia-Zeitgeschichte, 11. Februar 2010, unter: docupedia.de/zg/Diskurs_und_Diskursgeschichte?oldid=84596, zuletzt 20. August 2015.

Ingrid Langer u.a. (Hg.) (1994): Alibi-Frauen? Hessische Politikerinnen. In den Vorparlamenten 1946–1950 (= Frauen und Politik in Hessen, Bd. 1), Frankfurt/M.

Claudia Lanig-Heese (1991): Gewerkschaften in Bayern 1945 bis 1949 (= Schriftenreihe der Studiengesellschaft für Sozialgeschichte und Arbeiterbewegung, Bd. 80), Marburg.

Karl Lauschke (2005): Hans Böckler. Gewerkschaftlicher Neubeginn 1945–1951, Frankfurt/M.

Edgar Lersch (Hg.) (1995): Stuttgart in den ersten Nachkriegsjahren (= Veröffentlichungen des Archivs der Stadt Stuttgart, Bd. 66), Stuttgart.

Liddell Hart Centre for Military Archives (King's College London) (o.J.): Gordon Nevil MacReady, unter: www.kcl.ac.uk/lhcma/locreg/%20MACREADY1.html, zuletzt 4. Februar 2014.

Christian Lindner (FDP) (2013): „Wir sind keine Kapitalisten“. Interview, in: Süddeutsche Zeitung, 4. Dezember 2013.

Markus Lingen (2010): Düsseldorfer Leitsätze. Einführung, Konrad-Adenauer-Stiftung, 21. Oktober 2010, unter: www.kas.de/wf/de/71.7211/, zuletzt 8. August 2015.

Alain Lipietz (1998): Kette, Schuss und die Regulation. Ein Werkzeug für die Sozialwissenschaften, in: Nach dem Ende des „Goldenen Zeitalters“. Regulation und Transformation kapitalistischer Gesellschaften. Ausgewählte Schriften, hg. v. Hans-Peter Krebs (= Argument-Sonderband, Bd. 255), Berlin, S. 77–115.

Bernhard Löffler (o.J.): Einführung. Rede Ludwig Erhards während der 14. Vollversammlung des Wirtschaftsrates des Vereinigten Wirtschaftsgebietes am 21.4.1948 in Frankfurt am Main, in: 100(0) Schlüsseldokumente zur deutschen Geschichte im 20. Jahrhundert, unter: www.1000dokumente.de/?c=dokument_de&dokument=0010_erh&object=context&l=de, zuletzt 8. August 2015.

Bernhard Löffler (2002): Soziale Marktwirtschaft und administrative Praxis. Das Bundeswirtschaftsministerium unter Ludwig Erhard (= Vierteljahrschrift für Sozial- und Wirtschaftsgeschichte Beihefte, Bd. 162), Stuttgart.

Richard Löwenthal u. Hans-Peter Schwarz (Hg.) (1974): Die zweite Republik. 25 Jahre Bundesrepublik Deutschland – eine Bilanz, Stuttgart.

M

Kurt Magnus (1954): 1 Million Tonnen Kriegsmaterial für den Frieden. Die Geschichte der StEG, München.

Helge Malchow (Hg.) (2014[4]): Instructions for British Servicemen in Germany. Leitfaden für britische Soldaten in Deutschland 1944. Zweisprachige Ausgabe (= KiWi, Bd. 1415), Köln.

Gerhard Mannschatz u. Josef Seider (1962): Zum Kampf der KPD im Ruhrgebiet für die Einigung der Arbeiterklasse und die Entmachtung der Monopolherren 1945–1947, Berlin.

Inge Marßolek (1983): Arbeiterbewegung nach dem Krieg 1945–1948. Am Beispiel Remscheid, Solingen, Wuppertal, Frankfurt/M.

Inge Marßolek (2006): Radio Days: Radio und Alltag in Deutschland und den USA, in: Michaela Hampf u. Ursula Lehmkuhl (Hg.): Radio Welten. Politische, soziale und kulturelle Aspekte atlantischer Mediengeschichte vor und während des Zweiten Weltkriegs (= Studien zu Geschichte, Politik und Gesellschaft Nordamerikas, Bd. 23), Berlin, S. 16–41.

Karl Marx u. Friedrich Engels (1848): Manifest der Kommunistischen Partei. Veröffentlicht im Februar 1848, London.

Susanne Mathes (2011): Interview mit Anne Sudrow, in: Stuttgarter Nachrichten, 26. Februar 2011.

Wilfried Mausbach (1996): Zwischen Morgenthau und Marshall. Das wirtschaftspolitische Deutschlandkonzept der USA, 1944–1947 (= Forschungen und Quellen zur Zeitgeschichte, Bd. 30), Düsseldorf.

David Mayer u. Jürgen Mittag (2013): Interventionen, Errungenschaften und Wirkungen. Soziale und kulturelle Entwicklung durch Arbeiterbewegung. Einleitung, in: David Mayer u. Jürgen Mittag (Hg.): Interventionen. Soziale und kulturelle Entwicklungen durch Arbeiterbewegungen. Tagungsbericht der 48. Linzer Konferenz der ITH, September 2012, Leipzig, S. 9–26.

Angela Merkel (2006): „Der kreative Imperativ". Rede von Bundeskanzlerin Dr. Angela Merkel beim Weltwirtschaftsforum am 25. Januar 2006 in Davos, unter: www.bundesregierung.de/Content/DE/Bulletin/2001_2007/2006/01/2006-01-25-rede-von-bundeskanzlerin-dr-angela-merkel-beim-weltwirtschaftsforum-am-25-januar-2006-in-da.html, zuletzt 18. August 2015.

Andreas Metz (1998): Gemeinschaft mit beschränkter Haltbarkeit. Adenauer und Erhard 1948/49, in: Historisch-Politische Mitteilungen. Archiv für Christlich-Demokratische Politik, H. 3 (Mai 1998), S. 49–81.

Gabriele Metzler (2005): Rezension zu: Frevert, Ute; Haupt, Heinz-Gerhard (Hg.)(2005): Neue Politikgeschichte. Perspektiven einer historischen Politikforschung. Frankfurt/M., H-Soz-u-Kult, 29. Oktober 2005, unter: hsozkult.geschichte.hu-berlin.de/rezensionen/2005-4-064, zuletzt 8. August 2015.

Werner Meyer (2001): Mythos Deutsche Mark. Zur Geschichte einer abgeschafften Währung (= AtV, Bd. 8077), Berlin.

Siegfried Mielke (1979): Der Wiederaufbau der Gewerkschaften. Legende und Wirklichkeit, in: Heinrich August Winkler (Hg.): Politische Weichenstellungen im Nachkriegsdeutschland 1945–1953 (= Geschichte und Gesellschaft Sonderheft, Bd. 5), Göttingen, S. 74–87.

Siegfried Mielke u. Peter Rütters (1991): Einleitung, in: Siegfried Mielke u. Peter Rütters (Hg.): Gewerkschaften in Politik, Wirtschaft und Gesellschaft 1945–1949 (= Quellen zur Geschichte der deutschen Gewerkschaftsbewegung im 20. Jahrhundert, Bd. 7), Köln, S. 9–92.

Alfred C. Mierzejewski (2006): Ludwig Erhard. Der Wegbereiter der sozialen Marktwirtschaft. Biografie, München.

Leonhard Miksch (1946): Wettbewerb als Aufgabe. Grundsätze einer Wettbewerbsordnung, Godesberg.

Leonhard Miksch (1948): Die Preisfreigabe. Wirtschaftspolitik und Recht, Siegburg.

Leonhard Miksch (1948 [1947]): Gedanken zur Wirtschaftsordnung, Wiesbaden.

Werner Milert u. Rudolf Tschirbs (2012): Die andere Demokratie. Betriebliche Interessenvertretung in Deutschland, 1848 bis 2008 (= Veröffentlichungen des Instituts für soziale Bewegungen, Schriftenreihe A, Darstellungen, Bd. 52), Essen.

Susanne Miller u. Heinrich Potthoff (2002^{8}): Kleine Geschichte der SPD 1848–2002, Bonn.

Philip Mirowski u. Dieter Plehwe (Hg.) (2009): The road from Mont Pèlerin. The making of the neoliberal thought collective, Cambridge (Mass.).

Hans Möller (1989): Die Währungsreform von 1948 und die Wiederherstellung marktwirtschaftlicher Verhältnisse, in: Peter Hampe u. Christoph Buchheim (Hg.): Währungsreform und soziale Marktwirtschaft. Rückblicke und Ausblicke (= Akademiebeiträge zur politischen Bildung, Bd. 23), München, S. 55–77.

Kolja Möller (2008): Inspiration durch Gramsci:. Hegemoniepolitik und Die Linke heute, in: UTOPIE kreativ, H. 210, S. 310–320.

Josef Mooser (2005): Liberalismus und Gesellschaft nach 1945. Soziale Marktwirtschaft und Neoliberalismus am Beispiel von Wilhelm Röpke, in: Manfred Hettling u. Bernd Ulrich (Hg.): Bürgertum nach 1945, Hamburg, S. 134–163.

Rudolf Morsey (o.J.): Einführung zu den „Frankfurter Dokumenten", in: 100(0) Schlüsseldokumente zur deutschen Geschichte im 20. Jahrhundert, unter: www.1000dokumente.de/index.html?c=dokument_de&dokument=0012_fra&object=context&st=FRANKFURTER%20DOKUMENTE&l=de, zuletzt 20. August 2015.

Rudolf Morsey (1976): Hermann Pünder, in: Gesellschaft für Rheinische Geschichtskunde (Hg.): Rheinische Lebensbilder (Bd. 12), Bonn und Köln, S. 275–296.

Georg Müller (1982): Die Grundlegung der westdeutschen Wirtschaftsordnung im Frankfurter Wirtschaftsrat, Frankfurt/M.

Gloria Müller (1987): Mitbestimmung in der Nachkriegszeit. Britische Besatzungsmacht – Unternehmer – Gewerkschaften, Düsseldorf.

Stefan Müller (2006): Heinz Dürrbeck (1912–2001). Erneuerer mit alten Zielen, in: Karl Lauschke (Hg.): Die Gewerkschaftselite der Nachkriegszeit. Prägung – Funktion – Leitbilder (= Mitteilungsblatt des Instituts für Soziale Bewegungen, Bd. 35), Essen, S. 191–206.

Alfred Müller-Armack (1947): Wirtschaftslenkung und Marktwirtschaft. [Originalausgabe], Hamburg.

Alfred Müller-Armack (1956): Soziale Marktwirtschaft, in: Erwin v. Beckerath u.a. (Hg.): Handwörterbuch der Sozialwissenschaften. Restitution – Stadt (= Bd. 9), Göttingen, S. 390–392.

Andreas Müller-Armack (1997): Eintrag „Müller-Armack, Alfred" [Onlinefassung], in: Neue Deutsche Biographie 18, S. 487–488, unter: www.deutsche-biographie.de/ppn118585282.html, zuletzt 18. August 2015.

Gabriele Müller-List (1990): Neubeginn bei Eisen und Stahl im Ruhrgebiet. Die Beziehungen zwischen Arbeitgebern und Arbeitnehmern in der Nordrhein-westfälischen Eisen- und Stahlindustrie 1945–1948 (= Quellen zur Geschichte des Parlamentarismus und der Politischen Parteien), Düsseldorf.

Stefan Münker u. Alexander Roesler (2012²): Poststrukturalismus (= Sammlung Metzler, Bd. 322), Stuttgart.

N

Klaus Nathaus (2012): Sozialgeschichte und Historische Sozialwissenschaft. Version: 1.0, Docupedia-Zeitgeschichte, 24. September 2012, unter: docupedia.de/zg/Sozialgeschichte_und_Historische_Sozialwissenschaft?oldid=84656, zuletzt 8. April 2016.

National Security Archive (George-Washington-University) (1998): Interview with Robert Lochner, 18. Oktober 1998, unter: www2.gwu.edu/~nsarchiv/coldwar/interviews/episode-4/lochner3.html, zuletzt 20. August 2015.

Dagmar Nelleßen-Strauch (1997): Der Frankfurter Wirtschaftsrat, Sankt Augustin.

Erich Peter Neumann u. Elisabeth Noelle (Hg.) (1956): Jahrbuch der öffentlichen Meinung 1947–1955, Allensbach am Bodensee.

Lutz Niethammer u.a. (Hg.) (1976): Arbeiterinitiative 1945. Antifaschistische Ausschüsse und Reorganisation der Arbeiterbewegung in Deutschland, Wuppertal.

Lutz Niethammer (1976): Kampfkomitees und Arbeiterausschüsse in Stuttgart, in: Lutz Niethammer u.a. (Hg.): Arbeiterinitiative 1945. Antifaschistische Ausschüsse und Reorganisation der Arbeiterbewegung in Deutschland, Wuppertal, S. 503–602.

Roberto Nigro (o.J.): Was ist ein Dispositiv? Arbeitspapier zur „Theorie der Ästhetik" am Institut für Theorie (ith) der Zürcher Hochschule der Künste (ZHdK), o.O.

Das hessische Betriebsrätegesetz, in: Hans Carl Nipperdey (Hg.) (1948): Recht der Arbeit. Zeitschrift für die Wissenschaft und Praxis des gesamten Arbeitsrechts, München, Jg. 1 H. 3, S. 95.

Martin Nonhoff (2005): Soziale Marktwirtschaft als hegemoniales Projekt. Eine Übung in funktionalistischer Diskursanalyse. Vortrag am 1. Juli 2005, Paris XII, Créteil, unter: www.johannes-angermuller.net/deutsch/ADFA/nonhoff.pdf, zuletzt 20. August 2015.

Martin Nonhoff (2006): Politischer Diskurs und Hegemonie. Das Projekt „Soziale Marktwirtschaft", Bielefeld.

Knut Wolfgang Nörr (1997): Als die Würfel für die Marktwirtschaft fielen. Zur Entstehungsgeschichte des Leitsätzegesetzes vom Juni 1948, in: Gerhard Köbler u. Hermann Nehlsen (Hg.): Wirkungen europäischer Rechtskultur. Festschrift für Karl Kroeschell zum 70. Geburtstag, München, S. 885–905.

Winfried Nöth (Hg.) (2000): Handbuch der Semiotik, Stuttgart.

O

Kuno Ockhardt (1972): Der Vater des Wohlstandes, in: Gerhard Schröder (Hg.): Ludwig Erhard. Beiträge zu seiner politischen Biographie. Festschrift zum fünfundsiebzigsten Geburtstag, Frankfurt/M., S. 575–585.

Ohne Autor (1948): Heinz Mokross, in: Der Spiegel, 11. Dezember 1948.

Ohne Autor (1953): Soziale Marktwirtschaft. Die Flucht nach vorn, in: Der Spiegel, 9. September 1953.

Sven Opitz (2004): Gouvernementalität im Postfordismus. Macht, Wissen und Techniken des Selbst im Feld unternehmerischer Rationalität (= Argument-Sonderband, N.F., 297), Hamburg.

Oswald von Nell-Breuning-Institut (o.J.): Kurzbiografie von Pater Oswald von Nell-Breuning SJ, unter: www.sankt-georgen.de/nbi/institut/pater-v-nell-breuning-sj/, zuletzt 8. August 2015.

Erich Ott (1990): Die Bedeutung des Marshallplans für die Nachkriegsentwicklung in Westdeutschland, in: Hans-Jürgen Schröder (Hg.): Marshallplan und westdeutscher Wiederaufstieg. Positionen, Kontroversen, Stuttgart, S. 60–78.

P

Hans Peter (1951): Ist das Röpke-Gutachten wissenschaftlich fundiert?, Köln.

Ernst Piper (2010): Richard Glücks. Beflissener Verwalter der Vernichtungsmaschinerie, 27. Januar 2010, unter: www.publikative.org/2010/01/27/richard-glucks-beflissener-verwalter-der-vernichtungsmaschinerie/, zuletzt 8. August 2015.

Theo Pirker (1965): Die SPD nach Hitler. Die Geschichte der Sozialdemokratischen Partei Deutschlands 1945–1964, München.

Dieter Plehwe u. Bernhard Walpen (1999): Wissenschaftliche und wissenschaftstheoretische Produktionsweisen im Neoliberalismus, in: PROKLA. Zeitschrift für kritische Sozialwissenschaft, H. 115, S. 203–235.

Werner Plumpe (2008): Industrieland Deutschland 1945 bis 2008, in: Einsichten und Perspektiven. Bayerische Zeitschrift für Politik und Geschichte, H. 3 (2008).

Werner Plumpe u. Joachim Scholtyseck (Hg.) (2012): Der Staat und die Ordnung der Wirtschaft. Vom Kaiserreich bis zur Berliner Republik (= Stiftung Bundespräsident-Theodor-Heuss-Haus Wissenschaftliche Reihe, Bd. 11), Stuttgart.

Heinz H. Poker (1995): Der Kampf der Stadtverwaltung gegen die Wohnungsnot 1945–1948, in: Edgar Lersch (Hg.): Stuttgart in den ersten Nachkriegsjahren (= Veröffentlichungen des Archivs der Stadt Stuttgart, Bd. 66), Stuttgart, S. 250–277.

Erich Potthoff (1955): Montanindustrie in der Retorte. Ein Beitrag zur Geschichte der betrieblichen Mitbestimmung in den Jahren 1948 bis 1951, in: Gewerkschaftliche Monatshefte, H. 4 (1955), S. 209–217.

Michael von Prollius (o.J.): Wilhelm Röpke. Deutscher Nationalökonom und Sozialphilosoph (1899–1966), unter: michael.von.prollius.de/wp-content/uploads/2012/01/liberalismus.at_WilhelmRoepke.pdf, zuletzt 18. August 2015.

Michael von Prollius (2006): Deutsche Wirtschaftsgeschichte nach 1945, Göttingen.

Ralf Ptak (2004): Vom Ordoliberalismus zur sozialen Marktwirtschaft. Stationen des Neoliberalismus in Deutschland, Opladen.

Public Broadcasting Service (2002): Commanding Heights (Film). Episode One – The Battle of Ideas.

Hermann Pünder (1968): Von Preussen nach Europa. Lebenserinnerungen, Stuttgart.

Helmuth Pütz (1975): Einführung in die Dokumentation, in: Helmuth Pütz (Hg.): Konrad Adenauer und die CDU der britischen Besatzungszone 1946–1949. Dokumente zur Gründungsgeschichte der CDU Deutschlands, Bonn, S. 1–98.

R

H.P. Rand (1949): A Progress Report on the United States Constabulary, in: Military Review, unter: www.usarmygermany.com/Units/USConstabulary/USAREUR_USCON.htm#Article2, zuletzt 8. August 2015.

Lucy Redler (2004): Der politische Streik in Deutschland nach 1945, Hamburg.

Anton Riedl (1992): Liberale Publizistik für soziale Marktwirtschaft. Die Unterstützung der Wirtschaftspolitik Ludwig Erhards in der Frankfurter Allgemeinen Zeitung und in der Neuen Zürcher Zeitung 1948/49 bis 1957, Regensburg.

Hans Peter Riesche (1998): Gewerkschaften und Hungerstreiks 1946 bis 1948. Potentiale gesellschaftlicher Neuordnung, in: Michael Buckmiller u. Joachim Perels (Hg.): Opposition als Triebkraft der Demokratie. Bilanz und Perspektiven der zweiten Republik. Jürgen Seifert zum siebzigsten Geburtstag, Hannover, S. 27–40.

Jörg Roesler (2004): 12. November 1948 und 17. Juni 1953. Zum Verhältnis von ökonomischen und politischen Zielsetzungen der beiden größten Massenstreiks der deutschen Nachkriegsgeschichte, in: Deutschland Archiv – Zeitschrift für das vereinigte Deutschland, H. 37 (2004), S. 110–122.

Jörg Roesler (2007): Die Stuttgarter Vorfälle vom Oktober 1948. Zur Entstehung der Sozialen Marktwirtschaft in der Bundesrepublik Deutschlands, in: JahrBuch für Forschung zur Geschichte der Arbeiterbewegung, H. I (2007), S. 40–49.

Jörg Roesler (2008): Die Wiederaufbaulüge der Bundesrepublik. Oder: wie sich die Neoliberalen ihre „Argumente" produzieren, Berlin.

Wilhelm Röpke (1950): Ist die deutsche Wirtschaftspolitik richtig? Analyse und Kritik. Mit einem Vorwort von Konrad Adenauer, Stuttgart.

Karl Heinz Roth (1999): Das Ende eines Mythos. Ludwig Erhard und der Übergang der deutschen Wirtschaft von der Annexions- zur Nachkriegsplanung (1939 bis 1945). Teil II: 1943 bis 1945. Fortsetzung und Schluss, in: 1999, Zeitschrift für Sozialgeschichte des 20. und 21. Jahrhunderts, H. 1 (1999).

Martin Rüther (1991): Zwischen Zusammenbruch und Wirtschaftswunder. Betriebsratstätigkeit und Arbeiterverhalten in Köln 1945 bis 1952, Bonn.

S

Philipp Sarasin (2003): Geschichtswissenschaft und Diskursanalyse (= Suhrkamp-Taschenbuch Wissenschaft, Bd. 1639), Frankfurt/M.

Dirk Sauerland (o.J.): Eintrag „Verkehrswirtschaft", in: Gabler Wirtschaftslexikon, unter: wirtschaftslexikon.gabler.de/Archiv/8348/verkehrswirtschaft-v6.html, zuletzt 8. August 2015.

Ferdinand de Saussure (1967^{2} [frz. 1915]): Grundfragen der allgemeinen Sprachwissenschaft, hg. v. Charles Bally, Berlin.

Désirée Schauz (2010): Diskursiver Wandel am Beispiel der Disziplinarmacht. Geschichtstheoretische Implikationen der Dispositivanalyse, in: Achim Landwehr (Hg.): Diskursiver Wandel (= Interdisziplinäre Diskursforschung), Wiesbaden, S. 89–111.

Axel Schildt (2007): Die Sozialgeschichte der Bundesrepublik Deutschland bis 1989/90 (= Enzyklopädie deutscher Geschichte, Bd. 80), München.

Karl Schiller (1989): Wirtschaftspolitische Konsequenzen aus der Währungsreform, in: Peter Hampe u. Christoph Buchheim (Hg.): Währungsreform und soziale Marktwirtschaft. Rückblicke und Ausblicke (= Akademiebeiträge zur politischen Bildung, Bd. 23), München, S. 78–85.

Reinhold Schillinger (1985): Der Entscheidungsprozeß beim Lastenausgleich 1945–1952 (= Studien zur Wirtschafts- und Sozialgeschichte, Bd. 6), St. Katharinen, München.

Dirk Schindelbeck u. Volker Ilgen (1999): „Haste was, biste was!". Werbung für die soziale Marktwirtschaft, Darmstadt.

Helmut Schlesinger (1989): Vierzig Jahre Währungsreform, in: Peter Hampe u. Christoph Buchheim (Hg.): Währungsreform und soziale Marktwirtschaft. Rückblicke und Ausblicke (= Akademiebeiträge zur politischen Bildung, Bd. 23), München, S. 15–25.

Manfred Schmid (1995): Schwarzmarkt und Kriminalität, in: Edgar Lersch (Hg.): Stuttgart in den ersten Nachkriegsjahren (= Veröffentlichungen des Archivs der Stadt Stuttgart, Bd. 66), Stuttgart, S. 342–352.

Eberhard Schmidt (1970): Die verhinderte Neuordnung 1945–1952. Zur Auseinandersetzung um die Demokratisierung der Wirtschaft in den westlichen Besatzungszonen und in der Bundesrepublik Deutschland (= Theorie und Praxis der Gewerkschaften), Frankfurt/M.

Michael Schneider (1989): Kleine Geschichte der Gewerkschaften. Ihre Entwicklung in Deutschland von den Anfängen bis heute, Bonn.

Gerhard Schröder (Hg.) (1972): Ludwig Erhard. Beiträge zu seiner politischen Biographie. Festschrift zum fünfundsiebzigsten Geburtstag, Frankfurt/M.

Hans-Jürgen Schröder (Hg.) (1990): Marshallplan und westdeutscher Wiederaufstieg. Positionen, Kontroversen, Stuttgart.

Günther Schulz (1997): Soziale Marktwirtschaft in der historischen Perspektive. Eine Einführung, in: Historisch-Politische Mitteilungen Archiv für Christlich-Demokratische Politik, H. 4 (Mai 1997), S. 169–174.

Jürgen Schwab u. Harald Hertel (2004): Der Frankfurt Sound. Eine Stadt und ihre Jazzgeschichte(n), Frankfurt/M.

Christfried Seifert (1980): Entstehung und Entwicklung des Gewerkschaftsbundes Württemberg-Baden bis zur Gründung des DGB 1945–1949 (= Schriftenreihe für Sozialgeschichte und Arbeiterbewegung der Studiengesellschaft für Sozialgeschichte und Arbeiterbewegung Marburg, Bd. 20), Marburg.

Paul Sering (o.J.): Der Mythos des XIX. Jahrhunderts. Bemerkungen aus Anlass des Roepke-Gutachtens zur deutschen Wirtschaftspolitik, Limburg/Lahn.

Rainer Skiba u.a. (1974): Das westdeutsche Lohnniveau zwischen den beiden Weltkriegen und nach der Währungsreform, Köln.

Sozialdemokratische Partei Deutschlands (SPD) (1945): Aufruf zum Neuaufbau der Organisation.

SPD-Vorstand (1951): Nölting kontra Erhard. Streitgespräch zwischen Bundeswirtschaftsminister Prof. Dr. Ludwig Erhard und Prof. Dr. Erik Nölting am 8. Dezember 1951 in Düsseldorf, Bonn, 1951.

Niels Spilker (2013): Lebenslanges Lernen als Dispositiv. Bildung, Macht und Staat in der neoliberalen Gesellschaft, Münster.

StEG Württemberg-Baden (o.J.): Das StEG-Lager Sandhofen. Mit einem Jahresbericht. Stadtarchiv Mannheim, Signatur KE0757.

Rolf Steininger (1979): Die Rhein-Ruhr-Frage im Kontext britischer Deutschlandpolitik 1945/46, in: Heinrich August Winkler (Hg.): Politische Weichenstellungen im Nachkriegsdeutschland 1945–1953 (= Geschichte und Gesellschaft Sonderheft, Bd. 5), Göttingen, S. 111–166.

Wolfgang Stelljes (1990): „Wenn ich allein bin, dann schaff' ich ja nichts". Die Gewerkschaften in Oldenburg 1945–1949, Aufbau, Entwicklung und Aktivitäten, Oldenburg.

Hans Stetter (1961): Aus dem Leben eines Proletariers. Redaktionell bearbeitet von Paul Stetter (1983), Stadtarchiv Stuttgart, Bestand 1012 Nr. 36.

Olaf Stieglitz (2013): Undercover. Die Kultur der Denunziation in den USA, Frankfurt/M.

T

August Thalheimer (1981 [1928]): Über die sogenannte Wirtschaftsdemokratie. Mit einem Nachwort zur Montanmitbestimmung, hg. v. der Gruppe Arbeiterpolitik.

Edward P. Thompson (1971): The moral economy of the english crowd in the eighteenth century, in: Past and Present, H. 50 (1971), S. 76–136.

Edward P. Thompson (1979): Die „sittliche Ökonomie" der englischen Unterschichten im 18. Jahrhundert, in: Detlev Puls (Hg.): Wahrnehmungsformen und Protestverhalten. Studien zur Lage der Unterschichten im 18. und 19. Jahrhundert (= Edition Suhrkamp, Bd. 948), Frankfurt/M., S. 13–80.

Günter J. Trittel (1987): Hans Schlange-Schöningen. Ein vergessener Politiker der „ersten Stunde", in: Vierteljahrshefte für Zeitgeschichte, H. 1 (1987), S. 25–63.

Günter J. Trittel (1990): Hunger und Politik. Die Ernährungskrise in der Bizone (1945–1949) (= Historische Studien, Bd. 3), Frankfurt/M.

Günter J. Trittel (1994): Hungerkrise und kollektiver Protest in Westdeutschland (1945–1949), in: Manfred Gailus u. Heinrich Volkmann (Hg.): Der Kampf um das tägliche Brot. Nahrungsmangel, Versorgungspolitik und Protest, 1770–1990, Opladen, S. 377–391.

V

Gewerkschaft ver.di (o.J.): Gewerkschaft Handel, Banken und Versicherungen. Verschmelzungs-Gewerkschaftstag am 3. und 4. September 1949 in Königswinter, unter: www.verdi.de/ueber-uns/idee-tradition/gruendungsgewerkschaften/++co++597fdb3a-afb3-11e1-5eaf-0019b9e321e1, zuletzt 19. August 2015.

W

Sahra Wagenknecht (2012[2]): Freiheit statt Kapitalismus. Über vergessene Ideale, die Eurokrise und unsere Zukunft, Frankfurt/M.

Eckhard Wandel (1980): Die Entstehung der Bank deutscher Länder und die deutsche Währungsreform 1948 (= Schriftenreihe des Instituts für Bankhistorische Forschung, Bd. 3), Frankfurt/M.

Jürgen Weber (Hg.) (1980): Das Entscheidungsjahr 1948 (= Geschichte der Bundesrepublik Deutschland, Bd. 2), Paderborn.

Hildegard Wehrmann (2012): Hermann Pünder (1888–1976). Patriot und Europäer (= Düsseldorfer Schriften zur neueren Landesgeschichte und zur Geschichte Nordrhein-Westfalens, Bd. 85), Essen.

Arne Weick (1998): Homburger Plan und Währungsreform. Kritische Analyse des Währungsreformplans der Sonderstelle Geld und Kredit und seiner Bedeutung für die westdeutsche Währungsreform von 1948 (= Studien zur Wirtschafts- und Sozialgeschichte, Bd. 17), St. Katharinen.

Anne Weiss-Hartmann (1977): Der Freie Gewerkschaftsbund Hessen 1945–1949, Marburg.

Peter Wensierski u. Stefan Berg (2008): Wilde Spekulation ist Sünde. Interview mit Reinhard Marx, in: Der Spiegel, 27. Oktober 2008, unter: www.spiegel.de/spiegel/print/d-61629798.html, zuletzt 8. August 2015.

Philipp Wiesenecker (2005): Arbeitsrecht der Länder im Nachkriegsdeutschland (= Arbeits- und Sozialrecht, Bd. 92), Baden-Baden.

Laura Wilfinger (2005): Carepakete, Marshallplan und eine „Neue Zeitung". Rezension zu Wilfried F. Schoeller (Hg.) (2005): Diese merkwürdige Zeit. Leben nach der Stunde Null, Frankfurt/M., in: Literaturkritik.de, 1. Juli 2005, unter: www.literaturkritik.de/public/rezension.php?rez_id=8237, zuletzt 20. August 2015.

Thomas Wilke (2012): Die Vernetzung der Populärkultur. Überlegungen zur methodischen Verwendung des Dispositivs am Beispiel von DJ Tomekks Rhymes Galore, in: Marcus S. Kleiner (Hg.): Methoden der Populärkulturforschung. Interdisziplinäre Perspektiven auf Film, Fernsehen, Musik, Internet und Computerspiele (= Populäre Kultur und Medien, Bd. 3), Berlin und Münster, S. 299–330.

Martin Will (2009): Die Entstehung der Verfassung des Landes Hessen von 1946 (= Beiträge zur Rechtsgeschichte des 20. Jahrhunderts, Bd. 63), Tübingen.

Karl-Heinz Willenborg (1980): Das neue Geld. Die Währungsreform und ihre wirtschaftlichen Folgen, in: Jürgen Weber (Hg.): Das Entscheidungsjahr 1948 (= Geschichte der Bundesrepublik Deutschland, Bd. 2), Paderborn, S. 173–198.

Karl-Heinz Willenborg (1980): Markt oder Plan. Der Kampf um die Wirtschaftsordnung, in: Jürgen Weber (Hg.): Das Entscheidungsjahr 1948 (= Geschichte der Bundesrepublik Deutschland, Bd. 2), Paderborn, S. 233–256.

Mario Wimmer (2013): Dispositiv, in: Ute Frietsch u. Jörg Rogge (Hg.): Über die Praxis des kulturwissenschaftlichen Arbeitens. Ein Handwörterbuch (= Mainzer Historische Kulturwissenschaften, Bd. 15), Bielefeld und Berlin, S. 123–128.

Dörte Winkler (1979): Die amerikanische Sozialisierungspolitik in Deutschland 1945–1948, in: Heinrich August Winkler (Hg.): Politische Weichenstellungen im Nachkriegsdeutschland 1945–1953 (= Geschichte und Gesellschaft Sonderheft, Bd. 5), Göttingen, S. 88–110.

Heinrich August Winkler (Hg.) (1979): Politische Weichenstellungen im Nachkriegsdeutschland 1945–1953 (= Geschichte und Gesellschaft Sonderheft, Bd. 5), Göttingen.

Edgar Wolfrum u. Günther R. Mittler (2011): Kleßmann, Zwei Staaten, eine Nation, Docupedia-Zeitgeschichte, 30. Mai 2011, unter: docupedia.de/zg/Kle%C3%9Fmann,_Zwei_Staaten,_eine_Nation, zuletzt 18. August 2015.

Horst Friedrich Wünsche (1996): Soziale Marktwirtschaft als historische Weichenstellung. Bewertungen und Ausblicke. Festschrift zum hundertsten Geburtstag von Ludwig Erhard, Düsseldorf.

Z

Aram Ziai (2006): Zwischen Global Governance und Post-Development. Entwicklungspolitik aus diskursanalytischer Perspektive (= Einsprüche, Bd. 17), Münster.

Jens Zimmermann (2009): Vom Diskurs zum Dispositiv. Einführung in die Dispositivanalyse. Rezension von Bührmann u. Schneider, in: DISS-Jounal, H. 18 (2009), S. 25 f.

Harold Zink (1957): The United States in Germany 1944–1955, Princeton (N.J.).

Zoo Frankfurt (o.J.): Unser Zoo. Geschichte, Sonderveranstaltungen. Unterhaltung und Bildung für Zoobesucher, unter: www.zoo-frankfurt.de/unser-zoo/geschichte/sonderveranstaltungen/besucherangebote.html, zuletzt 8. August 2015.

Irmgard Zündorf (2006): Der Preis der Marktwirtschaft. Staatliche Preispolitik und Lebensstandard in Westdeutschland 1948 bis 1963, Stuttgart.

13 Danksagung

Ein Stipendium der Hans-Böckler-Stiftung hat es mir ermöglicht, mich voll auf die Entstehung der „Sozialen Marktwirtschaft“ einzulassen und damit die Grundlage für dieses Buch zu legen. Für die Aufnahme in die Promotionsförderung und die weitere Unterstützung sei der Hans-Böckler-Stiftung daher gedankt.

Herrn Professor Arnd Bauerkämper gilt mein herzlicher Dank für die außerordentlich zuverlässige Betreuung des Promotionsprozesses sowie für unterstützende Hinweise formaler wie inhaltlicher Natur. Durch das Feedback von Herrn Professor Martin Lücke konnte ich meine Arbeit in verschiedenen Punkten besser einschätzen, was dem Ganzen sehr zugute gekommen ist, auch ihm sei daher herzlich gedankt. Herr Professor Josef Mooser (Basel) hat dankenswerterweise seine Funktion als Vertrauensdozent der Hans-Böckler-Stiftung auch inhaltlich interpretiert und mir einige wertvolle Anregungen gegeben. Ein großes Dankeschön geht an die zahlreichen MitarbeiterInnen der Archive, die im Laufe der Arbeit wichtig waren – die Hilfsbereitschaft von ArchivarInnen ist geradezu sprichwörtlich. Mit Dr. Hartmut Simon (Archiv der Gewerkschaft ver.di) verbindet mich eine langjährige Zusammenarbeit, von der der vorliegende Text deutlich profitiert hat.

Gefördert durch ein Stipendium „frei“ zu promovieren, bringt es mit sich, zu großen Teilen selbst wählen zu können, in welche Diskussionszusammenhänge man sich mit seinem Projekt einbindet. Großer Dank gebührt daher zahlreichen weiteren Personen, mit denen ich Teile dieser Arbeit oder ihre Gesamtheit diskutieren konnte und die hier nur beispielhaft erwähnt werden können. Mit ihnen ergaben sich spannende und weiterführende Debatten auf wissenschaftlichen, politischen und methodischen Ebenen, die zum Teil an der Fächergrenze gerade erst begannen. An erster Stelle stehen Henning, Jana, Eli und Till vom AK Loukanikos, mit denen mich seit Jahren ein informeller und sehr produktiver Arbeits- und Diskussionsprozess verbindet. Etliche Aspekte der gemeinsamen Diskussionen finden sich auch in diesem Text wieder. Tom Jennissen stellte mir in der Einschätzung der rechtlichen Prozesse rund um den 20. Juni eine große Hilfe dar; mit Cornelia Siebeck habe ich die Theorie diskutiert – sehr zum Vorteil der entsprechenden Abschnitte. Stellvertretend für zahlreiche weitere GesprächspartnerInnen u.a. aus meiner langjährigen Bürogemeinschaft, einer HBS-Mikro-AG („Hegemonietheorie und Diskursanalyse“), sowie aus dem Freundeskreis möchte ich Jenny Simon und Ralf Hoffrogge dankend erwähnen.

Kurz bevor ich die Dissertation fertiggestellt habe, hat Kathrin Peele mit bewundernswertem Rundumblick die komplette Arbeit einer Generalkritik unterzogen. Das war mir eine unschätzbare Hilfe. Hildegard Fuhrmann hat mehr als einmal das gesamte Manuskript auf sprachliche und grammatikalische Fehler durchgesehen und Tim Bessel hat neben einem professionellen Lektorat gleich noch inhaltlich qualifizierte Rückmeldungen gegeben. Auch ihnen sei sehr herzlicher Dank ausgesprochen. Zu guter Letzt möchte ich Uta Preimesser vom Verlag UVK für die vertrauensvolle Zusammenarbeit und die kompetente Beratung danken.

Sowohl Fehler als auch sämtliche inhaltliche Einschätzungen liegen selbstverständlich einzig und allein in meiner Verantwortung.

Ich widme dieses Buch Wilfried „Wille“ Hülsberg. Er hätte über meine Theoretisierei ebenso geschimpft wie er ihre konkreten Ergebnisse anerkannt und zu würdigen gewusst hätte. Obwohl er bereits im Jahr 2012 verstarb, habe ich seinem Blick auf die Welt und auf die Politik sehr viel zu verdanken – auch und gerade für diese Arbeit.

Uwe Fuhrmann Berlin-Neukölln, im Mai 2017

14 Personenregister

T

V

W

Z

UVK:Weiterlesen

Wolf-Ingo Seidelmann
»Eisen schaffen für das kämpfende Heer!«
Die Doggererz AG – ein Beitrag der Otto-Wolff-Gruppe und der saarländischen Stahlindustrie zur nationalsozialistischen Autarkie- und Rüstungspolitik auf der badischen Baar
2016, 478 Seiten, 80 s/w und 20 farb. Abb., Hardcover
ISBN 978-3-86764-653-6

Wolf-Ingo Seidelmanns Untersuchung der Doggererz AG mit Sitz im badischen Blumberg verfolgt die Entstehung und Umsetzung eines bisher unerforschten Rüstungsprojektes, analysiert das Verhältnis der saarländischen Montanindustrie zum NS-Staat und zeigt die Folgen dieser Zusammenarbeit auf: Die Gründung der Doggererz AG löste zahlreiche Aktivitäten des NS-Staats auf den Gebieten des Wohnungsbaus, der zwangsweisen Personalbeschaffung, der Energiewirtschaft und der Sozialpolitik aus. Der Frage der Verantwortlichkeit widmet sich der Autor in biographischen Skizzen der seinerzeitigen Handlungsträger in Unternehmen, staatlicher Bergverwaltung und auf kommunaler Seite.

Pressestimme:
»Resümierend ist festzuhalten, dass Seidelmann ein interessantes und informatives Buch über einen wichtigen Teil deutscher Industrie- und Unternehmensgeschichte gelungen ist.«
Zeitschrift für Agrargeschichte und Agrarsoziologie

Michael Kißener, Joachim Scholtyseck (Hg.)
Die Führer der Provinz
NS-Biographien aus Baden und Württemberg
3., unv. Auflage, 2015, 876 Seiten, Hardcover
ISBN 978-3-86764-655-0

Pressestimme:
»Was Nationalsozialismus war und wie er in der Provinz von seinen ›Goldfasanen‹ in Herrschaftspraxis vollzogen wurde, ist bei den ›Führern der Provinz‹ überzeugend vermittelbar: mit wissenschaftlicher Qualität aufbereitet – gegen das Vergessen.«
AVS – Informationsdienst

Manfred Bosch, Oswald Burger
»Es war noch einmal ein Traum von einem Leben«
Schicksale jüdischer Landwirte am Bodensee 1930-1960
Mit einem Beitrag von Christoph Knüppel
2015, 240 Seiten, Hardcover
ISBN 978-3-86764-630-7

In neun Kapiteln stellen die Autoren jüdische Landwirte und Gutsbesitzer am nördlichen Bodenseeufer vor: Die meisten Porträtierten kamen aus großen Städten. Ihrer müde oder sogar überdrüssig, waren sie auf der Suche nach einer anderen Lebensweise oder wurden durch die politische Entwicklung der frühen 30er Jahre aus ihrer Lebensbahn geworfen und erwarteten sich von der Abgeschiedenheit dieser Landschaft den relativen Schutz grenznaher Regionen. Was u.a. die Motive von Erich Bloch, Kurt Badt oder Udo Rukser waren, sich für eine landwirtschaftliche Existenz zu entscheiden, welches ihr Schicksal während des Nationalsozialismus war und wie sie die Jahre nach 1945 erlebten, zeigt der vorliegende Band.

Pressestimme:
»Ein spannender Blick auf ein bislang noch unbekanntes Kapitel unserer Regionalgeschichte.«
stadt land see. Kulturmagazin der Städte Weingarten, Ravensburg und Friedrichshafen

UVK

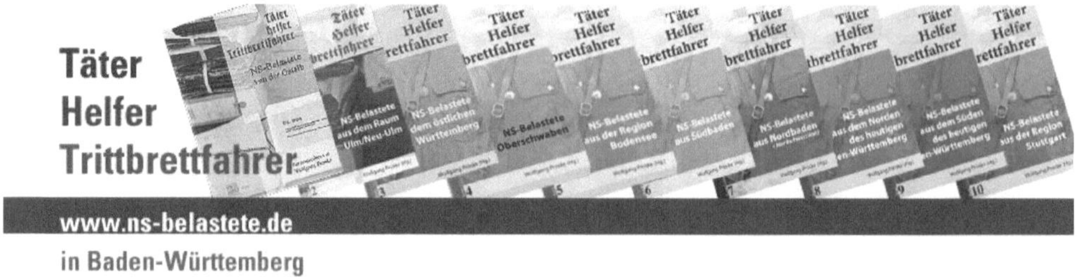

Die Buchreihe **„Täter Helfer Trittbrettfahrer"** will in zehn regional gestaffelten Bänden das Wissen über den Nationalsozialismus auf dem Gebiet des heutigen Baden-Württemberg neu hinterfragen. Mit biografischem Ansatz wollen über hundert Autorinnen und Autoren die NS-Täterforschung im Land vorwiegend und nach Möglichkeit quellengestützt voranbringen. Sechs Bände sind bereits erschienen; die noch fehlenden Bücher sind in Vorbereitung.

Herausgeber ist Dr. Wolfgang Proske, Diplom-Sozialwissenschaftler und Lehrer für Geschichte am Abendgymnasium Ostwürttemberg sowie Bildende Kunst am Max-Planck-Gymnasium Heidenheim.

- Band 1: Täter Helfer Trittbrettfahrer. NS-Belastete von der **Ostalb,** Gerstetten 2016 (2. Aufl.), 306 S., ISBN 978-3-945893-05-0, 19,99 €
- Band 2: Täter Helfer Trittbrettfahrer. N5-Belastete aus der Region **Ulm/Neu-Ulm,** Münster/Ulm 2013, 207 S., ISBN 978-3-86281-062-8, 17,80 €
- Band 3: Täter Helfer Trittbrettfahrer. N5-Belastete aus dem **östlichen Württemberg,** Reutlingen 2014 (2. Aufl.), 257 S., ISBN 978-3-945893-02-9, 19,99 €
- Band 4: Täter Helfer Trittbrettfahrer. NS-Belastete aus **Oberschwaben,** Gerstetten 2015 (4. Aufl.), 317 S., ISBN 978-3-945893-00-5, 19,99 €
- Band 5: Täter Helfer Trittbrettfahrer. NS-Belastete aus dem **Bodenseeraum,** Gerstetten 2016, 334 S., ISBN 978-3-945893-04-3, 19,99 €
- Band 6: Täter Helfer Trittbrettfahrer. NS-Belastete aus **Südbaden**, Gerstetten 2017, 422 S., ISBN 978-3-945893-06-7
- Band 7: Täter Helfer Trittbrettfahrer. NS-Belastete aus **Nordbaden (+ Nordschwarzwald)**, Gerstetten, geplant für Herbst 2017, ISBN 978-3-945893-08-1
- Band 8: Täter Helfer Trittbrettfahrer. NS-belastete aus dem **Norden des heutigen Baden-Württemberg**, Gerstetten, geplant für 2018, ISBN 978-3-945893-09-8

Besuchen Sie für aktuelle Informationen und/oder (Vor-)Bestellungen unsere Website **www.ns-belastete.de**

kugel berg

Kugelberg Verlag
Verlag für historische Sozialforschung
Goethestr. 34
D-89547 Gerstetten
Tel. 07323-95 35 01
www.kugelbergverlag.de
info@kugelbergverlag.de